本书为教育部人文社会科学一般项目"中国近现代高等教育编年纪事研究"
（编号：17YJA880110）最终成果
由江苏省重点培育学科（教育学）建设经费资助出版

《中国近现代高等教育大事记》编撰人员

主　　编：周　川
副 主 编：肖卫兵　黄启兵

编撰作者：周　川　肖卫兵　黄启兵　金　国　乔浩风　杨习超
　　　　　刘隽颖　袁　楠　乔占泽　吴　歌　杜京玲　汤　燕
　　　　　孔晓明　谭子妍

高等教育理论研究丛书

中国近现代高等教育
大事记

周 川 / 主编
肖卫兵 黄启兵 / 副主编

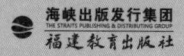

海峡出版发行集团
福建教育出版社

图书在版编目（CIP）数据

中国近现代高等教育大事记/周川主编；肖卫兵，黄启兵副主编. —福州：福建教育出版社，2023.12
（高等教育理论研究丛书）
ISBN 978-7-5334-9737-8

Ⅰ.①中… Ⅱ.①周… ②肖… ③黄… Ⅲ.①高等教育—教育史—中国—近现代 Ⅳ.①G649.29

中国国家版本馆 CIP 数据核字（2023）第 156385 号

高等教育理论研究丛书
Zhongguo Jinxiandai Gaodeng Jiaoyu Dashiji
中国近现代高等教育大事记
周　川　主编　肖卫兵　黄启兵　副主编

出版发行	福建教育出版社
	（福州市梦山路 27 号　邮编：350025　网址：www.fep.com.cn
	编辑部电话：0591-83726908
	发行部电话：0591-83721876　87115073　010-62024258）
出 版 人	江金辉
印　　刷	福州万达印刷有限公司
	（福州市闽侯县荆溪镇徐家村 166-1 号厂房第三层　邮编：350101）
开　　本	710 毫米×1000 毫米　1/16
印　　张	48.25
字　　数	713 千字
插　　页	4
版　　次	2023 年 12 月第 1 版　2023 年 12 月第 1 次印刷
书　　号	ISBN 978-7-5334-9737-8
定　　价	220.00 元（精装）

如发现本书印装质量问题，请向本社出版科（电话：0591-83726019）调换。

前　言

19世纪中叶，当国门被西方列强的坚船利炮轰开之后，中华帝国步履蹒跚地走入近代社会。中国近现代意义上的高等教育，正是滥觞于这样一个特殊的历史时期，至1949年9月，历时大约一个世纪。在这跌宕起伏的一个世纪里，中国高等教育走过了一个奇特而曲折的变化发展历程。这个历程大体可以分为三个阶段。

第一阶段从19世纪中叶到19世纪末。这个阶段的主要特征是西学东渐，西方高等教育"不请自来"，洋务高等教育逐渐兴起。

1836年，西方来华传教士在广州成立马礼逊教育会，随即在澳门开办马礼逊学堂，此为中国近代西学东渐之始。鸦片战争之后，西方教会乘虚而入，纷纷在中国境内创办教会学校，从早期的书院，到学院，再到大学，在中国教育领域形成了一股势力。这些教会大学从性质上看，其实就是外国教会利用不平等条约自行其是在中国境内开办的外国大学，即便是在20世纪20年代后期"收回教育权"之后，它们名义上成了"中国的"大学，实质上基本还是"外国的"。

中国自办的高等教育，始于19世纪60年代。洋务派以"师夷长技以制夷"为口号，于1862年创办了京师同文馆这所半中半西、半新半旧的中国第一所具有高等教育性质的学校。洋务派与顽固派在京师同文馆办学过程中的一系列明争暗斗，是中国近现代高等教育第一次关于中与西、新与旧的激烈交锋，也是晚清官办高等教育体制的一个典型案例。此后，随着洋务运动的推进，各种各样的广方言馆、船政学堂、工艺学堂、路矿学堂以及水师学堂、武备学堂等，在"中学为体、西学为用"的旗号下雨后春笋般纷纷涌现，洋务高等教育由此渐入高潮。

出国留学是洋务教育的一个重要组成部分。1872年，由容闳等率领的第一批百余名幼童赴美国留学，拉开了近代留学运动的序幕。到19世纪末20世纪初，中国留学生的身影已经遍布欧州和美、日等国家，这些留学生回国之后，不仅带回了先进的科学和学术，也带回了先进的高等教育理念和模式，留学生群体在此后中国高等教育的发展过程中发挥了主流的作用。

第二阶段从19世纪末至1919年。这个阶段的主要特征是高等教育的革故鼎新，从近代阶段向现代阶段过渡。

19世纪90年代，在维新运动的推动下，独立形态的近代高等教育机构开始出现，1895年天津中西学堂开办，1896年上海南洋公学开办。1898年，在戊戌变法的高潮中，被称为最高学府的京师大学堂在北京开办。虽然戊戌变法很快以失败告终，京师大学堂也被短暂叫停，但最终却"得不废"，并于1902年正式复办。从京师大学堂到北京大学，这所学府在中国高等教育从近代过渡到现代的历程中，发挥了举足轻重的先导作用。

20世纪初，清政府颁布"兴学诏书"，在教育领域发动了系列改革，对高等教育有重要影响的改革主要有两项：一是改良八股科举，于1905年最终废除了延续近千年的科举制；二是颁布中国历史上第一个得以施行的学制，即"癸卯学制"，明确了高等教育机构在整个学制体系中的地位和作用，随即改书院为学堂，并兴办各类新式高等学堂和大学堂。

民国肇始，其命维新，高等教育开始了从近代向现代的艰难转型。1912年《大学令》和《专门学校令》相继颁布，这是中国历史上第一次颁布并实行的关于高等教育的专门法令。这两项法令规定了大学的宗旨、主要学科、学习年限、内设机构、校长和学长职权、教师职务、议事权限等项。但是，由于民国初年政局的动荡，这些法令在实行的过程中困难重重，并没有达到预期的效果。

1917年蔡元培就任国立北京大学校长，他"仿世界各国通例，循思想自由原则，取兼容并包主义"，对北京大学进行了一场大刀阔斧的改革，改革的目标是要将北京大学从一所旧式的"官僚养成所"转变成一所全新的"研究高深学问的机关"。改革举措包括：整顿学风，更新师资；倡导学术自由，推动学术研究；废门为系，实行选科制，推行"学"与"术"的分离；实行教授治校制度。经过这场改革,北京大学终于脱胎换骨,从一个旧时代的衙门式学堂,转变成为一所充满了科学、民主气息的新型学府,进而成为新文化运动的中心,也成为五四运动的发源地。

第三个阶段从1919年至1949年。这个阶段的主要特征是具有现代属性的高等教育体系初步形成,高等教育初步进入现代阶段。

五四运动的最大功绩是对全社会做了思想启蒙,也对中国传统的高等教育观念发起了猛烈的冲击,从此,科学和民主的观念在中国高等教育领域深入人心,中国高等教育在办学理念和基本模式上开始汇入世界高等教育的潮流。

南京国民政府成立之后,相继颁布了《专科学校组织法》《专科学校规程》《大学组织法》《大学规程》《学位授予法》等法规。这些新的高等教育法规,针对中国的实际,参照国际高等教育的惯例,内容更广泛,规定更具体,初步构建了中国高等教育体系的现代雏形。在这个体系中,高等教育比较明确地分出了专科、本科、研究生教育三个层次,并且建立了相应的学位体系。高等学校在性质上分为公立、私立两类:公立高校由政府设立,其中又分国立、省立和市立;私立高校包括教会大学在内,系由私人或私法人设立;高等学校在形式上,形成了大学、学院和专门学校的格局。

在这个阶段,中国共产党领导的高等教育为着革命战争的需要应运而生,特色鲜明,自成一系。从早期的红军大学、苏维埃大学,再到抗日军政大学、陕北公学、鲁迅艺术学院、华北联合大学等,为革命事业培养了大批的干部人才,也在1949年之后成为中华人民共和国高等教育的主要基石。

抗战爆发,中国沿海和内地的高等学校开始了史无前例的大迁徙。西南联合大学、西北联合大学、中央大学、同济大学、浙江大学、厦门大学、东北大学等等,所有这些长途迁徙的高等学校,头顶炮火,颠沛流离,居无定所,饥寒交迫,但是,师生们却满怀民族大义和爱国热情,不问西东,"抵绝徼,继讲说""同艰难,尽笳吹",在那样艰苦卓绝的条件下仍然培养出大批的一流人才,研究出大量的高水平成果,还有不少师生亲赴抗战前线甚至英勇捐躯,创造了战时高等教育的奇迹,为中国高等教育赢得了世界性的声誉。

沧海桑田，天翻地覆，1949年9月30日为中国近现代高等教育画上了句号。这一天在北京通过了具有历史意义的《中国人民政治协商会议共同纲领》。《共同纲领》指出："中华人民共和国的文化教育为新民主主义的，即民族的、科学的、大众的文化教育。"同时指出："人民政府的文化教育工作，应以提高人民文化水平，培养国家建设人才，肃清封建的、买办的、法西斯主义的思想，发展为人民服务的思想为主要任务。"这一天对于中国高等教育来说，宣告了一个旧时代的结束，也宣告了一个新时代的开始：从1949年10月1日起，中国高等教育进入到当代。

从19世纪中叶到1949年9月的这一个世纪，是中国社会内忧外患、水深火热的一个世纪，也是中华民族救亡图强、浴火重生的一个世纪。半封建与半资本主义、半殖民地与半独立、新与旧、中与西、革命与复辟、文明与野蛮，种种对立的两极，错综复杂地交织在这个风云变幻的世纪里，也无所不在地渗透在中国近现代高等教育发轫、发展的历史进程中。

处在这个"三千年未有之变局"的多事之秋，中国近现代高等教育从无到有、筚路蓝缕，这一路走来，大事多、故事多，也是势所必然。为存史明史、鉴往知来起见，我们编撰了这部《中国近现代高等教育大事记》，以供所有关心中国近现代高等教育的人们参考。只不过，中国近现代高等教育在艰难曲折的发展过程中发生的"大事"浩如烟海，由于编撰者的水平和能力所限，这部《大事记》所记载的条目只能是其中的一部分，或许只是冰山之一角，挂一漏万之处在所难免，还需要同行专家和广大读者批评指正！

周　川　肖卫兵　黄启兵
2022年1月16日

凡 例

一、本书所称"高等教育",系指建立在中等教育基础之上、传授高等专门知识、培养高级专业人才的教育,实施机构主要为各类高等学校,包括大学、学院、高等专科学校、专门学校以及作为这些学校前身的各类书院、学堂、学馆等,也包括兼有高等教育性质的其他类型的教育机构。

二、本书所称"近现代"主要是一个时间的概念,大约始于1836年,迄于1949年9月30日。

三、本书所称高等教育大事,系指比较重要的、产生过一定影响的各类高等教育事项、事件、活动等。主要包括:1. 重要的高等教育法规、政策;2. 高等学校的成立、重要变动或终止;3. 高等学校校长及其他重要负责人的任职、变动或离职;4. 著名教授的任职或流动;5. 重要的高等教育会议;6. 重要的高等教育事件或运动;7. 高等学校重要的学术活动和学术成果、教学成果等;8. 各级高等教育管理行政机构的设置与变动及其官员的任免;9. 重要的高等教育言论以及论文、著作、报告等文献。

四、本书所收入大事条目,按照时间前后顺序排列;具体日期以日、月、季、年来标识;未特别注明者均为公元纪年。

五、院校名、地名、职务名、机构名等,一般采用当时的名称,不夹注今名;人名取常用名;一些重要人物在相应的大事条目后附有简介。

六、确切的数字一般都用阿拉伯数字,直接引文或有特殊含义的除外。

目 录

大事记 1836—1911 年 …………………………………………… 1

大事记 1912—1949 年 …………………………………………… 190

后记 …………………………………………………………………… 763

大事记 1836—1911 年

1836 年（道光十六年　丙申）

3月21日　蓝正樽在湖南省武冈州九龙庵堂大扎将台，称王拜将，自称"卫王"，号元"刚健"，宣誓起义。

6月10日　太常寺少卿许乃济向道光帝上《鸦片烟例禁愈严流弊愈大应亟请变通办理折》，提出弛禁鸦片主张。

9月19日　内阁学士朱鳟、兵科给事中许球等上奏，驳斥许乃济之议，道光帝命邓廷桢等议奏之。

11月12日　江南道监察御史袁玉麟上奏，斥弛禁鸦片之议。

9月28日　为纪念英国传教士马礼逊（Robert Morrison），英、美来华传教士在广州美国二号商馆召开会议，讨论并通过《马礼逊教育会章程》，宣布成立马礼逊教育会。马礼逊（1782—1843），英国传教士，1807年到广州，是第一位将《圣经》全部翻译成中文的学者，编纂了中国第一部英汉对照字典《华英字典》（Dictionary of the Chinese Language）。

11月9日　马礼逊教育会再次召开会议。会议宣读了此前的会议记录以及修改后的教育会章程，并以无记名投票方式选举董事，组成董事会。

1839 年（道光十九年　己亥）

6月3日　林则徐下令在虎门海滩当众销毁鸦片，至6月25日结束。

7月7日　英国水手在我国九龙尖沙咀打死农民林维喜。钦差大臣林则徐，令英国代表义律（Charles Elliot）交出凶犯，义律拒不交凶。史称林维喜事件。

9月4日　英国和中国在九龙半岛附近海域发生了一场海战，史称"九龙之战"，此战拉开了鸦片战争的序幕。

11月3日　英舰在虎门外穿鼻洋挑衅，清水师提督关天培率军英勇抗击，中英"穿鼻之战"爆发。

11月4日　马礼逊学堂在澳门正式开办。该学堂由马礼逊教育会创办、英国怡和洋行资助。创办之初由美国基督教徒布朗（S. R. Brown）与其夫人担任教师，有学生黄胜、黄宽、李刚、周文、唐杰和容闳6人。开设英文科和中文科课程，英文科有天文、地理、历史、算术、代数、几何、初等机械学、生理学、化学、音乐、作文等；中文科有四书、易经、《诗经》《书经》等。英美人教授英文科，华人教授中文科。黄胜（1824—1902），字达权，号平甫，广东香山人，1847年赴美国留学，后在香港创办《遐尔贯珍》月刊、《循环日报》报纸，筹建东华医院、通济会堂，办怡和洋行等，曾任香港英华书院院长。黄宽（1829—1878），名杰臣，号绰卿，广东香山人，先后留学美国、英国，曾任教于华南医学校，代理过博济医院院长等职。容闳（1828—1912），原名光照，号纯甫，广东香山人，第一个在美国获得学位的中国留学生，曾任留美学生副监督、驻美副公使等职。

1840年（道光二十年　庚子）

6月28日　英军封锁广州珠江口，第一次鸦片战争正式爆发。

8月11日　英国军舰抵达天津海口，扣留、抢劫海面上中国粮船。

8月30日　琦善以道光帝名义在大沽口岸飨宴义律（Charles Elliot），举行会晤。

10月3日　道光帝诏革林则徐、邓廷桢职，着交部严加议处，林则徐留粤备查问差委。

12月4日　琦善接任两广总督，尽反林则徐之所为，尽撤江防，裁兵遣勇，使广州一带防务大为削弱。

3月13日　黄宽进入马礼逊学堂就读，注册名字为"亚宽"。后随布朗至美国求学，是中国第一批留美学生之一。

11月1日　容闳从郭实腊夫人（Mrs. Charles Gutzlaff）所办学堂转入马礼逊学堂就读，注册名字为亚闳。据他回忆："校中教科，为初等之算术、国文及英文。英文教课列在上午，国文教课则在下午。"

同年　林则徐主持编译英国人慕瑞（Hugh Murray）所著《世界地理大全》，亲加润色，取名《四洲志》。此书记载五大洲三十多国的地理、历史、政情，重点为英、美、法、俄各国情形，是中国近代第一部比较系统的世界地理书籍。后魏源以此书为蓝本编撰《海国图志》。林则徐（1785—1850），字少穆，晚号俟村老人，福建侯官人，累迁湖广总督、两广总督等职，1839年以钦差大臣赴广东查禁鸦片，于虎门销毁。魏源（1794—1857），字默深，名远达，湖南邵阳人，历任内阁中书、东台知县、高邮知州等职，曾入两江总督裕谦幕，后受林则徐之托编《海国图志》，主张"师夷长技以制夷"。

1841年（道光二十一年　辛丑）

1月26日　英军强占香港。从此，香港成为英国侵略中国和远东的重要基地。

1月27日　道光帝下诏向英军宣战。

2月26日　关天培率部在虎门与英国侵略者激战时壮烈牺牲。

5月27日　清军统帅奕山因广州战役失败，不得不接受英军提出的全部条款，签订《广州和约》。

8月26日　英军攻占厦门。

10月　英军相继攻陷浙江定海、镇海。

1月1日 黄胜进入马礼逊学堂，注册名字为"亚胜"。后随布朗至美国求学，是中国第一批留美学生之一。

8月 龚自珍因暴疾而卒于江苏丹阳，终年50岁。龚自珍（1792—1841），字瑟人，号定庵（定盦），浙江仁和人，历任内阁中书、国史馆校对、礼部主事等职，曾任江苏丹阳书院讲席，兼杭州紫阳书院教职。

11月 英国伦敦会教士理雅各（James Legge）正式担任英华书院院长。理雅各（1815—1897），英国传教士，1839年由伦敦布道会派往马六甲，历任英华书院院长、牛津大学汉学讲座教授，曾将中国的四书五经译成英文。

同年 两广总督祁贡奏呈《请推广文武科试疏》，建议变革"用非所学"的积弊，以达"遴选才能，整饬戎政之至意"。具体变革措施为：推广文武科试，在文试第三场中策问五道：博通史鉴、精熟韬钤、制器通算、洞知阴阳占候、熟谙舆图情形；武试增加策问一道，分韬略、技艺、火攻、水战四门；同时还建议将博通史鉴等五门"分立五科，特诏举行"。

1842年（道光二十二年　壬寅）

6月16日 英军攻陷长江吴淞炮台，江南提督陈化成力战牺牲，随后宝山、上海相继失陷。

7月21日 英军进攻镇江，守城官兵顽强抵抗，经激烈巷战后，城陷。英军进逼南京。

8月29日 钦差大臣耆英与英驻华全权公使璞鼎查（Henry Pottinger）在南京江面英舰上谈判，签订中国近代史上第一个不平等条约《南京条约》（即《江宁条约》）。

12月7日 广州爆发火烧英国商馆事件。清政府派兵镇压，并赔偿商馆损失平定此事。

8月 魏源所著《圣武记》14卷书成并于古微堂家刻刊出，此书第一次明确提出了"师夷制夷""不师外洋之长技，使兵威远见轻岛夷，近见轻属国，不可也"的观点。

11月1日　马礼逊学堂由澳门迁至香港，校址位于维多利亚湾东侧山顶。

12月　魏源编著的《海国图志》50卷本出版。在林则徐编译的《四洲志》基础上增补中外资料，写成《海国图志》一书。《海国图志》叙说："是书何以作？曰：为以夷攻夷而作，为以夷款夷而作，为师夷长技以制夷而作。"在这部书里，魏源系统叙述了世界各国的历史地理、比较各国的历史发展过程，首倡"师夷长技以制夷"，主张学习西方先进科技，壮大国力，抵御外敌。

1843年（道光二十三年　癸卯）

3月11日　云南腾越彝族人刀承绪聚众千余人起义，抢收田谷，反抗官府。

4月5日　《香港宪章》签署，正式宣布香港为英国的殖民地。

夏　洪秀全从《劝世良言》中吸取某些基督教教义，同冯云山一起在广东花县创立"拜上帝会"，也称"拜上帝教""太平基督教"。

7月27日　广州开埠。

10月8日　英国强迫清政府签订《中英五口通商章程》和《虎门条约》，作为《南京条约》的附件。

11月17日　上海开埠，中外贸易中心逐渐从广州移到上海。

8月　道光帝谕："八旗根本，骑射尤先，清语尤为本业"，八旗子弟应熟习骑射及清语，方准参加文武试。

12月　英国圣公会牧师史丹顿（V. J. Stanton）抵达香港，着手筹办圣保罗书院（St. Paul's College）。

年底　近代第一个翻译出版机构墨海书馆（London Missionary Society Mission Press）在上海成立。此书馆由英国基督教伦敦会传教士麦都思（W. H. Medhurst）将巴达维亚的印刷机构迁至上海而建成，为外人在华最早用铅印设备的翻译出版机构。墨海书馆以出版宗教书籍为主，同时也出版介绍西方科技学术著作。首创"西译中述"的翻译方法，聘请中国知识分子和西方来华传教士合作翻译，如 1853 年艾约瑟（Joseph Edkins）与王韬合译《格致西学提纲》；伟列亚力（Alexander Wylie）与李善兰合译欧几里得《几何原本》后 9 卷；1855 年合信（Benjamin Hopson）的《博物新编》，介绍西洋气象学、物理学、化学、天文学、动物学知识等。麦都思（1796—1857），英国传教士，1835 年来华，创设中国第一家近代印刷所墨海书馆。李善兰（1811—1882），字壬叔，浙江宁海人，发明尖锥求积术，与英国学者合译有《几何原本》《代数积拾级》《自然哲学的数学原理》《植物学》等，曾兼任总理事务衙门章京，授户部郎中。王韬（1828—1897），字子九，一字仲衡，号兰卿，别字紫诠、子潜、无晦，晚号甫里逸民、淞北逸民等，江苏新阳人，1855 年成为基督教徒，1862 年逃亡香港，协助理雅各翻译中国经典，创办《循环日报》；1875 年发表《变法自强》，1885 年任上海格致书院山长。

同年 英华书院从马六甲迁到香港。英华书院于 1818 年开办，在马六甲办学 25 年后，时任校长理雅各（James Legge）将书院迁往香港。英华书院是基督教传教士开办的第一所中文学校，首任校长为传教士米怜（William Milne）。课程以小学、中学为主，设有英文、中文、数学、天文、地理、伦理哲学等课程。教科书由英文书籍和中文《三字经》组成。教学方法注重理解、个性发挥、循序渐进、遵循学生成长规律。米怜（1785—1822），英国传教士，1813 年抵达澳门，1815 年赴马六甲，协助马礼逊传教士创办英华书院，是英华书院首位校长。

1844 年（道光二十四年 甲辰）

5月8日 台湾天地会首领洪协、被革武秀才郭崇高等人，领导台湾嘉义县农民两千余人举行反清起义。

7月3日 美国专使顾盛（Caleb Cushing）与两广总督耆英在澳门附近望厦村签订不平等的中美《望厦条约》。

10月24日 耆英与法国代表剌萼尼（Marie Melchior Joseph deLagrené）在停泊于广州黄埔的法国军舰"阿吉默特号"上签订不平等的《中法五口贸易章程》，也称《黄埔条约》。

11月11日 清政府在五口通商口岸解除天主教禁。

2月23日 美国长老会传教士谷玄（R. Cole）在澳门创办花华圣经书房（The Chinese and American Holy Classic Book Establishment）。1845年7月19日花华圣经书房由澳门迁至宁波，1860年迁至上海，改名为美华书馆。该书馆主要出版《圣经》、宗教书刊、教会学校教科书、赞美诗集、自然科学书籍等。其中以《英字指南》《万国药方》《代数备旨》《形学备旨》《八线备旨》《代形合参》等著名。

同年 英国基督教传教士、东方女子教育协进社会员爱尔德赛（M. A. Aldersey）在宁波创办爱尔德赛女子学校（Aldersay Girl's School）。该校是中国第一所近代女子学校，为近代外人在华设立女子学校之始。学校开设圣经、国文、算术等文化课程，也设缝纫、刺绣等技术类课程。

1845年（道光二十五年 乙巳）

6月 清廷准许与比利时按《中英五口通商章程》办法通商。

10月2日 云南永昌回民起义。

11月29日 英国驻上海领事贝尔福（George Balfour）诱迫苏松太道宫慕久擅自制订并公布了《上海租地章程》，划定东以黄浦江为自然界限，洋泾浜（今延安东路）以北李家庄（今北京东路）以南地区租与英人居住。此地成为帝国主义在中国土地上强占的第一块租界。

12月31日 清政府在上海县城设"江海北关"。

同年 由西印度银行改称的英国丽如银行，在香港和广州同时设立分行。它是外国银行进入中国的开始，也是在中国出现的第一家新式金融机构。

同年 苏格兰人柯拜（John Couper）在广州黄埔建造"柯拜船坞"雇佣

中国工人从事船舶修理工作。这是中国最早的外国船舶修造工业，也是外国人在华设立的第一家工厂。

10月 美国传教士麦卡第（D. B. MaCartee）和礼查威（Rev. Richard Way）在宁波设立崇信义塾，又名圣经书房。崇信义塾是浙江省最早的男子洋学堂，以培养本地的传道人员、拓展基督教宣教事业为目的。初招学生30余人，凡清寒基督教徒子弟可免费供给食宿、衣服、书籍。开设课程包括圣经、中国经书、作文、书法、算学、地理、天文、音乐等。1867年秋迁至杭州皮市巷，改名为育英义塾。1897年改名育英书院，分为正预两科，此为之江大学的前身。

1846年（道光二十六年 丙午）

2月8日 清廷正式宣布弛禁天主教。

11月5日 江苏昭文（今常熟）县知县在收漕时任意加征，引起农民不满，在金德润率领下聚众暴动。

同年 郑复光编著的中国第一部近代光学著作——《镜镜詅痴》5卷刊行。

1847年（道光二十七年 丁未）

3月20日 耆英与瑞典、挪威签订五口通商章程。

7月20日 上海发生中国近代史上第一个教案——徐家汇教案。

8月27日 洪秀全与冯云山共同制定《十款天条》。

1月4日 容闳、黄胜和黄宽三人随马礼逊学堂校长布朗（S. R. Brown）夫妇乘坐美国阿立芬特兄弟公司来华运茶的"亨特利思号"商船从广州黄埔港启航，赴美留学，成为中国近代第一批留美学生。

3月 美国长老会传教士哈巴安德（Andrew P. Happer）将其在澳门所办的澳门男子寄宿学校迁至广州。1850年扩充学校规模，并添设走读学校一所，名为广州男子日校，这是广州建立的第一所基督教男子寄宿学校。哈巴安德（1818—1894），美国传教士。1844年到澳门传教。1847年移居广州。1884年回美国募捐，后募得10万元。1887年返华，在广州创办格致书院，任监督。

4月12日 容闳和黄宽、黄胜兄弟随布朗夫妇乘"亨特利思号"商船到达纽约。他们三人在布朗夫妇的帮助下，进入马萨诸塞州的孟松学校就读英语班，学习文法、算术、心理、哲学等。校长海门（Hammond）亲自教授容闳诵习英国文集。

1848年（道光二十八年 戊申）

3月8日 英国传教士麦都思（Walter Henry Medhurst）、雒魏林（William Lockhart）、慕维廉（William Muirhead）三人，非法进入离上海90里的青浦县传教，与漕粮船水手发生冲突，青浦教案发生。

同年 洪秀全写成《原道觉世训》《太平天日》等文章。

3月5日 美国美以美会传教士柯林斯（J. D. Collins）在福州创办主日学校。

秋 黄胜因病自美归国。黄宽前往英国爱丁堡大学学医，并于1857年毕业后回国。

同年 美国长老会传教士祎理哲（Richard Quanterman Way）编译的《地球图说》在宁波出版，全书共53页，是一部描绘全球地理的简明读物。1856年，祎理哲将该书扩充，更名为《地球说略》重新出版。该书后传入日本作教科书使用。

同年 徐继畬写成《瀛寰志略》，于福州抚署刊行问世。全书共10卷，附图44幅，先总后分，先图后说。该书介绍了全球各大洲大洋之概况，是继《海国图志》后又一部介绍世界地理及概况的名著，第一次对西方资产阶级民主政治制度进行了介绍。徐继畲（1795—1873），字健南，号牧田，山西五台人，历任广西浔州知府、两广盐运史、福建布政使、广西巡抚、福建巡抚兼署闽浙总督等职，曾任平遥超山书院山长、京师同文馆事务大臣。

1849 年（道光二十九年　己酉）

4月25日　澳门葡萄牙官员亚马勒（Ferreire do Amaral）停止交纳自 16 世纪葡萄牙人向明朝政府"借居"澳门以来按年向中国交纳的租税。

8月22日　澳门总督亚马勒（Ferreire do Amaral）遇刺身亡。

11月27日　湖南新宁爆发李沅发领导的农民起义。

6月　法国天主教耶稣会传教士南格禄（Gotteland, Claude）于上海城西徐家汇镇创设圣依纳爵公学（Zi-ka-wai St. Ignatius College），中文名称"徐汇公学"，吸收中国贫家子弟入学。南格禄（1803—1856），法国传教士，近代上海第一个耶稣会会长，1840 年接受派遣来华传教。

1850 年（道光三十年　庚戌）

2月25日　道光皇帝驾崩。

3月9日　皇太子奕𬣞即皇帝位，以 1851 年为咸丰元年。

7月　各地拜上帝会头领到桂平接受团营命令，随即由近及远，分头传信会众，赶往金田团营。

8月13日　沙俄入侵者强占庙街，公然升起沙俄国旗，宣布在此建立以沙皇尼古拉一世名字命名的尼古拉也夫斯克哨所，并将庙街易名为尼古拉也夫斯克。

11月22日　林则徐逝世。

12月1日　大学士穆彰阿被清廷革职。

4月15日 美国圣公会传教士裨治文夫人格兰德女士（Eliza Gillette）于上海西门外白云观附近兴建校舍，创办裨文女塾。该校是晚清由外国人创办的第一所女子学校，也是上海创办的第一所教会女塾。初成立时仅设小学，后增开中学部。

8月3日 英国商人奚安门（Henry Shearman）在上海独资创办《北华捷报》周刊。该报是英国人在上海通商后发刊的第一种报纸。亨利·奚安门（？—1856），来上海后任英商驻沪代表，1850年创办《北华捷报》周报。

夏 容闳受乔治亚州萨伐那妇女会出资相助，考入耶鲁大学。

同年 道光帝覆御史麟光请奏整顿官学。曰："国家建立官学，原以教养宗支及八旗子弟，自应循名责实，无令旷功。据称近日各学勤学者少，仅止按时成交月课，多不入学，殊非认真监督之道。嗣后著管学王大臣严饬各该学正副管助教教习等，督率各生勤加讲课，以整学规，毋任靡廪饩也。"

同年 徐汇公学扩充规模，正式建校，办学理念为"古今传承，汇学东西"。初招学生10余人，震旦大学创始人马相伯亦在其列。徐汇公学施行年级编制和分院制：小学程度编入下院，中学教内学生入上院，教外学生入中院，每院又按年龄分甲乙班。课程以法文和宗教课为主，使用自编课本"汇学课本（读本）"作为教材，除中国语文课外，其他课程均采用法文教材，用法语教学。马相伯（1840—1939），原名志德，又名钦善，改名良，字相伯，晚号华封老人，江苏丹徒人，1903年创办震旦学院，任监院；1905年创办复旦公学，任校长；辛亥革命后在南京任都督府外交司司长，曾代理北京大学校长。

同年 香港马礼逊学堂解散停办。

1851年（咸丰元年 辛亥）

1月11日 洪秀全率众在广西桂平县金田村誓师起义，太平天国运动正式爆发。

8月6日 沙俄政府强迫清政府签订不平等条约《中俄伊犁塔尔巴哈台通

商章程》。

9月15日 太平军在广西平南官村一带大败清军向荣部，取得自金田起义以来最大的一次胜利。

12月17日 太平天国永安建制。

同年 捻军起义爆发。

1月13日 咸丰帝以"近来邪教流传，蔓延各省"，特谕各省督抚会同各该学政转饬地方官及各学教官，"于书院家塾教授生徒，均令以《御纂性理精义》《圣谕广训》为课读讲习之要"，并"使之家喻户晓，礼义廉耻油然而生，斯邪教不禁而自化，经正民兴，庶收实效"。

8月18日 咸丰帝因"会匪煽惑，乡曲愚氓习闻异说"，命武英殿勒石拓印《御纂性理精义》《圣谕广训》颁行天下，务使乡塾生徒咸晓然于"名教之可乐，邪说之难容""正道既明，群情不惑，一切诞妄之言，无从煽诱"。

11月16日 咸丰帝覆御史王茂荫奏请振兴人才谕。谕曰："近来文风日盛，留心经济者固不乏人，第恐沾染时习，以文章风雅自诩，不思讲究本务，殊非崇实黜华之道。"要求宗室及八旗大小臣工"嗣后益当奋勉砥砺，求为有用之学，以备国家腹心干城之造"。王茂荫（1798—1865），字椿年、子怀，安徽歙县人，历任户部主事、御史、侍郎等职。

同年 美以美会麦利和夫人（Mrs. Robert S. Macly）在福州开办太茂女学，该女学后改为毓英女书院。

同年 香港圣保罗书院正式开课。

同年 美国女传教士琼司（Emma Jones）于上海虹口礼拜堂开设文纪女塾。该女塾1863年停办，1872年复课，由纳尔逊（M.C. Nelson）接管校务。1881年与裨文女塾合并为圣玛丽亚女校（St. Mary's Hall）。

1852年（咸丰二年 壬子）

2月3日 太平天国冯云山创制《太平天历》。

6月3日　太平军攻破全州。

6月5日　太平军与清军江忠源部大战于广西全州蓑衣渡。

同年　太平天国刊行《天命诏旨书》。

同年　英国圣公会传教士何伯森（John Hobson）在上海老靶子路（今武进路）创设英华书馆，旨在培养翻译人才。

同年　洪秀全与卢贤拔编写刊刻太平天国《三字经》，为蒙学教材之一。洪秀全（1814—1864），原名仁坤，广东花县人，科举屡次不中，接受了基督教义中的思想创立拜上帝教；1851年发动金田起义，建立太平天国。卢贤拔（1816—？），原名贤达，广西浔州，一作象州人，曾参加拜上帝会，与洪秀全、冯云山密撰《天条书》《三字经》等。

同年　意大利人晁德莅（Angelo Zottoli）被任命为徐汇公学校长，其后掌校15年。

1853年（咸丰三年　癸丑）

1月12日　太平军攻占武昌城。

2月13日　英外相以《南京条约》签订满12年，指示英公使包令（John Bowring）向中国提出修约要求：中国全境开放，外国公使驻京，长江通商，鸦片贸易合法化。

3月19日　太平军占领南京。

3月29日　太平军将南京改名"天京"定为都城，建立太平天国。

4月23日　沙俄尼古拉一世下令侵占中国库页岛。

5月　太平天国北伐军从扬州出发，经安徽、河南等地，进入直隶，逼近天津，咸丰帝宣布京师戒严。

9月7日　上海小刀会起义爆发。

冬　太平天国颁布《天朝田亩制度》。

8月1日 中文时事月刊《遐迩贯珍》（Chinese Serial）在香港创刊出版，1856年5月停刊。该刊系由马礼逊教育会出资，香港英华书院印刷发行，创刊目的是传播基督教教义，尊重"列邦之善端""中国之美行"，促进中英两国了解。初由英国创教会传教士麦都思担任主编，后依次为奚礼尔（C. B. Hiuier）和理雅各（L. Legge）。

冬 洪秀全颁行《天朝田亩制度》。其中规定太平天国的教育制度："凡二十五家中童子俱日至礼拜堂，两司马教读《旧遗诏圣书》《新遗诏圣书》及《真命诏旨书》焉。凡礼拜日，伍长各率男妇至礼拜堂，分别男行、女行，听讲道理，颂赞祭奠天父上主皇上帝焉。"

同年 太平天国设立育才馆、育才书院为专门教育机构。其教师称为"育才官"，太平天国官员子弟和参加革命的青少年是施教对象。课程内容为太平天国所颁定的各种书刊。

同年 美国公理会传教士卢公明（J. Doolittle）在福州设立第一所男子寄宿学校，后来发展为格致书院。

1854 年（咸丰四年 甲寅）

2月25日 湘军奉旨围剿太平军，湘军首领曾国藩发表《讨粤匪檄》。

3月至4月 湘军与太平军在湖南靖港、湘潭连日激战。

5月26日 沙俄总督穆拉维约夫（Nikolay Nikolavich Muravev）率军闯入我国黑龙江，建立村屯、炮台、兵站。

7月5日 英、美、法三国驻上海领事，擅自修改了1845年的《上海租地章程》，经租界"租地人会"通过后，于7月5日公布《上海英法美租地章程》。

7月11日 上海英法租界联合组建独立的市政机构"上海公共租界工部局"，建立警察武装，第一个租界"国中之国"正式形成。

7月20日 广东天地会起义军十余万人围攻广州。

1月13日 太平天国在天京开科取士。科举考试分文武两途，废除门第出身限制，所取人数，亦无定额。考试题目出自《旨准颁行诏书》；考试程序分县试、省试、京试（又称天试）三级。初以天王生日（天历十二月），后改为幼主生日（天历十月初一日）举行天试；后又定各省每年三月初三考文秀才，三月十三日考武秀才，五月初五考文举人，五月十五日考武举人，九月九日考文进士，九月十九日考武进士。

2月25日 曾国藩发布《讨粤匪檄》，表示太平天国"举中国数千年礼义、人伦、诗书、典则一旦扫地荡尽，此岂独我大清之变，乃开辟以来名教之奇变，我孔子、孟子之所痛哭于九原，凡读书识字者，又乌可袖手安坐，不思一为之所也"。曾国藩（1811—1872），原名子诚，字伯涵，号涤生，谥文正，湖南湘乡人，历任翰林院检讨、侍读、内阁学士、侍郎、两江总督、直隶总督等职，为湘军组建者。

5月 咸丰帝谕内阁："八旗人员仍有专习汉文，对于清语、清文全不讲求等情，重申八旗无论何项出身人员，均宜练习清文，通晓讲解，以务根本。"

同年 容闳获耶鲁大学文学学士学位，成为第一个受过完整美国教育并取得学位的中国人；于同年由纽约乘船归国。

同年 卢公明夫人创办第一所教会女校，初名福州女书院，与格致书院同属一个公会。该校后来发展为文山女子学校。

1856年（咸丰六年 丙辰）

2月29日 西林教案发生，广西西林县知县张鸣凤判处法国天主教神父马赖（Auguste Chapdelaine）死刑。

9月1日 太平天国天京变乱爆发。

10月23日 英国借口"亚罗号事件"、法国借口"西林教案"，率兵舰突入省河，进犯广州，发动第二次鸦片战争。

12月13日 广州人民为反抗英国侵略者进犯广州，放火烧毁外商居住地十三洋行。

8月23日 咸丰帝命武英殿刊刻清文汉字合璧的《五经新语》，令八旗子弟诵习，"俾各位士子讲习有资，用昭法守"。

1857年（咸丰七年　丁巳）

3月18日 太平军李秀成部与捻军龚得树、苏天福等部在霍丘会师。
6月2日 石达开率部逃离天京。
12月29日 英、法军队攻陷广州。

1月26日 英国伦敦布道会在上海创办《六合丛谈》。《丛谈》是上海首份中文期刊，由墨海书馆印行，每月出版一册，内容包括科学、新闻、宗教等。英国传教士伟列亚力（Alexander Wylie）担任该刊主编，称其创刊目的为"通中外之情，载远近之事，尽古今之变"。次年迁至日本，不久即停刊。伟烈亚力（1815—1887），英国传教士，1847年来华，在上海为伦敦会负责印制《圣经》，后参加墨海书馆编辑和翻译工作，编辑《六合丛谈》月刊，筹建"皇家亚洲文化北中国支会"，曾任大英圣书公会驻华代理人、上海《教务杂志》编辑等职。

8月 河南学政俞樾出题割裂，致令文义难通。咸丰帝命将俞樾革职，并谕"嗣后各省学政考试出题，即防剿袭旧文，间用搭截，亦须句读分明，断不可如俞樾之文义难通，几于戏侮圣言，自取咎戾"。俞樾（1821—1906），字荫甫，浙江德清人，曾任河南学政，曾主讲于苏州紫阳、上海求志、杭州诂经精舍书院。

1858年（咸丰八年　戊午）

5月20日 英法联军炮轰大沽炮台，挑起第一次大沽之战。

5月28日　不平等条约《中俄瑷珲条约》签订。

6月　不平等的《中俄天津条约》《中美天津条约》《中英天津条约》《中法天津条约》先后签订。

9月27日　天地会起义，建立大成国。

11月8日　清政府与英国签订《中英通商章程善后条约》。

同年　咸丰覆吏部遵议山西巡抚恒福请停增附捐教谕，"据称捐例变通，原属权宜之计，请俟军务告竣再行停止等语。教职有考课士子之责，增附生捐教，前经停止，嗣因户部奏请，暂为变通，究不足以示矜式。所有增贡附贡捐教职一条。仍著停止，以重学校而励真才"。

同年　麦利和（Robert S. Maclay）将福州南台保福山所办之福音精舍改为格致书院（Foochow College）。

1859年（咸丰九年　己未）

5月11日　洪仁玕被封为干王，总理朝政。不久，洪仁玕提出革新建议，颁布《资政新篇》。

6月25日　第二次大沽之战发生，大沽守军大败侵入内河的英法联军舰队。

7月至8月　上海爆发人民群众反抗外国侵略者掠卖华工斗争。

10月18日　太平天国在天京举行科试，洪仁玕被任命为"文衡正总裁"，改革太平天国原有考试制度。根据"士先器识而后文艺"精神，加试"策论"一科目；将"县、省、京三级考试制"改为"乡、县、郡、省、天试（京试）五级考试制"；将秀才、举人、进士等称号改为"士"字，作为士阶。洪仁玕（1822—1864），字益谦，号吉甫，广东花县人，太平天国后期重要领导人之一，曾提出《资政新篇》，主张学习西方科学技术，革新政治，发展资本主义经济。

同年　洪仁玕写成的《资政新篇》经洪秀全批准后公布。《资政新篇》列举了纲领性的建国方略，共分四部分：人察失类、风风类、法法类和刑刑类。在法法类中提出改革文化教育的方案和方法，提倡兴办学校、医院、跛盲聋哑院、鳏寡孤独院和育婴堂等近代文化教育、社会福利事业；要求废除封建迷信和旧风俗习惯，提倡发展近代化工业交通，制造火车、轮船，开采矿藏，奖励科学发明等。

同年　美国美以美会传教士在福州创办育英女书院。

同年　咸丰覆江苏学政孙葆元奏请责成教官提调襄理考试谕，"各省设立教官，原以整饬学规，训迪诸生，俾各安分敦品，以图上进。若如所奏，江苏生监多有不安本分，……嗣后各省学政考试各属，如遇考棚在外县之处，仍由该督抚派委知府充当提调，该府不准托名公事，私委属员代办，以重考政"。

1860年（咸丰十年　庚申）

3月21日　英国以每年租金500两"永租"九龙半岛。

7月2日　沙俄出兵占领中国东北重要海口海参崴。

8月1日　英法联军在北塘登陆。

9月12日　咸丰皇帝诏示清政府对英法宣战。

10月13日　英法联军攻入安定门，控制北京城。

10月18日　英法联军火烧圆明园。

10月－11月　不平等条约《中英北京条约》《中法北京条约》《中俄北京条约》相继签订。

11月19日　容闳在天京拜访洪仁玕，向其提出七个建议，其中四个属于教育：设立武备学校，以养成多数有学识军官；建立海军学校；颁定各级学校教育制度，以耶稣圣经列为主课；设立各种实业学校。洪仁玕对此颇表赞成，但未采纳实行。11月24日，容闳离开天京于翌年1月初抵达上海。

3月 美国基督教长老会传教士范约翰（J. M. W. Farnham）在上海创办清心书院。该书院初以宗教课程为主，兼授国文、天文、地理、格物、算术等。后改为清心中学堂。范约翰（1829—1917），美国传教士，1860年来华传教，在上海创办清心男塾、清心女塾，后主编中国第一份儿童画报《小孩月报》，并创办《中西教会报》。

7月12日 美国传教士林乐知（Young John Allen）抵达上海，在上海、杭州一带传教。林乐知（1836—1907），美国传教士，1860年来华，1864年任上海广方言馆教习，1881年在上海开办中西学院，在苏州开设博习书院、中西书院；1901年任东吴大学董事长，提倡"基督教与儒教"相结合。

同年 美国公理会传教士卫三畏（Samuel Wells Williams）提议，以中方赔款的剩余部分和利息在中国建立美华书院，以造就双方人才和促进两国相互理解及通商外交。这是西方传教士第一次提出利用退款兴学的方案。建议得到美国公使蒲安臣（Anson Burlingame）和总统林肯（Abraham Lincoln）的赞同，但美国国务院不赞同这一做法，未付诸实践。卫三畏（1812—1884），美国传教士兼外交官，1833年来华传教，1877年被聘为耶鲁大学第一位汉学教授，主张将孔子思想与基督教思想相结合。蒲安臣（1820—1870），美国外交官，曾为美国众议员，1861年起任美国驻华公使，后受清政府聘出使美、英、法、普、俄等国。

1861 年（咸丰十一年 辛酉）

1月11日 恭亲王奕䜣会同桂良、文祥上奏《通筹夷务全局酌拟章程六条》，奏请推行以富国强兵为目标的洋务运动。

1月20日 咸丰帝批准成立总理各国事务衙门，下设三口通商大臣及南洋通商大臣（即南洋大臣），由恭亲王奕䜣、大学士桂良、户部左侍郎文祥管理，奕䜣为统领。

6月28日 《中俄勘分东界约记》签订。

8月22日 咸丰皇帝驾崩，享年31岁。

9月2日　《中德通商条约》在天津签订。

9月5日　两江总督曾国藩创设安庆内军械所，是为中国最早的官办制造近代武器装备的军事工厂，标志着中国近代史上洋务运动的开始。

11月2日　西宫慈禧太后拉拢东宫慈安太后联合恭亲王奕訢发动辛酉政变，逐步诛除顾命八大臣，夺取朝政大权。次日任命恭亲王奕訢为议政王、军机大臣。

11月11日　清皇太子载淳即皇帝位。

1月13日　恭亲王奕訢、大学士桂良、户部左侍郎文祥奏呈《通筹善后章程折》，请于京师设立培养翻译人才的教育机构，以解决语言不通之难题，应对外交事务。奏曰："闻广东、上海商人，有专习英、法、美三国文字语言之人，请饬各省督抚挑选诚实可靠者，每省各派二人，共派四人，携带各国书籍来京，并于八旗中挑选天资聪慧，年在十三四以下者各四五人，俾资学习。其派来之人，仿照俄罗斯馆教习之例，厚其薪水，两年后分别勤惰，其有成效者，给以奖叙。"奕訢（1832—1898），爱新觉罗氏，满族，1850年被封为恭亲王，1860年为全权大臣留京议和，1861年主持总理各国事务衙门，1862年主持创立京师同文馆，历任都统、总理衙门大臣、军机大臣等职。桂良（1785—1862），字燕山，满洲正红旗人，历任河南巡抚、湖广总督、闽浙总督、云贵总督、兵部尚书等职。文祥（1818—1876），字博川，满洲正红旗人，历任工部主事、内阁学士、礼部侍郎、军机大臣、内务府大臣、吏部尚书、协办大学士、武英殿大学士等职。

1月31日　奕訢等人奏《新设总理衙门未尽事宜酌拟章程十条折》，折中提到外语人才培养并规定总理衙门直接筹办外语学习馆及管理外国语言学馆。奏曰："认识外国文字、通晓语言之人，并学生等，应酌定薪水奖励也。"主张"请饬广东、上海挑选专习英、法、米三国文字语言之人来京差委，并挑选八旗子弟学习，厚其薪水，给以奖叙。除俄罗斯馆章程应由该馆遵旨酌议外，其英、法、米教习学习薪水奖励，应仿照俄罗斯馆议定之例办理。"

1月　洪仁玕颁行《钦定士阶条例》，阐述太平天国的科举规程、品级、宗旨，将考试制改为乡、县、郡、省、京五级，并更改士阶名称："改秀才为秀士""改补廪为俊士""改拔贡为杰士""改举人为博士（后蒙诏改为约士）""改进士为达士""改翰林为国士""至武秀才等则改称英士、猛士、壮士、威士之殊"。

4月11日 洪仁玕撰、刘闳忠等录的《钦定英杰归真》刊行，阐述太平天国科举改革和招贤纳士措施。

9月20日 洪仁玕编撰《军次实录》并钦定刊行，包括《谕天下读书士子》《论道德才智》《戒浮文巧言谕》等文。指出封建文学多是一些"吟花咏柳之句""八股六韵之词"。这些"浮文""巧语"无补于"道德才智"。宣谕合朝上下官员书士"照得文以纪实，浮文在所必删；言贵从心，巧语由来当禁。"强调今后文学、朝谕、奏启、告示等项，必须简明易懂，"使人一目了然。"

11月 冯桂芬在《校邠庐抗议》提出采用西学的主张："今欲采西学，宜于广东、上海设一翻译公所，选近郡十五岁以下颖悟文童，倍其廪饩，住院肄业，聘西人课以诸国语言文字，又聘内地名师课以经史等学，兼习算学。"冯桂芬（1809—1874），字林一，号景亭，江苏吴县人，曾任广西乡试主考官，先后在南京惜阴、上海敬业、苏州紫阳、正谊等书院讲学；提出了"以中国之伦常名教为原本，辅以诸国富强之术"改革主张，成为"中体西用"之发端。

11月下旬 英国商人奚安门（Shearman，Henry）创办中文《上海新报》，由英商字林洋行发行。这是外商在上海创办的第一家中文报纸，始为周刊，后改为双日刊、日刊。美国人华美德（M. F. Wood）、英国人傅兰雅（John Fryer）、美国人林乐知曾任该报主笔，董明甫任中国助编。1872年底停刊。傅兰雅（1839—1928），英国传教士，1851年受英国圣公会派遣来华，历任香港圣保罗书院山长、京师同文馆教习、上海英华书院山长等职，1885年创办格致书室，曾任加州大学伯克利分校东方语文系主任。

同年 数学家夏鸾翔著成《致曲》，系统研究了西方近代数学。此书共2卷：第一卷《致曲术》研究二次曲线、摆线、对数曲线和螺线的度量性质等问题，第二卷《致曲图解》研究焦点、准线、规线等问题。

1862年（同治元年 壬戌）

2月8日 慈禧太后那拉氏以同治帝名义发布上谕，正式宣布了清廷"借师助剿"的决策。

2月22日 李鸿章奉曾国藩之命在安徽安庆募集地主武装组建"淮军"。

3月4日 《中俄陆路通商章程》在北京签订。

3月27日 美商旗昌轮船公司在上海成立，专门经营中国沿海及长江沿岸的客货运输，是中国境内第一家专业航运公司。

同年 江苏巡抚李鸿章委派英国人马格里（Macartney Halliday）在松江城外开办上海洋炮局。

3月 湖南湘潭、衡阳，江西南昌、进贤等地群众掀起反洋教斗争，焚毁天主教堂、教会学堂、育婴堂。同治帝下旨各地方官"妥为驾驭，弗令滋生事端"。

4月4日 奕䜣等奏《请饬各省保护教士片》，建议对外国教士加以保护："惟既欲资其兵力，即须设法牢笼，故于法国借端挟制请保护传教人一事，略为俯就。"建议对待天主教"暗为防范""从权办理"。

6月11日 京师同文馆在北京成立，其性质为附属于总理衙门的培养对外人员的外国语学校。采用咨传（荐举）办法招收学生，招13—14岁以下的10名八旗子弟，英国圣公会传教士包尔腾（John S. Burdon）为英文教习，徐树琳为汉文教习，并设提调，满汉各一人。

8月20日 总理各国事务衙门大臣奕䜣上《遵议设立同文馆折》并附《新设同文馆酌拟章程六条》。《折》曰："欲悉各国情形，必先谙其语言文字，方不受人欺蒙。"奏请设立"同文馆""只学语言文字""选八旗中资质聪慧、年在十三四以下者，俾资学习"。《章程》规定同文馆"酌传学生以资练习""分设教习以专训课""设立提调以专其成""分期考试以稽勤惰""限年严试以定优劣""酌定俸饷以资调剂"等 6 条。

8月20日 大学士贾祯等人请旨将俄罗斯文馆改由总理各国事务衙门管辖，并提议"嗣后俄国文字，即归并英、法、美三学，由总理各国事务衙门随时酌核办理。"

同年 贵州遵义县廪贡生黎庶昌在《应诏陈言疏》中指责科举取士"尽困天才之聪明才力于场屋中，而场屋之士又尽一生之精力，不为效命宣劳之用，徒用之于八比小楷试帖，至无足用之物，天下贸贸，莫闻大道，而其试之也，又第取之于字句点画间，其亦可谓靡靡无谓之术矣"。提议改革科举取士中的弊病，"独不罢去一切八比、小阶、试帖之弊"，以"兼举德行才能文学与夫孝弟力田、茂才异等，博学宏词、直言极谏之属，以复前代取士之良法也"。

同年 冯桂芬在《上海设立同文馆议》中提议在上海、广州设立同文馆，"愚以为莫如推广同文馆之法，令上海、广州仿照办理，各为一馆，募近郡年十五岁以下之颖悟诚实文童，聘西人如法教习，仍兼聘品学兼优之举贡生监兼课经史文艺，不碍其士进之路，三年为期，学习有成，调经考试，量予录用"。

1863 年（同治二年 癸亥）

9月20日 上海英、美租界正式合并，改称"公共租界"。
12月3日 曾国藩委派容闳出洋购买机器。
12月4日 太平天国叛徒郜永宽等刺杀慕王谭绍光，将苏州献于清军。

1月31日 同治皇帝鉴于"近来国子监专以文艺课士"，而"士子亦复以是为工拙"，要求国子监"嗣后于应课时文外，兼课策论，以经史性理诸书命题，用觇实学""并著该祭酒等督饬各堂助教、学正、学录、分日讲说，奖励精勤，惩戒游惰，黜华崇实，以端趋向"。

3月11日 李鸿章上奏《请设外国语言文字学馆折》，请设上海同文馆。认为中国"绝少通习外国语言文字之人""遇中外大臣会商之事，皆凭外国翻译官转达""难保无偏袒捏架情弊"。上海、广东为洋人汇总之地，中外交涉频繁，故"拟请仿照同文馆之例，于上海添设外国语言文字学馆"。李鸿章（1823—1901），字渐甫，号少荃，安徽合肥人，历任江苏巡抚、湖广总督、直隶总督兼北洋大臣等职；主持创立江南制造总局，创办天津水师学堂、天津电报学堂、威海水师学堂、旅顺鱼雷学堂、天津西医学堂等。

3月28日 上海外国语言文字学馆在旧学宫正式成立，亦称"上海同文馆"，冯桂芬任首任监院。首期招收学生40名，分成上下两班，三年毕业；优秀毕业生经考核，可任官职或咨送京师同文馆深造。1867年改名为上海广方言馆。

3月28日 同治帝下《著广州将军仿照办理同文馆谕》，要求在广州设立外国语言文字学馆，"著库克吉泰、晏端书于广州驻防内公同选阅，择其资质聪慧、年在十四岁内外，或年二十左右而清汉文字业能通晓、质地尚可造就者，一并拣选，延聘西人教习，兼聘内地品学兼优之举贡生员，课以经史大义，俾得通知古今，并令仍习清语，厚给廪饩，时加考查。倘一二年后学有成效，即调京考试，授以官职，俾有上进之阶"。

4月23日 京师同文馆添设法文馆、俄文馆。由法国教士司默灵（A. E. Smorrenberg）、俄国翻译柏林（A. Popoff）分任两馆外文教习；张旭升入法文馆，杨亦铭入俄文馆，分任汉文教习；成林、夏家镐为首任提调，每馆从八旗子弟中招收学生10人。

5月6日 总理各国事务衙门大臣奕䜣等奏报同文馆添开法、俄文馆经过。内称："惟查各国语言文字均当谙熟有人，今英国虽得人教习，而法、俄缺如，究有未备，因于接见该二国公使时，留心延访。兹据法国哥士耆（Michel Alexandre Kleczkowski）、俄国把留捷克（L. de Balluseck），陆续函荐司默灵、柏林二人前来。"至各国教习薪水，"每教习薪水一年给予库平银一千两，并包尔腾亦一律加给"。"其汉教习一项""臣等现访得镶蓝旗汉教习张旭升，直隶人，候补八旗汉教习，杨亦铭，河南人，品学均尚端粹，堪膺斯选，业经行文国子监、礼部咨取前来，于本月初六日将张旭升分入法文馆、杨亦铭分入俄文馆，各派挑定八旗学生十名，令其教习；其法、俄两国教习，亦于是日到馆，公同教导。""汉教习每月薪水银八两。按月支给"。

6月15日 苏松太道兼管江海道黄芳拟订《上海初次设立学习外国语言文字同文馆试办章程十二条》，章程曰："以年十四岁以下，资禀颖悟，根器端辞之文童充选"；"馆中延订英国学问通贯者二人为西教习"；"馆中延订近郡品学兼优绅士一人为总教习，举贡生员四人为分教习，分经学、史学、算学、词章为四类"；"西人制器尚象之法，皆从算学出，若不通算学，即精熟西文，亦难施之实用"；"馆中设立监院一人，由上海县学宫承办"；"馆中选派通习西语西文之委员董事四人，常川住馆"；"候补佐杂及绅士中有年及弱冠愿入馆学习者，一体准保进馆学习，学成后亦许备翻译官之选"；"肄业生三年期满"；"肄业膏火每日银一钱，以代馆餐，旷馆之日勿给"；"外客有与师生通问者，由司阍延入客坐"；"馆中供奉至圣先师像，每月朔望，教习委员董事率肄业生清晨齐集拈香行礼，不许托故不到"。

11月15日 英国人赫德（Robert Hart）任总理衙门海关总税务司，后被任命为京师同文馆监察官。赫德任监察官期间，管理同文馆经费支应稽核、教师调用任免、器材设备采购等；于1865年提议升格学校，新增科学馆，对同文馆日后改革和发展起到推动作用。赫德（1835—1911），英国人，1854年来华，次年任英国驻宁波翻译，1859年任职于广州海关副税务司，1863年任中国海关总税务司，在中国任海关总税务司长达48年之久。

同年 英国人傅兰雅任京师同文馆英文教习。

1864年（同治三年 甲子）

6月1日 太平天国领袖洪秀全病逝。

7月19日 天京陷落，标志着太平天国运动最终失败。

8月6日 英国在香港创办汇丰银行。

同年 曾国藩在攻陷南京后，创办金陵书局，后改为南京官书局，专司官府刻书事务，从而改变了以往官府刻书多由州县学宫或官办书院负责的状况。

3月28日　林乐知开始在上海同文馆进行英文教学。他所教的第一个班级共9名学生，这9名学生于1867年春季结束课程，其中6名优秀生被送到京师同文馆深造。

5月8日　曾国藩在安庆设书局，刊印四书五经。

6月23日　广州同文馆成立，王镇雄为提调，谈广楠、汤森任馆长，吴嘉善为汉文教习，谭顺（Theos Sampson）为英文教习，规定招收20名14—20岁满、汉学生，满族子弟16人，汉族子弟4人，主要学习汉语、英语、算学等科目，肄业期限为三年。吴嘉善（1818—1885）字子登，江西南丰人，曾任西班牙及秘鲁公使馆参赞、驻美留学生事务所监督等职。

7月1日　《字林西报》（*North China Daily News*）出版，《北华捷报》（*North China Herald*）成为其附刊。《字林西报》为上海出版时间最长、影响最大的外文报纸，曾发表大量国内外政务言论，主要读者为外交官、传教士和商人，于1951年3月停刊。

7月13日　两广总督毛鸿宾上《开设教习外国语言文字学馆折（附章程十五条）》，汇报广州同文馆开办事宜，并附章程15条，主要内容包括："同文馆设立提调一员""另设馆长二员"；"同文馆延请汉人教习一人，西洋教习一人"；"同文馆肄业生额设二十名，内旗人十六名，汉人四名，年各二十岁以下十四岁以上"；"先挑选二十名入馆肄业，仍挑选存记二十名"；"同文馆肄业生二十名，每年甄别一次"；"同文馆肄业生以三年为期"；"同文馆经费，由粤海关监督衙门筹拨支放"等。毛鸿宾（1806—1868），字翙云、寄云，号寅庵、菊隐，山东历城人，历任安徽按察使、江苏布政使、湖南巡抚、两广总督等职。

9月25日　美国长老会传教士狄考文（Calvin Wilson Mateer）夫妇在山东登州设立蒙养学堂。学堂招收6人入学，至1873年止，前后共招收学生85人，每届6年毕业。该学堂为登州文会馆前身。狄考文（1836—1908），美国传教士，1863年来华；1905年将文会馆与英国浸礼会所办的广德书学院合并为广文学堂，为齐鲁大学前身；1877年筹备英美教会在华所设"学校与教科书委员会"。

9月21日　曾国藩重修江宁贡院，补行乡试。

10月22日　同治帝饬修曲阜孔庙及各省学宫。

12月　京师同文馆出版第一部西学译著《万国律例》，后改名为《万国公法》。该书由惠顿（Wheaton）所著，丁韪良（W. A. P. Martin）翻译。惠顿（1795—1848），美国国际法学家、外交家，主要著作《国际法原理》（中译名《万国公法》）。丁韪良（1827—1916），美国传教士，1850年来华，先后任美驻华公使列威廉（William Bradford Reed）的翻译、京师同文馆英文教习、京师同文馆总教习，兼授国际公法；1878年与林乐知等创立"上海圣教书会"，1902年任武昌大学堂万国公法教习。

同年　闽浙总督左宗棠在福州东街设正谊书院，聘林鸿年为山长。正谊书院为1902年设立的全闽大学堂前身。左宗棠（1812—1885），字季高、朴存，谥号文襄，湖南湘阴人，历任浙江巡抚、闽浙总督、陕甘总督、东阁大学士、军机大臣、两江总督等职。林鸿年（1805—1886），字勿村，福建侯官人，历任山东乡试副主考官、广东琼州知府、云南按察使、云南巡抚等职，后受左宗棠聘请主讲于福州正谊书院。

同年　美国圣公会传教士裨治文夫人格兰德（Eliza Gilette），在北京创设贝满女塾。贝满女塾于1905年增设大学课程，大学部后称为华北协和女子大学，1920年并入燕京大学。

1865年（同治四年　乙丑）

4月2日　恭亲王奕訢被革职。

4月　阿古柏统一新疆地方割据政权，扶植布素鲁克成立"哲德沙尔汗国"，自立为汗。

5月18日　捻军赖文光、张宗禹、任化邦等率部全歼僧格林沁清军于山东曹州（今菏泽）高楼寨。

5月　李鸿章代理两江总督，移营南京。在南京聚宝门（今中华门）外扫帚巷东首西天寺的废墟上兴建厂房，筹建金陵制造局，亦称金陵机器局。

8月29日 法国传教士玛弼乐（Francois Mabileau）在四川酉阳被人殴毙，遂发生酉阳教案。

9月20日 曾国藩、李鸿章设立江南机器制造总局，成为洋务派创办新式军事工业的开始。

2月2日 英国传教士湛约翰（John Chalmers）在广州创办中文新闻周刊《中外新闻七日录》，报道中外新闻和介绍西方科学知识，以"识世事变迁，而增其闻见，为格物致知之一助耳"。湛约翰（1825—1899），英国传教士，1852年于香港英华书院教学，并协助理雅各管理英华书院。

2—3月 曾国藩在南京修建钟山书院、尊经书院，并重修安庆文庙。

3月 美国北长老会教士丁韪良（W. A. P. Martin）经由蒲安臣和威妥玛（Thomas Francis Wade）推荐，接替傅兰雅担任京师同文馆英文教习，后担任京师同文馆总教习。威妥玛（1818—1895），英国外交官，历任英驻上海副领事、江海关税务司等职，1888年任剑桥大学首任汉语教授。

9月29日 李鸿章在上海建立江南机器制造总局，附设机械学堂，从事枪炮制造。总局起初由购买来的上海虹口美商旗记铁工厂和3个洋炮局合并而成，1867年迁至高昌庙，发展成为当时规模最大的军工企业。

10月11日 京师同文馆第一次总考试，英、法、俄三文馆学生参加考试，至19日结束。初试是将外文译成汉文，终试是将汉语口译为外语。成绩优异者授予七、八、九品官职。

12月22日 奕䜣等上呈《酌拟变通同文馆章程》6条："添设膏火以省甲缺""酌定奖赏以资鼓励""饬助教常川住馆以资照料""严定学生告假日期以免作辍""请定去留限制以免滥厕""酌给各官米折银两以昭平允"。

同年 上海道丁日昌在上海城南建立龙门书院，专课策论、经解。顾广誉、刘熙载等任山长。1904年龙门书院改为江苏省立第二师范。丁日昌（1823—1882），字雨生，号持静，广东丰顺县人，历任江南机器制造总局总办、江苏布政使、福州船政大臣兼署福建巡抚，1879年加总督衔驻南洋会办海防，兼充总理各国事务大臣。顾广誉（1799—1866），字维康，号访溪，嘉兴府平湖人，1865年应丁日昌、应宝时之聘，讲学于上海龙门书院，主讲实学。刘熙载（1813—1881），字伯简，号融斋，晚号寤崖子，江苏兴化人，官至广西提学使，1867年主讲于上海龙门书院。

同年 曾国藩创设于安庆的书局在南京改名为金陵书局，后改为江南官书局。

同年 美国圣公会在上海设立培雅书院（Baird Hall），为上海圣约翰大学的前身之一。培雅书院是美国传教士文惠廉（William Jones Boone）所创，教授高小程度知识，后在1879年与度恩书院（Duane Hall）合并成约翰书院。文惠廉（1811—1864），美国传教士，1840年起在澳门、广州、厦门等地传教，1844年被任命为美国圣公会中国传教区主教。

1866年（同治五年　丙寅）

10月6日 清政府批准筹设天津机器局。

10月20日 捻军在河南中牟分兵两路，赖文光、任化邦率军攻山东，为东捻军；张宗禹率部进军陕西，为西捻军。

同年 方举赞、孙英德于上海开设发昌机器厂。这是中国近代第一家民族资本企业。

2月20日 恭亲王奕䜣等奏斌椿随赫德（Robert Hart）出国往泰西游历，获准。斌椿（1804—1871），字友松，汉军正白旗人。1866年率同文馆学生游历欧洲，回国后撰文介绍西方学制与大学制度。

3月23日 斌椿与同文馆学生凤仪、德明、彦慧等人，随赫德（Robert Hart）先后至法、英、瑞士、俄、普等国考察，10月26日返回北京。回国后，斌椿据其所见所闻著成《乘槎笔记》一书。此行开创了清政府官方代表出洋之先例。

6月25日 左宗棠上《拟购机器雇洋匠试造轮船先陈大概情形折》，奏请在福州马尾设船政局制造船舰。本年冬，马尾船政局动工兴建。

7月 同文馆延聘额伯林（M. J. Obrien）、毕利干（A. Billequin）、李璧谐（E. L. Lepissier）三人分别为英文、化学、法文教习。毕利干（1837—1896），法国人，1866年来华，在京师同文馆讲授化学、天文等课程，1873年著第一部中文化学教科书《化学指南》，1876年主持创建化学实验室。

12月11日 总理各国事务衙门奕䜣上《请添设一馆讲求天文算学折》，奏请在同文馆内添设天文算学馆，"招取满汉举人及恩、拔、岁、副、优贡"及"前项正途出身五品以下满汉京外各官，少年聪慧，愿入馆学习者"，招收受过传统教育的优秀分子入学，"延聘西人在馆教习，务期天文、算学，均能洞彻根源，斯道成于上，即艺成于下，数年以后，必有成效"。

12月11日 左宗棠上《详议创设船政学堂章程购器募匠教习折》，《折》曰："一面开设学堂，延致熟习中外语言文字洋师，教习英法两国语言文字、算法、画法，名曰求是堂艺局，挑选本地资性聪颖粗通文字子弟入局肄习……兹局之设，所重在学造西洋机器以成轮船，俾中国得转相授受为永远之利也，非如雇主买轮船之徒取齐一时可比。"《章程》附清单"开艺局之日起，每三个月考试一次，由教习洋员分别等第""子弟入局肄习，总以五年为限""各子弟学成后，准以水师员弁擢用"等。

12月23日 求是堂艺局在福建招生，沈葆桢亲自主持首次录取考试。第一次共招生十余名，第一名为严复，暂借定光寺为临时校舍。沈葆桢（1820—1879），原名振宗，字翰宇，福建侯官人，历任九江知府、广信知府、总理船政大臣、两江总督兼南洋通商大臣等职。严复（1854—1921），原名宗光，又名礼乾，字又陵，福建侯官人，留学英国，历任北洋水师学堂总办、天津学堂总办、京师大学堂监督、学部审定名词馆总纂等职；辛亥革命后任国立北京大学校长。

同年 基督教圣公会在上海创办度恩书院（Duane Hall）。该学堂于1879年同"培雅书院"合并成为约翰书院，为圣约翰大学的前身。

同年 博济医院内设"博济医校"，由嘉约翰（John Glassgow Kerr）主持，是我国第一所正式的西医学校。招收教会和金利埠惠爱医局的学生及开业的中医生，于每周二和周六上两次课。嘉约翰（1824—1901），美国传教士，1853年到澳门、香港、广州行医，推广牛痘术，1887年被选为中华教会医学会第一任主席。

1867年（同治六年　丁卯）

1月23日　西捻军在陕西西安城东灞桥十里坡大败清军。

4月　三口通商大臣崇厚在天津设立机器制造局，初名"军火机器总局"，以英国商人密妥士（J. A. T. Meadows）为总管，规模仅次于江南制造局。

6月13日　美国借口美船水手被杀，派军舰侵犯台湾被台湾人民击退。

12月26日　东捻军被清军镇压。

1月6日　求是堂艺局正式开学，设造船、设计、驾驶、管轮等专业，聘法、英籍教员，借福州定光寺等处上课。

1月28日　奕䜣等奏拟《同文馆学习天文算学章程》6条："专取正途人员以资肄习""请饬各员常川住馆以资讲习""按月考试以稽勤惰""限年考试以观成效""厚给薪水以期专政""优加奖叙以资鼓励"。

2月19日　闽浙总督英桂呈《上总理衙门陈办理船政事》，报告福建船政局建厂和建设学堂的情况："习学洋技之求是堂，亦经开设，并选聪颖幼童入堂，先行肄习英语、英文。"英桂（1798—1879），字香岩，满洲正蓝旗人，历任山东布政使、河南巡抚、山西巡抚、福州将军、闽浙总督、兵部尚书、体仁阁大学士等职。

2月25日　奕䜣上奏推荐太仆寺卿徐继畬为总管同文馆事务大臣，提高同文馆地位，得到支持与赞同。

3月5日　掌山东道监察御史张盛藻上奏，反对正途科甲人员学习天文、算术。奏称："朝廷命官必用科甲正途者，为其读孔、孟之书，学尧、舜之道，明体达用，规模宏远也，何必令其习为机巧，专明制造轮船、洋枪之理乎？……若令正途科甲人员习为机巧之事，又借升途、银两以诱之，是重名利而轻气节，无气节安望其有事功哉？"张盛藻（1819—1896），字素君，号春陔，湖北枝江县人，曾任户部员外郎、江南道御史、温州知府等。

3月5日 同治帝谕："据张盛藻奏，科甲正途读书学道，何必令其习为机巧，于士习人心大有关系等语。朝廷设立同文馆，取用正途学习，原以天文算学为儒者所当知，不得目为机巧。正途人员用心较精，则学习自易，亦于读书学道无所偏废。是以派令徐继畬总管其事，以专责成。不过借西法以印证中法，并非舍圣道而入歧途，何至有碍于人心士习耶。"

3月20日 大学士倭仁上奏反对科甲正途官员学习天文算学，曰："天文算学为益甚微，西人教习正途，所损甚大。"并奏称："如以天文算学必须讲习，博采旁求，必有精其术者，何必夷人，何必师事夷人？""今令正途从学，恐所习未必能精，而读书人已为所惑，适堕其术中耳。"倭仁（1804—1871），字艮峰，蒙古正红旗人，历任大理寺卿、光禄寺卿、工部尚书、文渊阁大学士、文华殿大学士等。

4月6日 总理各国事务大臣恭亲王奕䜣等上奏折驳倭仁等"礼义制敌论"，奏称："该大学士既以此举为窒碍，自必别有良图……如别无良策，仅以忠信为甲胄，礼义为干橹等词，谓可折冲樽俎，足以制敌之命，臣等实未敢信。"

4月12日 倭仁上奏反对总理衙门4月6日的奏折，称："今阅总理衙门所奏，大率谓忠信礼义为空言，无当于制胜自强之实政，奴才愚见窃谓不然。"并曰：令"诵习诗书者而奉夷人为师，其志行已可概见，无论所学必不能精，即使能精，又安望其存心正大，尽力报国乎？恐不为夷人用者鲜矣。且夷人机心最重，狡诈多端，今欲习其秘术以制彼死命，彼纵阳为指授，安知不另有诡谋？"

4月23日 奕䜣等上奏指责倭仁等制造浮言，阻挠天文算学馆招生，曰："自倭仁倡议以来，京师各省士大夫聚党私议，约法阻拦，甚且以无稽谣言煽惑人心，臣衙门遂无复有投考者。"

4月23日 同治帝就倭仁原奏内称"天下之大，不患无才，如以天文算学必须讲习，博采旁求，必有精其术者"，命倭仁着即"酌保数员，另行择地设馆，由倭仁督饬讲求，与同文馆招考各员互相砥砺，共收实效"。

4月25日 倭仁奏："至折内所陈，原谓立国之道当以礼义人心为本，未有专恃术数而能起衰振弱者。天文算学只为末艺，即不讲习，于国家大计亦无所损，并非谓欲求自强必须讲明算法也。今同文馆既经特设不能中止，则奴才前奏已无足论，应请不必另行设馆，由奴才督饬办理；况奴才意中并无精于天文算学之人，不敢妄保。"

4月25日 上谕："倭仁现在既无堪保之人，仍着随时留心，一俟咨访有人，即行保奏，设馆教习，以收实效。"

6月6日 求是堂艺局迁回马尾，分前学堂与后学堂，前学堂学制造，培养造船、造机人才；后学堂学驾驶，培养操船、航海人才。

6月21日 京师同文馆天文馆、算学馆举行招生考试。前来报考的正途科甲人员和其他官员共98人，实际参加考试的72人，录取30人，开馆肄业。

6月23日 杨廷熙上《奏请撤销同文馆以弭天变折》，《折》曰："天象示警，人言浮动，请旨撤消同文馆，以弭天变而顺人心，杜乱萌而端风教。"

6月30日 上谕："前因天时亢旱诏求直言，原冀于国计民生有所裨益。兹据都察院代奏候选直隶州知州杨廷熙奏请撤销同文馆以弭天变一折，呶呶数千言，甚属荒谬！同文馆之设，历有年所。本年增习天文算学，以裨实用，历经御史张盛藻、大学士倭仁先后请罢前议，因其见识拘迂，迭经明白宣示，……杨廷熙此折，如系倭仁授意，殊失大臣之体，其心固不可问；即未与闻，而党援门户之风，从此而开，于世道人心大有关系。该大学士与国家休戚相关，不应坚执己见……至杨廷熙草莽无知，当此求言之际，朝廷宽大，姑不深责。"

7月25日 自5月到7月，江南制造总局从虹口移至高昌庙，分建机器、气炉、木工、铸铜铁等厂，"并以立学堂，习翻译为制造之本"，培养工程与机器制造人才。

10月12日 总理各国事务衙门大臣奕䜣等奏准选择上海广方言馆和广州同文馆的优秀毕业生送到京师同文馆来深造。奏曰："应请旨饬下上海通商大臣、两广总督、广东巡抚，将各该处所立外国语言文字学馆内择其已有成效者，每省酌送数名来京考试，以便群相研究，俟有成效，果系才识出众，即由臣等酌请奖励，授以官职，俾资鼓舞。"

12月7日 两广总督瑞麟等上《送学生咨文》，送广东同文馆6名学生进京，"查广东同文馆诸生学习有年，内有蔡锡勇、那三、博勒洪武、韩常泰、左秉隆、坤扬等六名于文艺尚堪造就，相应咨送，为此咨送贵衙门，谨请查照办理施行。"蔡锡勇（1850—1896），字毅若，福建龙溪人，历任驻美公使翻译官、湖北自强学堂总办、湖北武备学堂总办等职。1896年撰写成我国第一本采用速记符号式汉语拼音文字方案《传音快字》。

12月26日 福建船厂监督、法国人日意格（Prosper Marie Giquel）认为"造船之枢纽，不在运凿杆椎，而在画图定式，非心通其理，所学仍属皮毛，中国匠人多目不知书，具各事其事，恐他日船成，未必能悉全船之窥要"。为此，沈葆桢成立马尾绘事院。绘事院内分两部：一部学习船图，一部学习机器图。日意格（1835—1886），法国人，1857年以法国海军上尉身份随军来华，1861年在宁波任海关税务司，1867年被聘为马尾船政正监督。

年底 徐寿和华蘅芳在江南制造局建立翻译馆。徐寿（1818—1884），字雪村，号生元，江苏无锡人，1862年入安庆军械所研究军械、轮船制造，1865年参与筹建江南机器制造局，1874年与华蘅芳、傅兰雅等创办上海格致书院，任创始董事、化学教习，创刊《格致汇编》。华蘅芳（1833—1902），字若汀，江苏无锡人，曾与徐寿共同在江南制造总局试制成功中国第一艘实用的以蒸汽机为动力的轮船，后致力于数学研究和西方科技著作的翻译，与人合译的《决疑数学》是中国第一部概率论译著。

同年 京师同文馆设算学、化学、万国公法、医学生理、天文、物理、外国史地等课程。教员多为外国人。

同年 两江总督马新贻在杭州设浙江官书局。

同年 崇信义塾改名育英义塾从宁波迁往杭州，为之江大学前身。

同年 曾国藩奏设江南制造局机器学堂。

同年 容闳上《予之教育计划》，提出"政府宜选派颖秀青年，送之出洋留学，以为国家储蓄人才"。

同年 美国公理会传教士江戴德（Layman Dwight Chapin）于河北通州创立潞河书院。该书院初为小学程度，侧重中文教学，训练福音传教士的助手；1902年，美国的华北公理会、长老会和英国的伦敦会共同投资，该校升格为高等教育机构，改称协和书院；1912年改称华北协和大学；1917年与北京汇文大学合并，后改名燕京大学。

1868 年（同治七年 戊辰）

2月25日 退役驻华公使浦安臣（Anson Burlingame）率"中国使团"出访美、英、俄、法、普等国，2月25日从上海出发，是为中国使团首次出访国外。

3月 乌苏里江东南青岛（今阿斯科尔德岛）爆发中国淘金工人反抗沙俄殖民者的迫害和驱逐的武装起义。

7月28日 以清政府"办理各国中外交涉事务大臣"头衔率使团出访各国的美国前任驻华公使蒲安臣（Anson Burlingame），在美国华盛顿与美国国务卿西华德（W. H. Seward）擅自签订《中美续增条约》（即《中美天津条约续增条款》，也称《浦安臣条约》），成为国际外交史上的奇闻。

8月16日 西捻军败于山东茌平徒骇河，全军覆没。至此，坚持十六年，纵横八省的捻军起义最后失败。

8月22日 法国天主教传教士金缄三（Joseph Seckinger）在扬州设立育婴堂，虐死婴孩40多名，激起民愤，扬州教案发生。

9月28日 江南制造总局制造的第一艘轮船"恬吉号"试航至南京。

1月18日 广州将军庆春等选送广东同文馆学生蔡锡勇等6人到京，经总理衙门考察，"该学生等学习有年，均堪造就，应请照上年奏定章程，蔡锡勇一名作为监生，那三、博勒洪武、韩常泰、左秉隆、坤扬等五名作为翻译生员，均准一体乡试，仍照原议分别派充将军、督抚各衙门翻译官"。

1月 法国天主教神甫韩伯禄（Pére Heude）于上海徐家汇创设"震旦博

物院",又称徐家汇博物院,主要搜集长江流域动植物标本。韩伯禄(1836—1902),法国传教士,1868年来华,在上海徐家汇创办自然历史博物馆。

2月12日 求是堂艺局增设管轮学堂,并入后学堂,培养操纵管理轮船机器的人才。

2月17日 福州船政前学堂设立艺圃,招收"艺徒",实行半日读书,半日入厂学手艺,以培养轮机工匠。课程有算术、几何、几何作图、代数、设计和蒸汽机构造。

4月1日 上海广方言馆第一次咨送严良勋、席淦、汪凤藻、汪远焜、王文秀等5名学生到京师同文馆考试、学习。

5月20日 江南制造总局翻译馆正式开馆。傅兰雅(John Fryer)为主译。翻译馆第一批翻译的书籍有5种:《汽机发轫》《汽机必以》《泰西采煤图说》《运规约指》《奈端数理》。

7月12日 上海广方言馆学生严良勋、席淦、汪凤藻、汪远焜、王文秀等经总理衙门详加考试,"于算法颇能通晓,翻译汉洋文字亦皆明顺,均无舛错""于经书文艺讲贯有年,复能兼习西文,学有成效,均堪造就"。总理衙门奏准给严良勋、席淦2名内阁中书职衔,汪凤藻、汪远焜、王文秀等3名国子监学正职衔。

7月28日 清政府办理中外交涉事务大臣志刚、孙家谷等与美国订立《中美续增条约》。该约第7条载称:"嗣后中国人欲入美国大小官学学习各等文艺,须照相待最优国之人民一体优待;美国人欲入中国大小官学学习各等文艺,亦照相待最优国之人民一体优待。美国人可以在中国按约指准外国人居住地方设立学堂,中国人亦可在美国一体照办。"

9月5日 林乐知(Young John Allen)主办的《中国教会新报》、The News of Churches 在上海创刊,美华书馆印刷,上海林华书院刊发。该刊以宣传宗教为主,少许记载中外史地、科学常识及中国教育消息。

10月17日 江南制造局在上海正式成立翻译学馆。中国近代第一个由政府创办的翻译出版西方图书的机构诞生,后发展为中国最大的科学翻译出版中心。翻译馆运营至19世纪初,采用西译中述的翻译方法,有中外翻译学人约59名，共翻译刊发200多本科学著作。

12月1日 两广总督瑞麟等奏准总理各国事务衙门咨："广东同文馆自同治三年五月三十日开设以来，迄今四年有余，在馆诸生学有成效，汉文教习吴嘉善及提调、馆长、通事、分教习等员，均属著有微劳，照同治元年总理衙门原奏，应予酌量奖励。……至西文教习谭顺（Theos Sampson），于同治四年五月初间告辞，接延哈巴安（A. P. Happer），同治六年四月又辞回国，改延巴化理（W. L. G. Badham）接充，合并陈明。"

12月 容闳上说帖于江苏巡抚丁日昌，条陈："政府宜选派颖秀青年，送之出洋留学，以为国家储蓄人才。派遣之法，初次可先定一百二十名学额以试行之，此百二十人中，又分为四批，按年递派。每年派送三十人，留学期限定为十五年；学生年龄须以十二至十四岁为度，视第一、第二批学生出洋留学著有成效，则以后即永为定例，每年派出此数。派出时并须以汉文教习同往，庶幼年学生在美仍可兼习汉文。至学生在外国膳宿、入学等事，当另设留学生监督工人以管理之。此项留学经费，可于上海关税项下，提拨数成以充之。"

同年 李善兰任京师同文馆首任算学总教习，从此转向数学教育和研究工作。教学期间，李善兰融汇中西教学，"教习诸生先后约百人"，培养了大批数学人才。

1869年（同治八年 己巳）

4月27日 中俄签订《陆路通商章程》。

6月10日 福建船政局制造的第一艘轮船下水，命名"万年清"。

8—9月 《中俄科布多界约》《中俄乌里雅苏台界约》签订。

10月23日 中英签订《中英新定条约十六款》《新修条约善后章程十款》及税则十条。

11月26日 美国传教士丁韪良（W. A. P. Martin）任京师同文馆总教习，当日同文馆为其举行就职典礼。任职期间，主持改学制为5年、8年两种，讲授英文、万国公法等课程。

11月 江海关道涂宗瀛《上督抚宪通商大臣禀》，建议机器制造局开设学堂，译习外国书籍，与广方言馆事属相类，自应归并一处，以期一气贯通。"由冯道竣光、郑守藻如随时就近督饬妥办，仍留广方言馆之名，以符前次奏案。"涂宗瀛（1812—1894），字郎轩，安徽六安人，曾在少数民族地区广建学塾，刊办《孝经》《小学》诸书；历任湖南按察使、湖南布政使、广西巡抚、河南巡抚、湖南巡抚、湖广总督等职。

11月 上海广方言馆并入江南制造总局，张安行任首任监督，林乐知任英文教习，傅兰雅（John Fryer）兼任法文教习。

同年 京师同文馆天文算学馆请丁韪良（W. A. P. Martin）讲授万国公法。

同年 江宁、苏州、武昌相继设立官书局。

同年 湖北学政张之洞于武昌创建经心书院，分经、义、治、事四斋，课有经解、史论、诗赋、杂著等。刘恭冕主持书院经训讲席。张之洞（1837—1909），字孝达，号香涛，又号无竞居士，晚号抱冰老人，直隶南皮人，曾开办汉阳铁厂、湖北枪炮厂、马鞍山煤矿、湖北织布局、湖北缫丝局等重型工业企业，并筹办卢汉、粤汉、川汉等铁路；曾提出"旧学为体，西学为用"的主张；参与制定学制、废除科举、设置学部等事，创办新式学堂多所。

1870年（同治九年 庚午）

6月6日 总理衙门奏准英商试办粤沪海底电线。

6月21日 因法国天主教堂拐卖并残害中国儿童而引发天津教案。

11月12日 清政府裁撤三口通商大臣，所有北方洋务海防事宜，均归直隶总督负责。

2月28日 上海广方言馆从城内移至江南制造局新屋。

4月3日 冯焌光、郑藻如在《上督抚宪禀（附酌拟广方言馆课程十条）拟开办学馆事宜章程十六条》中提出广方言馆课程10条："辨志""习经"

"习史""讲习小学诸书""课文""习算学""考核日记""求实用""学生分上下班""上班分七门"等。《开办学馆事宜章程十六条》为:"求师资以端模范""分教习以专讲求""集人才以备学习""广制器以资造就""编图说以明理法""考制造以究源流""测经纬以利行船""译舆图以参实测""广翻译以益见闻""录新报以知情伪""储群籍以资稽考""购测器以便考订""刊书版以省传抄""定课章以循诵习""严甄别以昭奖劝""立年限以收成效"。冯焌光(1830—1878),字竹儒,广东南海人,1865年任江南制造总局总办,1876年捐银2万创办求志书院,并创办中英文合刊《新报》。郑藻如(1824—1894),字志翔,号豫轩,广东香山县人,1869年被李鸿章聘至上海江南机械制造总局,曾抗议美国《停止华工入美20年的排华法案》。

7月9日 上海道涂宗瀛订龙门书院章程6则:"书院山长必由道署及董事博采众议,礼聘品学兼优,体用咸备,经师人师足为士林矜式者为之。""书院专课论策,以经史、性理命题。""书院培植人材,岂容分以畛域。""书院为切磋学问之地,凡公私外事,自不相关。""书院自同治丁卯年建立堂舍、楼房数进,开浚池沼,树艺花木。""书院以经费为本,经费既充,可垂永久。"龙门书院山长刘熙载订龙门书院课程六则:"重躬行""勤读书""严日课""遵规矩""循礼仪""简出入"。

10月21日 船政大臣沈葆桢会同闽浙总督英桂奏请特开算学一科,指出:"船炮之巧拙,以算学为根本",应"特开算学一科,诱掖而奖进之,使家有其书,人自为学"。

11月4日 李鸿章接办天津机器制造局,分东西两机器局。以后所办的水雷、水师、电报各学堂,均附设在东机器局。

1871年(同治十年 辛未)

1月6日 清军攻陷陕甘回民起义重要据点金积堡,首领马化龙缴械投降。

6月3日 上海、伦敦间经旧金山开通海底电线。

7月4日　沙俄派兵侵占伊犁地区。

8月13日　福建古田民众拆毁英国教堂，古田教案发生。

8月18日　曾国藩与李鸿章会奏："派委刑部主事陈兰彬、江苏同知容闳，选带聪颖子弟前赴泰西各国，肄习技艺。"陈兰彬（1816—1895），字荔秋，广东吴川人，1872年以留学生监督身份率领第一批留学生30人赴美，曾任驻美国、西班牙和秘鲁公使及美国大使，1884年主讲于高文书院。

9月　上海广方言馆保送第二批7名学生入京师同文馆深造。分别为朱人、杨兆莹、金仁杰、王宗福、徐广坤、杨兆鋆、黎子详。

10月2日　韦廉臣（williams）在武昌创办一所男子寄宿学校，学校以美国圣公会中国布道区首任主教文惠廉的名字命名（The Boone Memorial School），1891年改名为"文华书院"，1909年12月改名文华大学，1916年后改为华中大学。韦廉臣（1829—1890），英国传教士，1855年来华，在上海、烟台等地传教，1877年被推为在华基督教学校教科书委员会委员，后在上海创办同文书会，任督办（同文书会后改称广学会，是基督教在中国设立的最大出版机构）。

同年　曹子实在苏州十全街设立主日学校。该校1879年迁至天赐庄，改名"存养书院"，1884年改称苏州博习书院，为东吴大学的前身。

同年　京师同文馆添设德文馆，开始时由俄文教习伟贝（C. Waeber）兼任德文教习，1873年起由第图晋（N. Titoushkin）、哈根（W. N. Hagen）相继任德文教习。

同年　京师同文馆开设化学课，由法国人毕利干（M. A. Billequin）任教习。

同年　京师同文馆设立医学与生理学讲座，由英人德贞（J. Dudgeon）任讲席。德贞（1837—1901），英国传教士，1863年来华，1865年在北京创办双旗杆医院（现协和医院前身），为京师同文馆第一任医学与生理学教授。

同年　江南制造局翻译出版西书14种：有玛高温（D. J. MacGowan）译、华衡芳述的《金石识别》，傅兰雅（John Fryer）译、徐建寅述的《化学分原》，傅兰雅（John Fryer）译、徐寿述的《化学鉴原》等。玛高温（1814—1893），美国传教士，1843年来华，1854年在宁波创办和主编《中外新报》。徐建寅（1845—1901），字仲虎，江苏无锡人，1862年随父徐寿入安庆军械所，历任山东机器制造局总办、直隶候补道等职，1901年在试制无烟火药时因无烟火药爆炸殉职。

同年 福建船政学堂严复、刘步蟾、林泰曾、林永生、方伯谦等18人到船政局自制的"伏波"舰上进行实习，巡历南至新加坡、槟榔屿等南洋各地，北至直隶湾、辽东湾等中国各口岸。

1872年（同治十一年 壬申）

4月30日 《申报》在上海创刊。

6月8日 沙俄与阿古柏订立《俄阿条约》。

11月26日 清廷批准李鸿章奏折，成立轮船招商局，是近代中国最早的新式航运企业。

8月11日 中国官方派遣第一批留学幼童30人，由陈兰彬、容闳带队赴美。30名学生均来自上海广方言馆，詹天佑名列其中。詹天佑（1861—1919），字达潮，号眷诚，广东南海人，1872年赴美留学，1881年毕业于耶鲁大学；先后任教于福州船政局、广州博学馆、广东水师学堂，参加或主持修建了京奉铁路、京张铁路、张绥铁路、川汉铁路、粤汉铁路等；他主持修建的京张铁路是中国自主设计并建造的第一条铁路。

9月28日 法国使臣热福理（F. L. H. de Geofroy）致函总理各国事务衙门："法国文学苑之意，为鼓励贵国同文馆之肄业生童习本国之经文诸史，今备书籍数闸，即希查收，以备该馆之用。"赠予京师同文馆书籍一箱，计188本，内有化学、医学、格物、算学、地理、农田、兵法及字典、诗史等书。

11月11日 由蠡勺居士主编的《瀛寰琐记》月刊在上海创刊，每月朔日出一卷，申报馆发行，为我国最早的文学专业刊物，以刊载诗词、散文为主，兼及小说、笔记、政论。1875年1月停刊，共出28卷。

11月23日 总理各国事务衙门大臣奕䜣上奏回赠法文学苑书籍，计《康熙字典》6套，《御选唐诗》4套，《钦定词谱》4套，《皇清经解》40套，《十三经》20套，《昭明文选》2套，《朱子全书》6套，《古文渊鉴》6套，《渊鉴类函》20套，《唐宋八家帖》2套及《圣谕广训》。

同年 德国同善会传教士花之安（Ernst Faber）在华出版《德国学校论略》《泰西学校论略》（又名《西国学校》），介绍西方学校制度。花之安（1839—1899），德国传教士，1865年代表礼贤会到香港，后到广东、上海传教，1891年任中华教育会副会长。

同年 广东同文馆规定：正附学生均收满汉八旗子弟；裁撤翻译官一项，专以府经县丞升用，并停止旗员任武职。

1873年（同治十二年 癸酉）

3月11日 总理衙门大臣文祥与俄、德、美、英、法公使商议觐见问题，各使允免冠五鞠躬，文祥坚执跪拜礼。

5月21日 江西瑞昌群众拆毁美国人的教堂。

12月6日 王韬在香港创办《循环日报》。

11月 陕甘学政许振祎于山西泾阳设味经书院，延平利县教谕史兆熊为首任山长。以课"实学"为主，实则为钦定七经及"纲鉴"、诸史、《文献通考》等。

12月7日 福建船政大臣沈葆桢上奏《船工将竣谨筹善后事宜折》，请同治帝向英、法等国派遣海军留学生，福建船政学堂的"前学堂学习法国语言文字也，当选其学生之天资颖异学有根柢者，仍赴法国探究其造船之方，及其推陈出新之理。后学堂学习英国语言文字也，当选其学生之天资颖异学有根柢者，仍赴英国探求其驶船之方，及其练兵制胜之理，速者三年，迟则五年，必事半功倍"。

同年 狄考文（Calvin Wilson Mateer）扩充山东登州蒙养学堂，添办相当于中学程度的"正斋"，学习期限为6年。正斋1876年正式定名为文会馆。1904年文会馆与英国浸礼会设在青州的广德书院合并，易名广文学堂，迁至潍县，是为齐鲁大学的前身。

同年 京师同文馆设印书处，印刷同文馆的翻译著作及总署文件等。用印刷机7部，活字4套，以代替武英殿的皇家印刷所，承印同文馆和总理衙门翻译的书籍和文件。

1874年（同治十三年 甲戌）

4月27日 日本借口琉球"牡丹社事件"，悍然出兵台湾。

5月3日 上海发动了反对法国侵略军侵占四明公所的斗争。

5月23日 沙俄拒不交还伊犁，清廷命左宗棠率部西进，收复失地。

10月31日 《中日台湾事件专约》（又称《北京专条》）签订。清政府赔偿日本50万两银。

3月5日 英国驻上海领事麦华陀（Walter Henry Medhurst）倡议创设格致书院，并拟定章程15条，确定创立宗旨和筹备事项："立此书院，原意是欲中国士商深悉西国人事，彼此更敦和好"；"此院应于界内设立"；"拟由中外士商捐成"；"经理书院各务，须立董事，少则五人，多则七人，首先一年，可邀出捐西人一二位帮办……"等。麦华陀（1823—1885），英国人，1839年来华，曾任英国政府代表义律的汉文秘书、上海领事馆翻译、福州领事、汉口领事、上海领事等职。

4月5日 福建船政大臣沈葆桢上《致总理各国事务衙门函》，对第一批船政学堂留欧学生拟定了法学章程与课程计划，包括艺童课序、艺徒课序、英学课序。其中法学章程规定："在法国地方，各学生应住一所。委员亦住其间，以便稽查。"艺童课序、艺徒课序、英学课序则分别规定了艺童、艺徒以及赴英国学习的驾驶练童每年的学习内容及相关规定。

7月 徐寿上《为上海设格致书院上李爵相禀并条陈》，附《格致书院章程六条》，《条陈》曰："拟于上海设立格致书院，使风气渐开，以收致用之效……业经拟举董事西人伟烈亚力（Alexander Wylie）、傅兰雅（John Fryer）、福弼士（F. B. Forbes），华人唐丞廷枢、王副将荣和以及麦领事与卑职，并职子知县建寅；共八人，以冀同心共济，合力齐举。"《章程》曰："设立格致书院，欲中国士商深悉西国之事，彼此更敦和好"；"院中肄业，蠢鲁浮游之人，不得混收"；"经理书院各务，公举董事八人"；"院中陈列旧译泰西格致诸书，各种史志……"等六条。

7月 清政府命容闳在美国康纳特克省哈特福德的克林街（Collins Street）建造"中国留学事务所"，亦名"驻洋肄业局"，即在美国管理中国留美幼童事务的机构。可容监督、教员、学生75人居住，并有专备教授学生汉文用之大课堂。

9月19日 祁兆熙率第二批上海广方言馆学生赴美留学。

12月10日 直隶总督李鸿章上《筹议海防折》，提出科举考试"科目即不能骤变，时文即不能遽废，而小楷试帖，太蹈虚饰，甚非作养人才之道。似应于考试功令稍加变通，另开洋务进取一格，以资造就"。他还建议"嗣后凡有海防省分，均宜设立洋学局，择通晓时务大员主持其事。分为格致、测算、舆图、火轮、机器、兵法、炮法、化学、电气学数门……延请西人之博学而精者为师友……并将京师同文馆、上海广方言馆习算学生及出洋子弟学成回国者，皆可调入洋学局为教习，并多方诱掖，劝惩兼施"。这样，"二十年后制器、驶船自强之功效见矣"。

12月12日 李鸿章上奏皇帝，主张改革科举，让考生选择西学作为应考学科之一。同时，建议在沿海省份建立"洋堂"，设置物理、化学、测量、绘图、机械、轮船、电力、兵法和防御工事等科目；聘请现代世界知识的高级官员担任领导；雇佣外国技术人员担任教员；分派学生实习，授予官衔等。

同年 上海江南制造局设立操炮学堂。操炮学堂为江南制造局附设的军事工程学堂，学习内容为汉文、外文、算学、绘图、军事、炮法等。1881年改为炮队营。

1875 年（光绪元年　乙亥）

1 月 12 日　同治皇帝驾崩。

2 月 21 日　云南民众在永昌打死非法进入云南并肆意行凶的英国使馆翻译马嘉理（August Raymond Margary），史称"马嘉理事件"。

2 月 25 日　光绪帝即位，年仅四岁。

5 月 3 日　命左宗棠以钦差大臣督办新疆军务，以金顺为乌鲁木齐都统，帮办军务，着手收复新疆。

5 月 30 日　命李鸿章督办北洋海防事宜，沈葆桢受命建立南洋水师。

7 月 14 日　日本宣布禁止琉球入贡中国、受中国册封，改奉明治年号，遵行日本制度，允许日军驻扎。

8 月 31 日　清政府任命郭嵩焘为出使英国钦差大臣，为中国政府正式派遣常驻各国公使的开始。

2 月 27 日　《万国公报》发表《论西学设科》一文，赞同李鸿章"奏请别开一科，以试天文、算学、格致、翻译之学与正科并重"，认为"此乃中国转弱为强之机，而怀抱利器者处囊脱颖之会也"，"夫天算、格致、翻译诸学，乃天下之公学，非西学也"。

2 月　礼部上《奏请考试算学折》，曰："现在山林隐逸，以及末秩下僚中，如果有专精算学者"，请饬下"核实保荐、听候简用""其本系正途出身兼通是学者，即如该督等所请，别加优异，以示殊荣"；"若有资质明敏，愿学算法者，统归国子监算学照章学习。无论举贡生监及大员子弟，均准录取"。

3 月 7 日　福州船厂法籍学堂监督日意格（Prosper Marie Giquel）赴欧洲购买挖土机船、轮船铁胁、新式轮机等部件，沈葆桢奏请派船政学堂学生随同赴英、法等国参观游历。随行者有前学堂学生魏瀚、陈兆翱、陈季同 3 名，后学堂学生刘步蟾、林泰曾 2 名。以"开阔耳目，既可印证旧学，又可以增长心思"。

春 尊经书院在成都城南落成，薛焕为第一任山长。书院学生来源由各府按比例从有功名的秀才、贡生中推荐，再由书院择优录取。张之洞亲自制订书院学规章程 18 条，且先后撰写《书目答问》《輶轩语》两书，作为学生学习和操行指导。薛焕（1815—1880），字觐堂，四川兴文人，1874 年联络官绅 15 人上书张之洞，请别创书院以"通经学古课蜀士""继文翁之教，作育人才"，1875 年春任尊经书院山长。

4月3日 通政使于凌辰上奏，批评李鸿章奏请各督抚设立洋学局和另立洋务进取格的建议为"师事洋人"，不合"古圣先贤，用夏变夷"的本意。

4月3日 大理寺少卿王家璧上奏，反对李鸿章"章句弓马所学非所用，无以御敌""变科目以洋学"，认为放弃章句、弓马为忘本："本朝以弓马开基，立德武功，远轶前代。枪炮固可兼习，本业岂可全忘？""以章句取士，正崇重尧舜周孔之道。欲人诵经史，明大义，以敦君臣父子之伦也。"王家璧（1815—1883），字孝凤，湖北武昌人，曾任兵部主事、《宣宗实录》校对官、大理寺少卿等职；曾随曾国藩至皖办理营务，长期参与镇压太平军。

5月30日 恭亲王奕䜣上《择要条议海防诸议折》，赞成李鸿章请设洋学局及沈葆桢请开算学特科的建议。但认为"洋学特科，尚非仓猝所能举行"，建议南北洋大臣及各省督抚保举可胜任出使各国之人，这些人做出了成绩，"中外臣工皆知其有益于国家，则于设学设科之举必且众论交孚，不至再有异议矣"。

1876 年（光绪二年 丙子）

7月3日 中国第一条正式投入运营的铁路——淞沪铁路从天后宫北（今河南北路、塘沽路口）到江湾段正式通车。

9月13日 李鸿章与英国外交官威妥玛（Thomas Francis Wade）签订《中英烟台条约》。

11月6日 金顺、罗长祐率军收复玛纳斯南城，至此北疆平定。

2月9日 《格致汇编》（*Chinese Scientific Magazine*）在上海发行，由英国传教士傅兰雅主编，徐寿负责刊物的集稿和编辑工作，由上海格致书院发售。《格致汇编》主要栏目包括论述、新闻和通讯三大类，主要介绍自然科学知识，是通俗科学刊物，初为月刊，后改为季刊。

3月 苏松太道冯焌光创办求志书院于上海，分置经学、史学、掌故、算学、舆地、词章6斋。聘请刘彝程主持算学斋，每年4次出题考试算学，院外学习算学者，均可应试。并拟《上海求志书院章程四则》："置六斋以宏教育也"；"储简籍以惠好学也"；"建学舍以便观摩也"；"立季课以觇进业也"。1905年废除科举制后停办。

4月1日 福建巡抚丁日昌在福州创办福州电气学塾（又名电报学堂），由丹麦大北公司（The Great Northern Telegraph Co. of China）的工程师兼教习，教授电报原理与机器操作方法，以及制造电线、电报各种机器。首批招收学生32人，学生来源于会英语的香港、广州和有数学基础的船政学堂。学习内容为电气、电信及制造电线、电报各种机器等；以培养电报员为主，少数优异者派送英国大电报局、机关或丹麦电气厂留学深造，接受电线的安装与维护教育。

4月15日 李鸿章借德国军官李励协（Lehmayer）回国之便，派下长胜、王得胜、朱耀彩、杨德明、查连标、袁雨春、刘芳圃等7名军官赴德国学习"水陆军械技艺"。希望他们"如三年后学有成，回国教练各营，转相传授，似于军事教材可有裨助"。

6月22日 上海格致书院正式开院，以"令中国人明晓西国各种学问与工艺与造成之物"为宗旨，设讲堂、藏书楼、博物馆、书室等。但由于各种原因迟至1879年10月才正式招生。

秋 清政府任命陈兰彬、容闳为驻美正副公使，容闳仍兼留学生副监督。

12月13日 刘坤一奏《致黎召民议设西学馆函》，曰："……西学馆之设，诚为当今急务。弟实有志于此，昨以银八万元购买黄埔船澳，为将来扩充机器局及开设西学馆地步。"刘坤一（1830—1900），字岘庄，湖南新宁人，历任直隶州知州、广西布政使、江西巡抚、两江总督兼南洋通商大臣等职；

戊戌政变后，强烈反对废黜光绪皇帝，主张严厉镇压义和团运动，参与"东南互保"。

同年 吴子登被任命为清政府留美学生监督，上书清廷留学生"放浪淫佚""读书时少而嬉戏时多""效尤美人，入各种秘密社会，……有为宗教者，有为政治者，皆有不正当之行为"。认为留学生"他日纵能学成回国，非特无益于国家，并且有害于社会"。要求立即取消留学生制度，解散留学事务所，撤回全部留学生。1881年7月留学生全部撤回。

同年 京师同文馆设化学实验馆与博物馆。其中，化学实验馆用于学习化学知识，做化学实验等。

同年 丁韪良（W. A. P. Martin）任京师同文馆总教习后，制定了八年制和五年制课程计划。八年制课程计划供那些"汉文熟谙、资质聪慧"、年纪较小的学生使用。五年课程计划为"其年龄稍长，无暇肄及洋文，仅借译本而求诸学者"。

1877年（光绪三年 丁丑）

1月21日 中国近代第一位驻外使节郭嵩焘赴英。

3月1日 大清国资企业轮船招商局正式兼并美资企业旗昌轮船公司。这是中国有史以来第一次通过资本运作的方式吞并了一家大型外资企业。

10月24日 清政府收买淞沪铁路，随后全部拆毁。

1月13日 沈葆桢、李鸿章上《闽厂学生出洋学习折》并附《选派船政生徒出洋肄业章程》。《折》曰："查制造各厂，法为最盛；而水师操练，英为最精。闽厂前堂学生，本习法国语言文字，应即令赴法国官厂学习制造，务令通船新式轮机器具，无一不能自制，方为成效。后堂学生本习英国语言文字，应即令赴英国水师大学堂及铁甲兵船学习驾驶，务令精通该国水师兵法，能自驾铁船于大洋操战，方为成效……学生员数以三十名为度，肄习年限以三年为度，责以成效，严定赏罚，出洋经费分年汇解，约共需银二十万两。"

《章程》规定："选派制造学生十四名，制造艺徒四名，交两监督赴法国学习制造。""选派驾驶学生十二名，交两监督带赴英国学习驾驶兵船。""此次所议章程，总以三年学有成效为限。若三年后或从此停止，或另开局面，均由船政大臣通商大臣会商主裁，外人不得干预。"

3月31日 李凤苞、日意格（Prosper Marie Giquel）等带领福建船政学堂第一届出洋学生赴英、法等国学习，有前学堂学生郑清濂、罗臻禄等12名，艺徒裘国安、陈可会等4名；后学堂学生刘步蟾、严宗光（即严复）、萨镇冰等12名，先乘坐"济安号"轮船离闽赴香港；4月15日再由香港搭轮船分赴英、法两国。李凤苞（1834—1887），字丹崖，号海客，江苏句容人，曾任职江南制造局，以七年时间绘制地球全图《天下全图》，1876年任福建船政学堂留欧学生监督，后担任驻德、奥、意、荷大使。

5月10－24日 在华基督教徒第一次传教士大会在上海举行。会议报告1842—1877年基督教在华学校共350所，学生5975人。会上由狄考文（Calvin Wilson Mateer）、林乐知（Young John Allen）等发起成立基督教学校教科书编纂委员会（The Committee of School Textbooks），其主要任务是为各教会学校编写、出版教科书。编纂委员有丁韪良、狄考文、林乐知、韦廉臣、傅兰雅等。狄考文发表《基督教教会与教育的关系》的讲话，把培养牧师和教会学校教师作为教会学校的首要任务。

同年 王韬建议于浙、闽、粤三海口专设学塾，招收年力强壮、材质明敏者入塾肄业，培养"舵师舟长"。

同年 京师同文馆添设天文课。在聘请到美国人海灵敦（Mark Harrington）后，才正式开设天文课。1879年，骆三畏（S. M. Russell）和费礼饬（Dr. Fritz che）相继至同文馆执教。骆三畏（？—1917），原名塞缪尔·姆·拉塞尔，爱尔兰人，1879年来华任京师同文馆天文教习，后历任福州、广州、梧州等地的中国海关帮办、副税务司等职。

同年 南京水雷电学馆开设，教学内容主要包括外语、水雷、电气3个方面。

1878 年（光绪四年　戊寅）

1月2日　左宗棠西征军董福祥部收复和阗，南疆平定。至此，新疆领土除被沙俄侵占的伊犁地区外全部克复。

7月24日　李鸿章在直隶唐山开平镇正式创办开平矿务局。

7月28日　清政府与美国签订《中美续增条约》。

8月15日　清政府在北京、天津、上海、烟台、牛庄（营口）等五处设立邮政局，附属于海关内，并首次发行中国第一套邮票"大龙邮票"。

10月5日　上海机器织布局获准开办。

5月5日　两江总督沈葆桢奏请停止武科："历科武闱经费，每省数千金，果所拔者为朝廷折冲御侮必不可少之才，即所费滋多，亦不当吝惜。惟武举之晓畅营务，实不足与行伍出身者比，其勤奋耐苦亦不足与军功出身者比，盖因所用非所习也。至其无事家居者，往往恃顶戴为护符以武断乡曲，名虽为士，实则游民。诚能停止武闱，每科合各省亦可得数万金，为州县省一分亏累，即为民间留一分元气。"光绪皇帝谕："国家设立武科，垂为定制，其中不乏干城御侮之才。沈葆桢辄因撙节经费，请将武闱停止，率改旧章，实属不知大体者。传旨申饬，所请著毋庸议。"

1879 年（光绪五年　己卯）

8月17日　崇厚擅自与俄方订立中俄《里瓦几亚条约》。

11月10日　上海英商祥生船厂工人举行罢工。

12月7日　丁日昌奏请延聘西人教练水师。

4月4日　圣约翰书院奠基仪式在上海梵王渡举行，施约瑟（Samuel Isaac Joseph Schereschewsky）主教发表演说，称其理想是"创设一教会大学，为高等学术机关，同时为研究神学之中心，俾四方来学之士，能以所习，普及全国"。施约瑟（1831—1906），出生于立陶宛的犹太裔美国人，1859年来华，1878年任圣公会上海主教，同年在上海主持合并培雅书院、度恩书院，1879年创办圣约翰书院，任校长兼国文部主任；1881年主持文记女学、裨文女学合并，创办上海圣玛利亚书院。

4月 京师同文馆堂谕：同文馆学生，除在馆供给一切外，并分别等第给予膏火银两，用示优待。向来各学生膏火计分四等：上等每月十五两，系兼副教习学生；二等每月十两；三等每月六两，系前馆学生；四等每月三两，系后馆学生。皆按资格造诣以次递升，有长必录。现在领上等膏火学生计共八分，二等二十分，三等十七分，四等三十七分，统计八十二分，每岁支领官项约近七千之数。今以需用浩繁，经费不敷，"不得不就现在之数，予以限制，所有上等膏火即以八人为额数，二等即以二十人为额数，三等即以十七人为额数，四等即以三十七人为额数"。"遇有膏火缺出，于四馆内均匀择优充补，倘目前无堪补之人，暂阙毋滥。其勤奋用功学有进益者，着记名以应增应给之数，遇缺即补。"

7月23日 贵州候补道罗应旒奏请"整学校以新吏治"，提出"改京师太学及直省书院为经世书院，令举贡生员有心经世之学者以充学生""院中又延西学师一人，以讲求机汽、算学、重学、电学之类，学成者则用为机器、船政各局，荣以禄位，与部臣等"。

8月 中国赴美任教第一人戈鲲化抵达哈佛大学，开启了哈佛大学中文教育和中文研究的历史。同年10月22日正式开课，讲授中文、中国诗文等。1882年2月病逝美国，哈佛校方为其举行了追悼会。戈鲲化（1838—1882），字砚畇，安徽休宁人，曾任职于美、英驻华领事馆，1879年应聘前往哈佛担任中文教师，所编纂的中文教材《华质英文》是第一部由中国人为西方人写的中国文化教材。

9月1日 美国圣公会施约瑟（Samuel Isaac Joseph Schereschewsky）主教将圣公会早年设立的培雅、度恩两校合并，在上海梵王渡创办圣约翰书院，是日举行开学礼。

9月8日 广州将军长善上《请添设学馆酌加经费折》，奏请于广东同文馆内添设法、布（普鲁士）二馆："拟请即于原设同文馆内添设法、布二馆，每馆延聘教习一人，学生则于英馆中择其学有成效者十名分拨法、布二馆，每馆另挑质性聪颖兼晓清汉文义者五名，合共十名。"

10月 上海格致书院正式招生，次年2月开始授课，设置的课程主要有矿物、电务、测绘、工程、汽机、制造等，徐寿、傅兰雅（John Fryer）、华衡芳等任教习，定期聘中西人士讲演格致学理。

11月1日 上海格致书院在《申报》上刊登招生启事，宣称："学有二端，听其所向，例亦定为两则：一为学西国语言者，本书院延有名师，朝夕课责，来学者每岁纳四十金，本书院供给饮食；一为讲求格致实学者，本书院于算学、化学、矿学、机器之学，皆有专家，其考据、书籍、器具亦皆罗列，来学者先纳三百金，三年学成后，原银仍交该生领回，学未三年，不成而思去者，其银罚充公项。"

11月3日 两江总督沈葆桢上《奏闽省出洋生徒请予蝉联折》，以闽厂应用新式机器需要监工人才，而前、后学堂毕业生派赴英、法留学仅三十余人，不足使用，奏请续派学生出洋赴英、法就学。"请旨饬下闽海关将军、福建督抚臣、船政大臣查照前届出洋章程，择才派赴英法就学，俾人才蒸蒸日盛，无俟籍资外助……"

12月13日 上海广方言馆报送第三批学生吴宗濂、黄致尧两人入京师同文馆深造。吴宗濂（1856—1933），字挹清，号景周，江苏嘉定人，曾任驻英、驻俄使馆翻译以及驻西班牙代办、驻奥代办，后历任大总统府外交咨议、外交部特派吉林交涉员、国民党修约委员会委员等职。

同年 博济医院正式成立博济医科，定名为"南华医学校"，学制三年，同时招收女学生，这是中国第一所招收女学生的学校。

同年 林乐知（Young John Allen）译、郑昌棪述《格致启蒙》4种，《化学须知》1卷；方尼司辑，王汝骐译《化学源流》4本，后有经学堂采为教科书者。

同年 浙江宁波创办辨志精舍，分六斋课士，聘请黄炳垕为天文、算学斋教习。

同年 严复于英国学成归国，担任福建船政学堂后学堂教员。据载："五年六月吴赞诚以工次教习需才，调回（严宗光）充当教习。"

同年 京师同文馆添讲格致学，相当于自然学科。由欧礼裴（C. H. Oliver）讲授。

1880 年（光绪六年 庚辰）

2月12日 清政府任命曾纪泽为出使俄国钦差大臣，取代崇厚继续对俄谈判。

2月19日 清政府正式照会沙俄政府，不承认《里瓦几亚条约》。

8月11日 清政府调钦差大臣左宗棠来京，对俄妥协。

9月16日 左宗棠创办的兰州机器织呢局开工。

9月18日 李鸿章在天津设立"电报总局"。

11月16日 《中美续修条约》签订。

5月15日 光绪帝下《著李鸿章预筹铁甲养船之费及筹建西学馆谕》，曰："凡事以人材为本，管驾铁甲等船，均须结实可靠兼通西学者任之。刘坤一前曾捐银十五万两，拟在粤省开设学堂，专习西法。此款借拨办赈，刻下豫、晋等省情形日有起色，着张树声、裕宽催还前款，抑或另筹别项，设立西学馆，讲究机轮驾驶，及一切西学与洋务交涉事宜，庶几教育成材，足供任使。"光绪（1871—1908），名爱新觉罗·载湉，庙号德宗，满族，1875 年即大清帝位，1895 年发布上谕，令直省疆吏对于修铁路、造机器、整海军、立学堂等筹酌办理；1898 年颁"定国是诏"，实行变法；戊戌变法失败后被幽禁于瀛台。

8月19日 为建设海军，培养海军管轮和驾驶人才，李鸿章奏请在天津设立北洋水师学堂，以吴赞诚为总办，后由吴仲翔接办。1881 年 8 月学堂正式落成，冬季始招生。吴赞诚（1823—1884），字存甫，号春帆，安徽庐江人，历任广东永安知县、德庆知府、天津制造局补天津道、顺天府尹等职，1876年督办福建船政。吴仲翔（1825—1899），字维允，福建侯官人，1867年任船政局文案工作，后升任船政提调，代理船政大臣事务，1882年调天津总办水师学堂练船事宜。

8月22日 李鸿章聘严复任天津北洋水师学堂总教习。后严复升任会办、总办。严复主持期间，北洋水师学堂开设驾驶和管轮专业，按英国海军教程进行训练，委任归国留学生为副教习，奖励成绩优异的学生，教学水平与质量一度超过国内外许多同类学校。

9月16日 李鸿章上《请设南北电报片》，奏请设立电报学堂："用兵之道，必以神速为贵……电报实为防务必需之物"，且南北洋调兵馈饷，"亟宜设立电报，以通气脉"，并奏请"设立电报学堂，雇用洋人教习中国学生，自行经理，庶几权自我操，持久不敝"。聘请外国人当教员，训练电报工作人员。

10月6日 李鸿章在天津创办北洋电报学堂，附于天津电报局内，聘丹麦籍的濮尔生（C. H. C. Poulsen）及克利钦生（V. Culmsee）为教习，教授电学和发报技术。初次招生32名，年龄16—22岁，课程有基础电信、仪器规章、国际电报规约、电磁学、电测试、各种电报制度、铁路电报设备等，采用丹麦璞尔生（C. H. C. Poulsen）编著的《电报学》为材料，学习年限4—5年。学生学习一年后即派往天津至上海沿线各地电报分局任管报生。

12月17日 江南道监察御史李士彬奏，"出洋学生近来多有入耶稣教者，帮办翻译黄姓暗诱学生进教，总办区姓十数日不到局，学生等毫无管束，抛荒本业。"谕称："著李鸿章、刘坤一、陈兰彬查明出洋局劣员，分别参撤，将该学生等严加约束，如有私自入教者，即行撤回。"李士彬（1835—1913），字百之，晚号石叟，英山人，1872年应聘主讲鹿门书院，历任刑部侍郎、郎中、杭州知府等职。

同年 两广总督张树声上奏《筹设西学馆事宜折》，曰"拟先专习驾驶一途，俟开办略皆就绪，或更筹有接济，再当逐渐推广，兼及制造，出以撙节，庶几善建始基，事能持久，乃可收夫实用"，建议将西学馆建在"黄埔对河之长洲"附近,有水路便利船舶行驶,亦可增设炮台用于军事训练。张树声（1824—1884）,字振轩,安徽合肥人,曾任江苏巡抚、贵州巡抚、两广总督等职。

同年 江南制造局翻译馆已刊译书98部,235本。包括算学测量等书22部,汽机7部,化学5部,地理8部,地学5部,天文行船9部,博物学6部,医学2部,工艺13部,水陆兵法15部。

1881年（光绪七年　辛巳）

2月24日　沙俄强迫清政府签订了《中俄改订伊犁条约》。
4月8日　慈安太后崩逝于钟粹宫。从此,慈禧太后独自垂帘听政。
7月13日　济南教案发生。
11月8日　中国第一条自建铁路——唐胥铁路"马拉火车"正式通车。
12月1日　中国第一条电报线（上海至天津）铺成并投入使用。

1月　福州鹤龄英华书院建成,传教士武林吉（Franklin Ohlinger）任董事部主任。该书院由传教士麦铿利（R. S. Maclay）发起,福州人张鹤龄捐资创办。武林吉（1839—1919）,美国传教士,1870年来华,在福建设立福音书院及培元书院,1881年办英华书院,后去朝鲜传教,1910年再度来华任榕城高等学校英、德文教习。

3月5日　陈兰彬上《奏陈驻洋肄业局情形折》,折中转述了吴嘉善所称"外洋风俗,流弊多端,各学生腹少儒书,德性未坚,尚未究彼技能,实易沾其恶习,即使竭力整饬,亦觉防范难周"等语,建议为防止将来"利少弊多",奏请将留美学生撤回国,并在国内严加甄别后根据专业所长派到各衙门当差。

3月5日　吴赞诚到上海,为天津水师学堂招生,并在《申报》上刊登了北洋水师学堂招生的告示,并附学堂章程。

6月8日　总理各国事务衙门奕䜣等奏请将出洋学生一律调回:"臣等以

为与其逐渐撤还,莫若概行停止,较为直截。相应饬下南北洋大臣,趁各局用人之际,将出洋学生一律调回。"

6月26日　李鸿章奏请在天津总医院内设西医医学堂:"惟该院内应设西医学堂""选募聪颖生徒拨入西医学堂,分班肄业。订雇英国医官欧士敦来津,偕同洋、汉文教习拟定课程,尽心训迪。"

6月29日　詹天佑毕业于美国耶鲁大学雪菲尔德理工学院土木工程系,获得学士学位。

6月　裨文女塾部分并入文纪女塾,合称圣玛利亚女中,迁址圣约翰书院之北。余一部分仍在原址由美国基督教女工会接办,设校务会负责学校事宜。

7月　清政府解散留学事务所,120名留美学生除因故早已撤回及在外洋病故的26名外,责成其余94名于年内分三批回国(其中已有60多人进了大学)。撤学回国的学生绝大部分被安排进衙门当差。如第一批回国的21名学生派至电局学传电报,第二、三批学生中的23名学生留在船政局、上海机器局当差,又50名分别分派到天津水师、机器、水雷、鱼雷、医馆、电报等处学习当差。

8月　天津水师学堂落成,正式开学,招收13至17岁子弟入学,采用全英文教学,学制五年,四年在学堂,一年上船实习。学堂仿照英国海军教习章程制定条例与计划。学堂设有驾驶和轮管两专业。学习内容主要包括英文、舆地、图说、算学、几何、代数、三角、驾驶、测量、推算、化学、格致、重学等,并学汉文和训演国外水师操法。最初由吴赞诚任总办,之后不久"以吴赞诚有病,请将道员吴仲翔留津总办水师学堂事宜",并任严复为总教习,另聘有英国军官为教练。

9月20日　美国监理会传教士林乐知(Young John Allen)拟定《振兴中华布道事业》一文,以为"最要三端:一为设立教会大学;二为译书撰报;三为创立印书局"。经美国总布道会"允准",他辞去上海广方言馆教习和制造局翻译职务,担任中西书院监院,并着手筹建校舍和拟定章程。

10月　留美学生詹天佑等15人抵福州。总理船政大臣黎兆棠赏给詹天佑五品顶戴,派在水师学堂学习驾驶。黎兆棠(1827—1894),字召民,广东顺德人，历任礼部主事、总理衙门章京、江西粮台、台湾道台、天津海关道台、直隶按察使、直隶布政使、船政大臣等职，1880年赴台湾接篆视事。

12月5日 李鸿章奏请选送福州船政学堂学生李鼎新、陈兆翚、王庆瑞、黄庭、李芳荣、王福昌、王迥澜、陈伯璋、陈才瑞等10人分别赴英、法两国肄业。

12月 两广总督张树声在广州黄埔创办的实学馆（广东实学馆）正式建成。廖廷相任总办，聘请西人教习两人，设英文教习三人，汉文教习一人。招收12至15岁聪颖健康子弟入馆肄业，学制五年。学馆分驾驶、制造两科，均学习英文、算学、代数、几何、平弧三角、测量、汉文等课程。驾驶科另外学习航海、天文、船艺集成等课程；制造则学习重学、汽机各书，学满五年后，再分赴工厂、轮船，或派送出国留学深造。

同年 宁波人金雅妹考入美国纽约大医院附属女子医科大学，攻读医学专业，并于1885年5月取得纽约医学院所设的女子医科大学毕业证书。金雅妹是中国第一位女留学生，毕业后留在美国纽约等地医院实习，1888年回国。金雅妹（1864—1934），浙江宁波人，1881年赴美留学，1888年回国后在厦门、成都等地开设诊所，1907年受聘主持天津医科学校。

同年 林乐知（Young John Allen）在上海法租界八仙桥建成中西学堂第一分院，时人称为林公馆或林华书院。

1882年（光绪八年 壬午）

2月21日 丹麦大北电报公司在上海开通了第一个人工电话交换所，电话传入中国。

3月22日 中国特派大臣升泰与俄国特派大臣佛礼德正式交收伊犁。

10月1日 天津海关道周馥、候选道马建忠与朝鲜大臣赵宁夏、鱼允中在天津议定《中朝水陆通商章程》。

同年 同文书局创办，是为中国人自办的第一家近代石印图书出版机构。

同年 山西巡抚张之洞，针对山西"士气衰微而废其学""此时惟苦人才不足"的情况，与学政王学庄商议，并会衔入奏，请于太原府署西偏明代晋藩宝贤堂旧址别建精庐，仿照浙江诂经精舍和广东学海堂学规章程，创办令德堂书院。学堂创立之初，聘请王轩为首任山长，张子铸、杨笃、杨深秀为协理，以经史、考据、词卷等科目。戊戌变法期间，令德堂院长屠守仁进行教学改制，添设政治事务、地理兵事、农工物产、天算博艺等经济日课四门，学生任选一门，以便"广览众参"。

同年 上海电报学堂创立，开学伊始共招收学生曾清鉴、王锡麟等20名，学习内容主要为收发电码技术。学堂创办之初由姚彦鸿任学堂总办，唐璧田任教习。

同年 林乐知（Young John Allen）在上海虹口吴淞路创办中西学堂第二两分院，并购买土地新建校舍。后将原中西学堂两个分院一并迁入，取名中西书院，为东吴大学的前身之一。

同年 江苏学政黄体芳倡办江阴南菁书院。黄体芳（1832—1899），字漱兰，号莼隐，浙江瑞安人，历任内阁学士、江苏学政、兵部左侍郎等职，与张佩纶、张之洞、于荫霖有"翰林四谏"之称；1895年主讲于金陵文正书院。

1883年（光绪九年　癸未）

3月16日 李鸿章派道员袁保龄、洋员汉纳根（Constantin Alexander Stephan Von Hanncken）兴建旅顺船坞。

5月19日 刘永福黑旗军大败法军于河内附近纸桥，取得"纸桥大捷"。

8月—10月 《中俄科塔界约》《中俄塔尔巴哈台西南界约》先后签订。

12月12日 法军六千人在孤拔（Amédée Anatole Prosper Courbet）率领下，向驻防山西（今河内西北）的清军和黑旗军阵地发动进攻，中法战争正式爆发。

1月23日 山西道监察御史陈启泰奏请"特设一科，专取博通掌故，练达时务之士，无论举贡生监皆准赴考，试以有用之学，由督抚考定优等，咨送总理衙门，题请朝考引见，发往沿海各省委用"；"武试亦可别设水师一科，凡有能造战舰、炮台、火器及熟悉风涛、沙线、驾驶、测量兼用枪炮有准者，由各省考取，咨送总理衙门验试，如有成效，即以擢补海防各职"；"各省会垣当仿京师之同文馆、上海之中西书院、广东之实学馆、苏州之西塾，创立公所，招集聪颖子弟，延聘西人，课以新学，以广乐育"。

5月27日 山西道监察御史陈启泰认为"讲求吏治，当自整饬学校始"，奏请整顿学校："学额宜酌留也""教官宜澄叙也""书院宜核实也""学政宜慎简也"。

6月 江阴南菁书院正式建成。书院仿照诂经精舍和学海堂之规制，"课分经学、古学两门"，首任院长张文虎。张文虎（1808—1885），字孟彪，江苏南汇人，精研经学、小学、历算、乐律、校勘，曾入曾国藩幕，后主讲于南菁书院。

7月24日 广东道监察御史陈锦奏请整顿同文馆并将提调苑棻池严惩。他认为同文馆鲜有成效的原因"约有数弊"：考课不真、铨补不公、奖赏不实、馆规不严。

同年 吉林表正书院创办，该书院附设于吉林机器局，由当时的候补知县丁乃文任"总教习"，选满、汉青少年20名"住院肄业"。书院设立总教习一名，分教习一员，专门学习与机器制造有关的"算法""测量"等知识，目的在于专门为机器局培养人才。

同年 王韬在香港刊行《弢园文录外编》8卷，鼓吹变法自强，主张"取士之法宜变，学校之虚文宜变"。提倡"储才"，具体办法："宜于制科之外别设专科，以通达政体者为先，晓畅机务者为次"，武科"宜废弓刀石而改为枪炮"；学校书院既要讲文学，即经史、掌故、词章之学，又要讲艺学，即舆图、格致、天算、律例。

1884 年（光绪十年 甲申）

4月8日 慈禧突然发布懿旨，将以恭亲王奕䜣为首的军机处大臣全班罢免，发动第二次宫廷政变。史称"甲申易枢"。

6月3日 《中俄续勘喀什噶尔界约》签订。

6月26日 刘铭传任福建巡抚，督办台湾军务。

8月23日 法国舰队袭击福建水师，马尾海战爆发；三天后清政府向法国宣战。

11月17日 增设新疆行省，定乌鲁木齐为省会。

12月4日 朝鲜京城发生新党政变。袁世凯、吴兆有率兵救援。

3月5日 张佩纶上《拟请武科改试洋枪折》，认为"中国诚危之耻之，则莫如变法，变法之效，至久而至速者，则莫如武科改试洋枪"，请将武科考试内容由原来的弓刀石、默写五经改为专考洋枪、算学、兵书等科目。张佩纶（1848—1903），字幼樵，号蒉斋，直隶丰润人，曾署督察院左副都御史，与张之洞、宝廷、吴大澂、陈宝琛等评议朝政，号称清流派，1900年协助李鸿章与八国联军各国代表谈判。

6月24日 徐承祖在《上陈富强之策管见折》中建议在北京设立轮船水师衙门，专门负责"各省份轮船官兵的升迁、降调及修造、调拨各事"，并在该衙门设立水师总学堂，"以便教习而资考验。聘请外洋曾经战阵著名水师兵官为总教习"。

7月9日 国子监司业潘衍桐上疏《奏请开艺学科折》，分析了几年来各省机器制造局虽讲求制造，但成效甚微的原因。建议"为今之计，莫如仿照翻译例，另开一艺学科，凡精工制造、通知算学、熟悉舆图者，均准与考"。并拟定章程12条，"请敕下总理衙门及南北洋大臣，妥议复奏"。潘衍桐（1847—1899），字䇲廷，号峄琴，广东南海人，官至侍讲学士、浙江学政，以振兴文教为务。

同年 张之洞接替张树声出任两广总督,将广东黄埔的实学馆改名为"博学馆"。1887年该馆并入广东水陆师学堂。

1885 年(光绪十一年 乙酉)

3月24日 清军在广西镇南关(今友谊关)大败法国侵略者,取得镇南关大捷。

4月 中法签订《停战条件》,中日签订《天津会议专条》。

6月9日 李鸿章与法国驻华公使巴德诺(Jules Patenôtre)在天津签订《中法会订越南条约十款》(又称《中法新约》)。

7月18日 中英在伦敦签订《烟台条约续增专条》。

10月12日 将福建省台湾府改为台湾省,命福建巡抚刘铭传为台湾巡抚。

10月13日 清政府为收回海军统一指挥权,在北京设立总理海军事务衙门,以醇亲王奕譞为总理大臣,庆郡王奕劻、北洋大臣李鸿章为会办,正红旗汉军都统善庆、兵部右侍郎曾纪泽为帮办。

6月17日 李鸿章上《天津创设武备学堂折》:"仿照西国武备书院之制,设立学堂。""遴委德国兵官李宝(Major Puali)、崔发禄、哲宁、那珀、博郎、阃士等作为教师。并选派通习中外文字之员,分充翻译。""择其精悍灵敏者,挑取百余名,入堂肄业;其中有文员愿习武事者,一并量予录取。"

10月10日 总理各国事务衙门奕劻等奏请同文馆推广招收满汉年龄在15岁以上、25岁以下,文理业已通顺的学生,"试以策论,择其文理可观者录取"。奕劻(1836—1918),字辅廷,爱新觉罗氏、满族,授御前大臣,1884年任总理各国事务大臣,1911年任内阁总理大臣。

12月15日 总理各国事务衙门奕劻奏请赏给洋教习虚衔:总教习丁韪良(W. A. P. Martin)、化学教习毕利干(Anatole A. Billiquin)、法文教习华必乐(Charles E. Vapereau)"资格最深,馆课亦能勤慎,拟请赏给虚衔,以昭激劝"。

12月31日 根据总理各国事务衙门奕劻等奏请，同文馆推广招收满汉学生考试于12月31日及1886年1月1、2、3日分期举行，对满汉应考者"试以策论、四书文"，选择那些"文理通顺及粗通天文、算学、化学、洋文者"加以复试，最终根据不同的专业录取了"汉文八十名，天文二名，算学十二名，化学三名，翻译洋文一名，共一百八名，以备送馆肄业"。

同年 陕西候选同知举人刘光蕡与举人刘焕等人在味经书院内设立求友斋，主要讲授天文、地理与经史、掌故、理学、算学等内容，并刻《梅氏筹算》及《平三角举要》。刘光蕡（1843—1903），原名一新，字焕唐，号古愚，陕西咸阳人，历任陕西味经书院山长、崇实书院山长、甘肃大学堂总教习等职。

1886 年（光绪十二年 丙戌）

4月25日 中法签订越南边界通商章程。

7月24日 《中英缅甸条约》签订。

7月25日 美英两国传教士在重庆城外险要地带强修教堂，引发重庆教案。

9月3日 清政府命续修《大清会典》。

11月6日 天津《时报》创刊，英国传教士李提摩太（Timotny Richard）任主笔。

4月6日 清政府第三次派遣福州船政学堂学生24名出洋。以周懋琦为华监督，斯宾塞格（L. Dunoyer de Segonzac）为洋监督。此次留洋，共有后学堂学生黄鸣球、罗忠尧等10人，前学堂学生邓守箴等14人。此次留洋的学生不仅包括福州船政学堂的24名，还有由北洋舰队及天津水师学堂选拔的10人，分别前往英、法学习制造与驾驶技术。

11月18日 美国传教士卜舫济（Francis Lister Hawks Pott）抵达上海，始任上海圣约翰书院英文教师。卜舫济（1864—1947），美国传教士，1905年任圣约翰大学校长，至1941年去职，抗战胜利后为圣约翰大学名誉校长。

同年 两江总督兼南洋大臣曾国荃在南京设立鱼雷学堂，该学堂附设在南京通济门外的火药局之内，同时兼有建造鱼雷厂的功能。此为南洋设立学堂训练海军人才之始。后来入江南水师学堂复学。曾国荃（1824—1890），字沅甫，号叔纯，湖南湘乡人，历任浙江、陕西、山西巡抚，两广、两江总督。

同年 两广总督张之洞在黄埔水鱼雷局内设立黄埔鱼雷学堂，主要学习驾驶及鱼雷各科目。学制五年。由广东水师学堂总办兼管鱼雷学堂事务，任命船政学堂第二届管轮毕业生刘义宽为鱼雷局提调，聘任德国人马驷为鱼雷专门教习。1906年，鱼雷学堂归并入广东水陆师学堂。

同年 醇亲王奕譞以"海军之权不能专操于汉人之手"为由，向慈禧太后建议于京都设立水师学堂，获准设于北京颐和园。奕譞（1840—1891），字朴庵，道光帝第七子，1861年参与发动北京政变，后授都统、御前大臣、领侍卫内大臣，1864年加亲王衔，1872年晋封醇亲王。

1887 年（光绪十三年　丁亥）

1月21日 清廷命李鸿章派员赴黑龙江勘办漠河金矿。

3月26日 葡萄牙迫使清廷订立《里斯本议定书》（即《中葡里斯本草约》），承认葡人永据澳门。

9月30日 郑州十堡黄河决口三百余丈，南注周家口入淮河，灾情严重。

11月1日 英国传教士韦廉臣（Alexander Williamson）在上海创办同文书会，后改称"广学会"。

12月1日 中葡在北京签订了《中葡和好通商条约》五十四款及洋药缉私专约。

1月8日 昆明湖水师学堂开学。学堂各种章制均援照天津水师学堂，设总办1员、提调1员、洋文数学教习3员、中文教习2员，招满籍学生60名，经甄别录取40名。

4月 台湾巡抚刘铭传在台湾设立西学堂,招收学生 20 余人,延聘英国人布茂林(Pumolling)为教习,生童酌给膏火,厘定课程,并派教习 2 人,在西学课余,兼教中国经史文字。刘铭传(1836—1896),字省三,安徽合肥人,早年参加对太平军、捻军作战,后任台湾省巡抚。

4月18日 江南道监察御史陈琇莹上疏奏陈:"西法虽名目繁多,要权舆于算学。洋务从算学入,于泰西诸学,虽不必有身兼数器之能,而测算既明,自不难按图以索。"陈述了算学的重要性,并建议将明习算学的人员归入正途考试,并给予科甲出身。陈琇莹(1835—1894),字芸敏,福建侯官人,历任江南道监察御史、兵科给事中、河南学政等职。

5月18日 光绪批准了总理衙门奏定的出洋游历人员章程。该章程规定:设法节省出使经费每年四万余两,以供派员游历之费;由总理衙门试选 10 员或 12 员出洋游历;游历时应"将各处地形要隘、防守大势以及远近里数、风俗政治、水师炮台、制造厂局、火轮舟车、水雷炮弹等详细记载,以备查考";"各国语言文字、天文、算学、化学、重学、电学、光学及一切测量之学、格致之学,各员有性情相近者,自能审择学习,亦可以所写手册交总理衙门以备参考"。游历回华后,"将所习何业,所精何器,所著何书呈明后,应择其才识卓著之员,奏请给奖"。

6月12日 总理衙门、礼部根据御史陈琇莹奏请的"将明习算学人员量予科甲出身"的建议,请旨饬各省学臣,凡岁、科试时,生监中有报考算学者,除正场仍试以四书、经文、诗、策论外,其考试经古场内,另外出算学题目考查生员。

8月3日 两广总督张之洞奏请在博学馆的旧址上创办广东水陆师学堂,任吴仲翔为水陆师学堂事务总办,英人李家孜(F. T. Richard)为水师教习,德人欧披次为陆师教习。学堂分为水师和陆师两部。水师分管轮、驾驶两科,全部用英语授课,管轮专业学习机轮理法、制造运用;驾驶专业学习天文、海道、驾驶、攻战之法。陆师分为马步、枪炮及营造三项,用德语授课。学堂创办之初,水师、陆师各招学生 70 人,后来水师的管轮、驾驶各招 70 人,学制 3 年。学堂仿照王安石的三舍法,将在读学生分为三等,内学生、营学生和外学生。

8月5日 张之洞奏设广雅书院。"于广东省城西北五里源头乡地方，择地一区，其地山川秀杰，风土清旷，建造书院一所，名曰广雅书院。""计斋舍一百间，分为东省十斋，西省十斋，讲堂书库一切具备，延聘品行严谨学术雅正之儒，以为主讲，常年住院。""院内课程，经学以能通大义为主，不取琐屑。史学以贯通古今为主，不取空论。性理之学以践履笃实为主，不取矫伪。经济之学以知今切用为主，不取泛滥。词章之学以翔实尔雅为主，不取浮靡。士习以廉谨厚重为主，不取嚣张。其大旨总以博约兼资、文行并美为要。"

10月1日 香港律师兼医师何启创办的香港西医书院成立，英国人史特渥地（Dr. Stewart）任院长，总领院务。书院按照英国大学医学院制度建立，采用全英文教学，学制5年。当年招生12人，其中有孙中山。第一、二年学习植物学、化学、解剖学等基础课程；第三年后课程减少，注重实习；第四、五年有初级外科、儿科等，重视实用课程。1911年与他校合并成立香港大学。孙中山（1866—1925），名文，字德明，号日新，改号逸仙，广东香山人，1894年在檀香山组织兴中会，1905年在日本东京组织中国同盟会并任总理；辛亥革命后被推为中华民国临时大总统，1914年在日本组织中华革命党，1919年将中华革命党改组为中国国民党，1921年在广州就任非常大总统。

同年 新疆俄文学馆（即中俄专门学堂）成立，该学堂依照《京师同文馆章程》由新疆巡抚刘襄勤奏设，后该为中俄学堂。学堂建在新疆省城，由桂荣充任教习，并遴选汉教习一人。由于此时尚属于试办阶段，并未向朝廷详细奏明，直到1892年，新疆巡抚陶模"呈请立案"，并拟定章程4条。陶模（1835—1902），字方之，浙江秀水人，历任甘肃秦州知州、直隶按察使、陕西布政使、陕西巡抚、新疆巡抚、陕甘总督、两广总督等职。

1888年（光绪十四年 戊子）

3月20日 西藏隆吐山战役爆发。集结在藏印边境地区的2,000名英军，在格兰特（James Hope Grant）将军的指挥下，悍然发动了第一次侵藏战争。

10月3日 慈禧太后批准《北洋海军章程》。

11月11日 康有为上书光绪皇帝，请求变法。

12月17日 李鸿章派丁汝昌为北洋海军提督，林泰曾为左翼总兵，刘步蟾为右翼总兵，北洋海军正式成立。

4月11日 珲春设立翻译俄文书院，培养俄文翻译人才。书院初设洋教习、汉教习各1名，司事、书手各1名，学生15名。书院的规模、经费等均仿照京师同文馆删、减酌拟。

7月12日 台湾巡抚刘铭传奏《台设西学堂招选生徒延聘西师立案折》，指出"台湾为海疆冲要之区，通商筹防，动关交涉"，而"翻译取才内地，重洋遥隔，要挟多端，月薪至百余金，尚非精通西学""因思聘教习，就地育才"，设立西学堂，聘英国人布茂林（Pumolling）为教习，并派汉教习2人。

7月16日 两广总督张之洞奏请设立于广州的广雅书院开学。书院设院长1名，梁鼎芬为第一任院长；设经义、史事、身心（理学）、经济等四科，并把掌故、史舆、历算等学科加入课程中，使学生"随其性之所近而学之"；书院考课分为官课和师课两种，官课由督抚、司道、学政、知府、知州、知县主之。梁鼎芬（1859—1919），字星海，号节庵，别号不回山民、藏山等，广东番禺人，曾任惠州半湖书院、肇庆端溪书院主讲，广雅书院山长，中山书院山长，两湖书院东监督，湖北学务处总提调等职；1903年协助张之洞起草《奏定学堂章程》；资送黄兴等赴日本留学。

同年 京师同文馆以"察格致一门，为新学之至要，兴国强兵，无不资之以著成效"为由，添设格致馆，聘请英国人欧礼斐（Charles Henry Oliver）充格致教习。

同年 总理各国事务衙门将各省送到的生监及同文馆学生共计32名，试以算学题目，取中举人1名。这是我国第一次实行西学与中学同考。

同年 美国基督教传教士傅罗（C. H. Fowler）在南京创办汇文书院，聘请传教士福开森（J. C. Ferguson）任院长。书院开办的目的在于"教授高级科学课程,以便在中国知识界获得一席之地"。大学部设有文理科、医科及基督教宗教学科等。福开森(1866—1954),美国人,1888年到南京传教,创办汇文书院,任监督;1897年任高等工业学堂(南洋公学)外语教习,后升监院;民国建立后任北京中国红十字董事、北洋政府总统府顾问等。

同年 美国美以美会在北京设立汇文书院。该书院前身为1885年设立的怀理书院(又译卫理学堂),1886年增设医学馆,创立大学部,1888年改名为"汇文书院"。

同年 美国长老会传教士哈巴(A. P. Happer)在广州沙基金利埠创立格致书院,自任"管教",始招学生10余人。

1889 年(光绪十五年 己丑)

3月4日　慈禧太后归政于清光绪帝,但实际用人行政仍由慈禧太后操纵。

4月2日　张之洞上奏请建造"芦汉铁路"。

8月27日　"芦汉铁路"获准修建,开始筹备。

11月20日　松花江水师营建立。

3月30日　总理各国事务衙门奏请派曾纪泽、徐用仪管理京师同文馆事务。曾纪泽(1839—1890),字劼刚,湖南湘乡人,曾国藩长子,曾出任驻英、法、俄大臣,1884年任兵部右侍郎。徐用仪(1826—1900),字吉甫、筱云,浙江海盐人,历任军机处章京、鸿胪寺少卿、太仆寺少卿、督察院左副都御史等,1888年受命与曾纪泽同任京师同文馆总理。

8月23日　詹事志锐上酌拟海军事宜折,奏折中称"外国之官尚武,中国之官尚文;外国之将才皆出自学校,中国则多由行伍",奏请饬各沿海督抚,多设海军学堂。志锐(1852—1912),他塔拉氏,字伯愚,又字廓轩,号公颖,谥文贞,满州正红旗人,历任礼部右侍郎、杭州将军、伊利将军,领兵部尚书衔。

11月10日 张之洞奏准在广东水陆师学堂内添设矿学、化学、电学、植物学、公法学等5所西艺学堂，各招生30名。聘请英国人赫尔伯特（Harper）教授公法学，葛路模（Percy Groom）、骆丙生（H. H. Robinson）、巴庚生（F. B. Parkinson）分别教授植物学、化学、矿学。

冬 朱一新出任广州广雅书院山长，主持完善院规，将生员"分斋肄业"，设立经、史、理、文四斋，"延四分校主之"；订读书日程，严格考课。朱一新（1846—1894），字鼎甫，号蓉生，浙江义乌人，参与编修《光绪顺天府志》，曾应张之洞聘主讲于肇庆端溪书院，继为广州广雅书院山长。

同年 颜永京将美国学者约瑟·海文（Joseph Haven）的 *Mental Philosophy: Including the Intellect, Sensibilities and Will* 翻译为《心灵学》，由益智书会校订出版。这是中国第一本心理学译书。颜永京（1838—1898），字拥经，上海人，1854年赴美留学，回国后任上海英领署翻译，参与文华学堂和圣约翰书院的创建。

1890年（光绪十六年 庚寅）

3月 《中英藏印条约》签订，中英《烟台续增专约》订立。

8月8日 四川大足县余栋臣领导反洋教起义，捣毁教堂，劫杀教民，并发布檄文。

9月5日 江南制造局工人为反对新任总办刘麒祥把每日工时延长一小时，鸣放汽笛，宣布罢工。

12月4日 张之洞创办汉阳铁厂及兵工厂，是为近代中国第一家大型钢铁联合企业。

6月3日 威海水师学堂开始授课。该学堂由北洋海军提督丁汝昌奏设于威海刘公岛，故又称刘公岛水师学堂。该学堂首次招生除36名正式学员外，还招收了10名自费生，平均年龄在15至18岁。水师提督丁汝昌兼任学堂总办，下设委员、提调、总教习、洋文教习各1名，汉文教习2名，王学廉为总教习，美国人马吉芬（P. N. Mcgiffin）任英文教习。配有敏捷、康济、威远、海镜 4 条练船，开设有英文、几何、代数、驾驶和舰炮操法、轮机、天文、地理、泅水等 30 余门内堂和外场课目。威海水师学堂只设驾驶专业，所有规章制度、管理、奖惩等均按天津水师学堂章程办理。1894 年中日甲午战争后，学堂停办。丁汝昌（1836—1895），字禹廷，安徽庐江人，早年先后参加太平军、湘军、淮军，官至北洋海军提督，1895 年在甲午海战中兵败自尽。

6 月 湖广总督张之洞在湖北武昌设立两湖书院。由于当时书院经费主要出自湘、鄂两省茶商捐资，学生也主要从湖南、湖北两省招生，故名"两湖书院"。书院课程分经学、史学、理学、文学、算学、经济学 6 门。后改为经学、史学、地舆学、算学 4 门。书院采用积分法，每月终考核分数多寡，以为进退。

10 月 26 日 两江总督曾国荃奏请在南京设立江南水师学堂（后改名南洋水师学堂）。学堂章程参仿北洋水师学堂成规，并照英国训练水师办法执行，学制 5 年。分驾驶、管轮两门，延聘英国水师教习 1 名，洋文汉教习 4 名。招收学生年龄"自十三岁以上，二十岁以下，已读二三经，能作策论，文理通顺，曾习英文三四年者"，且"气体结壮，身无残疾"。

同年 北洋大臣李鸿章奏设开办旅顺口鱼雷学堂。堂址位于旅顺口鱼雷营内，由鱼雷营总办兼摄堂务。聘请德国人福来舍（H. Fleischer）为教习。课程以学习鱼雷为主，兼习德文、普通数学、航海知识等。1894 年甲午战争，旅顺口陷落，鱼雷学堂停办，从开办至此共计毕业生 23 名。

同年 德国工程师包尔（Baur, Georg）受聘来华任北洋武备学堂铁路总教习。德国瞿思图亦于同年来华任教习。

同年 严复出任天津水师学堂总办，但"不预机要，奉职而已"。

同年 台湾巡抚刘铭传在台北创办电报学堂。该学堂设于台北电报总局内，招收西学堂及福建船政学堂、电信学堂学生，传习电信技术，以养成司报生、掣器手等为目的。办学不到一年即被撤废。

同年 "在华基督教传教士大会"改组"学校教科书委员会"，扩大了其工作的范围，并成立了"中华教育会"，规定每 3 年召开 1 次全国性的基督教教育会，讨论各个教派在各个教区成立的教会学校的共同问题。会上，公布了"中华教育会"的办会目的，即"本会的目的，旨在促进中国教育的利益和增加从事于教学工作人员兄弟般的合作"。推选狄考文（Calvin Wilson Mateer）为"中华教育会"首任会长。该年共有会员 35 人，会员均系从事学校工作的英、美传教士。1915 年中华教育会改名为"中华基督教教育会"。

1891 年（光绪十七年　辛卯）

5 月 13 日　芜湖民众反对英国教会迷拐幼童，焚毁教堂，并包围领事馆，史称"芜湖教案"。

6 月 5 日　湖北广济县武穴镇民众反对英国传教士贩卖婴儿，焚毁教堂，杀死 1 名传教士，史称"武穴教案"。

6 月 11 日　各国公使以教案迭起，向总理衙门提出严重抗议。

9 月 2 日　宜昌民众反对法国传教士拐卖儿童和美国传教士开枪伤人，焚毁英、美、法教堂，史称"宜昌教案"。

11 月 11 日　热河朝阳金丹教首领李国珍发动反洋教起义。

同年　康有为撰写的《新学伪经考》刊行。

1 月 29 日　署两江总督沈秉成奏陈江南水师学堂筹办情形：江南创设水师学堂，延聘洋文、汉文各项教习，分别驾驶、管轮两门，各计额设学生 60 名。按日轮课，按季考试，以定班次，并将原设鱼雷学堂裁撤，挑选优等学生，送至旅顺鱼雷营加习海操。其余归并堂内，以示节省。沈秉成（1822—1895），原名秉辉，字仲复，浙江归安人，1872 年任苏松太道，1873 年在上海创设诂经精舍，1875 年迁河南按察使。

6 月 27 日　湖广总督张之洞奏准于湖北武昌设立方言、商务学堂。课程分为算学、格致、方言、商务 4 门，分门教授。学堂由北善后局筹拨经费，铁路局酌议章程。

6 月　康有为应弟子陈千秋、梁启超之请，在广州长兴里邱氏书院内设学，其馆称"长兴学舍"，并著《长兴学记》，以为学规。长兴学舍为万木草堂的前身。康有为（1858—1927），字广厦，号长素，广东南海人，1891年在广州创办万木草堂，1895年发动"公车上书"，1898年参与戊戌变法，1923年创办天游书院，任院长。梁启超（1873—1929），字卓如，任甫，号任公，又号饮冰室主人，广东新会人，1890年就读于万木草堂，师从康有为，1895年赴京会试协助发动"公车上书"；1897年任长沙时务学堂总教习，1898年以六品衔专办京师大学堂译书局，同年参与戊戌维新运动；后任北洋政府司法总长、财政总长。1920年后曾在国立北京大学、国立北京师范大学、国立东南大学讲学，1925年任清华学校国学研究院导师，兼任京师图书馆馆长。

7月11日 两江总督刘坤一奏准将江南水师学堂裁去学生40名，华洋教习各2员，并将无人学习之鱼雷厂及教习1员裁撤。

8月 湖广总督张之洞在湖北设立算术学堂。附列方言、商务2门。学生可兼学算术、方言、商务3门。

同年 美国基督会在南京创设基督书院，为金陵大学前身之一。

1892年（光绪十八年 壬辰）

3月13日 杨衢云、谢缵泰、温宗尧等在香港成立辅仁文社，又称"辅仁书报社"。

9月18日 湖南醴陵、临湘等处哥老会起事。

10月1日 李鸿章致函罗马教皇外务大臣，请此后传教悉由教皇与中国商办，并派总主教驻直隶督办教务。

11月15日 沙俄向清政府提出帕米尔划界问题。

11月20日 武昌织布局开工。

6月 湖北矿务局工程学堂在武昌成立，开设化学、物理2门课程。该学堂由湖北、湖南两省煤炭和矿石实验室组办的班级扩充而成。

7月23日 孙中山毕业于香港西医书院。

11月3日 新疆巡抚陶模奏准为新疆俄文学馆立案，拟章程4条。新疆俄文学馆学制3年，开设俄文、汉文课程，每月考试1次。学生规模以8名为限，通过选考方式择优录取。学生入馆学习1年后，由巡抚组织考试，甄别去留。

冬 陈虬著《治平通议》，提出变法应改设学习科目。他认为"科目者，人材之所出，治体之所系，今所习非所用，宜一切罢去，改设五科：曰艺学科，曰射，曰算，射取中的，算试九章；曰西学科，分光学、电学、汽学、矿学、化学、方言学六门，试以图说、翻译；曰国学科，颁大清会典、六部则例、皇朝三通，试以疏判；曰史学科，取御批通鉴集览，当另刊皇朝新史颁行学官，试以策论；曰古学科，经则五经、周礼、语孟、八经、子则、管孙、墨商、吕氏、五家，试以墨义"。陈虬（1851—1903），字志三，晚号蛰庐，浙江瑞安人，1892年著《治平通议》，后在瑞安、温州办利济医院，并设学堂、办报纸。

同年 陈炽著《庸书》，分内外2篇，其中内篇《学校》提出："宜由督抚分饬所属，仿书院之意，广设学校。""其同文、方言、水师、武备各馆，即可并入其中，并请洋师兼攻西学，庶几体用兼备，蔚为有用之才。"其各省书院，"有犯案者，宜将田宅一律查封，改为学校"。陈炽（1855—1900），字次亮，原名家瑶，自号瑶林馆主，江西瑞金人，历任户部郎中、刑部郎中、军机处章京等职，1895年与康有为共同组织"强学会"。

1893 年（光绪十九年 癸巳）

2月17日 英国商人丹福士（A. Danforth）在上海创办《新闻报》，延蔡尔康为主笔。

12月5日 清政府与英国签订《中英会议藏印条款》。

12月26日 毛泽东诞生于湖南省湘潭县韶山冲。

同年 郑观应代表作《盛世危言》出版。

1月29日 江海关道、制造总局会禀南洋大臣刘坤一奏准将上海广方言馆仿照广东同文馆,"于学生三年学成之后由职道等挑选详送崇辕考试,分别给予翻译生监生派充翻译官,并准其一体乡试。"

2月4日 总理海军事务奕劻等奏准"将昆明湖水操内外学堂总办、管带、提调等官暨教习、司事各员,分别从优给奖,以示鼓励"。

7月2日 总理衙门保奏请赏京师同文馆洋教习天文教习骆三畏（S. M. Russell）、格致教习欧礼斐（Charles H. Oliver）四品衔,俄文教习柯乐德（V. von Grot）五品衔。

9月7日 台湾巡抚邵友濂上《裁撤台湾西学堂片》,以经费支绌、洋教习合同届满等理由,奏请"将西学堂暂行裁撤,以资撙用"。邵友濂（1841—1901）,字小村,浙江余姚人,1879年署理出使俄国钦差大臣,1882年补授苏松太道,后历任河南按察使、台湾布政使、湖南巡抚、台湾巡抚等职。

11月4日 李鸿章上《奏变通学艺期限折》,奏陈北洋海军提督丁汝昌所呈的关于海军章程中学堂学生学习年限问题,赞同较原定年限延长半年。

11月29日 湖广总督张之洞上《设立自强学堂片》,奏准在湖北武昌建立自强学堂,分方言、格致、算学、商务4门,每门先招20名学生,聘请教习一人,分斋教授。

12月19日 李鸿章在天津开办医学堂,是为我国第一所医科专业学校。

冬 康有为迁长兴学舍到广府学宫仰高祠,将学堂命名为"万木草堂"。

同年 经元善于上海城南高昌庙创办经正书院,中西并课。经正书院于1897年并入南洋公学,1899年重开,1900年停办。经元善（1841—1903）,字莲珊,自号小莲池主人,浙江上虞人,1895年资助康有为等建立强学会,并任董事。1897年创办中国女学堂。

同年 两广总督李瀚章将广东水陆师学堂中水师与陆师分开办理。水师诵堂改称黄埔水师学堂,陆师诵堂改为陆军速成学堂。李瀚章（1821—1899）,字筱泉,晚年自号钝叟,安徽合肥人,历任湖南永定知县、湖南巡抚、江苏巡抚、浙江巡抚、湖广总督、两广总督等职。

同年 苏州博习书院潘慎文（Alvin Pierson Parker）与谢洪赉合译《代形合

参》3卷，次年又译《八线备旨》4卷，为当时学堂采用，在清末数学教学中影响颇大。潘慎文（1850—1924），美国传教士，1875年来华，初在苏州等地传教，1896年调往上海任中西书院院长，后辞职专事翻译工作，把《圣经》译成苏州及上海方言。谢洪赉（1873—1916），号寄尘，晚号庐隐，浙江山阴人，1896年毕业于博习书院，后在上海中西书院图书馆、基督教青年会任职。

同年 美国公理会在河北通县设立潞河书院，谢卫楼（D. Z. Sheffield）任院长。该书院为燕京大学前身之一。谢卫楼（1841—1913），美国传教士，1869年来华，在直隶通州传教，开办学校；1886年改校名为潞河中学（后相继改名为潞河书院、华北协和大学，1919年与北京汇文大学等校合并，改称为燕京大学）。

1894年（光绪二十年 甲午）

7月25日 日舰于牙山口外丰岛附近击沉中国运兵船"高升号"，伤护卫舰"济远号""广乙号"，甲午战争爆发。

8月1日 清政府被迫对日宣战。

9月17日 中日发生黄海海战，日本舰队司令伊东佑亨大败丁汝昌于东沟。"致远""经远""超勇""扬威"四舰沉没，管带邓世昌、林永升等殉难。

11月21日 中日甲午战争期间日军攻陷旅顺，旅顺大屠杀开始。

11月24日 孙中山在檀香山成立兴中会，提出"驱除鞑虏，恢复中华，创立合众政府"的纲领，成立中国第一个资产阶级革命团体。

5月27日 聂缉椝向江南制造总局禀明，上海广方言馆学生学有成效，学习3年期满，应给予生监，并附录上海广方言馆简明条规10则。聂缉椝（1855—1911），字仲芳，湖南衡山人，曾任上海制造局总办、苏松太道。

5月 北洋大臣李鸿章派记名海关道罗丰禄、志俊，存记道张世珩通过发策问、面试技艺等方式考查旅顺口的鱼雷学堂、驾驶学堂、管轮学堂、水雷营学堂，大连湾的水雷营，威海卫的枪炮学堂及南北岸水雷营学堂，刘公岛的水师学堂等。

6月26日 北洋大臣李鸿章上《奏医院创立学堂折》，奏准在天津总医院内开办天津西医学堂，聘请英国医官欧士敦（Andrew Lrwin）为总教习，招收学生20名，分为第一班、第二班，学习洋文、医理、讲贯、编摩等。

8月 谭嗣同在《思纬壹口台短书——报贝元征》中提出变科举、兴学校。他认为变科举"诚为旋乾斡坤转移风会之大权，而根本之尤要者也"。"西法学校科举之合为一""广兴学校，无一乡一村不有学校。"谭嗣同（1865—1898），字复生，号壮飞，湖南浏阳人，早年曾倡办时务学堂、南学会，主办《湘报》；甲午战争后，提倡新政，为湖南维新运动的中坚；1898年授四品衔军机章京，参与康有为、梁启超的变法，政变失败后被捕，为"戊戌六君子"之一。

11月 唐文治上《请挽大局以维国运折》，奏请变通科举取士之法"首场试以四书文二首、经艺二首"。"二场则试以舆地兵学。自中国及外洋各国疆索，均宜讲求；一切攻守之策，并宜探讨"。"三场则试以制造器械之法，与夫测量勾股之学"。唐文治（1865—1954），字颖侯，号蔚芝，江苏太仓人，历任户部江西司主事、商部右丞、左丞、左侍郎，农工商部尚书等职，后任上海高等实业学堂监督，创办北京实业学堂、吴淞商船学堂、无锡国学专修馆等；1949年任中国文学院院长、苏南文化教育学院名誉教授。

冬 马建忠著《拟设翻译书院议》，认为中国急需官设翻译书院，建议"翻译书院之设，专以造就译才为主"。马建忠（1845—1900），字眉叔，别名干，江苏丹徒人，1876年留学法国，任中国驻法公使郭嵩焘的翻译；回国后随李鸿章办理洋务。

同年 何启、胡礼垣著《新政论议》，认为"学校宏，人才盛""一国之人才，视乎学校"，提出教育改革方案，具体措施有：各府州县俱立学校，每省设一位学政大臣以总其成，登记成才者才学、人数；学生必须先学习中国文字才可学习其他科目；各科学生有25人，则设1名教师；所延教师须有执照为凭。何启（1859—1917），字沃生，广东南海人，早年留学英国，1887年捐资创建雅丽氏纪念医院，旋附设西医书院，并任法医学及生理学教授，1895年支持并赞助孙中山的广州起义，并担任对外国发言人。胡礼垣（1847—1916），字荣懋，号翼南，广东三水人，曾就读于港大书院，毕业后留校任教 2 年，曾创办《粤报》，译有《英例全书》，与何启合著《新政通诠》。

同年 山东威海卫水师学堂停办。

同年 旅顺口鱼雷学堂停办。

1895 年（光绪二十一年 乙未）

4 月 17 日 甲午战败。清政府与日本签订《马关条约》，割让台湾、澎湖列岛。

4 月 23 日 俄、德、法三国干涉，迫使日本放弃对中国辽东半岛的主权要求，史称"三国干涉还辽"。

5 月 25 日 《马关条约》签订后，台湾军民决心独立自救，于 5 月 25 日成立"台湾民主国"，推选唐景崧为大总统。

8 月 17 日 康有为、文廷式、黄遵宪等在北京组织强学会，年底被封禁。康有为、陈炽等在北京创办《万国公报》，后改名为《中外纪闻》。

10 月 21 日 日军占领台湾全境，"台湾民主国"灭亡。

10 月 26 日 孙中山领导的第一次武装反清广州起义流产。

12 月 8 日 清廷命袁世凯在天津小站督练新建陆军。

---

3 月 12 日 总理海军事务衙门以"岛舰失陷，时局危机""衙门暂无待办要件"为由，奏请将当差人员及应用款项，暂行停撤。并奏请暂行裁撤海军内外学堂。

5 月 1—8 日 严复在天津《直报》发表《救亡决论》，认为八股有三害："锢智慧、坏心术、滋游手"，主张"废八股"，学西学。

5 月 2 日 康有为联合十八省在北京参加会试的举人联名上书光绪帝（公车上书），认为"武科弓刀步石无用甚矣"。主张"改武科为艺科，令各省、州、县遍开艺学书院。凡天文、地矿、医律、光重、化电、机器、武备、驾驶，分立学堂，而测量、图绘，语言、文字皆学之。选学童十五岁以上入堂学习，仍专一经，以为根本；延师教习，各有专门"。

6月3日 两广总督陶模上《培养人材疏》，建议整饬国子监："汰考生，减中额，以慎科名"；"分设算学、艺学科目以裨时务"；"水军陆军急需文武兼通之才，宜破格鼓励"；"工艺为富强之甚，宜加意考求"。

6月3日 两广总督陶模上《奏培养水陆军人才勉图补救片》，奏陈水师学堂及武备学堂学生培养方法及应习课程，并奏请严行遴选入堂学生，将旧例武科一律停止。

7月 顺天府尹胡燏棻上《条陈变法自强疏》，主张"设立学堂以储人材"。"至其学堂之制，不必尽由官设，民间绅富亦共集资举办，但国家设大书院以考取之"。"应先举省会书院，归并裁改，创立各项学堂。""将已译各种西学之书分印颁发。延积学之西士及中国久于西学有成之人，为之教习。尤必朝廷妥定考取章程，垂为令典"。胡燏棻（1840—1906），字芸楣，安徽泗州人，历任广西按察使、顺天府尹、总理各国事务大臣、刑部右侍郎等职。

9月17日 天津海关道盛宣怀上《拟设天津中西学堂章程禀》，奏准创设天津中西学堂并立案。盛宣怀（1844—1916），字杏荪，号愚斋，江苏武进人，1870年入李鸿章幕，接办汉阳铁厂、大冶铁厂、芦汉铁路；曾创办天津中西学堂、上海南洋公学；历任天津河间兵备道、中国电报总局督办、天津海关道、会办商务大臣、招商局董事长、中国红十字会会长、邮传部尚书等职。

10月2日 天津中西学堂获准成立。学堂分头等、二等学堂各1所。二等学堂毕业后方能升入头等学堂，头等学堂毕业后方能选入专门之学，学习期限均为4年。头等学堂课程分设律例、工程、矿冶和机械4门。伍廷芳、蔡绍基分任头等学堂和二等学堂总理，美国传教士丁家立（C. D. Tenney）为总教习。伍廷芳（1842—1922），字文爵，号秩庸，广东新会人，1874年留学英国，1882年入李鸿章幕府，民国成立后历任司法总长、外交总长、财政总长、广东省省长等职。蔡绍基（1859—1933），字述堂，广东香山人，1872年留学美国，曾任大北电报局译员、上海海关道署翻译、天津北洋西学学堂总办等职。丁家立（1857—1930），美国传教士，外交官，1882年来华，1886年任李鸿章家庭教师，同年在天津设立博文书院，1895年任美国驻天津副领事兼翻译、天津中西学堂第一任总教习。

同年 津榆铁路公司创办北洋山海关铁路学堂。1898年该学堂迁附于天津头等学堂（北洋大学前身），改称铁路专科。1900年天津头等、二等学堂停办，铁路专科学生由上海南洋公学招收，编为铁路班。

同年 中华基督教教育会出版由傅兰雅（J. Fryer）编辑的 *Educational Association of China*（《中国教育指南》），记载在华各教会学校办学和毕业生工作情况。

同年 美国和加拿大的青年会联合组织"北美协会"，派美传教士来会理（David W. Lyon）来华，在天津组织"基督教学生青年会"。

1896年（光绪二十二年　丙申）

1月12日　康有为在上海创办《强学报》。

3月20日　光绪批准开办大清邮政。近代国家邮政机构诞生。

4月30日　李鸿章出使俄国，参加尼古拉二世加冕典礼，到达彼得堡。

6月3日　清政府同俄国政府签订《中俄密约》。

8月9日　维新派在上海创办《时务报》。

10月20日　清廷设立铁路总公司，以盛宣怀为督办。

11月7日　设计出青天白日旗的陆皓东因广州起义事败被捕而英勇就义，被孙中山称誉为是"中国有史以来为共和革命而牺牲之第一人"。

1月20日　湖南湘乡士绅应原新疆巡抚刘襄勤提议，兴办东山精舍，拟定办学章程24条。东山精舍"仿湖北自强学堂成法，分科造士，为算学、格致、方言、商务四斋"；"择品学俱优中西兼通之士为山长"；"肄业生暂以二十名为限，皆须报名投考。观其文学识解，由山长分别等次"；学生入学以"算学为先""于四书五经宜仍专一经，以为根柢"。

1月23日 御史陈其璋上《请整饬同文馆疏》，认为同文馆课程"门类不分，精粗不辨"，难称大学堂。"请旨饬下总理各国事务衙门，将同文馆认真整顿，仿照外洋初等、中学、上学办法，限以年岁为度，由粗及精，以次递进。""应即令教师另订章程，于天文、算学、语言文字之外，择西学中之最要者，添设门类。"

1月 两江总督张之洞上《创设陆军学堂附设铁路学堂折》，奏请在南京仪凤门和会街创建江南陆军学堂，"电托出使大臣许景澄延请德国精通武事者五人为教习，慎选年十三岁以上二十岁以下聪颖子弟，文理通顺、能知大义者百五十人为学生。分马队、步队、炮队、工程队、台炮各门"；"所有应习各门约以二年为期，二年后再令专习炮法一年，又须略习德国语言文字，大约通以三年为期满"。同时，计划设立铁路学堂，附入陆军学堂，"延请洋教习三人，招习学生九十人"。许景澄（1845—1900），字竹筼，浙江嘉兴人，曾任顺天乡试同考官、出使法德意荷奥诸国大臣、内阁学士、驻德国大使兼东北铁路公司总办、京师大学堂总教习等职。1900年因力主围剿义和团，被慈禧太后处决。

2月1日 两江总督张之洞上《创设江南储才学堂折》，奏请在南京创设江南储才学堂，并将金陵同文馆扩充、归并。学堂课程分为交涉、农政、工艺、商务四门，每门课程又含四子目，共四门十六目。学堂先招"文义清通，能读华书兼通西文者四十名"为高等学生，分学以上各门课程。另外"别设初学学生一百二十名"于金陵同文馆学习英、法、德三国文字。延西人为教习，考察学生"学业之浅深分为四班，初学学生列入头班，后即升为高等学生末班"。该学堂1897年开学，1903年改为江南高等学堂。

2月4日 御史胡孚宸奏请将强学书局改为官办。总理衙门奉谕拟援照八旗官学之例，建立官书局，延聘通晓中西学问之洋人为教习，专司选译书籍、各国新报，指授各种西学。

2月17日 两江总督张之洞上《选派学生出洋肄业折》，奏请选派江南陆军学堂、铁路学堂、储才学堂及金陵同文馆中已通西文之学生出洋学习，于史册、地志、富国、交涉、格致、农事、商务、武备、工作9门课程中酌量兼习数门，并就学生所通何国文字即派入何国学堂。学习期限为中学 3 年，大学 3 年，6 年为期。计划选派 40 名学生前往，3 年后陆续添往。划拨所借瑞记洋款项下银 20 万两，专款存储，为 40 名学生前 3 年经费及出洋川资之用。请出使法国大臣庆常代为经理，委派江苏候补知县沈翊清带领学生出洋。

2 月 27 日　两江总督张之洞上《江西绅商请办小轮瓷器及蚕桑学堂折》，奏陈江西绅商蔡金台等呈请张之洞于江西高安县创办蚕桑学堂，讲求种桑养蚕之法。

3 月 4 日　清政府派孙家鼐管理官书局。孙家鼐拟定《官书局奏开办章程》，计划在官书局下设学堂一所，"延精通中外文理者一人为教习，凡京官年力富强者，子弟之资性聪颖安详端正者，如愿学语言文字及制造诸法，听其酌出学资，入馆肄习"。孙家鼐（1827—1909），字燮臣，号蛰生、容卿、澹静老人，安徽寿州人，历任乡试正考官、会试同考官、实录馆纂修官、湖北学政、工部侍郎、兵部侍郎等；1896 年任管学大臣筹办京师大学堂，1898 年 8 月任京师大学堂管学大臣兼总教习；后任文渊阁大学士、武英殿大学士。

3 月 14 日　两江总督张之洞奏请将江南水师学堂"原裁之学生四十名，并教习、夫役，仍照原额招募添设，其薪费仍照前额原数开支，以资练习"。

5 月　清政府遣派 13 人留学日本，他们是：唐宝锷、朱忠光、胡宗瀛、戢翼翚、吕烈辉、吕烈煌、冯谟、金维新、刘麟、韩筹南、李清澄、王某和赵某。入日本高等师范学校学习日本语文及普通学科。除 6 人中途退学外，其他 7 人于 1899 年毕业。此为中国近代史上第一批官费留学日本的学生。

5 月 13 日　袁世凯奏请设立的新建陆军行营武备学堂开学。学堂于正兵内选"年幼伶俐、文字较优者"50 人为德文官弁学生，"各生先习德国语言文字，次学武备各学兼习汉文，迨数年有成咨送外洋游历肄学"，派洋员魏贝尔为总教习，景启为监督；选"年力强壮、文字稍次者"80 人为炮队官弁学生，各生学习"测算、舆图、垒台、炮法和汉文各学"，派段祺瑞为监督兼代理总教习；选 80 人作为步队官弁学生，派梁华殿为监督兼代理总教习；拟选 24 人为马队学生，由洋员曼德加教以测绘、武备各学。拟定试办条规 22 条。袁世凯（1859—1916），字慰亭，号容庵，河南项城人，1885 年任驻朝鲜总理交涉通商事宜全权代表，1895年创建陆军行营兵官学堂，1900年任山东巡抚，1901年任直隶总督兼北洋大臣，1913年任中华民国大总统；1915年12月自称皇帝，建元洪宪。

5月24日 陕西学政赵维熙会同巡抚张汝梅奏请创建格致实学书院。次年书院竣工，命名为崇实书院，分四斋：致道斋、学古斋、求志斋、兴艺斋。开办之时每斋招生24岁以下学生15人；计划渐次推广，以每斋40人为定额。每斋设学长一人，任命举人刘光蕡为山长。

6月12日 刑部左侍郎李端棻上《请推广学校折》，认为近20年来中国创办学堂众多但收效甚微，原因为：诸馆皆徒习西语西文，未曾肄及"治国之道，富强之原"；"学业不分斋院，生徒不重专门"；学堂未备图器、未遣远游，学生求学于故纸堆中；学生多为取得利禄而读书；学堂和生徒数量过少。主张："自京师以及各省府州县皆设学堂"，可改原有书院为学堂；府州县学，选民间俊秀子弟十二至二十者入学；省学选诸生年二十五以下者入学，以经史子及国朝掌故诸书为课程，并辅之以天文、舆地、算学、格致、制造、农商、兵矿、时事、交涉等学，以三年为期；京师大学选举贡监年三十以下者入学，京官愿学者听之，课程与省学相同，惟宜加专精，各执一门，不迁其业，以三年为期。建议：省学大学课程门目繁多，可仿宋胡瑗经义、治事之例，分斋讲习。在推广学校的同时，应设藏书楼、创仪器院、开译书局、广立报馆、选派游历，以期与学校相辅。李端棻（1833—1907），字苾园，号信臣，贵州贵筑人，历任云南学政、御史、内阁学士、刑部侍郎、工部侍郎、礼部尚书等职。

7月 山西巡抚胡聘之上《请变通书院章程并课天算格致等学折》，奏请将书院"原设之额，大加裁汰，每月诗文等课，酌量并减然后综核经费，更定章程，延硕学通儒，为之教授。参考时务，兼习算学，凡天文、地舆、农务、兵事，与夫一切有用之学，统归格致之中，分门探讨"。胡聘之主张修订令德书院条规，添设算学等科，到天津、上海等地译刻天算格致诸书，并请清政府下旨要求各省督抚详议推行至所有书院。胡聘之（1840—1912），字萃臣，号景伊，湖北天门人，历任会试同考官、太仆寺少卿、顺天府知府、山西布政使、山西巡抚等职。

8月 工部尚书孙家鼐上《议复开办京师大学堂折》，奏陈京师大学堂筹办情况，主张：京师大学堂应以"中学为主，西学为辅，中学为体，西学为用"为办学宗旨；应建造学堂，"讲堂斋舍，必须爽垲宜人，仪器图书，亦必庋藏合度"；学问宜分科，分为天学、地学、道学、政学、文学、武学、农学、工学、商学、医学十科；应聘请中、西总教习各二人；学生"年以二十五为度"，按照中西学水平分为三班；应拓宽学生出路，可分立科、派差和分教三种出路。另外，应饬南北洋大臣"按月各拨银五千两，解交户部，作为京师大学堂专款"。

9月17日 梁启超在《知新报》上发表《学校总论》，提出"亡而存之，废而举之，愚而智之，弱而强之，条理万端，皆归本于学校"。主张改科举，立师范学堂，分专门之业等。

9月21日 翰林院侍讲学士秦绶章上《请整顿书院预储人才折》，提出整顿书院应做到三个方面："定课程"，应仿宋胡瑗分斋之法，将课程分为六类，经学、史学、掌故之学、舆地之学、算学、译学。学生可专攻一艺或兼习数艺，制艺试帖于每处留一书院课之已足。"重师道"：书院山长必由公举，惟取品行端方、学问渊博、为众望所推服者，山长而下兼设六斋之长。"核经费"，各属书院，皆有常年经费，即或僻陋之区容有不足，就本地公款酌拨，亦属为费无多。同年10月，礼部上《议复秦绶章奏请整理各省书院折》认为秦绶章提出的定课程、重师道、核经费各条是实事求是的，请一并通行各省督抚学政，参酌采取，以扩旧规而收实效。

10月6日 江西巡抚德寿上《奏酌裁友教书院童卷移设算科折》，奏请于省城各书院颁发同文馆译的各国史略、西艺新法等书，延中国通儒为之主讲，分科专学课程，优等学生咨送总理衙门考试备用。并与藩臬两司酌度推行，"将江西省城友教书院童卷全裁，所有膏奖移设算科""延请通算学二人为斋长，招集算学生徒十八人"。

10月7日 梁启超发表《论科举》，主张"欲兴学校、养人才以强中国，惟变科举为第一义"；变科举有三策：上策是："远法三代，近采泰西，合科举于学校，自京师以讫州县，以次立大学小学，聚天下之才教而后用之"；中策是"用汉、唐之法，多设诸科，与今日帖括一科并行"；下策是"仍今日取士之法，而略变其取士之具"。"上策者，三代之制也；中策者，汉、唐之法也；下策者，宋、元之遗也。由上策者强，由中策者安，由下策者存。"

10月31日 太常寺少卿盛宣怀上《条陈自强大计折》，附奏《请设学堂片》。在育才方面他赞同李端棻推广学校的建议，但认为"各府州县骤难遍设学堂"，各省可"设省学一所，教以天算、舆地、格致、制造、汽机、矿冶诸学，而以法律、政治、商税为要"。"设武备学堂一所，教以筑垒测地，枪炮制造，弹丸发送，队伍分合，马骑控御诸学，而以兵律戎机，有勇知方为要。"就科举而言，"不能尽改科举之制，宜专设一科为新学之进阶，使文武学堂卒业者皆有出身之正途"。在《请设学堂片》中，盛宣怀奏明：禀明两江总督刘坤一，拟在上海捐购基地，筹款议建南洋公学。同时建议在北京和上海各设立一所达成馆，学习英法语言文字，开设法律、公法、政治通商等课程。

12月25日 梁启超在《知新报》上发表《论师范》，主张"欲革旧习，兴智学，必以立师范学堂为第一义"。"自京师以及各省府州县，皆设小学，而辅之以师范学堂，以师范学堂之生徒，为小学之教习，而别设师范学堂之教习，使课之以教术，即以小学堂生徒之成就，验师范学堂生徒之成就。"

同年 梁启超《上南皮张尚书论改书院课程书》，向张之洞提出应学习西方之政治学院。"以'六经'、诸子为经，而以西人公理公法之书辅之，以求治天下之道；以历朝掌故为纬，而以希腊罗马古史辅之，以求古人治天下之法；以按切当今时势为用，而以各国近政近事辅之，以求治今日之天下所当有事。"主张书院课程"所设经学、史学、地学、算学者，皆将学焉以为时用也。故时务一门，为诸学之归宿，不必立专课，而常贯于四者之中。其经学、史学、地学、算学，则为日记以督之，以验其学业之勤惰。其时务一门，则为课卷以考之，以观其学识之浅深。"

同年 京师同文馆添设东文馆，派东文翻译官唐家桢充东文教习，延聘日本人杉几太郎为教习。

同年 中华教育会召开第二届大会,主席潘慎文(Alvin Pierson Parker)作题为《教育会与中国整个教育的关系》的演讲,认为中华教育会应"以各种方式控制这个国家的教育改革运动,使之符合于纯粹的基督教的利益"。大会根据他的意见,成立"改革教育委员会",目的在于研究如何为中国拟定"合理"的教育制度。

同年 陈璧、陈宝琛、林群玉(后改名林纾)、孙宝瑄、力钧、任鸣珊等人在福州南台创办苍霞精舍。由林群玉任总教习,任鸣珊任监学。课程有经世时务、算学、地理,后增加英文课。苍霞精舍后改为绅立中西学堂,经费皆由私人负担,并向绅商劝募。清末新学制颁行,学堂又改名为福州苍霞中学堂。陈宝琛(1848—1935),字伯潜,号弢庵,福建闽县人,历任内阁学士、钦差会办南洋大臣等职,1911年为溥仪帝师。

1897 年(光绪二十三年 丁酉)

2月11日 商务印书馆在上海成立。

2月20日 "大清邮政"在北京开办。

5月27日 中国人自办的第一家银行——中国通商银行成立。

10月26日 严复、夏曾佑等在天津创办《国闻报》。

11月1日 山东曹州巨野县德国传教士唆使教徒欺压民众,激起民众公愤,酿成"巨野教案"。

11月14日 德国以"巨野教案"借口,派军舰强占胶州湾,夺取青岛炮台,制造胶州湾事件。

12月15日 沙俄舰队侵入旅顺湾,强占旅顺、大连。

2月12日 刑部主事张元济与陈昭常、张荫棠、何藻翔、曾习经、周汝钧、夏偕复等人在北京集资创办"西学堂",校址在宣武门内象坊桥,设常驻孝悌1人,帮教1人,学生40至50人,设置英文、数学等课程。张元济(1867—1959),字菊生,浙江海盐人,曾参与戊戌变法,1902年进入商务印书馆,历任编译所所长、经理、监理、董事长等职;1948 年当选为中央研究院第一届院士;中华人民共和国成立后,任商务印书馆董事长、上海文史馆馆长。

3月1日 湖广总督张之洞上《奏设湖北武备学堂折》,奏请在湖北武昌设立武备学堂,以储将材。奏请委派江汉关道湖北候补道蔡锡勇为总办,调分省知府钱恂、浙江候补府联豫为学堂提调,委托许景澄聘请德人法勒汉根、千总根次任教习,并选派津粤学堂出身久充教习者 12 名为领班。由华教习经理考选学生 120 名。学堂功课分讲堂、操场两事,讲堂开设军械学、算学、测绘、地图学、各国战史、营垒桥道制造之法、营阵攻守转运之要等课程;操场开设枪队、炮队、马队、营垒工程队、行军炮台、行军铁路、行军电线、行军旱雷、演试、测量、演习、体操等课程。

3月3日 由徐树兰捐资创办的绍郡中西学堂开学。第一任总校(负责评阅国文月考试卷)为任塍,第一任监董(校长)为何琪;学生定额 40 名,每生须习国学、外国文(英、法文任选一种)、算学三科。其不习国学,专学外国文、算学者称为附课生,定额 20 名。徐树兰(1838—1902),字仲凡,号检庵,浙江绍兴人,曾授兵部郎中,改知府;1897 年在绍兴筹办中西学堂,1900 年创办古越藏书楼。

3月26日 湖南学政江标上《奏校经书院添置天文、舆地诸仪并拟添设算学等课程折》,奏陈湖南校经书院已推广季课,建造书楼,广购经籍,添置天文、舆地、测量诸仪,光化、矿电、试验等仪器,计划添设算学、舆地、方言、学绘等课程,并开办《湘学新报》,介绍各种艺学。

3月 浙江巡抚廖寿丰奏请于省城杭州求是书院西偏创办浙江武备学堂,学额定为 40 名;由各镇哨长营书勇丁内挑选年 25 岁以下,粗识文字,身体结实的考取入堂肄业。1906 年,浙江武备学堂停办。廖寿丰(1836—1901),字谷似,晚号止斋,江苏嘉定人,历任浙江粮道、贵州按察使、福建布政使、浙江巡抚等职。

4月8日 南洋公学在上海开学。校址徐家汇北部,创始人盛宣怀,首任总理何嗣焜,首任总教习张焕纶,创办之初,仅设师范院一班,招生 40 名。

何嗣焜（1843—1901），字梅生，江苏武进人，早年入张树声幕，1897年春任南洋公学总理。

4月12日、5月2日 梁启超的《变法通议·论女学》刊载于《时务报》第23、25册。提出"女子须有才""中国之宜兴妇学"，认为兴女学堂"上可相夫，下可教子，近可宜家，远可善种，妇道既昌，千室良善"。

5月2日 谭嗣同与杨文会、刘聚卿、茅子贞等人创设金陵测量学会于南京花牌楼。学会拟定10条章程，购置多种测量仪器，要求会员定期聚会，每人先学习一种仪器，逐渐扩充。

5月至6月 美国长老会传教士狄考文等在《万国公报》发表《上译署拟请创设总学堂议》（连载），主张："京都必先立一总学堂，以为通国之倡，乃可以号召直省"；"总学堂之总字，赅有二义：一谓为群学总汇之区，一谓为通国总会之所"；"京都既建总学堂，外省各府州县，不能不建蒙学堂中学暨大学堂专门学堂。"

6月2日 裕禄上《奏选派闽厂第四届出洋肄业学生折》，奏陈福州船政学堂第四届出洋肄业学生名数及所奏选派闽厂第四届出洋肄业学生折需经费。裕禄会同提调暨洋监督杜业尔等，挑选施恩孚、丁平澜、卢学孟、郑守钦、黄德椿、林福贞6人，由吴德章带领赴法国学习制造新法，以6年为限。

6月 陕西督学赵维熙会同护理陕西巡抚张汝梅奏请在泾阳筹建格致实学书院，后更名为崇实书院。课程有格致、英文、算学、制造。聘刘古愚为山长。

7月8日 漕运总督松椿奏陈于清江崇实书院内添设中西学堂，延聘算学格致教习2人，英法语言文字教习1人，招收住校学生40人，附学生40人入堂学习。

8月18日 梁启超在《知新报》上发表《学校余论》，主张"今日之学，当以政学为主义，以艺学为附庸"。

8月 廖寿丰上《奏设杭州求是中西书院折》，奏准在杭州设立求是书院，委任知府林启为总办，聘请一位西人为正教习，教授各门西学；两位华人为副教习，分别教授西文和算学。委任一名监院管理书院事宜。招收由地方绅士保送的 20 岁以下的举贡生监，学习年限为 5 年。

9 月 20 日 张元济等将西学堂定名为通艺学堂。学生"先习英文及天算舆地。其兵、农、商、矿、格致、制造等学，俟洋文精熟，各就性质之所近，分门专习。"

9 月 江西邹殿书部郎上书江西巡抚德寿，请设务实学堂。德寿批复江西各地应捐银两，"俟筹捐到司，悉数交发，公举绅董，转发妥店生息，以供支用"；"所有学堂应立规条，并应如何考取入额，统俟捐有成数，再行会商绅董，妥订章程办理"。

11 月 5 日 徐勤在《时务报》发表《中国除害议》，认为"覆中国，亡中国，必自科举愚民不学始也"，主张改科举。徐勤（1873—1945），字君勉，号雪庵，广东三水人，早年师从康有为，曾编《强学报》《时务报》，1897 年任长沙时务学堂教习；1899 年在东京创办高等大同学校，任校长。

11 月 15 日 梁启超在《时务报》发表《倡设女学堂启》，倡议开设女子学堂。

11 月 29 日 湖南时务学堂开学，熊希龄为学堂总理，另委绅董 9 人。学堂招收年 12 至 16 岁学生 120 人。学生以立志、养心、治身、读书、穷理、学文、乐群、摄生 8 条为"堂中每日功课所当有事"，以经世、传教 2 条为"学成以后所当有事"。学堂分为普通学和专门学：普通学包括经学、诸子学、公理学、中外史志及格算诸学，专门学包括公法学、掌故学、格算学等。熊希龄（1870—1937），字秉三，湖南凤凰人，1897 年出任湖南时务学堂提调，1898 年与谭嗣同等设延年会，组织"南学会"，办《湘报》；1913 年出任国务总理兼财政大臣，1917 年任平政院院长；1920 年在北京创办香山慈幼院，1932 年任世界红十字会中华总会会长。

11 月 19 日 经元善在《集成报》发表《为创设上海女学上总署及各督抚大宪禀》，主张创兴女学，建议"就上海先设一总堂，以开风气之先，徐图推广"。

12 月 7 日 云贵总督崧蕃等上折，奏请于云南省城经正书院隙地创建算学馆，慎选精通算学之人主教其中，一俟肄业诸生揣摩有得，再行添课天文、格致、舆图诸学。同时，据该管州县先后禀报，均于旧有书院添课算学。崧蕃（？—1905），字锡侯，瓜尔佳氏，满洲镶蓝旗人，历任湖南按察使、四川布政使、贵州巡抚、云南巡抚、陕甘总督、闽浙总督等职。

12月16日 贵州学政严修上《奏请设经济专科折》，建议在书院学堂内设经济专科，以一二年为考试年限，录取数额无限制；考试需官员保送，且官员未尽保送之职责，需受惩罚；试取优等，无论出身，皆可录用；为考生提供应试费用。严修（1860—1929），字范孙，号梦扶，天津人，历任国史馆协修、会典馆详校官、贵州学政、学部侍郎等职；与张伯苓筹建南开大学。

同年 美国监理会林乐知（Young John Allen）著《治安新策》，主张"凡人年至弱冠，资质明敏，在华粗知学问者，资送出洋令之肄业于分类各书院"；"朝廷之上，则资送宗室子弟以及满洲世胄分赴外洋肄业，为华民之表率"。

同年 基督教伦敦会传教士在上海设立华英书馆，分英汉两部，以"造就有基督化人格之青年"为教育宗旨。1908年改称麦伦书院。

同年 美国长老会传教士李佳白（Gilbert Reid）获得清政府批准和美国驻华公使田贝（Ch. Denby）的支持，在北京建立尚贤堂，拟有《尚贤堂章程》21条，规定"本堂所用之人，所立之法，所办之事，专求有益中国，有利华民"。"本堂意在广设善法，调剂于彼此之间，务令中外民教，底于和洽。"1902年迁至上海。李佳白（1857—1927），美国传教士，1882年来华，在山东烟台、济南传教，1897年在北京筹建尚贤堂，后去上海组织中外商务联合会、中外教务联合会。

同年 湖北经心精舍进行书院改制，课程除原有科目外，增设外政、天文、格致、制造四门，每科设分教习一人。所设四科学生分年轮习，无论所习何科，均须兼习算学。

同年 江苏学政龙湛霖上折奏陈江苏南菁书院办理情形，"于算学之中分别电化光重汽机等门，饬在院诸生即向以经义词章名家者，亦必各兼一艺"；"筹款购办制造机器一具，并测量图绘诸器置诸院中"。龙湛霖（1837—1905），字芝生，湖南攸县人，1902年在长沙筹办明德学堂，自任总理；1903

年附设经正学堂于西园，创办速成师范科；1905 年咨请湖南巡抚端方，促成政府公派甲班全体学生留学日本。

同年 直隶总督王文韶在保定创设畿辅学堂，次年开办。学生定额 40 人，学习十三经、二十四史、近代名臣奏议、中外通商条约及西国史志、舆图、公法、刑律、官制、学校等课程。王文韶（1830—1908），字夔石，号耕娱，浙江仁和人，历任湖北按察使、湖南布政使、湖南巡抚、云贵总督、直隶总督兼北洋大臣、军机大臣、政务处大臣兼外务部会办大臣等职。

1898 年（光绪二十四年 戊戌）

4月17日 康有为等在北京组织保国会，以"保国、保种、保教"为宗旨。

4月22日 严复译《天演论》出版。

6月11日 清光绪帝颁布"明定国是"诏，宣布变法，"百日维新"开始，又称"戊戌变法"。

9月21日 慈禧太后发动戊戌政变，囚禁光绪帝，捕杀谭嗣同等维新人士，戊戌变法失败。

9月28日 谭嗣同、康广仁、刘光第、林旭、杨锐、杨深秀被处死于北京菜市口，史称"戊戌六君子"。

10月25日 山东义和拳（即义和团）首领赵三多集合 3,000 余人，在冠县竖起"扶清灭洋"大旗发动起义。

1月14日 陕西巡抚魏光焘据粮道姚协赞转举人薛位等禀请开设格致书院，奏请于省城借崇化书院房舍创建游艺学塾。学生需学习语言文字，参考时务，兼习算学。学塾开设天文、地舆、兵农工商、电化声光重汽等学，分门探讨。游艺学塾后合并于陕西中学堂。魏光焘（1837—1916），字午庄，湖南邵阳人，历任江西布政使、陕西巡抚、陕甘总督、两江总督等职。

1月17日 兵部尚书荣禄上《请参酌中外兵制设武备特科片》折，主张

"每省延聘兼通西法精通于操练教习数十人，就地教练，一岁之后，可成精兵，足以充役。二年作为武生，选其才武聪颖者，每省设一武备学堂，挑入学习重学、化学、格致、舆地诸学，分炮队、马队、工程队诸科，限以三年，由各省督抚，详加考试。凡考列优等者，作为武举人"；"此项特科武举人，咨送京师大学堂，限以三年，由兵部奏请钦派王大臣考试，分别优等者，作为武进士"。荣禄（1836—1903），字仲华，满洲正白旗人，历任工部侍郎、工部尚书、兵部尚书、直隶总督兼北洋大臣、军机大臣；协助慈禧太后发动戊戌政变。

1月27日 总理衙门、礼部遵议开设经济特科："准现今科目阶级以登进学堂书院中之髦俊，一为岁举，一为特科，先举特科，次行岁举"；特科"以六事合为一科"，即"内政、外交、理财、经武、格物、考工"；"此为特科，或十年而一举，或二十年而一举，统司特旨，不为常例"；岁举则"三岁一举"；"每届乡试年，分由各省学臣调取各书院各学堂高等生监，乡会试皆以策问试之"。

1月29日 康有为上《应诏统筹全局折》，主张："立制度局总其纲，立十二局分其事"；其中包括设立学校局。"自京师立大学，府县立中小学及专门学，若海、陆、医、律、师范各学，编译西书，分定课级，非礼部所能办，宜立局而责成焉。"

1月29日 高燮曾上《议设武备特科折》，奏请"令内外三品以上大员各举所知"以五事考察："一、娴韬略，兼贯中法西法；二、熟舆地，工测绘；三、练身体，善击刺；四、习洋枪洋炮及中国擅长火器，此四者阙一不可；五、精制造创新械。此则于四者之外别为一格，为专长或兼长皆可保荐。""名实相符者，考校合格者，分别给予职官，俾为武备学堂教习"；"京师设武备学堂遍及于各行省，亦教以上所陈之事，外省两年报满，拔其优者入京师武备学堂，仍令肄习一年，三年学成请钦派王大臣一体考校，分别等第，以备任使"。高燮曾（1841—1917），名楠忠，号理臣，湖北孝昌人，历任给事中、广西道监察御史、山西省学政等职；为山西大学堂首任总教习。

2月15日 光绪帝谕："御史王鹏运奏请开办京师大学堂等语。京师大学堂迭经臣工请奏，准其建立，现在亟须开办，其详细章程，著军机大臣总理各国事务衙门王大臣，妥议具奏。"

2月21日 长沙南学会第一次开讲，与会者300余人。学会所定讲演范围为学术、政教、天文、舆地四门。

3月18日 光绪帝据荣禄、高燮曾、胡燏棻等先后奏请设武备特科，酌改章程各折片，军机大臣等议奏，准改武科旧制，命各直省武乡试自庚子科开始，会试自辛丑科开始，童试自下届科试开始，一律改试枪炮，裁去默写武经一场。

3月 户部郎中王宗基等人自筹资款，在北京城北设立会文学堂，讲求中西实学。黄绍箕任中文教习，张謇讲求经史大义及一切专门之学。黄绍箕（1854—1908），字仲弢，号鲜庵，浙江瑞安人，1895年参与发起强学会，次年发起创办瑞安学计馆，1898年参与创办京师大学堂，1900年赴武昌任两湖学院监督，1902年创办两湖大学堂、两湖总师范学堂。张謇（1853—1926），原名字季直，号啬庵，江苏南通人，1894年中进士，钦点为状元，创办370多所学校和诸多企业，历任江苏教育总会会长、实业部总长、农工商总长、全国水利局总裁等职。

4月1日 杭州知府林启创设的杭州蚕学馆开学，招收学生25名。所设课程包括物理学、化学、植物学、动物学、气象学、土壤学、桑树栽培学、蚕体解剖学、养蚕学等等，学制三年。总教习为江生金，后改聘日本宫城县农学校教谕轰木长。

4月9日 御史李盛铎奏请饬各省刻限六个月，一律兴办学堂。李盛铎（1859—1937），字椒微，号木斋，江西德化人，历任京师大学堂总办、出使日本大臣、顺天府丞、陕西巡抚等职；民国成立后曾任山西民政长、北洋政府农商总长兼全国水利局总裁等职。

4月13日 王文韶奏请变通书院章程，创建畿辅学堂："此次设立学堂，应屏去一切词章旧课，以穷极义理，通知中外古今政要为主，期得员亮干济之才，上备国家任使。""学堂正课经史之外，参以皇朝三通会典通礼律例、近代名臣奏议、中外通商条约及西国史志舆图公法刑律官制学校兵农工商诸政书。""于正课外，立算学西文二门，延请京沪同文言馆艺学已成者二人，分教英法言语文字，并中西图算。"

4月16日 张之洞上《设立农务工艺学堂暨劝工劝商公所折》，奏陈湖北省城设立农务学堂；洋务局内设立工艺学堂；饬江汉关道汉口设立劝工劝商公所。

4月 梁肇敏、邓家仁等人捐资在广州创办时敏学堂。"名曰时敏，窃取书为学逊志务时敏之义，言敏于时务也。"分大学、小学两制。大学授修身、国文、地理、宗教、政治、格致、算学、英文、日文、体操等课程。

4月 湖广总督张之洞著《劝学篇》，分为内、外两篇：《内篇》务本，以正人心，《外篇》务通，以开风气；《内篇》分为同心、教忠等九篇；《外篇》分为益智、游学、设学、学制、广译等十五篇；二十四篇之义，括之以五知：知耻、知惧、知变、知要、知本。就教育而言，主张："游学东洋之国"；"非天下之广设学堂不可，各省、各道、各府、各州县，皆宜有学，京师、省会为大学堂……中小学以备升入大学堂之选"等。

5月5日 湖广总督张之洞奏陈《两湖、经心两书院改照学堂办法》："严立学规，改定课程，一洗帖括词章之习，惟以造真才济时用为要归"；"两湖书院分习经学、史学、地舆学、算学四门，图学附于地舆，每门各设分教，诸生四门皆须兼通"；"经心书院分习外政、天文、格致、制造四门，每门亦各设分教，诸生于四门皆须兼通"。

5月11日 康同薇在《知新报》上发表《女学利弊说》，认为"女学者所以端本也，本端则万事理"。主张"若欲扩其球人之心，非先遍开女学以警醒之启发之不可"；"特立大学校于会城，群其聪明智慧，广其材艺心思，务平其权，无枉其力，则规模大立，而才德之女彬彬矣。"康同薇（1879—1974），字文㛃，号薇君，广东南海人，康有为之长女，曾任澳门《知新报》社翻译，与梁启超夫人李惠仙等在上海创办《女学报》。

5月 梁启超联合在京应试举人百余人，向都察院呈递《公车上书请变通科举折》，奏请"将下科乡会试及此后岁科试，停止八股试帖，推行经济六科，以育人才御外侮"。

5月 浙江巡抚廖寿丰,奏陈经济岁科,当仿特科六事(即内政、外交、理财、经武、格物、考工),径由学堂选举,总署议准,并酌定章程6条。

6月1日 杨深秀上《请厘正文体折》,认为"欲废四书文者,过激之说也",奏请"特下明诏,斟酌宋、元、明旧制,厘正四书文体,凡各试官命题,必须一章一节一句,语气完足者;其制艺体制,一仿宋人经义、明人大结之意",以"厘正文体乃以尊四书,变通流弊乃以符旧制"。杨深秀(1849—1898),原名毓秀,字漪村,号眘眘子,山西闻喜人,历任刑部主事、山东道监察御史等职,为"戊戌六君子"之一。

同日 康有为上《请广译日本书派游学折》,奏请"派游学,宜多在欧美";"以德为宜";"惟日本道近而费省,广历东游,速成尤易";"师范及速成之学,今急于须才,则不得已,妙选成学之士,就学于东,则收新学之益,而无异说之害"。

同日 维新派妇女团体女学会在上海城南桂墅里创办中国女学会书塾,这是中国近代第一所自办女校。

6月11日 光绪帝下"明定国是诏",认为"京师大学堂为各行省之倡,尤应首先举办,著军机大臣、总理各国事务王大臣会同妥速议奏,所有翰林院编检、各部院司员、大门侍卫、候补候选道府州县以下官、大员子弟、八旗世职、各省武职后裔,其愿入学堂者,均准入学肄业"。

6月12日 盛宣怀附奏《南洋公学附设译书院片》,拟在"南洋公学内设立译书院一所,广购日本及西国新出之书,延订东、西博通之士,择要翻译,令师范院诸生之学识优长者笔述之"。

6月17日 康有为上《请废八股试帖楷法试士改用策论折》,主张"今学校未成,科举之法,未能骤变,则莫先于废弃八股矣";"以八股为学非所用";"立废八股。其今乡会童试,请改试策论";"然后宏开校舍,教以科学,俟学校尽开,徐废科举";"其试帖风云月露之词,亦皆无用,其楷法方光乌之尚,尤为费时"。

6月17日 山东道监察御史宋伯鲁上《请改八股为策论折》(康有为代拟),主张"永远停止八股";"自乡会试以及生童科岁一切考试,均改试策论"；"自庚子科为始，一律更改"。顽固派纷纷反对。大学士徐桐认为："八股代圣贤立言，朝考覆试为祖宗成法，变更则正士寒心。"兵部尚书协办大学士刚毅认为"此事重大，行之数百年，不可遽废"。宋伯鲁（1854—1932），字芝栋，陕西醴泉人，曾任山东道监察御史，戊戌政变后被革职通缉，避逃上海，晚年主持修撰《新疆省志》和《续修陕西通志》。

6月17日　山东道监察御史宋伯鲁上《请催举经济特科片》（康有为代拟），认为"专门与通才，用各有宜，义本各异。专门宜于学堂之选拔，通材宜以特科为网罗，离则两美，合则两伤"。奏请"饬下总署，此次特科，专以得古今掌故内政外交公法律例之通才为主。其他各科，请饬下各督抚，速立学堂教授，然后选用为教习，则人才各得其用"。

6月17日　康有为上《请停弓刀石武试改设学校折》，奏请"停止弓刀石武试，改设兵校以整武备，养人才"。

6月20日　江南道监察御史曾宗彦奏请于南北洋设立矿务学堂，"中国矿学不兴，矿利断不可得"；"急宜于天津、福州、广东各学堂中，精选聪颖学生，已通西国语言文字者数十人，驰赴欧美各国精习矿学"；"设立矿学学堂，由总理衙门咨饬出使各国使臣，搜求海外矿学各书，咨送学堂，亦选已通西国语言文字者数十人，聚习其中"。总理衙门议奏："遵议请设矿务学堂，拟咨行各省督抚，拣年幼聪颖学生，咨报臣衙门，派往日本矿务学堂学习，仍一面由各省督抚，就现有学堂，酌增矿学一门。"

6月21日　陕甘总督陶模奏请变通武科，并于沿江沿海各省兼设水师学堂。

6月22日　翰林院侍读学士徐致靖上《请废八股以育人才折》（康有为代拟），主张："罢废八股，自岁科试以致乡会试及各项考试，一律改用策论。"徐致靖（1844—1918），字子静，晚号仅叟，江苏宜兴人，历任翰林院侍读学士、礼部侍郎等；曾支持维新变法，上疏光绪帝明定国是。

6月23日　光绪帝下诏"废八股""着自下科为始，乡会试及生童岁科各试，向用四书文者，一律改试策论"。

6月30日　山东道监察御史宋伯鲁上《奏请经济岁举归并正科，并各省岁科试迅即改试策论折》，主张"将正科与经济岁举合并为一，皆试策论，论则试经义，附以掌故；策时试时务，兼及专门；除乡会试，自下科为始，改试策论处，其生童岁科试，一经奉到谕旨，立即遵照新章，一律更改"。

6月30日 江南道监察御史李盛铎上折，主张创办京师大学堂应"详定章程""择立基址""酌定功课""宽筹的款""专派大臣"。

6月至7月 康有为上《请开学校折》，"今者广开学校为最要矣"；"请远法德国，近采日本，以定学制"；"遍令省府县乡兴学"；"其省府能立专门高等学大学，各量其力，皆立图书仪器馆"；"京师议立大学数年矣，宜督促早成之，以建首善而观万国"；"若其设师范、分科学、撰课本、定章程，其事至繁，非专立学部，妙选人才，不能致效也"。

6月 熊希龄等上《湘绅公恳抚院整顿通省书院禀稿》，奏请整顿湖南通省书院，提出7条办法："定教法、端师范、裁干修、定期限、勤功课、严监院、速变通。"

夏 罗振玉与汪康年等人在上海创办日语专门学校"东文学社"，最初目的是培养日语翻译人才、翻译农学书籍。学社最初仅授日语，后因农书内容常涉及物理、化学、数学，遂增设物理、化学、数学及英语课程，均用日语讲授。聘藤田丰八、田冈岭云、诸井六郎等任教员。罗振玉（1866—1940），字叔蕴、叔言，号雪堂，原籍浙江上虞，生长于江苏淮安，曾创立农学社，开办农报馆，创办东文学社、江苏师范学堂等；1909年补参事官兼京师大学堂农科监督；开创甲骨学研究，是"甲骨四堂"之一。汪康年（1860—1911），原名灏年，字穰卿，晚号恢伯，浙江钱塘人，曾办《时务报》《昌言报》《中外日堂职员报》《刍言报》《京报》等，1904年任内阁中书。

7月3日 总理各国事务衙门上《遵筹开办京师大学堂折》，认为开办京师大学堂，"举其要义，凡有四端：一曰，款筹经费。二曰，宏建学舍。三曰，慎选管学大臣。四曰，简派总教习"。

7月3日 光绪帝谕，"京师大学堂为各行省之倡，必须规模宏远，始足以隆观听而育英才"；"现据该王大臣详拟章程……尚属周备"；"即著照所拟办理，派孙家鼐管理大学堂事务"；"至总教习总司功课，必须选择学赅中外之士";"其分教习各员，亦一体精选，中西并用";"所需办学经费及常年用款，著户部分别筹拨，所有原设官书局及新设之译书局，均著并入大学堂"。

7月4日 光绪帝谕，"农务为富国根本，亟须振兴";"上海近日创设农学会，颇开风气，着刘坤一查明该学会章程，咨送总理各国事务衙门查核颁行。其外洋农学诸书，并着各省学堂广为编译，以资肄习"。

7月4日 湖广总督张之洞与湖南巡抚陈宝箴上《妥议科举新章，并请改考试诗赋、小楷之法折》，主张"今日当详议者，约有数端：正名、定题、正体、征实、闲邪";科举考试应采用"先博后约，随场去取之法";"第一场试以中国史事，国朝政治论五道";"第二场试以时务策五道，专问五洲各国之政，专门之艺";"第三场试四书义两篇，五经义一篇";同时主张，考试应"皆以讲求实学、实政为主";"罢去时文";"断不宜以小楷为去取"。陈宝箴（1830—1900），字相真，名观善，江西义宁人，历任浙江按察使、直隶布政使、湖南巡抚等职。

7月4日 张之洞上《变通武科遵旨详议阐明旧制、酌拟新章折》，主张"非现在营伍之兵勇，不准应武童试，非现在营伍之武生、武举，不准应武乡试、武会试";考试分为三场：头场试枪炮准头，兼令演试装拆运动之法；二场试各式体操及马上放枪、步下击刺之技；三场试测绘工程、台垒铁路、地雷水雷、舆地战法等学。"凡应武童、武科，亦酌定年限，即武科从宽，亦不得过二十五岁。"

7月4日 贵州巡抚王毓藻奏陈将学古书院改为经世学堂。

7月5日 光绪帝谕"各省士民如有能独立创建学堂等事者，着照军功之例，给予奖赏"。

7月6日 翰林院侍读学士徐致靖上《请酌定各项考试策论文体折》，主张"以两场试士，首场试时务策，二场试经史论，其二场试艺，以四书题为首艺，五经题为次艺，史学题为三艺";"各项考试，除考御史向用策论外，其考试差、军机总署、章京、中书学正、满汉荫生教习誊录优拔贡朝考，请一律用时务策一道，经议论一艺，凡二篇";"试帖诗赋，各项考试一律停止"。

7月10日 康有为上《请改直省书院为中学堂，乡邑淫祠为小学堂，令小民六岁皆入学，以广教育而成人才折》，主张将省府、州县、乡邑公私现有之书院、义学、社学、学塾，皆改为兼习中西之学校，省会之大学院为高等学府，府州县之书院改为中等，义学、社学为小学。

7月10日 光绪帝谕："将各省府厅、州县现有之大小书院，一律改为兼习中学、西学之学校。至于学校等级，自应以省会之大书院为高等学，郡城之书院为中等学，州县之书院为小学，皆颁给京师大学堂章程，令其仿照办理。"

7月10日 礼部尚书怀塔布等上《遵议乡会试及岁科各试改用策论，暨经济并归正科各节分场命题，一切详细章程折》，附章程10条：（一）试题宜变通旧制，（二）场期宜量为归并，（三）命题宜酌有定衡，（四）立言宜示以宗旨，（五）五策宜各试所长，（六）科举宜分途录送，（七）入闱宜严惩怀挟，（八）文律宜勿拘常格，（九）考试宜酌从一律，（十）书籍宜统行颁发。怀塔布（？—1900），叶赫那拉氏，满洲正蓝旗人，历任太仆寺卿、太常寺卿、左都御史、工部尚书、内务大臣、礼部尚书等职。

7月12日 陕西巡抚魏光焘与陕西学政翰林院编修叶尔恺上《拟设陕西武备学堂，并武科改用枪炮、定立简明章程，缮具清单折》，奏请在西安省城，设总学堂一处；在同州、凤翔、汉中、延安，各设武备学堂一处。拟请将陕西武乡会试，均暂停一届，并附陕西武备学堂简明章程10条。叶尔恺（1864—1937），字柏皋、伯高、悌臣，号悌君，浙江仁和人，历任陕西、云南、甘肃学政。

7月13日 时务学堂熊希龄联络戴展诚、戴德诚、吴獬等，禀请巡抚整顿湖南全省书院，提出下列要求：聘请"纯正博学之儒"编订"教法章程"；书院不能再由庸陋绅士霸占；裁去不称职山长干修；山长应明确规定住院讲学其间；山长应亲自批阅学生课卷。

7月13日 总理衙门、礼部议覆贵州学政严修、浙江巡抚廖寿丰请设专科，拟定详细章程：内外臣工荐举"务期识拔真才，学问博通，尤必素行廉正，并无嗜好者，方准予保"；要求"有著述成编及有器艺可以呈验者，一概随同咨送,以备察验";"京官自五品以下,外官自四品以下,未仕自举贡生监以及布衣,一体准其保送";对于此次特科"已有出身之员,如何量材擢用,自应恭候圣裁"。"未有出身之员"可否予以出身,如何升擢,由军机大臣请旨办理;特科来学人员应援照成案办理,其遥远省份,由该督抚设法筹办酌量从优。并要求"三品以上京官,及各省督抚学政,各举所知,限于三个月内,迅速咨送总理各国事务衙门,会同礼部奏请考试"。

7月15日 湖北巡抚谭继洵上《请变通学校科举折》,认为废八股改试策论有其优越性,也有弊端,如化电、制造及有关实事之工艺,必陈图列器,新手运用,不是策论所能考验。因此建议变通学校科举,使学校科举合而为一。主张"以学校立科举之体,以科举成学校之用"。谭继洵(1823—1901),字敬甫、信甫,湖南浏阳人,历任户部员外郎、甘肃布政使、湖北巡抚等职。

7月19日 光绪帝谕,乡会试仍定为三场,一试历史政治,二试时务,三试四书五经,学政岁科两考生童亦以此例推之,并命嗣后一切考试,均以讲求实学、实政为主,不得凭楷法之优劣为高下。

7月20日 奕劻、许应骙上《遵议酌拨官房开办大学堂折》,称北京地安门内马神庙空闲府第,可作为大学堂暂时开办之所。许应骙(1832—1903),字德昌,号筠庵,广东番禺人,历任甘肃学政、兵部侍郎、工部尚书、礼部尚书等职,后任闽浙总督兼福州将军。

7月20日 浙江巡抚廖寿丰奏请"出使各国大臣督同领事,各就寓洋华人晓以忠义,一体建立学堂,并肄中西文字,凡兵、农、工、商、格致有用之学,各令各专一艺"。

7月25日 光绪帝谕,张之洞所写《劝学篇》"内外各篇,持论平正通达,于学术、人心大有裨益";"由军机处颁发各省督抚、学政各一部,俾得广为刊布,实力劝导,以重名教而杜危言"。

7月 光绪帝诏,整顿沿江沿海水师学堂,增学额。遣李盛铎、杨士燮、李家驹、寿富赴东洋考察学校。赏大学堂西教习丁韪良(W. A. P. Martin)头品顶戴,聘为客卿。

8月2日 光绪帝谕,"出国游学,西洋不如东洋";"着即拟定章程,咨催各省迅即选定学生陆续咨送；各部院如有讲求时务愿往游学人员，亦一并咨送，切毋延缓"。

8月9日 孙家鼐上《奏筹办大学堂大概情形折》，列出章程8条："进士举人出身之京官，拟立仕学院"；"出路宜筹"；"中西学分门宜变通"；"学成出身名器宜慎"；"译书宜慎"；"西学拟设总教习"；"专门西教习，薪水宜从优"；"膏火宜酌量变通"。拟用丁韪良（W. A. P. Martin）为总教习，总理西学。是日，光绪帝谕："着孙家鼐按照所拟各节，认真办理"；"至派充西学总教习丁韪良……赏给二品顶戴"。

8月10日 光绪帝谕，着南北洋大臣及沿海各将军、督抚，议题实力筹办水师学堂；着王文韶、张荫桓筹议办理铁路、矿务学堂。张荫桓（1837—1900），字皓峦，号樵野，广东南海人；曾任出使美、日、秘大臣，官至户部左侍郎；因支持戊戌变法而谪戍新疆，义和团事变时被清廷下旨处死于戍所。

8月10日 广西巡抚黄槐森上《议奏改试武科章程折》及《议设学堂请拨经费片》，奏请于省会设立经济学堂；计划"于秋间开办"；"考选合省贡、监生童年在十五以上至二十五岁者六十人"；"另选百人，在外附课"；"延教习二人，分校二人，按奉行经济科，内政、外交、理财、经武、考工、格致六事，分门立教"。黄槐森（1829—1902），字作銮，号植亭，广东香山人，历任贵州按察使、广西布政使、云南巡抚、广西巡抚等职。

8月17日 内阁侍读杨锐等四川京官于京师观善堂旧址创设的蜀学堂开学，兼习中西学业，招生60余人。

8月18日 光绪帝谕，"电寄各省督抚、日本政府，允将该国大学堂、中学堂章程，酌行变通，俾中国学生易于附学"；"着各省督抚，就学堂中挑选聪颖学生，有志上进，略谙东文、英文者，酌定人数，克日电咨总署核办"。

8月18日 康有为上《请开农学堂、地质局以兴农殖民而富国本折》，主张"各省府州县，皆立农学堂"。

8月21日 光绪帝谕，"其各省府州县，皆立农务学堂"。

8月21日 总理各国事务衙门奕劻等上《遵议建立华侨学堂折》，建议出使英美日等国大臣体察情形，妥筹办理。并将开设学堂章程、取录人数，详细妥议，先行奏明备案。

8月26日 光绪帝准梁启超所请，于上海设立翻译学堂。"自为培养译才起见，如果学业有成，考验属实，准其作为学生出身。"

8月27日 江苏学政瞿鸿礼上奏，江阴南菁书院"应照省会书院之例，作为高等学堂"；并将书院原有沙田"试办农学"。瞿鸿禨（1850—1918），字子久，号止庵，湖南善化人，历任河南正考官、河南学政、四川学政、刑部左侍郎、内阁学士兼礼部侍郎衔、工部尚书、军机大臣等职。

8月30日 管学大臣孙家鼐上《为拟派大学堂办事人员赴日本考察学务请旨遵行折》，奏请派李盛铎、李家驹、寿富、杨士燮前往日本游历，将大学中学小学一切规制课程并考试之法逐条详查，汇为日记，缮写成书；"嗣后学堂诸务，或宜依仿，或应变通，随时斟酌，以期尽善"。

9月5日 山西巡抚胡聘之上《晋省省会学堂拟就令德书院改设并筹拨经费以广造就而育人才折》，"拟请即就令德书院量加扩充，改为晋省省会学堂。书院长改为学堂总教习，再延订精于西学一二人，作为副教习，按照京师大学堂章程，中西并课"；招生120名。

9月5日 山西巡抚胡聘之上《晋省筹备武备学堂并拟大概办法具陈折》，奏请于太原创建武备学堂，并附清单，开列筹备武备学堂6条办法，包括堪估工程、选募教习、挑取学生、考录人才、附设学营、预筹经费等。

9月6日 直隶总督荣禄上《直隶筹办学堂大概情形复陈折》，奏陈将省城保定莲池书院改为省会高等学堂，畿辅学堂改为保阳郡城中等学堂；将集贤书院改为北洋高等学堂；"拟于天津高等学堂内设立编译书局"。

9月6日 翰林院侍讲恽毓鼎上《仿用西法训练将才请旨设立武备大学堂简派大员督办折》，主张"于京师设立武备大学堂"；"选派忠勇知兵勋望卓著大臣一人赏加兵部尚书职衔，管理学堂事务"；"外省学生学成后，升送大学堂肄习"；聘德国武职大员三人"来华充当大学堂总副教习"。

9月9日 管学大臣孙家鼐上《请设医学堂归大学堂兼辖片》，奏请"另设医学堂，考求中西医学，即归大学堂兼辖"。光绪帝准奏，着孙家鼐详拟办法具奏。

9月10日 矿路总局王文韶、张荫桓上《遵议设立铁路矿务学堂折》，"津渝既设铁路学堂，山西商务局所订合同内，亦载明设立铁路学堂"；"中国矿产饶裕，各省皆然。自非广设学堂，从根本做起，难求大效。相应请旨饬下南北洋大臣、各将军都统、督抚，先就现设学堂中，将矿务一门编为专学，专设教习训课学生，果能宽筹经费，应于省中专设矿务学堂"；"遴选聪颖子弟在二十岁以内已谙西语者，筹给经费出洋留学，令其专习矿务"。

9月11日 光绪帝谕，已开通商口岸及出产丝茶省份各督抚筹设开办茶务学堂及蚕桑公院。

9月12日 夏寿田上《请速派学堂管理片》，提出选用学堂管理之法"由京官保荐""由督抚选充"；其管理职责有"筹经费""延教习"；考查方法"开办学堂之迟速""筹备经费之盈亏""造就人才之多寡"。

9月14日 管学大臣孙家鼐上《遵旨详拟医学堂办法并请赏拨衙署以资开办折》，奏请将裁撤通政之衙门作为办学地点，并附医学堂章程11条。

9月14日 两江总督刘坤一上《遵旨设立江南省府县各学堂谨将筹办情形具陈折》，奏请于江宁"设江南学堂一区为高等省学堂"；并"将储才学堂改为江南学堂，推广学额，延加教习，其旧有学生，严加考核，分别去留"；"并将旧有之钟山、尊经、惜阴、文正、凤池、奎光六书院并改为府县各学堂"；"委道员蒯光典总司其事，次第举行"。

9月13日 福建举人张如翰请设农学科，"举中西树艺畜牧之法，占验考察之书，令士民悉心讲求"。倡议举行农学岁、科二试，"每学拔取数名为农学生，咨集会考，略如拔贡之例；廷试列高等者，观政农部，与拔贡小京官同；其次用作州县农师，与教官并重"。光绪帝下礼部会同孙家鼐、端方议奏。端方（1861—1911），字午桥，号陶斋，满洲正白旗人，历任直隶霸昌道、陕西按察使、湖北巡抚、湖广总督、两江总督、直隶总督等职。

9月14日 两江总督刘坤一奏请于江宁地区设立农务学堂，于陆师学堂内添设矿路学一斋，分习重力、汽化、地质等学。

9月19日 贵州道监察御史李擢英奏请"各省设立武备学堂，先教将弁，次教士子"；"考试之法，改为洋枪"。

9月 山西巡抚胡聘之于太原创设山西武备学堂，调北洋学堂及新建陆军文武教习2人；招收年自21至25岁的本省武举武生，年自15至20岁的绅商士民及侨寓官幕各子弟为学生；学额定为120名；学制3年。

9月 安徽巡抚邓华熙于安徽省城安庆筹办安徽武备学堂。邓华熙（1826—1916），字小亦、小石，广东顺德人，历任云南按察使、湖北布政使、安徽巡抚、山西巡抚、贵州巡抚等职。

秋 云南总督崧蕃于昆明城内承华圃筹办云南武备学堂。

10月7日 护理江西巡抚翁曾桂上折，奏请在江西省城创设"务实学堂"；"聘通儒为总教习，另延中西学教习各二人"；"定额肄业生一百二十四名"；"所有一切规模，悉照京师大学堂章程具体而微"。翁曾桂（1837—1905），字小山，江苏常熟人，历任刑部提调、衡州知府、长沙知府、江西布政使、浙江布政使等职。

10月9日 慈禧太后要求"嗣后乡试会试及岁考科考等，悉照旧制，仍以四书文试帖经文策问等项分别考试""经济特科，易滋流弊，并着即行停罢"。

11月13日 慈禧太后下达申明旧制懿旨："祖制煌煌，实已尽美尽善。""书院之设，原以讲求实学，并非专尚训诂词章，凡天文、舆地、兵法、算学等经世之务，皆儒生份内之事，学堂所学亦不外乎此，是书院之与学堂，名异实同，本不必定须更改。"

11月16日 刘坤一上《书院学堂并行以广造就折》，认为"书院之与学堂名异实同，本不必定须更改"；"书院不必改，学堂不必停，兼收并蓄，以广造就，而育真才"。

12月3日 管学大臣孙家鼐上《奏陈京师大学堂开办情形折》，主张"来堂就学之人，先课之以经史义理，使晓然于尊亲之义，名教之防，为儒生立身之本；然后博之以兵农工商之学，以及格、测算、语言、文字各门；务使学堂所成就者，皆明体达用"。

12月31日 京师大学堂开学。校址为北京地安门内景山东马神庙原和嘉公主府旧址。吏部尚书协办大学士孙家鼐为管学大臣。学生不及百人，分诗、书、易、礼四堂，春秋二堂。每月甄别一次，不记分数，有奖赏分三等。

冬 南洋公学派师范生章宗祥、雷奋，中院生杨廷栋、富士英、杨荫杭、胡礽泰赴日本留学。章宗祥（1879—1962），字仲和，浙江吴兴人，历任法律编纂局编修、内阁法制院副使等职；1912 年后历任袁世凯总统府秘书、司法总长、驻日公使、中华汇业银行总经理、北京通商银行总经理、伪华北政务委员会咨询员等职。雷奋（1877—1919），字继兴，江苏松江人，历任《时报》记者、江苏省谘议局议员等职，辛亥革命后历任浙江军政府财政司司长、财政部参事。杨廷栋（1879—1950），字翼之，江苏吴县人，历任江苏谘议局议员、南京临时政府参议院议员、交通部秘书长。杨荫杭（1878—1945），名虎头，字补塘，江苏无锡人，曾在南洋公学译书馆译书，后留学美国；辛亥革命后历任江苏高等审判厅厅长、浙江高等审判厅厅长、京师高等审判厅厅长等职。

同年 蔡元培任绍兴中西学堂监督，规划藏书室（养新书藏），并制定简要条例 15 条。中西学堂按照国学程度分为三级六斋：最高级为理学斋，次为词学二斋，又次为蒙学三斋；每斋各有一位国学教习，负责督导本斋同学斋课；斋课外设算学、外国文等课程。蔡元培（1868—1940），字鹤卿，号子民，浙江绍兴人，历任绍兴中西学堂监督、嵊县剡山书院院长、南洋公学经济特科班总教习；曾发起中国教育会，创办爱国学社、爱国女学；1905 年加入同盟会；1907 年留学德国；辛亥革命后历任教育总长、国立北京大学校长、大学院院长、中央研究院院长等职。

同年 安徽巡抚邓华熙于安庆敬敷书院旧址开办求是学堂，共招收正课生、附课生 93 名，学制 3 年。委任刘葆良为总办，聘请姚仲实、姚叔节、胡敬庵为教习。

同年 湖广总督张之洞、两江总督刘坤一派遣陆军学生 30 名，委托日本陆军省派在成城学校接受陆军预备教育。

同年 英国基督教会在湖北武昌傅家坡设协和师范学堂，专收教会中学毕业的男生。

同年 贵州巡抚王毓藻在贵阳筹办贵州武备学堂，计划"招考精通汉文、身体健壮之举贡生监及略通汉文、年在三十岁以下之武弁武生入学肄业"；

"定额五十名"。1899 年夏，考录学生入学，仿用北洋武备学堂章程，学生由各县报送，学制 3 年。

同年　江南制造局总办林志道奏请创办工艺学堂，主张将江南制造局画图房拓为工艺学堂，分立化学工艺、机器工艺两科，隶入广方言馆。并拟定工艺学堂章程 8 条。

同年　署理四川总督恭寿在成都昭忠祠试办四川武备学堂。

同年　奎俊于苏州创设苏州中西学堂，聘请中西教习，分等授课，后增加日文课程，兼习体操。1902 年 1 月，苏州中西学堂扩建为苏州省城大学堂。

1899 年（光绪二十五年　己亥）

4 月 28 日　日本强迫清政府签订《福州口日本专用租界条约》。

5 月 23 日　张謇创办的第一个企业南通大生纱厂正式开机。

7 月 20 日　康有为在加拿大创立"保皇会"。

9 月 6 日　美国国务卿海约翰（John Hay）先后向英、俄、德、法、日、意六国大使提出关于对华"门户开放、利益均沾"政策的照会，也称"海约翰政策"。

9 月 17 日　山东平原义和拳朱红灯领导反洋教斗争。

11 月 16 日　法国强迫清政府签订《广州湾租界条约》。

---

1 月 30 日　翰林院传讲学士恽毓鼎上《请崇正学以端士习折》："为学术乖谬，人心可忧，请崇正学以端士习。"

1 月 30 日　刘坤一上《增设水师学堂学额折》，奏陈江南水师学堂增设学额情况："遵将原裁三班学生四十名暨教习员司人等，招募添设，一切薪费，仍照前额原数开支，于十月初一日，考取入堂，照常肄业。"

2 月 20 日　张之洞上折《札两湖、经心、江汉三书院改定课程》，奏陈两湖、经心、江汉三书院改定课程情形：省城各大书院，即照天文、地理、兵法、算学，分门讲授。两湖书院开设经学、史学、天文、舆地、地图、算学六门课程，应将地图一门改称兵法，兵法一门又应分三类：兵法史略学、兵法测绘学、兵法制造学。经心书院新定章程，其外政定名为天文、舆地、兵法、算学四门，应专设经史一门，由于该书院经费较少，经史合设一分数，兵法亦只设一分数。江汉书院除四门分课外，应专设经史一门。三书院均应另立行检一门。

4月1日 台湾日本总督府医学校正式开办。当天举行"开校日"。医学校学制四年，预科一年，当年招收学生70人，山口秀高任校长。1919年改名总督府医学专门学校，1922年改名总督府台北医学专门学校，1936年并入台北帝国大学。

5月17日 中华教育会第三届年会在上海举行，李提摩太（Timothy Richard）做了题为《中国的教育问题》的演讲，归纳了12个问题，提出两点建议：教育工作者对舆论在教育方面多做一些工作；教育协会指定一个委员会来协同传教会的委员会，使中国政府看到在中国全国范围内实现改良的和快速的教育方法的重要性。李提摩太（1845—1919），英国人，又名李菩岳，1870年来华，在山东、东北、山西等地传教，1890年任天津《时报》主笔，后任同文书会督办、广学会总干事，1895年加入强学会；1902年任山西大学堂西学专斋总理。

5月 天津头等、二等学堂，天津水师学堂派学生12人赴日本留学，入日本专为中国速成学生设置的日华学堂。

6月8日 两江总督刘坤一奏陈于南京设立练将学堂，从各营官弁及候补都、守、千、把世职中，选调学生40名入堂学习；聘请外国军官，教以马、步、枪炮、工程、辎重、测量等学；委任陶森甲总司其事。

6月15日 驻日公使李盛铎奏请调工部候补主事夏偕复到日本担任管理学生总监督。

6月21日 总理各国事务衙门上《奏遵议遴选生徒游学日本事宜片》，"拟即妥订章程，将臣衙门同文馆东文学生酌派数人；并咨行南北洋大臣以及两广湖广闽浙各督抚，就现设学堂中遴选年幼颖悟粗通东文诸生，开具衔名咨报臣衙门，知照日本使臣陆续派往，即由出使日本大臣就近照料，无庸另派监督"。

8月26日 因兵部尚书、协办大学士刚毅欲裁撤江宁高等学堂，江宁高等学堂学生上书刘坤一，请保全学堂。

9月1日 军机大臣奉谕，"出洋学生，应如何分入各国农工商等学堂专门肄业，以备回华传授之处，着总理各国事务衙门详细妥订章程"；总理衙门拟定章程6条："请饬出使大臣就现派出洋学生，督令各肄专门之学""请饬选译农工商矿各书，删繁举要，使人易于通晓""请饬疆吏宽筹常年经费，续派高等学生出洋肄业""出使参赞随员，如有精通洋文者，亦可令肄习各学""俟学生业成回华，分派各省农工等艺学堂以开风气""将业成回华得有文凭之学生，甄别优劣，分发委用，量与官职，以资鼓励"。

秋 京师大学堂招生渐多，从中择优，"别立史学、地理、政治三堂，其余改名为立本、求志、敦行、守约"；黄绍箕为总办，许景澄为总教习。

同年 广西巡抚黄槐森奏设体用学堂于桂林文昌门外。学堂分经学、算学两科，并授英文；聘唐景崧主办堂务，招生100人。

同年 英国伦敦会在汉口创办博学书院，牧师麦克法兰(A. J. MacFarlane)任校长，该学院共分四部，即中学部、华英部（高等学校程度）、高等师范部、神学大学部。

同年 美长老会富玛利女士（Mrs. Mary Fulton）在广州创办夏葛女医学堂。富玛利（1854—1927），美国传教士，1884年来华，任教于广州博济医学堂兼掌博济医院女医院，任女生监理；1899年创办广东女医学堂，1902年创办夏葛女医学院柔济学院、端拿护士学校，任医学院院长、医院院长、护校校长，并兼任外科、儿科、产科教授。

同年 钟荣光任广州格致书院汉文教习。钟荣光（1866—1942），字惺可，广东香山人，曾任格致书院汉文教习、汉文总教习、教务长；1912年后历任广东军政府教育司司长、国民党纽约支部长、岭南大学第一任华人校长等职。

1900 年（光绪二十六年　庚子）

1月24日　慈禧立端王载漪子溥儁为大阿哥（皇储），谋废光绪帝。

6月10日　英、美、德、日、法、俄、意、奥八国组成八国联军由天津向北京进攻。

6月20日　德国驻华公使克林德（Klemens Freiherr von Ketteler）被清军击毙。

6月21日　慈禧太后以光绪帝名义诏示清政府向英、美、法、德、意、日、俄、西、比、荷、奥十一国同时宣战。然而，南方各省督抚却和各参战国达成"东南互保"协议，拒不同外国开战。

6月22日　敦煌莫高窟藏经洞被发现。

8月14日　八国联军攻占北京。慈禧太后挟光绪帝逃往太原，后转赴西安。

6-10月　沙俄出兵侵略我国东北，大肆残杀劫掠，先后制造了"海兰泡惨案""江东六十四屯血案""瑷珲城火烧案"。

2月20日　内阁学士陈夔龙上折，主张"京师管学大臣，各省督抚学政，凡有教士之责者，务各宣明圣学，加意提倡，严定课程，宽筹经费，多购正经正史，一切性情有用之书，慎选生徒，专门肄习，俾成经济有用之才"；"书院师长务择经明行修、品望夙著之儒，尽心训迪"。陈夔龙（1855—1948），字筱石，贵州贵筑人，历任河南布政使、漕运总督、河南巡抚、江苏巡抚、四川总督、直隶总督兼北洋大臣等职，1917年张勋复辟时被任命为弼德院顾问大臣。

2月　英国伦敦会在天津英租界创办新学大书院，初设中学科，后设预科及大学科，各科修业年限为四年。大学科分文学部与理学部，前二年授各基础科学，后二年为分科。文学部科目有文学、哲学、法学各科，理学部有工学和化学各科。

4月20日 监察御史刘家模上《请振兴学校书院折》，主张"各省督抚学政，将学校书院，加意整饬，责成教官山长，严除积习，勤思教育，其有司训不称职，主讲不认真者，随时参撤，以示惩儆"。得到谕准。

4月 礼部尚书许应骙上折，奏请将福州船政学堂"第四届学生交出使大臣就近照料，原派监督翻译撤令回华"。

5月12日 东亚同文会在南京城内妙相庵创设的南京同文书院开学，院长是根津一，教员有山口正一郎、山田良政、中村兼吾。课程开设英语和中国语。根津一（1860—1927），幼名传次郎，号山洲，日本山梨县人，1890年被派往日本情报机构在中国汉口设立的"乐善堂"分店，后调任上海"日清贸易研究所"代理所长，1900年后历任南京东亚同文书院院长、上海东亚同文书院院长等职。

7月 广州格致书院迁至澳门，中文校名改为岭南学堂。该学堂于1904年迁回广州。

8月3日 义和团运动兴起，京师大学堂管学大臣许景澄力主镇压。许景澄因"极谏"围攻使馆事被清廷处决，教习刘可毅也被处决，京师大学堂学生四散，校舍封闭，藏收遗失。慈禧太后下令停办京师大学堂。

秋 北洋大学堂为德军所占。盛宣怀决定将避难南来的学生并入南洋公学肄业，并将头班毕业生资送出洋游学。

同年 南洋公学添建上院，并设译书院于上海虹口，聘张元济为主任，稻田村六、细田兼藏为译员，郑孝柽等为校订，译述东西教育、政治、经济新学书籍。

同年 日本东亚同文会派山田良政等到南京，创办南京同文书院。翌年迁至上海，改称东亚同文书院。

同年 浙江求是中西书院派遣蒋尊簋等18人赴日本留学。蒋尊簋（1882—1931），字百器，浙江诸暨人，1905年加入光复会、同盟会，任同盟会宣传部长，辛亥革命后历任广东军务部长、浙江都督、参政院参事、广东军政部次长等职。

同年 美国基督教南长老会传教士花第生（Waddy Hampton Hudson）

在嘉兴创办秀州书院。1918年定名为秀州中学。

同年 天津武备学堂停办。

同年 天津水师学堂停办。

1901 年（光绪二十七年 辛丑）

1月29日 慈禧太后在西安发布"变法"上谕，表示要更法令、破锢习、求振作、议更张，实行"新政"。

4月21日 清政府成立以庆亲王奕劻为首的"督办政务处"，作为推行"新政"的专门机构。

5月10日 第一张反清排满的报纸《国民报》创刊。

9月7日 八国联军迫使清政府订立《辛丑条约》。清政府允付德、美、英、日、俄等十一国赔款银四亿五千万两，是为"庚子赔款"。

12月25日 中国第一份官方报纸《北洋官报》创刊。

1月29日 慈禧太后颁发"变法"上谕，批评"晚近之学西法者，语言文字制造器械而已，此西艺之皮毛而非西学之本源也"；要求"军机大臣、大学士、六部九卿、出使各国大臣、各省督抚，各就现在情弊，参酌中西政治，举凡朝章国政、吏治民生、学校科举、军制财政，当因当革，当省当并，如何而国势始兴？如何而人才始盛？如何而度支始裕，如何而武备始精？各举所知，各抒所见"。

3月1日 南洋公学总理何嗣焜病故于任上。盛宣怀上书清廷称"总理南洋公学，积劳病故"，要求"付史馆立传"。张元济继任南洋公学总理。

3月20日 上海中西书院与苏州中西书院合并，改为东吴大学，由葛赉恩（J. W. Cline）主校政，校址在苏州。是日开学。开办初，所授课程仅中学程度。至1905年，始招收大学生，开设大学课程。葛赉恩（1868—1955），美国传教士，1897年来华传教，历任上海中西书院院长、东吴大学校长、东吴大学校董会副会长等职。

同日 日本人中岛裁之助在北京创设东文学社，转译西书，招收学生。

4月13日 张元济呈请盛宣怀添设南洋公学特班，并制定《南洋公学特班章程》10条。

4月23日 李提摩太（Timothy Richard）与耶稣教各会代表叶守真（E. H. Edwards）、文阿德（Irenas J. Atwood）共同拜会李鸿章，面交《上李傅相办理山西教案章程七条》，其中第三条提出"共罚全省银五十万两，每年交银五万两，以十年为期。但此款不归西人，亦不归教民，专为开导晋省人民知识，设立学堂，教导有用之学，供官绅士庶子弟学习，不受迷惑。选中西有学问者各一人总管其事"。奕劻、李鸿章表示同意，电山西巡抚岑春煊遵办。岑春煊（1861—1933），原名春泽，字云阶，广西西林人，历任甘肃布政使、山西巡抚、四川总督、两广总督、邮传部尚书，1918年自任护法军政府主席总裁。

4月25日 山东巡抚袁世凯上奏《遵旨敬抒管见备甄择折》，提出崇实学、增实科、开民智、重游历、修武备等10条。建议"请饬将京师本有之大学堂认真整顿，竭力扩充"。

5月10日 留日学生秦力山、沈翔云、戢翼翚等在东京创办《国民报》月刊，其宗旨为"破中国之积弊，振国民之精神"，该刊"大倡革命仇满之说，措词激昂"，为中国留学生中革命报刊的先驱。孙中山在出版经费上曾给予资助。

5月 罗振玉、王国维在上海发起创办《教育世界》，初为旬刊，后改半月刊，由教育世界社发行。该刊为中国近代最早的教育专业期刊，曾详细译介欧美日本各国的学制、教育法令、法规、教授方法、各科教科书以及世界著名教育家的思想学说。王国维（1877—1927），字静安、伯隅，号礼堂、观堂、永观等，浙江海宁人，留学日本，曾任南洋公学虹口分校执事、通州师范学堂教习、江苏师范学堂教习、《学术丛编》杂志编辑、仓圣明智大学教授、北京大学研究所国学门通讯导师、清华学校国学研究院导师等职。

6月3日 慈禧太后懿旨，命照博学鸿词科例，复开经济特科，于本届会试前举行。着各部堂官及各省督抚学政，出具考语，即行保举。并着政务处大臣拟订考试章程,先期请旨办理。

6月5日 清政府谕翰林院讲求实学。"翰林院为储才之重地,在馆各员自应讲求实学,通达古今,以备朝廷任使。"谓"嗣后编检以上各官,应专课政治之学,以《大清会典》《六部则例》为宗,旁及古今政书、直省通志,凡有关经济者皆当究心,他如条约、公法以及天算、格致诸书,听其分门肄习。其有愿赴南北洋学习者,亦准其在本署呈明,咨送前往"。

6月13日 美国监理会以惠会督(A. W. Wilson)、哈蒙德(Hammond, J. D.)、艾特金(Atkins, James)、柯克兰(Kirkland, James H.)、蓝华德(Walter Russell Lambuth)等5人的名义,向美国田纳西州政府申请在中国江苏省创办的大学注册立案。英文名为"Central University of China"。6月24日注册文件生效。即后来的东吴大学。

夏 南洋公学总理张元济辞职,劳乃宣继任。劳乃宣(1843—1921),字季瑄,号玉初,浙江桐乡人,历任直隶吴桥知县、两江总督幕僚、资政院议员、江宁提学使等职。

7月12日 两江总督刘坤一、湖广总督张之洞第一次会奏变法自强事宜,筹拟四条:一是设文武学堂。提出省城应设高等学校一区,分为七专门:经济、史学、格致学、政治学、兵学、农学、工学。专设武备学校。京城设文事大学校、水军陆军大学校各一。另设农、工、商、矿四专门学校各一区。二是酌改文科。提出"渐改科举之章程,以待学堂之成就"。三是停罢武举。认为"武科无益有损,拟请宸断,奋然径将武科小考,乡、会试等场一切停罢"。四是奖劝游学。认为"教法尤以日本为最善,文字较近,课程较速,其盼望学生成就之心至为恳切,传习易,经费省,回华速,较之学于欧洲各国者,其经费可省三分之二,其学成及往返日期可速一倍"。

7月18日 劳乃宣呈文建议南洋公学"缓办上院",选派品学最优者5名赴英国学习。7月25日盛宣怀批复劳乃宣关于南洋公学"缓办上院"的呈文,同意缓办上院,先由头班生中选择品学最优者四人派往英国。

7月20日 两江总督刘坤一、湖广总督张之洞第三次会奏变法自强事宜,提出11条。其中在第四条修农政中提出京师设农务大学校。在第五条劝工艺中建议设工艺学堂。在第十一条中提出多译东西各国书。

8月19日 上谕"将诸国人民遇害被虐之城镇，停止文武各等考试五年"。

8月25日 盛宣怀奏准在上海创办东文学堂。盛宣怀与日本议绅子爵长冈护美"考订一切，属其延订专门法学一人，又另聘兼通中学之教习来沪专设东文学堂，选取秀士数十名，专课东文东学"。

8月29日 清政府命自明年始，乡会试及进士朝考论疏，殿试策问等，凡四书五经义，均不准用八股文程式，并停止武生童考试及武科乡会试。

9月11日 清政府命各省建立武备学堂。责成李鸿章、刘坤一、张之洞、袁世凯等酌量扩充北洋所设之武备学堂和山东随营学堂，并核议规制章程；其余各省设法筹建，一体仿照办理。

9月13日 南洋公学新设特班，招生30余人，授以英文、政治、理财等学，以备以后保送经济特科之选。蔡元培任特班总教习。

9月14日 清政府下兴学诏，谓："除京师已设大学堂应切实整顿外，着各省所有书院，于省城均改设大学堂，各府厅直隶州均设中学堂，各州县均改设小学堂，并多设蒙养学堂。"

9月17日 清政府令各省选派学生出洋留学。并表示："如果学成得有优等凭照回华，准照派出学生一体考验奖励，候旨分别赏给进士、举人各项出身。"

9月 罗振玉发表《教育五要》一文于《教育世界》第9卷，文中提出"教育一事为国内之主权，无援之外人之理"的主张，要求清政府极力挽回教育权。

10月 南洋公学总理劳乃宣辞职，沈曾植继任。

11月4日 山东巡抚袁世凯奏陈试办山东大学堂事宜及《试办章程》四项。先于省城设立大学堂，内分备斋、正斋和专斋三等。备斋习浅近各学，略如各州县之小学堂。正斋习普通学，略如府厅直隶州之中学堂。专斋习专门学。专斋因学生一时无着，故先办备斋、正斋，俟正斋诸生毕业有期，再续订专斋课程。

11月11日 政务处、礼部会奏变通科举,将各项考试事宜,详拟章程,开列清单。未尽事宜应行变通之处,由各督抚、学政随时酌度。

11月25日 清政府谕将山东巡抚袁世凯所奏山东学堂事宜原折及试办章程,通行各省,仿照举办。

11月 山东巡抚袁世凯奏准创办的山东大学堂开学。大学堂招收新生300名,以唐绍仪为总办,聘美人赫士(W. M. Hayes)为总教习,是继京师大学堂之后在各省最早兴办的官立大学堂。1904年11月改为山东高等学堂。唐绍仪(1862—1938),又名绍怡,字少川,广东香山人,历任天津海关道、外务部右侍郎、全国铁路总公司督办、奉天巡抚,1912年后历任中华民国内阁总理、护法军政府财政总长等职。赫士(1857—1944),美国传教士,1882年来华,在山东传教,历任登州文会馆馆主、山东大学堂总教习、齐鲁大学神学院教授等职,1919年到潍县创办华北神学院。

同月 安徽巡抚王之春将求是学堂改为安徽求是大学堂,委派安徽布政使(藩司)和按察使(臬司)共同负责为总办。令各县选送学生2人,共100人,为住堂"正额生";又将原在求是学堂肄业学生改为"师范生",共120名,称为"附课生"。

同月 浙江巡抚廖寿丰奏改浙江求是书院为求是大学堂。此为浙江大学的前身。

12月4日 南洋公学中院第一届毕业生曾宗鉴、李复几、胡振平、赵兴昌赴英国留学。曾宗鉴(1882—1948),字镕圃,后改名镕浦,福建闽候人,历任全国经界局总办、外交部次长、驻瑞典公使兼驻挪威公使、铁道部常务次长、外交部常务次长等职。李复几(1881—1947),字泽民,江苏吴县人,曾留学英国、德国,历任汉阳铁厂机器股主任、外交部特派员汉口工程秘书、汉治萍公司萍乡煤矿总机器师、津浦铁路济南厂厂长、复旦大学理工科教授、四路盐务局总工程师等职。

12月5日 政务处、礼部会奏兴学事宜,并奏定《学堂选举鼓励章程》,规定凡由学堂毕业考试合格者,均给予贡生、举人、进士等出身。

同年 令德堂为外籍教士安怀珍(Barnabas Nanetti)、刘博第强占,学堂停办。

同年 四川总督奎俊奏派学生赴日本肄业，首批派送留日官费生胡景伊、徐孝刚、周道刚、张天培、毛席丰、陈崇功等 22 名，入陆军士官学校、高等师范学校等校肄业。

1902 年（光绪二十八年 壬寅）

1月7日 慈禧太后等返回北京。

2月8日 梁启超创办《新民丛报》。

4月8日 俄国同意从中国东北撤军。中俄签订《中俄交收东三省条约》。

6月17日 《大公报》在天津创刊。

10月28日 梁启超在《新民丛报》第18号发表《进化论革命者颉德之学说》一文，文中提及马克思。马克思第一次被介绍给国人。

1月2日 清政府谕吕海寰奏出洋肄业学生宜防偏重以杜流弊一折，着外务部按照所陈防弊及考课保送各节，妥议具奏。

1月4日 《外交报》（旬刊）创刊于上海。创办人张元济。《外交报》讨论教育主权，提倡教育救国，是当时较有影响的报刊之一。

1月10日 清政府派张百熙为京师大学堂管学大臣，并着裁定章程具奏。京师大学堂恢复办学。谕称："兴学育才，实为当今急务。京师首善之区，尤宜加强作养，以树风声。从前所建大学堂，应即切实举办。著派张百熙为管学大臣。将学堂一切事宜，责成经理。务期端正趋向，造就通才，明体达用。庶收得人之效。应如何核定章程，并著悉心妥议。随时具奏。"

1月11日 清政府命将京师同文馆并于京师大学堂，"所有从前设立之同文馆，毋庸隶外务部，著即归并大学堂，一并责成张百熙管理"。张百熙（1847—1907），字埜秋，号潜斋，谥号文达，湖南长沙人，历任山东乡试副考官、山东学政、四川乡试正考官、江西乡试正考官、广东学政、工部尚书兼左都御史、管学大臣等职。

1月13日 江苏巡抚聂缉椝奏准将苏州中西学堂改为苏州省城大学堂。

1月17日 江苏学政李殿林奏准,将南菁书院改为江苏全省南菁高等学堂。李殿林(1843—1917),字荫墀,号竹斋,山西大同人,历任侍读学士、广西学政、江苏学政、内阁学士、兵部右侍郎、兵部左侍郎、吏部左侍郎、吏部尚书等职。

1月 嘉纳治五郎在东京将亦乐书院改为宏文学院,"特为教育清国留学生而设立"。后宏文学院因留学生人数过多,曾在东京各区设立分校。1909年该校停办。先后在该校入学的中国留学生共7192人,毕业的中国留学生共3810人。该校设本科,三年制,教育主要内容为普通学和日本语(第三学年分文科和理科),另设各种速成科,如速成师范科、速成警务科、速成理化科、速成音乐科等。

2月1日 清政府命选八旗子弟出洋游学。谕称:"近来各省士子留心时务,多赴各国学堂肄业,惟宗室、八旗风气未开,亟宜广惟造就,着宗人府、八旗都统,遴选各旗子弟年在十五岁以上、二十五岁以下,志趣正大、资质聪明、体气强壮者,造册开送军机处进呈,听候派员复核挑选,给资遣赴各国游学,借资练习而广见闻,用副朝廷国治育才至意。"

2月13日 管学大臣张百熙奏陈筹办京师大学堂情形:一、预定办法;二、添建讲舍;三、附设译局;四、广购书籍仪器;五、宽筹经费。其预定办法,先设政科、艺科两门;设速成科,分仕学馆、师范馆。其译局由官书局筹办,一设京师,一分设上海。其经费除华俄银行五百万仍拨应用外,各大省每年二万、中省一万、小省五千,拨解常款。俱奉旨允行。并以吴汝纶为大学堂总教习,张鹤龄为副总教习,于式枚为总办,李家驹、赵从蕃为副总办。吴汝纶(1840—1903),字挚甫,安徽桐城人,先后入曾国藩、李鸿章幕府,历任直隶深州知州、天津知府、冀州知府、保定莲池书院山长、京师大学堂总教习等职。

2月14日 浙江巡抚任道镕奏陈,以求是书院改为省城大学堂,先设正斋,未设专斋。委任劳乃宣为大学堂总理。任道镕(1823—1906),字筱沅,江苏宜兴人,历任当阳知县、直隶顺德知府、山东巡抚、河道总督、浙江巡抚等职。

2月15日　江西巡抚李兴锐奏于省城设工艺院，收轻犯及不良子弟，教以工艺技术，俾此等人能自谋生业。奉旨允准。李兴锐（1827—1904），字勉林，湖南浏阳人，历任直隶大名府知府、津海关道、天津道、山东东海关道、长芦盐运使、福建按察使、广西布政使、江西巡抚、闽浙总督、两江总督等职。

2月19日　经翰林院侍读宝熙奏请，谕将宗室、觉罗、八旗等官学，改为小学堂、中学堂，均归入大学堂办理。命张百熙妥为经理。宝熙（1871—1943），字瑞臣，号沉盦，满洲正蓝旗人，曾任山西学政、学部侍郎、内务府大臣；后任袁世凯总统府顾问、伪满洲国"宫内府大臣"等职。

2月24日　清政府命各该督抚认真兴办农工诸务，并先行分设农务、工艺学堂。

3月4日　京师大学堂编译局开办，负责编译各类教科书。严复任总办，李希圣为总纂。

3月7日　河南巡抚锡良奏设河南大学堂，择定游击衙署改建，额定学生200名，内附客籍五分之一。聘总教习1人，中西教习12人。委派延祉、胡翔林为学堂总办。

3月11日　清政府命各省将军督抚"速将兵制饷章，切实厘定"，筹建武备学堂。又命各省奏复仿照山东所拟章程举办学堂情形。

3月16日　清国留学生会馆在东京成立。

3月20日　直隶总督袁世凯选派武卫右军学堂学生55名启程前往日本，入陆军学堂学习。

3月24日　闽浙总督许应骙奏准创建的全闽大学堂成立，举行开学典礼。叶在琦任总教习。1904年改称福建高等学堂。

3月　陕西学政沈卫将味经、崇实两书院暂行停办，以所有款项、书籍归并宏道书院，改为宏道大学堂，分设四科：内政、外交、算学、方言。任薛宝辰为总教习。

同月　山西巡抚岑春煊委任姚文栋为山西大学堂督办，高燮为总教习，谷如墉为副总教习，筹办山西大学堂。姚文栋（1853—1929），字东木，号志樑、子梁，上海人，1902年为山西大学堂首任督办，1908年创立江苏第一图书馆，1909年秋任两江师范学堂监督，后创立世界宗教会、孔教江浙联合会。谷如墉（1853—1916），字子崇，号阜堂，山西神池人，曾任户部主事，主讲于晋阳书院；辛亥革命后任山西省民政长、粤海关监督等职。

春 江南派办处禀陈奏筹办江南各学堂情形。拟筹款兴建高等学堂，聘缪荃孙为总教习。尊经、凤池两书院改为校士馆。

4月27日 蔡元培、蒋智由、林獬、叶瀚等在上海集议发起成立中国教育会。蔡元培被推为会长。中国教育会之宗旨为教育青年，开发其智识而增进其国家观念；教育会设教育、出版、实业三个部，拟设男女学堂，编印教科书及教育报。

4月29日 河南巡抚锡良上奏孙葆田充任河南大学堂总教习。孙葆田（1840—1911），字佩南，山东荣城人，历任刑部主事、宿松县知县等职；后辞官专心于学术，曾主持令德、宛南、尚志、河朔、洙源、大梁、尊经等书院。

5月13日 广西巡抚丁振铎奏请将省城孝廉、秀峰、宣成、经古各书院裁并，就体用学堂原址增建斋舍为广西大学堂，暂分备斋、正斋，俟暂著成效，再立专斋。

5月18日 江西巡抚李兴锐就省城豫章书院改为江西大学堂，以汪瑞闿为总办。学生均系举人、贡生、秀才，由各县保送。

5月26日 四川总督奎俊奏设省城大学堂。同年12月30日四川总督岑春煊命改四川通省大学堂为四川省城高等学堂。

5月29日 陕西巡抚升允奏开办陕西大学堂，于其中先设农务工艺两斋；又奏开办陕西武备学堂。升允（1858—1931），字吉甫，蒙古镶蓝旗人，历任山西按察使、陕西布政使、陕西巡抚、江西巡抚、陕西总督等职。

5月 湖广总督张之洞于武昌创办湖北师范学堂一所，东路小学堂附属其旁，归师范学生教课，以资实验。师范学堂课程，除普通学外，另加教育学、卫生学、教授法、学校管理法等科。日课以八小时为率，专门培养中小学教习。学额 120 名，暂取品学兼优之文生入学，嗣后以中学堂学生升入。速成班一年毕业，第二班二年毕业，第三班三年毕业。派武昌知府梁鼎芬为监督，廪生陈毅、举人胡钧为堂长，延聘日本师范教员一人为总教习。

5月 直隶总督袁世凯在保定设置农务局，附设农务学堂和试验场。派黄璟为农务学院总办，李兆兰为提调。

5月 直隶总督袁世凯在直隶省城保定畿辅学堂旧址上筹办大学堂，委派马廷亮、陈恩焘经理其事，以美国人丁家立（Charles Daniel Tenney）为西学总教习。后根据《奏定学堂章程》改为直隶高等学堂。

5月 陕甘总督崧蕃奏陈甘省筹设大学堂事宜，拟于省城南门外机器局建立大学堂一所，分设东西两斋，东考文学，西讲武备。

6月7日 由英国传教士李提摩太（Timothy Richard）提议，将其议设之中西学堂，并入晋省大学堂，作为西学专斋。是日山西官绅代表沈敦和、谷如墉与李提摩太、敦崇礼（Moir Duncan）签订山西大学堂与中西大学堂合并办理合同 23 条，议定将中西大学堂归入山西大学堂，称西学专斋。西学专斋第一任总教习为英国人敦崇礼。敦崇礼（1861—1906），英国传教士，1888 年来华，在西安传教，后与李提摩太等创办山西中西大学堂，1902 年任山西大学堂西学专斋总教习。

6月21日 直隶总督袁世凯奏陈建立北洋行营将弁学堂一所，遴选曾经带兵员弁、粗识文字、有志上进者为学员，教授以军制、战法、击法为主，并随时就地实演战击诸法。派雷震春为总办。

6月 严复于《外交报》第 9、10 期发表《论教育书》。拟定高等学堂办法为："凡高等学堂中，中文有考校，无功课；有书籍，无讲席。""高等洎专门诸学，宜用洋教习。""宜于各省会先设师范学堂。"

夏 山西大学堂督办姚文栋辞职，由沈敦和继任。沈敦和（1855—1928），字仲礼，浙江鄞县人，曾留学英国、美国，历任金陵同文馆教习、山西省洋务局督办、山西大学堂督办、上海江南水师学堂提调、吴淞自强军营机处总办、淞沪铁路总办等职。

6月8日 京师大学堂总教习吴汝纶赴日本考察教育 4 个月，并写成《东游丛录》一书。归国后由其弟子又编成《东游日报译编》一书。两书详细介绍了日本学制，对清末教育改革产生重要影响。

7月10日　顺天府奏设工艺局及农工学堂，又奏召募女工，试办纺织。

7月17日　两广总督陶模奏设广东大学堂，陈开办情形：请游学日本的江苏举人吴朓等商办广东大学堂，议定章程，仿山东大学堂办法，先设备斋，二年升入正斋，三年升入专斋，以专斋三年为卒业，遴委广东试用道姚文倬为大学堂总理，改广雅书院为广东省大学堂，暂设校士馆一所。堂中功课，以四书五经、纲常大义为主，历代史鉴、中外政治艺学为辅，复照各国通例，分别伦理、政法、本国文、外国文、历史、地理、数学、格化、博物、图画、乐歌、体操诸门，定为备斋第一年课程，第二年及正斋课程大致与初年相仿。专斋课程尚未议定。学堂教习，除各门专课之外，另设监课教习四人。学堂经费逐年增加，以十万两为常年定额。

7月28日　因驻日公使蔡钧不允保送留日中国学生进入日本成城学校学习军事，双方发生冲突，导致退学风潮。

7月31日　贵州巡抚邓华熙奏设贵州大学堂，并拟开办章程、条规。得旨，着即督饬切实讲求，仍随时考察，务收兴学之效。贵州大学堂暂行章程仿照山东大学堂章程，参酌贵州省情形，稍为变通，共分9章，并厘定大学堂详细条规计13章。

8月6日　吴稚晖因未允留日中国学生进入成城学校，与驻日公使发生争闹后被警察逮捕，于是身怀绝命书，在日警押送下经过皇宫护城河时，愤而投水，被日本警察救起，派人陪送回国。吴稚晖（1866—1953），原名朓，又名敬恒，字稚晖，江苏武进人，1901年留学日本，回国后主持筹备广东大学堂，参与创办爱国学社，发起成立军国民教育会，在法国巴黎参与创立世界社，后任国语读音统一会会长、中法大学校长、国民政府委员、国民党中央政治委员会委员、国民政府国防最高委员会委员、中央研究院院士、总统府资政等职。

8月8日　直隶总督袁世凯奏陈筹设直隶师范学堂暨小学堂，并拟订《直隶师范学堂暂行章程》。同日还奏陈于省城设立学校司，下设专门教育处，派充丁惟鲁为专门教育处总办。同日还奏陈于保定警备总局添设警务学堂。

8月15日 管学大臣张百熙进呈《京师大学堂章程》《考选入学章程》《高等学堂、中学堂、小学堂章程》以及《蒙学堂章程》各一份，共6件，候旨颁行。此即钦定学堂章程。《京师大学堂章程》共8章，分别为全学纲领、功课、学生入学、学生出身、设官、聘用教习、堂规、建置。《考选入学章程》共3章，包括预备科考选入学章程、速成仕学馆考选入学章程、速成师范馆考选入学章程。《高等学堂章程》共4章，包括全学纲领、功课教法、各种规则、一切建置。

9月15日 直隶总督兼北洋大臣袁世凯恢复天津头等二等学堂，并就其旧址改建为北洋大学堂。是时除机械工程学门外，还相继办理法科、工科各学门。大学本科改为三年毕业，法科四年毕业。

10月5日 清政府命各省督抚筹款选派学生赴西洋游学。懿旨谓"著各省督抚选择明通端正之学生，筹给经费，派往西洋各国，考求专门学业，务期成就真才，以备任使"。

10月14日 京师大学堂正式举行招生考试，首先招考速成科学生。仕学馆考生由各衙门推荐。考试科目有史论、舆地策、政治策、交涉策、算学策、物理策以及外国文论等7门。师范馆考生由各省选送，大省7名，中省5名，小省3名。考试科目有修身伦理大义、教育学大义、中外史学、中外地理学、算学、代数、物理化学、浅近英文、日本文等8门。考试结果，仕学馆录取学生36名，师范馆录取学生56名。

10月31日 外务部奏派汪大燮为日本游学生总监督。上谕赏汪大燮五品卿衔，派充游学日本游学总监督，管理清国留学日本的学生。汪大燮（1859—1929），原名尧俞，字伯唐，浙江钱塘人，历任留日学生总监督、教育总长、平政院院长、交通总长、外交总长、财政总长、国务总理、文官高等惩戒委员会会长、外交委员会会长、中国红十字会会长等职。

10月31日 湖广总督张之洞奏报湖北办学情况：省城设师范学堂一所，两湖高等学堂一所，武高等学堂二所：武备学堂与将弁学堂。方言学堂一所，农务学堂一所，工艺学堂一所，勤成学堂一所，仕学院一所。

10月 京师大学堂设立藏书楼，由管学大臣咨行各省官书局，将已刻经史子集及时务新书，每种提取十部或数部送京师大学堂。同时还设立了译书局和编书处，前者负责编译西学课本和资料；后者负责编辑国学教材。梅光羲任藏书楼主管人。

同月 山东巡抚周馥为选送京师、保定及赴日本留学之师范生，在济南贡院旧址创设山东师范馆。翌年秋，改为山东师范学堂。周馥（1837—1921），又名字玉山，安徽建德人，历任永定河道、津海关道、按察使、四川布政使、直隶布政使、署理直隶总督兼北洋大臣、山东巡抚、两江总督、两广总督等职。

11月5日 南洋公学爆发"墨水瓶事件"。本日郭镇瀛到中院五班上课时，发现老师座上有一支洗干净的墨水瓶。郭镇瀛认为这是学生在讽刺他肚子里没学问，非常生气而严加追查。因未找到"元凶"而要开除3名学生，并宣布全班记大过一次。五班学生对此不满，找总办汪凤藻申辩。汪凤藻袒护郭镇瀛，不改决定。五班学生分头去其他各班说明原因，希望获得同学们支持。汪凤藻知道后宣布要开除五班全体学生。为此全校学生紧急开会，决议全体退学。这次学生风潮共有200多名学生退学。后经总办请人多方劝说，有少数人返校，退出者仍有145人。这是中国近代教育史上第一次规模庞大的学生风潮。

11月14日 上海南洋公学爆发了由"墨水瓶事件"而引起的学生退学风潮。

11月15日 南洋公学校方请蔡元培出面调解学生退学风潮。经蔡元培劝说，学生约定"明晨十点钟前，总办去则某等留，否则某等行已决"。蔡元培当晚去见南洋公学督办盛宣怀而不得。次日10时，学生未见回音，遂退学离校。蔡元培愤然辞职。

11月20日 中国教育会受南洋公学退学学生的请求，在上海南京路泥城桥福源里租屋开办爱国学社。蔡元培为总理，吴稚晖为学监，章炳麟等任义务教员。学社实行学生自治。课程有国文、英文、史地、理化、体育等。并进行军事训练。又以《苏报》为发表言论之园地。章炳麟（1869—1936），字枚叔，号太炎，浙江余杭人，早年宣传反清革命，遭通缉，流亡日本，1903年被捕入狱，1906年赴日本，参加同盟会，1913年任中华民国联合会会长，1913年因讨袁而被禁，晚年在苏州设章氏国学讲习所。

11月20日 谕将原定于会试前举行之经济特科，改在会试后举行"于明年四月以前，齐集京师，届时由政务处会同礼部奏请，钦定日期考试"。

11月21日 山西巡抚岑春煊奏准筹办的山西农林学堂开学，为当时各省开办最早的农林学堂，设有农科、林科、畜牧、园艺专业，还附设试验农场。学堂开学时因学生过少仅办林学一科。

11月25日 京师大学堂再次招生，仕学馆、师范馆共录取学生90名。

11月 直隶农务局附设农务学堂及农事实验场招考高等预科第一班，速成科第一班，两班学生共60名。常年经费18,400余两。

12月1日 清政府命：自明年会试始，凡一甲授职修撰、编修，二、三甲改庶吉士，用部属中书者，皆令入京师大学堂分门肄业。知县签分到省，亦必入各省课吏馆学习。

12月2日 由蔡元培、蒋观云、林少泉、陈梦坡、吴彦复等在上海创办爱国女学开校上课。初由蒋观云管理，后蒋往日本，改推蔡元培为总理。

12月17日 京师大学堂正式开学。先办速成科，分仕学馆和师范馆。计原有斋舍140余间，添盖斋舍120余间，又购西城瓦窑地方土地1,300余亩。奏请俟大工落成后，除预备、速成两科外，所有新奉谕旨送大学堂肄业之进士，并前附设之医学馆各处学生约计1,000余人，拟一并迁入。

12月18日 管学大臣张百熙奏陈《同文馆归并大学堂变通办法折》，提出同文馆归并大学堂后"拟设英、法、俄、德、日本五国语言文字专科，聘用外国教习五员，除本馆学生外，并预备、速成两科学生所习之各国文统为教授。"

12月27日 外务部奏议复派赴出洋游学办法章程，将出洋留学的学生分为贵胄学生、官派学生与游学学生三类分别管理。

12月20日 山西巡抚岑春煊奏准筹办之农林学堂于是月开学。是当时各省开办最早的农林学堂，设有农科、林科、畜牧、园艺专业，附设试验农场。

调姚文栋为总办，聘日本农、林专门教习各一人。

同月 以英美为主的新教传教士组织的中华教育会第四届会议，通过《向外国差会请求派遣有训练的教育家来华工作的呼吁书》。"呼吁书"特别要求各差会派遣各级教师来中国办学。

冬 留日学生秦毓鎏、叶澜等在东京组织青年会，提出"以民族主义为宗旨，以破坏主义为目的"。青年会是留日学生中第一个具有革命倾向的小团体。秦毓鎏（1880—1937），字晃甫，号效鲁、天徒，江苏无锡人，1902年留学日本，主编《江苏》杂志并参与发起组织拒俄义勇队，后在上海组织同学社，在长沙组织华兴会，1905年加入同盟会，1912年后历任中华民国临时政府总统府秘书、国民党江苏省党部执行委员、无锡县长、江苏省民政厅厅长等职。

冬 张之洞将湖北自强学堂改设为湖北方言学堂，堂址为武昌东厂口，以养成外交人才为办学宗旨。

同年 因京师大学堂房舍不敷，学务大臣于东安门内北河沿购宅一区，辟为译学馆，以之赓续同文馆。

同年 安徽巡抚聂缉椝将求是大学堂改为安徽高等学堂。

同年 江西巡抚李兴锐创办江西清江大学堂，刘人熙任总教习。

同年 陕西巡抚升允、藩司樊增祥创办关中大学堂，地址在旧考院。

同年 陕甘总督崧蕃创建甘肃高等学堂，刘古愚任总教习。1903年改为甘肃文高等学堂。

同年 湖南巡抚俞廉三将求实书院改为湖南省城大学堂。

同年 湖南创设全省师范传习所，一年毕业，随即奏准分设三路师范学堂。设中路师范学堂于长沙，招长、宝、岳三府之学生；设西路师范于常德，招常、醴、辰、沅、永、靖六府之学生；设南路师范于衡阳，招衡、永、郴、桂四府之学生。

同年 成都锦江书院改为成都府师范学堂，招生300余名，6个月毕业。

同年 陈宝琛在福州乌石山创建全闽师范学堂，初设正额60名，招考当时举、贡生监充之。

同年 粤督陶模开办两广大学堂，任姚文焯为总理。

同年 江西创办医学堂，委陈日新为监督，聘日本医生南雅雄为教习。

同年 湖南巡抚俞廉三派遣俞诰庆、龙纪官、俞藩同、王履辰、仇毅、颜可驻、李致桢、胡元倓、朱杞、刘佐楫、江都良、陈润霖等12人赴日本留学。

1903年（光绪二十九年 癸卯）

4月27日 上海掀起拒俄运动。

5月27日 上海《苏报》发表章炳麟介绍邹容所著《革命军》文章。

6月29日 著名的反清政治案件——"《苏报》案"发生，清政府照会上海租界当局，以"劝动天下造反""大逆不道"罪名将章炳麟等人逮捕。

9月7日 清政府设商部。

10月5日 孙中山建立中华革命军。

12月11日 殷墟甲骨开始流失国外。

1月8日 冯世德编著的《实用主义教育学》陆续发表，此文分为三个部分：教育学理论、教育之方法、学校管理法。文中引用康德、裴斯泰洛齐、斯宾塞等人的言论，论证教育应培养人具有自主自治的精神。冯世德（1886—1953），字稚眉，号心支，江苏吴县人，曾留学日本，在东京创刊《教育》杂志，发起留日同学公益协会，历掌江西高等学堂、优级师范学堂教务，抗日战争爆发后任伪苏州地方自治委员会委员、工商处处长等职。

1月29日 湖北留日学生李书城等在东京创办革命刊物《湖北学生界》，第四期后改名《汉声》。随后，各省留日学生分别创办《浙江潮》《江苏》《新湖南》等刊物。李书城（1882—1965），字小垣，湖北潜江人，早年留学日本，为中国同盟会发起人之一，1911年参加武昌起义，1917年后历任护国军司令、湖北护国军总司令、湖北省政府委员、湖北通志馆馆长等职；中华人民共和国成立后，任农业部部长、全国人大常务委员。

同月 兴籍留日学生周树人、陶成章、许寿裳、经亨颐等27人在东京召开同乡恳亲会，发公开信《绍兴同乡公函》致故乡人民，主张"年少之士，亟宜游学"，到日本寻求、学习救国救民的真理。公函详细介绍留学方法，包括可读的学校、宜学专业、所需费用、赴日旅程等，鼓励乡人"愤思奋发""更新国政"。周树人（1881—1936），字豫才，笔名鲁迅，浙江绍兴人，早年留学日本，后弃医从文，历任绍兴师范学校校长、教育部社会教育司科长、北洋政府教育部佥事、厦门大学教授、中山大学文学系主任等职。陶成章（1878—1912），字焕卿，浙江会稽人，早年留学日本，曾与蔡元培、龚宝铨等在上海成立光复会，1905年与徐锡麟创办大通师范学堂，1906年任教于安徽公学，1910年任光复会副会长。许寿裳（1883—1948），字季茀，号上遂，浙江绍兴人，早年留学日本，历任杭州浙江两级师范学堂教务长、北京女子高等师范学校校长、中山大学中文系教授、北平大学女子文理学院院长、西北联合大学史学系主任、华西大学教授、台湾省编译馆馆长、台湾大学教授等职。经亨颐（1877—1938），字子渊，号石禅，浙江上虞人，早年留学日本，后加入同盟会，历任浙江两级师范学堂校长、浙江省教育会会长，曾代理国立中山大学校长。

2月5日 两江总督张之洞奏设三江师范学堂于南京北极阁。杨锡侯任监督，延聘日本菊池镰二郎为总教习，菅虎雄为伦理及教育教习，松原俊造为物理化学教习，志田胜民为理财及商业教习，大森千藏为博物教习，杉田稔为工业教习，亘理宽之助为图画教习，安藤安为农学教习，岸廉一为医学教习。又选派中国举、贡、廪、增出身之教习50人，分授修身、历史、地理、文学、算学、体操各科。师范学堂分本科（三年毕业）、速成科（两年毕业）和最速成科（一年毕业），设理化、农学、博物、历史、舆地、手工、图画诸科。学生学额规定：江苏省宁属、苏属两属各250名，安徽、江西各200名，共计900名。该校又设附属小学堂一所。江苏、安徽、江西三省士人皆得入堂受学。

2月8日 清政府命荣庆会同张百熙管理大学堂事务，上谕要求"宜务当和衷商办，认真经理"。《清史稿·张百熙传》记载："大学既负时谤，言官奏称本朝定制，部官大率满汉相维，请更设满大臣主教事，乃增命荣庆为管学大臣。"荣庆（1859—1917），字华卿，号实夫，蒙古正黄旗人，曾任管学大臣、户部尚书、军机大臣、政务大臣、学部尚书、弼德院副院长等职。

2月17日 浙江留日学生同乡会创办《浙江潮》杂志（月刊）。负责编辑出版及撰稿者有蒋方震、许寿裳、马君武等。蒋方震（1882—1938），字百里，晚号澹宁，浙江海宁人，早年留学日本、德国，历任浙江都督府总参议、保定军官学校校长、军事委员会高级顾问、陆军大学代理校长等职。马君武（1881—1940），原名道凝，字厚山，号君武，广西桂林人，早年留学日本、德国，历任广州军政府交通部长、总统府秘书长、广西省省长等职，曾任广西大学、中国公学校长。

2月27日 马相伯发起，商请耶稣会创办震旦学院于上海徐家汇，是日开学。提出三信条：崇尚科学、注重文艺、不谈教理。最初学生仅20余人。马相伯自任总教习，项微尘为总干事，各科教师由教会委派教士担任。分语文学、致知学、象数学、形性学等科。预科一年，本科二年卒业。

2月 清政府以慈禧太后七旬寿辰，命于本年举行癸卯恩科乡试，第二年举行甲辰恩科会试。（癸卯、甲辰正科乡会试后来分别归并于丙午、丁未举行。）

同月 京师大学堂添设进士馆，令新进士皆入馆肄业。进士馆以教成初登仕版者皆有实用为宗旨，以明彻今日中外大局，并于法律、交涉、学校、理财、农、工、商、兵八项政事，皆能知其大要为成效。每日讲堂功课四点钟，三年毕业。

同月 湖南省城大学堂改为湖南高等学堂。

3月9日 北洋工艺学堂正式开学。北洋工艺学堂由直隶总督袁世凯委派天津知府凌福彭办理，选定天津旧城东南隅贡院草厂庵为堂址，聘日本工学士藤井恒久为教务长，赵元礼为庶务长，单晋和为董事。

3月11日 张之洞奏《选派水陆师学堂学生出洋肄业片》，于江南省城水师学堂选取毕业学生曾习英文者8人，派往英国水师学堂，以4人专习管轮之学，以4人专习驾驶之学。又于陆师学堂选取毕业生曾习德文者8人，派往德国陆师学堂，分习步、骑、炮、工各门学问。

3月20日 袁世凯奏报筹建北洋陆军武备学堂办法及章程，拟将学堂分为三等：陆军小学堂、陆军中学堂、陆军大学堂。别设速成学堂。

3月29日 胡元倓、龙璋在长沙创办明德学堂，是日开学。初设中学两班，后又招速成师范一班。胡元倓任监督，延请龙璋之父、在籍侍郎龙湛霖任总理，张继、周震麟、苏曼殊等任教习，租赁左文襄公祠为校舍。次年附设高等小学，增设中学补习科、中学预科及东语、英文、理化、银行、保险、法政等专修科。又在南京、上海设立分校。胡元倓（1872—1940），字子靖，号耐庵，晚号乐诚老人，湖南湘潭人，1902年留学日本，在长沙创办明德学堂、明德大学，后在北京创办明德大学、在汉口复办明德大学，曾任省立湖南大学校长。龙璋（1854—1918），字研仙，号甓勤，湖南攸县人，曾任江苏如皋等地知县，辛亥革命后任湖南民政司司长。

3月 张之洞选派江南水师学堂毕业生8人赴英学习海军，陆师学堂毕业生8人赴德国学习陆军。

同月 湖南巡抚赵尔巽将岳麓书院改为湖南高等学堂，并将原时务学堂改办的高等学堂合并进来，以研求中西学主旨。赵尔巽（1844—1927），字公镶，号次珊、次山，奉天铁岭人，历任安徽、陕西等省按察使，甘肃、新疆、山西等省布政使，后任湖南巡抚、户部尚书、盛京将军、湖广总督、四川总督，1914年任清史馆馆长。

春 南洋公学裁撤师范院和特班。刘树屏、张鹤龄、张美翊相继任总理。

4月3日 南京陆师学堂学生不满学堂压制学生，干涉言论自由而发生退学风潮。南京陆师学堂学生章士钊、林力山等30多人转入中国教育学会。章士钊担任爱国学社军事教习，公言革命，主张"废学救国"。章士钊（1881—1973），字行严，湖南善化人，先后留学于日本、英国，历任北京大学校长、护法军政府秘书长、司法总长、教育总长等职，后在上海执律师业，1949年后曾当选全国政协常委、全国人大常委会委员。

4月8日 女留学生胡彬夏等在东京成立留日女学生共爱会。这是我国争取男女平权的第一个爱国妇女团体。

4月9日 直隶总督袁世凯、署理两江总督张之洞奏请递减科举。奏议"俟万寿恩科举行后,将各项考试取中之额,豫计匀分,按年递减,学政岁科试分两科减尽,乡会试分三科减尽,即以科场递减之额,酌量移作学堂取中之额"。

4月27日 在上海的江苏等18省爱国人士再次集会于张园。与会者除谴责沙皇俄国的"吞并"政府外,并指斥清政府推行亲俄外交的"昏昧狂惑"。会议致电清政府外务部,表示对沙俄帝国主义的七项新要求,全国人民"万难承认"。又通电各国,表示:即使清政府承认,"我全国国民万不承认"。爱国学社、育才学堂、爱国女学及务本女学学生也参加集会。

同日 袁世凯在天津头等二等学堂的基础上创办的北洋大学堂正式复课开学。

同日 江苏留日学生创办《江苏》月刊,设有社说、学说、时论、译丛、小说、记言、记事、调查、杂录等专栏,其宗旨为"热爱家乡""改造腐败""宣传革命""呼唤团结"。主持人是秦毓鎏。

同日 张謇创办的南通师范学堂于本日开学。聘日籍教师木造高俊授日文,吉泽嘉寿之丞授算术理科。师范分本科、讲习科、简易科、先设讲习科。该学堂后又陆续添办测绘特班、土木工科、农科、桑科。

4月29日 在日本东京的中国留学生五百余人集会于锦辉馆。与会者声讨沙俄侵占东北罪行,决议成立拒俄义勇队。黄兴等130余人签名入队,陈天华等50余人签名加入本部。黄兴(1874—1916),原名轸,字廑午,后改名兴,字克强,湖南善化人,1902年留学日本,1903年创建华兴会,1905年协助孙中山在东京成立同盟会,1911年领导广州起义,后历任陆军总长、江苏讨袁军总司令等职。陈天华(1875—1905),原名显宿,字星台,湖南新化人,1903年留学日本,曾著有《猛回头》《警世钟》等革命书籍,1905年为抗议日本文部省颁布《取缔清国留日学生规则》,写《绝命书》后投海自尽。

4月30日 京师大学堂师范馆、仕学馆学生"鸣钟上堂",发起举行全校大会,声讨沙俄侵略,掀起爱国学生运动。参加大会师生200余人。会上由范源廉演说利害,次由学生登台声讨沙俄侵略罪行。发言者慷慨激昂,义愤填膺，言至"痛哭流涕，同学齐声应许，震撼天地"。会议决定致电清政府，要求拒约抗俄。还致电各省督抚和学堂，建议联合起来共同斗争。会后并起草《京师大学堂师范、仕学两馆学生上管学大臣请代奏拒俄书》。发出《京师大学堂学生公致鄂垣各学堂书》，向湖北学生界介绍京师大学堂举行拒俄集会经过情况，号召："发大志愿，结大团结，为四万万人请命。"

同日 晚，京师大学堂当局挂出牌示，严禁学生举行爱国集会，晓谕："此事非学生分内之事。"不久，奉旨会办京师大学堂事宜的张之洞又亲自到京师大学堂，警告学生："学堂以外之事不可以作。"在清政府镇压拒俄爱国运动政策下，京师大学堂部分学生退学，赴东北进行武装抗俄斗争。丁开嶂创立"抗俄铁血会"，朱锡麟组织"东亚义勇队"，张榕发起"关东独立自卫军"。

4月 邹容写成《革命军》一书，刊发于《苏报》。书中指出："革命是国民之天职"，是"除奴隶而为主人的必由之路"；主张"革命与教育并行"，革命教育的真正意义在于"导之脱奴隶就国民"，养成"上天下地，惟我自尊，独立不羁之精神，冒险进取，赴汤蹈火，乐死不避之气概"，使人知道"自由平等之大义"。5月，章太炎作序。黄宗仰出资刻印单行本发行，风行全国。邹容（1885—1905），原名绍陶，字蔚丹，又名桂文，留学日本后改名邹容，四川巴县人，"《苏报》案"发生后，自动投案入狱，1905年死于狱中。

5月2日 留日中国学生复开大会，改拒俄义勇队为学生军，商议规则。次日，编制军队为甲乙丙三区队，每区队为四分队，公推蓝天蔚为队长，龚光明、吴祐贞、敖正邦为区队长。分队长由队长指定。

5月7日 《大公报》报道：京师大学堂师范、仕学两馆学生上书管学大臣和政务处，请代奏拒俄书。书请联英、日以拒俄，签名者有师范生俞同奎、谷钟秀等67人，仕学生朱锡麟等6人。

5月11日 由于日本政府的干涉，秦毓鎏、钮永建等改学生军为军国民教育会，确定宗旨为"养成尚武精神，实行民族主义"。

5月11日 京师大学堂增设医学实业馆，馆舍租后门太平街民房，学生最多时达33人，教员4人，讲授中西医学。

5月13日 湖北学堂诸学生得京师大学堂仕学、师范两馆学生联系请求督抚电阻政府与俄签订密约之函电,是日各学堂学生均停课会议,具禀督抚,请其电达政府。

5月17日 安庆大学堂、武备学堂、桐怀公学等学生200余人集会于省城安庆藏书楼,呼吁拒订中俄密约。陈由已(即陈独秀)主持会议,陈由已、王国桢、潘进华等发表演说。大会发起成立爱国会,筹办《爱国新报》,拟与上海爱国学社通成一气,并联络东南各省。但不久此社为安庆知府解散。

5月19日 江西大学堂学生闻中国赴日本留学生组织义勇队以拒俄军,亦愿组织学生军,附入上海学生军,同为响应。于是日改习兵式体操。

同月 蔡儒楷任直隶农务学堂监督。蔡儒楷(1867—1923),字志赓,江西南昌人,历任直隶农务学堂监督、北洋大学堂监督、直隶提学使、直隶教育司司长、代理教育总长等职。

6月10日 龙绂瑞、俞蕃同禀请在湖南长沙千寿寺巷"创立女学,以开风气",定名为湖南民立第一女学,本日正式开学。第一期学生共40人,分寻常科二年,高等科一年,共三年毕业。必修科目为修身、国文、算术、历史、地理、美术、人身生理、裁缝、理科、外国语、体操、教育学等。1904年9月22日停办。

6月21日 清政府命沿海沿江督抚严密查拿爱国学社"不逞之徒",并督饬整顿学堂条规。

6月27日 清政府命张之洞会同张百熙、荣庆,重新厘订学堂章程。"即派张之洞会同张百熙、荣庆,将现办大学堂章程一切事宜,再行切实商订,并将各省学堂章程一律厘定,详晰具奏。务期推行无弊,造就通才。"

6月30日 "《苏报》案"发生,章炳麟被捕下狱。次日邹容因章炳麟致书相召,主动投案入狱。

夏 南洋公学派毕业生侯士绾、张景尧、王寿祺、周嶹、王泽利、张保熙、杨德森、金颂庚、王明照、李昌祚等赴比利时留学,教员程文勋同往。

7月10日 经济特科保荐人员在保和殿考试。

7月 爱国学社因"《苏报》案"事发,被迫解散。

8月2日 清政府给予考取经济特科之一等袁嘉穀等9名、二等冯善征等18名各授官职。

8月28日 护理江西巡抚柯逢时奏筹办江西要政,设工艺院、豫章善堂、农务公所、商务会议公所、医学堂等。

8月 孙中山设立革命军事学校于东京青山,聘日野熊藏为校长,小室健次郎为助教。入学者14人。入学誓词是"驱除鞑虏,恢复中华,创立民国,平均地权"。

同月 《游学译编》第九期发表《教育泛论》一文。文章提倡"贵我、通今"的教育,与清政府的"忠君、法古"教育针锋相对。

秋 黄兴主持明德学堂速成师范班,兼任历史及体操教员。

10月6日 湖广总督张之洞奏定《约束游学生章程》《奖励游学毕业生章程》及《自行酌办立案章程》。要求"以后往日本游学学生,无论官费生私费生,并无论日本官设学堂私设学堂,均非出使大臣总监督公文保送不准收学"。对游学毕业生视其程度给予拔贡、举人、进士、翰林等出身。

10月24日 福建全闽师范学堂正式开学。陈宝琛任监督。

10月 山东济南设师范学堂,方燕年任监督。

同月 直隶总督袁世凯于保定开办北洋陆军速成学堂。

同月 清政府下令禁止留日自费学生学习军事。

11月2日 京师译学馆开学授课。译学馆学习年限五年,学习科目以国文及外国文为主。国文分讲课及作文,外国文有英、法、俄、德、日本五国文字。学级分为五级:甲级、乙级、丙级、丁级、戊级。译学馆正额学生不收学膳等费,附学生每学期缴费60余元。所有学生毕业后奖予举人出身。考试最优等(80分以上)内用主事,外用直隶州、知州,分发通商口岸省份,尽先补用。优等(70分以上)内用内阁中书,外用知县,分发通商口岸省份,尽先实用。中等(60分以上)内用七品小京官,外用通判。

11月6日 署两广总督岑春煊奏将广东书院全改学堂。得旨:妥为筹办,期收实效。

11月18日 四川总督锡良奏陈开办四川武备学堂情形。该学堂额设学生

200 名，分速成、本课、次课三科。学堂建于北校场旁。

11月19日 清政府命各省振兴农务，设立农务学堂与试验场。

11月 浙江大学堂改为浙江高等学堂。

12月11日 在赵声、章士钊等人的鼓动下，南京水陆师、高等师范、练兵各学堂学生数百人，集会于北极阁，请饬各学堂总办加添外操功课，编成民兵，愿为前敌，以备抗俄。

12月15日 蔡元培等组织"对俄同志会"，研究应付俄国侵略之办法。同时创刊《俄事警闻》，表面借俄事为名，本意在提倡革命。

12月21日 管学大臣张百熙奏派学生赴东西洋各国留学。"亟应多派学生，分赴东西洋各国学习专门，以备将来学成回国，可充大学教习，庶几中国办理学堂尚有不待借材操纵自如之一日。"于速成科学生中选定余荣昌、曾仪进、黄德章、史锡倬等31人派往日本游学，俞同奎、何育杰、周典等16人派往西洋各国游学，定于年内起程。

冬 陕西学政沈卫将"宏道大学堂"改为"宏道高等学堂"，并以"筹款艰难，不必铺张多费"为由兼任宏道高等学堂总理。

同年 湖南巡抚赵尔巽奏办湖南高等实业学堂，以湖南贡院为校址，先设预科，定三年毕业。继设本科，定四年毕业，委湘潭梁焕奎为监督，聘福建海军学堂毕业生翁幼恭、李昭文、郑允恭等为教习，招收学生甲乙两班，注重英文法文数学，除修身国文、历史、地理诸科外，一切教科书均用英法文原本。

同年 陕甘总督崧蕃委知府杨增新为提调，创办甘肃大学堂于兰州。不久，改名为甘肃文高等学堂，刘光蕡为总教习。该学堂学生100余人，多为秀才出身。课程设有经学、史学、地理、外文、理化、博物、教育心理、数学、体操、法制、兵学、图画、万国公法、修身等科。聘日籍教员梅村次修、高桥吉造、岗岛诱等分别教授博物、理化、教育心理。学堂另设有师范馆和预科。师范馆学员数十人，均为举人和贡生。

同年 云南按察使陈灿就五华书院原址设立高等学堂，自任总办。陈荣昌任总教习。分理财、兵学、交涉三科。后改为师范学堂。

同年 湖广总督端方在湖北各学堂中选派锦铨等 8 人赴德国,刘庆云等 10 人赴美国,萧焕烈等 4 人赴俄国留学,并派杨荫荄等 24 人赴比国学习实业。

同年 粤督岑春煊将两广大学堂改为广东高等学堂,任吴道镕为总理。

同年 河南大学堂改为河南省高等学堂。

同年 文华书院成立大学部,定学制为 3 年。

同年 清政府设立北京工业专门学堂,经费由慈禧之脂粉费余款项下拨充。学制仿日本工业专门学校之成规。

同年 京师大学堂译书局译出《垤氏实践教育学》5 册,《欧洲教育史要》3 册,《格氏特殊教育学》《独逸教授法》各 1 册。

1904 年(光绪三十年 甲辰)

2 月 8 日 日俄战争在中国东北爆发。

2 月 15 日 黄兴、陈天华、章士钊、宋教仁等人,发起组织革命团体华兴会,从事推翻清政府封建统治的活动。

3 月 11 日 《东方杂志》在上海创刊。

3 月 29 日 清廷批准设立户部银行,是为中国第一个官办银行。

5 月 21 日 汪懋琨会同英国副领事德为门(B. Twyman)等复讯,宣布判章炳麟监禁三年、邹容监禁二年,罚做苦工,自到案之日起算,限满释放,驱逐出租界。"《苏报》案"至此收场。

7 月 27 日 英军进占拉萨,达赖喇嘛北走逃亡。

9 月 7 日 英国强迫西藏签订《拉萨条约》。

10 月 24 日 华兴会长沙起义流产。

---

1 月 13 日 张百熙、荣庆、张之洞复奏重订学堂章程。章程包括高等学堂章程、大学堂附通儒院章程、优级师范学堂章程、高等农工商实业学堂及实业教员讲习所章程、译学馆、进士馆章程等。同日,清政府颁布该学堂章程,谕即次第推行。此即《奏定学堂章程》。

同日 张百熙、荣庆、张之洞奏请递减科举，注重学堂。提出递减科举办法5条，规定"乡、会试中额，自下届丙午科起，每科分减中额三分之一，俟末一科中额减尽以后，即停止乡、会试"。科举停止后，对旧日举、贡、生员等宽筹出路。

1月14日 清政府改管学大臣为学务大臣，命大学士孙家鼐充学务大臣。

1月 山西大学堂中斋总理谷乃墉、总教习马燮曾辞职。春，取消中斋总理而设监督，派杨熊祥为监督；并改中斋总教习、副总教习为教务长，以傅嶽棻充任。杨熊祥任监督后，曾两次选送中斋学生30名留学日本，并资送西斋学生4名入京师大学堂师范科，选送西斋第一期卒业学生马时臻等25名留学英国，学习理工各科。

同月 北洋工艺学堂改为直隶高等工业学堂。

2月6日 清政府任命大理寺少卿张亨嘉为京师大学堂总监督。仍在南书房行走。张亨嘉（1847—1911），字燮钧、铁君，福建侯官人，历任湖南视学、国子临司业、太常寺少卿、浙江学政、京师大学堂总监、光禄寺卿、左副都御史、兵部侍郎等职。

2月 京师大学堂添招师范生，并开办预备科。分咨各督抚学政咨送，并就京师招考，共得学生400余名。

同月 上海邑人项文瑞、杨保恒、贾丰臻由日本留学归国，于上海创办速成师范讲习所。次年又设初等师范传习所和师范补习科。后改为第一、第二、第三师范传习所，均半年毕业。

3月6日 直隶布政使柳生春等奏准创办保定医学堂，聘请教习，招收学生以20人为额。学习年限9年，前3年教授医学普通书；再分大方脉、妇科脉、儿科，授以专门学之书3年，然后再授以西学医学。订有《保定医学堂章程》8条。

3月16日 出使日本大使杨枢奏陈兼管学务情形折云："现查各学校共有中国学生一千三百余人，其中学文科者一千一百余，学武科者二百余人。"建议"饬下各省将军督抚，于世家宦族内遴选文武兼资之少年学生，添派来东，分定班数人数，送简陆军各学校肄业，以广将才而资录用。"

3 月　京师大学堂仕学馆归并进士馆。仕学馆学科等与进士馆同，遂将仕学馆移并到进士馆。

4 月　南洋公学与圣约翰大学、英华书院及苏州的东吴大学组成的"中华大学联合运动会"成立，每年春夏之交，比赛田径，冬季举校际足球、网球比赛。

5 月 1 日　中国教育会公举蔡元培为会长，并举出干事长 1 人，评议员 9 人，监察员 2 人。

5 月 19 日　练兵处奏定《选派陆军学生分班游学章程》16 条，并派学生百名至日本振武学校、士官学校学习。

7 月 26 日　学务大臣上奏议复南洋公学开办高等商务学堂一折，8 月 9 日光绪下旨"依议，钦此"。

8 月 21 日　由广西大学堂改名的广西高等学堂开学，沈赞清为监督。

8 月 23 日　因总办严复辞职，新总办黄仲陶未能晋京，清政府停办京师大学堂编书局。

9 月 8 日　鄂、湘、粤留日学生在东京组织三省铁路联络会，电请外务部及三省督抚，废除与美国合兴公司所订之粤汉铁路条约。

9 月 12 日　练兵处拟订《陆军学堂办法》20 条。陆军学堂分四等：陆军小学堂、陆军中学堂、陆军大学堂，另设速成陆军学堂及速成师范学堂。规定陆军大学堂："教以高等兵学、统汇各科、淹通融贯，具指挥调度之能，为造就参谋及要职武官之所。"

9 月 26 日　政务处奏更定进士馆章程 8 条，规定："新进士入学，分为内外两班。""新进士为从政初阶，自讲求致用之实。"

同日　袁世凯奏保留日学生金邦平等 7 人，请求分别授予举人、进士等出身。

9 月 29 日　张美翊呈请盛宣怀将本届毕业生徐维震、邵长光、陈同寿、屠慰曾、吴乃琛以及上年毕业生胡壮猷派赴美国加利福尼亚州贝克莱大学留学。同年 11 月 19 日张美翊呈请盛宣怀批准教员胡诒谷同往。

秋　上海史家修创设的私立上海女子蚕桑学堂式招生开学。是为女子专科职业教育之始。史家修自任校长。

10月10日 由法国耶稣教士在上海徐家汇圣母院创办的启明女校正式开始授课。专收教外女生。课程有国文、法文、英文、理科、算术、音乐、图画、手工、体操等。

10月18日 湖广总督张之洞以湖北学堂建设日多，出洋游学人数日众，将学务应办之事，厘为六科——审订、普通、专门、实业、游学、会计，并派梁鼎芬为学务处总提调。

10月21日 湖广总督张之洞札湖北学务处开设湖北师范传习所，讲授教育学、管理法及初等小学堂各科学之要旨大义。派陈曾寿为监督，杜宗预、徐毓华为正副提调。

10月 农工商部奏准筹办京师高等实业学堂。

同月 周学熙将北洋工艺学堂更名为直隶高等工业学堂，重定《直隶高等工业学堂试办章程》，正科招收五年制中学毕业生，学业年限为预科一年，本科三年；速成科招九年制高等小学毕业生，学业年限为预科一年，本科二年。并经袁世凯批准将直隶工艺总局附设实习工厂确定为高等工业学堂附属实习工厂。这是我国最早的高等学堂附设实习工厂。

秋 山西巡抚张曾敭派50名学生到日本留学。其奏折曰："由省城文学堂遴选派学生三十人。以十人入速成师范，习教授管理等法，以备开办师范学堂之用。以二十人入普通学校习各门普通，以期进求专门实业之学。又由武备学堂遴选派学生二十人学习陆军，以储常续备军将校之材。"

11月7日 户部计学馆开学。入学之司员共有110余员，教员共有6员：东文专门财政教习王宰善、谭德基，英文王葆桢与俄文萨荫图均兼算学教习，财政普通教习唐宗愈、蒋棻。

11月15日 署理两江总督端方奏派水师学堂优等毕业生6人，分赴英国兵轮学习管轮、驾驶诸艺，暂以两年半为限。

11月22日 广东水师学堂卒业生14名，由直隶总督袁世凯派至北洋练船练习。

11月 山东大学堂改称为山东高等学堂，迁至济南杆石桥西路北新址。

同月 云南东文学堂成立。

12月5日 清政府令各省选派学习赴日学习警察事务。学务大臣奏准《考验出洋毕业学生章程》。

12月7日 署理两江总督端方奏陈在苏州紫阳校士馆设立江苏师范学堂，本日开学。初拟江苏师范学堂章程，分初级、优级两班，共320人，因校舍狭隘，先招讲习科40人，修业年限半年；速成科120人，分三班教授，修业年限一年半。派罗振玉为监督，延聘徐嘉为监院，日本藤田丰八为总教习，由日本田冈云岑任教育学教习，林房吉任理化教习，冈真三任生物教习，小仓孝治任博物、地理教习，巽健雄任数学教习，村井黑之辅任图画教习，高田九郎任手工、体育教习，小野清一任体育、音乐教习，中村信三郎任日语教习，王国维任伦理教习，徐嘉任国文教习，叶基桢任教译，樊炳清任编译。次年添设体操专修科，添招初级师范本科和优级师范选科（分文史地、数理化、生物三科）。

12月9日 清政府命驻日使臣杨枢密查留日学生设立国仇会事。

12月 光复会成立于上海，推蔡元培为会长。

同月 两江总督端方奏请将苏州中西学堂改为江苏高等学堂。初设预备科，1906年8月开设高等正科。

秋 两江总督魏光焘将格致书院改为江南农工格致学堂，后易名为江南农工商矿实业学堂，后又定名为江南高等实业学堂。

同年 岭南学堂由澳门迁回广州。广东各教会正式宣布岭南学堂为广东基督教教育之最高学府。中华基督教大学联合会董事会政策委员会宣布，岭南学堂在福建以南踞有此种地位。

同年 徐传霖在上海设立中国体操学校；次年汤剑娥在上海创办中国女子体操学校。

同年 直隶农务学堂改为直隶高等农业学堂。

同年 湖北农务学堂改名为湖北高等农业学堂，监督樊祖徽，校址为武昌宝积庵。

同年 北京八旗中学堂改为八旗高等学堂，全称为宗室觉罗八旗高等学堂，直属学部管辖。校址在北城朗家胡同，学生分为高等科生和中学科生。

同年 京师大学堂师范馆改为优级师范科，先后录取学生 200 多名。

同年 美国北长老会与英国浸礼会达成协议，联合设立一所教会高等教育学校，定校名为山东基督教共和大学，又叫山东新教大学（Shandung Protestant University），文理科设在潍县，称广文学堂。神科设在青州，称共和神道学堂。医科设在济南，称共和医道学堂。

同年 美国基督教美以美会将汇文书院改为汇文大学堂（Peking University），校长刘海澜（Hiram Harrison Lowry）。

同年 清政府制定派留学生赴比利时留学章程。章程规定：学生以实年 15 岁左右，资质聪颖，举止端严，身体强壮，文理明顺，四者具备为合格。各省挑选学生人数，视省份大小，每省多至 40 人，少者 10 人。各学合格者如不足额，可就该省高等学堂暨各府中学专取中文佳者充之。各生由府送省，宜照定额外多送数人，由督、抚亲加考察。每生师修房缮，岁 1,200 佛郎，衣服冠履，岁 100 佛郎，均缴学堂代办；各生添置书籍一切零用，岁 300 佛郎，摊给学生自理。学生入堂，应请比文部派一司员，使署派一随员，稽察功课，监视起居，兼司支应。学生拟习何项专门，出洋时注入名册，性不相近亦许酌改，但不得任意纷更。学生中就不安本分者，立饬回华。历年学费，由督抚追缴，不得宽免。

1905 年（光绪三十一年 乙巳）

5月14日 袁世凯练成北洋新军。

7月16日 清廷发出谕旨，派镇国公载泽、户部侍郎戴鸿慈、兵部侍郎徐世昌、湖南巡抚端方分赴东西洋各国考察政治后又加派商部右丞绍英。

8月20日 在孙中山的倡议下，兴中会、华兴会、光复会在日本东京黑龙会总部联合组成中国同盟会，孙中山任同盟会总理。孙中山在日本成立中国同盟会，提出"驱逐鞑虏，恢复中华，建立民国，平均地权"的纲领。

9月5日 日俄签订《朴次茅斯和约》，宣告日俄战争结束。

11月26日　中国同盟会机关报《民报》创刊。孙中山在发刊词中第一次公开提出了"三民主义"的主张。

12月22日　《中日会议东三省事宜条约》签署，又称《满洲善后协约》。

1月7日　慈禧太后议办贵族振武学堂。

1月19日　署理两江总督端方奏陈已将苏州原中西学堂改为高等学堂，分预备科及本科。

同日　督理北洋武备学堂事宜冯国璋致陆军部，内开："前拟在北洋武备学堂内挑选优等生一百名，改为陆军师范生，从速加习师范课程，备充各省陆军小学堂教习。刻下本处学堂尚未建造，暂就北洋武备学堂开办，业经呈请办理在案，旋由北洋武备学堂考选优等学生一百名，分为两堂，加习师范课程……拟请即于光绪三十一年正月开学。"北洋武备学堂考选学生100名，分为两堂，加习师范课程，备充各省陆军小堂教习。委军令司副使冯国璋督饬办理。2月开学。冯国璋（1859—1919），字华甫，直隶河间人，历任直隶都督兼民政厅长、江淮宣抚使、江苏都督、副总统、代总统等职。

同日　留美学生致电湖广总督张之洞，谓"赎路废约，合万国公例"，请废粤汉铁路借款合同。

1月23日　留日湖北学生电致湖广总督张之洞，请坚持铁路废约之议。

1月25日　刑部设法律馆，饬令满汉司员学习例案，参读各国刑律。

1月　出使比利时大臣杨晟上奏，认为"比利时路矿制造诸学，见重列邦""旅学二费亦较他国为廉，比廷相待，与本国学生无异"。拟多派学生赴比利时留学。嗣后，我国路矿学生以留学比利时为多。

2月23日　邓实创办《国粹学报》于上海，以"发明国学，保存国粹""爱国保种，存学救世"为宗旨，为国学保存会机关刊。

2月27日　练兵处、兵部奏，设贵胄学堂，专为王公大臣子弟习军事之区。

3月5日　练兵处议定《考试武备学堂章程》3条，超等者派往各省充各营教习，特等者着酌留常备各营委用，一等者饬派入练兵处当差。

3月7日 因法国天主教耶稣会神父南从周（F. Perrin）裁去震旦学院头二班英文，并令马相伯入病院养病。震旦学院学生集体退学。

3月16日 南洋公学改隶商部，改为商部高等实业学堂，并请派杨士琦任监督。奉旨依议。

3月25日 浙江巡抚聂缉椝派遣师范生百人赴日本游学。

3月28日 直隶总督袁世凯奏设军医学堂、马医学堂、经理学堂和军械学堂。

3月 福建蚕务学堂开学。闽藩周方伯及罗黄两观察均以闽省各处育蚕失败，实系蚕学未讲求之故，特设一蚕务学堂。

同月 湖广总督张之洞改湖北武备将弁学堂为湖北武师范学堂，监督黄以霖，堂长刘邦骥。先设速成科，仿日本陆军士官学校学科，一年毕业。

春 长沙明德学堂禀准学务处设立游学预备理化专科，俟学生毕业后照官学一体派选游学。

春 济南至道书院改为山东客籍高等学堂，分正斋、备斋两科。次年，山东各高等学堂的客籍学生皆拨入该学堂就读。

4月13日 湖广总督张之洞、四川总督锡良会奏，请设铁路学堂于武昌。

4月16日 江南陆师学堂学生因不服督练公所议改陆军章程，全堂解散。

4月24日 修律大臣伍廷芳奏请在京师设立法律学堂，考取各部属员，住院肄业。毕业后派往各省为佐理新政、分治地方之用。本科三年毕业，速成科一年半毕业。经费由各省分筹拨济，大省解三千两，中省解二千两。

4月28日 河南省创办师范学堂开学，肄业学生约150余人。

4月 李钟珏与张竹君在上海创办女子中西医学堂。李钟珏讲授中医，张竹君讲授西医。

同月 日本东亚女学校附设中国女子留学生速成师范学堂，设本科、音乐专修科与游戏体操专修科。并订立章程23条。

同月 江西大学堂改为江西高等学堂。

5月7日 督办山海关内外铁路大臣袁世凯、胡燏棻札饬山海关内外铁路总局"妥筹经费，酌拟各门课程，分别延订教习，克日开办铁路学堂"。路局总办梁如浩遵令恢复重建山海关铁路学堂，聘葛尔飞担任学堂总教习。同年8月于唐山择定校址，是为唐山铁路学堂。

5月10日 《时报》刊载《筹拒美国华工禁约公启》，指出"往美游学，初时亦属不禁，乃美国近日立例：'惟学习高等或专门学业，因在故国无从学习者又必能缴验学至卒业回国之费用者，方为合格。'是名不禁游学而实则禁矣。"

5月22日 上海清心书院、中西书院学生抵制美国"禁约"。清心书院的中国师生全部离校，迫使书院解散。中西书院的学生也停课退学。

5月28日 京师大学堂开第一次运动会。大学堂总监督为此发布文告说："盖学堂教育之宗旨，必以造就人才为指归，而造就人才之方必兼德育、体育而后为完备。""今日特开运动大会，亦不外公表此宗旨，以树中国学界风气而已。"运动会比赛项目有掷槌、竞走、跳远、跳高、掷球、拉绳等。

6月18日 天津学界召开反美迫害华工大会，北洋大学堂、高等工业学堂、军医学堂、北洋医学堂、电报学堂、警备学堂等26所学堂代表参加会议。

6月25日 蔡元培再次被选为中国教育会会长，钟观光为副会长，蒋维乔等6人为评议员。推定金伯昭为会计，吴丹初为书记，孙勉斋、胡慕超为庶务。蒋维乔（1873—1958），字竹庄，号因是子，江苏武进人，历任教育部秘书长、江苏省教育厅厅长、东南大学校长等职。

夏 学务处总办叶景葵将游学预备学堂改办为奉天高等实业学堂，任徐鸿宝为监督。

夏 江西农工商矿总局在南昌南关口的江西农事试验场内创办江西实业学堂，分甲、乙两班，龙钟洢任监督。

7月14日 出洋学生金邦平、唐宝锷均着给予进士出身，赏给翰林院检讨；张瑛绪、曹汝霖、钱承鋕、胡宗瀛、戢翼翚均着给予进士出身，按照所习科学以主事分部学习行走；陆宗舆着给予举人出身，以内阁中书用；王守善、陆世芬、高淑琦、沈琨、林榮均给予举人出身，以知县分省补用。

7月26日 震旦学院重新开学。李问渔任院长，南从周仍任教务长。学院设董事会，张謇、李平书等为董事。改肄业期为四年，前二年为附科，第一年以中文教授，第二年以法文教授，至第三年始称本科，教授法文、英文、文学、中外历史地理、哲学、经济学、法学、算学、物理、博物等，第四年分为文理两科。

8月3日　学务大臣孙家鼐议复修律大臣伍廷芳奏请设立京师法律学堂。议定学员就部属考取，照仕学馆办法。多加授课钟点，缩减毕业年限，照速成科办法。毕业后，应请简派大臣会同学务大臣，详加考验，列定等第，分别年限，比照仕学馆奖励章程，酌量办理。惟此项学员原为大学堂政法专科未备，急需用人而设，将来专科毕业，届时酌议归并。各省亦应参照直隶法政学堂章程，于课吏馆添设仕学速成科，讲习法律，并参酌地方情形，举办法政学堂。

8月13日　东京留日学界召开欢迎孙中山大会，宋教仁主持会议，到会者1300余人，孙中山发表演说，谓中国现今之思想进步，实有一日千里之势，从此看来，中国无沦亡之理。宋教仁（1882—1913），字遁初，一作钝初、敦初，别号渔父，湖南桃源人，曾参与组织华兴会、发起中国同盟会，辛亥革命后历任法制院总裁、农林部长、国民党代理理事长，1913年遇刺身亡。

8月21日　译学馆派遣学生赴西洋各国游学。吴庆嵩、徐译杨、曾诰、侯维良、曹钧留学英国；周秉清、周纬、金国宾、黄广徵、王廷璋、陈浦留学法国；陈永治、张谨、顾兆熊留学德国。

8月30日　沈钧及其夫人创办的北京豫教女学堂开学。其章程规定："本学堂以中等以上女子，施普通教育及高等普通教育，造就贤母良妇为目的。"学堂分寻常科与高等科。高等科修业年限四年，教授科目有修身、国文、算术、历史、地理、格致、家事、图画、声歌、裁缝及手艺、体操及游艺。

9月1日　清政府命各省督抚再多派学生游学欧美，"现在留学东洋者，已不乏人，著再多派学生，分赴欧美，俾宏造就"。并命出使大臣监督考查。

9月2日　直隶总督袁世凯、盛京将军赵尔巽、湖广总督张之洞、署两广总督岑春煊、署两江总督周馥、湖南巡抚端方奏请立停科举，推广学堂："停罢科举，庶几广学育才，化民成俗，内定国是，外服强邻，转危为安，胥基于此。"停科举后最为切要之端有五：尊经学、崇品行、师范宜速造就、未毕业学生暂勿牽取、旧学应举之寒儒宜筹出路。清政府诏准自丙午（1906）科为始，所有乡会试一律停止，各省岁科考试亦即停止。并令学务大臣迅速分布各种教科书，责成各省督抚实力通筹，严饬府厅州县于乡城各处遍设蒙小学堂。

同日 湖广总督张之洞札饬推广师范，就省城择地开设支郡师范学堂，分府录取。先设六堂，委岑臬司充支郡师范甲丙戊三堂监督，冯道充支郡乙、丁、己三堂监督。

9月4日 清政府令所有各省学政均着专司考校学堂事务，会同督抚办理。

9月11日 清政府谕：前已有旨停止科举及岁科考试，饬令各省学政专司考校学堂事务。嗣后各该学政事宜，着即归学务大臣考核，毋庸再隶礼部。

9月14日 马相伯、严复、熊师复等筹办复旦公学，于是日在吴淞开学。马相伯为校长，袁观澜为庶务长。

同日 日本早稻田大学设立中国留学生部，本科修业年限两年，分师范、政治理财、商三科。另设预科，修业年限一年。又设补习科。由青柳笃恒、津田左右吉等任教师。最初入学学生762名，1907年达850名，1908年394名，1910年9月停办。

9月23日 光复会会员徐锡麟、陶成章等创设的绍兴大通师范学堂开学。共设有国文、英文、日文等14门课程。特增设"体育专修科"，招各处会党头目入学堂练习兵操。规定凡学堂学生均为光复会会员，毕业后仍受学堂办事人员节制。徐锡麟（1873—1907），字伯荪，浙江山阴人，1905年在绍兴参与创办大通师范学堂，后任安徽巡警会办、巡警学堂堂长，1907年刺杀安徽巡抚恩铭被俘就义。

9月 直隶总督袁世凯就大沽水师营房开办宪兵学堂，挑选各镇识字精敏各目丁入堂肄业，定期一年毕业。后又续办二班。学堂总办张文元，教育长王子甄。同时聘日人梅津正德、藤林富、东元三郎、高桥寅治等为教习。

秋　江西实业学堂在南昌开办。傅春官任总办，龙钟洢为监督。分甲乙两班，先教以农学专科，聘请日本林学士斋藤丰喜教授农学、算学、理化和博物诸科。1907年改为江西农业高等学堂，1910年迁移至庐山白鹿洞书院，改为江西高等农林学堂。

秋　山西大学堂中斋监督杨熊祥辞职，由傅嶽棻代理。以后继任监督者为解荣辂、渠本翘、胡钧等人。

10月5日　四川总督锡良奏请择地成都府试院改建通省师范学堂校舍，计容学生500人，拟定初级、优级两类同堂并设。延聘日本教习2人，并购置图书、标本、仪器。其余应需华洋教习分别延聘。

10月8日　山西学政宝熙奏请速设学部，并请将礼部、国子监两衙门归并学部。附片又请将翰林院归并学部。

10月20日　练兵处、兵部奏定《贵胄学堂章程》，内分总则、职掌、规条、课程、考试、经费六大纲。

10月　两江总督周馥议办第九镇新军，筹及野外演习宜有详细地图指画教授，乃饬参谋处详定章程，设立测绘学堂，招选已毕业普通学者为学生，延聘日本专门技师3人分授功课。课分三股：三角、地形、制图。按所习功课情形分为两科，专习一股者为寻常科，一年半毕业；并习三股者为高等科，四年毕业。开办之初，学生皆习一股，各股学生人数二十至三十余人（新任总督端方到职后，委吴茂节为总办，责令设法扩充，续招新生百名）。

同月　贵州大学堂改为贵州高等学堂。

11月2日　日本文部省徇清公使要求，颁布《关于清国入学之公私立学校章程》（即《清国留学生取缔规则》）。12月4日中国留日学生8,000余人，为抗议日本文部省颁布的《清国留学生取缔规则》，举行总罢课，200余人回国。

11月4日　河南巡抚陈夔龙奏就省城设尊经学堂，以保国粹。

11月10日　署理两广总督岑春煊奏准，改广东武备学堂为两广中学堂。

11月14日　京师学务处咨行各省学堂增设品行科。

11月17日　清政府通咨各省设立法政学堂。

11月23日 户部招考司员50人，派赴日本学习财政。

11月26日 日本准中国派遣海军学生70名，政务处咨请各省选派。

11月 山西商务局总办刘笃敬欲在海子边设宴招待英商福公司来山西接收矿区。山西大学堂学生联络太原各校学生数千人，公推山西大学堂西斋学生马骏为首席代表，结队前往海子边示威，抗议山西官商与英商福公司的勾结，促使山西巡抚张人骏答应向北京上奏，力争收回山西矿权。

12月4日 清政府命庆亲王选派宗室子弟，出洋学习武备。

12月5日 学务大臣上《奏请建设分科大学片》，内称"将德胜门外操场赏给大学堂，先办四科，将来添设别科，亦有地可用。瓦窑地方则留以专办农科"。奉旨着照所请。

12月6日 上谕"著即设立学部，荣庆著调补学部尚书，学部左侍郎著熙瑛补授，翰林院编修严修，著以三品京堂候补，署理学部右侍郎"。并将国子监"著即归并学部"。

12月8日 陈天华于东京大森海湾蹈海自杀。其前一日所作《绝命辞》，谓同胞应"坚忍奉公，力学爱国""恐同胞之不见听而或忘之，故以身投东海，为诸君之纪念"。陈天华之死，影响甚大，部分学生束装回国。

12月21日 蒙古喀尔沁王捐资倡办蒙古学堂。

12月30日 上海圣约翰书院在美国哥伦比亚特区注册，并正式由"圣约翰书院"改名为"圣约翰大学"。

同年 京师大学堂爱国师生搜集各种报刊资料，编印《广劝抵制美约说》一册，揭露美帝国主义迫害华工各种事实，同时开列美国商品数百种，号召全国人民进行抵制美货斗争。

同年 安徽尚志学堂在安庆成立，初以邓绳侯为校长，后由冯翰卿继任。陈独秀等常到校讲演，为安庆革命党人活动基地。

同年 孙诒让与平阳杨景澄、吴庵箴及同里金晦等人集资，在浙江温州创办瑞平化学学堂。孙诒让（1818—1908），字仲容，号籀顾，浙江瑞安人，先后开办瑞安学计馆、方言馆、永嘉蚕学馆、温州瑞平化学学堂、温州府中学堂、温州师范学堂、中学堂等，曾任学部咨议官、浙江省教育会首任会长。

同年 贵州巡抚奏准开办蚕桑学堂。学生分堂内堂外两级。堂内学生授以养蚕、制种、缫丝、栽桑等各专门之学为主，以算学、种植、理化各普通之学为辅，两年毕业。堂外学生专在试验场学习养蚕、缫丝各法，半年毕业。堂内学生40名，堂外学生不限定额。

同年 湖南派遣女学生20名赴日本，在实践女校习速成师范科，于1906年7月毕业。

同年 张謇创办南通博物苑，为师范学堂教授之用，筹备10年，始正式开幕。搜集物品凡2900余种，分天产（即自然）、历史、美术、教育四部。

同年 武昌知府梁鼎芬捐资开办湖北省立师范学堂于武昌通判公署，是为湖北省举办师范学堂之始。其后各府道郡县之师范学堂分别成立。次年，由两湖书院改设为两湖总师范。

同年 江西督抚改友教书院为江西方言学堂。委程志和为监督。招收学生，多是举贡生员。

同年 甘肃就兰州兰山书院改设优级师范学堂，双弗任提调。学生由各县保送，无诸生资格者，须捐监生。每月由校给伙食津贴。

同年 陕西巡抚夏崶将陕西大学堂改为陕西高等学堂。

同年 新疆巡抚吴引荪奏办高等学堂，并颁印《新疆高等学堂章程》。

同年 湖南长沙宁乡创办速成师范学堂，同盟会会员周震麟任校长，经常在教师和学生间宣传革命主张。徐特立曾考入该速成师范，学习四个月。

同年 兵部奏拟《陆军速成学堂试办章程》21条。该学堂为各省培养初级军官，就保定北洋陆军学堂房舍开办，每年招收学生1,140名，二年半毕业。俟各省正课学堂即小、中、兵官等学堂办有成效，此堂即行停办。

同年 黄绍箕著《中国教育史》，与孙诒让商订义例，共分五卷，由叶尔恺作序："光绪季年仲弢前辈著《中国教育史》五卷，自上古迄孔子，本实事求是之旨，多采诸子及古注旧说，间及阎百诗、阮芸台、汪容甫、焦里堂、章实斋诸人之绪论，而以西学说附益之，论断精确，考据详核，俾人知教育原理中西未尝不同，其用意之善与夫致力之勤，固近代教育者所未仅见也。"

同年 公理会、伦敦会及长老会在北京创办的华北协和女子书院成立。

同年 四川通省师范学堂成立，分初级部、简易部、优级部，徐炯任监督。

同年 练兵处新定陆军参谋大学堂章程，规定"本堂之设以教授将兵卫国之学术，足务参谋处任使为本旨"，学生额数暂设 40 名，考选学生，以 20 岁至 27 岁，曾由武备学堂毕业、蒙考列优等、志趣远大、长于韬略者为合格。

同年 美国基督教公理会、长老会、伦敦会将潞河书院改组为华北协和大学（North China Union College），校长谢卫楼（Devello Zololos Sheffield）。

同年 北京贝满女子学校改建为华北协和女子大学（North China Union College for Women），校长麦美德（S. Luella Miner）。

1906 年（光绪三十二年　丙午）

1月29日 李宝嘉著的《官场现形记》出版。

2月22日 法国天主教教士王安之（JeanMarie Lacruche）杀中国南昌知县江召棠，激发南昌教案。

4月16日 卢汉铁路全线通车，定名为"京汉铁路"。

4月27日 《中英续订藏印条约》签订。

7月7日 周学熙创办启新洋灰公司，是为中国第一家机械化生产水泥的企业。

9月1日 清政府颁布"预备仿行宪政"的谕旨。

11月6日 清廷公布厘定中央官制方案，除内阁、军机处及外务、吏、学部仍保留规制外，其余各部均有大幅度变动。

12月4日 同盟会策动萍乡、济阳、醴陵地区会党和矿工发动武装起义，是为同盟会成立以后发动的第一次武装起义。

1月8日 清政府赐山西大学堂西斋毕业生 25 人为举人。

1月31日 京师大学堂总监督张亨嘉辞职，以曹广权代理大学堂事务。

2月11日 直隶总督袁世凯奏设高等师范学堂于天津，鲁、豫、秦、晋、奉天等省均可派学生附学。

2月13日 北京协和医学堂举行开学典礼，各国驻华公使与会庆贺。该医学堂由英国医士科龄（Ihos. Cochrane）倡议创办，慈禧太后曾赏科龄所建医学堂一万两白银。

2月15日 清政府"命李家驹以四品京堂候补，充京师大学堂总监督"。

2月26日 学部急电各省停止派遣速成科留学生。

2月27日 由同盟会员（兼为光复会员）秋瑾等在绍兴建议设立的绍兴学务公所评议会开会，公举蔡元培为公所总理，汤寿潜为评议会议长，胡钟生、杜海生为纠察员。后因筹款受阻，蔡元培愤而辞职去上海。秋瑾（1875—1907），字璿卿，号竞雄，自称鉴湖女侠，浙江山阴人，1904年留学日本，1906年因反对《取缔清国留学生规则》回国，任教于湖州浔溪女校，参与创办中国公学，创办《中国女报》，1907年任绍兴大通师范学堂督办，因起义事败被捕就义。

同月 王国维于《教育世界》发表《奏定经学科大学文学科大学章程书后》一文，认为奏定学堂章程中的经学科、文学科大学的根本之误在缺哲学一科。

3月1日 山西留日学生总会禀外务部，要求撤废英福公司开办山西矿务章程，以维护主权。

3月6日 美公理会牧师明恩溥（A. H. Smith）入觐美国总统罗斯福，建议美国政府"退还"部分庚子赔款在华办学并资助中国学生留学美国。同年4月3日罗斯福回信表示同意。1908年5月25日美国国会通过联合决议，核准退还庚款。明恩溥（1845—1932），美国传教士，1872年来华，先后在天津、山东传教。

3月9日 政务处奏准举贡生员出路章程6条。出路办法为：酌加优拔贡额、考用誊录、就拣选举人准令报捐分发、生员考职等。

3月11日 北洋大学堂派遣学生35名赴美国专门学堂肄业，并委派总教习丁家立为监督。

3月13日 学部电知各省选送留日游学生限制办法。规定：凡欲入高等以上学校及各专门学校者，必有中学堂以上毕业之程度，且通习彼国语文，方为合格；习速成科者或法政或师范，必须中学与中文为俱优，年在 25 岁以上，并实有经验者，方为合格。

3月18日 法政府允中国学生入海军学校，清政府先派 7 人前往肄业。

3月25日 学部奏请宣示教育宗旨：忠君、尊孔、尚公、尚武、尚实。上谕："朝廷锐意兴学，特设专部以董理之，自应明示宗旨，俾定趋向，期于一道同风。兹据该部所陈忠君、尊孔与尚公、尚武、尚实五端，尚为扼要。总之君民一体，爱国即以保家；正学昌明，翼教乃以扶世。"

3月25日 学部核准湖南达材学堂、河南尊经学堂改为两级师范学堂。

3月29日 学部通行各省有与湖南、河南两省达材学堂、尊经学堂者，酌量情形改办两级师范学堂。

春 山西武备学堂停办。在校学生大都转入山西大学堂、农林学堂和警务学堂。

春 商部高等实业学堂设立商务专科，首届新生由 1905 年冬中院第六届毕业生林则蒸等 13 人全数升入。开设课程有：商业、道德、商品学、制造学、历史、地理、商法学、国文等 19 门。

4月8日 严复就任安庆高等学堂监督。

同日 健行公学正式开学。健行公学源于留日归国学生在上海组织中国公学，留日学生中江苏籍人数比例最高，校址又在上海，但实际主持校政人选中江苏籍上海籍人数并不占优势，当时同盟会江苏分会会长高旭及上海籍人朱少屏等人对之表示不满，另建学校，是为健行公学。

4月10日 中国公学在上海开学。中国公学缘因中国留日学生为抗议日本文部省颁布的《清国留学生取缔规则》而回国，经姚洪业、张俊生等人的奔走，决定自办学校，定名中国公学。姚洪业（1881—1906），又名宏业，号剑生、竞生，湖南益阳人，1904 年留学日本，1905 年加入同盟会；1906 年因抗议日本《清国留学生取缔规则》率部分留学生回上海，参与筹建中国公学，因中国公学办学困难于 1906 年投黄浦江自尽。

4月11日 学部通电各省迅将省城师范名额尽力扩充，至少设一年卒业之初级简易科生 500 人，以养成小学教习；并设二年卒业之优级选科生 200

人，以养成府立师范学堂中学堂教习；并须设五个月卒业之体操专修科，名额 100 人，以养成小学体操教习。

4 月 25 日　政务处、学部会奏遵议裁撤学政，"各省改设提学使司提学使一员，统辖全省地方学务，归督抚节制""于省会地方，置学务公所"。

同日　学部奏遵议选派翰林出洋游学、游历所需川资学费，由学部咨行户部于考察政治经费项下提用。

4 月 27 日　直隶总督袁世凯派武备学堂学生分赴德、奥学习陆军。

5 月 6 日　姚洪业因所办的中国公学陷入绝境而在上海黄埔江自杀。其遗书曰"我之死为中国公学死也，为中国公学死，即不啻为我全国四亿同胞死也"。

5 月 13 日　清政府简放各省提学使张鹤龄等 23 人。其中 7 人实授，其他以资格不足暂署。这 23 名提学使中有 21 位是进士，4 位是前任学政，曾任学政或出任过乡会试考官者有 20 位之多。

5 月 15 日　学部、礼部会奏准两部办事界限，议定将"从前之贡士、举人、恩拔、副岁、优贡并廪增、附生、例贡、监生考试，引见解卷行文以及改籍改名、就职报捐一应事宜，统由礼部仍照章分别校办；至由学堂出身之进士、举人、优拔、副贡、廪增、附生暨出洋游学毕业生，并国子监归并学部，后在学部领照之监生考试引见解卷行文以及改籍更名、就职报捐一应事宜，统由学部查照新章分别校办"。

同日　学部奏定《考试游学毕业生期限片》，规定自本年始每年农历八月举行考验游学毕业生一次。

5 月 18 日　学部奏请简放直省提学使，并提出："拟俟令下之日，除前经出洋及办理学务资劳久著者，可即使赴任外，其余名员应先派赴日本考察学校制度及教育行政事宜，以三个月为期，归国后再行赴任。"

5 月 28 日　湖广总督张之洞就日本东京原有路矿学堂，改为湖北驻东铁路学堂。酌定湖北学额 60 名，外省附学额 20 名。三年毕业。以廖正华为提调。并拟定湖北驻东铁路学堂简章 4 节。

5 月 29 日　禹之谟等人组织以学生为主体的送葬队伍，安葬陈天华、姚宏业。禹之谟于8月10日在长沙被捕，次年2月6日被杀害。

6月11日 学部奏拟学部官制获准。学部拟设五司：总务司、专门司、普通司、实业司、会计司。专门司下分专门教务科、专门庶务科，并拟设高等教育会议所。专门教务科掌核办大学堂、高等学堂及凡属文学、政治、学术、技艺、音乐各种专门学堂一切事务，并稽核私立专门学堂教课设备是否合度，应否允准与官立学堂享有一律权利，或颁公款补助等事。专门庶务科掌保护奖励各种学术技艺，考察各种专门学会，考察耆宿学研精专门者，应否赐予学位及学堂与地方行政、财政之关系，又凡关于图书馆、博物馆、天文台、气象台等事均归办理，并掌海外游学生功课程度及派遣奖励事等。

6月13日 天津北洋女子师范学堂开学。傅增湘任监督，初设简易科，招收学生40人。该校为中国近代最早的女子师范学堂。傅增湘（1872—1949），字淑和，号润沅、沅叔，笔名书潜、长春室主人等，四川泸州人，历任顺天乡试同考官、唐绍仪顾问、北洋政府教育总长、故宫博物院图书馆馆长等职。

6月20日 直隶总督袁世凯奏陈在保定省城设立军官学堂，于各镇军官内选派学员入堂肄业。分为速成、深造两科。速成限以一年半毕业，学员为40－60员。深造科三年毕业，学员为50－80员。暂借用前将弁学堂房屋先行开课。拟定北洋军官学堂试办章程4则。段祺瑞任督办。

同日 直隶总督袁世凯奏在天津设立北洋陆军讲武堂，调派各营军官分班肄习，分学科、术科、内堂、外场。额设学员180名。分为三班，每班以三个月为限。并拟订北洋陆军讲武堂试办章程4则。

夏 两广高等工业学堂开办，设机械、应用化学、窑业、土木等四科。

夏 提学使叶尔恺将云南高等学堂改办为滇省两级师范学堂。

7月7日 学部咨各省添设法政学堂，规定"凡未经设立此项学堂之省，应即一体设立；其业经设立者，亦应酌量扩充"。

7月8日 练兵处奏设测绘学堂。其理由为：各国测绘本属专门学问。我国各省此种学堂尚未设立；北洋测绘学堂设已数年，不过绘其略图，其程度所差尚多。其办法是：将德国在郎房所立营盘（已撤军）量加扩充改为高等测绘专门学堂，内分测图科、绘图科、制图科三科，学额 120 名。派张祖佑为监督。

7 月 20 日　学部批准北京协和医学堂立案，要求"他项学堂皆不得援以为例"。北京协和医学堂原由英国伦敦会创办。不久，美国长老会、美以美会、内地会、伦敦医学会和英格兰教会等五个教会加入共同办理。创办初期组织者为英国人科龄（Thomas Cochrane）。

7 月 21 日　学部订定《优级师范选科简章》，并通行各省。《优级师范选科简章》规定优级师范选科以养成初级师范学堂及中学堂教员为宗旨；每省设立学堂一所，学生名额至少须满 200 人；学生入学资格以曾由师范简易科毕业或在中学堂有二年以上资格者为合格；优级师范选科课目，分本科及预科，预科一年毕业，本科二年毕业；优级师范选科毕业生，效力本省及全国教育的义务年限为四年。

7 月 26 日　京师督学局成立，学部奏派孟庆荣为局长，并裁撤八旗学务处，八旗各学堂改隶京师督学局管辖。

同日　学部奏派袁嘉毂为编译图书局局长。

同日　学部奏准《续拟各省提学使办事权限章程》11 条，规定有关选用僚佐、旌别属官以及管理驻防学务、聘用外国教员各事宜。

同日　学部通行各省，八月考验游学毕业生，专指在东西各国大学及各省各种专门之高等学堂毕业者而言，其余中学以下及各种速成学堂毕业者均无庸来京考试。

7 月 28 日　学部奏定《教育会章程》8 节 15 条，分宗旨、设立及名称、总会与各会之关系、会员、会务、簿册文件、解散及奖励、附则。

7 月 29 日　东三省总督赵尔巽奏陈筹设奉天农业试验场情形。该场于 5 月开办，聘日本农学博士为场师。"试验场附设学堂一所，专养成农务之材，即以该博士兼充教习。学生定额百名，限一年毕业。业成之后，即派赴各府州厅县设立试验分场。"聘用刘文选为学堂监督。

7 月 30 日　竞雄编译社翻译出版日本高等师范学校教授小泉又一编著之《小学校管理法》一书。

7月31日　学部致电驻日本大使杨枢，学部派右参议林灏深赴日本考察学务，随同考察的还有刑部主事王仪通和杨熊祥、户部主事彭绍宗、工部司务彭祖龄、禹州知州曹广权。约8月4日启程到上海。

8月4日　清政府任严修为学部左侍郎，以达寿为学部右侍郎。

8月7日　我国留日学生已达一万二三千人，其中习速成者占多数。学部通电各省停派赴日速成学生，并命迅即推广各项学堂。

8月26日　学部奏编录《学部官报》，每月一册。九月初一起，改为旬报，每月三册，颁发各省提学使转发各学堂。

8月26日　学部奏准变通进士馆办法，拟将"所有甲辰进士现有在馆肄业之内班均送入法政大学补修科，其外班之分部各员有志游学者分别选送入法政大学速成科"，并附奏非具中学程度之学生概不咨送出洋"嗣后京外派遣游学生，无论官费私费皆应切实考验，性行纯谨，具有中学堂毕业程度，通习外国文字，能直入高等专门学堂者始予给咨"。

8月　山西大学堂西斋总教习敦崇礼（Moir Duncan）病逝于任上。

9月8日　学部通行《京外官绅出洋游历简章》13条，规定各省选派员绅出员及京外员绅自请出洋均应由学部及各将军督抚详加考察。除一、二品大员及特派出洋考察人员不在此限外，其余京外各员呈请出咨出洋游历者，均按照现定章程办理。

9月17日　学部通行各省宣讲所应讲各类书目，计有《圣谕广训》《本部奏请宣示教育宗旨折》《本部奏定各省劝学所章程》《奏定学堂章程》《奏定巡警官制章程》《养正遗规》《训俗遗规》等40种。

9月19日　清政府诏试游学毕业生，以唐绍仪、联芳、塔克什纳为总裁，詹天佑、屈博士、吴述三、严复、魏翰为同考官。在参加考试的42人中，合格的有32人（9名进士，23名举人）。第一名是耶鲁大学的毕业生陈锦涛。

9月23日　中国留日女学生在日本成立中国留日女学生会。公举黄华为庶务。黄华因事辞职，11月20日公举李元任庶务。

9月25日　学部通行《奖励制造教育用品章程》7条，规定制造教育用品分为三等：每月所出之品值二千元以上者为甲等，千元以上者为乙等，五百元以上者为丙等。所有各项教育用品制造业由提学使司考查属实，按其等级给予头、二、三等奖牌，传知各学堂一律购用。一年之后确系办有成效者，再由提学使司报明学部酌核或咨明税务处免税或另筹奖励之法。

9月 学部咨各省外人在内地设学无庸立案学生概不给奖文："至外国人在内地设立学堂，奏定章程并无允许之文。除已设各学堂暂听设立，无庸立案外，嗣后如外国人呈请在内地开设学堂，亦均无庸立案，所有学生概不给予奖励。"

同月 山东建立高等农业学堂和法政学堂。山东高等农业学堂办学宗旨为"以授高等农业学艺，使将来能办理公私农务产业，亦可以充各农业学堂之教员"。学堂额定学生400名。王景禧任监督。丁同庆任庶务长，郑辟疆为斋务长兼蚕科教员。

同月 四川总督锡良饬提学使方旭、候补道周善培筹改四川法政学堂，仿照直隶办法，参酌四川情形，拟定章程，考取官班候补正佐60名，绅班举贡生监240名入堂。调张孝移充当官班监督，邵崇恩充当绅班监督。另调徐焕、卢夔麒、施召愚分任教习。

秋 李瑞清呈准学部，南京两江优级师范学堂添设图画手工科，以图画、手工两门为主科，以音乐为副主科。于是年秋和次年秋连办此科甲、乙两班，各招收30余名学生，均三年半毕业。李瑞清（1867—1920），字仲麟，号梅庵，晚号清道人，江西临川人。曾任江苏候补道、署江宁提学使、两江优级师范学堂监督等职。

秋 直隶总督袁世凯在天津创办的北洋师范学堂新建校舍落成。选派李士伟为监督，招收本省学生230人，西北各省旗以及山东、山西、河南、东三省学生120人，各省自费生50人，共400名，设7班，分专修预科5班、简易科2班，于11月开堂授课。

秋 浙江巡抚张曾敭议办浙江法政学堂。是年冬季招生，翌年春季开班入学。张曾敭兼任督办。

10月2日 学部奏定《考验游学毕业生章程》5条，规定考试分两场："第一场就各毕业生文凭所注学科，择要命题考验，第二场试中国文、外国文。""毕业生考列最优等者，给予进士出身，考列优等及中等者，给予举人出身。""毕业生准给出身者并加某学科字样。"

10月7日　学、警两部奏准停派速成警务学生，并咨各省遵行。

10月13日　出使各国考察政治大臣、礼部尚书戴鸿慈及两江总督端方奏陈考察各国学务，提出厘定教育行政机关，以资行政；定学堂为模范办法，以端始基；明定教育趋向，以维万法之本原；核定学堂经费，预为普及之基础；订定学堂冠服以壹民志；严定游学章程以培真才。

10月23日　学部通咨各省，虞辉祖在上海、奉天设立科学仪器馆并附设理科讲习所，准予立案，以广推行。

10月24日　学部通行京外考覈各学堂学生品行。各学堂宜于各科学外另立品行一门，考查学生的言语、容止、行礼、作事、交际、出游六项，用积分法与各科学一体同记分数。其实在不服约束者，应予斥退。

10月25日　学部奏派罗振玉、刘钟琳、田吴炤、张煜全4人为查学委员，分赴直隶、河南、山东、山西考察学务。

10月28日　清政府赐游学毕业生进士、举人出身有差。最优等9名，给予进士出身：陈锦涛、颜惠庆、谢天保、颜德庆、施肇基、李方、徐景文、张煜全、胡栋朝。优等5名：田书年、施肇祥、陈仲篪、王季点、廖世纶。中等18名：曾志沂、黎渊、李应泌、王鸿年、胡振平、王荣树、路孝植、薛锡成、周宏业、陈威、权量、董鸿祎、稽镜、富士英、陈耀西、罗会坦、傅汝勤、徐廷爵，均给予举人出身。

同日　学部奏因部款支绌，请饬各省督抚除旧日大学堂经费仍照解外，援照南北洋另拨常款办法，大省每年解银五万两、中省三万两、小省二万两。旨谕："依议。"

10月　两湖总师范学堂开办，设仁、义、礼、智、信五斋，首开仁、义两斋及附属高、初两等学堂。1907年在智、信两斋开办理化专科，1908年在礼斋开办博物专修科。1911年10月停办。

11月4日　民政部奏陈高等巡警学堂开办情形。该学堂分三科：一为正科，授以高等警察及各项法律，分六期毕业，凡挑取举贡以下及巡警入之；

一为简易科，授以简易警察，以应急需，二期毕业，凡挑取各官员入之；一为专科，授以必修警察，分二期毕业，凡各厅队警官以下入之。修葺原警备学堂房舍为校舍，延聘中外教习，酌定课程。唐家桢任总理。已于10月27日开学。

11月10日 学部颁布《京外各学堂征收学费章程》共14节，通咨京外各学堂征收学费。章程规定高等学堂征收学费每学生每月银元二元至三元，大学预备科、法政学堂高等实业学堂准此。大学堂征收学费每学生每月银元四元。师范学堂不收学费，惟考取入学时每学生征收保证金银元十元，俟毕业后发还。优级师范学堂自费生往收学费每学生每月二元，选科减半。

同日 学部派知府钱恂、举人董鸿祎前往南洋爪哇、新嘉坡等地调查华侨学务情形。

11月14日 东京法政大学学生李培仁蹈东京二重桥水池而死。当时正值山西人反对福公司夺山西省矿权，山西留日同乡会会长龚秉钧遂借机代写了以身殉矿绝命书，王用宾代拟争矿宣言，从而导致群情激奋，中国留日学生一千余人在东京集会追悼。数日后梁善济、景定成、王用宾等人护送李培仁遗体回国，在太原召开声势浩大的追悼会并游行示威。

11月16日 雅礼大学堂举行开学典礼，首次招收了53名预科生。盖葆耐（Brownell Gage）任校长。

11月17日 练兵处议定先派陆军学生70人赴日本留学。嗣后岁派百人，由各省咨部合派。

11月19日 河南巡抚张人骏奏设测绘学堂于新建陆军学堂内。考取学生60人，分班肄习，限二年卒业。堂内提调、教习，即以测绘科各委员兼充。

同日 岑春煊奏办两广优级师范学堂，校舍以贡院改建，雇英国工程师仿日本师范学校成式加以变通，已于6月兴工。一切章程由新任总督周馥督同广东提学使司办理。

11月20日 学部通行京外议定游学欧美学费数目：英每月16镑，法每月400佛郎，德每月320马克，俄每月135卢布，比每月400佛郎，美每月80元美金。预备学生每月减去学费五分之一。

同月 两江总督端方奏陈筹办南洋大学堂情形。该学堂招收学生除宁、苏、赣省外，如鄂、湘、闽、浙、川、广各籍学生均可贴补学费，定额考取。仿京师大学堂先设预备科，俟毕业后再按照分科大学办理。

12月2日 学部奏准《管理游学日本学生章程》40条，酌定在驻日出使大臣署内设游学生监督处，由出使大臣兼任总督，另设副总监督一人，由学部会商出使大臣奏派。

12月17日 学部札各省提学使司改定年假、暑假日期，规定每年正月十六日开学，至夏至后六日散学，为第一学期；处暑前五日开学，至十二月二十五日（农历）散学，为第二学期。除偏远地方气候不同应准量为推移外，所定假期不得意为增减。

12月28日 学部奏明《续订管理游学日本学生章程》4条。增定游学在外遇有疾病应给医药费及死亡应给棺敛费等有关规定。

12月30日 学部奏请祭孔由中祀升为大祀。慈禧太后批准，并谓"孔子至圣，德配天地，万世师表，宜升为大祀，以昭隆重"。

12月30日 北洋法政学堂成立，"教授高等法律、政治、理财等专门学术，以造就完全政法通材为主旨"。学堂本科分预科、正科各三年。还设有简易科，分绅班、职班两科，修业一年半。黎渊任监督。

冬 商部高等实业学堂改名为邮传部上海高等实业学堂。

同年 浙江巡抚张曾敭奏请以省城贡院旧址，改建浙江两级师范学堂。

同年 云南将课吏馆改设为云南法政学堂，分员、绅两部，员部收纳候补官吏，绅部收纳举贡生员。设讲科，1年毕业；别科，3年毕业；正科，5年毕业。正科未办。

同年 太原师范学堂增设优级选科，改为山西两级师范学堂。山西医学专门学堂成立。

同年 河南客籍高等学堂创建。

同年 山东客籍高等学堂创建。

同年 浸会神学院（Shanghai Baptist Theological Seminary）在上海北四川路开办，校长为美南浸信会传教士万应远（Robert T. Bryan）。

1907年（光绪三十三年　丁未）

2月13日　康有为将保皇会改称"国民宪政会"。

7月6日　徐锡麟枪杀安徽巡抚恩铭，在安庆起义失败，徐锡麟被捕牺牲。

7月15日　秋瑾响应徐锡麟谋在浙江绍兴起义未成，被捕慷慨就义。

9月1日　同盟会发动钦廉防城起义，历时半个月后失败。

12月2日　镇南关起义爆发，孙中山亲临指挥，历时7日后失败。

1月6日　慈禧太后准湖北按察使梁鼎芬奏，建立曲阜学堂，命张之洞督同湖北提学使黄绍箕等悉心筹划。并颁发帑银十万两，由山东藩库发给。

1月14日　御史赵炳麟奏请宣示教育宗旨。清政府谕："迭经宣示学堂，以中学为主，西学为辅，培养通才，首重德育，并以忠君、尊孔、尚公、尚武、尚实诸端定其趋向。"又命学部会同张之洞议定曲阜学堂规则，慎选师儒，注重行谊。

1月19日　学部奏定《修改各学堂考试章程》。规定大学堂毕业由学部奏请钦派大臣会同考试，高等学堂毕业在京师者由学部考试，在各省者由督抚同提学使司暨各项学务人员考试。

同日　学部奏派广东番禺举人梁庆桂赴美经理华侨学务，负责调查学童、劝励绅董、储备教员、编设学科、补助经费等事，并宣谕华侨，务以忠君尊孔为宗旨。

1月26日　学部奏改京师医学馆为京师专门医学堂，分习中西医学。

1月29日　出使日本大臣杨枢派员分往日本各校侦察革命党学生活动。

同日　学部奏派游学毕业生刘崇杰、高逸二员为常川驻日调查学务委员。

2月2日　学部奏设京师法政学堂，以进士馆房舍改设。分预科、本科及别科。本科毕业者，比照高等学堂给予奖励。并奏定《法政学堂章程》5章49条。

2 月 6 日　日本公布至本年止中国留日学生人数已达 13,860 余人。

2 月 17 日　日本早稻田大学及中央大学应清使杨枢要求，开除与革命党有关之留学生 39 人。

2 月 20 日　由李佳白（Gilbert Reid）创建的尚贤堂招考新生，在《申报》上做招生广告。该堂英文科增聘斐理平为正教习，华教习 2 人为助教习。经济科由李佳白用华文译本教授法国史和理财学。汉文科聘汉文教习 2 人，并按月命题察课一次。

同月　张石麒、张鸿藻等 30 余人在贵阳成立自治学社，创办公立法政学堂，发行《西南日报》和《自治学社杂志》，宣传革命主张。

同月　秋瑾任绍兴大通学堂督办。随后设体育会，拟令女生均习兵式体操，编成女国民军；运动会党头目数十人，入体育会学习兵操。

3 月 4 日　吉林由课吏局改设的法政馆于今日开学。钱道宗昌为总办，暂借长忠靖公祠为校舍。额定学员 100 名，后增自费 20 名，分为甲、乙两班。本年 11 月 7 日，改名为"法政学堂"。

3 月 8 日　学部奏定《学堂收费章程》14 条。除初等小学堂暂时酌免，师范学堂及半日学堂、艺徒学堂仍一律不收外，各学堂均应征收学费。

同日　学部奏兴女学，拟定《女子师范学堂章程》6 章。规定"女子师范学堂，以养成女子小学堂教习，并讲习保育幼儿方法，期于裨补家计，有益家庭教育为宗旨"。官方、民间皆可设立女子师范学堂。招收女子高等小学堂毕业生，修业年限四年。

3 月 18 日　学部奏定《师范学堂毕业奖励章程》和《师范学堂毕业效力义务章程》规定优级师范学堂考列最优等、优等、中等者皆作为师范科举人，充中学堂、初级师范学堂及程度相当之各项学堂正教员，分别以内阁中书、中书科中书、各部司务补用。优级师范生、优级选科师范生，效力全国教育年限为 5 年。

3 月 23 日　由两江总督端方在南京为归国华侨学生创办的暨南学堂正式开学。郑洪年任堂长。

3 月 26 日　京师大学堂师范馆举行毕业典礼。学部大臣、总监督、全体教习和学生参加了典礼。这是京师大学堂举行的第一次学生毕业典礼，也是大学堂培养的第一批大学生。

4月5日 经顺天府兼尹陆润庠、府尹袁树勋奏请，学部同意将顺天中学堂改为顺天高等学堂。

4月27日 学部奏准大学堂师范毕业生义务期限5年之内，不得营谋教育以外的事业。规定"该生等于五年之内，专办教育，不得委派他项差使。如有籍端规避者，一经查明即将所得奖励照章撤销"。

同日 北洋大臣袁世凯奏陈《北洋师范学堂试办章程》共95条。规定学堂宗旨在养成初级师范学堂及中学堂教员。学堂分优级完全科、专修科、初级简易科。

4月30日 邮传部派杨文骏为邮传部高等实业学堂监督。但杨文骏始终未能到任，同年秋辞职。

4月 学部奏定修改游学生廷试章程，规定凡经学部考试合格，赏给进士、举人出身者，均经廷试分别授予实官。

5月7日 学部奏准"官费出洋游学生，将来毕业归国，皆令充当专门教员五年，以尽义务。其义务年限未满之前，不得调用派充他项差使"。

5月 华南女子大学在福州正式成立，程吕底亚（Lydia Trimble）为首任校长。

6月1日 因中国公学办学经费支绌，两江总督端方奏准每月筹银1,000两为常年经费。

6月16日 学部奏准在京师大学堂增设满、蒙文学一门，列于中国文学之前。

同日 学部奏请在京师设立满蒙文高等学堂。清政府派都察院副都御史伊克坦为监督。

6月 江苏举行留学生考试，取男生10人赴美耶鲁、干尼路（加利福尼亚）两大学；取女生3人赴美国威尔士利（威尔莱安）女学，是为官费女学生留学西方之始。

同月 由王国维翻译的霍夫廷（Hoffding）的《心理学概论》在商务印

书馆出版。

7月6日 光复会会员、安庆巡警学堂会办徐锡麟率巡警学堂学生，刺杀安徽巡抚恩铭，占领军械局。旋被清兵所败，徐锡麟被捕就义。

7月7日 两江总督端方奏办南洋陆军讲武堂一所，委派舒清阿为总办。参仿北洋办法，分立研究所、补习所、教导队三部。暂假昭忠祠开堂办理。

7月9日 张之洞奏设将经心书院故址改为存古学堂，开经学、史学、词章、博览四门课程。旨在"保存国粹"。

7月13日 同盟会会员、绍兴大通学堂督办秋瑾，准备响应徐锡麟起义计划，为清政府侦知，在大通学堂被捕。15日，牺牲于绍兴轩亭口。

7月18日 京师大学堂呈请学部核定博物品实习科课程及规则。博物品实习科于本年5月设立，分制造、标本模型及图书三类，每类完全科三年毕业，简易科二年毕业。先办简易科，咨部照准。

7月26日 内阁奉上谕"朱益藩着充补大学堂总监督"。

7月31日 学部奏陈医学馆学生毕业奖励办法，一律比照中学各生中等奖励作为岁贡。

同日 学部奏准京师大学堂总监督改为实缺："查东西各国大学总长均设为专官，不兼他事。本年四月度支部奏设总银行造币厂各设总监督一员，秩视左右丞，作为实缺，奉准在案。大学堂为全国人才荟萃之区，四方观听所系，总监督责重事繁，尤应常川视事，心思耳目常与全堂诸生相贯注，整顿功课，维持秩序，用能日起有功。臣等公同商酌，拟援照度支部总银行造币厂设立总监督成案，请将大学堂总监督一员作为实缺，秩视左右丞，三年为一任。"

7月 山西大学堂聘请英人苏慧廉（W. E. Soothill）担任西斋总教习。在任期间兼任世界历史与世界宗教等课的教学；增加土木工程课，聘请奥斯特（Aust）授课；提倡教会学校从一般性教育转向专门教育，从多管齐下转向专攻一门。苏慧廉（1861—1935），英国传教士，1881年来华，1907年任山西大学堂西斋总教习；1924年根据英国政府退还部分"庚子赔款"的动议，建议成立基金咨询委员会并任英方委员。

8月27日 日本政府议准我国留学陆军学生200余名，一律限年底入士官学校。

9月20日 学部令京外法政学堂增设监狱学专科，选法政高等学生派入专门研究年半毕业考给文凭。

9月21日 内阁奉上谕："大学士张之洞，著管理学部事务。"

9月 徐世昌创立东三省讲武堂于奉天。调三省陆防各营将校入堂肄业。徐世昌（1855—1939），字卜五，号菊人，又号弢斋，直隶天津人，历任巡警部尚书、民政部尚书、东三省总督兼管三省将军事务、北洋政府国务卿、大总统等职。

同月 两江总督端方饬江宁提学使于省城创设南洋方言学堂一所。该学堂略仿京师译学馆附学章程，变通办理。先招德文法文两班学生各60名。程度稍优者作为甲班，五年毕业，其余学生为乙班。设普通学与专门学。专门学有：交涉学、理财学、教育学。

同月 中国留日学生会在东京成立。

10月1日 德文医学堂在上海举行开学典礼。学校设德文和医学两科，德国人宝隆（E. H. Paulum）任总理。次年改名为"同济德文医学堂"。

10月8日 震旦学院学生于孔子诞辰日拟举行谒圣礼，遭学院神甫阻止，双方发生冲突。校董出面调停，令学生向神甫赔礼，引起学生愤怒，院中五班同学一律散学。

10月14日 邮传部尚书陈玉苍奏请农工商部侍郎唐文治任上海高等实业学堂监督："该学堂系南洋公学改设，规模宏大，现当培养人才之际，尤在讲明实学，勿涉歧趋，须有名望素著，品学兼优之员常川驻堂督率办理，方足以收实效而杜流弊。查有丁忧前农工商部左侍郎唐文治，学术纯正，任事恳诚，堪以聘请接充监督。"本月唐文治到校任职。

10月22日 清政府赐留学毕业生章宗元等36人进士、举人出身。章宗元、王建祖均赏给法政科进士，邝富灼、熊崇志均赏给文科进士，程明超着赏给法政科进士，陆梦熊着赏给商科进士，稽苓孙着赏给法政科进士，叶基桢着赏给农科举人，李登辉着赏给法政科举人，施时本着赏给法政科举人，吴桂灵着赏给工科举人，郑豪着赏给医科举人，李宣威着赏给工科举人，颜志庆、高种均着赏给法政科举人，谭天池着赏给农工科举人，林志钧、林蔚章均着赏给法政科举人，蒯寿枢、孙海寰均着赏给工科举人，张鸿藻着赏给商科举人，钱应清着赏给法政科举人，邱中馨着赏给农工科举人，沈钧、杨华均着赏给工科举人，赵学着赏给医科举人，陆家鼐着赏给工科举人，郭钟韶着赏给医科举人，梁志宸着赏给法政科举人，虞顺德着赏给医科举人，秦岱源着赏给工科举人，邓振瀛、屈德泽均着赏给农科举人，宋振祥着赏给格致科举人，屠师韩着赏给农科举人，黎迈着赏给工科举人，黄立猷着赏给农科举人，易恩侯着赏给法政科举人。

11月25日 两广留日学生七八百人在东京集会，通电反对英国夺取西江缉捕权，并派代表苏绍章、钟刚中和黄庆渝等人回国抗争。

11月 四川留日学生创办之《四川》杂志在东京刊行，每月一期，以反对帝国主义侵略、反清和争取铁路主权为主要内容。（至第三期即遭日本政府封禁，第四期被没收。）

12月1日 德国海军部国务秘书梯尔庇茨（Tirpitz）正式向中国出使德国大臣孙宝琦通报了德政府在青岛创办大学的计划。

12月3日 美国总统罗斯福在致国会的年度咨文中提出减免庚子赔款。提出"我国宜实力援助中国厉行教育，使此巨数之国民能以渐融洽于近世之境地；援助之法，宜招寻学生来美，入我国大学及其他高等学社，使修业成器，伟然成材，谅我国教育界必能体此美意，同力合德，赞助国家成斯盛举"。

12月5日 学部、外务部奏准《贵胄学堂游学章程》12条，选取王公子弟及贵胄学堂高材生，游学英美德三国，学习政法和陆军，期限三年。

12月8日 广东学界反对英国侵略，抗议清政府出卖西江缉捕权，组织"国权挽救会"，出版《国权挽救报》，并致电外务部和两广总督张人骏，要求英军撤出西江流域。

12月9日 清政府选派宗室子弟20人分赴各国留学。学部奏派蒯光典为欧洲游学生监督。

同日 学部奏请钦派大臣 4 员，会同考试进士馆游学毕业学员；并奏准《进士馆游学毕业学员考试章程》8 条。

12 月 15 日 中国公学附设之速成师范班学生修业期满，举行毕业式，共计毕业陈泽霖、戴维熙、程德麟、汪风仪等 24 名。

12 月 25 日 慈禧太后下诏整顿士风，命学部严申学堂禁令定章，不准学生干预国家政治及联合聚众、立会演说等事，否则教员、管理员、督抚、提学使等一并惩处。

12 月 29 日 内阁奉上谕："刘廷琛着充大学堂总监督。"

冬 浙江两级师范学堂招收优、初两级及体操专修科学生 600 名。翌年春季校会落成开学。

同年 河南提学使孔祥霖为造就学堂体操教员，设体育专科学堂，课程分修身、教育、生理卫生、心理、音乐、唱歌、国文、兵学、算学、体育学、图画、社会学、瑞典式体操、普通体操、兵式体操、兵式教练、游戏、射击等门。

同年 山西开办实业学堂。又择地修建测绘学堂一所，招收学生 80 名，教以兵学、算学、测量、绘图、国文、体操 6 门。

同年 江西实业学堂更名为江西高等农业学堂，由省农工商矿总局划归省提学使司办理。

同年 云南东文学堂改设为云南方言学堂。

同年 原设于汉山书院旧址的山西农林学堂改名为山西高等农林学堂。

同年 湖南巡抚俞廉三在省城贡院筹建湖南优级师范学堂，以刘钜为监督。

同年 奉天女子师范学堂派遣女子留学生 21 名赴日本实践女校师范科学习。江西省亦派 10 名女学生至实践女校肄业。本年在东京的中国女子留学生约有 100 名。

同年 学部与日本文部省订立特约五校协定，规定日本的东京高工、千叶医专等五所学校每年总共应招 165 名中国留学生。

1908年（光绪三十四年 戊申）

1月13日 中、英、德签订《津浦铁路借款合同》。

2月12日 盛宣怀将大冶铁厂、汉阳铁厂、萍乡煤矿合并，组成中国第一家钢铁联合企业——汉冶萍煤铁厂矿公司。

7月28日 北京储蓄银行正式营业，这是我国最早设立的国家储蓄银行。

8月27日 清廷颁布《钦定宪法大纲》，是中国历史上第一部资产阶级性质的宪法性文件。

11月14日 光绪帝逝世。

11月15日 慈禧太后逝世。

12月2日 末代皇帝溥仪登基，建元宣统。

1月3日 学部在《奏定日本官立高等学堂收容中国学生名额及各省按年分认经费章程折》表示：经与日本文部省多次磋商，定于以后十五年内，日本第一高等学校每年添收中国学生65人，东京高等师范、东京高等工业、山口高等商业、千叶专门医学校每年共添收中国学生100人，由中国给以补助等费每年每名学生平均约日币190元。

1月4日 学部为查禁学生开会结社等咨大学堂文称："学生干预政事，开会结社，历奉严旨查禁"。"各学堂学生自应一体懔遵，潜心向学，各学堂管理员等亦当随时随事训诫劝导。"

1月13日 宪政编查馆会同学部奏定《游学毕业生廷试录用章程》11条。规定"凡在外国高等以上各学堂之毕业生，经学部考验合格，奉旨赏给进士、举人出身后，每年在保和殿举行廷试一次"，并按廷试等第分别奖以出身，授以官职。

1月 山东山左公学因鼓吹革命被清政府查封，同盟会员刘冠三等人另在青岛设立震旦公学，陈干与刘冠三分任学校正副总教习。

同月 奉天方言高等学堂在沈阳成立。

2月16日 日本海军省准许留学日本商船学校毕业生,分至各军舰实行练习。

2月 虞洽卿等在上海发起成立中国体操学堂,本科一年半卒业,选科一年卒业。学习科目有兵式体操、器械、游戏、柔术、击剑、生理、医学、音乐等。

3月 京师大学堂总监督刘廷琛以《朱子白鹿洞揭示》及《教员、管理员、学生规则》榜示全堂。同时筹办大学分科。学部奏准拨德胜门外校场地为分科大学之用;又奏拨阜城门外望梅楼地方,筹建农科大学。

4月 两江总督端方奏办两江法政学堂,任田吴炤为监督。该学堂由省城仕学馆改设,参照学部、直隶两处奏定章程变通办理,分正科和别科。正科以造就完全法政人才为宗旨。别科为宁属造就佐理新政人才。

同月 端方奏办南洋高等商业学堂,先办银行科,后办税则保险、商业应用各科。任孙廷林为监督,陈福颐为教务长,胡元倓为庶务长。招考南洋各省学生有中学毕业程度者入堂肄业。

5月5日 学部奏准《各项学堂分别停止招考及考选详细章程》,并于本年6月(农历)起施行。章程规定分科大学大学选科非高等学堂大学预科毕业学生及高等学堂程度相等之学堂毕业学生不得考升。大学实科应考选中学堂毕业学生及与中学堂程度相等之学堂毕业学生升入肄业。高等学堂、大学预科、高等农工商实业学堂应考选中学堂毕业学生及与中学堂程度相等之学堂毕业学生升入肄业。优级师范学堂应考选中学堂毕业学生、初级师范学堂毕业学生与及与中学堂程度相等之学堂毕业学生升入肄业。

5月12日 陆军部通电各督抚,武备学堂一律添设炮工专科。

5月20日 清政府赐廷试游学毕业生章宗元等为翰林院编修、庶吉士、主事、内阁中书、七品小京官、知县等官。

5月25日 学部奏定各省方言学堂:添招学生,必须考选中学堂毕业学生升入。若无中学堂毕业学生,即不必添招新班。俟现时在堂学生毕业后,应就各该省情形,酌改为他项学堂。至现在未经设有方言学堂之省份拟令其注重高等学堂及中学堂之各项课程,将来自不乏精外国文兼习普通学之人才,不必再立方言学堂。

同日 美国国会参、众两院通过罗斯福总统年度咨文关于退还庚子赔款的要求，准将美国将庚子赔款数减至 13,655,492.69 美元，将此数与原分给美国赔款 24,440,778.81 美元的差额，计有 10,785,286.12 美元退还中国。

5月 唐文治呈邮传部，高等实业学堂拟增设电机、邮政专科。同年秋获准，为我国高等学校最早设立之电机系。

6月14日 清政府准学部奏改京师大学堂优级师范科为京师优级师范学堂，以造就"初级师范学堂及中学堂之教员、管理员"为宗旨，以五城中学地方改建校址，并奏派陈同咸为监督。为我国高等师范教育独立设置的开始。

6月21日 江苏巡抚陈启泰奏请在江苏省城设立存古学堂，聘曹元弼、叶昌炽、王仁俊为经、史、词章三门总教习。其宗旨为"保存国粹，成就通儒，俾此后中学师资可有取求之地，而中年寒畯亦不致为废弃之材"。学科分修身、经学、国文、历史、地理、算学六门。

6月28日 苏州东吴大学英文名"Central University of China"改为"Soochow University"。

夏 同盟会会员、日本振武学校留学生李根源奉孙中山、黄兴之命，在东京成立大森体育会，为革命党人讲授军事学。任教者还有赵康时、仇式匡，参加学习者有林时塽、焦达峰、陶成章、刘揆一、孙武、夏之时等70余人。

夏 山西陆军测绘学堂建校。陆军小学堂总办刘冠英兼任陆军测绘学堂总办。第一期招生60余名，期限一年。

7月4日 学部奏准设立女子师范学堂于京师，派傅增湘为总理；并咨各省督抚、提学使，酌于省城、府城设立女子师范学堂。

7月11日 美使柔克义（W. W. Rockhill）移牒清政府外务部，告知美以庚款"退还"中国，核美金 10,785,286.12 元，从 1909 年起至 1940 年止，逐年按月"退还"中国。柔克义（1854—1914），美国人，1884年来华，历任美国驻华使馆二等参赞、头等参赞兼驻朝鲜汉城代办，美国国务院秘书长，第三及第一助理国务卿，美国驻华公使、驻俄国大使、土耳其大使等职。

7月15日 掌山西道监察御史李浚奏请设立存古学堂："请旨饬下学部、

各直省督抚，于国子监地方及各直省省城一体设立存古学堂，以为倡始。所有学堂课程、毕业年限以及一切详细事宜，悉照湖北、江苏两省奏定章程办理。"

7月20日 外务部奏，以美国"减少"赔款，"自拨还赔款之年（1909年）起，每年遣派赴美学生约一百名，自第五年起于赔款内每年至少亦续派学生五十名"。

7月29日 清政府派唐绍仪为专使大臣，前往美国致谢"减免"庚子赔款。

8月10日 金雅妹创办于天津的北洋女医学堂正式开学。

8月16日 学部、度支部会奏分科大学开办经费事宜，分科大学设经学、法政、文学、医科、格致、农科、工科、商科8科，由度支部拨给开办经费200万两，分4年拨给，每年50万两。

8月26日 学部通行各省，高等学堂及专门实业学堂各项事宜均应归提学使司管辖考核，不得因设立学堂之经费筹自他处，或学生毕业后归他处任用，遂将该学堂管理之权划归他处。

同日 学部奏定《各学堂毕业请奖学生执照章程》13条。规定："凡各学堂毕业请奖，得有进士、举人、贡生出身者，皆由学部发给执照。其仅得有廪、增、附生出身者，由学部发给执照式样，在京由督学局，在省由提学使司衙门照式刊印发给，酌收执照费。"

8月 同济德文医学堂招收正科、预科新生。学科设德文、法语、汉文、生理学、物理学、动植物学、形性学、化学、算学、地理、历史、拉丁文及一切医学与疗治法。德文已有基础者入正科，未学者入预科。正科五年毕业，预科三年毕业。

9月5日 学部奏请严核留日私立法政各大学毕业生，先由学部考验普通学大要及日文日语，合格者始准其应游学毕业考试。凡持有普通毕业文凭者则免。

同日 学部奏准《续拟法政学堂别科及讲习科毕业奖励章程》，规定三年以上别科毕业，考列最优、优等者，内以八品录事、二等书记官分部补用，外以直州判分省补用；考列中等者，内以九品录事、三等书记官分部补用，外以道库大使按司狱、县主簿分省补用。考列下等者，给以修业年满凭照，听自营业。一年半以上讲习科毕业，列最优等、优等、中等者，如系有职人员，京官咨明本衙门尽先派委差事，外官咨明本省督抚照考外官新章，免其再入法政学堂。并规定"凡法政学堂暨法律学堂，除本科外，年限与此相当者，将来毕业请奖，一律照此章程办理"。

9月14日 学部通行各省，应照宪政编查馆奏准改学务公所六课为六科："查本部前奏学务公所分为六课，现在改课为科，原设六课，应即改为总务科、专门科、普通科、实业科、图书科、会计科。其课长、课员均改为科长、科员，以归一律。"

9月23日 学部尚书荣庆聘严复为审定名辞馆总纂。自此凡历三年，积稿甚多。

9月26日 湖南优级师范学堂正式开学。

9月 北洋大学堂同意教育学、心理学教习日人渡边龙圣建议，派遣齐国梁等5人赴日本优级师范学习。

同月 袁希涛、沈恩孚等倡议的上海教育研究会与叶承锡、叶永鎏创立的上海沪学会合并，成立上海县教育会，选朱寿朋为会长，姚明辉为副会长。袁希涛（1866—1930），又名鹤龄，字观澜，江苏宝山人，历任上海广方言馆教习、龙门师范学堂监督、教育部普通教育司司长、教育部次长、江苏教育会会长等职。

10月15日 学部奏改《管理日本游学生监督处章程》，裁撤原设总副监督，另设游学生监督一员，禀承出使大臣管理游学诸事宜，仍由出使大臣总董其成。

同日 学部、农工商部、邮传部具奏议复御史俾寿奏请选派学生分送各国学习工艺折。酌定"此后凡官费出洋学生概学习农工格致各项专科，不得改习他科。又以前自费出洋之学生非入高等以上学堂学习农工格致三科者，不得改给官费。其认习实业已给官费之学生，亦不得中途改习他科"。

10月28日 京师大学堂总监督刘廷琛为开办分科大学呈学部文称："本

学堂师范、预备两科学生今年年终毕业，亟应开办分科为升学之地。"并酌拟条议 3 条：崇典礼、定宗旨、筹办法。

10 月　民政部奏拟《各省巡警学堂章程》4 章共 22 条。规定"高等巡警学堂各省城须设一处""高等巡警学堂以三年为毕业期""所有各省会未经设立者，统限三个月内设立。已设立者，应按此次奏明章程更定。"

同月　京师优级师范学堂举行第一次入学考试，直接录取学生 80 余名。

11 月 8 日　贵州巡抚庞鸿书奏开办贵州存古学堂，以养成传习中学师资为宗旨，专重经史、词章，辅以普通科学。学生则就举、贡、廪、附及中学毕业生甄别收录，教员则延聘宿学通儒，为士林所仰望者。

11 月 10 日　清政府谕准赴美游学学生按省分派。此为苾棠所奏，缘美国减收赔款移作学费一事，浙江士民曾请大吏以按省派生。

11 月 14 日　京师优级师范学堂正式开学。

11 月 25 日　学部通行《各学堂修业文凭条例》14 条。规定中等以上各学堂修业文凭除填写总平均分数外，还应填写各学科每科分数、各科总计分数、平均分数及临时考试平均分数，四舍五入精确到一位小数，监督应在文凭上列名签押。条例自戊申年下学期实行，学期学年考试之后发给考试所得分数等第之修业文凭；以后学生毕业，必须修业文凭齐全，始可照章给奖。

12 月 13 日　同盟会员杨王鹏、钟畸等将湖北军队同盟会改组为群治学社，是日于武昌开成立大会，推钟畸为主席。该社以"研究学问，提倡自治"为名，在新军士兵中进行革命宣传和组织工作。

同年　华北协和女子医学院（North China Union Medical College for Women）开办。

1909 年（宣统元年　己酉）

1 月 2 日　摄政王载沣借口"足疾"罢斥袁世凯。

2 月 1 日　万国禁烟会在上海召开。

2 月 6 日　清廷颁布诏谕，禁止蓄养买卖奴婢，历经两千余年的奴婢制度

170

终告结束。

7月15日　中葡开始澳门勘界谈判。

9月25日　邮传部奏京张铁路告成。京张铁路由詹天佑设计并主持，是为由中国人自行建设完成的第一条干线铁路。

1月3日　学部奏准自费游学生考入官立高等以上实业学堂补给官费办法，规定"嗣后自费生考入官立高等以上学校习农工格致三科者，遇有官费缺出，准其俟补"。医科亦照此办理。

1月30日　理藩部代奏藩王等创建殖边学堂，拟在北京设一学堂，取殖民筹边之意，名曰殖边学堂，分蒙部、卫藏两科，除授以蒙藏语言文字及择要教以法政、理财、科学外，其蒙藏地理、历史，拟延聘通才，就两处古今沿革情势、利害关系编为讲义，并授以农工商各实业大意。

1月　商务印书馆出版师范课本及参考书。优级师范课本有译日本学者所著《教育史》等。

同月　山东新教大学改为山东基督教大学（Shandung Christian University）。

2月2日　山东巡抚孙宝琦奏师范学堂厘正学科改为优级师范学堂。

2月15日　商务印书馆出版《教育杂志》第一期。原为32开，后改为16开。由陆费逵任编辑。该杂志以"研究教育、改良学务"为宗旨。内容分图画、论说、学术、教授管理、教授资料、史传、教育人物、教育法令、章程、文牍、纪事、调查、评论、文艺、谈话、杂纂、质疑问答、绍介批评、名家著述、附录20门。每月一册，每册内容有10门以上。

2月20日　陕西巡抚恩寿奏设陕西存古学校，讲求经史词章各学，辅以舆地算术。聘高赓恩为校长。

3月5日　度支部奏设财政学堂，并拟定《财政学堂章程》7章50条。于校中先设中等科，三年毕业，再升入高等科。另设别科，造就已入仕途的京外候补人员和举贡人员，三年毕业。另设税务专科及银行讲习科，以养成税务、银行实践人才。

3月5日　同济德文医学堂创办人宝隆（E. H. Paulum）病逝于任上。

3月16日 学部奏准出洋学习完全师范毕业给予奖励。

3—4月间 广东农业讲习所正式开学。欧柏年兼任所长，黄镜波、黄护人任监学，招生100名（另备取生20名）。学习科目有农艺、园艺、化学、植物、畜牧、数学、农业经济等，修业二年。教员主要由留日、留英学生关乾甫、陈颂石、利寅等担任。

4月8日 宪政编查馆奏遵设贵胄法政学堂，并拟定章程9章39条。规定"以造就贵胄法政通才为宗旨，分正简两科"。招收"宗室王公世爵、蒙古王公世爵、满汉世爵及其子弟曾习汉文者"。派贝勒毓朗为总理。

4月15日 学部奏派京师大学堂分科大学监督。柯劭忞任经科监督，林棨任法政科监督，孙雄任文科监督，屈永秋任医科监督，汪凤藻任格致科监督，罗振玉任农科监督，何燏时任工科监督，权量任商科监督。林棨（1884—?），字少旭，福建闽侯人，历任学部参事、京师大学堂法科监督、教育部专门教育司司长、大理院推事、京师等地高等审判厅厅长等，后曾任伪满洲国最高法院院长。

4月18日 学部奏报从宣统元年至宣统八年的分年筹备事宜，指出"中国大利未兴，百端待理，患在专门之学未精，专门之才太少，若不研究高等学术，即不能得应用之人才，而富强之国，终鲜实济"。高等教育方面拟于1909年京师筹办大学分科、各省优级师范学堂一律设立。1910年审定各高等专门学堂所送讲义。各省一律设立存古学堂。1911年京师筹设专门医学堂、专门农业学堂，编译高等专门以上学堂各种科学用书等。1912年京师筹设专门工业学堂、专门商业学堂，定选派大学分科毕业生出洋留学章程。

4月25日 学部奏准京师大学堂预备科改为京师高等学堂，学科分三类，考选中学毕业生入堂，此项学生毕业以后即可升入大学堂肄业。奏派商衍瀛为京师高等学堂监督。

5月15日 学部咨大学堂通咨各省划一高等学堂外国语课程。第一类系预备入经学法政文商等科，外国语宜以英语为主科，德语或法语为兼习科；第二类系预备入格致工农等科，外国语以英语为主科，德语为兼习科；第三类系预备入医科，外国语以德语为主科，英语为兼习科。日语及拉丁语作随意科，俄语亦作第一类之随意科。

5月18日　位于武昌的文华书院在美国哥伦比亚特区注册，正式取得大学资格，校名为"文华大学校"。并将武昌的博文书院和汉口博学书院的大学预科并入。

5月21日　税务大臣奏陈开办税务学堂，由京师及江汉、江海、闽海、粤海等关招考本科学生36名，补习科学生10名入堂肄业，定四年毕业。陈銮为学堂总办。并拟定税务学堂章程6章。

5月　奉天方言高等学堂改为奉天高等学堂。

6月3日　山西巡抚宝棻奏报将晋省警务学堂改设为高等巡警学堂。

6月14日　学部奏准高等实业预科改照中等实业学堂功课教授，限制中等实业毕业改就官职。学部规定："各省现已设立之高等实业学堂……若学生程度实有不及，应即改照定章中等实业学堂功课教授，不得托名高等，致嫌速化而少成效。""嗣后凡中等实业学堂毕业生，年在二十五岁以下者，均应就升学奖励，不准改就官职，庶以资深造而兴实业。"

6月30日　清政府派梁敦彦、唐景崇、严修、朱益藩为阅卷大臣，主持游学毕业生廷试。应试之留学生共计102人，分为一、二、三等。一等黄德章、陈振先、江庸等30名；二等陈高第、王恩博、林志钧等57名；三等姚焕、戚连机、顾德邻等15名。唐景崇（1844—1914），字春卿，广西灌阳人，历任兵部侍郎、礼部侍郎、浙江学政、江苏学政、学部尚书等职。

6月　商务印书馆出版蒋维乔编译《新教育学》，分为6编，分别为：第一编绪论，第二编教育之目的，第三编教授论，第四编训育论，第五编养护论，第六编学校论。

同月　端方奏将江宁省城之巡警教练所，改设为江南高等巡警学堂，暂设学额50名。该堂仍附设巡警教练所，学额150名。遴派包发鹤为监督。

同月　东吴大学校长、美国人安德生（D. Z. Anderson）在中华教育会第六届大会上，作《关于教会学校与政府的教育体系的联系》的报告。他强调基督教教育应"中国化"，认为"基督教教育的成功是与保留儒家的好的和真的东西分不开的……基督教不是反对中国过去圣人所传的真理，而是完成它……基督教教育应给学生最好的教育"。

同月 外务部、学部奏定以美国"退还"的部分庚子赔款派遣学生留美办法 5 条：设游美学务处；设肄业馆；考选学生各条，所取学生拟分二格：第一格年在二十以下，国文通达，英文及科学程度可入美国大学或专门学，第二格年在十五以下，国文通达，资禀特异；津贴在美自费生经费；专设驻美监督。

夏 邮传部上海高等实业学堂推专科，各省咨送学生肄业。邮传部曾于本年闰二月上奏清廷，拟由各省督抚提学使考选中学毕业生，每省至多 40 名，至少 20 名，咨送到沪，由该学堂考取分入专科肄业。

7月4日 学部奏准考选举人、优贡、拔贡入大学堂经科分科肄业。"分咨各省将从前科举时举人并拔贡、优贡共三项，查其经学根底素深者，考选送京后由臣部复加考试，升入大学堂经学分科之选。"

7月10日 外务部、学部会奏，以美国退回的部分庚子赔款选派学生赴美留学。学生名额，按照各省赔款数目，分匀摊给，以示平允。其满洲、蒙古、汉军旗籍以及东三省、内外蒙古、西藏，亦应酌给名额，以昭公溥。并拟定办法 5 条：设游美学务处，设肄业馆，考选学生，津贴在美自费生，专设驻美监督。

7月18日 两江总督端方、江苏巡抚瑞澂奏筹办工科大学，以中国公学为高等工学之预备，常年经费于南洋大学请盈余盐款内提充。拟购上海县治小南门外前设中国图书公司自造房舍为校舍。

7月25日 两江总督端方奏陈南洋高等商业学堂办法，并将原设中等商业学堂合并办理，定名为江南高、中两等商业学堂。

7月31日 学部奏订《增修考试毕业游学生章程》8 条，分考生资格、查验文凭、预行甄录、分门命题、考试日期、分等给奖、分别职掌、严密关防。

8月14日 学部奏设青岛特别高等专门学堂，并拟定学堂章程 18 条，规定了办学宗旨、经费来源、生员录取、科系设置、级次和课程、教学管理和学历认定等。"本学堂系中德两国政府合办""分为两班：一初级，习普通学；

二高等，习专门学。""高等班分四门：一法政，二医科，三工科，四农林科。"

9月4—5日 外务部、学部以美国"减收"赔款选派学生赴美留学，在北京招考第一批留美学生，9月16日发榜，录取程义法、唐悦良、梅贻琦、胡刚复等47名，10月12日放洋。

9月9日 学部奏建京师图书馆获准。学部派缪荃孙为监督，徐坊为副监督，杨熊祥任提调。并拨给热河文津阁四库全书。

9月10日 邮传部在北京李阁老胡同创办铁路管理传习所，以李稷勋为监督，设铁路管理英文和法文高等班，修业年限三年。又设铁路管理英文和德文简易班，一年毕业。这是中国历史上第一所铁路管理学校，为国立北平铁道管理学院的前身。

9月12日 青岛特别高等专门学堂正式开学。学堂分设初级普通学和高等专门学两堂。德国海军部官员、地质学家格奥尔格·凯贝尔（Georg Keiper）任首任监督。

9月14日 学部通饬各省提学使司，整顿实业学堂。要求"开办实业学堂宜订明等级、种类及科别""实业学堂宜辩明系属""实业教员宜慎择""实业教员宜及时养成""课本宜慎择""注意实习""实业学生宜耐劳苦""授课时间宜详编拟""预科功课宜分别注重""学堂性质宜辩明""实业学堂宜由提学司认真考查""邮电路矿学堂应由提学司考查"

9月16日 游美学务处呈报开办情形及章程6节共23条。规定"游美学务处系奉外务部、学部奏准设立"。任命周自齐为总办，唐国安、范源濂为会办。

同日 外务部与学部录取首批庚款游美学生程义法、金涛、梅贻琦、胡刚复、王士杰、金邦正、何杰、秉志、张准等47人，10月12日放洋。

9月28日 外务部会同学部奏准建游美肄业馆于清华园，以"俾诸生得以及时就学，免至有误进修"。

同日 云南讲武堂成立，设步兵科、骑兵科、炮兵科和工兵科，学制为一年和两年半。胡景伊为总办，李根源为监督，罗佩金、李烈钧、唐继尧、刘存厚、顾品珍、方声涛等先后任教官。

秋 邮传部高等实业学堂派铁路专修科毕业生吴思远、高恒懦、潘善闻、胡士熙等4名赴英国留学。

10月4日 闽浙总督松寿奏报闽省将警察学堂改设为高等巡警学堂，监督为鹿学良。

10月9日 学部通咨各省选送学生赴考京师优级师范学堂。

同日 云贵总督沈秉坤奏拟将云南方言学堂改办为云南高等学堂。

10月25日 中国近代第一所中外合办的高等学堂——中德合办青岛特别高等专门学堂举行开学典礼。学堂监督凯贝尔（Georg Keiper）在致词中表示："用良好的、适合新时代要求的学校教育来培养中国青年，特别要求努力把民族主义的中国教育和现代化的西方教育有机地结合起来，这是学校工作的发展目标的既定原则。"学部参议李熙、山东提学使司罗正钧、登莱青胶劝学员丛涟珠、学务公所讲习员胡际云等中方官员莅临典礼并致辞、训示。

11月1日 学部奏准各省高等专门各学堂每年毕业生经本学堂举行毕业考试后，一律由部调京复试。分科大学升学考试其程度不符者均不准毕业。如有三分之一学生不符程度，省提学使及各该学堂监督、教员等将分别受学部处分。

同日 学部奏准变通官制，将原定视学一官改为差使，原设之十二缺分设郎中、员外郎、主事各缺，将来视察学务，即在各司实缺候补人员及各局行走人员酌量奏派。

11月7日 学部奏准欧洲游学监督改归使署经理，并遴派王继曾为法国游学生监督，江国珍为德国游学生监督，章祖申为俄国游学生监督，高逸为比国兼英国游学生监督。

11月13日 邮传部创办的北京铁路管理传习所正式开课，李稷勋任监督。

11月21日 保定、北京、天津各学堂学生在保定莲池书院召开共和会筹备会，推选胡荣铭为干事长。以"推翻清朝专制、建立共和民国、融合种族界限、发展全国实业"为宗旨。该会于1910年5月6日正式成立。

11月 中岛半次郎调查，在中国任教的日本教习有311名（男288人，女23人）。占当时中国人聘用的外籍教师总数（356人）的84%以上。讲授科目有日语、工业、博物、数学、理化、农业、音乐、手工、体操、游戏、法政、经济、教育、哲学、地理历史、手艺、图画、造花、织物等学科。

12月11日 学部奏定《视学官章程》33条，规定将视学区域分为12区，每区视学官应派二人。三年之内每区必须视察一次。视学官以宗旨正大、深明教育原理者为合格。

12月21日 贵胄法政学堂总理毓朗奏准《续拟贵胄法政学堂章程》7章46条。规定贵胄法政学堂以造就贵胄法政通才为宗旨，分设正科、简易科、预备科及听讲班。学员资格包括宗室王以下奉恩将军以上及其子弟，蒙古汗王以下至四等台吉塔布囊。满汉世爵及其子弟。闲散宗室觉罗与满汉蒙古二品以上大员之子弟及世职，均须在中学堂毕业者。

同日 学部奏准变通边省及海外华侨学堂教员奖励办法，规定凡京师及内地各省人员，派往新疆、云南、贵州、广西四省，以及附近蒙藏各处，或海外华侨学堂充当教员者，三年届满，如成绩优著，即照异常劳绩请奖。如由内地师范毕业生派往各该处充当义务者，在堂三年准为义务年满。如果成绩优著，并照五年届满之条给奖。

12月 学部以北洋法政学堂屡起风潮，决定解散，特咨直隶提学使司，所有该堂之别科，归并保定法政学堂，预科归并北京法政学堂，其新设之中学班，全行解散。后因各方舆论反对，未实行。

冬 龙毓峻等在长沙创办湖南铁路学堂，分本科和预科。本科设建筑、机械、营业三科，三年毕业，预科两年毕业。以余肇康为总理，龙璋为监督，龙毓峻为教务长。该学堂为掩蔽同盟会湖南分会的重要机关之一。

同年 陕西提学使余子厚在西安梁府街创办女子师范学堂。

同年 吉林以学部分年筹备事宜单内要求各省未设优级师范学堂者限于宣统元年一律设齐，将方言学堂裁撤改办为优级师范选科，先设理化、数学两门。

同年 两江总督端方奏请将江阴南菁高等学堂改设为文科高等学堂。

同年 浸会大学堂（Shanghai Baptist College）在上海开办，校长是美北浸礼会传教士柏高德（John Thomas Proctor）。

1910年（宣统二年　庚戌）

2月12日　广州新军起义失败，倪映典牺牲。
4月2日　汪精卫、黄复生、喻培伦等谋炸摄政王载沣不成。
6月5日　南洋劝业会在南京开幕，内设教育馆。
9月18日　湖北革命党人杨王鹏、李六如等在武昌将"群治学社"改组，成立"振武学社"。
10月3日　清政府设立资政院。
11月10日　同盟会会员胡鄂公、熊得山、钱铁如等在直隶保定组成反清革命团体共和会筹备会。
12月24日　清国会请愿运动失败。

1月10日　学部奏筹办京师分科大学情形：除医科因监督屈永秋未曾到堂暂缓外，经、法、文、格致、农、工、商七科，均可暂就内城马神庙之大学堂校舍，于三月间先行开办。

同日　学部奏准：外国学生可入经科大学肄业，其余各科大学暂缓招收。

1月15日　学部订定《各学堂毕业文凭条例》35条，规定"高等以上各学堂毕业文凭由学部刊印""高等以上各学堂毕业文凭由学部发给""学部直辖之高等以上各学堂由本学堂自行呈请发给。非学部直辖之高等以上各学堂由提学司或该管衙门核明。转请学部或咨照学部发给"。

1月17日　清政府授给游学生一等之詹天佑、魏瀚、李维格、郑清濂、邝荣光、吴仰曾、杨廉臣工科进士，严复、辜汤生、伍光建、王邵廉文科进士，张康仁法科进士；授二等之邝佑昌、李大受、温秉仁、卢守孟、刘冠雄、江起鹏工科举人，陈联祥格致科举人。

1月23日　农工商部奏筹设沿江沿海各省渔业公司水产学校。

1月27日 学部奏定《京师及各省图书馆通行章程》20条。规定"图书馆之设,所以保存国粹,造就通才,以备硕学专家研究学艺,学生士人检阅考证之用""京师及各直省省治,应先设图书馆一所""图书馆应设监督一员,提调一员""惟宗旨学说偏驳不纯者,不得采入"。

2月7日 学部奏准《增订各学堂管理通则》13章。分学堂各员职分章、学生品行功课考验章、斋舍规条章、讲堂规条章、操场规条章、礼节规条章、放假规条章、各室规条章、学堂禁令章、赏罚规条章、经费规条章、接待外客规条章、建造学堂法式章等。

2月25日 京师速记学堂在北京西城西斜街资政院筹办处正式成立并开课。定三个月为一学期,两个学期结业。

3月5日 学部奏准《实业教员讲习所毕业奖励办法》。根据《奏定学堂章程》,"实业教员讲习所系与优级师范学堂列为同等,所定入学资序亦与优级师范学堂入学资序相同……准其比照优级师范学堂毕业奖励章程分等给奖,其毕业后应尽义务亦即比照优级师范学生义务年限办理,准其充当中等实业学堂教员";并规定限于二年内,各省至少应设一所,以培养各实业学堂的教员。

3月10日 《教育今语杂志》在日本东京创刊,以"保存国故,振兴学艺,提倡平民普通教育"为宗旨。每月一册,分社说、中国文字学、群经学、诸子学、中国历史学、中国地理学、中国教育学及附录八类。章太炎任主编。

3月11日 由美以美会、公谊会、英美会、浸礼会联合创办的华西协合大学(The West China Union University)在成都正式开学。大学仿英国牛津大学,实行"学舍"制。开学时尚未确定校长,只有副校长嘉尔生(E. J. Carson)。创办初期有教师10人(中籍2人,西籍8人),学生11人,分设文、理两科。1914年增设医科。

3月27日 学部咨各省督抚转饬提学使:优级师范选科取列最优等毕业生,令送部复试,连同各该生毕业试卷解部复核。

3月30日 学部通饬各省优级师范科:俟在堂学生毕业后,应改办完全科;除边疆省份暂准办理简易师范外,其余一律停止。

同日 京师大学堂分科大学行开学典礼。经科、文科、法政科、格致科、农科、工科、商科正式开办。医科未能按时开办。

4月1日 清政府任唐景崇为学部尚书。

4月7日 学部咨各省督抚知照提学使司：师范学堂自本年始，一律停招优级选科和初级简易科。

4月15日 学部通咨《各省考选游美学生办法》5章，详细规定了招考学生学额、程格、学科程度、报考规则、就学规则。同时颁布《各省考选学生办法》5条。

4月18日 学部通行各省提学使司：优级师范学堂准附设补习班，考选两年以上之初级师范简易科毕业生，课程酌照初级师范后三年科目办理，学习三年期满，考试合格者，准升入优级师范公共科肄业。

4月24日 学部奏定《管理欧洲游学生监督处章程》31条。规定于英、德、法、俄、比五国，各设一管理游学生监督处，除以上五国外未设监督处之各国，所有游学生事务，均归相距最近之监督处兼管。

同日 学部奏：禁止游学生未毕业与外国妇女订婚和结婚，违者毕业时不给证明书，官费生追缴学费。理由是"惟在游学生则当修业之际，家室之累重即学问之念轻，一弊也。外洋女子习尚较奢，而游学生之学费有限，赡养既多所耗费，即学资易致不给，二弊也。游学生既娶外国妇女，易有乐居异域厌弃祖国之思，则虽造就成材而不思归国效用，亦复何裨于时艰，三弊也。"

5月4日 学部奏报第一次教育统计图表，分缮四册。

同日 学部奏定满蒙文高等学堂各科课程。

5月7日 学部定是日起考试各省高等师范毕业生，按学堂各科目，每日考试一科。

5月25日 学部因各种法政法律人才"需用尤重"，通行各省对于法政、法律学堂要"切实筹画，一律扩充"。

6月3日 学部奏准厘订实业学堂毕业年限：高等农业学堂仍四年毕业。高等商船学堂航海科原系五年半毕业，改为四年毕业，前三年教授讲堂功课，后一年派赴船舶实习；轮机科亦比照办理。

同日 学部鉴于"各省之高等实业学生汇于大学堂之农工商各科，所习文字截然不同，必致无以为教，似非及时整理，择定一国文字，俾资通习，不足以杜纷歧"。查"各国语言文字，以英国语文最为通行，传入中国最早，而又最广，英文科学书籍入中国者亦最多"。故规定"各等农工商实业学堂所有外国语文功课，拟一律定为英国语文。其应行兼习他国语者，仍照章兼习"。

6月5日 南洋劝业会在江宁开幕，内设教育馆，分小学、中学、师范、高等、实业各部，陈列各地教育品。

6月17－21日 湖南教育总会召开全省大会，选举缪名缙、胡元倓等30人为干事。

7月20日 四川提学使赵启霖创立四川存古学堂。学堂分经学、史学、词章学三门。学堂首任监督谢无量。

8月 游美学务处在北京举行第二次"庚子赔款"留学考试，录取赵元任、竺可桢、胡适等70名学生。

同月 邮传部高等实业学堂派铁路专修科毕业生俞亮、郭鹏赴美国留学，王绳善、林庄、顾诒燕、盛守鑫、余建复赴英国留学。

9月5日 学部通电各省提学使司，高等学堂必须中学毕业方准考入。

9月8日 法部奏准京师法律学堂毕业学员任用法官办法7条。

9月21日 内阁奉谕"大学堂总监督着柯劭忞暂行署理"。

10月18－22日 第一次全国运动会假南京南洋劝业会场开会。参加比赛者140人，全国分为5区。比赛成绩，大学为圣约翰以总分37分名列第一，南洋公学以总分34分名列第二。

11月10日 学部奏准各省推广法政学堂："凡繁盛商埠及交通便利之地，经费充裕，课程完备者，一律准予呈请设立法政学堂。"

12月9日 上海租界30余所华人学堂集会，抗议工部局调查中国人办学情形，认为此事违反《洋泾浜地皮章程》。决议致函工部局，谓"惟是以华人自筹之经费设立学堂，教育自己子弟，乃华人自有名分，不敢劳贵局资助之权利"。

12月20日 学部奏准《改订管理游日学生监督处章程》4章37条，规定"驻扎日本出使大臣署内设游学生监督处为管理游学生治事之所""监督秉承出使大臣办理所有游学生事务"。"游学生非由本国中学堂毕业或由日本各普通学校毕业者，不送入官立高等及专门学校，非高等学校毕业者不送入官立大学"。"游学生无论官费自费非经日本文部省选定及出使大臣指定之学校，监督处概不送学，将来毕业亦不给证明书"。并改派胡元倓为监督。

12月20日 学部奏准《改订法政学堂章程》7章31条。酌定课程增设《宪法大纲》《法院编制法》《地方自治章程》等内容；正科延长至四年，讲习科章程废止；正科除法律、政治二门外，增设经济一门。

12月21日 游美学务处呈请外务部，将游美肄业馆改为清华学堂。

12月27日 学部咨明大学堂"如学生有被人诱惑，敢于干涉政事，或教员从中鼓动等情，即予分别开除斥退，毋稍宽纵，是为至要"。

冬 美国教会设立之南京汇文书院、宏育书院合并，改称金陵大学堂（The University of Nanking）。包文（A. J. Bowen）为学堂监督，文怀恩（J. E. Williams）为副监督。

同年 国际布道会在苏格兰爱丁堡高智（John Gowdy）家中，举行"热心基督教高等教育人"的会议。会上，大家一致认为在福州创建一所联合的教会大学是必要的。同时成立了筹备委员会。

1911 年（宣统三年 辛亥）

1月25日 清政府颁布《清朝刑律》。

1月30日 湖北革命党人在武昌成立文学社，蒋翊武为文学社社长。

4月27日 广州起义，72名烈士葬身于黄花岗。

5月8日 清政府成立责任内阁。

5月9日 清政府宣布铁路干线收归国有。

10月10日 武昌打响第一枪，辛亥革命爆发。

10月11日 革命党人宣布成立中华民国军政府。武昌全城光复。黎元洪出任中华民国军政府鄂军都督，发《致全国父老书》。

11月1日 清政府宣布解散皇族内阁，任命袁世凯为总理内阁大臣。

12月29日 孙中山归国，17省代表选举孙中山为临时大总统。

1月2日 奉天、直隶、四川等省学堂学生纷纷罢课，散发传单，要求速开国会。清政府命学部及各省督抚严行禁止。

1月4日 东三省总督锡良奏请：奉天省中学以上学堂兵式体操应仿照陆军教练，学习打靶，以重军学而育人材。锡良（1853—1917），字清弼，满洲镶蓝旗人，曾任清政府山西巡抚、四川总督等职。

1月12日 浙江巡抚增韫奏《创办高等医学堂等折》。折曰："欲图社会之幸福、谋民生之健康，必以设医学堂为要政"，建议"仿照德国医学制度，并参与东西各国成法，订定科目章程"。增韫（生卒年不详），字子固，满洲镶黄旗人，曾任清政府奉天府尹、湖北按察使、直隶布政使、浙江巡抚等职。

1月26日 清政府学部奏准《改订劝学所章程》4章22条，确定劝学所为府厅州县教育行政辅助机关。"除佐理官办学务之外，在自治职未成立地方，对于自治学务有代其执行之责，其在自治职已成立地方，对于自治学务有赞助、监督之权。"

同日 山西巡抚丁宝铨奏《大学堂西学专斋十年合同期满，接收自办折》。折曰："嗣于十一月十一日接准学部电咨李提摩太（Timothy Richard）即日赴晋，所有接收学堂事宜由晋省按照合同办理等因。臣当即督同提学使骆成骧及咨议局绅等与该总理筹商接收办法，旋经议定以十一月十三日为收回接办之期，并订立合同九条，以资遵守。"丁宝铨（1866—1919），字衡甫，号佩芬，一号默存，江西南昌人，曾任清政府山西按察使、山西大学堂督办、山西省布政使、陕西省巡抚等职。骆成骧（1865—1926），字公骕，四川资中人，曾任清政府山西提学使、北京政府四川省议会议长，后执教于四川法政学校、成都高等师范学校。

2月19日 清政府吏部奏《学治馆拟请延长学期，援照学部奏改法政别科章程办理折》，折曰"拟请援照学部奏改法政学堂别科章程，定期三年毕业。其学科即按照别科课程，仍由臣等督饬该承办司员接续办理。将来肄业期满，由臣部咨明学部考试毕业，其取列最优等、优等、中等者，亦即照别科毕业章程，分别给奖，以资鼓励，而符定章"。

2月 根据《中西大学堂改为山西大学堂西学专斋合同》第23条规定，总教习苏慧廉（William. Edward. Soothill）正式办理移交西斋的手续，山西大学堂西斋由山西地方政府收回自办。

3月8日 直隶总督陈夔龙奏《裁北洋师范学堂，改设高等商业学堂，分别归并办理片》，"查天津为商务繁盛之区，而高等商业学堂尚付阙如，迭准学部咨催，照章筹设，而以款项支绌，迄未举办。爰饬学司妥议，将北洋师范学堂裁并于直隶师范学堂，即以该堂原有校舍、讲堂、经费，改设高等商业学堂"。"初级师范补习科，并附设音乐、体操补习科、商业教员讲习所，及附设小学，学生均未毕业，拟令将商业教员讲习所、音乐、体操补习科各生仍归高等商业学堂，初级师范补习科归并直隶师范学堂，附设小学归并督署两等小学堂，分别肄业。"

3月14日 清政府学部奏《核议湖北方言学堂仍照该省原议停办折》，"嗣准湖广总督臣瑞澂咨称：湖北方言学堂本科各班学生毕业后，预科人数无多，不能成班，又乏中学毕业生可以升入。去年学部筹备表内拟定本年将该堂停办""今该督所拟将预科毕业学生转入相当之学堂，而将该学堂停办以节巨款，既与臣部原奏之意相符，复与该省谘议局议决之案吻合，自应准如所拟办理。"瑞澂（1863—1915），全名博尔济吉特·瑞澂，字莘儒，号心如，满洲正黄旗人，曾任清政府江西按察使、江苏布政使、江苏巡抚、两江总督等职。

同日 清政府学部奏《酌收高等专门以上及游学生考试费片》，"现拟于本年起，凡考试高等专门以上各项学堂及游学毕业各生，一律酌收考试费，以资办公"。

3月24日 清政府学部奏《筹议高等实业学堂附设实业教员讲习所完全科合班教授办法折》，折曰："将实业教员讲习所完全科学生，择其分科与高等实业相同者，附设于高等实业学堂之中，合班教授。""相同之分科有四：农业科、应用化学科、窑业科、商业科。""合班后，规定完全科农业用高等农业课程教授，惟须酌减实习科目中之一二科，改授教育学、教授法等；应用化学、窑业、商业三科，将完全科前三年课程与高等实业本科课程改归一律，第四年酌授教育科目、外国语文，选择二三科专攻科目，加深研究。"

同日 清政府学部奏《拟将各部设立之学堂毕业考试权限划一折》，折曰："臣等窃维臣部职司教育，除军事教育外，无论何项学堂，臣部皆有考核之专责，故定章，各省设立之学堂，平日须将课程、讲义、学期分数送部核查，毕业之际，或将考卷送部复核，或调部复试。""其余各部所设之学堂，除不在学堂统系之内者均无庸给奖外，其按照臣部《奏定章程》设立之学堂，照章应奖给出身者，须预将课程规则、讲义、课本、学期分数等送由臣部先行查核，毕业考试并应统归臣部办理。否则，虽经请奖，仍由臣部请旨撤销，以昭核实而归划一。"

3月30日 吴宗濂奏请各学堂设国语科，以统一全国语言。

4月9日 游美肄业馆改名为清华学堂，周自齐任监督。周自齐（1869—1923），字子廙，山东单县人，曾任清政府驻美公使馆参赞、游美学生监督、外务部左丞左参议、学部丞参上行走、游美学务处总办、教育总长等职。

4月13日 清政府学部奏《请简大臣会考北洋大学堂及山西西学专斋毕业学生折》，折曰："臣等查北洋大学堂上年甲班学生毕业，业经臣部按照奏定考试章程奏请简派大臣会同臣部考试在案，此次乙班毕业，自应援照办理。""山西西学专斋系由赔款设立，与英人订有合同，所有毕业办法，于光绪三十一年十月经前学务大臣议准将来送京考试，果能程度相当，自当一体予以进士出身等语。此次毕业之期，既在原订合同期内，自应照原案奖给进士出身。拟请一并简派大臣会考，以昭郑重。"

同日 清政府学部奏《山西西学专斋整顿办法片》，"此次专斋之法律、矿学两班毕业，所送讲义皆译成中文，程度尚浅，且有阙略"。"至该斋于本年收回以后，所有未毕业之各班学生，自应切实整顿，庶足以杜有名无实之弊。拟由臣部将京师分科大学及北洋大学堂所用讲义、书籍发交该斋，其三、四年级学生令其参照此项程度酌量补习，以资深造。其一、二年级学生即改用京师分科大学等处之讲义教授，俾底完全。俟毕业时考验程度，如果均与凉师等处大学毕业相当，即与京师分科大学一体奖给进士，并授实官，以昭公允。"

4月19日 北洋师范学堂停办，改设高等商业学堂，原优级师范公共科学生满三年可转高等商业学堂商科肄业。

4月29日 游美学务处在北京清华园校舍告成，定名清华学堂，本日开始上课。学堂编制分为中等科和高等科，学习年限各为4年。

同日 全国教育会联合会在上海江苏教育总会开幕，到会有江苏、湖南、浙江、河南、奉天、直隶、江西、山东、湖北、福建、广东、广西、安徽等省代表。5月12日会议结束，议决的案件计有：（1）请定军国民主义教育案；（2）统一国语文法案；（3）请停止毕业奖励案；（4）请变更初等教育方法案；（5）请变更高等教育方法案。

4月 邮传部高等商船学堂成立，唐文治兼任监督，夏孙鹏任教务长，先就南洋公学对面厂厦招生，后得张謇、王清穆的协助获得吴淞炮台湾为校址。夏孙鹏（1887—1933），字应庚，江苏江阴人，后担任吴淞商船学校校长、南京国民政府国民革命军海军总司令部编译委员会主任委员等职。王清穆（1860—1941），字希林，号丹揆、晚号农隐老人，江苏崇明人，曾任清政府商部左丞、右丞等职。

同月 同济德文医学堂增设工科，后将学校更名为"同济德文医工学堂"。

同月 金陵大学接到美国纽约州教育局局长和纽约大学校长签署的特别许可证，正式同意金陵大学在美国纽约教育局立案，和美国康乃尔大学结为姊妹大学。

5月8日 清政府宣布内阁官制，设立责任内阁，以奕劻为总理大臣，唐景崇为学务大臣。

5月13日 清政府学部会奏《考试北洋大学及山西西学专斋毕业学生事竣折》，折曰："臣等遵即会同定期于三月二十四日至四月初五等日，在学部考院分场扃试，并由学部选派司员在场内轮流监察，以防弊端。该生等亦能恪守场规，秩然有序。试毕，由臣等将各场试卷详细校阅，计北洋大学堂毕业学生取列最优等一名，优等十一名，中等八名。山西西学专斋毕业学生取列优等三名，中等十八名，下等二名。"

5月27日 清政府赏北洋大学堂优等毕业生11人以进士出身，授翰林院庶吉士；中等毕业生9人，均赏进士出身，以主事分部尽先补用。最优等毕业生曾仰丰1名，照例可授翰林院编修，曾递呈学部，曾自称不愿引见受官，即日回籍。清政府又赏山西大学堂西学专斋毕业生优等3人、中等16人以进士出身。

5月31日 清政府学部会奏《设立中央教育会拟具章程折》。"学部为关于全国教育征集意见，奏请设立中央教育会。"

5月 清政府海军部筹设海军学堂，决定将福建原设之船政学堂改立舰艺学堂、广东黄埔原设之水师学堂改立机轮学堂、山东烟台原设之水师学堂改立驾驶学堂、直隶原设之水师学堂改立枪炮学堂，并要求其他各省择要地设枪炮学堂及水兵养成所。

6月18日 清政府学部奏请在京师设立"游学日本高等五校预科所"，并制定《游学日本高等五校预备学堂章程》。

6月20日 学部奏准《中央教育会会议规则》7章40条，并派张謇为会长，张元济、傅增湘为副会长。

8月5日 清政府学部奏《高等、中等各学堂毕业生复试分数请明定限制折》，折曰："窃臣等查京外复试各项学生，其核算分数之法，向系将复试所定分数与该学堂毕业分数及历期历年考试分数递次平均计算。""拟请嗣后凡高等、中等在部在省复试之各学生，其分数不满四十分者，无论该生平日所得分数若干，概不准其毕业。"

8月11日 中国教育会召开成立大会，到227人。议决章程，并举张元济为正会长，伍光建、张謇为副会长。伍光建（1867—1943），原名光鉴，字昭，笔名君朔、于晋，广东新会人，曾任清政府海军部军法司、军枢司、军学司司长和北京政府财政部参事、顾问以及国民政府行政院顾问、外交部条约委员会委员等职。

8月 清政府学部发布《通咨各省饬令各官立、公立、私立法政学堂应延聘专门毕业人员充当教员文》,要求"各省官立、公立、私立法政学堂所办别科,其已在堂之教员,如系速成毕业者,果能教授合法,应准暂照闽省办法留堂教授。惟此后添聘教员,应以三年以上专门毕业者为限,不得再聘速成毕业人员。至正科教员,则须一律聘请专门毕业人员,以符定章"。

9月9日 清政府学部奏《停止各省高等、中等学堂毕业复试,将高等统归部辖、中等统归省辖折》,折曰:"拟请自宣统四年为始,凡各省高等、中等各学堂学生毕业均停止复试,而将高等各学堂一律改归臣部直辖,中等各学堂一律改归提学使直辖,以便随时考核。至堂中一切经费之筹集处理、职教员之位置,拟一律悉仍其旧,以免纷更。惟其现充高等各学堂监督或中等各学堂监督者,应由臣部或提学使加给札文,或照会作为部派或省派人员,以符名实。其考核之法,除臣部视学官及各省视学员随时视察外,并得临时派员到堂,按学生所习学科严密考试。或一年一举,或间岁一举,至毕业时另由臣部严定考试办法。"

同日 清政府学部会奏《酌拟停止各学堂实官奖励并定毕业名称折》,折曰:"拟自《文官考试任用章程》施行之日起,无论何项学堂考试毕业者,概不给奖实官。其游学毕业生之廷试,明年亦拟不复举行,另由内阁会同各部规定文官考试资格及技术官、教育官须用专门毕业人才之办法,以昭核实而励贤能。""拟于以后大学毕业者仍称进士,高等及与高等同程度之学堂毕业者仍称举人,中学及与中学同程度之学堂毕业者统称贡生,高等小学及初等实业学堂毕业者统称生员,均以考试毕业列中等以上者为限。其大学及师范、实业暨法政、医学等专门学堂毕业者,均加某科进士或某科举人字样,俾有区别。其得进士、举人、贡生者,亦一律自《文官考试任用章程》施行之日起,不准截取就职,以示限制。"

9月16日 邮传部高等实业学堂改名为南洋大学堂,监督改称校长,唐文治继任校长。

秋 邮传部高等实业学堂移船政科各班于校外,设立商船学堂。

10月10日 武昌起义爆发，陆军测绘学堂、武昌矿业学堂、汉口商业学堂、工业讲习所、法政养成所等校的大中学生组成学生军直接加入战斗。

11月3日 李燮和的光复军设军政府于复旦公学内，校舍被占用，学校迁往无锡惠山李公祠办学。学校办学经费无着，学子星散。李燮和（1873—1927），字柱中，安化蓝田人，曾在东京重建光复会，曾任吴淞军政分府总司令、光复军北伐军总司令等职。

11月18日 清政府学部奏《八旗高等学堂毕业生请奖折》，"窃查八旗高等学堂中学第一班于光绪三十四年七月升入高等，计至本年七月三年期满，当经该堂监督咨请考试毕业等因前来。臣等当即定期于七月二十三至二十七等日，按照所学科目，在臣部考院分场扃试，并由臣等将各科试卷详加核阅，评定分数。计应考者十一名，取列最优等二名、优等八名、中等一名，已于本月十三日行知该学堂榜示在案"。"考列最优等者作为举人，内以内阁中书尽先补用，外以知州分省尽先补用；考列优等者作为举人，内以中书科中书尽先补用，外以知县分省尽先补用；考列中等者作为举人，内以部司务补用，外以通判分省补用。"

12月 在无锡士绅支持下，复旦公学借惠山李翰章公祠为课堂、昭忠祠为宿舍，由马相伯、胡敦复联名布告复学。上课月余后，迁回上海。胡敦复（1886—1978），江苏无锡人，组织中国数学会，曾任立达学社社长、私立清华学堂教务长、私立复旦公学教务长、国立东南大学校长、国立北京女子师范大学校长、国立交通大学数学系主任等职。

同年 浸会大学堂与格致部合并组建上海浸会大学，校长为美北浸礼会传教士魏馥兰（Francis John White）。魏馥兰（1870—1959），美国人，美北浸礼会派遣来华传教士。

同年 辛亥革命爆发后，因无人主事，暨南学堂停办。

大事记 1912—1949 年

1912 年（民国元年　壬子年）

1月1日　中华民国临时政府在南京成立，孙中山宣誓就职中华民国临时大总统，定1912年为民国元年。

3月3日　中国同盟会在南京召开本部全体大会。宣布其宗旨为"巩固中华民国，实行民生主义"，并举孙中山为总理，黄兴、黎元洪为协理。

3月10日　袁世凯在北京就任临时大总统。

3月11日　孙中山颁布《中华民国临时约法》。

4月1日　孙中山正式解临时大总统职。

5月7日　临时参议院议决，国会采取两院制，定名为参议院和众议院。

10月14日至16日　孙中山在上海中国社会党本部连续3日发表演说，评论社会主义学说及其派别。

1月3日　临时大总统孙中山在南京组成中华民国临时政府，任命蔡元培为教育总长，景耀月为教育次长。景耀月（1881—1944），字太招，山西芮城人，曾参加筹组南京临时政府并参与制定《中华民国临时约法》，后任北京政府高等政治顾问、众议院议员、经济调查局参议等职。

1月8日　湖南省教育会在长沙成立，推举符定一、胡元倓为正副会长。符定一（1877—1958），字宇澄，号梅庵，湖南衡山人，曾任北京政府安福国会众议院议员、国民政府财政部次长和盐务署署长、中华人民共和国中央文史研究馆馆长、政务院文化教育委员会委员、全国政协第二届委员会委员等职。

1月9日 南京临时政府教育部成立，其职能为管理教育学艺及历象事务、监督全国学校及所辖各官署，设总务厅、普通教育司、专门教育司、社会教育司，设总长1人、次长1人、参事4人、司长3人、秘书4人、视学16人、技正2人、技士8人，佥事员额、总务厅及每司佥事员人数均不得超过8人。

1月21日 浙江省教育会开成立会，举章太炎为正会长，沈钧儒为副会长。章太炎（1869—1936），原名学乘，字枚叔，又名炳麟，曾参加维新运动被通缉、与蔡元培等合作发起光复会、主编同盟会机关报《民报》、在苏州设章氏国学讲习会和主编《制言》杂志。沈钧儒（1875—1963），字秉甫，号衡山，浙江嘉兴人，清末进士，早年留学日本，曾任北京政府国会议员、上海法科大学教务长、中华人民共和国最高人民法院院长、全国政协副主席、全国人大常委会副委员长和民盟中央主席等职。

1月 浙江高等学堂更名为"浙江高等学校"，邵裴子任校长，1914年停办。邵裴子（1884—1968），原名闻泰，又名长光，浙江杭州人，斯坦福大学文学学士，曾任法政大学英文教授及教务长、国立第三中山大学教授及文理学院院长、国立浙江大学代理校长、中华人民共和国民革浙江省委主任委员、浙江省文史研究馆副馆长等职。

同月 私立中国公学董事会议决恢复公学，孙中山、黄兴、宋教仁等加入校董会。

2月10日 南京临时政府教育总长蔡元培在《教育杂志》发表《新教育意见》一文，认为"教育有二大别，曰隶属于政治者，曰超轶乎政治者。专制时代（兼立宪而含专制性质者言之）教育家循政府之方针以标准教育，常为纯粹之隶属政治者。共和时代教育家得立于人民之地位以定标准，乃得有超轶政治之教育"。主张对清末学部制定的忠君、尊孔、尚公、尚武、尚实的教育宗旨加以修正。"忠君与共和政体不合，尊孔与信仰自由相违"，应改为军国民教育、实利主义教育、公民道德教育、世界观教育、美育5项。

2月 严复被任命为京师大学堂总监督。

同月 上海女子法政学堂在上海成都路正式开学。该校设正科与备科，招收学生80名，学习科目有法政学、英文、法文等，"以培养妇女参政人才、储他日议院之选为学校宗旨"。

同月 山西大学堂更名为"山西大学校"，取消中、西专斋，西斋末届毕业学生仍继续修学至毕业，筹设本科和预科，本科设文、法、工3科。李镜蓉任校长。李镜蓉（1880—1947），别号亮工，山西河津人，东京帝国大学农学院毕业，曾任南京临时政府南洋教育司司长、山西大学国文学系主任等职。

同月 吴稚晖、李石曾等人在北京发起成立留法俭学会，"以节俭费用，为推广留学之方法。以劳动朴素，养成勤洁之性质"为宗旨。他们同时也发起组织了"留法女子俭学会"与"留法居家俭学会"。李石曾（1881—1973），原名李煜瀛，河北高阳人，宣扬"无政府主义"，曾任国立北京大学教授、法文专修馆副馆长、国民党中央监察委员、故宫博物院理事长、国民党评议委员会主席团主席、中央古物保管委员会委员、国立北平大学校长、北平研究院院长等职。

同月 熊希龄被董事会推举为私立中国公学校长。熊希龄一时不能回沪，遂请谭心休代理校长。谭心休（1860—1917），字介人，号毅君，宝庆府城（今邵阳市）人，早年留学日本，曾任宝靖招抚使、北京政府参议院议员等职。

3月1日 张竹君在上海发起设立的女子看护学校举行招生考试。该校以"通习最新看护理法，兼学产科"为宗旨，招收学生60人，学习年限3年。张竹君（1876—1964），女，广东番禺人，广州博济医院医科班毕业，曾创办褆福医院、南福医院、女子中西医养病院和上海女子中西医学校。

3月2日 南京临时政府教育部致电各省都督，谓：现高等以上学校规程尚未颁布，应暂照旧章办理，惟《大清会典》《大清律例》《皇朝掌故》《国朝事实》及其他有碍民国精神科目，须一律废止，关于前清御批等书，一律禁止采用。

3月5日 南京临时政府教育部通告各省："大局初定，速令高等学校、专门学校开学。"

3月19日 立达学社在上海创立大同学院，以胡敦复为校长，办预科与普通科，总设文科、理科及英文、数理两专修科。

3月22日 南京临时政府教育部召开全体大会，蔡元培宣布："新政府不久将在北京成立，教育部应暂时解散，以待移交。"

3月29日 京师大学堂由总监督严复召集职员复开教员会议，中西教员到者约30余人，在评议室提议各科改良办法，议将经、文两科合并，改名为国学科。各科科目亦均有更改，尤以法政科为最甚。

3月30日 临时大总统袁世凯任命各部总长。蔡元培仍任教育总长。

3月 西北大学创设会成立，张凤翙为会长，并推原陕西法政学堂校长钱鸿钧为校长，积极筹建西北大学。张凤翙（1881—1958），字翔初，陕西西安人，先后在东京振武学校、日本陆军士官学校就读，曾任陕西新军督练公所委员、三十九混成协司令部参军、陕西革命党人总指挥、秦陇复汉军大统领等职。钱鸿钧（生卒年不详），字陶之，陕西咸宁人，曾就读明治大学经济政治科，归国后任陕西省法政学堂校长、西北大学校长等职。

4月1日 浙江两级师范开学复课，经亨颐任校长，提倡人格教育，以"勤慎诚恕"四字为校训。教师有李叔同、姜丹书等。李叔同（1880—1942），字息霜，浙江平湖人，曾任南京高等师范学校音乐、图画教师，后出家为僧，称弘一法师。姜丹书（1885—1962），字敬庐，江苏溧阳人，曾任上海美术专门学校教授、国立西湖艺术院教授、上海新华艺术专科学校教授和中国纺织染专科学校教授等职。

4月7日 浙江省教育会开会，因沈钧儒担任行政官，辞去副会长职，增选经亨颐为副会长。

4月8日 临时大总统袁世凯任命范源濂为教育次长。范源濂（1875—1927），字静生，湖南湘阴人，分别入东京高等师范学校和日本法政大学学习，曾任清政府学部主事、参事，参与创办清华学堂，后任北京政府教育总长、国立北京师范大学校长、南开大学董事会会长等职。

4月14日 上海教育会开选举大会，选贾丰臻、王纳善为正副会长。贾丰臻（1880—？），字季英，上海洋泾人，曾与沈恩孚、袁希涛等人被选派赴日本学习考察师范教育，后任江苏省立第二师范学校校长。王纳善（生卒年不详），字引才，嘉定南翔人，曾任上海市议会议员、副议长等职。

4月23日 直隶省教育会在天津开成立大会，选举胡家麒、孙松龄为正副会长。孙松龄（1880—1954），字念希，号过隙，河北保定人，清末举人，组织创办"国学补修社"，曾任北洋大学国文教授、国立北京师范大学国学教授等职。

4月26日 北京政府教育总长蔡元培、次长范源濂到任视事，并派员接收前学部事务。

4月 北京政府教育总长蔡元培在《东方杂志》发表《对于教育方针之意见》一文，提倡军国民主义教育、实利主义教育、德育主义教育、世界观教育、美育主义教育，并指出前3种教育"隶属于政治之教育"，后2种教育为"超轶政治之教育"。

同月 北洋大学堂更名为"北洋大学校"，设法律、土木工程和采矿冶金3科。

5月1日 清华学堂因辛亥革命不得不暂时关停，经过唐国安的不懈努力，清华学堂重新开课，唐国安任监督。唐国安（1858—1913），字国禄，号介臣，广东香山人，第二批留美幼童，耶鲁大学法律系肄业，参与启动"庚款"留美教育，后任清华学校校长，因积劳成疾，病逝在校长任上。

5月3日 临时大总统袁世凯准"京师大学堂"更名为"北京大学校"，后冠以"国立"二字，由严复任校长，全校分文、理、法、商、医、农、工7科，共设39门，修业期为3年，学生增至818人。

5月10日 复旦公学在上海美租界爱而近路临时校舍复校开会，校长马相伯、校董陈其美代表发表演说，代理教务长沈步洲宣布《教课大纲》。陈其美（1878—1916），字英士，号无为，浙江湖州吴兴人，中国同盟会元老，早年入日本东京警监学校学习，曾创办《中国公报》《民声丛报》，曾任上海讨袁军总司令、中华革命党总务部长等职。沈步洲（1888—1932），江苏武进人，英国伯明翰大学硕士，曾任北京政府农商部技正、教育部专门教育司司长、留欧学生监督、教育部参事兼代理教育部次长等职。

5月13日 陈氏家族捐田300石、白银3,000两、管票5,000串、书籍

3,000余部（册）在武昌开办私立中华学校，陈宣恺任校长。陈宣恺（1847—1917），号再平，湖北黄陂人，清末进士，曾任清政府湖北蕲州学官、湖北参议员等职。

5月15日　"京师优级师范学堂"改制为"北京高等师范学校"，陈宝泉任校长，设国文、英文、史地、数理、理化、博物"6"部，增设附属中小学、教育研究科、职工养成科、体育专修科及东三省师范养成班。陈宝泉（1874—1937），字筱庄、小庄、肖庄，天津人，曾任清政府普通教育司师范科员外郎、学部实业司司长、北京政府教育部普通教育司司长等职。

5月16日　北京政府教育总长蔡元培参加北京大学开学典礼并发表演说，强调"大学为研究高深学问之地"。

5月24日　京师大学堂改定名称及启用新刊关防通告。本学堂现经教育部改定名称曰：北京大学校。并另刊关防1颗。

5月25日　北京政府教育部公布《临时教育会议章程》9条，规定临时教育会议由教育总长主持，议员员额、开会日期由教育总长酌定，下设干事长1人、干事4人，应议事纲包括学校系统、学校规程、学校由中央管辖与地方管辖之划分、蒙回藏教育、国歌、高等教育会议组织法等。

同日　北京政府教育部公布《临时教育会议议事规则》"7"章45条，规定了临时教育会议的集合与开会、会议中止散会及展会、会议召开程序、会议表决及审查、会场秩序、告假、议事录及议决录等具体事项。

5月26日　留法俭学会在北京设立的预备学校开学，设法文、中文、算术和应用知识4科，聘请安德烈·铎尔孟（André d'Hormon）教授法语。安德烈·铎尔孟（1881—1965），全名安德烈·罗凯特·迪特·铎尔孟，法国人，巴黎大学毕业，曾任北京政府外交部法律顾问、北京中法汉学研究所所长等职。

6月　浙江医学专门学校在杭州成立，厉绥之任校长，设医、药两科。厉绥之（1885—1975），名家福，浙江杭州人，前清医科举人，后求学于日本东京弘文书院、日本金泽医学专门学校和日本京都帝国大学医学部，浙江医科大学主要创始人。

夏 南洋大学堂改隶交通部，改名为"交通部上海工业专门学校"，唐文治仍任校长，改铁路专科为土木专科、电机科为电气机械科。

7月5日 台湾日本总督府开办民政局学务部附属工业讲习所，设土木科、金工及电工科。工业讲习所于1919年改名公立台北工业学校；1921年改制为台北州立第一工业学校、台北州立第二工业学校。

7月10日 北京政府教育部在北京召开临时教育会议，出席会议的各省及华侨代表56人，至8月10日闭幕。提出议案92件。教育总长蔡元培在开幕式上发表演说，称这次会议是全国教育改革的起点，指出"前清时代承科举余习，奖励出身，为驱诱学生之计"，其目的在于"使受教育者皆富于服从心、保守心，易受政府驾驭"。主张民国教育"须立于国民之地位，而体验其在世界、在社会有何等责任，应受何种教育"，教育家的任务就是"促使教育者养成对社会恪尽其种种责任的能力"。完成此任务，必须提倡五种主义，其中"以公民道德为中坚，盖世界观及美育皆所以完成道德，而军国民教育及实利主义则必以道德为根本"。会议议决重订学制，制定学校系统表。

7月14日 北京政府教育总长蔡元培于6月21日、7月1日两次请辞教育总长职。临时大总统袁世凯于是日批准。

7月26日 临时大总统袁世凯重新任命各部部长，范源濂为教育总长。

7月 《教育杂志》发表署名庄启的《论大学学位及学凭之颁给》一文，提出："大学除农、工二科外，凡按章毕业者，应分为学士及博士。农、工二科之毕业生曰硕士。除私立校外，学凭均由校长及各授课教员核定，遇有不画押之教员，则其凭不能有效。核定后由所在之区域之行政长官加押证实，呈教育部总长加印颁发之。"

同月 四川通省师范学堂改名为"四川优级师范学校"，徐炯任校长。徐炯（1862—1936），字子休，号蜕翁，四川成都人，创办四川通省师范学堂，曾任学堂监督兼四川高等学堂教席、四川教育会会长等职。

8月2日 临时大总统袁世凯命令公布《教育部官制》12条，规定教育部设教育总长1人，监督全国学校及所属各官署。职员有视学16人，掌学事之视察；技士8人，掌技术事务。设总务厅，掌各项事务。并置普通教育司、专门教育司、社会教育司。另设参事、佥事、主事若干人。

8月 私立中华学校开始招生。学校分设男女两部。男生部有大学预科、英文专修科、法律别科和政治经济别科各1班；女生部设有简易师范和职业专修两科，并办中学部和小学部共有学生700余人。

9月2日 北京政府教育部公布《学校管理规程》10条，作为各学校管理学生之准则，规定"凡是养成学生品格的各项管理，学生都应当遵守；校长、教员及学监应负训育学生之责任；校长应按照学校种类状况订定管理细则；学生对于教授上和校务上事宜有意见，可以通过上书或面陈本校职员表达；校长可以对违背学校管理规则的学生进行适当儆戒；学生若因犯校规退学者，若未真正悔改，不得再入他校"。

同日 北京政府教育部颁布《教育宗旨令》，规定教育宗旨为"注重道德教育，以实利教育、军国民教育辅之，更以美感教育完成其道德"。

9月3日 北京政府教育部公布《学校系统令》。规定：初小4年，为义务教育，毕业后入高小或实业学校；高小3年，毕业后入中学或师范学校或实业学校；中学4年，毕业后入大学或专门学校或高等师范学校；大学本科3年或4年毕业，预科3年；师范学校本科4年，预科1年；高等师范学校本科3年，预科1年；实业学校分甲、乙两种，各3年；专门学校本科3年或4年，预科1年。此学校系统也称为《壬子学制》。次年又陆续颁布各种学校令，补充本年公布的《学校系统令》，全称为《壬子癸丑学制》。

同日 北京政府教育部公布《学校制服规程》，对男女学生制服的颜色、质料等进行了规定。男女学生寒季制服为黑色或蓝色，暑季制服为白色或灰色，一校中不得使用两色；大学学生制帽得由各大学特定形式且须呈报教育总长。

同日 北京政府教育部公布《学校学年学期及休业日期规程》5条。各学校以8月1日为学年之始，以翌年7月1日为学年之终。1学年分为3学期，8月1日至12月1日为一学期，翌年1月1日至3月31日为一学期，4月1日至7月31日为一学期。

9月18日 北京政府教育部公布《各省图书审查会规程》18条，规定图书审查会隶属于省行政长官，审查适于该省初等小学校、高等小学校、中学校、师范学校教科用图书；图书审查会每省设立1处，由省视学、师范学校校长及教员、中学校校长及教员、高等小学校校长、初等小学校校长组成。

9月20日 黄兴、胡元倓呈准北京政府教育部设立明德大学于汉口，并得到临时大总统袁世凯批文，领得补助费8万元。

9月29日 北京政府教育部公布《师范教育令》。规定师范学校定为省立，"由省行政长官规定地点及校数，报告教育总长分别设立""以造就小学校教员为目的"，其中"专教女子之师范学校称为女子师范学校，以造就小学校教员及蒙养园保姆为目的"。一县或两县以上（因特别情事）、私人和私法人"依本法之规定，由省行政长官报经教育总长许可"，分别可设立县立师范学校和私立师范学校。高等师范学校定为国立，"由教育总长通计全国，规定地点及校数分别设立""以造就中学校、师范学校教员为目的""女子高等师范学校以造就女子中学校、女子师范学校教员为目的"。省立师范学校经费由"省经费支给"，高等师范学校经费由"国库金支给"。师范学校与高等师范学校学生免纳学费，并补给校内必要费用，同时招收自费学生；关于修业年限、学科目及程度、编制及设备、学生入学资格及毕业后之服务，另行规定。师范学校应设附属小学校、小学教员讲习科，女子师范学校应设附属小学校、蒙养园和保姆讲习科，高等师范学校应设附属小学校、中学校，女子高等师范学校应设附属小学校、附属女子中学校及蒙养园。高等师范学校、女子高等师范学校得设选科、专修科、研究科。

同日 北京政府教育部公布《学校征收学费规程》16条，规定初小、师范、高等师范免收学费，高等专门学校学费"每月银圆自二圆至二圆五角"，大学学费"每月银圆三圆"；各学校对于成绩最优者，得分别给予减免学费，以资鼓励。

秋 大同学院因上海市肇周路校址附近发生流行病，遂搬迁至丰记码头的租屋上课，全校学生80人。

10月1日 国立北京大学校长严复辞职，临时大总统袁世凯任命章士钊继任。

10月18日 因学生"留严反章"运动，章士钊辞职不就，临时大总统袁世凯任命马相伯代理国立北京大学校长。

10月22日 北京政府教育部颁布《专门学校令》12条，规定"专门学校以教授高等学术，养成专门人才"为宗旨，设法政、医、药、农、工、商、美术、音乐、商船、外语等科；由地方设立的为公立专门学校，由私人或私法人设立的为私立专门学校；专门学校须设预科及研究科。

10月24日 北京政府教育部颁布《大学令》22条，规定大学"以教授高深学术，养成硕学闳材，应国家需要"为宗旨，分文、理、法、商、医、农、工7科，规定"名为大学"须"文理二科并设"、或"文科兼法商二科"、或"理科兼医农工三科或二科或一科"。大学设预科和大学院；设校长1人，总辖大学全部事务；各科设学长1人，主持1科事务；设教授、助教授，必要时延聘讲师；设评议会，以各科学长及各科教授互选若干人为会员、大学校长为议长，审议学科设置与废止、讲座种类、大学内部规则、大学院生成绩及学位授予、教育总长及大学校长咨询事件。大学各科设教授会，以教授为会员、学长为议长，审核学科课程、学生试验事项、学生该科成绩等事项。大学各科的修业年限为3年或4年，预科为3年。

10月25日 北京政府教育部公布《法政专门学校准暂设别科停止令》，规定"此项考取别科学生事宜，至民国四年七月三十一日一律停止"。

同日 北京政府教育部公布《学生操行成绩考查规程》8条，规定学校校长、教员或学监应随时审查学生操行并记录；学生操行分为甲、乙、丙、丁四个等级，由校长核定；操行丙等以上为及格，甲等应获校长褒奖；操行考核要点包括"关于心性者为气质、智力、感情、意志等项""关于行为者为容仪、动作、言语"等项。

同日 北京政府教育部公布《学生学业成绩考查规程》20条，规定学生学业成绩分为平时成绩和试验成绩；平时成绩由教员考察学生勤惰与其学业优劣随时判定，试验包括学期试验、学年试验、毕业试验、入学和编级试验，成绩分甲、乙、丙、丁四等，丙等以上为及格；并详细规定了学期成绩、毕业成绩以及各类试验成绩的评定方法。

10月 清华学堂改名"清华学校",监督改称校长,由唐国安任校长,周诒春任副校长,归北京政府外交部管辖,学制8年,分中等、高等两科。周诒春(1883—1958),字寄梅,安徽休宁人,毕业于上海圣约翰大学,后就读于美国耶鲁大学和威斯康辛大学,曾任清华学校校长、燕京大学代理校长、国民政府实业部次长、农林部部长、卫生部部长等职。

同月 陈宣恺当选为省参议员,呈请省民政长官夏寿康,拨发旧粮道署作为中华学校永久校舍。

同月 西北大学创设会将原关中大学堂、陕西法政学堂、陕西农业学堂、陕西实业学堂、三秦公学等校组建为"西北大学",设专科及预科,专科已开法科,拟再开文科、商科、农科。

同月 临时稽勋局派遣张竞生、谭熙鸿、杨铨、任鸿隽、宋子文等25人分赴英、法、美、德、日5国留学。

11月2日 北京政府教育部制订《法政专门学校规程》9条,规定"以养成法政专门人才"为宗旨,修业年限本科3年、预科1年;法政专门学校得为本科毕业生设研究科,其年限为1年以上。法政专门学校分为法律科、政治科、经济科3科,学科设置、各科目授业时间由校长订定,呈报教育总长认可。

11月13日 北京政府教育部公布《工业专门学校规程》10条,规定工业专门学校以养成工业专门人才为宗旨,本科修业年限为3年,得设置预科且修业年限为1年,且须为本科毕业生设研究科,其年限为1年以上;工业专门学校学科类别分为土木、机械、造船、电气机械、建筑、机织、应用化学、采矿冶金、电气化学、染色、窑业、酿造、图案13科,并规定了各科的具体科目;学科的设置、各科目授业时间等由校长酌量并呈报教育总长认可。

11月14日 北京政府教育部公布《公立私立专门学校规程》16条,规定公立、私立专门学校的设立、变更、废止,均须呈报教育总长认可;申请办学的材料须包括"目的、名称、位置、学则、学生定额、地基房舍之所有者及其平面图、经费及维持之方法、开校年月";教员任职须是外国大学毕业者,或是国立大学或经教育部认可之私立大学毕业者,或是在外国或中国专门学校毕业者，或是有精深著述且经中央学会评定者，校长任职需具备以上条件之一且须任教员 1 年以上；若学校一时难得合格校长、教员，可延聘相当之人充任须呈经教育总长认可；学校每学年开始之前招收本科生 1 次。

11 月 22 日 北京政府教育部公布《医学专门学校规程》10 条，规定医学专门学校以养成医学专门人才为宗旨，本科修业年限为 4 年，得设置预科且修业年限为 1 年，须为本科毕业生设研究科，其年限为 1 年以上；可开设德语、化学、物理学、系统解剖学、组织学、胎生学等 48 类科目，各科目授课时间由校长订定呈报教育总长；并规定医学专门学校得应实事之需要遵用《药学专门学校规程》设立药学部，称为"医药专门学校"。

同日 北京政府教育部公布《药学专门学校规程》9 条，规定药学专门学校以养成药学专门人才为宗旨，本科修业年限为 3 年，得设置预科且修业年限为 1 年，须为本科毕业生设研究科，其年限为 1 年以上，可开设德语、有机化学、无机化学、药用植物学等 31 类科目，各科目授课时间由校长订定呈报教育总长。

11 月 23 日 乌始光、刘海粟、丁悚、汪亚尘创办上海图画美术院，乌始光任院长。该校 1915 年改名上海图画美术院，1920 年改名上海美术学校，1921 年改名上海美术专门学校，1930 年改名上海美术专科学校。乌始光（1885—?），字廷芳，浙江宁波人，曾组织洋画研究机构东方画会并创办华达广告公司。刘海粟（1896—1994），名槃，字季芳，号海翁，江苏常州人，曾任上海美术专门学校校长、华东艺术专科学校校长、南京艺术学院院长等职。丁悚（1891—1969），字慕琴，浙江嘉善人，曾在同济大学教授图画课。汪亚尘（1894—1983），原名松年、字云隐，浙江杭州人，创建了中国画会，曾任上海美术专门学校教授兼教务长、新华艺术专科学校教务长兼师范学校校长。

11 月 香港大学举行开学典礼，延聘英国人伊黎奥爵士（Sir Charles Eliot）为第二任校长。学校先设医学、工学两专科，随后设高等科学科。

12 月 5 日 北京政府教育部公布《商船专门学校规程》9 条，规定商船专门学校以养成商船专门人才为宗旨，分驾驶科和机轮科，本科修业年限为 4 年，得设置预科且修业年限为 1 年，须为本科毕业生设研究科，其年限为 1

年以上；驾驶科可开设外国语、数学、物理学等 27 类科目，机轮科可开设英语、数学、应用力学等 19 类科目，科目授课时间由校长订定呈报教育总长。

同日 北京政府教育部公布《商业专门学校规程》9 条，规定商业专门学校以养成商业专门人才为宗旨，本科修业年限为 3 年，得设置预科且修业年限为 1 年，须为本科毕业生设研究科，其年限为 1 年以上；可开设商业道德、商用文、商业算数等 18 类科目，科目授课时间由校长订定呈报教育总长。

12 月 6 日 北京政府教育部公布《外国语专门学校规程》11 条，规定外国语专门学校以养成外国语学专门人才为宗旨，分英语学、法语学、德语学、俄语学、日本语学 5 科，本科修业年限为 3 年，得设置预科且修业年限为 1 年，须为本科毕业生设研究科，其年限为 1 年以上；各学科的科目设置除了本学科语外，均应开设国文、言语学、历史、地理、教育学、法学通论、经济学、国际法和世界语 9 门科目，科目授课时间由校长订定呈报教育总长。

12 月 7 日 北京政府教育部公布《农业专门学校规程》10 条，规定农业专门学校以养成农业专门人才为宗旨，分农学、林学、兽医学、蚕业学、水产学 5 科，"在殖民垦荒之地得兼设土木工学科"；本科修业年限为 3 年，得设置预科且修业年限为 1 年，须为本科毕业生设研究科，其年限为 1 年以上；农学可开设化学、农艺物理学、植物学等 33 类科目，林学科开设数学、森林管理学、造林学等 30 类科目，兽医学可开设化学、动物疫论、产科学等 36 类科目，蚕业学中养蚕类可开设数学、养蚕法实习、蚕丝业经济学等 35 类科目，蚕业学中制丝类可开设工业通论、染织论、制丝学等 30 类科目，水产学中渔捞类可开设渔捞论、水产植物学、应用机械学等 30 类科目，水产学中制造类可开设水产动物学、水产法学、水产化制品论等 27 类科目，水产学中养殖类可开设细菌学、发生学、生理化学等 28 类科目，土木工学可开设数学、物理学、道路学等 25 类科目，科目授课时间由校长订定呈报教育总长。

12 月 10 日 北京政府教育部公布《师范学校规程》86 条，规定师范学校教养学生的要旨为："健全之精神宿于健全之身体，故宜使学生谨于摄生、勤于体育；陶冶性情、锻炼意志为充任教员者之要务，故宜使学生富于美感、勇于德行；爱国家尊法宪为充任教员者之要务，故宜使学生明建国之本原、践国民之职分；独立博爱为充任教员者之要务，故宜使学生尊品格而重自治、爱人道而尚大公；世界观与人生观为精神教育之本，故宜使学生究心哲理而具高尚之志趣；教授时常宜注意于教授法务，使学生于受业之际悟施教之方；教授上一切资料，务切于学生将来之实用，以克副小学校令及其他施行规则之旨趣；为学之道不宜专恃教授，务使学生锐意研究养成自动之能力。"本科分第一部和第二部，第二部视地方情形可以不设，预科为入本科第一部者必需之教育；修业年限上，预科1年、本科第一部4年、本科第二部1年；预科修习科目为修身、国文、习字、英语、数学、图画、乐歌、体操，女子师范增加缝纫。本科第一部修习科目为修身、教育、国文、习字、英语、历史、地理、数学、博物、物理、化学、法制、经济、图画、手工、农业、乐歌、体操等，并规定了各科要旨及其内容。《师范学校规程》还对学年学期休业日教授日数及典礼日、编制、入学退学及惩戒、学费等问题进行了规范，并对讲习科、附属小学校与附属蒙养园、设备、职员等方面进行了规范。

12月20日 留法俭学会预备学校第一班学生经西伯利亚于本日抵达法国，尽入法国中学校预备学校。

12月27日 国立北京大学校长章士钊、代理校长马相伯辞职，临时大总统袁世凯准辞并任命何燏时任国立北京大学校长。何燏时（1878—1961），字燮侯，浙江诸暨人，日本东京帝国大学工科学士，曾任北京政府工商部矿政司司长、京师大学堂工科监督、中华人民共和国中央人民政府监察委员会委员、华东军政委员会委员等职。

同日 北京政府教育部通咨各省专门学校一律正名某省公立某某专门学校报部备核。

同年 湖南高等学堂奉令停办，工科学生按志愿送到湖南高等工业学校和湖南高等师范学校继续学习。

同年 税务学堂改名税务学校，1913年教育部认可为高等专门学校，设第一、第二两分校于上海，校长为朱彬元。

同年 江西高等农业学堂和高等森林学堂合并，改名"江西高等农林学校"，不久又改称"江西农林专门学校"，将高等农林科改称农林专门科。

1914 年改校名为"江西公立农业专门学校"。

同年 湖南优级师范学堂改名为"湖南高等师范学校"。

同年 山西法政专门学校分法律政治为两科，招收旧有肄业三学期之本、别科生以及既有讲习科毕业生。

同年 为了振兴教育，中国天主教教徒马相伯、英敛之上书罗马教廷，建议教廷"请派才高德硕之士，来华增设公教大学，发扬中国文化，介绍世界知识"，并提议在北京建立一座天主教大学。后因一战爆发，计划遂告终止。英敛之，（1866—1926），名英华，字敛之，满洲正红旗人，曾在天津创办《大公报》，兼任总理和编撰工作，后又创办女学、辅仁社等慈善教育事业和辅仁大学。

同年 复旦公学同学会合谋复校，呈南京临时政府补助经费并由教育总长蔡元培批准立案，复拨徐家汇李公祠为校舍，公推马相伯为校长。后马相伯被招北上，公推李登辉继任，复组校董会维持。

同年 私立中国公学添招法律、政治、商科专门3班。

同年 浙江官立两级师范学堂改制为"浙江省立两级师范学校"，设优级师范选科，分史地、数学、理化、博物4部，后增设图画音乐手工专修科，3年毕业。还设有初级师范简易科和体操专修科。

同年 南京临时政府教育部批《民国法政大学请予立案呈》，文曰："呈悉该校就两江法政学堂开办法政大学，所称俟将来学校令颁行后暂行遵照办理各节，尚属可行，应暂准立案。"

1913 年（民国二年 癸丑年）

3月20日 宋教仁遭暗杀。

4月8日 中华民国第一届国会开幕。

5月5日 参众两院议员通电全国，对政府违法借款签约，不予承认。

5月29日 共和、民主、统一三党联合召开大会，宣布合并，成立进步党。

7月12日　"二次革命"爆发。

7月21日　孙中山发表宣言，告全体国民促令袁世凯辞职。

9月11日　熊希龄内阁正式成立。熊希龄任国务总理兼财政总长。

10月10日　袁世凯宣誓就任中华民国正式大总统。

11月4日　袁世凯下令解散国民党，并取消国民党籍议员资格。

11月23日　康有为任孔教会会长。

1月8日　临时大总统袁世凯发布《划一现行各省地方行政官厅组织令》，规定各省设行政公署，其下统一设内务、财政、教育、实业4司。

1月12日　北京政府教育部公布《大学规程》28条，规定大学分为文、理、法、商、医、农、工7科，文科分为哲学、文学、历史、地理学4门，理科分为数学、星学、理论物理学、实验物理学、化学、动物学、植物学、地质学、矿物学9门，法科分为法律学、政治学、经济学3门，商科分为银行学、保险学、外国贸易学、领事学、税关仓库学、交通学6门，医科分为医学、药学2门，农科分为农学、农艺化学、林学、兽医学4门，工科分为土木工学、机械工学、船用机关学、造船学、造兵学、电气工学、建筑学、应用化学、火药学、采矿学、冶金学11门；大学修业年限除了医科之医学门为4年外，其余均为3年；大学本科学生入学资格须在预科毕业或经试验有同等学力者，这里的预科或与预科相当之学校非遵照本规程办理者其毕业生应行入学试验；规定了大学各科各门的具体科目设置，各科目授业时间及学生应选修的科目由校长订定呈报教育总长，大学讲座的种类及数目由校长提出、评议会决定、呈请教育总长认可；规定大学设预科，预科入学资格须在中学校毕业及经试验有同等学力者，中学毕业生如超过定额时应行竞争试验；预科分为三部，第一部为志愿入文科、法科、商科者而设，第二部为志愿入理科、工科、农科、医科之药学门者而设，第三部为志愿入医科之医学门者而设，并详细规定了各部科目设置；规定大学设大学院，为大学教授与学生极深研究之所，分为哲学院、史学院、植物学院等各以其所研究之专门学命名，以本门主任教授为院长，由院长、其他教授或聘绩学之士为导师，大学院生达到标准可授予相应学位。

1月15日 北京政府教育部发布《令各省法政学校遵照部令办理布告》，布告中指出："查合格学生，先入预科，毕业后，方得升入本科。"

1月16日 北京政府教育部公布《私立大学规程》14条，规定私人或私法人设立大学除应遵守《大学令》第3条及第21条所规定外，还应开具下列事项呈请教育总长认可：目的、名称、位置、学则、学生定额、地基房舍之所有者及其平面图、经费及维持之方法、开校年月、代表人之履历及代表人亲笔签名；代表人对该校负完全责任，代表人的变更应详具理由并呈请教育总长认可；校地、校舍、校具及其他需要者均须符合标准；教员资格须是在外国大学毕业者，或在国立大学或经教育部认可之私立大学毕业并积有研究者，或有精深著述且经中央学会评定者；校长须是工作1年以上的教员才得以充任；若校长、教员一时难得合格者充任，得延聘相当之人充任，须呈请教育总长认可；学则应规定入学资格、修业年限、学科、学科目、学科程度、学年、学期、休业日、入学、退学、升级、毕业、惩戒事项、学费事项等；各学科的授业时间及学生应选修之科目由校长订定并呈报教育总长；私立大学因事废止须详具理由及处置学生之法，呈请教育总长认可。

1月19日 北京政府教育部公布《视学规程》17条，全国划分为8个视学区：（1）直隶、奉天、吉林、黑龙江；（2）山东、山西、河南；（3）江苏、安徽、浙江；（4）湖北、湖南、江西；（5）陕西、四川；（6）甘肃、新疆；（7）福建、广东、广西；（8）云南、贵州。蒙古、西藏作为特别视学区域。每区域派视学2人视察该区教育行政、学校教育、学校经济、学校卫生、社会教育及其设施状况，以及教育总长特命视察事项。各区域视察分定期及临时两种：定期视察每年自8月下旬起，至次年6月上旬止。临时视察依教育总长特别命令行之。

1月20日 李登辉任私立复旦公学校长，召集旧生复学，另添新班。因吴淞校址为军队所占，借徐家汇李公祠为校舍，重新开课。李登辉（1872—1947），字腾飞，福建同安人，美国耶鲁大学文学士，曾任《共和西报》主笔、私立中国公学教授、中华书局英文主任、复旦公学教务长等职。

1月28日　临时大总统袁世凯准教育总长范源濂辞职，以海军总长刘冠雄兼署。刘冠雄（1861—1927），字敦诚，号资颖，福建闽县人，曾任北京政府海军总长、福建省都督、福建镇抚使、闽粤海疆防御使等职。

2月24日　北京政府教育部公布《高等师范学校规程》35条，规定高等师范学校分预科、本科、研究科，并须设专修科和选科；本科分国文部、英语部、历史地理部、数学物理部、物理化学部、博物部，通习伦理学、心理学、教育学、英语和体操6科目，并规定了各部分习科目；预科科目为伦理学、国文、英语、数学、论理学、图画、乐歌、体操，研究科就本科各部择2—3科目研究，师范学校及中学校某科教员缺乏时设专修科，选科为顾充师范学校及中学校教员者设之；预科、本科学生总额须在600人以下，预科学生定额150人，本科各学级国文部、英语部、历史地理部定额各30人，其他各部为20人，研究科及专修科无定额，具体数额由校长订定呈请教育总长认可；修业年限方面，预科1年，本科3年，研究科1年或2年，专修科2年或3年，选科2年以上3年以下，本科三年级学生和专修科、选科最后学年的学生须在附属中小学实习；预科和专修科入学资格为身体健全、品行端正的师范学校、中学校毕业生，或有同等学力者、由省行政长官报送并有保证人具保证书送校长试验收录，本科由预科毕业生升入，研究科公费生由校长在本科及专修科毕业生中选取，在本国或外国专门学校毕业的从事教育、有相当学识经验者经校长认可得以自费入研究科；公费生免学费、膳食费和杂费，其费额由校长预算呈请教育总长核定，自费生的人数及费额由校长酌定呈请教育总长认可；本科公费生毕业后至少须服务6年，经教育总长特别指定职务及服务于边远之地者至少服务4年；专科公费生毕业后至少须服务4年，经教育总长特别指定职务及服务于边远之地者至少服务3年，本科自费生和专修科自费生服务年限均为公费生的一半；本科和专修科毕业生因自身原因未能履行服务义务的可令其偿还学费。

2月　根据《高等师范学校规程》，北京高等师范学校分设预科和本科，本科设国文部、英语部、历史地理部、数学物理部、物理化学部和博物部。

3月1日　复旦公学举行开学典礼。新任校长李登辉由董事长王宠惠和校董于右任陪同，正式上任。王宠惠（1881—1958），字亮畴，广东东莞人，耶鲁大学法学博士，曾任南京临时政府外交总长、北京政府教育总长、南京国民政府司法部长、外交总长等职。

3月11日 穆德（John Mott）在上海召开外籍基督教传教士大会。大会决定要从战略的观点出发，进一步在中国调整、扩大教会大学。穆德（1865—1955），又名慕德，美国人，新教国际组织领导人，普世教会运动的积极倡导人和推行者，曾获诺贝尔和平奖。

3月17日 北京政府稽勋局通告北京及各省大学、专门学校、高等学校、中小学校："嗣后对于烈士后裔及革命出身人员，贫苦不能自给者，持有本局证书，一律免收学费，按其程度分配何校何级，但学校以国立及各省官立为限。"

3月19日 临时大总统袁世凯准兼署教育总长刘冠雄辞职，改以农林总长陈振先兼署。陈振先（1877—1938），字铎士，广东新会人，加利福尼亚大学农艺学博士，曾任清政府翰林院编修、北京政府总统府顾问、安福国会参议员、北京税务学校校长兼经济学教授等职。

3月 东方医科大学并入金陵大学，更名为金陵大学医科，以"输灌西洋医学新术、造就中华医士，且冀将来之有志医学者皆得毕业于完全之医校而不旁出于寻常医院"为宗旨。

春 明德大学改设于北京，设商科及政治经济科，聘章士钊为校长。

4月7日 北京政府教育部公布《高等师范学校课程标准》，规定本科国文部、英语部、历史地理部、数学物理部、物理化学部等部的学科目、学年、学期、周课时等。

4月12日 由北京政府拨款84,500两白银为开办费、租得北京前门内西城根愿学堂为校址的国民大学及附属中学在北京开学，学生共980余名，黄兴任校长，由彭允彝代行校长职务，"二次革命"后改为私立。彭允彝（1878—1943），字静仁，湖南湘潭人，日本早稻田大学政治经济科毕业，曾任南京临时政府参议院议员、北京政府教育总长、私立民国大学校长等职。

4月17日 熊希龄呈请袁世凯，将财政部拨发公债票作为私立中国公学常年经费。

4月24日 北京政府教育部训令："师范教育应理论与实习并重。"

4月 私立中华学校迁入旧粮道署并呈请教育部改为大学。

5月1日 临时大总统袁世凯准兼署教育总长陈振先辞职，令次长董鸿祎暂行代理。董鸿祎（1878—1916），字达甫、恂士，湖北仁和人，清末举人，早稻田大学毕业，曾任清政府学部候补主事、北京政府教育部秘书长、教育部次长等职。

5月27日 国立北京大学预科学生复就考试问题向校长何燏时提出询问，与何激烈争执，学生胁迫何写悔过书并辞职。

5月28日 国立北京大学预科学生在校内遍贴告白，反对《大学规程》中关于"非遵照本规程办理者"其预科"毕业生应行入学试验"之规定，并反对校长何燏时所发举行入学试验的布告。

5月29日 北京政府教育部代总长董鸿祎，就北京大学预科生反对升学考试事，向校长何燏时发布指令：预科学生"借端生事""聚众要挟""目无法纪"。命何"查明为首之人，立即斥退"。何接此指令后，即于次日将此次学潮中之学生代表8人"斥退"，并通知军警入校弹压。

5月31日 北京政府教育部代总长董鸿祎令国立北京大学校长何燏时"昨日午后预科学生聚集二百余人拥至本署大门之内，演说拍掌、肆无忌惮，似此举动竟学校管理规程于不顾，尚复成何事体。此次滋扰情形，除该校查明斥退之学生外，多胁从附和之人""勒令即日出堂""安心上课""倘有不遵约束""及先时既未因事请假至火曜日仍不上课者，即由该校长查明革退，是为至要"。

5月 清末官立中等工业学堂并入江苏省铁路学堂，定名为"江苏省立第二工业学校"，聘刘勋麟任校长。刘勋麟（1879—1941），字百荷、北禾，江苏武进人，曾任清政府内阁中书、江苏提学司学务公所实业科科长、苏州官立中等工业学堂机织科主任、江苏公立苏州工业专门学校校长等职。

6月2日 北京政府国务总理、教育总长段祺瑞对《北京大学何燏时呈大总统陈明学生聚众迫胁情形请查核文》作出批示，文曰："北京大学为全国模范，关系重要。乃至去年以来，该校学生屡滋事端、毫无顾忌，今日竟有在校开会迫胁校长辞职情事，谬妄已极，应由教育部将滋事学生严切查办、毋稍宽假。嗣后关于教育行政，一以整齐严肃为主，以端士习而挽学风为至要。"

同日　临时大总统袁世凯因国立北京大学学潮，发布《注重德育整饬学风令》。指出："教育本原，首重道德，古今中外殆有同规""乃考察京外各学校，其管理认真日有起色者实不多见，大都敷衍荒嬉，日趋放任，甚至托于自由平等之说，侮慢师长，蔑弃学规"。"着教育部行知京师各学校校长，并督饬各省教育司长，凡关于教育行政，一以整齐严肃为主。学生有不守学规情事，应随时斥退，以免害群而示惩儆。"

同日　《民立报》自本日起，连续发表评论及报道，声援北京大学预科学生，指斥何燏时"违法考试""拥兵自卫"；揭露董鸿祎派军警到校，"阳称防护，阴实监督"。

6月3日　北京留法俭学会所办留法预备学校，第2班学生40余人预备期满，离京赴法。

6月6日　北京政府教育部代总长董鸿祎为防止学潮继续扩大，再令北京大学校长何燏时："即将现时在校之预科学生暂行解散。俟暑假后开学时，除已被斥退之8人外，凡现经请假出校诸生均准回校。"

6月8日　南京私立民国政法大学全体学生1,000余人，因要求省议会将该校改为官立，遭校方阻挠，举行罢课。

6月17日　北京政府国务总理、教育总长段祺瑞对《北京大学何燏时呈大总统陈明办理大学情形并恳辞职文》作出批示。文曰"兴学育才为今日当务之急，正赖群策群力、相与有成，应仍遵照前令，妥为办理。所请辞职之处，暂毋庸议"。

6月18日　北京政府教育部训令各省教育司：各处私立专门学校呈请立案者不下数十起，而"此项学校，系教授高深学术，养成专门人才，关系至巨"。为此，各省之私立专门学校应由各省教育司长，"就近切实查明，加具考语，报部核办"。

6月29日 江苏省教育会开会,举张謇、黄炎培为正副会长。黄炎培(1878—1965),号楚南,字任之,江苏川沙县人,清末举人,创办中华职业教育社和中华职业学校,参与筹办南京高等师范学校、河海工程专门学校、国立东南大学、上海商科大学等高校,曾任北京政府江苏省教育司司长、中华人民共和国中央人民政府委员、政务院副总理兼轻工业部部长、全国人大常委会副委员长等职。

6月 美国教育家孟禄(Paul Monroe)来华,劝告江苏省教育司司长黄炎培,应注意实业教育与学校卫生教育。孟禄(1869—1947),美国人,曾任哥伦比亚大学师范学院教授、院长等职。

7月1日 清华学校举行第1届学生毕业典礼,宣布侯德榜、王正序等16人于是年夏赴美留学。

7月7日 经北京政府教育部派员实地考察后,决定在东厂口原方言学堂旧址,延用原方言学堂师资及图书设备,筹办国立武昌高等师范学校,并任命贺孝齐为校长。贺孝齐(1885—1945),字伯仲,四川永川人,早年就学于日本东京高等师范学校,曾任成都高等师范学校教务长、校长、武昌高等师范学校校长、北京政府四川省教育厅厅长等职。

7月17日 北京政府教育部公布《捐资兴学褒奖条例》9条,规定人民以私财创立学校或捐入学校,准由地方长官开列事实呈请褒奖;捐资至100元、300元、500元者,分别奖银质三等、二等、一等褒章;捐资至1,000元、3,000元、5,000元者,分别奖金质三等、二等、一等褒章;捐资至10,000元者,奖给匾额及金质一等褒章;以动产和不动产捐助者,折合银元计算,捐资超过10,000元者,随时由教育总长呈请大总统特定其应得褒章;银质褒章由县行政长官呈请省行政长官授予,金质褒章由省行政长官呈请教育总长授予,匾额及金质一等褒章由教育总长呈请大总统授予。本条例公布前3年捐资者也适用该条例。

7月28日 吴淞私立中国公学校址被上海讨袁司令部占用,学校停顿。

7月 大同学院购置南车站土地9亩,自建教室、宿舍楼各1座。

同月 朝阳大学正式成立,汪有龄任校长。汪有龄(1879—1947),字子健，浙江杭县人，日本法政大学毕业，曾任京师法律学堂教席、清政府商部商业杂志编辑、北京政府司法部次长等职。

8月4日　北京政府教育部公布《学校发给证书条例》，规范大学、专门学校及高等师范学校、中等以下学校的毕业证书格式以及大学、高等师范学校选科生修业证书格式；规定大学预科毕业生发给同本科一样的毕业证书，但专门学校与高等师范学校的预科毕业生不发给证书。

8月20日　北京政府教育部公布《经理欧洲留学生事务暂行规程》20条，规定裁撤留学生监督，改由教育部特派留学生经理员1人，经理留学各国学费事项，但留学俄国学费事项由使署兼管；经理员还应遵教育总长令，调查学生成绩、各处学校情形和学术事项；设事务所于比利时；留学生须将留学相关信息在经理员处备案；并规定了留学英、法、德、比4国的往返川资、治装费及每月学费数额，留学生中途转学须经理员提前3个月申请、由教育总长核准后方得转学。

8月26日　北京政府外交部任周诒春为清华学校校长，赵国材为副校长。赵国材（1879—1966），字月潭，上海人，威斯康辛大学政治学硕士，曾任清华学校代理校长、北京政府驻华盛顿教育使团代理团长、团长等职。

8月28日　北京政府教育部发布《学生不得投身政党训令》，谓："本部迭接直隶、山东等省都督、民政长函电，现在党派纷歧，学生往往入党，因党荒学，流弊滋多。嗣后各校职教员遇有此等学生，务宜切实告戒，使之专心向学，如屡戒不悛，应即按照学校管理规程予以惩戒，或径令其退学，毋稍姑宽。"

9月11日　临时大总统袁世凯特任汪大燮为教育总长。

9月　保定高等学堂并入北洋大学校。

同月　北京私立民国大学创立，汪有龄任校长。1914年5月得到教育部认可。

10月1日　《教育部指令（第213号）》令国立北京大学校长何燏时："本部上年规画全国国立大学，拟定四区，北京以外尚有三校，方冀国力稍纾，将来次第兴办。本部职司教育，但有整顿之意，并无撤废之心。惟设立大学区域具有规画，总需建筑合法，地点适宜，本为谋学子便利起见。现在北京大学原系旧住房改设，均不甚合，若就城外拟建之大学，屋宇工程浩大，此时无此财力，且京津咫尺，与北洋大学距离太近，于学区分划之意，亦嫌不符。查北洋大学开办多年，成绩尚优，建筑地点均合大学之用，倘能将北京大学与北洋大学合并改组，以谋扩充，则事半功倍，轻而易举，撙节经费犹属余事。总之，本部所筹画者在合并，以图积极之进行，本非停校废学之意。原呈专就停办立论，似属误会。"

10月8日 北京政府国务总理熊希龄、教育总长汪大燮对《北京大学校长何燏时呈大总统吁恳维持大学并准立予罢斥、请采择施行文并批》，何文曰："吾国国立大学仅只北京一校，只以财政困难不能力图扩充""惜此小费一校不存，致使莘莘学子依赖外人，固属有失国体，而教育之实权势必旁落。""总之，办理之不善可以改良；经费之虚糜可以裁节；学生程度之不齐可以力加整顿；而此唯一国立大学之机关，实不可遽行停止。""仍恳立予罢斥，另任贤能，留此一线之延，以为整顿之地，学界幸甚，民国幸甚。"熊、汪文曰："据呈已悉，大学办法已饬教育部妥筹办理，该校长所请辞职之处，暂勿庸议。"

10月15日 国立北京大学校长何燏时《呈教育部请维持大学并陈明辞职等情文》，文曰"除呈明大总统立予罢斥外，特此呈请钧部另请贤能，留此一线之延，以为整顿之地，学界幸甚，民国幸甚"。

11月2日 国立武昌高等师范学校开学。先招预科生124名。翌年9月开办本科，有英语、历史地理、博物、数学物理4部。

11月4日 美国北长老会、美以美会、监理会、浸礼会、基督会等筹设金陵女子大学，召开筹委会，推德本康夫人（Matila S. Calder）为校长，并暂租南京绣花巷李鸿章花园故址为校址，1915年9月正式开学。后圣公会、伦敦会、复初会等也参加合作。德本康（1875—1958），别名马提拉·柯，美国人，北美长老会传教士。

11月13日 北京政府教育部令国立北京大学工科学长胡仁源暂行兼管校中一切事宜。胡仁源（1883—1942），字次珊，号仲毅，浙江吴兴人，曾入日本仙台第二高等学校和英国推尔蒙大学学习，曾任交通大学教授、浙江大学教授、铁路管理科科长、北京政府教育总长等职。

11月22日 北京政府教育部通知各省：私立法政专门学校酌量停办或改为讲习科。文云："乃近者县邑之区纷纷设立法政专门学校"。"考其内容大率有专门之名，而无专门之实，创办者视为营业之市场，就学者藉作猎官之途径，弊端百出。"规定所有省外私立法政专门学校，非属繁盛商埠、经费充裕、办理合法、不滋流弊者，应酌情饬令停办，或改为法政讲习所。

12月8日 北京政府教育部就整顿私立大学发布《取缔私立大学之布告》："自布告颁行以来，京外各私立大学未另行报部者仍复不少；其中即有一二报部之学校，批阅其表册，或仅设预科、别科或仅设专门部；其余如学生资格冒滥用，学校基金毫无的款，种种敷衍不可胜言"。"所有私立大学，前经报教育部准予暂行立案者，自布告之日起，限三月以内遵照私立大学规程另行报部备查。并规定以后凡私立大学，须经教育部派员视察后，分别优劣以定立案之准驳，决不稍事姑息。"

12月18日 江苏民政长韩国钧令淞沪警察厅厅长包围民国法政大学，捣毁该校新同盟会机关部，逮捕该会会员。并将此事呈报袁世凯及国务院，后将该校取消，校舍封发。教育部据此，决定将江苏、浙江、安徽3省18所私立法政大学及专门学校概行停办改组。

12月19日 北京政府教育部因财政困难，《呈请大总统拟暂行停派留日学生》。

12月27日 北京政府教育部公布《留欧官费学生规程》18条，规定留欧官费生关于学务事宜，应呈请本部核办，并应署名盖章，不得赴各使馆纷扰；每月学费由本部统汇寄英京华比银行按月发给；各省及各机关所派学生之学费暂照原定之数支给；不得预支学费，所有暑假后应缴校金由部先行酌给再由该生学生中按月分扣；应将每年升学证书或其他学业成绩之凭证呈送本部、应于民国三年三月末日前遵照调查表式分别填注寄送本部、不得转学他校及改留他国、遇有不能升级时须证明其正当理由且不能超过两次、未毕业前不得请假回国、在留学期内不得同西人结婚，违者停止官费；毕业后两月以内应即回国，若有须实习者应先呈请教育总长许可；毕业后应将文凭寄送至本部查验方予发给川资；若更改住址或遇有本部委托调查事件应如期呈报。

同年 北京政府陆军部《呈大总统拟定军医学校校章请备案文》，指出"我国军医人才素患缺乏，将来军备扩张，势更不敷分配""整顿之方，非从教育入手无以为根本之计"；并拟定《陆军军医学校条例》27 条和《陆军军医学校教育纲领》16 条。

同年 直隶高等工业学堂更名为"直隶公立工业专门学校"，以"教授高等工业学术养成人才，又附设中学以造就升入专门合格学生"为宗旨，设应用化学科、机器科、预科和研究科。

同年 教育部公布《中央学会互选细则》13 条，规定中央学会会员之互选由中央及各省举行；互选日期由教育总长规定，于 1 个月以前公布；在国内外大学或高等专门学校 3 年以上毕业者，应于互选日期布告后 20 日内呈验毕业证书，合格者得列入中央或各省互选人名册；凡有高深著述、经中央学会评定者，由中央学会会长于互选日期布告后 10 日内送教育部列入互选人名册；互选采用记名投票法，中央及各省均于互选之次日开票，并须通知该地之投票者 2 人以上莅场监察；得中央及各省投票之数总和满 50 票以上者为当选，由教育总长给予当选证书。

同年 浙江医学专门学校添办药科，更名为"浙江公立医药专门学校"。

同年 云南法政学校更名为"云南公立法政专门学校"，设政治经济别科和法律别科。

1914 年（民国三年 甲寅年）

1 月 10 日　袁世凯下令解散国会。

2 月 7 日　袁世凯通令各省祀孔，以春秋两季行祀孔礼。

5 月 1 日　袁世凯宣布《中华民国约法》。

5 月 26 日　参政院成立，政治会议停止。

6月28日　第一次世界大战爆发。

7月8日　孙中山在日本成立中华革命党。

8月6日　北京政府发表中立宣言，公布《局外中立条规》。

9月3日　北京政府宣布，划山东省龙口、莱州及胶州湾附近地区为日德交战区。

9月20日　孙中山在东京召集中华革命党干部会议，定青天白日满地红为中华民国国旗。

11月29日　日、英联军攻陷青岛。

1月4日　大总统袁世凯任命胡仁源署国立北京大学校长。

1月17日　北京政府教育部公布《管理留学日本自费生暂行规程》13条，规定留日学生经理员依本规程管理留学日本自费生；自费留学日本学生资格须是中学以上学校毕业者，或者是中学以上各校教员；自愿留学日本者，应由其亲属或其他有关系者具呈本籍知事查核，并声明该生留学期内担保学费方法，由县转呈本省行政公署，经核准后应即给予公文并在经理员处备案存查；自费生抵留学国后应将所持公文呈送本省经理员并报明入国时期，并将留学国之住址、学校、学科及年级呈报经理员备查，毕业回国时应将毕业证书呈请经理员验明，如果年限、成绩相符，应由经理员发给证明书；若违以上程序，则经理员可以拒绝送学并否认其留学资格，教育部和本省行政公署亦可拒绝之；凡经本部认为合格之自费生毕业回国后得与官费毕业生享受同等待遇；留日学生应将留学期间的个人调查表、获奖情形、儆戒情形留存备案。

同日　北京政府教育部公布《经理留学日本学生事务暂行规程》34条，规定留日学生事务由教育部和各省派员经理，部派经理员1人，经理属于中央之官费生留学事务，各省可派1人或数省合派1人经理属于各省之官费生留学事务，自费生留学事务由经理员依据《管理留学日本自费生暂行规程》管理；经理员职责包括官费生和自费生送学事宜、官费生发费事宜、考核证明官费生出入留学国日期及收验官费生证书公文事宜、考核官费生和自费生品行及学业事宜、留学事项应行报告事宜、教育总长或各省行政总署或驻日公使临时安排事宜；还对留日官费生学费数额、支给名目及其他事项的具体管理程序进行了规范。

2月3日　北京政府教育部发布《关于并北京大学北洋大学为国立大学训令》，要求"仰即遵办"。

2月6日　北京政府教育部公布《侨民子弟回国就学规程》7条，规定侨民子弟15岁以上且在居留地侨民所设学校毕业者，在每学期开学前，呈由该管领事官保送回国就学，领事官可视具体情形酌加试验；国内学校在入学试验时得从宽录取，但以试验成绩所差10分以内；对国语不熟有碍听讲者，得为设国语补习科，但不得有碍正科；侨民回国后其入学就学事宜应由所在教育官厅介绍之。

2月10日　英国驻华公使特陈请英政府援照美国办法，"将中国认偿英国庚子赔款以后应交之七百九十五万元，全数退还，其款在汉口英租界设立大学一所"。

2月20日　北京政府教育总长汪大燮被免职，大总统袁世凯任命严修为教育总长。严修未到任前，由蔡儒楷代理。

2月　复旦公学本学期设法律专科班，招收新生60名。

3月16日　大总统袁世凯批署北京政府教育代总长蔡儒楷《呈大总统教育部拟暂设高等师范六校为统一教育办法》，呈文谓："高等师范学校为师范学校教员所自出，又为教育根本之根本。在前清时，由各省设立，办法不能完全，宗旨或有偏重，断无统一之可言。惟有将高等师范学校定为国立，由中央直辖，无论为校若干，悉以国家之精神为精神，以国家之主义为主义，以收统一之效。现在财政之艰，达于极点，一时辄设多校，国家断断无此财力。本部拟暂设六校，以为统一教育入手办法"。"刻下已成立者，惟北京、武昌两校，其余四校，虽因欠绌未能成立，而职责所在筹划不敢或缓"。批文曰："据呈已悉，交财政部妥为覆核，呈候察夺。"

4月9日　孔教会会长康有为发表《以孔教为国教配天议》，谓："孔子之道，溥溥如天"；"欲救人心，美风俗，惟有亟定国教而已，欲定国教，惟有尊孔而已。"并提议以孔子配天配上帝。

4月 云南公立法政专门学校开设商业本科及法律本科，1920年7月开设政治经济本科。

5月1日 大总统袁世凯特任汤化龙为教育总长。汤化龙（1874—1918），字济武，湖北蕲水人，曾任清政府湖北省谘议局议长、湖北省军政府民政总长、南京临时政府陆军部秘书处处长、北京政府参议院副议长、众议院议长等职。

5月9日 大总统袁世凯任命梁善济为教育次长。梁善济（1861—1941），字伯强，山西崞县人，清末进士，日本法政大学毕业，曾任清政府翰林院检讨、山西筹办谘议局局长、谘议局议长、北京政府众议院议员等职。

5月19日 北京政府教育部发布《准予北京各私立大学正式立案布告（第六号）》，布告称私立民国大学、私立中华大学、私立明德大学、私立中国公学大学部"四校应即准予认可，惟自此次布告以后，本部仍须随时派员视察各校办理成绩，以资督策，倘有半途废弛、成效难期者，本部即将认可之案宣布取消，以示限制而重学务"。

同日 北京政府教育部下令，各省筹设商业学校，"上以致国富，下以厚民生，民国前途，实利赖之"。

5月25日 北京政府国史馆成立，王闿运为馆长。王闿运（1833—1916），字壬秋，又字壬父，号湘绮，曾任清政府翰林院检讨、北京政府参议院参政等职。

同日 北京政府教育部公布《教育公报简章》，规定该报以"公布教育法令，登载关于教育之文牍及事实，译述学说，藉觇现时教育之状况，策励前途之进行"为宗旨。由教育部编审处编纂股按期汇纂发行，定名为"教育公报"。

5月 北京政府教育总长汤化龙递交《上大总统言教育书》，主张中小学校课读全经，定孔教为国教。

同月 孙中山在东京设立政法学校，以培育干部。

6月10日 中国留美学生在美国发起组织"科学社"，主旨为"传播科学知识,促进实业发展"。

6月15日 教育部通饬各学校管理员、教员及学生等矫正教育时弊,以切实贯彻施行袁世凯发布的"维持学校令""若不改良教育、整饬学风,何以为百年树人之计。应即责成教育部、分行主管司长,对于各学校力持严重主义,养成优美整肃之学风,一洗骄纵浮嚣之故习。建筑设备,务求俭朴,编订教科书,尤贵宗旨正大,以免分歧。近虽国家财力困难,诸待节缩,其固有之公私学校,各省民政长仍应切实考察、竭力维持。须知贫弱尚不足忧,惟教育不良乃真无富强之希望。切不可因噎废食,尤不可讳疾忌医"。

6月20日 直隶省教育会联合北京、山东、奉天、山西、黑龙江、陕西、湖北、安徽、江西、湖南、广东等省教育会,共同呈文大总统袁世凯,要求各省教育行政独立。

6月28日 教育部呈准筹办历史博物馆。

6月 直隶省当局将保定法政专门学校、天津高等商业专门学校、北洋法政专门学校合并,改称"直隶公立法政专门学校",设法律、政治、商业3科。

同月 日本在上海虹口设立的东亚同文书院,派学生到天津、北京、山东、安徽、河南、四川、云南、贵州、广东、广西等地调查。

夏 北京政府教育总长汤化龙发表讲话,主张禁止设立女子法政学堂,提倡良妻贤母教育。

7月6日 北京政府教育部公布《本部直辖专门以上学校职员任务暂行规程》14条,规定直辖专门以上学校设职员有:校长、学长、教务主任、教员、学监主任、学监、庶务主任、事务员,学长限于大学校用之,教务主任限于高等师范学校、专门学校用之;校长承教育总长之命掌理校务、统帅所属职员;学长或教务主任承校长之命掌理分科或主管学务、担任教课及审查教员之成绩具报校长;教员承校长之命襄同学长或教务主任掌理学生之教育;学监主任承校长之命掌管学生训育,学监承学监主任之命分掌管理学生事宜;庶务主任承校长之命掌理庶务、会计事宜,事务员承庶务主任之命分掌庶务、会计事宜;校长考核所属职员如有怠于职务者应酌量情形详报教育总长核办,但学监事务员得由校长自行核办。

同日 北京政府教育部公布《本部直辖专门以上学校职员薪俸暂行规程》20 条，规定凡专门以上学校教职员，除特别规定外，不得兼任他司职务；大学教职员的薪俸为：校长 400 元，学长 300 元，预科学长 300 元，学监主任 180 元，庶务主任 150 元，一、二、三级学监分别为 100、80、60 元，一等一、二、三级事务员分别 100、80、70 元，二等一、二、三、四级事务员分别为 60、50、40、30 元；高等师范学校及专门学校教职员的薪俸为：校长 300 元，教务主任 250 元，学监主任 160 元，庶务主任 120 元，一、二、三级学监分别为 80、70、60 元，一等一、二、三级事务员分别为 80、60、50 元，二等一、二、三、四级事务员分别为 40、30、25、20 元；专任教员薪俸，大学 180－280 元，大学预科 140－240 元，高等师范学校 160－250 元，专门学校 160－250 元，专任教员兼充学监主任者仍支专任教员薪俸、兼充学长或教务主任则不另支专任教员薪俸；专任教员每周授课时间要符合规定：大学 10 小时以上，大学预科、高等师范学校、专门学校均为 12 小时以上，专任教员兼充分科学长、教务主任等职得减规定时间三分之一；兼任教员按时计酬：大学 3－5 元，大学预科、高等师范学校、专门学校均为 2－4 元；对于服务 5 年以上、确有成绩的相关职员奖励全年津贴：大学校长 1,000 元、分科学长及预科学长 600 元、大学学监主任 400 元、支最高级薪俸的专任教员 600 元，大学预科支最高级薪俸的专任教员 400 元，高等师范学校及专门学校校长 600 元、教务主任 400 元、学监主任 400 元、支最高级薪俸的专任教员 400 元。

同日 北京政府教育部公布《本部直辖专门以上学校职员任用暂行规程》13 条，规定大学校长由大总统任命，高等师范学校及专门学校校长由教育总长任命并呈报大总统；专任教员均由校长延聘且须开具详细履历经教育总长认可；兼任教员、学监主任、庶务主任、学监、事务员均由校长延聘且须开具详细履历详报教育总长；大学分科学长及预科学长由校长就各科专任教员中推举 3 人详请教育总长选任，高等师范学校及专门学校之教务主任由校长在专任教员中指定且须详报教育总长；校长非专门以上学校毕业不得充任，但有荐任官以上资格、曾任教育职务满 3 年者亦可充任；教员及学监主任非专门以上学校毕业不得充任,但教员非由专门以上学校毕业而于某门学问具有专长者亦得充任;庶务主任及学监以曾任中等以上学校职员2年以上或曾办教育行政事务2年以上者充任;外国教员由校长延聘但须详经教育总长认可后方生效力。

7月8日 大总统袁世凯公布《奖学基金条例》13条,规定国家置奖学基金1200万元按年以其息金充奖学金费,存储于中国银行;教育总长兼任奖学基金监,掌基金本息及补充费出纳事务,其管理员由基金监委任酌给薪金;奖学金费分为学费、加奖或特派外国留学费、管理员委员薪金及其他关于奖学之费;全国设学资额1,200名,每名每年领取400元;凡中华人民在本国或外国高等学校毕业者提出论文或著述,经学术评定委员会评取后,领取学资,满4年为止;学术评定委员会评取论文或者著述认为学问优异者,得特别加奖或特派外国留学;受领学资人有薪俸每月百元以上时停止学资;每年春秋两季颁发学资,各发一半,其日期及颁发程序由基金监决定。

同日 大总统袁世凯公布《学术评定委员会组织令》11条,规定学术评定委员会掌阅各科论文、著述、奖励学问事务;设委员长1人,总理会务,由大总统从现任或曾任教育总长、教育次长、京师大学校长中选派;设常任委员5—10人,分校各科论文、著述,由大总统选派富有学识者充任;委员会因校阅各学科论文著述之必要,于常任委员外由委员长随时聘请硕学通儒为襄校员;委员长、委员薪俸为每月200—400元,由大总统定之,但委员长若以现任人员兼任时不支薪金,聘请员报酬由委员长定之;委员会每年将其经办事件呈报大总统1次;委员会得设事务员办理缮校及庶务,未尽事宜由委员长酌核办理。

7月10日 大总统袁世凯公布《修正教育部官制》19条,规定教育部直隶于大总统,设置总务厅、普通教育司、专门教育司、社会教育司,管理教育、学艺及历象事务。总务厅掌理事务包括有关直辖学校及公立学校职员、学校卫生、学校图书馆博物馆等修建、教育会议及教育博览会、本部经费及各项收入之预算决算及会计、学校经费及稽核直辖各官署之会计等事项;普通教育司掌理事务包括师范学校、中学、小学及蒙养园、特种学校、检定教员、地方学务机关设立变更等事项；专门教育司掌理事务包括有关大学、高等专门学校、实业教育、外国留学生教育、历象、博士会、国语统一会、医士药剂士考试委员会、各种学术会及学位授予事项；社会教育司掌理事务包括有关通俗教育、讲演会、文艺、音乐、演剧等事项；置教育总长1人，承大总统之命管理本部事务、监督所属职员并所辖各官署，并对各省巡按使及各地方最高行政长官之执行本部主管事务有监察指示之责；置次长1人，辅助总长整理部务；置参事3人，承长官之命掌拟定关于本部主管之法律、命令案事务；置司长3人，承长官之命掌各司事务；置秘书4人，承长官之命掌管机要事务；置视学16人，承长官之命掌学务之视察；置签事24人，承长官之命分掌总务厅及各司事务；置主事42人，承长官之命助理总务厅及各司事务；置技正1人、技士2人，承长官之命掌技术事务。

7月17日 大总统袁世凯任命汤化龙为学术评定委员会委员长。8月7日该会正式成立。

7月 "四川优级师范学校"改为"四川高等师范学校"，正式招生，分预科和本科，设国文部、英语部、数理部。

同月 北京政府教育部公布《民国二年度全国大专院校统计表（1913年8月—1914年7月）》，全国大专院校116所，其中大学7所，专科学校109所。学生数方面，大学1,371人，专科学校37,002人。师范学校314所，学生数34,826人。职业学校82所，学生数10,256人。

同月 欧化发表《十九世纪大教育家海尔巴脱之学说》，介绍海尔巴脱（Johann Friedrich Herbart）（今译赫尔巴特）教学法。

同月 教育部派员视察私立中华大学，认为中华大学组织健全，教学得法，学生成绩优良，为湘鄂所罕见，准予备案。同时，将女子部改为武昌中华女校独立办理。

8月12日 北京政府教育部公布《经理美洲留学生事务暂行规程》23条，规定美洲留学生经理员由教育部特派，经理教育部及各省遣派留学生学费事项，并配合教育总长调查学生成绩、各处学校情形和学术事项；留学美洲学生每月学费80美金，出国川资本国银500元，回国川资250美金，治装费本国银 200 元，不得支用任何他项费用；留学学费自抵留学国赴经理员处禀报之日起算至留学毕业之日止，学费按月发给 1 次，不得预支学费；留学生非毕业于原入学校或教育总长特许，不得转学他国或他校，欲转学者须 3 个月前将愿书及转学理由呈由经理员专请教育总长核准后方得转学；经理员出国川资和治装费与留学生相同，每月薪俸 400 元，办公费 100 元；各省发给学费应按期如数汇去，若逾期未汇者，可由经理员催寄，不得代为筹垫。

8 月 15 日 清华学校从全国招考的 10 名女生与 100 名男生，以及自费男女生若干人，乘船赴美留学。从本年起，清华学校每隔 1 年招考女生 10 名赴美留学。

同日 中国留美学生在美国欧柏林城组织俭学会。

8 月 20 日 北京政府教育部公布《修正经理美洲留学生事务暂行规程》，增加规定"各省所派学生之学费暂照原定之数支给，如各省有函电减成，核发者即照所减之数发给"，经理员出国回国川资及治装费改由教育总长酌给。

8 月 21 日 张謇在南京暂借江苏省咨议局房舍、聘请江苏省教育司司长黄炎培和前都督府秘书沈恩孚为学校筹备正、副主任，筹设河海工程专科学校。沈恩孚（1864—1949），字信卿，江苏苏州人，创建中华职业教育社，曾任北京政府江苏都督府副民政长、江苏省公署秘书长、同济大学校长等职。

8 月 30 日 江苏巡按使韩国钧批复在江苏设立高等师范学校，"由省委派校长，先行筹办"，定校名为"南京高等师范学校"；同时成立"筹办事务所"。韩国钧（1857—1942），字紫石、止石，江苏海安人，曾任清政府直隶省矿务局总办、北京政府江苏民政长、安徽巡按使、江苏省省长等职。

8 月 山西商业专门学校并入山西法政专门学校。

同月 南通女子师范学校附设刺绣科，由曾任京师农工商部绣科总教习的沈寿主其事。沈寿（1874—1921），初名云芝，号雪宧，江苏吴县人，曾在苏州、北京、天津、南通设立刺绣学校传授技艺，曾任南通女红传习所所长兼教习。

9 月 2 日 江谦被韩国钧委任为南京高等师范学校校长，聘郭秉文博士为教务主任，聘陈容为学监（后任学监主任），聘请教育部视学袁希涛、江苏省教育会正副会长沈恩孚和黄炎培为校"评议员"。1915年8月11日正式招生。江谦（1876—1942），字易园，道号阳复子，江西婺源人，曾任北京政府江苏省教育司司长。郭秉文（1880—1969），字鸿声，江苏南京人，哥伦比亚大学教育学博士，曾任南京高等师范学校校长、国立东南大学校长、国民政府工商部国际贸易局局长、财政部常务次长等职。

9月17日　大总统袁世凯申令："凡留学外洋曾在大学或专门学校毕业，领有博士、学士文凭者，归国后均应赴政事堂报名受验，以觇学识而备任使。"

9月21日　北京政府教育部就欧战爆发一事，通饬全国学生，"慎守我中立国的态度，言论、交际不可偏激。"

9月25日　大总统袁世凯发布《祭孔告令》，规定每年9月28日中央与各地方一律举行祀孔典礼。

9月　山西工业专门学校并入山西大学，附设专门部土木、机械、冶金3科。

同月　大同学院迁至南车站路401号。

同月　朝阳大学组织成立校董会，议定组织大纲，设法学院，含括法律学系、政治学系、经济学系、政治经济学系；文学院，含括中国文学系、哲学系、西洋文学系；商学院，含括银行学系、交通管理学系。随后，增设理学院、工学院及医农各学院。

12月8日　湘雅医学专门学校成立，设于长沙西城潮宗街，颜福庆任校长，逐渐形成了医学校、医院、护士学校三位一体的体系。颜福庆（1882—1970），字克卿，上海人，耶鲁大学医学博士、哈佛大学公众卫生学博士，曾任长沙湘雅医学专门学校校长、北京协和医学校副校长、全国医学会会长、国立中央大学医学院院长、上海中国红十字会总医院院长等职。

12月21日　北京政府教育部拟定公布《整理教育方案草案》。在教育宗旨上，主张"变通从前官治的教育，注重自治的教育""力避从前形式的教育，注重精神的教育""摒弃从前支节的教育，企图全部的教育"，提倡民办教育，主张于学校教育外加入社会教育；高等师范学校的设置均改为国立，经费由国家负担，"国立北京、武昌两校应切实整理以期完备""广州、成都省立之高等师范应认为国立，并查核成绩督促进行""南京、西安、长春三校应克期筹备、以次成立""校长由部委派，现任校长由省聘委者，均由部分别加饬委任""科目编制、教授均由部考核"；另外还主张大学实行单科制与综合制并行、专门法政教育官治与自治人才并重、专门实业及其他特种教育以克应社会需要为主、选送游学生由中央制定划一的方法以求实效等。

同年 国务卿徐世昌令法制局拟定《学校考试奖励法》。规定高等毕业生每年在各省垣会考1次，品端学优者，给以国士名衔；大学毕业生每3年在北京及各大学所在地会考1次，学有专长、品端学优者给以学士名衔；学士有专门著述，经大学院评认，可授以博士衔。高等和大学主考人员，由中央特简，各该地长官为助考员，高等以上按其所学分科考试，考试日期由中央政府临时规定。

同年 法国神父桑志华（Pere Emil Licent）在天津筹设北疆博物馆。1923年正式成立，藏品多华北发现之石器时代物品。桑志华（1876—1952），本名Paul Emile Licent（保罗·埃米尔·黎桑），法国博物学家、地质学家、古生物学家、考古学家。

同年 沈祖荣赴美国学习图书馆学。沈祖荣（1883—1977），字绍期，是中国获得图书馆学专业学位的第一人，参与发起中华图书馆协会，曾任武昌文华图书馆专科学校校长。

同年 国立北京大学农科大学改为"北京农业专门学校"，停办商科。

同年 北京私立国民大学与吴淞私立中国公学合并，改名"中国公学大学部"，设在北京，在上海保留中国公学的中学部及专门科。

同年 程吕底亚（Lydia Trimble）任校长的华英女子学堂开设大学本科一、二年级课程。程吕底亚（生卒年不详），女，美国基督教传教士，原籍加拿大，美国爱荷华州西弗特尔师范学院文科硕士。

同年 上海浸会大学改名为沪江大学，以"信、义、勤、爱"为校训，实行分科制，设教育、宗教、社会科学、自然科学4科。

1915年（民国四年　乙卯年）

5月9日　袁世凯承认日本提出的"二十一条"。

8月14日　杨度、孙毓筠、李燮和、胡瑛、刘师培及严复等组织成立"筹安会"。

10月8日　袁世凯正式公布《国民代表大会组织法》。

10月15日　筹安会改组为宪政协进会。

11月20日　全国各省国民代表大会国体投票，在各地军政长官亲临监督下全部结束。

12月12日　袁世凯通电全国，正式宣布接受帝位，改国号为"中华帝国"，以1916年为洪宪元年。

12月25日　蔡锷在云南宣布独立，组织护国军讨袁。朱德在滇南蒙自誓师讨袁。

1月1日　大总统袁世凯颁定《教育宗旨》，"宗旨凡七：曰爱国、曰尚武、曰崇实、曰法孔孟、曰重自治、曰戒贪争、曰戒躁进"。

1月13日　江苏省教育会开演讲会，余日章报告欧美国家在中国办理教育概况。

1月22日　大总统袁世凯颁布《特定教育纲要》，规定教育宗旨为注重道德、实利、尚武，并运之以实用，以命令颁布；各学校均应崇奉古圣贤以为师法、宜尊孔以端其基、尚孟以致其用；道德教育，以高尚涵养德性之法，宜师英美，以严重锻炼德行之法，宜师德国，以期其调和发达；明示教育趋向使人人知求学，系造就本身能力，用以开发社会无穷事业，非仅供官吏一部分之用；高等师范学校应由教育部统筹全国定为六师范区，其区内就适宜地点各建1校，其经费由部款支出，除北京、江宁、武昌、成都、广州外，可在西北或东北省份增加1学区；专门农工商医学校，除京师仍旧办理外，其各省省会及商会繁盛之区，得按照地方之需要酌量添设，由部款或省款支出,并奖励地方公立或私立;大学设置上,全国定为 4 区,每学区设大学 1 所,以发展理工农医为先、文商次之、法又次之;法政学校建设,每省设 1 所,由省立或地方公立,以养成自治人才为主;经学院,应于大学校外独立建设,按经分科,并佐以京师图书馆,以期发明经学之精微;国立文科大学宜注重研究中国文学、哲学、史学,并佐以考古院,以发扬国学之精神;提倡各省各处设立经学会,以为讲求经学之所;高等专门以上学校招班,宜严定考试入学之法;学位授予方面,除国立大学毕业应按照所习科学给予学士、硕士、技士各字样外,另行组织博士会,作为审授博士学位之机关,由部定博士会及审授章程。

1 月 中国留美学生胡明复、赵元任、周仁、秉志、章元善、过探先、金邦正、杨铨、任鸿隽等发起刊行《科学》杂志,"专以阐发科学精义及其效用为主""以饷国人",月出 1 册,分通论、物质科学及其应用、生物科学及其应用、历史传记等栏。在形式上以横行排列,并采用西式标点符号。胡明复(1891—1927),原名孔孙,后改名达,江苏无锡人,哈佛大学哲学博士,曾任私立大同大学、国立东南大学、私立南洋大学等校教授。赵元任(1892—1982),字宣仲,江苏武进人,哈佛大学哲学博士,曾任教于私立清华大学、中央研究院史语所、康乃尔大学、哈佛大学、耶鲁大学、加州大学伯克利分校等。周仁(1892—1973),字子竞,江苏南京人,美国康奈尔大学硕士,曾任国立中央大学工学院院长、中央研究院工程研究所所长、中央研究院院士、中国科学院工学实验馆馆长、冶金陶瓷研究所所长、上海冶金研究所所长、中国科学院上海分院副院长等职。秉志(1886—1965),字农山,原名翟秉志,河南开封人,康奈尔大学哲学博士,曾任国民政府中央研究院评议员、中央研究院院士、中国科学院学部委员等职。章元善(1892—1987),江苏苏州人,康奈尔大学文理学院毕业,曾任国民政府实业部合作司司长、经济部商业司司长、中华人民共和国政务院参事、全国政协委员等职。过探先(1886—1929),江苏无锡人,康奈尔大学硕士,曾任江苏省立第一农业学校校长、国立东南大学农艺系主任、金陵大学农林科主任等职。金邦正(1886—1946),字仲藩,安徽黟县人,康奈尔大学林学硕士,曾任安徽省立农业学校校长、国立北京农业专门学校校长、清华学校校长等职。杨铨（1893—1933），字宏甫，号杏佛，江西清江人，先后入康奈尔大学、哈佛大学攻读机械工程学、工商管理学等，曾任南京高等师范学校商科主任、东南大学工学院院长、中央研究院总干事等职。任鸿隽（1886—1961），字叔永，四川垫江人，康奈尔大学化学学士和哥伦比亚大学化学硕士，曾任北京政府教育部教育司司长、国立东南大学副校长、国立四川大学校长、中央研究院总干事等职。

2月11日 中国留日学生千余人冒雨在东京集会，反对日本政府提出的"二十一条"，大会决议："一、电请政府拒绝要求，并公布条件；二、以文字警告劝导海内外国民；三、拟定留日学生对外宣言；四、设立分机关于京沪；五、准备归国之办法。"

2月14日 中国留日学生选举驻京、沪代表。20日各代表由长崎回国，分赴京、沪等地。东京早稻田大学政治本科留学生李大钊编印《国耻纪念录》，揭露"二十一条"侵略实质，号召国民奋起自救。李大钊（1889—1927），字守常，河北乐亭人，中国共产主义运动的先驱，中国共产党的主要创始人之一，曾入东京早稻田大学政治本科学习，曾任国立北京大学教授、图书馆馆长等职。

2月20日 大总统袁世凯颁布《知事办学考成条例》10条，规定知事在任满一年后，由该管长官考核办理学务之成绩。考成方法分为奖励与惩戒。奖励分为颁给奖章、记名或进等、进级或加俸、给予金质或银质棠荫章、记大功或记功；惩戒分为除职、降等、罚俸、记大过或记过。考成之事包括：学校数之增减；学生人数之增减；办理之当否；学风之优劣。

2月21日 京兆教育会召开成立大会，推王桂照为大会临时主席，通过会章，选举赵允元为正会长，蔡以观、李播荣为副会长。

2月22日 教育部呈准《扩充北京高等师范教育办法》。拟扩充本、预科至12班，学生增至450人；又拟增设国文、手工图画、教育各专修科。

3月15日 河海工程专门学校举行开学典礼，隶属于水利局，聘请许肇南为校长。许肇南（1886—1960），字先甲，号石枬，贵州贵阳人，威斯康星大学电机工程学士及电气工程师，后入哈佛大学攻读工业经济和经营管理，曾任广东国立师范学校教授、河海工程专门学校校长等职。

3月 福建省基督教会在福州筹办福建协和大学，推选庄才伟（Edwin Chester Jones）为首任校长。庄才伟（1880—1924），原名埃德温·切斯特·琼斯，美国人，曾任福州英华书院教授、福建协和大学校长等职。

同月 私立中华大学获教育部正式认可。创办人陈宣恺为学校法人代表，陈时为代理人。陈时（1891—1953），字叔澄，湖北黄陂人，曾入日本东京宏文书院、中央大学、早稻田大学、庆应大学学习，曾任世界教育会议委员、中国教育学会理事、国民政府参政员、中华人民共和国湖北省政治协商委员等职。

春 西北大学撤销，改为公立陕西法政专门学校。

4月3日 张謇致函北京政府教育部："希望将纺织科列入出国留学资程之内，一同考派。"

4月23日 全国教育会联合会在天津召开第一次会议，到会代表51人，代表18个省区，至5月12日闭会。教育部派许寿裳参加。联合会以"体察国内教育状况，并应世界趋势，讨论全国教育事宜，共同进行"为宗旨。商定每年开会一次，在各省轮流举行。此次会议通过请将义务教育列入宪法，请设各省教育厅，改三学期为二学期，拟设教育讲演会，军国民教育施行方法，实业教育进行计划等项提案，报教育部。1926年后停止活动，组织无形解散。

4月 "中国基督教教育协会"第二届年会议决：请求西方差会向中国"'委派专家，考查高等教育机关'之意见"。

5月19日 私立朝阳大学被北京政府教育部正式立案认可。

5月 孙中山复函北京学生，揭露"二十一条"交涉真相。指出：袁世凯"以求僭帝位之故，甘心卖国而不辞，祸首罪魁，岂异人任？"号召进行反袁斗争。

同月 王宠惠就任复旦公学副校长，不久辞去复旦校董会董事长职务。

6月2日 北京政府教育部《批全国师范教育研究会干事陈宝泉禀全国师

范教育研究会准予备案（第七百五十九号）》，通过《全国师范教育研究会简章》。《简章》规定，本会"以谋全国师范教育之改良进步为宗旨"，现任或曾任高等师范学校、师范学校、女子师范学校的职教员为本会当然会员，会员资格还包括在本国或外国学师范毕业者以及有志于研究师范教育者；本会总事务所设在北京（暂在北京高等师范学校），各省应设分事务所；本会研究方法包括通信、参观、实验、报告、编译 5 种；本会遇有相当之机会（如全国教育会联合会开会时）得开大会，开会日期及地点由总事务所先期酌定；本会不设会章，每届开会由会员公推主席 1 人、副主席 1 人，执行开会事宜；本会经费来自：（1）会员入会时纳入会费 1 元、（2）会员年纳会费 2 元（每年 3 月收集）及（3）向各师范学校、各省教育会、总事务所、分事务所募集特捐。

6 月 19 日 北京政府教育部筹设直辖京师图书馆，由社会教育司司长夏曾佑兼任馆长。夏曾佑（1863—1924），字遂卿，号别士，浙江杭县人，清政府时期授礼部主事，参与创办《国闻报》，著有《最新中国学》《中国历史教科书》等。

6 月 21 日 大总统袁世凯发布《教育部呈定期召集全国师范学校校长会议拟定规程缮折呈鉴文并批令》，批准定期召开全国师范学校校长会议，并通过《全国师范学校校长会议规程》12 条和《全国师范学校校长会议规则》23 条。《全国师范学校校长会议规程》规定本会议以"师范教育之统一、使各校长交换意见、讨论方法"为目的，由教育总长主持开设于教育部，会议时期定于 8 月 10 日举行，期限以 2 周为限，但教育总长认为必要时可以延长期限；参会之师范学校校长以国立、省立、县立为限；师范校长赴会之旅费，除国立师范学校外，各由设立该校之行政长官以公费支给，私立师范校长亦得赴会，但其旅费应由自备；赴会前各校长应将本校办理状况具报告书陈教育总长；教育总长得派员参加讨论但不参与表决事项。《全国师范学校校长会议规则》规定各校长到会之前应赴教育部报道并送呈公文及报告书，会场由部指定前学术评定委员会会场充用，会议时主席由教育总长指定；议案须五人以上赞同署名然后编入议事日程按次会议；教育总长交议事件应派员出席说明理由，会议应优先议决；还对座位秩序、发言顺序和表决程序进行了规定。

6月 在蔡元培、吴玉章等支持下，李石曾及李广安、张秀波、齐云卿等法国巴黎华工组织留法勤工俭学会。该会以"勤于工作，俭以求学，以进劳动者之智识"为宗旨。

同月 洛克菲勒基金会购置"北京协和医学堂"全部资产更名为"北京协和医学院"。

7月 北京政府教育部公布《民国三年度全国大专院校统计表（1914年8月—1915年7月）》，全国大专院校102所，其中大学7所，学生730人；专科学校95所，学生31,346人。师范学校231所，学生26,679人，职业学校82所，学生共9,600人。

8月10日 北京政府教育部召开全国师范校长会议，派参事许寿裳、司长伍崇学、佥事张邦华、视学张继煦为出席会议委员，饬北京高等师范学校校长陈宝泉为会议主席。

8月13日 全国师范学校校长会议举行开会式，大总统袁世凯训词，提出"强国之本在于普通教育之发展，而国民普通教育之兴替又以师范教育之兴替为衡""师范人才与国家之兴衰有密切之关系，不注重师范教育是为根本之损失，即无教育之可言"。

8月28日 北京政府教育部公布《管理留欧学生事务规程》27条，规定教育部及各省所派之留欧学生事务由留欧学生监督管理之，留俄学生事务由驻俄使馆经理；留欧学生监督由教育总长派员充任并呈报大总统备案，设事务所于欧洲适宜地方并详报教育部及各省行政公署，月支薪俸500元、事务所办公费300元，此外发电汇款等费及因公前赴各国旅费得核实报部，其负责事项包括：查核官费生留学证书上入国和出国证书日期，每年年终奖官费生分别学校、学科、年级及次年度毕业人数列表丛报教育部及分报各本省行政公署，并将全年度之留欧学务概况详报教育部备核，遇有留学生事务关系外交者应商请驻使主持，按月发给官费生学费，年终将收支清册同收据详报教育部及各省行政公署等。各省官费生之学费由原派省份按季汇寄留欧学生监督，官费生毕业后应将文凭送请监督验明，除核准实习者外应于两个月内启程回国，实习期限至多不得超过 1 年，留学期间非有特别理由经留欧学生监督许可者不得转学他校，不得请假回国；若两次不能升级或因疾病等因不能完成学业则停止资助。自费生管理，除了与学费资助有关规定外，其他与官费生等同。同时规定"民国二年教育部颁行之经理欧洲留学生事务暂行规程及留欧官费学生规约自本规程公布之日起即行废止"。

同日 全国师范学校校长会议闭会。此次会议讨论国民人格教育与生活教育的方法，师范学校读经方法，师范附属小学的筹画，师范国文教材的选择，对师范毕业生的考查，师范规程的修改等问题；对《整顿全国师范教育意见书》《女子师范特别注意之事项及进行意见》《师范教育进行方法意见书》等提案进行审议并形成报告。

8月29日 江苏省教育会召开第十一次常年大会。黄炎培报告新近游历美国考察教育情形。会议选张謇为正会长，黄炎培为副会长，沈恩孚等 16 人为干事。

8月 北京政府教育部决定恢复教育议事机关：（1）中央教育总会；（2）各省教育会；（3）各县劝学所。

同月 北京政府教育部拟定边省教育计划草案，其内容："一、边境区域之考察；二、办理边境教育之次第等级；三、特设边地学务委员会；四、组织边地教育调查会；五、就学生徒之选送；六、注意边地生活所必需之教育。"

同月 基督教女青年会设立上海女子青年会体育师范学校，以培养中等以上的体育师资为宗旨，吸收各地教会学校和公立学校选送的学生入学，第一年招 1 年制的体育简易班，梅爱培（Abby Shaw Maybew）任校长，陈英梅任副校长。梅爱培（1864—1954），女，美国人。陈英梅（1890—1938），女，生于香港，体育学学士。

9月2日 北京政府教育部批准京师学务局呈核之《教会人民设学立案特别规定办法》，规定学校名称不得冠用某教设立字样，校地、校舍须与教会地址划分清晰，即使是有权就教会附近堂室设学者也应将学校所占房舍作为学校借用或租赁；学校经费由出自教会资助者，应作为学校寄附金之一种，不得认为教会担任经费或补助；学校一切办法悉遵照教育部颁布法令与章程办理；学校内授课不宜涉及宗教论说，亦不得沿用宗教仪式；招收学生宜取大同主义，不得专收教会中人，对于未入教之学生不得歧视或强迫入教。

9月3日 受东吴大学校长葛赍恩（John W. Cline）委派、由美国律师兰金（C. W. Rankin）主持创办的东吴大学法科正式开学，主要培养比较法学、国际法人才，招收在其他大学文理科学习两年的报考生，再学3年法律，方可毕业。兰金（生卒年不详），美国人，律师，曾任教于私立东吴大学。

9月6日 北京政府教育部设立通俗教育研究会，以"研究通俗教育事项、改良社会、普及教育"为宗旨，分小说、戏曲、讲演三股。鲁迅担任通俗教育研究会小说股主任。

9月10日 北京政府教育总长汤化龙因病请假，袁世凯任命章宗祥兼代教育总长。

同日 南京高等师范学校开学，首招收国文部预科、理化部预科各1班和国文专修科一级。

9月15日 陈独秀主编的《青年杂志》在上海创刊。陈独秀发表《敬告青年》一文，向青年提出六项希望：一、自主的而非奴隶的；二、进步的而非保守的；三、进取的而非退隐的；四、世界的而非锁国的；五、实利的而非虚文的；六、科学的而非想象的。呼吁青年从消极、保守、退缩、闭塞等思想影响下解脱出来，树立起积极、进取、追求实利和科学的精神，向腐败的封建意识战斗。并明白宣告：不论什么事物和观念，如果经理性和科学判定为不合于现今社会的，即令它是"祖宗之所遗留，圣贤之所垂教，政府之所提倡，社会之所崇尚，皆一文不值也"。陈独秀（1879—1942），原名陈乾生，字仲甫，号实庵，安徽怀宁人，曾就学于日本东京高等师范学校，新文化运动的倡导者、发起者和主要旗手，中国共产党的主要创始人之一和党早期主要领导人，曾任国立北京大学文科学长、中国共产党中央局书记等职。

9月 山西大学开办工科机械工学门。

10月1日 北京政府教育部公布《实业教员养成所规程》11条，规定实业教员养成所以造就甲种实业学校教员为宗旨，分为农业教员养成所和工业教员养成所两种，附设于性质相同之专门学校以内，其经费由省款支给；实业教员养成所设立及处数由省行政长官视地方情形定之，其设立、废止及变更均应详由省行政长官转报教育总长，学习科目参照《农业专门学校规程》和《工业专门学校规程》办理且须酌加教育学、教授法等科目，招收学生为中等学校毕业或同等学力者，修业年限为 4 年，就学期间不纳学费，毕业后须在本省服务 3 年以上，但经行政长官允许他往者不在此限。

10 月 5 日 汤化龙辞北京政府教育总长职，袁世凯任张一麐为北京政府教育总长。张一麐（1867—1943），字仲仁，号公绂，苏州吴县人，清末举人，历任北京政府总统府秘书长、机要局长、教育总长等职。

10 月 15 日 陈独秀发表《今日之教育方针》一文，主张教育方针应是"补偏救弊，以求适世界之生存"。提出教育须贯串的"四大主义"：一是现实主义，用科学和现实生活的教育来取代复古迷信的"理想主义"教育；二是惟民主义，用民主主义的教育来取代专制主义的教育；三是职业主义，用职业教育来取代空洞的伦理说教的传统教育；四是兽性主义，重视"意志顽狠，善斗不屈；体魄强健，力抗自然；信赖本能，不以他为活；顺性率真，不饰自文"。

10 月 25 日 留美学生发起的"科学社"正式成立，公举任鸿隽、赵元任等 5 人为第一期董事，杨铨为编辑部部长，旨在"提倡科学，鼓吹实业，审定名词，传播知识"。

11 月 20 日 《教育部呈遵筹官吏不得兼充学校校长及限制兼任教员办法请示文并批令》，"请示文"称"大总统谕京师各学校校长、教员有以行政、司法各官兼充者，殊与本职职务、教授时间两有妨碍，校长责任重要，断非现任官吏所能兼理，应由该部查明更换"；"一月以来连日往专门以上各校参观、听讲，其教员临时缺席者，所在多有全级学生同时停课，推其故大都以管理兼任者为多，在校长利用兼任者之官吏以敷衍人情，在学生亦欢迎官吏之教员，以为毕业后终南捷径""当今会同次长召集参事、司长、秘书各员及各校校长，几次详加讨论办法，除京师国立法政专门学校校长，现派法制局参事饶孟任接充，业经函达该局暂停本职外，其余国立、公立各学校校长，现无官吏兼任，均请毋庸置议，其私立各学校校长，如有现任官吏，应遵令更推非官吏之校长""拟请嗣后行政、司法各官吏在办公时间以内，均不得兼充教员。其有教授勤恳、生徒翕服及为学科所必须者，虽准兼充教员，要以所定教授时间必须在办公时间之外为限，并应将兼任时间报经本管长官认可，各该校校长亦应将各该教员所任学科及教授时间、现为何署职员，随时报明教育部，以昭核实。此项兼任教员之官吏，遇有因公出差时，尤应委托代理教员，不得任令缺席、致误课程"，等等。"批令"称"准如所拟，分别办理，即由该部通行遵照"。

11月 清华学校《清华学报》发刊。每季1册，分著述、记述、译述3大部，有中文本、英文本2种。

12月 任鸿隽发表《科学与教育》一文，论述科学与教育关系，主张应用科学方法研究教育问题。

1916年（民国五年 丙辰年）

1月5日 袁世凯颁布讨伐令，镇压云南护国军。

1月21日 外交部通告各国驻华公使：袁世凯暂缓登基。

3月 中央地质调查所成立。

3月22日 袁世凯宣布撤消帝制。次日废止"洪宪"年号，仍以本年为民国五年。

4月21日 袁世凯公布政府组织法，下令恢复责任内阁制。

6月7日 黎元洪就任中华民国大总统。

6月29日 北京政府声明恢复1912年所定的《临时约法》，并宣布重开国会。

7月12日 1,698名华工从天津大沽口乘船出发，开赴法国参加第一次世界大战。

11月19日 国民党籍在京议员450多人，由李根源联络，本日召开政学会成立大会。

1月8日 洪宪帝制期间教育部公布《修正师范学校规程》8章88条，在师范学校"教养学生之要旨"上，增加了"国民教育趋重实际宜使学生明现今之大势、察社会之情状、实事求是为生利之人而勿为分利之人"；师范预科、师范本科第一部、女子师范第一部均增加读经科目，并规定了读经科目的要旨及内容。

同日 洪宪帝制期间教育部公布《地方兴学人员考成条例》10条，适用于地方劝学所所长及劝学员、自治职员和学务委员；奖励的形式包括奖给匾额、给予金色或银色奖章、给予褒奖，惩戒的形式包括停职、减薪和训诫；应受褒奖之奖励或训诫处分者，由县知事详列事实详请该管长官行之；应受奖章之奖励及停职、减薪之处分者，由县知事详请该管地方最高级行政长官行之，并咨陈教育部；应受匾额之奖励者，由地方最高级行政长官咨陈教育总长行之。

1月15日 陈独秀发表《一九一六年》一文，批判维护封建专制政治的纲常名教，指出："儒家三纲之说，为一切道德、政治之大原。……缘此而生金科玉律之道德名词，曰忠、曰孝、曰节，皆非推己及人之主人道德，而是以己属人之奴隶道德一也。"号召摆脱"奴隶之羁绊"。

1月 私立中华大学开办法科大学本科经济学门，并经司法部认可。

同月 北京汇文大学、通州华北协和大学、北京华北女子协和大学等学校合并为燕京大学，司徒雷登（John Leighton Stuart）任校长。司徒雷登（1876—1962），美国人，生于杭州，曾参加建立杭州育英书院（即后来的之江大学），曾任美国基督教长老会传教士、南京金陵协和神学院希腊文教授、美国驻华大使等职。

2月15日 《青年杂志》第一卷第六号、《新青年》第二卷第一号，连载易白沙的《孔子评议》，该文指出孔子学说的缺点：（1）尊君权，漫无限制，易演成独夫专制之弊；（2）讲学不许问难，易演成思想专制之弊；（3）少绝对之主张，易为人所藉口；（4）但重作官，不重谋食，易入民贼牢笼。该文指出：孔子常被独夫民贼、野心家所利用，作"百世之傀儡"。

2月26日 洪宪帝制期间教育部拟筹设武昌商业专门学校，令汪济舟任校长。汪济舟（生卒年不详），湖北人，日本早稻田大学政治经济学毕业，曾任武昌商业中学和汉口银行讲习所教员、北京财政讲习所教务长等职。

2月 福建协和大学开学，将福州的英华、格致、三一及闽南的英华、寻源五所书院的学生并入该校，为该校的一年级学生。

同月 北京私立民国大学改名为"私立朝阳大学"。

3月8日 洪宪帝制期间教育部呈准《管理留美学生事务规程》28条，规定留美学生监督负责管理教育部及各省所派留美学生事务，由教育总长派员充任并奏请备案，设事务所于美国首都并将详细地址报送教育部及各省行政公署；应详加查核官费生赍送留学证书请求批明入国或出国日期，并注明年月日盖章发还；每年年终应调查官、自费生现在学校、学科、年级等项，按照部定表式分别列表丛报教育部并分报各本省行政公署；应将全年度之留美学务概况详报教育总长，遇有留学生事关于外交者应商请驻使主持；月支薪俸国币400元、事务所办公费国币300元，其他因公费用核实报部；按月发给官费生学费，年终应将收支清册连同收据详报教育部及各省行政公署。同时规定留美学生到美后应将所入学校及住址等分别呈报监督，毕业后须将文凭送请监督验明；毕业后应于2个月内启程回国，如尚须实习者，应陈明监督得其许可，非得教育总长许可不得逾期1年；非有特别理由、经留美学生监督批准者不得转学他校；留学期间除丁忧准假外，不准请假回国；自入学至毕业屡次考列优等或得有学校勤课褒奖者，留美学生监督应详请教育部加给褒奖；官费生每月学费美金80元、出国川资国币500元、回国川资美金250元、治装费国币200元，各省官费生之学费应由原派省按季汇寄留美学生监督。

3月15日 全国专门以上学校成绩展览会在北京开幕，历时1月，参展的有全国8所大学、6所高师、7所专门学校。评奖结果，以唐山工专为最优。

3月21日 洪宪帝制期间教育部采录"全国师范校长会议案"，涉及"师范教育应注重人格教育与生活教育之要旨及方法""关于女子师范特别注意之事项""资遣师范学校职教员游学游历办法"等8项。

3月29日 蔡元培、吴玉章、李石曾和法国巴黎大学历史教授欧乐（Alphonse Aulard）、穆岱（Marius Moutet）等人，在巴黎召开"华法教育会发起会"，举蔡元培、欧乐为会长，汪精卫、穆岱为副会长，吴玉章等为会计，李石曾等为书记。汪精卫（1883—1944），原名汪兆铭，广东番禺人，日本法政大学毕业，曾任国民政府委员、军事委员会委员、国民党中央政治会议委员、国民党第三届中央执行委员等职。

同日 北京政府教育部公布《教育部奖章条例》12条，规定"凡办理教育行政或学校教育、社会教育成绩卓著者，得依本条例之规定给予教育部奖章。"教育部奖章分一、二、三、四等4种，教育总长查有符合规定者，分别给予教育部奖章；各省区最高行政长官查有符合规定者，应开具履历、姓名、年限、成绩并拟给奖章等第，得咨陈教育总长核给教育部奖章，教育总长认为不相当时得减等或否认之。应受一、二等教育部奖章者，由教育总长呈明给予；应受三、四等奖章者，由教育总长核定给予，并登政府公报公示。

4月11日 北京政府教育部通知各省区筹议扩充师范，并饬各师范着意整顿。

4月18日 北京政府教育部通知驻南洋领事，每年选送华侨学生2名入清华学校肄业。

4月23日 大总统袁世凯任命张国淦为教育总长。张国淦（1876—1959），字乾若，号石公，湖北蒲圻人，曾任南京临时政府总统府秘书长、北京政府国务院秘书长、农商总长、司法总长、水利局总裁、中华人民共和国政协委员等职。

4月24日 北京政府教育部批准北京高等师范学校附设职工科并通过《北京高等师范学校附设职工科简章》。批文曰："该校拟附设职工科，虽不在实业学校规程范围以内，然于国民生计不无裨益，且兼为造就小学专科教员之准备，用意良佳，所拟简章及课程标准大致亦妥，应准试办。"《简章》规定本校为注重实业教育起见附设职工科，先从木工入手试办；本科以木工为主科，以修身、国文、算术、图画 4 科为辅科；入学资格以年在 15 岁以上 18 岁以下、曾在国民学校或高等小学毕业及与有同等之程度者为合格，学额以 30 人为限，学业 3 年；本科学徒具有高等小学毕业资格而于本科毕业成绩最优者，得令补习教育等科目，将来得充任小学专科副教员；本科学徒毕业后得由本校酌留服务 1 年，其择令补习者俟补习期满后应服务 2 年。

4月 南京高等师范学校特设体育专修科，以培养师范学校、中等以上各学校体育教师及地方公共体育场体育主任、管理员，学制 2 年。

5月1日 北京政府向日本横滨正金银行借款 10 万日元，用作留日学生学费。

5月11日 北京政府教育部公布《在校学生不得应各项考试通令》，指出"学生在校，以致力学问为当然之职分，若驰心外务，于课业既一暴而十寒，其结果将事倍而功半，殊与求学之旨有妨。近自各项考试令颁布以来，各校就学学生，不乏与法定资格相当之人，纷纷前往报名投考。在该生等无非欲以一日之长希图倖进""此风一开，将来举行考试之时，中等以上学校势必因此取舍进退，骤多缺额以致班次参差、教程凌乱，于教育前途殊多窒碍，急宜切实禁止、以杜流弊而重学业。嗣后在校就学学生一概不准应各项考试，如有托故请假潜往应考者，以违背学校规则论至。师范毕业生在服务期限之内，照章不得就教育以外之事业，亦应一体停职应考，以示限制而重师资。"

6月30日 北京政府任命孙洪伊为教育总长。孙洪伊（1872—1936），字伯兰，天津人，还曾任清政府直隶谘议局议员、北京政府众议院议员、内务总长等职。

夏 梁启超被推为上海吴淞私立中国公学校长，但因校舍被同济德文医工学堂暂时借用，上海吴淞私立中国公学遂又暂时停办。

7月12日 大总统黎元洪任命范源濂为教育总长。范源濂表示要"切实实行元年所发表的教育方针"，参仿英美两国教育制度，提倡"军国民教育"。

7月 北京政府教育部公布《民国四年度全国大专院校统计表（1915 年 8 月—1916 年 7 月）》。全国大专院校 104 所，其中大学 10 所，学生 1,219 人；专科学校 94 所，学生 24,023 人；师范学校 211 所，学生 27,975 人；职业学校 96 所，学生 10,551 人。

同月 范源濂提倡"祭孔读经"。鲁迅与教育部许寿裳、张宗祥等同人联名写信，反对"祭孔读经"。张宗祥（1882—1965），字阆声，号冷僧，浙江海宁人，曾任北京政府教育部视学、浙江教育厅厅长、中华人民共和国浙江省文史研究馆副馆长等职。

同月 大同学院增设英文专修科和数理专修科。首次招收女生，名为胡卓。

8 月 15 日 以蔡元培、李石曾、汪精卫为编辑主任的《旅欧杂志》半月刊在法国创刊。该刊"以交换旅欧同人之智识及传布西方文化于国内为宗旨"。

同日 中国留美学生在欧柏林组织的"俭学会"改为"欧柏林中国学生工读会"，提出"以半工半读为助成学业之方法，以节省费用为推广留学之方法"。

8 月 湖南省增设省立商业专门学校。

同月 由江苏省教育会之理化教授研究会、中华医药学会、中华医学会、博医会四团体组成的医学名词审查会召开第一次会议。

9 月 1 日 江苏省教育会常年大会提出提倡实施职业教育方法案，议决先组织职业教育研究会。研究会"以研究各种职业教育之设施，以及提倡推广方法为宗旨。"

同日 《青年杂志》出版第二卷第一号，改名为《新青年》。

9 月 7 日 北京政府教育部通知各省区：经国务会议议决，撤销 1915 年袁世凯颁行的《教育纲要》。

9 月 16 日 北京政府教育部向比利时义品公司借款 20 万元，用作北京大学建筑校舍费用。

9 月 19 日 北京政府教育部公布《大学分科外国学生入学规程》10 条，规定"大学分科得许外国学生入学，其全修分科某门科目，或选修一门，或数门中之数科目，均听入学生之便""外国学生全修分科某门应修科目，修业期满试验及格者，得授以毕业证书；选修数科目者，给以各该科目之修业证书";"领有毕业证书者,得与本国本科生一律称学士",教育部立案之私立大学除外;外国学生入学考试考核:开具学历书并呈明所得之学业证书、作中文一篇或以中文译成其本国文、笔记中国语讲义一段、以其本国文答作某门题一道或数道;外国学生学费、膳宿费与本国学生一律收受,自愿退学时须由其本国公使函致本部证明方准退学;本国学生应守之规程、命令、未经校长特许解免者及特为外国学生施行之规定,外国学生均须遵守。

9月20日 康有为的《致总统总理书》在《时报》发表,要求"以孔教为大教,编入宪法"。

9月 北京政府教育部通令各省女学,严定五条惩戒规则:"一、不准剪发,违者斥退;二、不准缠足,违者斥退;三、不准无故请假、结伴游行,违者记过二次;四、通校女生,不得过十四岁,如有隐匿冒混者记过;五、不准自由结婚,违者斥退,罪及校长。"

同月 山西大学开办文科国文学门、工科采矿学门。

同月 国立武昌商业专门学校正式开学,聘葛宗楚为教务主任,罗仲堃为斋务主任。葛宗楚(1880—1947),字次甫,湖北通城人,曾入日本高等商业学校学习,曾任北京政府教育部编修、国立武昌商业专门学校校长等职。

同月 马景融、蔡公时、吴非在北京发起创办私立民国大学。蔡公时(1881—1928),别号痴公,江西九江人,清朝贡生,日本帝国大学经济学学士,曾任大元帅府秘书、战地政务委员会外教处主任等职。

10月1日 陈独秀发表《驳康有为致总统总理书》,驳康有为拜孔尊教的主张。指出"定孔教为国教,不但违反思想自由之原则,而且违反宗教信仰自由之原则"。

10月12日 全国教育会联合会在北京开第二次大会,至25日结束,到会各省区代表五十余人,公推陈宝泉为主席、梁锡光为副主席。议决:"注意贫民教育,请设女子高等师范学校,请速设各省区教育厅,请速颁国歌等十四项提案,报教育部通告各省区。"

10月18日 北京政府教育部公布《选派留学外国学生规程》10条,规定教育总长认为必要时,通过检定试验成绩,从"曾任本国大学教授、助教授或专门学校高等师范教授 2 年以上者""曾经留学外国大学、高等专门学校、高等师范学校本科毕业者""本国大学、专门学校、高等师范学校本科毕业生"中选派留学外国学生，研究必须留学外国之学术和技艺。试验分二试，第一试由各省行政长官举行，考国文和外国文；第二试由教育部在京举行，考国文、外国文、试验成绩和口试；第一试不通过者，不能参加第二试。应派名数、留学地方、留学年限、研究科目、各省送备选学生名数及第二试考试日期由教育部先期议定，并对留学各国的每月学费、出国川资、回国川资和治装费进行了规定。留学生由教育部特派监督管理；自出国之日起到归抵本国之日止每月应将留学日记呈部或转由监督送部考核；有违背教育总长命令、贻误学业或其他不端行为时，得免其留学，其情节过重者应由部取消其已往资格之全部或一部。

10 月 蔡元培、吴稚辉、张一麐、黎锦熙等发起成立"中华国语研究会"，主张"言文一致""国语统一"。黎锦熙（1890—1978），字劭西，湖南湘潭人，曾任北京政府教育部教科书特约编审员、国立北京大学教授、私立燕京大学教授、国立北平大学第一师范学院院长、中华人民共和国中国科学院哲学社会科学部第一届学部委员等职。

同月 留美学生发起的"科学社"，经全体会议同意改称"中国科学社"，社章规定以"联络同志、共图中国科学的发达"为宗旨，该社主要职能为：发行《科学》月刊，采译各国科学书籍，编订专门名词，设图书馆、博物馆、研究所，组织科学讲演团，解决实业科学上疑难问题。

同月 教育部向日本横滨正金银行借款十万日元，用作留日学生学费。

11 月 1 日 陈独秀发表《宪法与孔教》一文，驳斥宪法草案中关于"国民教育，以孔子之道为修身大本"的规定，认为"以何者为教育大本，万国宪法，无此武断专横之规定"。提出"共和国民之教育，其应发挥人权平等之精神"，指出"欲建设西洋式之新国家，组织西洋式之新社会，以求适今世之生存，则根本问题不可不首先输入西洋式社会国家之基础，所谓平等人权之新信仰"。

11 月 26 日 蔡元培在浙江第五师范学校发表演说，《演说词》中指出，

"我国从前无所谓科学，无所谓美术，惟用哲学以推测一切事物，往往各家悬想独断""盖人有意志、情感、智识三者，斯三者并重而后可，从前吾国人恒偏于一端也。现今科学亦日益发明，乃以科学的方法纠正之矣"。"诸君须以所受知识，以研究，以实验，必推求其因果之所在，为将来活用之预备。但推求因果，颇费脑力，此脑力必须先炼成习惯""然补救脑力，亦有其法。其法维何？即注意美术。美术，如唱歌、手工、图画等是。不仅如此，其他如文字上之有趣味，足以生美感者，亦皆是。注意美术，足以生美感，既生美感，自不致苦脑力"。"今从科学上穿透因果之真理，则觉一切均可牺牲，于是往往抱厌世主义""此单重智识不及情感之顾，纯注意科学之流弊也。""欲救斯弊，阙惟美术，有美术，斯生美感。美感，不仅手工、图画、诗歌有之，无论何地何时，或何种科学，苟吾人具情感，皆可生美感。如见动物之一鸟一兽，植物之一草一木，以情感的观察，无一不具有美感也。但偏重美术，沉溺于美感，亦所不取，盖恐有谢绝事故、不讲人情之弊耳。"

11月 四川高等师范学校更名为"国立成都高等师范学校"，增设史地部、物化部、博物部，周翔任校长。周翔（1860—1927），原名凤翔，字紫庭，号嗣芬，四川彭山人，清末进士，曾任清政府刑部主事河南司行走、刑部员外郎、四川东文学堂监督、四川通省师范学堂监督、四川高等学堂总理等职。

同月 北京政府教育部以朝阳大学办学成绩卓著，颁给特别奖状。

12月1日 陈独秀发表《孔子之道与现代生活》一文，指出"孔子生长封建时代，所提倡之道德，封建时代之道德也；所垂示之礼教，即生活状态，封建时代之礼教，封建时代之生活状态也；所主张之政治，封建时代之政治也。封建时代之道德、礼教、生活、政治，所心营目注，其范围不越少数君主贵族之权利与名誉，与多数国民之幸福无与焉"。

12月3日 留学日本帝国大学、早稻田大学、高等工业学校、高等师范学校的中国学生发起组织"丙辰学社"，参加者47人。陈启修、杨栋林为执行部理事，陈瑾昆为评议部部长，该社以"研究真理，昌明学艺，交换知识，促进文化"为宗旨。陈启修（1886—1960），后改名陈豹隐，字惺农，笔名勺水、罗江，四川中江人，曾任国立北京大学法科教授兼政治门研究所主任、武汉《中央日报》总编辑、省立重庆大学商学院院长等职。陈瑾昆（1887—1959），又名文辉、辉庭，字克生，湖南常德人，曾任北京政府最高法院院长、国立北京大学教授、私立朝阳大学教授、中华人民共和国第一至第三届全国政协委员会委员等职。

12月11日 蔡元培在江苏省教育学会发表《教育界之恐慌及其救济方法》的演讲，指出"恐慌维何？在高小学生毕业后，不能悉入中学。""阙有三因：第一，高等教育之缺乏；第二，实业教育之缺乏，致中学毕业生不能应社会上之用；第三，道德心缺乏。吾人既定此三端，为教育界恐慌之原因，是当于此三端而商榷其补救之方法"。"就第一因言之，我国今日欲筹设高等教育机关，且欲如欧、美各国之设施，一律完全无缺，就种种方面观察，三数年后，实万万不能办到。""故此一问题，惟有假作不成立，今日姑不讨论。今且就第二、第三两因，研究其补救之方法。简言之，即实质救济与精神救济而已。""注重职业教育云云，吾并非主张大加改革，不过于普通教育时间内，因地制宜，酌加农、工等科；一方面多设甲、乙种实业学校，使小学、中学毕业者，步步衔接，可以志愿入校""说者谓救济道德，莫如提创宗教""美术实可代宗教""今日学校中，虽亦有音乐、图画，然而美感教育，终叹衰退""至实业教育，亦宜与美感教育调和，若农业与自然之美，工业与美术之美，在注重美育发达，人格完善，而道德亦因之高尚矣。"

12月26日 大总统黎元洪任命蔡元培为国立北京大学校长。

同年 清华学校提出筹办大学的计划，得到外交部的批准。每年选派专科生10名。后又增加津贴生，凡在美国大学本科二年级肄业之私费生均可申请。

同年 美国教会设立之岭南学校改组为岭南大学，始分文、理两科，后扩组为文、理、农、工、医5学院。

1917年（民国六年 丁巳年）

3月4日 公民尊孔会在上海成立，张勋、康有为被推举为名誉会长。

3月14日　因德国潜艇击沉载有450名华工的法国邮船，北京政府外交部照会德国驻华公使，宣布断交。同时宣布收回天津和汉口的德国租界，解除中国境内的德军武装，停付德国赔款和欠款。

7月1日　张勋拥清废帝溥仪复辟。13日溥仪再次宣布退位。

8月1日　冯国璋从南京抵达北京，就任中华民国代理大总统。

8月14日　北京政府发布大总统布告，正式对德、奥宣战。

8月25日　国会非常会议在广州开幕，成立军政府，作为西南各省的中央政府。

9月10日　孙中山在广州就任军政府大元帅。

9月26日　广州军政府对德宣战。

10月7日　协约国7国公使照会北京政府外交部，从10月1日起，庚子赔款延缓5年交付。

11月7日　俄国十月革命爆发。

1月1日　胡适在《新青年》发表《文学改良刍议》一文，提出文学改良主张："言之有物""不摹仿古人""讲求文法""不作无病之呻吟""务去烂调套语""不用典""不讲对仗""不避俗字俗语"。胡适（1891—1962），曾用名嗣穈，字希疆，学名洪骍，后改名适，字适之，安徽绩溪人，哥伦比亚大学等校博士，倡导白话文学，推动新文化运动，曾任私立中国公学校长、国立北京大学校长、国民参政会参政员、驻美大使、中央研究院院长等职。

1月4日　蔡元培到国立北京大学校就任校长职。

1月8日　北京政府教育部派黄炎培、郭秉文、陈宝泉、蒋维乔、张渲、韩振华六人，组成考察团赴日本、菲律宾考察教育。蒋维乔（1873—1958），字竹庄，江苏武进人，曾任国民政府江苏省教育厅厅长、国立东南大学代理校长、私立光华大学文学院院长等职。张渲（约1886—1945），字绶青，河北东光人，早年留学日本，曾任北京政府教育部主事、视学、国立武昌高等师范学校校长等职。

1月9日　蔡元培对国立北京大学师生发表就职演说，对师生提出3点要求：(1) 抱定宗旨："诸君来此求学,必有一定宗旨,欲知宗旨之正大与否,必先知大学之性质。今人肄业专门学校,学成任事,此固势所必然。而在大学则不然,大学者,研究高深学问者也。"(2) 砥砺德行："诸君肄业大学,当能束身自爱……诸君为大学学生,地位甚高,肩此重任,责无旁贷,故诸君不惟思所以感己,更必有以励人。"(3) 敬爱师友："教员之教授,职员之任务,皆以图诸君求学便利,诸君能无动于衷乎?自应以诚相待,敬礼有加。至于同学共处一室,尤应互相亲爱,庶可收切磋之效。不惟开诚布公,更宜道义相勖,盖同处此校,毁誉共之。"

1月11日 国立北京大学校长蔡元培正式致函北京政府教育部请陈独秀担任国立北京大学文科学长。全文后附履历一份："陈独秀,安徽怀宁县人,日本东京日本大学毕业,曾任芜湖安徽公学教务长、安徽高等学校校长。"

1月13日 北京政府教育总长范源濂签发"教育部令"第3号："兹派陈独秀为北京大学文科学长。此令"。

1月26日 北京政府教育部通咨各省："留学日本东京暨广岛高等师范毕业生,应令考察该国教育状况。"

1月27日 国立北京大学校长蔡元培在国立高等学校校务讨论会上,提出改革大学学制议案。议案指出："窃查欧洲各国高等教育之编制,以德意志为最善,其法科医科既设于大学,故高等学校中无之。理工科、商科、农科既有高等专门学校,则不复为大学之一科。而专门学校之毕业生,更为学理之研究者,所得学位与大学毕业生同。""我国高等教育之制,规仿日本,既设法、医、农、工、商各科于大学,而又别设此诸科之高等专门学校,虽程度稍别浅深,而科目无多差别,同时并立,义近骈赘,且两种学校之毕业生服务社会恒有互相龃龉之点。殷鉴不远,即在日本。特我国此制行之未久,其弊尚未著耳。"提出改制建议如下："(一)大学专设文、理二科,其法、医、农、工、商五科别为独立之大学,其名为法科大学、医科大学等。(二)大学均分为三级。计预科一年,本科三年,研究科二年,凡六年。"

1月30日 李大钊在《甲寅》日刊发表《孔子与宪法》一文,批判宪法草案中"国民教育以孔子之道为修身大本"的规定。

1月 北京政府教育总长范源濂扩充年度留学经费至 285,000 元。各省派遣留学生的总数可达 1,131 人。

同月 国立北京大学校长蔡元培发表《在信教自由会之演说》。该文反对"定孔教为国教之议",谓"孔子于宗教,其实体无一备焉,其形式无一居焉""孔子宗教,两不相关""孔教二字不成名词,按之理论,绝勿能通。"

2月1日 陈独秀在《新青年》发表《文学革命论》一文,提出文学革命的三大主义:"推倒雕琢的阿谀的贵族文学,建设平易的抒情的国民文学";"推倒陈腐的铺张的古典文学,建设新鲜的立诚的写实文学";"推倒迂晦的艰涩的山林文学,建设明了的通俗的社会文学"。并指出:"今欲革新政治,势不得不革新盘踞于运用此政治者精神界之文学。"

2月4日 李大钊在《甲寅》日刊发表《自然的伦理观与孔子》,批判孔子所代表的旧道德"已不适于今日之时代",主张"应加以人为之力,促进新道德的确立和旧道德的迅速崩溃。"

2月6日 北京政府教育部下令重申禁止学生加入政党。原因有四:"学生在校立于受教育之地位,自应以教科与学术为致力之范围。对于政治事业初无责任,即或偶尔讨究,亦不过作为是非鉴别与学术研究上之一种资料。如必躬与其事,加入拟议论思之列以投身政党为留心政治,误解实甚,其不可者一";"近世纪政治之改进,基于文化、学术与社会事业者为多,学生之将来必不能胥出于政治一途。倘于求学时期即隶于政治事业标识之下,其结果将致号为政客之人物日多,而负学术与社会之责者日少,群治之基础已为之不固,于政治上曾何改进之可言,其不可二";"学说为政变之起原,而政治学说往往经历史上千数百年之人事因果与各方学者之思考论辩,始能斟其得失短长,以底于成立,至于事实施行仍有难言。政法各校生徒审所致力,当由学说以定愊归。不当就政情而分门户,倘使加入政党,则成见胶于其中,党略诱于其前,近之则植根浅薄,既不忠于学问,远之则施于有政鲁莽灭裂,将促成国变频繁之祸,其不可者三";"吾人对于学生,举凡铸造政治、整理社会,发展各方事业,固莫不殷殷引为期望,而就生徒本身言,所以能副吾人之期望者乃在未来不在现在,在精神不在事业,在万能之学术不在一时之功利。职是之故生徒，社会实超然于现社会之上，今以高尚纯洁之学生，加入繁变复杂之政党，岂惟妨害学业抑且贬损地位，其不可者四"。"职员教员等以教育学术为天职，尤宜独立于政争之外，无论政治现象如何转移、政治人物如何征逐，均应守我静寂，致力于天职之所在。"

2月23日 北京政府教育部开会讨论蔡元培在国立高等学校校务讨论会上提出改革大学学制议案。同意第1条意见，对第2条则认为预科1年太短，且可不必设立研究科。将此意见再付高等学校校务讨论会复议。经会议议决：大学均分为2级，预科2年，本科4年。

2月 私立民国大学在北京成立。马景融被推为校长，蔡公时为教务长，吴非为事务主任。

3月1日 梁华兰在《新青年》上发表《女子问题：女子教育》一文，指出"吾国无所谓女子教育问题也""所谓某种女学者，不过为一种学校耳。岂有最后最大之目的存乎其间。""吾国不欲立国则已，否则此后大问题，女子教育必其一，可断言也。""女子教育应与男子教育平等也。""女子教育应以贤母良妻为主义也"。

3月2日 北京政府教育部就甲、乙种工业学校实习工场事通知各省。通知谓："实业学校工业一种，应用最广，设备最难，非备有实习工场，其操作技能莫由造就"；"嗣后无论甲、乙种工业学校，所有工场，均应完全设立，其组织设备布置，一照普通工厂办理"；学生"除通习科目及必须在教室内讲授之学科外，尽可能就工场施教，实地工作，以资练习。"

3月5日 国立高等学校校务讨论会议决，大学均分为2级：预科2年，本科4年。

同日 私立民国大学开始上课。设文、法、商3科及预科。

3月9日 北京政府教育部发布《批北京私立中国公学与沪校分离并改名中国大学准备案》。原呈曰："本校于民国二年十二月与上海中国公学合并，曾经呈奉大部批准。三年五月十九日，又奉大部布告第六号正式认可各在案。兹因两校校址距离太远，管辖诸多不便，于本年二月九日经本校董事会议决：两校仍然分离独立，俾于管辖，一切各得便于进行。两校既经议决分离，则北京中国公学大学部之名称应即更改，旋于二月二十四日又议决更名曰中国大学，另行组织中国大学董事会。校中一切组织及现有各科并各章程规则均仍旧照历次呈奉大部核准原案继续进行，除上海中国公学分离后由该校另行呈报外，所有北京中国公学大学部与上海中国公学分离独立，及北京中国公学大学部之名称改为中国大学，继续原案进行。"批文曰："呈悉。该校与上海中国公学分离独立，并改名为中国大学之处，应准备案。此批。"

3月14日 北京政府教育部发布指令："改编大学制年限办法，经本部迭次开会讨论，应定为预科二年，本科四年。"

3月17日 因第一次世界大战缘故，上海法租界当局以学堂是德国资产为由，派兵封锁同济医工专门学校校园，强行封闭了学校，接收了校产。该校的校产（包括房地产、机器、设备、工具等）合计632,000两白银，约合3,792,000法郎。

3月25日 北京各专门学校校长组织民国教育会，以"研究教育促进全国文化之发展"为主旨。

3月29日 蔡元培在清华学校高等科发表演说，指出："吾国学生留学他国者，不患其科学程度之不若人，患其模仿太过而消亡其特性。所谓特性，即地理、历史、家庭、社会所影响于人之性质者是已""能保我性，则所得于外国之思想、言论、学术，吸收而消化之，尽为我之一部，而不为其所同化。"认为往者学生赴外国留学，"其志行稍薄弱者，即捐弃其'我'而同化于外人，所望后之留学者，必须以'我'食而化之，而毋为彼所同化"。

4月23日 北京政府教育部发布182号训令。"令同济医工专校：案查此次处理同济医工学校前经本部提议筹拨专款，改定校地，交由华董接收。经国务会议议决并派部员莅沪，会同办理在案。所有该校名称应即改为同济医工专门学校，以昭核实。兹据该校董事唐绍仪、李维格、朱佩珍、贝仁元、虞和德、唐元湛、黄炎培、沈恩孚等函称：所有校长一职，查有留德毕业生阮尚介最为适宜，同意推举等情，前来业经本部认可，除分兹外，合亟令行该校，仰即遵照此令。"阮尚介（1891—1960），字介藩，江苏奉贤人，早年留学日本，后德国获柏林工业大学授予名誉工学博士，曾任上海市兵工厂厂长、技术工程师等职。

4月 国立北京大学校长蔡元培辞退不称职的外国教员。一英国教员要求英国驻华公使朱尔典（John Newell Jordan）与蔡元培谈判，遭蔡元培拒绝。

5月3日 北京政府教育部公布《国立大学职员任用及薪俸规程》，规定国立大学职员包括"校长、学长、正教授、预科教授、助教、讲师、外国教员、图书馆主任、庶务主任、校医、事务员"；校长由大总统任命，学长由校长呈请教育总长任用并呈报大总统，正教授、教授、讲师、外国教员、图书馆主任、庶务主任、校医均由校长聘任并呈报教育总长，助教、事务员由校长延用并丛报教育总长；职员除讲师外不得兼他处职务，职员薪俸如下：校长第一、二、三级分别为600元、500元、400元，学长第一、二、三、四级分别为450元、400元、350元、300元，图书馆主任、庶务主任、校医第一级至第五级分别为200元、180元、160元、140元、120元，一等事务员第一级至第四级分别为100元、90元、80元、70元，二等事务员第一级至第四级分别为60元、50元、40元、30元，正教授第一级至第六级分别为400元、380元、360元、340元、320元、300元，本科教授第一级至第六级分别为280元、260元、240元、220元、200元、180元，预科教授第一级至第六级分别为240元、220元、200元、180元、160元、140元，助教第一级至第六级120元、100元、80元、70元、60元、50元，讲师每小时2—5元，外国教员按契约付薪；校长、学长非连续任职2年不能进一级，正教授、教授、图书馆主任、庶务主任、校医、事务员非连续任职1年不能进一级；学长以下职员进级由校长考察其办事成绩及勤惰决定，正教授、教授、预科教授、助教、讲师等教员进级由校长通过考察教授成绩、每年实授课时间、所担任学科性质、著述及发明、社会声望进行决定；校长、学长、正教授每连续任职5年以上得赴外国考察一次，以1年为限，除仍支原薪外并酌支往返川资；职员任职满若干年，或因病废，或年满60岁请退者，给予终身恤金。

5月6日 中华职业教育社在上海召开成立大会，发表宣言书，制定社章，并举黄炎培为办事部主任，聘蒋梦麟为总书记。蒋梦麟（1886—1964），原名梦熊，字兆贤，号孟邻，浙江余姚人，哥伦比亚大学博士，曾任国民政府教育部部长、行政院秘书长、国立北京大学校长等职。

5月14日 宪法审议会否决将"孔教定为国教"的提案，并将1913年宪法草案"国民教育，以孔子之道为修身大本"条文撤销；将"中华民国人民有信仰宗教之自由，非依法律不受限制"条文，改为"中华民国人民有尊崇孔子及信仰宗教之自由，非依法律不受限制"。

5月15日 国立北京大学呈请教育部归并商科，略谓："本校自本学年始设商科，因经费不敷，不能按部定规程分设银行学、保险学等门而讲授普通商业，颇有名实不副之失。现值各科改组之期，拟仿美、日等国大学法科兼设商业学之例，即以现有商科改为商业学而隶于法科。俟钧部筹有的款创立商科大学时，再将法科之商业学门定期截止。"

5月23日 北京政府教育部针对国立北京大学归并商科的呈请案发布指令："该校请将现有商科改为商业学门隶于法科一节，尚属可行，应即照准。"

同日 国立北京大学校长蔡元培赴天津，在南开学校全校欢迎会上讲德、智、体3育的重要，尤强调"有健全之身体，始有健全之精神。若身体柔弱，则思想精神何由发达？"同日，又在南开学校敬业、励学、演说三会联合讲演会讲述思想自由问题，认为"一己之学说，不得束缚他人；而他人之学说，亦不束缚一己。诚如是，则科学、社会学等，将均任吾人自由讨论矣"。

5月 北京政府教育部派黄炎培前往南洋考察华侨教育。

同月 国立武昌高等师范学校将博物部改为博物地学部、数学物理部改为数学理化部、史地部改为国文史地部。

同月 湖南高等师范学校停办，杨昌济与朱剑凡、易培基、杨树达、胡元倓、刘宗向等人联名呈文湖南省政府，倡议将岳麓高等师范校址改办省立湖南大学，先设预科。

6月26日 北京政府教育部决定将国史馆并入国立北京大学，在文科附设国史编纂处，以蔡元培兼任处长。

6月28日 北京政府教育部就蔡元培等提出改定大学专门学制提案发布《教育部布告第一四号》，文曰："案据北京大学等校校长呈请改定大学专门学制并拟具办法，请予鉴核等情到部。查该校长等所请改定学制一节，关系甚重，经本部迭次开会讨论，先行改定大学修业年限为预科二年、本科四年。除指令北京大学遵照并俟大学校令及规程改完竣再行公布外，其各大学在规程未经修竣公布以前，欲照改定年限办理者，应将各科详细课程斟酌妥定，呈部核定再行遵办。"

6月 国立北京大学朱一鹗、周烈亚、范文澜等发起组织北京大学同学俭学会，拟定会章，以"发展自治能力，尤以尚俭乐学"为宗旨。朱一鹗（1891—1963），字孝知，号横秋，浙江东阳人，曾参与发起进德会，曾任《国民日报》编辑、中央通讯社主任、中央农业实验室文书主任、安徽农学院教授等职。周烈亚（？—1950），浙江海康人，32岁出家更号释慧贤，曾任广东省第十中学校长。范文澜（1893—1969），字芸台，后改字仲沄，浙江绍兴人，曾任国立北京大学教授、国立北京师范大学教授、中华人民共和国中共中央马列学院历史研究室主任、中国科学院中国近代史研究所所长、中国史学会副会长、中国科学院哲学社会科学学部常务委员等职。

7月1日 陈独秀在天津私立南开学校的演讲《近代西洋教育》在《新青年》发表。该文认为西洋欧美教育特点是：第一，"是自动的而非被动的，是启发的而非灌输的"；第二，"是世俗的而非神圣的，是直观的而非幻想的"；第三，"是全身的而非单独脑部的"。主张中国教育"必须取法西洋"。

同日 上海发起组织中华全国学生救亡会，以"联合学生唤起国民，扶持正谊，拯救中华民国危亡"为宗旨。

7月3日 国立北京大学校长蔡元培发电总统府辞职，谓："日来北京空气之恶达于极点，元培决不能回北京，谨辞北京大学校长之职。"

7月15日 中华职业教育社选举黄炎培、杨廷栋等12人为议事员。

7月20日 国立北京大学教职员公呈教育部挽留蔡元培校长，并函请蔡元培回校。次日，教育部又函促蔡元培回校。蔡元培遂于23日由天津回北京。

7月 北京政府教育部通过修订后的《北京高等师范学校附设职工科简章》。《简章》规定：本科分木工、金工和编物3部，各部除授以专科外，并授修身、国文、英文、数学、理化等科，学额暂以60人为限；入学资格以年在 15 岁以上 20 岁以下、曾在高等小学校毕业或中学校肄业 1—2 年身体强健者为合格，修业年限为 3 年；本科学生毕业成绩优异者得令补习职业及教育等科目，1 年将来准其充任中小学及职业学校专科教员；本科学生毕业后得由本校酌留服务 1 年或 2 年，其择令补习者，俟补习期满后应服务 3 年；本科暑假 1 个月年假 2 星期，并无春假。

同月 北京政府教育部公布《民国五年度全国大专院校统计表（1916 年 8 月—1917 年 7 月）》。据统计，全国大专院校 86 所，其中大学 10 所，学生 1,446 人，专科学校 76 所，学生 15,795 人；师范学校 195 所，学生 24,959 人；职业学校 84 所，学生 10,524 人。

8 月 1 日 国立北京大学校长蔡元培在北京神州学会的演讲《以美育代宗教说》发表，该文认为"纯粹之美育，所以陶养吾人之感情，使有高尚纯洁之习惯，而使人我之见、利己损人之思念，以渐消沮者也"。主张"舍宗教而易之以纯粹之美育"，通过美感教育来"陶养"人的品质。

8 月 5 日 针对"前数日《北京日报》有法律、冶金并入北洋大学之说"及"八月三日、四日之《晨钟报》揭载余以智君之《北京大学改制商榷》"等有关学制改革议论，"北京大学"发布《大学改制之事实及理由》一文。文章先介绍了大学改制议案的提出及教育部的回应，进而指出："依上案则农、工、医等专门学校均当为改组大学之准备，而设备既需经费，教员尚待养成，非再历数年不能进行，而北京大学适有改革之机会，于是由评议会议决而实行者如下："（一）文、理两科之扩张"，增设史学门和地质学门；"（二）法科独立之预备""先移设于预科校舍，以为独立之试验"；"（三）商科之归并""隶于法科"；"（四）工科之截止""与教育部及北洋大学商议，以本校预科毕业生之愿入工科者，送入北洋大学，而本校则俟已有之工科两班毕业后，即停办工科（其北洋大学之法科，亦以毕业之预科生送入本校法科，俟其原有之法科生毕业后即停办法科，而以其费供扩张工科之用）"；"（五）预科之改革""减为二年""分隶于各科"。文章最后指出："大学改制有种种不得已之原因，如上所述。惟未经宣布，又新旧两章同时并行，易滋回困惑，故外间颇多误会。""故述大学改制之事实及理由，以告研究大学制者。如承据此等正确之事实而加以针砭，则固本校同人之所欢迎者也。"

8月　北京政府外交部成立清华学校"基本金委员会"，由外交总长、次长和美国公使3人组成。

9月3日　复旦公学大学部在文、理2科外，添设商科，增加学年，形成大学体制。

9月6日　代理总统冯国璋颁布《教育厅暂行条例》9条，规定"各省教育厅直隶于教育部，设厅长一人，由大总统简任秉承省长执行全省教育行政事务，监督所属职员暨办理地方教育之各县知事"；教育厅分设各科处理各项事务，分科之多寡视事务繁简而定，但至多不得逾三科，各科设科长1人、科员不超过3人，设省视学4—6人，教育厅长委任科长、科员及省视学均须呈报教育总长并省长查核备案，职员薪俸由教育厅长按照本省情形详细拟定呈请省长咨由教育总长核定。

9月10日　胡适就任国立北京大学文科教授，并在9月21日的开学典礼上演讲《大学与中国高等学问之关系》。

9月19日　北京政府教育部公布《学制调查会规程》14条，规定"本会调查内外学制并对于教育总长之学制咨询案陈述意见"；会员限额30人以内，由教育总长延聘委派，会员资格须是"专门以上学校毕业并办理教育事务五年以上者"，或"研究教育行政并办理教育事务五年以上者"，或"具有专门学识，于学制素有研究经教育总长特别指定者"；会务分设普通学制股和专门学制股，并设各省区调查员、驻外调查员并得临时委托调查；调查事项及审议之结果应随时提出报告书于教育总长；会所附设于教育部。

9月27日　北京政府教育部公布《修正大学令》18条。修正要点：一、"设二科以上者得称为大学。其但设一科者，称为某科大学"；二、预科学生的入学资格"须在中学校毕业或经中学毕业同等学力试验得有及格证书者，但入学时应受选拔试验"，大学本科学生的入学资格"须在预科毕业或经预科毕业同等学力试验及格者"，大学院生入院资格"为大学本科毕业生"；三、"大学本科修业年限为四年、预科二年"；"大学预科修业期满、试验及格，授以毕业证书""大学本科学生修业期满、试验及格，授以毕业证书，称某科学士";四、"独设一科之大学,不设学长";五、"大学设正教授、教授、助教授""必要时得延聘讲师";六、"大学设评议会,以各科学长、正教授及教授互选若干人为会员,大学校长可随时召集评议会、自为议长,遇必要时得分科议事",评议会审议事项包括:"(一)各学科之设立废止(二)学科课程(三)大学内部规则(四)学生试验事项(五)学生风纪事项(六)教育总长及校长咨询事件,前列事项如仅涉及一科或数科者,得由各该科评议员自行议决";七、未对各科设教授会进行规定。

9月 复旦公学校董会作出决议:学校改名为"复旦大学"。

同月 私立民国大学发起人及创办人推选安定武为校长。

同月 齐鲁大学在山东济南正式开学,校长为英国人卜道成(Joseph Percy Bruce)。该校由美国长老会办的广文学堂,英国浸礼会的济南医道学校和神道学校合并而成,设文理科、医科、神科,文理科为4年制、医科为7年制,经费由英、美、加等国教会支付。卜道成(1861—1934),英国浸礼会牧师、汉学家。

10月10日 全国教育会联合会假杭州浙江教育会举行第三次会议,提出:"请速划定大学区,添设大学;请定国语标准,并推行注音字母,以期语言统一;请推行义务教育、职业教育进行计划,推广女子教育"等议案13件。

10月15日 国立北京大学评议会议决:着手学制改革,仿照美国大学学制,采用选科制度。具体办法规定7项:"一、各科皆有系统之编制。二、学生以习满若干单位为毕业(每周一时,全年为一单位),不必拘定年限。三、预科四十单位,以四分之三为必习科,以四分之一为选科。选科皆由各预科主任,因程度而指定之。四、本科八十单位,半为必习科,半为选科(理工科酌量减少)。五、本科学生入校时,皆须择定本科教授一人为导师。六、选科于本门专治一系外,更当兼治与专科有重要关系者,其尚愿旁治他学者亦听之。七、凡前一学年之平均分数在甲等者,本学年可择选科规定之最多单位。此为我国大学实行选科制之始。"

10月30日 北京政府教育部派郑锦筹办北京美术学校。郑锦（1883—1959），名瑞锦，字褧裳，广东香山人，曾任北京政府故宫博物院副院长、国立北京大学教授、国立北京高等师范大学教授、国立北京女子师范大学教授等职。

11月1日 北京政府教育部批准复办暨南学堂，定名为"国立暨南学校"，委任黄炎培为筹办员，负责具体规复工作。

11月12日 《时报》刊载《北京大学研究所简章》12条，规定各科之各专门学术都得设研究所，由各门各种教员组织，由校长在教员中选任一人为主任教员；本校毕业生可以自由自愿加入研究所，本校高年级学生得主任教员之认可可入研究所，与本校毕业生有同等之程度的外校学生志愿入所研究者经校长认可亦可得入，本国及外国学者志愿共同研究而不能到所者可聘为通信研究员；文科研究所包括哲学、国文、英文3个学门，理科研究所包括数学、物理、化学3个学门，法科研究所包括法律、政治、经济3个学门。

同日 《时报》刊载《北京大学研究所通则》，规定研究所的主要任务是：研究学术、研究教授法、特别问题研究、中国旧学浮沉、审定译名、译述名著、介绍新书、征集通信研究员、发行杂志及悬赏征文；本学期拟设国文学、英文学、哲学、数学、物理学、化学、法律学、政治学、经济学9个研究所；公布各研究所下设各学门、各学种的主任教员："（一）哲学门总主任为胡适，其中中国哲学为胡适、心理学为陈大齐、论理学为章士钊；（二）国文门总主任为沈尹默，其中古文为黄侃、文字学和国语为钱玄同；（三）英文门总主任为黄振声，其中文学为辜鸿铭；（四）数学门主任为秦汾；（五）物理门为张大椿；（六）化学门为俞同奎；（七）法律门为黄右昌，其中宪法为王宠惠；（八）政治门为张耀曾；（九）经济门为马寅初。"陈大齐（1886—1983），字百年，浙江海盐人，东京帝国大学文科毕业，曾任浙江高等学校校长、国立北京大学教授、系主任、代理校长、国民政府考试院秘书长等职。沈尹默（1883—1971），字中、秋明，号君墨，浙江湖州人，早年就读于日本东京帝国大学，曾任中法文化交换出版委员会主任、国民政府监察院委员等职。黄侃（1886—1935），字季刚，湖北蕲春人，早年留学日本早稻田大学，曾任国立武昌高等师范学校教授、国立武昌大学校务维持会主任、国立北京师范大学教授、省立东北大学教授、国立中央大学教授等职。钱玄同（1887—1939），字德潜，浙江湖州人，早年留学日本早稻田大学师范科，曾任国立北京高等师范大学教授、国立北京大学教授等职。辜鸿铭（1857—1928），名汤生，精通英、法、德、拉丁、希腊等9种语言，获13个博士学位，号称"清末怪杰"，曾任国立北京大学教授。秦汾（1882—1973），字景阳，江苏嘉定人，哈佛大学天文学硕士，曾任南京两江优级师范学堂教务长、国立东南大学校长、南京国民政府财政部会计司司长、经济部政务次长等职。张大椿（1883—1978），浙江嘉兴人，曾随清政府五大臣出洋考察宪政，后又留学耶鲁大学学习电机专业。俞同奎（1876—1962），字星枢，浙江湖州人，英国利物浦大学化学硕士，曾发起成立中华化学工业会，曾任国立北京大学教务长、国立北京工业专门学校校长等职。黄右昌（1885—1970），字黼馨，湖南临澧人，早年留学日本法政大学，曾任私立清华大学教授、私立朝阳大学教授、私立中国大学教授等职。张耀曾（1885—1938），号镕西，笔名崇实，云南大理人，白族，早年入日本东京帝国大学学习法学，曾任南京国民政府国防参议会参议员、国民参政会参政员等职。马寅初（1882—1982），名元善，浙江嵊县人，哥伦比亚大学经济学博士和哲学博士，曾任国立北京大学教务长、重庆商学院院长、浙江大学校长、北京大学校长、中华人民共和国中央人民政府委员等职。

11月15日 北京政府教育部召开北京各高等学校代表会议，议决通过国立北京大学校长蔡元培提出废除年级制、采用选科制的议案，"交北大试办"。提案中对选修进行了规定："学生修满若干单位，即可毕业（每周授一时，全年为一单位），不拘年限；预科须修满四十单位，其中四分之三为必修科，四分之一为选科，选科由各预科主任指导；本科须修满八十单位，半数为必修科，半数为选科，本科学生入校时，应择定教授一人为导师。"

11月20日 北京政府教育部向日本横滨日金银行借款10万日元，用作留日学款。

11月 李大钊就任国立北京大学教授，为法律学门讲授"社会立法"

课程。

同月 陈量被推选为私立民国大学校长。

同月 私立中华大学代表人陈宣恺因病逝世，政府指定陈时继任学校代表人兼校长。制定"成德、达材、独立、进取"为校训。

12月4日 代理总统冯国璋任命傅增湘任教育总长。

12月8日 国立北京大学评议会通过《学科教授会组织法》，规定："本校各科各门之重要学科，各自合为一（部），每部设教授会，其附属各学科、或以类附属诸部、或各依学科之关系互相联合组合成部，每一合部设一教授会"；"每一部之教员，无论其为研究科、本科或预科教授、讲师、外国教员，皆为本部教授会之会员"；"每一部设主任一人，任期二年，由本部会员投票选举之"；"本部教授会每月开会一次，商议本部应办事宜"；教授会可以讨论决定"本部教授法之良否"和"本部教科书之采择"，可以参与讨论"本部学科之增设及废止"和"本部应用书籍及仪器之添置"。

12月27日 北京政府教育部公布《本部直辖专门以上学校职员任用暂行规程第十条修正令》，修正教员和学监主任的任用条件："凡直辖学校教员，以专门以上学校毕业或于某门学问具有专长者充之；学监主任以专门以上学校毕业，或曾任中学以上学校职员三年以上者充之。"

12月 同济德文医工学堂改制为"私立同济医工专门学校"。

冬 国立北京大学文科增设中国史学门、理科增设地质学门。

冬 国立北京大学成立体育会。

同年 陈大齐在国立北京大学哲学门创建心理学实验室。

同年 国立北京高等师范学校设体育专修科，修业年限为两年半。

同年 私立东吴大学授予研究生徐景韩、陈调甫化学硕士学位。

同年 私立中华大学开办商科大学本科交通门，获交通部认可。

同年 私立复旦大学设国文部，与文科、理科、商科并立。

1918 年（民国七年　戊午年）

2月　苏维埃政府公告废除中俄不平等条约。

3月5日　广州国会电巴黎和会各国代表，请将"二十一条"及段祺瑞与日本所签订的一切密约协定废止。

3月7日　安福俱乐部成立。

5月4日　孙中山辞去军政府大元帅，护法运动失败。

6月30日　王光祈等发起筹组"少年中国学会"。

7月1日　李大钊发表《法俄革命之比较观》，介绍俄国十月革命。

7月2日　协约国决定由中、日、美、英、法及捷克等国共同出兵西伯利亚。

8月8日　于右任回陕西出任靖国军总司令。

9月4日　徐世昌当选中华民国大总统。

11月11日　第一次世界大战结束。

同年　恽代英在湖北组织了"互助社""利群书社"和"共存社"。

1月4日　周诒春辞清华学校校长职，外交部批准。

1月7日　清华学校副校长赵国材呈请辞职，部令挽留，并命其暂时代理校长。

1月15日　《新青年》第4卷第1号出版，从本卷起改为白话文排版，并使用新式标点符号。

同日　华法教育会在北京华法教育事务所举行会议，鼓励有志青年留法勤工俭学。

1月17日　*The China Press* 刊载："外交部和教育部任命范源濂为清华学校校长。"

1月19日　蔡元培在国立北京大学发起进德会，发表为该会所撰写的旨趣书。会员分三种："甲种会员——不嫖、不赌、不娶妾，乙种会员——于前三戒外，加不作官吏，不作议员二戒，丙种会员——于前五戒外，加不吸烟、不饮酒、不食肉三戒。"

1月23日 私立复旦大学校长李登辉启程赴南洋，为筹建新校园向华侨募捐。半年间，李登辉共募金折合15万银元。

1月 李大钊任国立北京大学图书馆主任，大量增购中外图书，特别是介绍新思想的书籍。

2月4日 北京政府教育部通咨各省："实业学校仿师范之例，所有学生膳宿等费，概由公家支给。此项公费学生毕业后应在本省或地方实业机关服务一定年限，酌给津贴。"

3月1日 国立暨南学校正式开课，首设商科。

3月10日 陈嘉庚在集美学校增办师范、中学两部，同时着手筹办厦门大学。

3月15日 北京政府教育部颁布第134号训令："令江苏教育厅、北京、武昌、广东、沈阳高等师范学校校长：仰各高等师范学校校长于本年四月二十日以前赴部会议"。主要讨论事项："一、高等师范学校招考学生，各省选送名额应如何分配；二、高等师范学科视地方之需要，有无应行增设或缓置情形；三、高等师范及附属学校管理、教授、训练各端应如何联络研究；四、分派毕业学生服务办法；五、高等师范校长或主任教员视察附近省区教育状况办法。"

同日 北京政府教育部致电成都高等师范学校校长。电文曰"成都高等师范学校校长：本部现定于四月二十日召集各高师校长赴部会议，约以七日为度"，并告知五项讨论事项，"如有不得已事故，准委托教务主任赴会教育部"。

3月26日 北京政府教育部公布《学术审定会条例》，规定"本会处理、修正参议院议员选举法第二十条第一款及第四十四条第一部所规定之学术上著述及发明之审定事务"，会所设于教育部；设会长1人，由教育总长于会员中指定，综理会务；设会员若干人，分掌审定事宜，由教育总长延聘或派充；本会审定范围包括：关于哲学和文学上的著述、科学和艺术上的著述及发明；

学术上的著述不包括：译著、编著、"三人以上纂辑成书者""抄袭他人之著作""初等教育中等教育及与其相当程度之教科书、教授书、讲义及学生用参考书类""通俗教育用书及讲演集""记录表册及报告说明书类"；学术上的发明事项不包括："无正确之学术的根源及说明者""在学术之原理或应用上无独特之价值者""发明之程序不明或发明事项未底完成者""偶然发现之事项""为他人所已经发明者"；"本会会期由教育总长定之，限期满时即行闭会"；"本会会员对于原著作者或发明者之质问疑难不负答复之义务"。

3月　交通部上海工业专门学校增设铁路管理科。

同月　私立朝阳大学被北京政府司法部嘉许为"法学模范"。

4月2日　北京政府教育部函张一麐等，聘请张一麐、柯绍忞、江瀚、吴昌绶、姚永概、胡玉缙、王树枬、陈振先、秦汾、夏元瑮、温宗禹、张嘉森、王焕文、徐新六、程鸿书、周象贤、吴匡时、方擎、林行规、马其昶20人为学术审定会会员。

同日　留欧学生监督处向中法实业银行借款1万英镑，用作留学经费。

4月13日　北京政府教育部公布《学术审定会条例施行细则》16条，"本会依据学术审定会条例及本细则处理学术上著述及发明之审定事务"，设常驻会员4人，集会日期由会长酌定于会期二日前通知各会员；"凡送会审定之著述事项，除参照条例第六条所规定外，尚须注意下列事项"："未经出版之著述须誊写清晰、校对无讹后送会""著述应以本国文字为主，但关于必须用外国文字之专门学术者不在此限"；"著述及发明事项呈送到会时，应由常任会员秉承会长指定期限分别送请各会员审定""经本会审定合格者应由本会丛报教育总长公布之"；"审定合格之著作物及发明品应存留本会以备查核"；本会应行记录事项有：关于会员及会议事项、关于会务之经过事项、关于审定物件之种目及呈送人姓名履历等事项、关于审定之结果及评语等事项、关于来往文书及布告通知各事项、关于庶务及会计上各事项。

4月15日　北京政府教育部任命张煜全为清华学校校长。张煜全(1879—1953)，字昶云，广东南海人，耶鲁大学法学硕士，曾任北京政府邮传部交通传习所监督、大总统府秘书、外交部秘书等职。

同日 "国立北京美术学校"在北京政府教育部正式立案。

4月20日 北京政府教育部召开全国高等师范学校校长会议，国立北京高等师范学校、国立武昌高等师范学校、国立沈阳高等师范学校、国立南京高等师范学校、国立广东高等师范学校各校会员皆到会议，至26日闭会。会议结果"除第二项关涉经济问题，暂从缓议外，其余四项议决之大要：（一）高等师范学校每届招考学生，各校分配各省名额，应就各校不同之情形定为标准。北京、武昌、南京、沈阳各高等师范学校，每次学额四分之三为各省选送之额，四分之一为各校直接招考之额。（三）组织国立高等师范学校联合会，以北京、武昌、南京、沈阳、广东、成都六校组织之；联络研究之法，分通信、会议两项，每年四月中旬，各校及附属学校酌派代表集会讨论，依上列六处地点，轮流为会所。国立高等师范学校附设国语讲习科，以专教注音、字母及国语，以养成国语教员为宗旨。（四）分准备条件、服务办法两层。准备条件：各高师每年各科招考人数，由部视各地中等教育情形核定，各省需用教员，于选送学生时酌定名额；中学校不合格教员，由教育厅随时淘汰，并请部速定检定中学教员办法。服务办法：由部分派、由校介绍，并各地方教育行政机关，职务选派高师毕业生服务。（五）请部规定各高师学校视察区域，分普通视察、实习视察，视察之结果，除供研究资料外，并应报告教育部"。此外尚有建议案数起，如体育试验案、高师校长组织参观团赴美考核案等。

4月30日 北京政府教育部公布《省视学规程》19条，规定"各省设省视学四人至六人，承省教育行政长官之命视察全省教育事宜"；省视学由省教育行政长官委任，不得兼任他职；省视学资格须是大学文科或高等师范学校毕业者，或是师范学校本科毕业、曾任学务职五年以上著有成绩者，或是曾任师范学校中学校校长或教员二年以上著有成绩者，遇有特别情形经教育总长核准暂行任用者不在此限。还规定了省视学视察事项及工作程序。同时公布了《县视学规程》。

4月 北京美术专门学校在西城前京畿道建校，校长为郑锦，先办中等部，两年毕业升入本科，另办师范班，设中画、图案2科。

同月　私立民国大学董事会成立，冯国璋被选为董事长。

5月5日　中国留日学生在东京成立留日学生救国团，反对《中日共同防敌军事协定》，组织学生在东京游行，要求归还青岛，被日本警察逮捕100多人。

5月6日　《晨钟报》登载：北京大学扩充商科，"于暑假后添设商科大学"。

5月12日　因反对《中日共同防敌军事协定》，1,000多名留日学生罢学归国，以上海为大本营组织学生救国团。

5月15日　鲁迅白话小说《狂人日记》在《新青年》上发表。

5月20日　国立北京大学全体学生召集紧急大会，抗议北京政府亲日卖国，要求公布《中日共同防敌军事协定》。

5月21日　国立北京大学、国立北京高等师范学校、国立北京工业专门学校、国立北京法政专门学校等校学生2,000余人往总统府请愿，要求废止《中日共同防敌军事协定》。

5月22日　北京政府教育部布告："令留日学生早日返日回校就学。"

5月27日　北京政府教育部通令各高等师范学校，选派地理科教员赴日本暑期地理讲习会听讲。

5月28日　北京政府教育部布告："限在京留日学生于六月十日前各回原校就学，违者以干涉政治之嫌，开除学籍。"

5月29日　北京政府教育部布告："限在上海及原籍之留日学生于六月中旬以前返日就学，违者开除学籍。"

5月31日　北京政府教育部发布233号训令，令北京、武昌、沈阳、南京、广东、成都高等师范学校："案查全国高等师范学校校长会议，议复部交咨询案第一项所拟每届招考学生办法。本部审度现时情势，各省选送之额应该为四分之三，各校直接招考之额应改为四分之一，其余各端均属切要可行采录，令仰该校遵照办理可也。"

5月　为反对签订《中日共同防敌军事协定》，北京、上海、天津、南京、济南等地学生和罢学归国的留日学生，发起学生救国会。

同月 参议院议员中央选举会议决："将山西大学校列入国立范围，称国立第三大学。"

同月 欧美的中国留学生，为反对签订《中日共同防敌军事协定》，发出通电：号召全国一致反对段祺瑞政府签订协议，"陈说利害，务使收回成命"。

同月 《教育杂志》载文介绍蔡元培整顿国立北京大学后的新气象：校内出版《北京大学日刊》，设立大学储蓄银行和大学消费公社，成立雄辩会、书法研究会、画法研究会、体育会、音乐会、讲演会等会社，并请学有专长的教师担任会社讲师。

同月 高时臻任国立山西大学校长。高时臻（1877—1942），又名福斋，山西襄汾人，曾赴英国西南堪邦矿务专门学校习采矿、英国海滨矿务学堂习矿山测量，曾任国立山西大学教授、校长、山西省官产处处长等职。

6月1日 北京政府教育部发布235号训令，令北京、武昌、沈阳、南京、广东、成都高等师范学校："案查全国高等师范学校校长会议，议复部交咨询案第三项，并议决郭会员提议高师附设国语讲习科等案办法，均甚切要，所订各种简章，亦俱妥洽可行，合行采录全案，令仰该校遵照办理可也。"

同日 北京政府教育部通知各高等师范学校附设国语讲习科，专教注音字母及国语，以养成国语教员为宗旨。

6月18日 北京政府教育部发布252号训令，令各高等师范学校、教育厅："案查全国高等师范学校校长会议议决高师附设国语讲习科一案，业经本部采录令行各高师校遵照在案。查该讲习科简章内载有本科学员，就各省区中等学校职教员选派，选送区域由部定之等语。兹由本部审度各地情形，酌定区域编列呈表，俾各高师校得以按表派选，所有山西、陕西、甘肃、新疆四省学院，在陕西高师未开办以前，准暂送北京、武昌两校听讲，但必须由各该省教育厅长先期知照应送之校。"

6月20日 北京政府教育部核准《蒙藏专门学校规程》，内含"通则""法政专科规程"和"附设中学科规程"3章。"通则"规定该校以"开发蒙藏青海人民学识，增进文明、造成法政专门人才"为宗旨，校内附设中学科；"所收学生本不分种族，惟因西北闭塞而办此学，故重在多收蒙藏青海学生"；

学额分配以二十分计算，"内外各蒙古占二十分之十、西藏占二十分之三、青海及其左近各回部占二十分之二，其余二十分之五专收满汉两族学生"；"蒙藏青海学生概不收学费，其膳宿费暂援优待蒙藏条例，由公家备办"；"本校隶于蒙藏院、由教育部考核"，办学经费"由蒙藏院列入预算，函请财政部按期发给"，未列事宜得遵教育部规程办理。"法政专科规程"规定"学科设法律科、政治科、经济科，各科修业年限，预科一年、本科三年，非经预科毕业不得入本科"；"入学资格以中学毕业，得有毕业证书者为合格""各盟旗中学毕业之蒙古学生，得由该管长官咨送来京、经本校试验方准入学""凡预科入学之第一学期为试学期，试学期满试验不及格者，令其退学"；还详细规定了预科科目、法律本科科目、政治本科科目和经济本科科目等。

6月24日 北京政府教育部通知各省区酌量地方情形，分别办理全国教育会联合会，增设师范学校、师范讲习所、女子高等小学和女子中学。

6月30日 李大钊、王光祈等在北京发起组织少年中国学会，7月1日成立。学会最初的宗旨是："振作少年精神，研究真实学术，发展社会事业，转移末世风气，以创造适合于二十世纪思潮的少年中国。"王光祈（1892—1936），字润玙，四川成都人，曾入柏林大学修音乐学。

6月 北京政府教育部公布《专门以上学校校长会议规程》11条，规定"教育部为图专门教育之改善，使各校长交换意见，讨论方法，特开专门以上学校校长会议"；"会议由教育总长主持，开设于教育部""会议期间以十五日为度，但教育总长认为必要时"，可以延长，具体日期由教育总长决定；会前各校长于3日前到部报到，校长有事不能出席时，学长或教务主任得代理与会；参会费用，公办学校由省公费支出，其他学校由各校支出；教育总长得派员参与会议讨论，但不参加表决。

同月 北京政府教育部公布《专门以上学校校长会议预行讨论问题》20条，包括"现行大学规程及专门学校各种规程有无应行修改之处""专门以上学校学科教授与实习贯通之法""专门以上学校学科视地方需要有无应增应减情形""大学应如何注重学理之研求，使学生确能潜心研究""奖励大学本科毕业生入大学院研究之方法""大学各科学额应否视需要与否而酌加分配"

"已成立之各大学其所设各学门应如何使适合需要，不设重复"，等等。

夏 国立北京大学辜鸿铭发表《春秋大义》一文，鼓吹"尊王""尊孔"，反对西方伦理观念，认为"至醇至圣之孔子，当有支配全世界之时，彼示人以高洁、深玄、礼让、幸福之唯一可能之道"。

7月1日 北京政府教育部发布272号训令，令北京、武昌、沈阳、南京、广东、成都高等师范学校："案查全国高等师范学校校长会议，议复部交咨询案第四项所拟准备条件及服务办法，多可甄采之处，合行节录原案，令仰该校遵照办理可也。"

7月2日 北京政府教育部发布294号训令，令北京、武昌、沈阳、南京、广东、成都高等师范学校："案查全国高等师范学校校长会议，议决张会员等提交体育试验案。内称欲谋体育之普及，当先时高等师范毕业生皆有体育之素养。故在校时须设法养成主张体育之观念及对于体育之兴味，是体育之试验实为切要之举等语。查该校长等所陈办法具有见地，惟举行试验所以考察体育之成绩、欲求成绩之确能，实现必于试验之先施种种准备，而后体育之基础深固，成绩乃益优良。兹由本部节采原案体育试验办法外，另定两项，分别列后，仰各该高师校长审度本校情状，循序施行，以图实效，是为至要。""一、注重招生时身体之检查；二、平时注重体育基本训练。"

7月12日 北京政府教育部向日本朝鲜银行借款50万元，用作留日学费垫款。

7月15日 国立北京高等师范学校教务主任邓萃英在北京学术讲演会的讲演《动的新教授论》出版，认为教育的根本问题是"如何可使此人成为人"，即使现在之人成为理想之人。邓萃英（1885—1972），字芝园，福建晋江人，曾赴日本东京高等师范学校和美国哥伦比亚大学师范学院学习，曾任私立厦门大学校长、国立北京师范大学校长、省立河南大学校长、国民政府福建教育厅厅长、河南省政府委员兼教育厅厅长等职。

7月16日 《北京大学日刊》刊载国立北京大学各研究所主任开会议决案《研究所总章》。《研究所总章》分"组织""办法""通信研究""大学月刊""职员任务细则""书籍杂志管理办法"和"附则"。

7月20日 国立南京高等师范学校根据全国高等师范学校校长会议的提议，设立国语讲习科，利用暑假作为讲习时间，培训江苏、安徽、浙江3省师范学校国语教员。

7月22日 北京政府内务部转发教育部《取缔留日学生因抗议中日军事协定回国组织救国团、爱国会的通知》，令各省省长"查照办理"。

8月3日 北京政府教育部决定每年选派各大学、高等专门学校教授若干名赴欧美各国留学。本年选派刘复、朱家骅、邓萃英、杨荫榆等7人，于本日由沪乘船赴美。刘复（1891—1934），字半侬、半农，江苏江阴人，曾入英国伦敦大学修语音学和法国巴黎大学修实验语音学，获法国国家文学博士学位，曾任国立北京大学教授。朱家骅（1893—1963），字骝先，浙江湖州人，德国柏林大学哲学博士，曾任国民政府教育部部长、交通部部长、国立中央大学校长等职。杨荫榆（1884—1938），女，江苏无锡人，东京高等师范学校理化博物科毕业，曾任国立北京女子师范大学校长。

8月6日 北京政府教育部通告：为反对中日密约而归国的留日学生，限于9月10日前回东京，赴留日学生监督处报到。

8月20日 中华职业教育社在上海陆家浜成立中华职业学校。

8月 赵正平任国立暨南学校校长。赵正平（1878—1945），字厚生，江苏宝山人，早年留学日本东京箴武学校和早稻田大学，曾任广西《南风报》主笔、印尼雅加达中华学校校长、北平社会局局长等职。

同月 王录勋任国立山西大学校长。王录勋（1885—1960），原名大庆，字猷辰、猷宸，山西临汾人，英国伦敦皇家大学工学博士，曾任国立山西大学校长、南京国民政府山西知事考试委员长、山西省政府委员、山西省建设厅厅长、山西省公路局总工程师等职。

9月11日 北京政府教育部正式施行《修正留日官自费生奖励暂行章程》，规定"留日高专以上各校官费生一学年内不欠席并学年试验及第者""留日高专以上各校官费生毕业时合计三学年不欠席者"得"勤学奖励"，前者奖励金为25—50元，后者奖励金为50—100元；"留日高专以上各校官费生学年试验考列最优等者""留日高专以上各校官费生毕业试验考列最优等者"得"成绩奖励",前者奖励金为 25－50 元,后者奖励金为 50－100 元;留日高专以上各校自费生,"一学年内不欠席并学年试验及第者"和"毕业试验考列最优等者"得给予补助费。

9 月 20 日 国立北京大学校长蔡元培在开学仪式上发表演说,强调"大学为纯粹研究学问之机关,不可视为养成资格之所,亦不可视为贩卖知识之所。学者当有研究学问之兴趣,尤当养成学问家之人格"。

9 月 21 日 北京政府教育部发布《批北京教育会长陈宝泉设立道德教育研究部准予备案》批文,并附有《道德教育研究部缘起》和《细则》。

10 月 4 日 《北京大学日刊》刊载国立北京大学评议会议决《大学校长等派赴外国考察规程》,规定"大学校长、学长、教授每连续任职五年以上,得受特别优待,派赴外国考察一次,惟同时不得过二人";"考察员于出国之前,应将其所拟研究之事物及所往之各地点,作一节略报告大学评议会";"考察员除支在校原薪全数外",还可支取出国、回国川资各 600 元,治装费 300 元,考察费"每月与部定欧洲留学生学费同";"考察以二年为期,不得延长";"考察员随时应有详细报告寄本校评议会""归国后,北京大学仍须继续延聘至少三年"。

同日 《北京大学日刊》刊载国立北京大学评议会议决《选派教员留学外国暂行规程》,规定"教育部指定留学额数内有空缺时,各科学长得就学科需要情形,请校长就曾在本校连续任职一年以上之本科教授、预科教授、助教选补";"有前条资格而志愿留学之教员,每年四月间应就学长议决之各学科中择定一种或数种提出研究案及志愿书于学长会";"学长会审查各研究案,将其结果报告校长决定选派何人";"留学教员除照部定规程支治装费、往返川资及每月学费外,仍按月支在校原薪之半。其在校五年以上者支全薪";"留学教员自出国之日起至归抵本国之日止,每月应有详细留学日记,寄与本科学长。其有取得学位之论文或他项著述及考察报告,亦应随时送校以备考核";"留学时期以二年为限""留学教员归国后,北京大学仍须继续延聘至少三年"。

10 月 5 日 北京政府教育部发布《指令北京高等师范学校:该校修订现

行简章应准照行文》，文曰："呈悉该校修订现行简章，各条均尚妥适应，准照行，此令。"并附有原送《简章》，该简章共 2 章 26 节 172 条，规定了办学宗旨、学科、课程、修业年限、入学、退学、休学、惩戒、升级、留级、毕业、服务，以及教室、图书、寝室、食堂、操场等。

10 月 12 日 北京政府教育部在北京召开全国专门以上学校校长会议。大会主要议决议案有：大学应如何注重学理之研求，使学生确能潜心研究案；专门以上各校应如何注重实习，使学生所学确能施诸实用案；高等学会及博士学位案；医学专门学校毕业试验规程案；医科药科专门学校毕业生称号案；等等。

10 月 13 日 国立北京大学傅斯年、罗家伦、杨振声、顾颉刚等开始酝酿成立学生团体新潮社，欲刊行《新潮》杂志，"专以介绍西洋近代思潮，批评中国现代学术上、社会上各问题为职司"。傅斯年（1896—1950），初字梦簪，后字孟真，山东聊城人，早年留学英国伦敦大学修实验心理学和自然科学，后入德国柏林大学研修哲学，曾任国立北京大学文科研究所所长、代理校长、国立台湾大学校长、中央研究院历史语言研究所所长等职。罗家伦（1897—1969），字志希，浙江绍兴人，早年留学美国普林斯顿大学，攻读历史和哲学，后入哥伦比亚大学、英国伦敦大学、德国柏林大学、法国巴黎大学研修，曾任国立清华大学校长、中央政治学校教务主任、教育长、国立中央大学校长等职。杨振声（1890—1956），字今甫，山东蓬莱人，哥伦比亚大学教育学博士，曾任国立青岛大学校长、国立西南联合大学常务委员会委员兼秘书长、国立西南联合大学叙永分校主任等职。顾颉刚（1893—1980），原名诵坤，字铭坚，江苏苏州人，国立北京大学中国哲学门毕业，曾任北平研究院研究员、中央研究院历史语言研究所通讯研究员、《文史》杂志社总编辑、中国社会科学院历史研究所学术委员，中国史学会理事等职。

10 月 14 日 北京政府教育部颁布《全国专门以上学校校长会议细则》20 条，规定"本会会员以大学校及专门学校校长或学长及教务主任充之，但教育总长得临时酌派会员""专门以上学校有属于他部者，主管部总长亦得酌派会员"；会场由教育总长指定，座位次序按报到先后顺序排列，到会人数不足

2/3 以上时不得开会；本会设主席 1 人、副主席 1 人、干事长 1 人、副干事长 1 人、干事员若干，均由教育总长指定；"会议事项应先由主席或副主席拟定议事日程，交由干事处印送各会员""教育总长认为应行讨论之问题，应先编入议事日程""会员建议案须有三人以上之赞同连署方得交议"；"各项议案经主席认为无须讨论时，得宣告讨论终止，应付表决者举手或起立，由主席酌定之"。

10 月 15 日　中华职业教育社发行《教育与职业》月刊，由蒋梦麟任总编辑。

10 月 20 日　学生救国会在国立北京大学成立《国民》杂志社，是日开成立大会。其宗旨是："一、增进国民人格；二、灌输国民常识，三、研究学术；四、提倡国货。"

10 月 29 日　《申报（上海版）》报道"科学家由美返国"。报道云："静安寺路五十一号中国科学社。近接该社董事会会长任鸿隽、总编辑杨铨由美来函云，即日搭南京号返申，昨晨为该轮抵埠之期，该社会计胡明复博士及寰球中国学生会代表偕往轮埠，为之招待。抵沪后暂住四川路青年会。任君为美国哥伦比亚大学化学硕士；杨君曾在哈佛大学研究机械工程四载，并长于簿记学及管理法等，二君对于科学素极醉心，此次学成归国，定能一新我国之科学也。"

10 月　湖南省公立商业专门学校、省立第一师范学校、第一农业学校、第一工业学校、艺徒学校 5 校校长，以经费无着，联合向湖南省省长张敬尧辞职。

11 月 15 日　国立北京大学在天安门举行演讲大会，李大钊作题名《庶民的胜利》的演说。

11 月 19 日　国立北京大学学生团体"新潮社"正式成立。

11 月 20 日　北京政府教育部向比利时商义品洋行借款 45,000 元，用作国立北京女子高等师范学校建筑校舍及添置设备费用。

12 月 1 日　国立沈阳高等师范学校成立，设有国文部、史地部、英语部、数学部、理化部、博物部，以及国文、图画、教育专修科，莫贵恒任校长。

莫贵恒（生卒年不详），字月樵，奉天辽中人，清末举人，京师大学堂师范科毕业，曾任奉天两级师范学校教务长、国立沈阳高等师范学校校长、中华人民共和国辽宁省人民代表大会代表、辽宁省文史研究馆馆长等职。

同日 国立武昌高等师范学校特设国语讲习科夜班开学，招收省城内学校教职员及其他志愿研究注音字母人员，每班 30 人，学习时间 1 个月。

12 月 10 日 国立北京大学校长蔡元培为《北京大学月刊》写发刊词。认为"大学者，'囊括大典，网罗众家'之学府也"；主张大学应遵循"思想自由"的准则，行"兼容并包主义"。

12 月 22 日 "中华新教育社"在江苏教育会开成立会。国立北京大学、国立南京高等师范学校、国立北京高等师范学校、私立南开学校、江苏省教育会、中华职业教育社等 11 个单位加入。该社拟编译书报，出版《新教育》月刊、"新教育丛书"。

同日 国立北京大学教授李大钊、陈独秀主编的《每周评论》在北京创刊。

12 月 30 日 北京政府教育部公布《教育调查会规程》14 条，规定"教育调查会隶属于教育总长，以调查审议教育上之重要事项为目的""对教育总长之咨询应陈述意见""关于教育上之重要事项，得建议于教育总长"；设会长 1 人、副会长 1 人、会员 30 人以内，特殊时期可设临时会员，会员为名誉职，会员资格须是"曾任或现任高级教育行政职务、具有教育上之经验者"，或"有专门学识，并于教育夙有研究者"，临时会员由教育总长酌派；会长、副会长由会员中公推 4 人，由教育总长指定；议事规则由会长决定，但须呈报教育总长。组织机构为"设干事五人以内，由教育总长委派，教育部荐任官充之，干事承会长之命整理庶务"。

12 月 31 日 国立北京大学校长蔡元培为中国科学社撰写《为科学社征募基金启》，后被选为中国科学社董事长。

冬 国立北京大学教授李大钊与高一涵在国立北京大学组织"马尔格斯学说研究会"。高一涵（1885—1968），原名高永浩，别名涵庐、梦弼等，安徽六安人，日本明治大学政治系毕业，曾任国立北京大学教授。

冬 严范孙偕校董范源濂、张伯苓游美归国，计划增设私立南开学校大学部。张伯苓（1876—1951），原名寿春，天津人，上海圣约翰大学名誉博士，曾任南京国民政府考试院院长、私立南开大学校长等职。

同年 留法勤工俭学会在北京筹设法文高等专修馆，分设于北京及长辛店等处。

同年 瓦尔科特（Wallcott）任清华学校讲习期间，用斯坦福大学教授推孟（L. M. Terman）修正量表考试该校高等科四年级学生。嗣后又用团体智力测验，考试此级学生。

同年 北京政府教育部公布《全国大学概况》。其中，国立大学有北京大学、国立北洋大学和山西大学3所；私立大学有北京私立朝阳大学、北京私立中国大学、武昌私立中华大学3所；直辖专门学校4所、公立法政专门学校21所、公立农工商医外国语各项专门学校26所、私立专门学校28所。

同年 北京政府教育部公布《全国高等师范学校概况》。要求山东、河南、湖南、江西等省立高等师范学校一律停办，维持南京、成都、广州各省立高等师范学校；改定北京高等师范课程标准，变通武昌高等师范分部规程，令各高等师范学校联合赴美考察教育状况；筹备陕西高等师范学校和女子高等师范学校，增设沈阳高等师范学校。

同年 北京政府教育部公布《1916—1918年全国留学生概况》。考选各生情况如下：1916年留学生共有34名，其中工科13人、商科6人、医科和理科各2人、文科1人，其他学科10人；留学国别为美国16人、日本15人、法国2人、英国1人。1917年留学生共有10人，其中工科3人、理科2人、农科商科文科医科及其他各1人；留美人数最多，为6人。

同年 中国科学社办事机关由美迁至国内，在上海、南京设中国科学社事务所。

同年 《太平洋（上海）》第1卷第9期刊发周春岳《大学改制之商榷》一文。文章指出："一、一国教育，由小学而中学而大学，有连接之关系者，故立学制，必具系统，以言改革，必察全体""仅改大学制度，而不通盘筹算学制全体，局部的改革果能收实效而应时代之要求乎？""吾国今日中学年限仅为四年，此其于大学教育之基础，不亦太薄弱乎""不思于修正全体学制系统图改良于中学本身，而别就大学上设备为补苴之计，而大学有预科二年之设"；"大学别设预科，多一番设备，即增一重负担，学课性质参差、组织复杂，以一大学专注心力于大学专门教育，犹虞不及，今复委以预备学科以分其力，不亦大违分功之原则乎。而此外经费之增加，与夫学生多数收容之种种实际上困难问题，犹其次也"。"除预设预科以外，即别无法以维持大学教育基础之标准乎？对于各地中学生之投学者，而施以划一之入学考试即可达此目的"。"二、通常大学专设文理二科，以外各科别为独立大学，果为良制乎？""西方之大学 University，原意为教授高等学术各科之综合体，故言大学即联想分科。分科无定，多多益善，罕见限于文理二科，单科大学，其例也绝鲜"。"各科学术，原有连贯，一综合体之中，各科同授，便利殊多""学术有密切之关系，综合则百般便于共通，独立则各须别为设备，是不仅原则上于高等学术研究之便利，即行政经费之实际问题亦大有差异也"。"就已有之专门学校改为大学分科，予亦极表赞同，且以为不惟限于北京大学，即各省设立大学，亦当循此办法。就固有之各项高等专门学校为机械的结合，至若更进一步而定为单科独立之大学，则窃以为多立名目、增殖机关，徒淆听闻而增经费，殊可不必也"。"综而言之，大学改制，同时须改良中学。中学年限至少当为六年，俾普通学科根底深厚，可以进受大学教育。""如是则大学尽可不设预科""凡为大学，仍当以包有各项分科、形成综合体制为原则。单科独立大学之认可，仅可偶然作为例外。""大学分科年限不必一律定为四年，须视各科学术之性质。"

同年　《太平洋（上海）》第1卷第10期刊发蔡元培《周春岳君〈大学改制之商榷〉》一文。文章指出："周君所引定案二条，为校务讨论会所提出者，其后经教育部改定而于六年九月二十七日颁修正之大学令。""周君主张增加中学年限，而不以大学设预科为然，固亦持之有故，然吾国中学虽止四年，而合以前之小学四年、高等小学三年，计之实以为十一年"。"中学中含几种作用，（一）高等普通学（二）高等专门教育之预备是也""我国及日本制，则偏重高等普通学，故年限较短，于大学则特设预科。""一国之中，中学之数，必远过于大学。入中学者，初不必皆入大学。若编入大学预科之课程于中学，则不便于不入大学之中学生，一也；我国教育尚未发达，各地方之中学程度，至为不齐，编入大学预备课程，毕业后亦往往不能直入大学，反不如设一预科以消息之，二也；中学之经费出于地方，大学之经费出于中央，（其私立者亦必财力较厚），于各地方骤增中学延长年限之经费，其靡费较多，而实行之期不免参差，若在大学保存预科之制，则靡费较少而履行较易，三也。故预科之制，似无改革之必要"。"我国现行学制，自小学至大学毕业，已占十七年，若增一年，则十八年矣，是否过长，此亦不可不研究者也。""周君又以通常大学专设文理二科为不然，案此条为鄙人所提议。鄙人之意，学与术，虽关系至为密切，而习之者旨趣不同。文、理学也，虽亦有间接之应用，而治此者以研求真理为的，终身以之。所兼营者，不过教授著述之业，不出学理范围，法、商、医、农、工，术也，直接应用。治此者虽亦可有永久研究之兴趣，而及一程度，不可不服务于社会，转以服务时之所经验，促其术之进步，与治学者之极深研究几不相伴也。鄙人之初意，以学为基本、术为支干，不可不求其相应。故民国元年修改学制时，主张设法、商等科者，不兼设文科，设医、农、工各科者，不可不兼设理科""鄙人以为，治学者，可谓之大学""治术者，可谓之高等专门学校。两者有性质之别，而不必有年限与程度之差"。"周君主张综合不在一处之各科以为大学""在鄙人以为无甚理由。若取其各科之互相补充耶，则如德制之高等工商学校，并不归入大学。"

同年 赵天麟任国立北洋大学校长。赵天麟（1886—1938），字君达，天津人，哈佛大学法学博士，曾获美国哈佛大学法学金钥匙奖，曾任国立北洋大学政治经济学教员、校长等职。

1919 年（民国八年 己未年）

1 月 21 日 中国以战胜国身份，派出陆征祥、顾维钧、王正廷、施肇基等组成的全权代表团，参加在法国巴黎凡尔赛宫举行的"和平会议"。

2月20日　南北和平会议在上海德国总会召开,南方军政府代表为唐绍仪,北京政府代表为朱启钤。3月3日南北和平会议破裂。

4月25日　北京政府令巴黎和会首席代表陆征祥否决5国共管山东议案。

5月4日　五四运动爆发。

5月24日　段祺瑞通电各省督军省长,主张在巴黎和约签字。

6月10日　北京政府被迫下令释放被捕学生,并免去曹汝霖、陆宗舆、章宗祥的职务。

6月12日　大总统徐世昌通电各省宣布辞职,内阁全体辞职。

6月28日　参加巴黎和会的中国代表拒绝在对德和约上签字。

10月10日　孙中山在上海改组中华革命党为中国国民党。

1月4日　台湾日本总督府发布《台湾教育令》,提出台湾教育宗旨:"以启发台湾人民的智能使之适应当今世界人文发达的程度,涵养德性,普及日语,使之具备帝国臣民应有的资质和品质";将教育划分为专门教育(以研究高等学术技艺为主要目的)以及普通教育、实业教育、师范教育4类。

1月5日　李大钊在《每周评论》上发表文章《新纪元》,称俄国革命是世界革命的新纪元,是人类觉醒的新纪元。

1月6日　国立北京大学缮送《全国专门以上学校联合会章程》,呈请教育部备案。该会由蔡元培组织发起,以"联络感情,讨论教育上共同事业为宗旨",事务所设于国立北京大学。

1月10日　学生救国会机关刊物《国民》杂志在国立北京大学创刊。

1月11日　大总统徐世昌任命傅增湘为教育总长。

1月15日　《新青年》从第六卷第一号起成立编辑委员会,采责任编辑制,实行轮流担任编辑办法,由陈独秀、钱玄同、高一涵、胡适、李大钊、沈尹默6人分期编辑。

同日　国立北京大学文科学长陈独秀发表《本志罪案之答辩书》,主张"要拥护德先生(即民主),便不得不反对孔教、礼法、贞节、旧伦理、旧政治;要拥护那赛先生(即科学),便不得不反对旧艺术和旧宗教"。"若因为拥护这两位先生，一切政府的迫压、社会的攻击笑骂，就是断头流血，都不推辞"。

同日 国立广东高等师范学校与日商台湾银行签订借款 10 万日元合同，以该校全部校舍为担保。此款用于补发所欠教职员薪金。

1月26日 国立北京大学教授刘师培、黄侃等组织成立国故月刊社，"以昌明中国固有之学术为宗旨"。刘师培（1884—1919），字申叔，江苏仪征人，清末举人，曾任《警钟日报》主笔、清政府两江总督辕文案兼三江师范学堂教习、直隶总督辕文案及学部咨议官、四川国学院副院长、国立北京大学教授等职。

1月31日 北京政府教育部发布《教育部公布各专门学校、大学校、中学校招生办法训令》。"训令"规定："（一）各高等专门及大学校招考新生，除外国语外，其他各种学科应以本国文命题；（二）生徒答案应用本国文，其能以外国文作答者听便；（三）请部通令各高等专门学校及大学校预将招生程度详细昭示。其一年级生活预科生所读何书、以若何程度为课程之开始函达各省教育厅，于每年寒假中通知各校，俾早预备，以便衔接。"

1月 《北京大学月刊》创刊号出版。国立北京大学校长蔡元培在创刊号上发表《发刊词》，提出办刊的宗旨是："尽吾校同人所能尽之责任""破学生专己守残之陋见""释校外学者之怀疑"。

同月 "中华新教育社"获教育部批准备案，同时更名为"中华新教育共进社"，其宗旨为"直接输入东西洋学术，使我国固有之文化受新潮之刺激，而加速其进化率"。内设议事、编辑两部，社主任由议事部公举。

2月1日 浙江省教育会出版的教育专业刊物《教育周报》更名《教育潮》。刊物宗旨是："介绍世界上新的教育思想，批评中国教育的弊端，讨论新教育的建设。"

2月4日 上海《时事新报》副刊《学灯》宣布扩充篇幅，增加"讲坛""学校指南""青年俱乐部""科学丛谈"等栏，提倡"教育主义""人格主义"，提出"对于原有文化，主张以科学解剖之"；"对于西方文化，主张以科学与哲学调和而一并输入之"。

2月7日 由国立北京大学、国立北京高等师范学校、北京各专门学校、国立南京高等师范学校、江苏省教育会等联合发起的"中国教育扩张研究会"开会,议定由郭秉文、陶履恭、李石曾取道美国赴英、法调查战后各国教育状况,以备借鉴。陶履恭(1889—1960),又名陶孟和,祖籍浙江绍兴,生于天津,英国伦敦大学社会学博士,曾任国立北京大学教授、文学院院长、教务长、中央研究院院士、中国科学院副院长等职。

2月9日 国语研究会召开第三次常会,制定会章。规定:"以研究本国语言,选定标准,以备教育界之采用为宗旨;以调查各省区方言,选定标准语,编辑语法辞书等书,用标准语编辑学校教科书、参考书,编辑国语书报等项为会务。"

同日 国立北京高等师范学校部分学生,为反对日本侵略,成立"同言社",每星期六开会1次,讨论人生、社会、教育各项重要问题。

2月10日 私立南开学校举行开学典礼,校长张伯苓报告筹办大学事宜。本月张伯苓胞弟张彭春就任大学筹备课主任,负责规划校舍,拟定校章。

2月14、15日 国立北京大学教授李大钊在《晨报》发表《劳动教育》一文,主张广泛设立劳工补习教育机关,给工人以知识教育。指出:"Democracy(即'民主')的精神,不但在政治上要求普遍选举,在经济上要求分配平均,在教育上、文学上也要求一个人人均等机会,去应一般人知识的要求。"

2月18日 林琴南发表小说《荆生》,文章中将白话文指为"禽兽自语",幻想能有一"伟丈夫"出现,以暴力镇压新文化运动。林琴南(1852—1924),名林纾,福建闽县人,清末举人,创办"苍霞精舍",曾任京师大学堂讲席。

2月24日 《时报》创刊《教育周刊》,分"世界教育新思潮""每周大事记"两版。

2月 中华新教育共进社社刊《新教育》杂志在上海创刊,蒋梦麟任主编,以"养成健全个人,创造进化的社会"为办刊宗旨。

3月9日 国立北京大学教授李大钊在《每周评论》发表《新旧思潮之激战》,针对林琴南对新文化运动的攻击进行驳斥,指出:"中国今日如果有真正觉悟的青年，断不怕你们那伟丈夫的摧残；你们的伟丈夫，也断不能摧残这些青年的精神。"

3月12日 北京政府教育部公布《女子高等师范学校规程》35条，规定"女子高等师范学校设预科、本科"，还得设选科、专修科、研究科；"本科分文科、理科、家事科"；本科、预科之"科目及教授时数由校长订定，呈请教育总长认可"；"专修科之学科目由校长视所需要临时订定，呈请教育总长认可"；"研究科就本科各部之一科目或数科目专攻之"；"选科除伦理教育必须修习外，得选习本科或专修科之一科目或数科目"；预科、本科学生总额在600人以下，其他3科名额由校长定之；修业年限上，预科1年、本科3年、研究科1年或2年、专修科和选修科2年或3年；入学资格上，预科和选修科"须身体健全、品行端洁、在女子师范学校或中学校毕业者，由各省区长官送校试验收录"，本科由预科毕业生升入，研究科由本科毕业生或者"有相当学历者、经试验后亦得入学"，选修科由校长定之并呈报教育总长；预科、本科及研究科均为公费生，"但得酌量情形收录自费生"；专修科、选科均为自费生，"但专修科生亦得视特别情形酌给公费"；公费生免学费，并得学校支给膳费和杂费，自费生缴费额由校长酌定、呈报教育总长；服务期限方面，自受毕业证书之日起，本科公费毕业生为4年、专修科公费毕业生为3年、本科和专修科自费生为2年，"但经教育总长特别指定职务及服务于边远之地者"都可相应减少1年。

3月16日 国立北京大学文科学长陈独秀发表《关于北京大学的谣言》一文。文曰："迷顽可怜的国故党，看见《新青年》杂志里面，有几篇大学教习做的文章，他们因为反对《新青年》，便对大学造了种种谣言。""但是对于国故党造谣的心理，我却有点感想。""这感想是什么呢？就是中国人有'倚靠权势''暗地造谣'两种恶根性。""我盼望大家只可据理争辩，不用那'倚靠权势''暗地造谣'两种武器才好。"

3月17日 第一批留法勤工俭学学生89名，乘日本邮船因蟠丸由上海启程赴法。国立北京大学教员徐悲鸿同船赴欧。徐悲鸿（1895—1953），原名徐寿康，江苏宜兴人，早年入巴黎国立美术学校习西画，后赴德国柏林，师从于康普，曾任国立北京大学教授、国立中央大学教授、中国美术学院院长等职。

3月18日 林琴南发表《致蔡鹤卿太史书》，指责蔡元培在国立北京大学的改革是"覆孔孟、铲伦常""尽废古书，行用土语为文字""施趋怪走奇之教育"。

3月20日 国故月刊社创办《国故》月刊，主张"以言从文""讲学（旧学）救时"，完全用文言文，不用新式标点，印刷形式完全仿照古书。该刊出至4期，自行停刊。

3月23日 国立北京大学学生邓中夏、廖书仓等发起成立平民教育讲演团。讲演团以"增进平民知识、唤起平民自觉心"为宗旨。邓中夏（1894—1933），字仲澥，又名邓康，湖南宜章人，曾任上海大学教育长、广州劳动学院院长、中共江苏省委书记等职。廖书仓（1891—1955），字大酉，湖南永兴人，国立北京大学法科毕业。

3月26日 北京政府教育部订定《外国人所设之专门学校毕业生待遇办法》。规定："凡外国人在内地所设专门以上学校、不以传布宗教为目的、且不列宗教科目者，准其援照私立专门学校规程或私立大学规程，及专门以上同等学校待遇法，其毕业生得与公私立各校毕业生，受同等待遇。"

3月31日 陶知行在《时报》的《教育周刊》第6号发表《介绍杜威先生的教育学说》一文，介绍美国教育家约翰·杜威（John Dewey）的生平、著作和实用主义教育思想。陶知行（1891—1946），后改名陶行知，安徽歙县人，美国哥伦比亚大学教育学博士，创办晓庄学校和社会大学，发起成立中华平民教育促进会总会，曾任中国民主同盟中央常委兼教育委员会主任委员。

同日 留法勤工俭学会组织第二批学生26名乘日本邮船贺茂丸赴法。

3月 《新教育》杂志发表郑宗海《杜威氏之教育主义》一文，介绍美国教育家约翰·杜威实用主义教育思想。郑宗海（1892—1979），字晓沧，号粟庐，浙江海宁人，美国哥伦比亚大学教育学硕士，曾任国立南京高等师范学校教授、国立东南大学教授、国立浙江大学教授等职。

同月 北京政府教育部公布《全国教育计划书》。该计划书提出下列各项发展教育措施：属于普通教育的有补助教育经费、整理添设国立高等师范学校、筹设女子高等师范学校、统一国语等8项。属于专门教育的，整理、增加大学及专门学校、派遣教师学生留学外国、奖励学术著作等10项。属于社会教育的有扩充和建设图书馆、扩充及补助通俗讲演所等9项。

春 张伯苓、严修、范源濂等议决：私立南开学校增设大学和扩充中学，筹款建筑校舍。

4月1日 蔡元培《致〈公言报〉函并附答林琴南君函》在《公言报》发表。信中就林琴南对所谓北京大学教员"覆孔孟、铲伦常""尽废古书，行用土语为文字"的责难进行批驳，重申改革北京大学的两项主张："一、对于学说，循思想自由原则，取兼容并包主义。无论何种学派，苟言之成理，持之有故，悉听其自由发展。二、对于教员，以学诣为主，只要不违背上列原则，都可在校讲授。"

4月6日 《每周评论》刊载《共产党宣言》（节译）。

4月10日 国立北京大学校长蔡元培主持教授会议，议决废除学长制，成立各科教授会主任组成的教务处，马寅初任教务长。

4月14日 北京政府教育部公布《关于国立高等师范学校均设体育专修科与体育讲习会训令》，要求设立国立体育研究所，为体育之根本研究；规定国立高等师范学校均需设体育专修科及体育讲习会。

4月15日 留法勤工俭学会在北京筹设的法文高等专修馆开学。设师范科1班，学生约20人，3年毕业；工业科5班，学生约200人。

4月17日 北京政府教育部指定张一麐（仲仁）为国语统一筹备会会长，袁希涛（观澜）、吴敬恒（稚晖）为副会长。

4月18日 台湾日本总督府农林专门学校开办，设农业科、林业科。1922年改名台湾总督府高等农林学校，1928年并入台北帝国大学。

4月21日 北京政府教育部批准蔡元培关于请设法文高等专修馆的报告。

4月23日 北京政府教育部通知农工商医各专门学校，可附设专修科，学制2年。

同日 北京政府教育部将直辖"北京女子师范学校"改为"国立北京女

子高等师范学校",方还任校长。方还(1867—1932),原名张方中,字惟一,江苏新阳人,参与组织"亭林学会"和"江苏教育总会",曾任清政府江苏省谘议局议员、上海招商局公学校长、南通女子师范学校校长等职。

4月24日 北京政府教育部与美商花旗银行签订借款30万美元合同,以关税余款为担保。此款用作所辖各校经费。

4月 教育调查会召开第一次会议,议决关于教育宗旨研究、中学校应否文实分科等10案。在"教育宗旨研究案"中提出:采英、法、美三国之长,拟以"养成健全人格,发展共和精神"为教育宗旨。并附说明:"所谓健全人格者:一、私德为立身之本,公德为服役社会国家之本。二、人生所必须之知识、技能。三、强健活泼之体格。四、优美和乐之感情。"所谓共和精神者:"一、发挥平民主义,人人知民治为立国根本。二、养成公民自治习惯,人人能负国家社会之责任。"

同月 台湾公立嘉义农林学校开办,1921改名台南州立嘉义农林学校;1945年11月改制为台湾省立嘉义农业职业学校;1951年改名为台湾省立嘉义高级农业职业学校。

5月1日 美国教育家约翰·杜威(John Dewey)自日本到达上海。约翰·杜威(1859—1952),美国人,约翰·霍普金斯大学哲学博士,曾任密歇根大学教授、明尼苏达大学教授、芝加哥大学教授、哥伦比亚大学教授等职。

5月2日 国立北京大学教授胡适在江苏省教育会会所演讲"实验主义""以为杜威博士星期六、星期日演说之导言"。

5月3日 国立北京大学学生获悉中国专使拟在巴黎和会签约消息,于晚7时在法科大礼堂举行大会,大会决议:"一、联合各界一致力争;二、通电巴黎专使坚持不签字;三、通电各省于5月7日国耻纪念举行游行示威运动;四、定于星期日(即5月4日)齐集天安门举行学界大示威。"

同日 约翰·杜威偕夫人到江苏省教育会演讲"平民主义的教育",由蒋梦麟翻译。

5月4日 "五四运动"爆发。北京三千多名高校学生在天安门、东交民巷等地游行示威,抗议巴黎和会关于山东问题决议和政府外交政策。曹汝霖住宅被火烧，章宗祥被殴。32 名学生被捕。

同日 约翰·杜威在江苏省教育会继续演讲"平民主义的教育"，侧重讲"平民教育主义之方法"。5 月 3、4 日两次演讲记录稿《平民主义的教育》发表在《教育潮》第 1 卷第 2 期和《晨报》1919 年 5 月 12—13 日。

5月5日 北京高校学生继续罢课，学生代表在国立北京大学法科召开全体联合大会，共同起草了《北京中等以上学校学生联合会组织大纲》。

同日 国立北京大学校长蔡元培召集北京其他 13 所高校校长组成"校长团"，要求释放被捕学生，否则全体教职员一律罢职。

5月6日 北京中等以上学校学生联合会成立。下设评议、干事两部。评议部负责议决事项，干事部负责执行评议部决议的一切议案。

5月7日 "五四运动"中被捕学生获释。

同日 约翰·杜威在浙江省教育会所讲演"平民教育之真谛"，指出"共和主义的教育，其宗旨在使人人有被教育之机会，其方法则在尊重个性"。一说由蒋梦麟任翻译，另一说由郑宗海任翻译。

5月9日 国立北京大学校长蔡元培辞职南下，留下一则启事："我倦矣！'杀君马者道旁儿。'……我欲小休矣，"同时声明"北京大学校长之职，已正式辞去……自五月九日起，一切脱离关系"。

同日 因蔡元培辞职出走，国立北京大学学生召集代表会议，议决致函教育总长傅增湘，要求"万勿允准辞职""以维学务而平舆情"。晚 8 时，教职员开全体会议，作出"如蔡不留，即一致总辞职"的决议，推举李大钊、马叙伦、马寅初等 8 人为代表赴教育部，要求政府挽留蔡元培。马叙伦（1885—1970），字彝初，浙江杭县人，曾任国立北京大学教授、北京政府教育部部长、国民党政府教育部部长和中华人民共和国教育部部长、高等教育部部长等职。

同日 私立中华大学中学部主任恽代英和林育南、张宜瑞、蓝芝浓等人邀请武汉各校代表集会于中华大学，商讨声援北京学生事宜。恽代英起草《对山东、青岛诸问题的宣言书》。恽代英（1895—1931），江苏武进人，曾任私立上海大学教授、中国社会主义青年团中央执委会候补委员、宣传部主任等职。林育南（1898—1931），湖北黄冈人，曾任社会主义青年团中央委员会组织部长、中华苏维埃区域代表大会秘书长、全国苏维埃准备委员会秘书长等职。

同日 北京政府教育总长傅增湘离职。

5月15日 北京政府教育部次长袁希涛代理部务。

5月17日 武汉学生联合会正式成立。

5月18日 约翰·杜威在国立南京高等师范学校演讲"真正之爱国"，陶行知任翻译，指出爱国心的构成元素有"想象""理想"和"自动"，"共和国所需者则为有知识能力与职责之爱国心也。"

5月19日 北京学生总罢课，学生提出"内惩国贼""挽留蔡元培"等6项要求。

5月25日 约翰·杜威在国立南京高等师范学校演讲"共和国之精神"，由陶行知任翻译，提出养成共和国之精神，有两大要素："第一要素为爱自由""第二要素为共同动作"。

5月中下旬 北京学生运动得到各地学生和市民声援，罢课、罢市等抗议运动扩及全国。

5月 《新青年》6卷5号出版"马克思主义研究专号"。李大钊《我的马克思主义观》在本期发表。

同月 李大钊主持的《晨报》副刊创辟《马克思研究》专栏，连续刊载《共产党宣言》《政治经济学批判序言》中有关历史唯物主义部分的摘译和《雇佣劳动与资本》最早的译文。

6月1日 武汉学校近6,000名学生举行爱国罢课、游行，私立中华大学数名学生受伤、9名学生被捕。

6月2日 中华大学校长陈时带来武汉各校校长见省长何佩瑢、督军王占元，恳请释放被捕学生。

6月4日 北京政府教育部次长傅岳棻代理部务。傅岳棻（1878—1951），字治乡，号娟净，湖北武昌人，清末举人，曾任北京政府国务院铨叙局参事、国立北平大学教授、国立北京师范大学教授等职。

6月5日　胡适陪约翰·杜威去国立北京大学看望被关押学生。杜威夫妇在当天的家信中写道："这真是个不可思议的国家；她现在被称为共和国实在是一个大笑话；至目前为止她给人的印象只不过是一个假公济私的营利集团代替了古老的帝国罢了，而这个集团无论在治理或劫夺上都是由军阀掌握实权"。"若果政府有这份魄力，它可以解散这所大学，但学者的地位与声誉却是崇高而不容侵犯的。"

6月6日　北京政府发布大总统令，宣布由"胡仁源署北京大学校长"。

6月7日　私立中华大学中学部主任恽代英在武汉各团体联合会上发言，鼓励商人罢市支持学生爱国运动。10日汉口举行罢市，12日武昌商界全体罢市。

6月8日　约翰·杜威在北京西单牌楼手帕胡同教育部会场演讲"美国民治的发展"，由胡适任翻译。

6月10日　北京政府宣布"批准"曹汝霖、张宗祥、陆宗舆辞职并改组政府。约翰·杜威继续在教育部会场演讲"美国民治的发展"，介绍民治的个人主义方面，强调"民治就是教育，教育也就是民治。凡是教育都是为民治设的，必须有这种政治，才可让教育格外发展；也必须有这种教育，才可让政治格外改良"。

6月12日　约翰·杜威继续在教育部会场演讲"美国民治的发展"，介绍民治的社会方面，提出"怎样能使国民互相顾恤，互相爱利，同谋共同的利益呢？""第一，物质上的联络"；"第二，国家观念的发达"；"第三，私人自由组织的团体之发达"；"第四，教育与社会统一的关系"。

6月15日　蔡元培撰《不愿再任北京大学校长的宣言》："我绝对不能再做那政府任命的校长"，因为那是"半官僚的性质"；"我绝对不能再作不自由的大学校长"，因为"思想自由，是世界各国大学的通例"；"我绝对不能再到北京的学校任校长"，因为"北京是个臭虫窠"。这份宣言被其弟蔡元康压下未能发表。

6月16日　中华民国学生联合会在上海成立。

6月17日　北京政府教育部曾发布训令，调胡仁源"到部办事"。

同日 国务院、教育部分别致电蔡元培，曰"学潮已息，校事亟待主持"……"务希早日苊止，以副群望"。

同日 约翰·杜威在北京美术学校礼堂演讲"现代教育的趋势"第一部分"教育天然的基础""说明注重个人本能之必要"，由胡适任翻译。

6月18日 中华民国学生联合会选举国立北京大学学生段锡朋为主席、复旦大学学生何葆仁为副主席。段锡朋（1896—1948），江西永新人，曾任国民党政府教育部次长、国立中央大学代理校长、中央训练团教育委员会主席、国民党中央执行委员等职。何葆仁（1895—1918），福建厦门人，曾任复旦大学教授、新加坡华侨中学校长、国民政府华侨参议员等职。

6月19日 约翰·杜威在北京美术学校礼堂演讲"现代教育的趋势"第二部分"对于知识的新态度"。"介绍现代教育家对于知识之新见解，及新见解在教育方法上所发生之影响。"

6月21日 约翰·杜威在北京美术学校礼堂演讲"现代教育的趋势"第三部分"教育之社会化"。"说明用如何方法始能使教育变为社会的。"

6月28日 中国代表奉命拒签"巴黎和约"。

6月 《每周评论》主编陈独秀因散发爱国传单被捕，胡适接任主编。

夏 私立中国公学复校，设商科与中学，王敬芳被推举为校长。王敬芳（1876—1933），字抟沙，河南巩县人，曾任国民政府众议院议员、中原煤矿公司经理、福中公司经理等职。

7月20日 胡适在《每周评论》第31号发表《多研究些问题，少谈些"主义"！》一文，指出"空谈好听的'主义'是极容易的事情""空谈外来进口的'主义'是没有什么用处的""偏向纸上的'主义'是很危险的"；"请你们多提出一些问题，少谈一些纸上的主义""请你们多多研究这个问题如何解决，那个问题如何解决，不要高谈这种主义如何新奇，那种主义如何奥妙"；"我并不是劝人不研究一切学说和一切'主义'。学理是我们研究问题的一种工具""种种学说和主义，我们都应该研究。有了许多学理做材料，见了具体的问题，方才能寻出一个解决的方法"；"'主义'的大危险，就是能使人心满意足，自以为寻着包医百病的'根本解决'，从此用不着费心力去研究这个那个具体问题的解决法了"。

7月23日 蔡元培发表《告北大学生暨全国学生联合会书》同意复职："为教育前途起见,义不容辞",同时表示："诸君唤醒国民之任务,至矣尽矣,无以复加矣""推寻本始,仍不能不以研究学问为第一责任也。"

7月24-31日 蓝公武以"知非"为笔名在《国民公报》发表《问题与主义》一文,从问题的性质、主义学说的性质、方法等方面批评胡适的观点。文章指出:"凡是构成一个问题,必定是社会生活上遇着了一种困难",问题的性质"有理想和现实的区别""本因实际利害而起""但构成一种问题,非必由于客观的事实,而全赖主观的反省""问题不限于具体,抽象性的更为重要"。"理想乃主义最重要部分""主义是多数人共同行动的标准,或是对于某种问题的趋向或是态度""主义好像航海的罗盘针,或是灯台上的照海灯""说主义危险,实是因果倒置"。"问题与主义并不是相反而不能并立的东西""把问题、主义、方法三种相连的关系归结":"主义是方法的标准趋向和态度""最重要的而为中心的一点,在问题自身,原为解决方法的标准,抽象出来推行到他部分或是他种问题去,即是主义""问题之中有主义""主义之中有问题""二者不能截然区别的""在不进的社会,问题是全靠主义制造成的""而在旧习惯所支配的社会,往往由他国输入富于新理想的主义,开拓出一个改革的基础来"。"要把一种主义的内容和意义,明白得十分透彻,鼓吹到社会上去""发生主义的运动,这事恐怕就很难";"在今日文化交通的时代""若是概括以空谈外来主义为无用,未免有几分独断";"人家受他的鼓吹,信奉他的主义,必定要问这种主义的内容和他的影响结果,无耻政客决不能用来欺人的"。"主义的研究和鼓吹,是解决问题的最重要、最切实的第一步"。蓝公武(1887—1957),广东大埔人,曾任《时事新报》总编辑、《国民公报》社长、北京政府国会议员、中华人民共和国最高人民检察院副检察长、全国人民代表大会常务委员会委员等职。

7月29日 约翰·杜威在天津工业专门学校演讲"教授科学之方法",张伯苓任翻译。

7月30日 徐世昌发布大总统令,宣布胡仁源"调部任用,准免署职"。

7月 少年中国学会在北京召开成立大会。学会设总会于北京，在南京、成都、巴黎设分会。主要活动有：每年7月1日召开全体会员大会；出版图书、杂志，编辑《少年中国》《少年世界》等会刊；举办各种讲演和学术活动；组织讨论国事、世界形势、信仰、主义等。

8月10日 约翰·杜威应新学会的请求，在北京化石桥尚志学校演讲"学问的新问题"，范源濂致辞介绍，胡适作翻译。

8月17日 李大钊在《每周评论》第35号上发表《再论问题与主义》一文。文章指出："我们的社会运动，一方面固然要研究实际的问题，一方面也要宣传理想的主义。这是交相为用的，这是并行不悖的。""这种高谈的理想，只要能寻一个地方去实验，不把他作了纸上的空谈，也能发生些工具的效用，也会在人类社会中有相当的价值"。"我们只要把这个那个的主义，拿来用作工具，用以为实际的运动，他会因时、因所、因事的性质情形，生一种适应环境的变化"。"依马克思的唯物史观，社会上法律、政治、伦理等精神的构造，都是表面的构造。他的下面有经济的构造，作他们一切的基础"；"经济问题的解决，是根本解决""可是专取这唯物史观（又称历史的唯物主义）的第一说，只信这经济的变动是必然的，是不能免的；而于他的第二说，就是阶级竞争说，了不注意，丝毫不去用这个学理作工具，为工人联合的实际运动，那经济的革命恐怕永远不能实现。就能实现，也不知迟了多少时间"。

8月20日 私立复旦大学校董会决议，募集32万元，拟在江湾购地建筑新校园。

8月24日 胡适在《每周评论》第36号上发表《三论问题与主义》一文。文章指出，蓝公武和李大钊对"主义"的界说，"和我原文所说的话，并没有冲突""蓝李两君的误会，由于他们错解我所用的'具体'两个字"。"主义起初都是一些具体的主张""救时的具体主张""主张成了主义便由具体的计划，变成一个抽象的名词"。"蓝君的第二个大误会是把我所用的'抽象'两个字解错了。我所攻击的'抽象的主义'，乃是指那些空空荡荡、没有具体内容的全称名词。""蓝君误会我的意思，把'抽象'两个字解作'理想'，这便是大错了。理想不是抽象的，是想象的。""我那篇原文不但不曾反对理想，并且极力恭维理想。""但是我所说的理想的作用,乃是这一种根据于具体事实和学问的创造的想象力,并不是那些抄袭现成的、抽象的口头禅的主义"。"蓝李两君所辩护的主义,其实乃是些抽象名词所代表的种种具体的主张""主义本来都是具体问题的具体解决法""主义的应用有时带有几分普遍性",但不可因此就说"主义本来就是一种抽象的理想"。"我们对于人类迷信抽象名词的弱点,该用什么方法去补救他呢?我的答案是:多研究些具体的问题,少谈一些抽象的主义。一切学理,都该研究,但是只可认作一些假设的见解,不可认作天经地义的信条;只可认作参考印证的材料,不可奉为金科玉律的宗教;只可用作启发心思的工具,不可用作蒙蔽聪明、停止思想的绝对真理"。

8月29日 欧美同学总会在上海成立。

8月31日 胡适在《每周评论》第37号上发表《四论问题与主义》一文,专门探讨了"输入学理的方法"。文章指出:"输入学说时,应该注意那发生这种学说的时事情形";"输入学说时应该注意'论主'的生平事实和他所受的学术影响";"输入学说时应该注意每种学说所已经发生的效果"。"以上所说的三种方法,概括起来可叫做'历史的态度'。""这样输入的主义,一个个都是活人对于活问题的解释与解决,一个个都有来历可考,都有效果可寻。我们可拿每种主义的前因来说明那主义性质,再拿那主义所发生的种种效果来评判他的价值与功用。"

9月4日 私立震旦大学电化学教授梅理先生(Mailly)转交法国驻沪领事韦礼德一份备忘录,建议由中法两国政府将同济医工学堂改建为一所官办的化学分析实验室和工业机器及工业材料实验室,托付震旦大学管理和使用。

9月20日 国立北京大学举行欢迎蔡元培校长回校大会暨开学典礼。蔡元培先介绍约翰·杜威将在该校讲授哲学,然后发表演讲,赞扬学生的"爱国热诚"以及"自治的能力"和"自动的精神",强调"大学是研究学理的机关",倡导"研究的兴趣""纯碎学理的文理科""服务社会的习惯"。

同日 约翰·杜威参加国立北京大学欢迎蔡元培校长回校大会暨开学典礼时讲演"社会哲学与政治哲学"第一讲"大学任务之性质",由胡适任翻译。约翰·杜威指出"今日当使旧文化与新文化结婚，使之互相了解，互相扶助，成一种美满的家庭，产生美满的儿子，大学者即为此婚姻之媒介，余亦甚愿于此媒介之中尽一份力"。

9月21日　约翰·杜威在北京政府教育部会场演讲"教育哲学"第一讲，由胡适任翻译。约翰·杜威提出教育哲学应讨论的三个问题："（一）怎样可以使特别阶级的教育，变成大多数，变成普及；（二）怎样可以使偏重文字方面的教育与人生日用的教育得一个持平的比例；（三）怎样可以使守旧的教育一方面能保存古代传下来的最好的一部分，一方面能养成适应现在环境的人才。"

9月25日　私立南开大学举行开学典礼，黎元洪、严修、范源濂、卢木斋、王章祜以及天津名流出席典礼。校长张伯苓发表讲话。第一届新生共录取周恩来、马骏、张平群等96人，其中文科49人，理科19人，商科28人。

9月27日　约翰·杜威在国立北京大学法科大礼堂演讲"社会哲学与政治哲学"第二讲，由胡适任翻译。约翰·杜威认为"旧式的社会哲学只是两极端，一是对于社会下总攻击，一是对于社会下总辩护。现在我们所讲的第三派哲学不是总攻击，也不是总辩护，是要进步，可不是那天演的进步，是东一块西一块零零碎碎的进步，是零买的不是批发的进步"。

9月28日　约翰·杜威在北京政府教育部会场演讲"教育哲学"第二次，由胡适任翻译。约翰·杜威主要谈了"教育的三个要点：（一）儿童的方面；（二）将来儿童要进去的人的社会方面；（三）介乎二者之间的学校和教材。第三点最重要，因为它的目的是要使儿童进到成人社会里面去。教育哲学就是指挥它联络儿童与社会两方面使它成一个过渡的桥或摆渡船"。

9月　国立暨南学校开始设置商业特科，学制1年，甲种商业学校以上程度及华侨子弟之已毕业中学者均可报名，目的是"专造就南洋商业上应用人才""毕业后实习若干时间，可介绍于南洋商业机关"。

同月　国立北京大学裁撤工科，并入国立北洋大学办理。

同月　国立山西大学开办文科英文学类、法科政治学门。

10月4日　约翰·杜威在国立北京大学法科大礼堂演讲"社会哲学与政

治哲学"第三次，胡适任翻译。约翰·杜威提出"我们既生在现世……第一要研究社会上冲突的是些什么东西，第二要观察哪一种组合太趋前了。研究了这两层，然后知道这种畸轻畸重的地方，然后就能去讲修正补救"。

10月5日 约翰·杜威在北京政府教育部会场演讲"教育哲学"第三次，胡适作翻译。约翰·杜威指出"教育的最大毛病，是把学科看做教育的中心""其改革的方法，只是把教育的中心搬一个家：从学科上面搬到儿童上面。依照儿童长进的程序使他能逐渐发展他的本能，直到他能自己教育自己为止"。

10月7日 约翰·杜威在国立山西大学校礼堂演讲"品格之养成为教育之无上目的"，提出品格养成的方法为"（一）为各学科中皆融以道德之教育；（二）为养成学生之判断力；（三）为养成学生执行之智能"。

10月10日 周恩来、邓颖超、马千里等在私立南开大学"校风"编辑室开会，商讨召开国民大会事宜。下午，天津各界群众在私立南开大学操场举行集会，要求惩办卖国贼，抵制日货。

10月13日 约翰·杜威在国立山西大学校礼堂演讲"高等教育之职务"。"第一，为保守本国固有之文明精华，并借教育机关，以传播于久远。第二，为介绍东方西方之文化而媒合之，且使中外古今之文明融会贯通。第三，为科学之精神。凡办事业，皆宜以科学之试验方法考察之下，以自己之评判而定其当否"。

10月18日 约翰·杜威在国立北京大学法科大礼堂演讲"社会哲学与政治哲学"第四次，胡适任翻译。约翰·杜威提出，"我们的学说，是要教革新家用一种研究的态度：第一步是问他的方法，现在有某种需要没有做到，某种有用分子有用能力没有发展，某种改革某种新制度应去推行。这是种研究的态度。第二步要问那种方法真不真，好不好，革新家便也进了一步，知道他攻击人是不差的，但是他所提出的这个那个，是否可以代替原有的这个那个，这也是一种研究态度。总之是把人的智慧用科学方法去批评研究"。

10月19日 约翰·杜威在北京政府教育部会场演讲"教育哲学"第四次，胡适作翻译。约翰·杜威强调"用演戏的方法帮助学科，其最显明的利益就是使儿童有趣味。……最重要的是使用知识方面的作用。第一能使他设身处地,知道他自己就是戏中的人物:戏中的悲欢离合仿佛是他自己的悲欢离合。……第二个知识方面的作用是可以引起儿童有选择的能力和安排能力。……第三个作用,可以使儿童的知识影像格外明了、正确。……最后第四个作用就是能养成社会的共同生活的习惯。""这种不但有兴味有动作并且有结果的工作在教育上的利益,据我看来,第一,因为有实在的出产品,就是开始教儿童做事要有目的。……第二,教儿童对于材料要有选择的方法和手段,处处须与他的目的互相照应。这可以养成一种判断的能力。"

10月21日 国立北京大学议决《评议会选举法》,规定:"(1)不分科亦不分系,但综合全校教授总数互选五分之一。(2)此外加入教务长、庶务主任、图书馆主任、仪器室主任,但无表决权。"

10月25日 约翰·杜威在国立北京大学法科大礼堂演讲"社会哲学与政治哲学"第五次,胡适任翻译。约翰·杜威讲道:"现在且举出人性的三种需要做标准:(一)习惯风俗;(二)社会编制;(三)共同生活。个人把已往的习惯保留下来,做行事的惯例,便叫习惯;把习惯变成社会通俗的惯例,便叫风俗;把风俗变成制度,便是礼制。把社会安排到分工易事通力合作的地步,便成有系统的组织,便叫社会编制。这两种都还是第二等的重要事件;第一等重要的事件,是共同生活。人类必定要共同生活,就可互相帮助,互相长进,这是人性顶重要的需要。"

10月26日 约翰·杜威在北京政府教育部会场演讲"教育哲学"第五次,胡适作翻译。约翰·杜威讲道:"教育的目的——民治国家尤其如此——是要养成配做社会的良好分子的公民。详言之,就是使社会各分子能承受社会的过去或现在的各种经验,不但被动的吸收,还须每人同时做一个发射的中心,使他所承受的及发射的都贡献到别的公民的心里去,也来加入社会的活动。"

10月 北京协和医学院开办医学本科,学习年限8年。

11月1日 约翰·杜威在国立北京大学法科大礼堂演讲"社会哲学与政治哲学"第六次,胡适任翻译。约翰·杜威讲道:"我们今天要提出来讲的就是各社会互相交换往来的关系,是共同生活的要素。""这种社会一定使各分子有自由发展、自由交换、互相帮助、互相利益、互通感情、互换思想知识的机会，社会的基础是由各分子各以能力自由加入贡献的。"

11月2日　约翰·杜威在北京政府教育部会场演讲"教育哲学"第六次，胡适作翻译。约翰·杜威讲道："今天所讲的学理便是学校不但读书就算了，还要造成社会有用的公民，有共同生活的习惯和能力，有注重公德公益的训练，知道立法司法行政的效用，那么学校的生活才是一个活的社会生活；学校内养成的儿童才是一个懂得社会需要，能加入社会做事的人物。他们组织的社会国家，才是一个兴盛的社会国家。"

11月4日　约翰·杜威在沈阳西门内外国语专门学校大礼堂演讲"国民教育大旨"。

11月5日　约翰·杜威在沈阳西门内外国语专门学校大礼堂演讲"如何教授儿童"。

11月7日　约翰·杜威在沈阳西门内外国语专门学校大礼堂演讲"自然教育"。

11月10日　由全国学联和天津各界联合会发起与筹备的全国各界联合会在上海成立。

11月14日　约翰·杜威在国立北京大学法科大礼堂演讲"思想之派别"，第一次主要介绍以亚里士多德为代表的系统派的思想方法，即注重整理的、分析的、类别的方法。

11月15日　约翰·杜威在国立北京大学法科大礼堂演讲"社会哲学与政治哲学"第七次，胡适任翻译。约翰·杜威讲道："第一，商业的互相依靠互相关联，可以算好，也可以算坏。……所以现在应该讨论的，是怎样管理支配才可以使彼此有益而没有害。第二，自由与平等不是并立的。……所以现在应该讨论的是怎样可以调和自由与干涉，使一方面发展自由，而一方面境遇仍能平等。"

11月16日　约翰·杜威在北京政府教育部会场演讲"教育哲学"第七次，胡适作翻译。约翰·杜威讲道："预备将来应该是教育的结果，不是教育的目的。""第一，不要把遗传下来的习惯、古训、旧法来做标准；不论本国外国、凡是遗留的东西，总未必能适用。第二，应打破读书人和学者的观念，从前的学问，是为人做装饰品、不为社会的生活，不过少数人拿了做摆架子张门面的东西罢了。这种观念应该打破。"

11月22日　约翰·杜威在国立北京大学法科大礼堂演讲"社会哲学与政治哲学"第八次，胡适任翻译。约翰·杜威讲道："发生一种新政治哲学——个人主义。其中心观念就是以个人的自由意志去结合，去做自己要做的事，用不着政府或法律的干涉。""我们可以设想，倘把这十七、十八世纪英法的学说应用到中国现在的家庭制度里来，一切帮助和一切干涉都停止，让子弟们自己去打出一个新世界，完全自由结合，自由生活，很可以看出许多的好处！"

11月23日　约翰·杜威在北京政府教育部会场演讲"教育哲学"第八次，胡适作翻译。约翰·杜威讲道："第一，科学进步发展的影响不在科学自身分量的增加，以新的代替旧的，以正确近于事实的代替不正确不近于事实的。……第二，科学发展进步的影响，除改换方法外，还给我们两种重要的观念，使我们的人生观都改变了。（一）自然法（Law of nature）的观念。……（二）能力（Energy）的观念。""我虽不甚懂得中国的文化史，但知道中国古代的学问多偏向于人生哲学一方面，对于生物天然地理等自然科学，不甚注意，所以科学程度较浅，还够不上与政治、宗教、社会、人生发生联贯的关系。所以新思想输入不大遭人的反对。""第三，科学发展进步的影响，发明'力'的观念，知道把天然的能力征服下去，为人生效力。"

11月28日　约翰·杜威在国立北京大学法科大礼堂演讲"思想之派别"之"理性派的思想方法"，介绍笛卡尔的哲学观。

11月30日　约翰·杜威在北京政府教育部会场演讲"教育哲学"第九次，胡适作翻译。约翰·杜威讲道："科学进步在道德方面发生两大影响：第一，发生新的希望、新的勇敢。……这种新的希望和新的勇敢从什么地方来呢？就在对于人的智慧，有一种新的信仰。我们现在受了科学的影响，知道人的智慧，可以打破从前的一切愚昧、错误和紊乱。故对于人生起了一种新的态度。""第二，发生新的'诚实'。……科学进步以后使我们有新的诚实，有研究事实的方法和信仰，知道人的智慧，有找出真理，解决天然界事实种种困难的能力，对于事实只是老实说出，这么样就是这么样，然后去找出真理，去想解决纠正的方法，不是弥缝过去就算了。对于一切社会问题家庭问题都是如此。"

12月3日 国立北京大学评议会通过《国立北京大学内部组织试行章程》，分校长、大学立法、大学行政、学术、事务5章。《章程》规定，校长办公室"置秘书1人，办理校长函件往来事务"。评议会是大学立法机构，"会员由教授互选，额数以五人举一人为率。凡大学立法，均须由评议会通过"。大学行政组织由行政会议和各行政委员会构成，行政会议"以各常设委员会委员长组织之，校长为当然议长。教务长为当然会员，总务长为当然会员兼簿记，协助校长，推行全校大政"；行政委员会包括组织委员会、预算委员会、审计委员会、聘任委员会、入学考试委员会、图书委员会、庶务委员会、仪器委员会、出版委员会、学生自治委员会、新生指导委员会、临时委员会，"各委员会由校长从教员中指派，征求评议会同意。除例外另行规定外，每委员会人数自五人至九人，设委员长一人，由校长于委员会中推举之，以教授为限。各委员任期一年。凡校长出席委员会议，校长为当然主席"。学术组织由教务会议、教务处、教务长、各学系、各学系主任、各学系教授会构成；各学系主任为教务会议会员，教务长"由各学系主任互举""各学系主任由各本学系教授会教授公举，凡系中有教授一人者，即为主任；二人者，按期轮值，以先入者为始；三人以上互举，任期二年"；"各学系教授会由各学系之教授、讲师组织之"；学系共5组，组一有数学系、天文学系（在组织中）、物理学系；组二有化学系、地质学系、生物学系（在组织中）；组三有哲学系、心理学系（在组织中）、教育学系（在组织中）；组四有中国文学系、英国文学系、法国文学系、德国文学系、俄国文学系（在组织中）；组五有史学系、经济学系、政治学系、法律学系。事务组织由总务处、总务长、总务处总务委员构成。

12月5日 北京教职员公推代表赴部"陈请自十二月起，按照法定日期将薪修全部给现，并须于本月十三日以前予以满意答复。如届期无答复或答复不得满意,即不负学校中责任"。未得到满意答复后,教职员代表再访内阁总理靳云鹏交涉。

同日 约翰·杜威在国立北京大学法科大礼堂演讲"思想之派别"之笛卡尔的方法论。

12月6日 约翰·杜威在国立北京大学法科大礼堂演讲"社会哲学与政治哲学"第九次,胡适作翻译。约翰·杜威讲道:"今天要讲的就是这一部分,反对个人主义的社会主义的哲学。这是一种抗议的哲学,大概表示攻击现行制度,如现行的经济生活、工厂、资本家以及种种财产私有的制度。""今天所讲社会主义可以因此提出两个重要的问题,在中国此刻由简单进步到繁复的时代,应该注意。第一,怎样保存重要的资源。铁路、矿产、森林、航路等等都是与公共利害有密切关系的,怎样使它不落在私人之手、去专务私人的发财而损害公共的利益。第二,怎样利用现有的各业公所制度,保存它的好处。一方面发展各业的共同生活,一方面又以各业为基础,做个政治组织的单位。也许将来的政治不由个人投票选举,而由各业的公所投票选举。"

12月7日 约翰·杜威在北京政府教育部会场演讲"教育哲学"第十次,胡适作翻译。约翰·杜威讲道:"科学的方法便是试验的方法。这方法的大意,简单说,便是用人的动作(Action)将一方的心的作用和别一方的天然界的事实连起来。……我闻中国古代有'知之非艰,行之维艰'的话。试验的方法却与之相反。这是只有行然后可以知,没有动作,便没有真的知识。有了动作,然后可以发现新的发明,有条理的事实,以及从前未发挥的知识。故曰,没有行,决不能有真的知。"

12月12日 北京各校教职员在国立法政专门学校开代表会议,议决:12月15日施行全体停止职务;停止职务期间由该会推定若干会员调查各校情形;继续执行职务须由该会议决一致行动,并组织固定的办事机关。

同日 约翰·杜威在国立北京大学法科大礼堂演讲"思想之派别"之培根和洛克的哲学观。胡适作翻译。

12月13日 代理部务的北京政府教育次长傅岳棻特请北京各校校长到部

商议欠薪问题，承诺"小学教员全部发现金，中学教员发八成，专门以上学校发七成"。

同日 约翰·杜威在国立北京大学法科大礼堂演讲"社会哲学与政治哲学"第十次，胡适作翻译。约翰·杜威讲道："国家所以可以操纵最高权力，因为它代表的是最广的公共利益，小组织所以不可以操纵最高权力，不配做评判人，因为它不能代表公共利益。因此，凡国家能代表最普遍的公共利益的是好的；若名曰民治，而只是代表少数人的利益，或皇室，或党派，或有钱的人，是不好的。总之政治的根本问题，是怎样组成一个国家，能代表最普遍的最大多数人的公共利益。"

12月14日 北京小学以上各校教职员代表联合会发出《北京小学以上各校教职员停止职务宣言》："决定自12月15日起，吾北京小学以上各校教职员全体停止职务，以起国人之注意，促政府之反省。"

同日 约翰·杜威在北京政府教育部会场演讲"教育哲学"第十一次，胡适作翻译。约翰·杜威讲道："所以学校教育的目的，不是希望学生都成科学家，是希望科学知识的传播得广、传播得远、应用得广、应用得远。发生一二个发明家还是小事，传播应用得广远，影响最大。这就是科学教育的最后结果，仍然回到人事社会上来。"

12月17日 约翰·杜威在国立北京大学22周年校庆纪念会上演讲"大学与民治国家舆论之关系"，指出"民治国家以舆论为最高，政府、议会、官僚仅为第二执行机关。惟全国舆论必须具有专门科学之知识，则舆论始称健全，于国于家方有裨益。大学应负发挥改良舆论之责任"。

12月19日 北京小学以上各校教职员代表联合会议决制定第二次宣言："（一）不信任无诚意无实力之教育当局；（二）请政府命令预定期限，妥筹全国教育基金；（三）请政府于教育基金未筹足以前，明令指定以某种款项作为教育经常费及预备费不得挪用或减少；（四）此后政府任用教育当局，应尊重教育界之趋向，谋教育之独立；（五）关于教育经费务期发现并每月按时一次发给。"

12月24日 北京小学以上各校教职员代表联合会公举代表陶孟和、许绳祖、马夷初、关景山、赫锐绪5人于25日见国务院总理靳云鹏，同时发表以五大纲领为主要内容的第二次宣言。

12月31日 北京各小学以上学校校长及学务局长全体辞职，教职员联合会通电全国，表示不达圆满目的，决不停止奋斗。

同年 国立北洋大学采矿、冶金两科分立。

同年 山西甲种工业学校改称"山西公立工业专门学校"，设机械及应用化学两科，仍附设甲种工业学校。

1920年（民国九年 庚申年）

5月 陈独秀等在上海成立马克思主义研究会，并同北方的李大钊相约开始筹建中国共产党。

6月8日 北京政府声明，凡国际联盟成员所订关于中国的条约，若无中国政府承认均无效。

6月29日 中国参加国际联盟，北京政府派王正廷、顾维钧为委员。

7月6日 新民学会旅法会员蔡和森、向警予、萧子升、李维汉等20余人在法国蒙达尼召开会议。蔡和森主张建立共产党，走十月革命的道路，萧子升则主张温和革命，采用无政府主义的方法。

7月14日 直皖战争爆发，直系与奉系联合，打败皖系。

8月9日 北京政府任命顾维钧为驻国际联盟全权代表。

11月7日 上海共产主义小组机关刊物《共产党》月刊创刊。

1月4日 《申报》发布消息，国立北京高等师范学校增设教育研究科，以造就专门教育人才为宗旨。请约翰·杜威主讲 How We Think（"思维术"）。

1月16日 约翰·杜威在国立北京大学法科大礼堂演讲"思想之派别"之洛克的方法论。胡适作翻译。

1月17日 约翰·杜威在国立北京大学法科大礼堂第十一次演讲"社会

哲学与政治哲学"，胡适翻译。约翰·杜威曰："这次欧战，常有人说，可算是两种不相容的政治学说的战争，一种是自由主义，一种是独裁政治。我们承认独裁政治打败了，以后再有主张它的，不会有最后胜利的了；但是德国系的政治哲学也有一部分真理是永远胜了，不会磨灭的：就是说国家不仅在保护财产、履行契约，还要做精神上的文化教育的事业，使国人有精神上的发展。"

1月18日　约翰·杜威在北京政府教育部会场演讲"教育哲学"第十二次，胡适作翻译。约翰·杜威讲道："我们自然承认读书、写字、算学的重要，在养成能力、技能、习惯，所以知道用功夫在这三种上，是值得的，不枉费的。须知这三种是工具，不是叫他能读能写能算就完了，还要他知道所以要养成习惯的用处。也不是叫他在一条路上走，也不是叫他当作玩意儿，是要叫他有能力选择好的文学历史等种种东西，知道为什么，哪些好的该读，哪些不好的不该读。这便是把儿童的生活经验与学科联贯起来。"

1月20日　约翰·杜威在中国大学演讲"西方思想中之权利观念"，胡适作翻译。

1月23日　约翰·杜威在国立北京大学法科大礼堂演讲"思想之派别"之实验派对于经验的理解，胡适作翻译。

1月24日　约翰·杜威在国立北京大学法科大礼堂演讲"社会哲学与政治哲学"第十二次，胡适作翻译。约翰·杜威讲道："第一，国民是政府威权的来源：政府的威权不是由天上来的，也不是由什么超自然的势力来的，是很平常的人民给它的，所以人民有干涉政府的权力。这是民主政治哲学的基本观念。第二，国家是为社会的，不是社会为国家的。……第三，不是人民对于国家负责任，乃是国家对于人民负责任：就是政府所行所为须在人民面前交代得出；不然人民就可以干涉或撤换。"

1月25日　约翰·杜威在北京政府教育部会场演讲"教育哲学"第十三次，胡适作翻译。约翰·杜威讲道："无论历史、地理，其教授的方法都应免掉以前琐碎的弊病。地理的山脉河流里数、历史的朝代英雄名将都应免除。最好使他们与文化史联合起来。与其肤浅的泛讲，不如提出要点，发挥尽致，使各方面的知识都能用到，养成学生有判断的能力。如此地理、历史两科才与人生发生关系。"

1月29日　天津3,000多名学生在私立南开大学周恩来等人领导下前往直隶公署请愿，遭致当局镇压。周恩来等4人被捕。

1月30日　约翰·杜威在国立北京大学法科大礼堂演讲"思想之派别"的最后一讲——实验派的方法论。胡适作翻译。

1月　冯熙运任国立北洋大学校长。冯熙运（1886—1951），字仲文，天津人，哈佛大学法学学士、芝加哥大学法学博士，曾任北京政府直隶省检察厅检察官、国立北洋大学校长等职。

2月1日　约翰·杜威在北京政府教育部会场演讲"教育哲学"第十四次，胡适作翻译。约翰·杜威讲道："现在从民治的国家社会来看，应该如何下手：第一点，是人人都要做工，做一部分的有用事业，为社会贡献；倘不做工而只是分利的，便是惰人。第二点，做工的报酬不但金钱，尤须使他们长进。我们应该替他们设法，使他们的脑筋不会饿死。不可使他只能做这样，不能做那样；而要使他知识思想有趣味，有进步。从此可以知道职业教育应该如何下手，才能顾到这两要点。"

2月7日　陈独秀到国立武昌高等师范学校作《新教育的精神》的演讲。

2月14日　约翰·杜威在国立北京大学法科大礼堂演讲"社会哲学与政治哲学"第十三次，胡适作翻译。约翰·杜威讲道："第一，中国似可以把两步并作一步，同时并做。因为中国很有古代从孟子以来的保民政策的学说可以做根基。中国向来没有个人主义的政治学说，所以很可以把从前父母式的皇帝的保民政策变为民主的保民政策。第二，中国今日很可以利用普及教育使人人的机会平等。……第三，中国此时可以利用专门知识研究专门问题。"

2月15日　约翰·杜威在北京政府教育部会场演讲"教育哲学"第十五次，胡适作翻译。约翰·杜威讲道："养成内面的思想和愿望等知识心理上的习惯，照我看来有三种最为重要。（一）虚心或曰公开的心（Open-mindness）。（二）知识的诚实（Intellectual Honesty）。（三）责任心（Responsibility）"。"这是当今教育一个最大问题：教育还是注重养成心理的习惯如虚心、知识的诚实、责任心的呢？还是只要读书多，在成绩展览会中可以出风头就够了的呢？倘注重前一说，那末教了这些科学并不是当做最后目的，而是一种方法，用以养成虚心、诚实和有责任心的人格。"

2月18日 约翰·杜威在国立北京大学法科大礼堂演讲"社会哲学与政治哲学"第十四次，胡适作翻译。约翰·杜威讲道："至于国际联盟怎样做到，一下也很难希望；但有许多进行的层次很可以乐观：第一，是仲裁的发展……第二，是减少军备……第三，是外交公开……第四，是国民公开干涉外交。这一层最重要。"

2月22日 国立北京大学暂准女子以旁听生资格入学，待将来教育部许可后再收正科生。王兰入国立北京大学，成为哲学系旁听生。

同日 约翰·杜威在北京政府教育部会场演讲"教育哲学"第十六次（最后一讲），胡适作翻译。约翰·杜威讲道："我到中国是五月初一，正与中国学生运动同时，所以脑子背后时时有一个学生运动的影子。演讲中虽然不是处处说到，但却处处想到。学生运动可以表示一种新觉悟：就是学校教育是社会的，它的贡献不但对于本地，对于小群，还能对于大群对于国家。运动初起来时未必有此观念，但进行之后，不知不觉中却有此倾向。大半年来言论上似乎有点觉悟；从前已经辜负了，此后对于社会国家，想不会再有十分隔离的了。这好像是学生运动的意义。""这个运动的起来，稍微有点观察的人都可以看出几点短处：（一）偶然的。……（二）感情的。……（三）消极的。""这三种短处即无论如何热心的人也应该承认的。但是进行以后，渐渐有意识的觉悟，知道教育有社会的责任和社会的作用。我希望这两个趋向逐渐前进，不枉费于缺陷，从偶然的归到根本的、永久的事业上去；从感情的归到知识的、思想的事业上去；从消极的归到积极的、建设的事业上去。"

2月28日 约翰·杜威在国立北京大学法科大礼堂演讲"社会哲学与政治哲学"第十五次，胡适作翻译。约翰·杜威讲道："现在的时代是一个世界的大转机，各处都是如此。这个便是表示知识思想的变迁。不但政治制度变迁了，就是许多从前最公认的道理、信仰或学说，也都动摇了。而同时却还没有找到新的思想信仰来代替将倒的基础。所以说是全世界知识思想界的大转机。……现在全世界的第一个社会大问题就是怎样以科学的'教权'来代替从前的旧训成法的教权。……我们再讲第二层公开的宣传，便是以互助的公开的方法宣传文化。……再讲第三层是普及教育。"

2月 私立复旦大学教务长薛仙舟因事赴美，复旦留美同学会鉴于母校建筑新校园需费甚巨，乃由薛仙舟发起募捐。李韬、司徒美堂、雷维槐等数十位华侨共捐款1,453美元。

同月 "北美差会顾问委员会"正式复函中国方面，表示同意向中国派遣专家考察在华教会高等教育，并邀请顾问委员会主席、芝加哥大学副校长、神学教授巴敦（Ernest D. Burton）担任调查团团长。

3月5日 约翰·杜威在国立北京大学法科大礼堂演讲"现代的三个哲学家（一）詹姆士"。

3月6日 约翰·杜威在国立北京大学法科大礼堂演讲"社会哲学与政治哲学"第十六次（最后一次），胡适作翻译。约翰·杜威讲道："人类文明的进步全赖知识思想的自由交通。所以要求知识思想自由，并不为个人争夺权利，实在为人类文明进步着想。""现在把这个演讲总结起来，还回到民治和教育的关系。民治的根本观念便是对于教育有很大的信仰。这个信仰便是认定大多数普通人都是可以教的，不知者可使他们知，不能者可使他们能，这是民治的根本观念。民治便是教育，便是继续不断的教育；出了学校，在民治的社会中服务，处处都得着训练，与学校里一样。个人的见解逐渐推到全社会、全世界：结果教育收功之日，即全世界共同利害的见解成立之日，岂但一国一社会的幸福而已！"

3月9日 约翰·杜威在国立北京大学法科大礼堂演讲"现代的三个哲学家（一）詹姆士（第二次）"。

3月12日 约翰·杜威在国立北京大学法科大礼堂演讲"现代的三个哲学家（二）柏格森"。

3月16日 约翰·杜威在国立北京大学法科大礼堂演讲"现代的三个哲学家（二）柏格森（第二次）"。

3月19日 约翰·杜威在国立北京大学法科大礼堂演讲"现代的三个哲

学家（三）罗素"。

3月23日　约翰·杜威在国立北京大学法科大礼堂演讲"现代的三个哲学家（三）罗素（第二次）"。

3月　私立南开大学董事会成立。9月开办铁科1班。

同月　国立北京大学马克思学说研究会成立。研究会的主要活动包括：(1) 组织会员学习马克思主义；(2) 组织会员翻译马克思主义著作；(3) 组织讲演活动。

4月1日　国立北京大学通过《评议会规则修正案》，规定：(1) 评议会由校长和教授互选之评议员组成；(2) 评议员额数以教授全数五分之一为准，评议员任期一年，任满得再被选；(3) 校长为评议会议长；(4) 评议会议决事项包括各学系之设立废止及变更、校内各机关之设立废止及变更、各种规则、各行政委员之委任、本校预算、教育总长及校长咨询事件等。

4月4日　约翰·杜威抵达南京，将在国立南京高等师范学校专设讲席一个半月，担任教育哲学、论理哲学史等科目，演讲题目为"教育哲学""试验论理学"和"哲学史"，由该校学监主任刘伯明担任翻译。刘伯明（1887—1923），名经庶，江苏南京人，美国西北大学哲学博士，曾任国立东南大学文理科主任、行政委员会副主任、哲学教授、代理校长等职。

4月7日　郭秉文在南京高等师范学校校务会议上首次提出"在南京高等师范学校校址及南洋劝业会旧址建立南京大学"的建议，获一致赞成，并决定组成大学筹备委员会。

4月11日　约翰·杜威受南京学术演讲会邀请，在国立南京高等师范学校演讲"人生观"。

4月22日　约翰·杜威在中国科学社演讲"科学与德谟克拉西"，指出"科学之应用于工商业者，实为促成德谟克拉西之利器"。

4月　《新教育》杂志出版"杜威号"专刊，发表胡适的《杜威哲学的根本观念》《杜威的教育哲学》，蒋梦麟的《杜威之伦理学》和刘经庶的《杜威之伦理学》等文，介绍杜威的哲学和教育思想。刘经庶（1880—1969），字鸿声，江苏江浦人，美国哥伦比亚大学教育学博士，曾任南京高等师范学校教务主任、校长，国立东南大学校长，中华教育促进会会长等职。

同月 盐务学校成立，先归盐务署直辖，国民政府时期改归财政部直辖，王仁辅为校长，设本科和补习班。

5月8、9日 约翰·杜威应江苏省教育厅邀请在通俗教育馆演讲。

5月14日 北京政府教育部发布指令（第八百零二号）：要求北京大学停办工科补习班。指令指出"该校停办工科实行已久，所有设备均经停罢，工科重在实验，岂能徒以讲堂教授为功。此次开班补习，虽出一时权宜之计，究属不合，若不早为停止，无异恢复工科"。

5月16日 约翰·杜威在苏议会演讲"平民主义之精意"，郭秉文、刘伯明翻译。

5月18日 约翰·杜威由镇江劝学所请至大街镇舞台演讲"学生自动之真义"和"教员之天职"，刘伯明任翻译。

5月20日 约翰·杜威在扬州大舞台演讲"教育与社会进化之关系"和"自动之真义"，由刘伯明任翻译。

5月22日 《申报》载"教部电"："教部令北京大学，不许复设工科，饬北洋工科生回本校"。

5月25日 约翰·杜威在常州恺乐堂演讲"学校与环境"，由刘伯明任翻译。

5月26日 《晨报》刊载教育部训令"北京大学取消工科"。文曰"教育部训令北京大学，对于该校新设工科坚不承认一节，曾志前报。兹悉该校教职员评议会对于此事讨论结果。下学年取消工科，所有该科学生既决不复回北洋大学，特于理科各系另设数班，令该生等转入，至课程则与工科无异，毫不更改云"。

同日 约翰·杜威在常州恺乐堂演讲"学生自治之真义"和"新人生观"，均由刘伯明任翻译。

5月27日 约翰·杜威在常州青年社演讲"青年道德之修养"。

5月29日 约翰·杜威上午在江苏省立第二师范演讲"教育者之天职"，下午应中华职业教育社之请在职业教育学校演讲"职业教育之精义"，均由刘伯明翻译。

5月30日　约翰·杜威在中华职业教育社演讲"职业教育与劳动问题"，由刘伯明翻译。

5月31日　约翰·杜威上午在吴淞口炮台湾同济医工专门学校演讲"专门教育的社会观"，该校校长阮尚介致辞；下午在私立上海圣约翰大学演讲"科学与人生"。均由刘伯明翻译。

5月　私立中华大学校长陈时携华侨校友梁绍文赴南洋考察教育，并为学校发展募集资金。

6月1日　约翰·杜威应江苏省教育会所请，下午在中华职业学校演讲"新人生观"，晚上在徐家汇南洋公学演讲"工业与文化之关系"。均由刘伯明翻译。

6月2日　约翰·杜威上午在杨树浦沪江大学演讲"普通教育与职业教育之关系"，下午在陆家浜中华职业学校演讲"东西洋人生观之比较"，晚上应青年会邀请在上海殉道堂演讲"社会进化"，均由刘伯明任翻译。

6月3日　约翰·杜威上午在浦东中学演讲"公民教育"，下午应江苏省教育会邀请在中华职业学校演讲"德谟克拉西之真义"。

6月4日　约翰·杜威受松江县劝学所、教育会、图书馆等邀请，在劝学所演讲"学校与社会之关系"。

6月6日　约翰·杜威在江苏南通更俗剧场演讲"教育者之责任"，刘伯明任翻译。

6月7日　约翰·杜威在南通更俗剧场演讲"社会进化问题"，由刘伯明翻译。

6月11日　约翰·杜威在杭州公立法政专门学校演讲"社会问题之研究"。

6月12日　约翰·杜威在杭州借青年会屋顶花园演讲"德谟克拉西之真义"，由郑宗海翻译。

6月13日　约翰·杜威在杭州第一师范学校演讲"德谟克拉西的社会分子应有的性质"。郑宗海任翻译。

6月14日　约翰·杜威应浙江省立第一师范学校校友会邀请，在西湖凤舞台演讲"科学与人生之关系"和"社会主义"，均由郑宗海翻译。

6月17—19日　约翰·杜威在徐州演讲"教育的新趋势""教材改组及组织""学校与环境""教员的天职""道德教育""社会进化的标准""自动的真义"等主题。

6月22日　约翰·杜威在无锡第三师范学校演讲"实验主义"，指出"如今要调和新旧的意见，非取折中的方法不可，所谓折中方法，就是'实验主义'了"。

6月23—25日　约翰·杜威在无锡第三师范学校相继演讲"学生自治""学校与社会""近今世界与教育思潮"。

6月27日　约翰·杜威在苏州吴县教育会演讲"教育行政之目的"，郑宗海任翻译。

6月28日　约翰·杜威在苏州天赐庄圣约翰堂演讲，讲题为"（一）教员之责任""（二）学生自治"。第一讲题由郑宗海翻译，第二讲题由东吴大学教员潘慎文翻译。

6月29日　约翰·杜威在苏州天赐庄圣约翰堂演讲"教育与社会"和"教育与实业"，均由郑宗海翻译。

6月　私立复旦大学在江湾购得土地70亩，开始动工兴建新校舍。12月18日举行新校园奠基典礼。

7月7日　国立北京大学评议会通过议案，增设博士学位之受赠与者之资格，以世界学者为准。

7月17日　私立南开大学师生周恩来、马千里、马骏、于方舟等全体被捕代表获释，天津各界代表前往迎接。

7月　国立北京大学请约翰·杜威下学期专任哲学和教育学教授，请约翰·杜威的女儿罗茜女士专任史学教授。

8月18日　范源濂就任北京政府教育总长，任命王章祜为教育次长。王章祜（1876—1934），字叔钧，四川成都人，早年留学日本，曾任成都优级师范学堂监督、北京政府直隶教育厅长等职。

8月30日 《申报（上海版）》发表《中国教育史中之创举》。文曰："大陆报二十八日北京电云：北京大学，今日以名誉学位，授予四外人，此为中国教育史中之创举。法国班乐卫，授科学博士；美国芮恩施，授法学博士；法国里昂大学校长卓平（一说卓林，一说鲁班），文学博士；美国杜威，哲学博士。"

8月 集美学校六周年之际，陈嘉庚谋大学教育制度建设，邀请蔡元培、汪精卫、黄任之等为大学筹备员。新大学命名为厦门大学，由陈嘉庚捐开办费国币100万元，预计分4年缴清；又捐常年经费300万元，分12年缴清。聘邓萃英为校长。

9月1日 《申报（上海版）》发表《赠与外宾学位式》，文曰："三十一日北京电：今晨北京大学举行给名誉博士学位与法国班乐卫氏及卓林氏之礼。校长蔡元培主席致词，略谓大学近决议以学位赠与法国班乐卫及卓林，美国芮恩施及杜威，但此二美人，今皆不在京，故须另日行之。"

9月12日 私立民国大学董事会推举蔡元培为校长。20日，蔡元培到职就任。

9月15日 私立南开大学新学年开学，开始招收女生。

9月 郭秉文商得张謇、蔡元培、蒋梦麟、江谦、王正廷、沈恩孚、黄炎培、袁希涛等人作为共同发起人，联名致书教育部，建议在南京添设大学。

10月11日 法国外交部任命上海法租界公董局学校校长梅鹏为中法工商学院法方校长，并由梅鹏具体负责与中国教育部和交通部代表商议学校改组事宜，讨论由法方提出的学校组织大纲和管理条例。该校是对同济医工学堂改建而成的一所华法学校。

同日 江苏督军李纯（秀山）在其遗嘱中将其家产四分之一（约50万元）捐赠私立南开大学。

10月13日 江苏省教育会、中华职业教育社、新教育共进会、基督教救国会、私立中国公学及时事新报共同举办晚宴欢迎伯特兰·罗素来华讲学。

10月14日 伯特兰·罗素在吴淞口炮台湾的私立中国公学演讲"社会改造原理"。

10月16日　伯特兰·罗素在江苏省教育会会场演讲"教育之效用"。

10月17日　国立北京大学举行授予约翰·杜威名誉博士学位典礼，蔡元培在典礼上称约翰·杜威为"西方的孔子"。

10月18日　私立民国大学校长蔡元培赴欧美考察教育。

10月20日－11月21日　第六次全国教育会联合会提出"教育经费独立""任用校长注重相当资格""速增国立大学""促进男女同学以推广女子教育""修正学校学年学期及修业日规程"等9项提案。

10月26日　约翰·杜威在湖南省遵道会演讲"教育哲学"，由刘树梅翻译。

10月27日　约翰·杜威在湖南第一师范演讲"学生自治"，由刘树梅翻译。

10月28日　约翰·杜威在湖南省遵道会继续演讲"教育哲学"，由曾约农翻译。曾约农（1893—1986），湖南湘乡人，曾国藩的嫡系曾孙，英国伦敦大学博士，参与创办艺芳女校，曾任台湾大学教授、东海大学校长等职。

10月29日　约翰·杜威在湖南省遵道会继续演讲"教育哲学"，由曾约农翻译。

10月30日　约翰·杜威上午在湖南第一师范演讲"教师乃指导者"，下午在湖南省遵道会演讲"科学与近世文化之关系"，均由曾约农翻译。

10月　伯特兰·罗素在长沙演讲"布尔什维克与世界政治"，由杨端六翻译。

11月1日　约翰·杜威在湖南省遵道会继续演讲"教育哲学"，由曾约农翻译。

11月2日　教育部公布《修正管理留日学生事务规程》30条，规定"留日学生事务由教育总长委派监督管理""除应行禀承教育总长或驻日公使办理外均由监督主持"；"留日学生监督由教育总长委派并呈报大总统备案"；留日学生监督应详加查核官自费学生留学证书及其出入国时间、学生毕业证明书，并于每年9月列表学生姓名及学习相关信息一起呈报教育总长；"凡考入官立高等专门以上学校之官费生不准改入私立学校""于学校始业后满一个月不到者""无故缺席至一个月者"停止官费资助，选派留日学生时"不得请送帝国大学选科"；"留日学生监督每月薪俸国币四百元、办公费国币四百元""留日官费生学费应照本规程施行以前办法分别支给""津贴生、半费生支给学费由给省行政公署自行规定"；"留日官费学生因病退学休学回国时得多给一个月学费作为川资，边远地区给两个月"，休学期限超过一年就得解除官费资助；留日官费学生"若罹患重症"得享有医疗补助，官自费学生若"遇灾变"得享有救恤费；"各部所派遣之留日官费生除海陆军学生外，如有咨请教育部委托留日学生监督管理者应按照本规程办理"。

11月4日 约翰·杜威在国立湖北高等师范学校演讲"教育与社会进步"，由林卓然翻译。

11月9日 北京政府教育部致函财政部："昨承贵部筹拨八年公债票一百五十万元，业经如数领到。"

同日 约翰·杜威在江西省教育会顺直会馆演讲"国民教育"。

11月10日 约翰·杜威在江西南昌演讲"教育与实业之关系"。

11月11日 约翰·杜威在江西南昌演讲"教育之发展"。

11月 伯特兰·罗素在北京女子高等师范学校演讲"布尔什维克底思想"。

同月 经董事会同意，周恩来、李福景以私立南开学校"范孙奖学金"赴欧留学。以后每学期领寄1次。

12月6日 北京政府教育部部长范源濂委任郭秉文为东南大学筹备员。

同日 北京政府国务会议一致通过了南京高等师范学校筹建大学的议案，并定名为"国立东南大学"。

12月10日 伯特兰·罗素在中国社会政治学会演讲"未开发国之工业"。

12月14日 北京政府交通部部长叶恭绰提交内阁审议的《阁议创办交通大学提案文》。文曰："四校散设各处，不相联属。教授管理各为风气，监督既不能周，纠正亦遂乏术。又四校并设，其中科目有彼此俱设者，亦有彼此俱缺者；有应增而不增，有可省而不省者。既嫌复杂，又病缺略。精神既涣，成绩难期。""将已有之学生量其已有之学科划一增改，据其已达之程度平均分配，使之继续授业。如是则校制可望统一，学科可图改良，监督易周而管理与教授均便于纠正。不必另筹巨款，不必大事更张，而交通教育可收莫大之益"。叶恭绰（1881—1968），字裕甫，广东番禺人，曾任国学馆馆长、国民政府铁道部部长、中华人民共和国中央文史馆馆长、北京中国画院院长等职。

12月16日 陈独秀从上海至广州，任广东省教育委员会委员长。

12月20日 北京政府交通部发布第650号令：派交通部次长徐世章"筹办交通大学事宜。"徐世章（1889—1954），天津人，比利时列日大学商学院毕业获经济管理学学士学位，曾任北京政府交通部路政司属官、京汉铁路管理局副局长、全国铁路督办和交通银行副总裁等职。

12月21日 《政府公报》发布大总统指令第3003号令："令署交通总长叶恭绰：呈拟统一交通教育办法，请将北京邮电、铁路两校及上海、唐山两工业学校改为交通大学由，呈悉准如所拟办理。"

12月31日 北京政府教育部颁布《专门以上学校视察委员会规程》18条，规定"专门以上学校视察委员会隶属于教育总长""设常任会员八人以内，由教育总长指派部员充任，遇必要时得设临时委员会同视察，由教育总长延聘或指派相当之人充任"；视察委员会视察事项包括："国立、公立及曾经本部认可之私立专门以上学校之状况""请求本部认可之私立专门以上学校之状况""未经本部认可之私立专门以上学校之状况""专门以上学校所设某种学科之状况"和"教育总长特命视察事项"；视察学校时的注意事项包括"学校行政状况""学校经济状况""学校设备状况""教职员执务状况""学校所设科目及学科分配状况""学校预定进行之计划"和"其他应行注意事项"；视察学科状况时的注意事项包括"学科之进度""学科之内容""学科应有之设备""教员之资格、学识及教授法""学生对于学科之兴味"和"其他应行注意事项"；"视察委员至各地方视察学校，毋庸向该校预期通知"，遇必要时"得变更教授时间""得试验学生之成绩""得调阅各项文书簿册等件"；"视察委员会得在本部设立事务处""设主任一人，由教育总长指派专门教育司司长兼任""设干事二人，由教育总长派部员兼任"。

同年 私立之江大学分文理二科，正式授给学位。

同年 山西公立工业专门学校附设的甲种工业学校改称为甲种讲习科，1927年停办甲种讲习科，添设特用化学科。

同年 法文预备学校在北京西山碧云寺扩充为文、理两科，改称中法大学西山文学院。

1921 年（民国十年 辛酉年）

1月1日 北京共产主义小组创办长辛店劳动补习学校正式开学。

1月 郑振铎、沈雁冰等发起的文学研究会成立于北京。

2月19日 北京政府令查禁各地苏俄共产党宣传机构。

5月5日 孙中山在广州就任中华民国非常大总统。

6月16日 胡适在给《吴虞文录》作的序中，首次提出"打倒孔家店"的口号。

6月28日 法国决定退还庚子赔款，充作中国留学生经费。

7月 郭沫若、郁达夫、田汉等组织的创造社成立。

7月23日 中国共产党第一次全国代表大会在上海开幕，正式宣告中国共产党的成立。

8月26日 北京政府赴欧专使顾维钧在国际联盟会议上提请各国退还庚子赔款。

9月16日 北京政府驻英、法、德等9国公使致电，要求国内停止内争、一致对外。

11月12日 美、日、英、法、意、中、荷、葡、比9国在华盛顿举行会议，再次拒绝中国维护主权与领土完整的要求。

12月4日 北京《晨报》副刊开始连载鲁迅的小说《阿Q正传》。

1月2日 国立北京大学校长蔡元培抵达巴黎，调查留法勤工俭学学生情况，并筹设里昂中法大学。

1月3日　中国留英学生1,000余人致电北京政府，告以英日联盟又有赓续之议，所订条约涉及我国之处，未经我国同意，有损国体，亟须反对。

1月8日　北京政府教育部通令各省教育厅："嗣后有学生赴法者须暂缓启程。"

1月12日　蔡元培在巴黎以华法教育会会长名义发布《华法教育会通告（一）》。《通告》申明了华法教育会的性质及其与俭学会、勤工俭学会的关系，希望留法学生自行分别组建俭学会与勤工俭学会。

同日　袁希涛应中华书局之邀，作题为《最近欧美教育状况》的演讲，介绍各国的高等教育、国民教育、师范教育等情况。

1月16日　蔡元培在巴黎发布《华法教育会通告（二）》。《通告》宣布华法教育会与勤工俭学生脱离一切经济上的关系，并制订《华法教育会与学生脱卸经济关系办法》。

1月18日　廖世功、蔡元培等人致电北京政府教育部。电文云："勤工俭学生来法国者，多不合所订条件，携款太少，又无勤工之志，且工亦难找，教育会维持彼等生活，挪借经费，为数甚巨，万难继续，现已绝粮。拟请各省按照湘、鲁、粤各省成例，在本省地方从速设法汇银接济。……并祈立即阻止各省遣送勤工俭学生，否则万无办法。"廖世功（1877—1955），号叙畴，上海嘉定人，法国政治科学院学士，曾任清政府学部主事、北京政府留欧学生监督、驻比利时公使、中国驻国际联盟首席代表等职。

1月21日　北京政府教育部通咨湖南、四川等17省从速酌量救济赴法勤工俭学学生生活费断绝者。

1月29日　北京政府命令阻止勤工俭学学生赴法。

1月　法国里昂大学校长儒班（P. Joubin）鼓动法国陆军部、北京政府教育部将里昂城中的圣底勒兵营捐作里昂中法大学校址。

同月　"巴敦调查团"正式宣告成立。调查团由巴敦、司徒雷登、张伯苓、郭秉文等18人组成，"扩张考察范围，除高等教育外，兼及基督教所办一切教育事业"。调查团考察经费，由欧美差会和"洛克菲勒基金会"共同分担。

同月 张伯苓在北京香山慈幼院召开大学、中学教职员及学生代表会议。会议讨论学校改革事宜。在此次会议上，张伯苓提出"校务公开，责任分担，师生合作"的办学方针。

2月1日 北京政府教育部公布《专门以上学校视察委员会视察细则》14条，规定"视察委员由教育总长随时派赴专门以上学校视察各种情况"；"视察委员会应于每年学校暑假内开会讨论，拟定本学年定期视察之学校及学科，暨视察之顺序呈请教育总长核定"；"视察委员在外视察时，应将各种状况依照视察表格，详细填注回部后连同报告书呈报教育总长"；"视察重要事项时""得呈请教育总长召集部务会议讨论"；"视察委员得住宿于所视察之学校，但一切费用概由自备，不得受地方官厅或学校之供给"。

2月4日 全国急募赈款大会学界委员会成立。大会推举教育总长范源濂为委员长，燕京大学校长司徒雷登为副委员长，并制定了学生劝捐办法。

2月7日 北京政府教育部令代理留欧学生监督高鲁："案查本部留欧各官费生，多系民国二年间所派，历时瞬间十稔，各该生学业，故应早观厥成。乃查毕业已回国之生，尚居少数，本部学额有限，而直辖各校，照章请派各该校教员赴欧留学者日多，已虑供求不相适合……希将各该生最近学绩，切实调查。对于已经毕业之生，促其首途回国，其有荒废学业，认为无毕业希望者，限于本年内，一律遣回。"高鲁（1977—1947），字曙青，号叔钦，福建福州人，比利时布鲁塞尔大学工科博士，曾任中央观象台首任台长、国民中央研究院天文研究所所长和政府监察院监察委员等职。

2月14日 北京政府教育部通咨："嗣后省区各地方师范中学及国民高等小学遇有管教各员缺额，应尽先任用高等师范及师范学校毕业生。"

2月16日 北京政府教育部致电驻法公使，请酌情资助无力自给且愿意回国的留法勤工俭学学生。

2月17日 中国驻法公使陈箓通电北京政府国务院、北京政府教育部和各省督军省长，报告留法学生的困难情形，请求汇款接济，遭到拒绝。陈箓（1877—1939），字任先，福建福州人，法国巴黎大学法学学士，曾任北京政府驻法公使等职。

同日 中国驻法使馆邀集蔡元培、李麟玉等人召开紧急会议。会议决定：华法教育会、留学监督处及中国驻法使馆、领事馆四个机关，各派委员一人，组成"留法勤工俭学生善后委员会"；"遵照国务会议之决议，所有男女学生，实系无力自给、愿遵电回国者，应于三月一日以前，向善后委员会自行函报。其逾期不报者，认为自力能自给，嗣后在经济方面不得再有何项请求。"李麟玉（1889—1975），字圣章，天津人，巴黎大学理学硕士，曾任私立中法大学校长、北京工业学院副院长，中华人民共和国国家重工业部顾问和第三、四届全国政协委员等职。

2月28日 蔡和森带领400多名勤工俭学生围住巴黎中国公使馆，高呼"生存权！求学权！"蔡和森（1895—1931），字润寰，湖南湘乡人，曾任中国共产党中央代理秘书长、中国共产党中央宣传部部长、中国共产党两广省委书记等职。

2月 国立北京大学评议会议决开设回国华侨学生国文高等补习科，并将草案及课程呈送北京政府教育部核准，秋季开始授课。

3月1日 北京政府教育部咨各省区："自本年下学期起，凡师范学校及高等师范学校均应酌减国文钟点，加授国语，以为国语教育之准备。"

同日 暨南学校商科学生50人迁往上海真如，后与东南大学合设商科大学。

3月4日 北京政府外交部就筹建上海中法国立通惠工商学校事宜复函法国驻华公使包朴，通知中方原则上已同意法方制订的学校组织大纲和学校改进委员会成员名单，与法国政府平摊学校经费，将为学校提供30,000元开办费，另外补助65,000元作为本年度经费，教育部和交通部联合任命张保熙为中方校长。张保熙（1884—1935），字叔滋，江苏无锡人，比利时岗省国立大学毕业，清末工科进士，曾任清政府邮传部参议厅行走、北京政府交通部技术委员会专任委员、北宁铁路工务处副处长等职。

3月9日 国立交通大学董事会成立，在北京设总管理处。决定将上海工业专门学校改称国立交通大学上海学校，由张铸任主任，凌鸿勋任副主任。唐山工业专门学校改为国立交通大学唐山学校，由罗忠忱任主任，茅以升任副主任。北京邮电学校与北京交通传习所合并为国立交通大学北京学校，由胡鸿猷任主任，钟谔为副主任。调整科系，统一学制，将唐山的机械科迁到上海，上海的土木科并到唐山、铁路管理科合并到北京，北京的邮电科合并到上海。张铸（1885—?），字剑心，江苏江浦人，英国格拉斯哥大学船政学学士，曾任北京政府交通部主事、交通部上海工业专门学校代理校长等职。凌鸿勋（1894—1981），字竹铭，祖籍江苏常熟，生于广东番禺，早年在美国桥梁公司实习并在哥伦比亚大学进修，中央研究院院士，曾任国民政府交通部常务次长、政务次长等职。罗忠忱（1880—1972），字建侯，福建闽侯人，美国康奈尔大学土木工程师，曾任交通大学唐山工学院土木工程系主任、院长和国立交通大学贵州分校校长等职。茅以升（1896—1989），字唐臣，江苏镇江人，美国康奈尔大学硕士、卡耐基理工学院博士、中央研究院院士、中国科学院院士，曾任河海工科大学校长、国立北洋大学校长、北方交通大学校长、国民政府部聘教授、铁道科学研究院院长等职。胡鸿猷（1887—?），字徵若，江苏无锡人，美国宾夕法尼亚大学管理学硕士，后赴德国柏林大学研修，曾任交通部佥事、巴黎和会中国代表团专门委员、铁道部理财司科长等职。钟谔（1891—?），字秉锋，广东梅县人，曾任北京政府交通部电政司司长、参事和国民政府整理内外债委员会专门委员等职。

3月10日 上海中法国立通惠工商学校正式宣告成立，校址位于上海辣斐德路1195号，设工科和商科，"以培养工商及铁道建筑人才"为宗旨，设校长2人，中、法方校长各1人。当两位校长在处理校务问题上发生分歧时，由中国政府与法国驻华公使协商解决。

3月14日 国立北京大学、国立北京高等工业专门学校、国立北京农业专门学校全体教职员工因政府欠薪3个半月及对于将来的经费无实际办法，举行同盟罢工。

3月15日 国立北京法政专门学校、国立北京医学专门学校、国立北京高等师范学校、国立北京女子高等师范学校、国立北京美术学校教职员加入同盟罢工，在国立美术专门学校召开联席会议，决定成立"八校教职员联合会"，选举马叙伦为联合会主席，强烈要求在铁路收入项下划拨专款，作为学校经费及发放教职员欠薪。

3月16日　全国各界联合会通电支持北京八校罢工。同时北京八校学生召开全体紧急会议，支持教职员罢工。

3月17日　北京国立专科以上八校教职员代表马叙伦、陈世璋等赴北京政府总统府、国务院及教育部呈送北京国立专科以上八校教职员停职宣言，并交涉教育经费问题。

3月19日　北京联合会通电全国，呼吁援助北京八校教职员罢工。

3月22日　北京学生联合会致电徐世昌、靳云鹏，要求北京政府在盐关或铁路、邮电收入项下每月拨款20万元，作为八校教育基金。

3月23日　北京国立学校教职员联合会议决，限北京政府在本月底前答复欠薪要求。

3月24日　上海工业专门学校、唐山工业专门学校、北京邮电学校、北京交通传习所合并组建为国立交通大学，叶恭绰兼任校长，5月14日正式启用关防，设大学部、专门部、附属中学部与特别科，大学部设工程、经济两科。专门部设商科、铁路管理科、土木工科、电机工科、机械工科。中学部为大学部与专门部的预科，分为工、商两类。特别科应当时的需要，设传习班及养成所。

3月25日　天津各校教职员因欠薪全体辞职。

3月28日　北京政府教育部聘请张謇、蔡元培、王正廷、袁希涛、黄炎培、蒋梦麟等15人为国立东南大学校董，并派司长任鸿隽为校董会北京政府教育部代表。

同日　北京政府教育部派专门以上学校视察委员会常任委员秦锡铭、委员冯承钧分别视察私立民国大学、私立复旦大学、私立上海美术专门学校、私立南洋医学专门学校。秦锡铭（生卒年不详），字友荃，山东广饶人，曾任北京政府教育部专门教育司第一科佥事。冯承钧（1887—1946），字子衡，湖北夏口人，早年留学比利时，后留学法国，先入巴黎大学主修法律，再入法国索邦大学学习获法学士学位，最后入法兰西学院进修，师从汉学家伯希和，曾任国立北京大学教授、国立北京师范大学教授等职。

3月29日 北京政府教育总长范源濂在国务会议上提议筹款支付北京国立专科以上八校教育经费，会议议决由交通部、盐务署自3月份起每月筹款25万元交付北京政府教育部，以前积欠的60万元，分作数期陆续付还。同时，由北京政府教育部劝令罢课各校教职员克日复课。

3月30日 范源濂召集北京国立专科以上八校教职员代表宣布阁议内容。下午，八校教职员召开联席会议讨论，教职员以阁议内容尚未提及教育基金，表示不满。

3月31日 北京政府教育总长范源濂与北京各校教职员代表以及交通总长叶恭绰商量筹拨各校经费事宜，最终无结果。

3月 私立厦门大学公布《厦门大学大纲》。《大纲》共分为20章56条，对学校的董事及董事会的组成、权利和义务作了明确的规定，对校长的延聘方式、学校评议会的组成以及校长教职员工的待遇与薪俸作了详细规定。

春 张东荪受梁启超与王敬芳邀请，任私立中国公学教务长。

春 私立大同学院增设大学文科和理科。

4月1日 陈独秀在《新青年》上发表《新教育是什么》，指出"新教育对于一切学校底概念，都是为社会设立的。自大学以致幼稚园，凡图书馆、试验场、博物院，都应该公开，使社会上人人都能够享用"；认为新教育的目的是改良社会，不在于造就个人的伟大；在教育方法上，新教育是启发式而不是教训式。

4月5日 约翰·杜威在集美学校演讲"现代教育的趋势"，指出"第一种是关于自动的，第二种是关于社会的，这两种原理，就可算做现代教育的趋势"。

4月6日 私立厦门大学假集美学校举行开学典礼，首任校长为邓萃英。该校设师范和商学两部，学制本科4年，预科2年，首批学生136名。下午美国教育家约翰·杜威演讲《大学之旨趣》。

同日 北京国立各校教职员联合会限定政府于次日对教育经费问题作出确切答复，否则全体教职员辞职。

4月7日 北京政府教育部命令北京八校："教育经费交通部已经答应特

别协助，欠款亦分批发还，望各校即日复课。八校教职员以教育经费仍无确实保障，坚决辞职。"

4月10日 天津各界联合会致电北京政府，声明支持北京八校教职员辞职，要求政府速筹教育基金，解决教育风潮。江苏教育会、北京各界联合会、山东学生联合会、安徽学生联合会等亦致电北京政府，要求立即发放北京国立专科以上八校教育经费。

4月12日 北京国立专科以上八校2,000余名学生赴国务院、总统府请愿，要求北京政府在最短时间内发放教育经费。

同日 北京政府教育部公布《颁给文杏章条例》。条例规定："凡办理教育成绩卓著者及有功学术者，得依本条例之规定给予教育部文杏章。"文杏章分为4等，每等分3级，由教育总长分别颁授。

4月13日 约翰·杜威在福建省立第一师范学校演讲"教育者为社会之领袖"，由青年会干事王淦和翻译。

4月14日 北京政府国务会议议决，北京国立专科以上八校教育经费按照颁定预算发给，先发3月份经费，自4月份起暂由财政部从交通部协济款项内按期拨付，其积欠经费先发1个月，其余分6期拨付，并令北京政府教育部传示各校，催促各校上课。

同日 约翰·杜威下午在福州城青年会演讲"自动的研究"，由王淦和翻译；晚上在福建协和大学作简短演讲，由林和美翻译。晚上演讲中约翰·杜威谈道："大学设立的目的，不是单只为着个人生活上的利益，对于国家社会，还有极大利益。若使大学学生不能将这大学里头所学的，去改造现在的社会，就是大失大学教育的本旨。"

4月15日 北京国立专科以上八校校长因教育经费无着落，全体辞职。

同日 约翰·杜威下午在福州城青年会演讲"教育与实业"，晚上在福建尚友堂演讲"民治的意义"，均由王淦和翻译。

4月18日 约翰·杜威下午在福州城青年会演讲"习惯与思维"，由王淦和翻译。晚上在福建私立法政专门学校演讲"民本政治之基本"，由孙世华翻译，指出："平民政治上最大问题，是为保护自己的权利""中国自易民国迄今，已十年矣。顷所言三大自由权及选举权，名义上似已获得。然以实际言之，尚在若有若无之间。"

4月19日 约翰·杜威下午在福州城青年会演讲"天然环境、社会环境与人生之关系"，由王淦和翻译。晚上在南台青年会演讲"教育与国家之关系"，由朱立德翻译。

4月21日 北京政府国务会议议定清还教育积欠经费办法3项：（1）京师教育经费于一星期内先发3月份1个月。自4月份起由财政部就交通部协济经费款项下每月拨付22万元，作为八校、北京师范及公立各中小学校经费；（2）北京政府教育部向财政部领取的款额，以向来领取款额数目为准，由财政部筹定拨付；（3）上年12月起至本年2月止，八校及中等各校积欠经费40余万元，先发1个月，其余分为3期，于4、5、6三个月各付1期。北京政府教育部随即召集各校长开会，宣布阁议原委及3项办法，次日八校教职员开会讨论，多表示赞成。

4月25日 河南教育经费竭蹶，各校主张罢课。教育厅长李步青辞职，后财政厅发行新纸币一万二千元以维持。李步青（1880—1958），号廉方，湖北京山人，日本东京高等师范学校肄业，曾任国民政府教育部视学主任、国立武昌师范大学教授、省立河南大学文学院院长、中华人民共和国中央文化教育委员会委员等职。

4月30日 北京政府国务院答应北京国立专科以上八校教职员关于教育经费的要求。

4月 上海理科教授研究会理科实验室落成。该研究会为谋求理科教育的进步与普及，将实验室公开供地方小学临时借用，并出借仪器标本等。

同月 恽代英在《中华教育界》第十卷第10期发表文章《教育改造与社会改造》，提出要改造社会就在于使学生成为一个社会上有用的人。

同月 直隶公立农业专门学校与直隶公立医学专门学校合并为"河北大学农科"，徐廷瑚任农科学长。徐廷瑚（1887—1974），字海帆，河北蠡县人，曾任国立北京农科大学副校长、河北大学农科学长和代理校长、察哈尔实业学校校长等职。

5月2日 约翰·杜威在国立广东高等师范学校演讲"动作道德重要的原因",由韦珏君翻译。

5月3日 北京八校教职员决定自本日起暂时留职,声明尚有善后问题数端,等北京政府解决后,立即恢复职务。

同日 私立厦门大学校长邓萃英辞职,林文庆继任校长。林文庆(1869—1957),字梦琴,福建海澄人,英国爱丁堡大学医学硕士,曾获英女皇奖学金,曾任鼓浪屿医院院长等职。

5月4日 北京学生联合会在国立北京高等师范学校开会,纪念"五四运动"2周年。

5月12日 蔡元培在爱丁堡中国学生会作报告说,"此次出来游历的三个目的""第一,调查欧美大学情形,为中国大学标的。我们中国应该设几个大学呢?""至少一省应设一所大学。即取美国制。由各州自行办理。""教育机关应有统系,即取法国大学区制""即大学校长一方面为大学评议长,一方面为地方教育机关之总理,是也。""第二,访求教员。此事非有较久之时间,不易办到。分二层:(一)中国留学生研究有得者,可以预定。(二)外国人学识高深、热心讲授的,可以延聘。""第三,筹款扩充北京大学图书馆。"

同日 约翰·杜威在中国科学社演讲"科学的教授"。

5月14日 北京政府靳云鹏内阁第3次改组,任命范源濂为教育总长。

5月15日 北京国立专科以上八校校长因北京政府至今未履行发放教育经费诺言,再度提出辞职。

5月19日 北京政府国务会议以北京国立专科以上八校迄今未开课为借口,推翻前议案,决定暂行停发职员薪资,由财政部、交通部查照前议储款以待,等各校开课再行照发,同时饬令北京政府教育部转知各校督促上课。

5月22日 因北京政府国务院以开课为发薪条件,北京国立专科以上八校教职员第2次辞职,并发布《全体辞职宣言书》和《敬告国人书》。同时八校学生代表召开联席会,议决派代表赴国务院请愿,挽留八校教职员。

5月29日 北京政府教育部次长王章祜辞职,北京政府任命马邻翼继任,在范源濂总长未到任以前,由马邻翼代理部务。马邻翼(1865—1938),字振五，回族，湖南邵阳人，曾任清政府学部总务司主稿兼侧例馆帮办、国民政府行政院顾问、国民政府宪法起草委员会委员等职。

同日 北京国立专科以上八校教职员数十人至北京政府教育部静坐，要求发还欠薪，至晚无果而归，次日又继续往北京政府教育部静坐索薪。

5月31日 北京各界联合会召集学生联合会、女界联合会、报界联合会、北京教育会等8个团体代表20余人在政法专门学校召开紧急会议，讨论维持国内教育办法。会议决定举行北京市民维持国内教育大会。

6月3日 北京各校400余名学生与北京国立专科以上八校教职员马叙伦等一同随北京政府教育部次长马邻翼赴总统府请愿。靳云鹏拒不接待，蒋梦麟、马叙伦、李大钊等十余人被殴伤，史称"六三"事件。

同日 蔡元培在纽约中国学生举行的欢迎会上作题为《中国大学与北京大学之将来》的演讲，其重要内容为："（一）大学不好，中小学教育无振兴之望；故教育改革，先从办好大学入手。（二）法国大学区制，将全国划为若干教育区，区内中小学教育及社会教育，均由大学主持。值得推行"。

6月6日 "东南大学筹备处"邀请全校校董到上海江苏教育会开成立大会并商榷筹备事宜。此次会议的主要内容有："报告东大筹备的经过，拟定校董会章程，商议校董会工作，讨论和通过东大组织大纲，制定招生章程，编织预算等，会上一致推举郭秉文为东大校长，具文报北京政府教育部审批。"

6月7日 非常大总统孙中山致电北京国立专科以上八校教职员。电文指出，在北京政府统治下，"绝无教育发展希望，况复摧残至此"，欢迎北京国立专科以上八校教职员全体赴粤，共商进行。

6月8日 美国纽约大学授予蔡元培名誉法学博士学位。

6月11日 马叙伦在首善医院绝食，抗议北京政府摧残教育，虐待教员、学生，控诉北京政府在刀刺枪打之后，将受伤之教职员放在医院里严加监守，断绝交通，待受伤之教职员俨同一绝之死囚。北京教育界纷起声援。

6月14日 北京政府撤退首善医院监督的军警，劝令受伤的教职员出院，于是马叙伦始进食，并转到法国医院医治。

6月15日 北京政府国务院再次就北京教育风潮通电各省区："少数教职

员借端包围新华门，击伤北京政府教育部次长马邻翼，种种不法行为，已经构成刑事罪名，应当用法律解决。"

6月21日 第5次广东教育会议在广州召开，全省400余名教育参加会议。议决教育行政与省政府脱离关系，设立教育委员会专司其事，为独立机构，不受政治上之干涉；教育经费亦特别规定，不得拨作他用。

6月25日 北京国立专科以上八校教职员在国立北京女子高等师范学校召开全国报界记者招待会，有53家报社记者出席。教职员表示：同人于"六三"事件以前，只争取教育经费，"六三"事件以后，则并争取教育人格。教育经费是教育的生命，教育人格是教育的精神，两者缺一不可。此后即使经费问题解决，如果人格问题未解决，同人必不承认。要求舆论界给予支持。

6月28日 法国决议自1922年1月起退还庚子赔款，充中国留法学生教育经费。

6月30日 大总统徐世昌任命张鸿绪为保定军官学校校长。张鸿绪（1880—1928），字绍先，直隶天津人，曾任直隶都督府副官长、禁卫军总司令部副官长、副总统府咨议等职。

夏 福中矿务专门学校增设大学本科，把学校改名为福中矿务大学。

7月1日 国立交通大学北京学校宣告成立。计有经济部铁路管理科4班、专门部铁路管理科5班、电信特科1班、电信专科1班、无线电工程专科1班。校长叶恭绰续聘胡鸿猷为主任。

同日 少年中国学会在南京召开年会，在关于信仰社会主义问题上产生争论。

同日 陈澄溪等在上海法租界创设女子工业大学校。该校分高等、速成两科。高等科目为缝衣、制帽、刺绣、织物，速成科目则在缝衣、制帽、刺绣、织物中任选1科。学习期限，高等为3学期，速成为3个月。两科共收学生300名。

7月4日 林文庆改私立厦门大学校训为"止于至善"，拟定《校旨》及有关章程、绘制校徽、设校评议会为最高议事机关。

7月8日 里昂中法大学成立，以"为中国学生提供高等教育机会，为中国培养一批高级学者和研究人员，为国内的大学提供合格的教授"为宗旨，由"中法大学协会"负责管理，由中法双方共同组成董事会，主席由法国政府指定人士担任，为唯一法人代表；校长由中方人士担任，主要负责教学管理。

7月11日 国立北京大学教授胡适在《晨报》上发表《杜威先生与中国》一文。作者认为，"自从中国与西洋文化接触以来，没有一个外国学者在中国思想界的影响有杜威这样大的""在最近的将来几十年中，也未必有别的西洋学者在中国的影响可以比杜威先生还大的"。

7月13日 北京政府教育部令："各高等师范学校设有体育专科者，应增加年限，提高程度，改为本科，等到经费充足时再行筹设专科学校。"

同日 国立东南大学和暨南学校在上海合作筹办商科大学，拟定校名为上海商科大学，报北京政府教育部审批。

同日 范源濂、张国淦在中央公园董事室与北京国立专科以上八校代表蒋梦麟、王兆荣、何玉书就北京教育风潮事件进行交涉。范源濂以书面形式正式提出经北京政府承认的解决风潮的五项办法："一、诉讼案件由法院处理；二、"六三"事件，系出于一时误会，政府将派员向教育界慰问；三、受伤人员的医疗费由北京政府教育部照实支付；四、政府将筹拨价值200万元的证券存放于银行，作为京师学校的准备金，款项的存拨归北京政府教育部管理；五、八校的临时费用由北京政府教育部按照民国八年度预算，按照历年支款办法付给。"何玉书（1892—1969），字梦麟，贵州人，曾任广州黄埔军官学校潮州分校政治部主任、江苏省政府委员兼农矿厅厅长、国民政府立法院立法委员等职。

7月16日 北京政府教育部通知各省本年选派留学生办法。提出："广东、福建、湖南、四川、江苏、陕西六省因积欠留学生经费太多，暂停选派留学生。"

7月20日 北京国立专科以上八校校长、教职员、学生通过讨论，认可北京政府解决北京教育风潮事件的5项提议。

7月23日 北京政府教育部复文准予上海商科大学备案。

7月24日 北京政府履行解决教育风潮的5项办法,派王芝祥在尚志学会举行教育界慰问会。会后,王芝祥又赴法国医院慰问马叙伦。同时,财政部以盐余200万元作担保,印发证券20张,每张10万元交北京政府教育部作为北京国立专科以上八校教育经费之准备金。

7月28日 北京国立专科以上八校校长通电复职,校务照常进行,9月1日开课,并即将招生。

7月29日 北京国立专科以上八校教职员宣言复职。

7月 非常大总统孙中山在广东教育会对广州中等以上学校教职员学生发表演讲,阐述三民主义的要旨,勉励学生立志救国,并称赞苏俄"社会革命成功,已成为农工兵国"。

同月 北京政府教育部核准《东南大学组织大纲》,委任郭秉文为国立东南大学校长,兼任南京高等师范学校校长,在南京设文、理、教育、农、工5科,在上海设商科(又称为"上海商科大学")。

同月 范源濂、蔡元培、张伯苓、严修、陶行知等在北京发起成立"实际教育调查社"。范源濂为社长、蔡元培为副社长。

8月1日 北京国立专科以上八校代表到银行领取6月份经费,未果。次日再次前往领取也未领到。

8月2日 北京政府教育部布告:"以后学生出国留学应携带文凭。"

8月10日 第3次全国学生代表大会在上海举行。8月26日评议会在讨论"否认北庭及准备否认北庭后之法案"时,与会代表意见发生分歧,致使大会陷于分裂状态,第3届理事会实际没有组成。此后,全国学联几乎瘫痪。

8月11日 太平洋教育会议在夏威夷召开,中国出席代表为蔡元培、林士模、谢己原、韦悫、王天木5人,19日会议闭幕。议决太平洋各国教育当局应为交换学生及教育等之预备等提案17件。林士模(生卒年不详),字可仪,浙江武康人,曾任国民政府建设委员会秘书。谢己原(生卒年不详),广东番禺人,曾任广东省临时参议会副议长、旧金山协和中学校长。韦悫(1896—1976),字捧丹,广东中山人,曾任广东省教育委员会委员长、国民政府教育行政委员会委员、国立中央大学教育学院院长等职。王天木

（1883—?），河北涿县人，日本明治大学法学士，曾任北京政府浙江高等检察厅检察长、驻智利使署代办等职。

8月12日 北京政府教育部正式批准私立复旦大学立案。11月4日，教育部派员来校视察。10日，教育部派员视察后认为，"复旦大学颇具规模，唯大学本科修业年限仅为两年，与定章不合，应即遵照新章改定，再行呈部核办"。

8月13日 留法勤工俭学生及旅法华工在巴黎召开第2次拒款大会，驻法公使陈箓派秘书出席，代表陈箓签署反对中法借款声明。

8月15日 北京政府教育部职员因欠薪达5个月，召开全体会议，决定即日起停止办公。

8月19日 北京国立专科以上八校教职员太平洋问题研究会在北京美术学校召开成立大会，选举蔡元培、蒋梦麟为正副会长，选举李大钊、胡适、谭熙鸿等人为干事。

8月20日 中国科学社在北京清华园举行全国科学大会，本月31日大会结束。

同日 张东荪任私立中国公学代理校长。张东荪（1887—1972），原名万田，浙江杭县人，曾留学东京帝国大学，创办《解放与改造》杂志，曾任国立政治大学教授、上海私立光华大学教授、中国国家社会党中央总务委员、中国民主同盟中央委员、中华人民共和国中央人民政府委员和政务院文化教育委员会委员等职。

8月25日 中国留法勤工俭学生参加拒款运动，法国政府以学生参加政治活动为由，停止资助。

8月26日 北京政府教育部令各省教育厅、京师各专门以上学校："凡各专门以上学校，本年秋季招收新生应一律以中学毕业者为限，不得再收同等学力学生。"

8月27日 北京国立专科以上八校教职员召开联席会议，决定在经费未发清以前，延期招生及上课。

8月 毛泽东、何叔衡、易礼容利用长沙船山学社的社址和经费建立湖南自修大学。《湖南自修大学创立宣言》提出，"自修大学为一种平民主义的大学"，强调学生"自己看书、自己思索、共同讨论、共同研究"。"自修大学的学生不但修学，还要有向上的意思，养成健全的人格，煎涤不良的习惯，为革新社会的准备"。自修大学设文、法两科，文科设中国文学、西洋文学、英文、伦理学、心理学、论理学、教育学、社会学、历史学、地理学、新闻学、哲学等，法科设法律学、政治学、经济学等，并组织成立了"哲学研究会""经济研究会"等。何叔衡（1876—1935），字玉衡，湖南宁乡人，中国共产党创始人之一。易礼容（1898—1997），字润生，湖南湘乡人，曾任中华人民共和国第一至第三届全国人大代表、第一至第四届全国政协委员、第五至第七届全国政协常委等职。

同月 江西省立医学专门学校成立，只设医科，学制五年，何焕奎任校长。何焕奎（1883—1960），字士魁，江西进贤人，日本千叶医学专门学校医学学士，创建南昌市立医院，曾任国民政府卫生部技正和代理统计局局长、私立南通大学医科主任等职。

9月10日 美国教育家孟禄应实际教育调查社的聘请，来华抵京，开始实地调查中国各地教育状况。

同日 国立交通大学京、沪、唐3校同日开学，叶恭绰校长到京校做开学报告。

9月12日 梁启超担任私立南开大学中国历史课程，为文、理、商3科学生讲授"中国历史研究法"。

9月13日 "巴敦调查团"在北京会合。

9月14日 蔡元培完成欧美教育考察回到上海。

9月15日 北京国立专科以上八校7月份教育经费按照约定于阴历中秋节前发出，到期又未兑现，教职员前往北京政府教育部静坐索薪。次日早晨又继续静坐索薪，仍无结果。后经校长团从中调停，马邻翼向财政部交涉，始得向中国银行、交通银行各借5.5万元，先发半数。

同日 北京协和医学院新校舍建成，举行开幕典礼。该校由美国洛克菲勒基金会、中华医学基金会（时称罗氏驻华医社）和北京协和医学院共同举行。学校的宗旨是"培养为社会和国家服务的具有崇高理想和谦恭处事风格的人才"。学校组成新的董事会，胡恒德（Henry S. Honghfon）任校长。胡恒德（1880—1975），美国人，霍普金斯医学院医学博士，曾任芜湖海关外科医师、哈佛大学中国医学院院长和热带病学教授等职。

9月20日 里昂中法大学开办，吴敬恒带领100余人到达法国。留法勤工俭学生闻讯，推举116名代表赴里昂，要求吴敬恒从速解决勤工俭学生的求学问题。

9月21日 120余名留法勤工俭学生因经费断绝，占领里昂中法大学。法国政府将他们尽数驱逐，并暂时安置在附近兵营，主张驱逐出境。

9月 安徽省省长徐世英提议设立安徽大学，是月开始筹备。

同月 私立南开大学增设矿科，暂开一班，招收学生42人。矿科开办费由河南六河沟煤矿董事长李组绅捐助，每年3万元。矿科主任由地质学教授薛桂轮担任。

秋 竺可桢在国立东南大学创建地学系、熊庆来在国立东南大学创建数学系、秉志在国立东南大学创建生物学系。竺可桢（1890—1974），字藕舫，浙江绍兴人，美国哈佛大学气象学博士，曾任国立浙江大学校长和中国科学院副院长等职。熊庆来（1893—1969），字迪之，云南弥勒人，法国国家理学博士，曾任国立云南大学校长、中国科学院数学研究所研究员、函数论研究室主任等职。

10月1日 武昌高等师范学校师生因学校经费无着落，是日开始北上赴京请愿，并致电各报馆请求声援。3日到达北京，与北京政府教育部交涉，没有结果。6日进行游行请愿，行至北京政府教育部门口被警察阻拦，发生冲突，20余人被打伤。

同日 北京政府外交部俄文专修馆改组为外交部俄文法政专门学校，任命夏维松为校长。夏维松（生卒不详），湖北省汉阳人。曾任驻俄公使一等参赞、驻荷兰公使一等秘书等职。

10月5日 美国教育家孟禄到达太原，调查山西各学校情况。

10月10日 法国里昂中法大学在国内招生130余人抵达法国，本日开始上课。吴稚晖任中方校长，来宾（Lepine，里昂大学医学院长）任法方校长。学校设立了里昂中法大学协会，即该大学董事会，推蔡元培为中方董事长（协会中方会长）。

同日 国立武昌高等师范学校师生又赴部请愿，被阻止。北京学生联合会、全国教育会开会并发表通电予以声援。后北京政府教育部会同财政部商量，并得到湖北当局承认，决定以10万印花税票为担保，按月拨15,000元作该校经费。

10月11日 国立北京大学全体师生在三院大礼堂举行开学典礼。校长蔡元培发表演说，指出，要研究高深学问须具有两种精神："既要有活泼进取的精神，又要有坚实耐烦的精神。有第一种精神，所以有发明，有创造。有第二种精神，利害不为动，牵制有不受，专心一致，为发明创造的预备。"胡适也在会上发言，他认为，"以后中国的前途有许多风潮，诸位要打定主意，不管国亡了，天倒了，我们只管研究我们的学问"。

10月12日 国立北京高等师范学校校长邓萃英因出席华盛顿会议而辞职，北京政府教育部聘请李建勋为校长。李建勋（1884—1976），字湘宸，河北清丰人，美国哥伦比亚大学教育学博士，曾任国立东南大学教授、国立清华大学教授等职。

同日 蔡元培回私立民国大学视事。

10月13日 法国外交部派员到里昂中法大学押送被捕的勤工俭学生104人到马赛乘船回国。

10月15日 法国政府不再发给勤工俭学生维持费。

10月22日 陶行知在《时事新报·学灯》期刊上刊发文章《师范教育之新趋势》，认定"教育是立国的根本"。

10月23日 成都省立各校因经费无着，实行罢课。

10月27日 全国教育会联合会在广州召开，17个省区的35名代表出席会议，至11月7日会议结束。会议收到议案30件，通过《学制系统草案》等提案15件。

10月 常道直在《教育丛刊》上发表《全国各高等专门以上学校应设法

扩充学额之意见》一文。常道直（1897—1975），字导之，江苏江宁人，北京高等师范大学教育研究科毕业，后留学于美国哥伦比亚大学师范学院、英国伦敦大学哲学系、德国柏林大学哲学系，曾任省立安徽大学教务长、国民政府教育部中等教育司司长等职。

同月 浙江省议会议决筹办杭州大学，并通过了大纲22条。

同月 《教育丛刊》第二卷第五集上发表署名"云甫"的文章《高等师范应改师范大学理由及办法》。

同月 庄泽宣在《教育杂志》第十三卷第十号发表《教育基金团和教育独立》，对清华学校教育存在的问题进行批评。文章指出："自从美国退还赔款以来，已经十四年，这十四年，把赔款办教育的成绩如何？清华学校的校长是常常换人，以致进行没有一定的方针，送留学生也没有一定的政策，用款没有预算，有款多送几个，没有款或是本校毕业生太多，就把外面招考的专校毕业生和女生停送。再派一个学医的来就监督，混了一年多，被大家反对，装病回去了。我虽不说清华没有成绩，但是耗费用血换来的金钱不知多少，这样的情形，自然别国不愿退还赔款，即使退还，还是叫他们本国人办学，不交给中国人。"庄泽宣（1895—1976），浙江嘉兴人，美国哥伦比亚大学教育学博士、普林斯顿大学心理学博士，曾任国立清华大学教授、私立厦门大学教授、国立中山大学教授、国立浙江大学教授等职。

11月2日 国立交通大学北京分校学生因得不到平等待遇，实行罢课。

11月14日 北京政府教育部职员因欠薪，全体停止办公。

11月22日 "巴敦考察团"完成实地考察任务。

11月24日 回国的留法勤工俭学学生发表通电，说明被迫回国的缘由，历数驻法公使陈箓等罪状，要求加以惩戒。

11月 国立北京大学成立研究所国学门。

同月 私立厦门大学师范部改为教育学部，原属师范学部文、理2科分别设为文学部、理学部，连同商学部，全校共设4个学部。

12月1日 华盛顿中国留美学生赴北京政府代表团办公处，劝阻中国代表中止参加中日山东问题会外谈判。

12月3日　美国教育家孟禄由南京高等师范教务部主任陈鹤琴陪同参观本校。孟禄说："来华游历南北，参观各地学校，以南开为最善。"

12月5日　中国留美学生在华盛顿举行游行示威，反对中日直接交涉。

12月8日　上海各校学生和工、商等团体共四万余人在护军营操场召开国民大会，发表宣言，称美国发起的华盛顿会议，有关山东问题、"二十一条"等都未经过国会通过，全体国民否认，坚决反对华盛顿会议瓜分中国的阴谋。

12月12日　北京34所学校学生及北京女界联合会会员共万余人在中央公园开会，并举行游行示威，向政府提出"尊重民意"，要求日本"无条件归还山东"等4项要求。

12月13日　济南中等以上学校为反对日本侵略山东，决定罢课10日。各校学生走出校门，进行演讲及调查日货。

12月14日　国立北京大学评议会通过蔡元培提出的《国立北京大学研究所组织大纲》。提案的主要内容为："研究所为毕业生继续研究专门学术之所"；研究所拟设"自然科学、社会科学、国学和外国文学四门"；所长"由大学校长兼任"；各门设主任1人，"由校长于本校教授中指任之"。

12月16日　熊希龄、李石曾等组织华法学务协会召开会议，共同筹划救济留法勤工俭学学生办法。会议推举汪大燮、范源濂、朱启钤、林长民、袁希涛、王章祜等为干事，复由干事中推举熊希龄、蔡元培、李石曾等为常务干事。朱启钤（1872—1964），字桂辛、桂莘，贵州开阳人，曾任中国营造学社社长、中华人民共和国全国政协委员、中央文史研究馆研究员等职。林长民（1876—1925），字宗孟，福建闽侯人，日本早稻田大学政法专业学士，曾任北京政府国务院参议、司法总长、总统府外交委员会委员兼事务主任等职。

同日　国立交通大学北京分校成立"铁路管理学会"。

12月18日　中国留日学生在东京青年会召开会议，坚决反对华盛顿会议的会外交涉，要求取消"二十一条"、无条件收回山东等。

12月19日　美国教育家孟禄与实际教育调查社社员范源濂等以及北京各高等学校代表、北京中小学代表、各省教育界代表、北京政府教育部代表以及胡适、熊希龄等特邀代表 70 余人在北京召开教育讨论会，会后由实际教育调查社出版《孟禄的中国教育讨论集》一书。

12 月 21 日 北京政府教育部召开全体职员大会，议决通电全国，声明北京政府摧残教育，并上呈总统府和国务院，决定全体辞职及索还欠薪。

同日 实际教育调查社、新教育杂志社与新教育共进社在北京开会，会议决定将三个团体合并改组为中华教育改进社。

12 月 23 日 中华教育改进社正式成立，以"调查教育实况，研究教育学术，力谋教育进行"为宗旨，推举蔡元培、范源濂、郭秉文、黄炎培、汪精卫、熊希龄、张伯苓、李建勋、袁希涛等 9 人为董事，孟禄、梁启超、严修、张謇、约翰·杜威等 7 人为名誉董事，陶行知任主任干事，总事务所设于北京。

12 月 24 日 美国教育家孟禄在国立北京大学作题为《大学之职务》的演讲。谓大学有三种职务："（一）传布知识；（二）求实用的人材；（三）提高知识。"

12 月 25 日 北京政府教育总长范源濂辞职，特任黄炎培为教育总长，黄炎培未到任以前任命齐耀珊兼署教育总长。齐耀珊（1865—1946），字照岩，吉林伊通人，曾任清政府湖北宜昌府知府、湖北提学使和北京政府约法会议议员、参政院参政、内务总长等职。

12 月 28 日 北京国立专科以上八校校长及京师学务局局长赴国务院拜会梁士诒。国立北京法政专门学校校长王家驹首先提出辞职，并向梁士诒呈交辞职书，其次要求补发 2 个半月欠薪。梁士诒承诺在阳历年内筹发 1 个月以上薪水，至明年 1 月起，设法按月照发。梁士诒（1869—1933），字燕孙，广东三水人，曾任清政府翰林院编修、邮传部大臣、北京政府大总统府秘书长、财政次长、代理财政总长等职。王家驹（1878—1939），字维白，江苏丹徒人，日本早稻田大学毕业，曾任北京政府教育部视学、国立北京大学法律系讲师等职。

同年 私立金陵大学农业经济学系经北京政府教育部核准备案。

同年 江苏省教育会、国立北京大学、国立北京高等师范学校等在南京合作成立《新教育》杂志社。

同年 中华心理学会成立。该会以研究各种心理问题为宗旨。会长为张耀翔（北京高等师范学校教授）。赞助者有东南大学兼南京高等师范教授陆志韦、廖茂如、陈鹤琴等。会刊为《心理》杂志。张耀翔（1893—1964），湖北汉口人，哥伦比亚大学心理学硕士，曾任国立北京师范大学教育研究科主任及心理学系主任、国立北京大学心理学教授、国立暨南大学心理系主任、私立大夏大学心理学系主任等职。

同年 中华职业教育社参酌德国方法，制成7种职业心理测量器，黄炎培对此十分认可，"在该社招生时，已实际使用过。应用科学方法于职业教育上，在中国算是第一次。"

1922年（民国十一年　壬戌年）

4月29日　第一次直奉战争爆发。

5月1日　第一次全国劳动大会在广州举行。

5月4日　孙中山在广州以陆海军大元帅名义下令"分道出师"北伐。

5月5日　中国社会主义青年团第一次全国代表大会在广州举行。

6月2日　徐世昌下野，黎元洪复任大总统。

7月16日　中国共产党第二次全国代表大会在上海召开。

8月9日　罗马教皇驻华专使刚恒毅抵华，着手实行天主教中国化的计划。

8月29日　根据共产国际代表马林的提议，中共中央在杭州西湖召开特别会议，讨论国共合作问题。

9月19日　国务总理王宠惠组成内阁：外交总长顾维钧，内务总长孙丹林，财政总长罗文干，陆军总长张绍曾，海军总长李鼎新，司法总长徐谦，教育总长汤尔和，农商总长高凌霨，交通总长高恩洪。

11月5日　中共代表陈独秀、刘仁静、王俊出席共产国际第四次代表大会。

11月13日　爱因斯坦乘日本"北野丸"号客轮抵达上海。

1月1日　东南大学教授吴宓、梅光迪、胡先骕等教授创办的《学衡》杂志正式创刊。该杂志以"论究学术，阐求真理，昌明国粹，融化新知，以中正之眼光，行批评之职事，无偏无党，不激不随"为宗旨。杂志每月一册。吴宓（1894—1978），字雨僧、玉衡，陕西泾阳人，美国哈佛大学硕士，曾任国立东南大学教授、国立东北大学教授、国立清华大学教授、西南师范学院教授等职。梅光迪（1890—1945），字迪生、觐庄，安徽宣城人，美国哈佛大学硕士，曾任私立南开大学英文科主任、国立东南大学西洋文学系主任、哈佛大学教授等职。胡先骕（1894—1968），字步曾，江西南昌人，美国哈佛大学博士，曾创办中国科学社生物研究所、静生生物调查所、云南农林植物研究所等。

1月2日　北京国立专科以上八校教职员召开会议，决定催索欠薪及办学经费，并提出分期付款办法。会议分别致函北京政府国务总理梁士诒、交通总长叶恭绰、北京政府教育部次长陈垣，声明：如本月10日前不发清欠费，绝不开课。陈垣（1880—1971），字援庵，广东新会人，曾任私立辅仁大学校长、国立北京大学文科研究所国学门导师、私立燕京大学史学系讲师等职。

1月3日　中国留美学生会及国内各团体致电北京政府，要求施肇基等否决梁士诒与日本的谈判。

1月4日　北京平民大学成立，汪大燮为校长、顾名为总务长、王文俊为教务长。预科分商、文、法3部。

同日　北京政府教育部次长陈垣答复北京国立专科以上八校校长：本月10日前发去年11、12月两月教育费39万元。

1月10日　北京国立专科以上八校因11、12月经费均已发放，是日同时开学。

1月11日　留日学生救国团等团体纷纷通电，讨伐徐世昌"复辟、卖国"行为。

1月23日　北京学界赎路集金会成立，蔡元培、王家驹任会长。

1月 美国教育家孟禄发表《对于中国教育意见的概要》一文。

同月 国立北京大学研究所国学门正式成立。内设编辑室、考古研究室、歌谣研究会、风俗调查会、明清档案整理会、方言调查会等机构,并在图书馆内开设供研究用的特别阅览室。设研究所国学门委员会,委员长由校长兼任,委员有顾孟余、沈兼士、李大钊、马裕藻、朱希祖、胡适、钱玄同、周作人等。国学门主任为沈兼士。受聘为国学门导师的有:王国维、陈垣、钢和泰、伊凤阁、柯劭忞等。本月国学门招收研究生32名。

同月 "巴敦调查团"调查发表《中国基督教教育事业》报告,将中国分为6个大区,每1大区内设1个大学或若干专门学校,主张把各区已经设立的教会大学联合办理,组成1所联合大学。在每1区内设立1个"高等教育评议会"或"教育院",管理区内的教会高等学校;全国成立"中华基督教高校和大学联合会",以纽约为联合会的总部。

同月 李石曾在《教育杂志》发表《教育独立建议》一文,认为研究此问题,首先在于教育行政机关的根本改造。他主张废除中央教育部、地方教育厅,创立省县市城镇乡教育行政委员会。其组织由选举产生,采取合议制精神,认为"教育尤其因地制宜,不可执一以范全国"。

同月 杨贤江在《教育杂志》第14卷撰文《对于平民大学的感想》,对此表示肯定与赞同,"把学校公开,人人可以自由入学"。杨贤江(1895—1931),又名庚甫,字英甫,笔名李浩吾、柳岛生等,浙江余姚人,参与组建"中国社会科学家联盟",曾任《学生杂志》主编、南京高等师范学校教授、《革命军日报》社长等职。

2月4—8日 中华教育改进社在上海举行会议。会上汤尔和提出"筹设生物学研究所案"。汤尔和(1878—1940),浙江杭县人,德国柏林大学医学博士,曾任国立北京医学专门学校校长、北京政府财政总长兼盐务署督办、俄国庚款委员等职。

2月5日 北京教育界召开教育独立运动筹备会,会议决定由蔡元培等向北京政府呈请将德国退还的庚子赔款3,900余万元之中的400万元现金拨作八校教育基金。京师教育会、私立中央法政专门学校代表等,也要求按照国立学校例，每月拨款，以资补助。

2月6日 北京国立专科以上八校教职员代表召开会议，讨论："一、经费问题，二、基金问题，三、学制问题。"

同日 台湾日本总督府颁布改正《台湾教育令》，要求统一台湾所有学校名称、制度，中等以上学校实行"日、台共学"；强调"训育皇民，振作国民精神，强化教育政策"；明确大学和专科教育目的是"训练皇国有用的人才"。

2月7日 北京政府国务会议通过交通部次长郑洪年的提案。提案的主要内容为："一、从法国退还的赔款中或增加的关税中，各指定百分比，作为交通大学教育基金；二、交通大学开办费恢复为原来所规定的106.34万元；三、交通大学经常费在58.3468万元基础上追加5.4万元。"

2月8日 留法勤工俭学生到中国驻法国使馆请愿，被法国军警驱散。

2月11日 国立北京大学评议会第5次会议通过蔡元培提出的《教育保障案》，其要点为："（一）凡已得续聘书之各系教授之辞退，应由该系教授会开会讨论，经该系教授会五分之四之可决，并得校长之认可，方能办理。如该系教授不及五人，应经全体教授可决。但开会时，本人不得列席。""（二）各教授应担任何项功课，应由该系教授会开会讨论，共同商定。一经商定后，应始终令其担任。即欲变更，亦须再行开会议决。""（三）各系教授会，应每月至少开会一次。凡本系科目之增减，应开教授会决议，不能由主任或教务长一人决定。"

2月12日 全国教育独立运动会在国立北京高等师范学校召开成立大会。

2月15日 国立北京大学马克思主义研究会主编的《今日》月刊出版。

2月18日 北京政府教育部全体职员召开索薪大会。21、22日又连续召开紧急大会，决定派代表64人向财政部坐索薪金，如达不到目的，即实行全体辞职。

2月19日 国立北京大学马克思学说研究会举行第1次公开演讲。李大钊到会并作了题为"马克思经济学说"的演讲，着重介绍了马克思的剩余价值学说，强调要将其用以指导社会。

2月20日 全国教育独立运动会发表独立宣言。宣言内容包括："一、教育经费应急谋独立，脱离政治藩篱，明定预算，指明拨款项，由教育界直接取用，共同保管，政府无权取用。二、教育基金应急谋指定。三、教育制度应急谋独立。"李石曾在会上发表演讲，"余以为教育之独立，当以学制独立及思想独立二者为最要"，主张参考法国的学制。

2月21日 留日学生总会召开大会，通过决议："一、通电中外，否认徐世昌政府；二、促进联省自治，成立联省政府；三、暂时承认广州政府为中华民国临时政府。"

2月25日 全国教育独立运动会上书北京政府教育部，要求将铁路附加赈款改用为教育经费。

2月 《教育与职业》杂志出版"新学制职业教育研究号"。

同月 私立厦门大学全校由集美迁入演武场新校舍。

3月1日 北京政府教育部成立筹办退款（庚子赔款）兴学委员会。

3月3日 北京教育博物馆筹办处与国立北京大学附设的教育博物馆合并为"筹设教育博物馆委员会"，经北京政府教育部核准办理。

3月4日 北京学界集股赎路会在国立北京美术专门学校召开全体委员会议，到会者共计30余人。会议推举蒋梦麟为北方筹款主任，张公权为收款主任。张公权（1889—1979），原名张嘉璈，江苏宝山人，早年入东京庆应大学进修财政学，曾任清政府浙江都督府秘书、北京政府参议院议员、中国银行北京总管理处副总裁等职。

3月9日 中国社会主义青年团在上海发起组织"非基督教学生联盟"，发表宣言并通电全国。宣言指斥将于1923年在清华大学举行的"世界基督教学生联盟"第十一次大会是"强盗会议"，是各国资本家利用宗教为"殖民之先导""谢金铁之威以临东土，金铁奴我以物质，福音奴我以精神"。故"愤然组织这个同盟，决然与之宣战"。

3月11日 北京政府教育部公布《筹办退款兴学委员规程》9条，规定"筹办退款兴学委员会由教育总长延聘或指派部内外人员组织之"，筹办事项有"（一）筹划退还庚子赔款接洽事宜（二）调查国内教育状况，决定退款之用途及其分配之标准"；教育总长延聘或指派的委员资格须是下列情形之一：

"曾任教育总、次长者"，或"现任国立学校校长"，或"教育部荐任以上人员"，或"办理教育事务有年者有成效者"；"筹办退款兴学委员会设会长一人副会长一人，由委员公推""会长总理会务，并将会中所办事项报告教育总长，副会长襄助会长办理会务"。

同日 北京学生发起组织全国"反宗教大同盟"。蔡元培、李大钊、陈独秀、吴稚晖等人均予支持。蔡元培主张："大学不必设神学科，但于哲学科中设宗教史、比较宗教学等。各学校中，均不得有宣传教义的课程；不得举行祈祷式；以传教为业的人，不必参与教育事业。"

3月14日 江苏教育界组织新学制课程研究委员会，议决将委员会分为高等教育、师范教育等5部，每部设干事1人。

3月15日 《先驱》杂志第4期出版了《非基督教学生同盟》专号，发表"非基督教学生同盟宣言""非基督教学生同盟通电""非基督教学生同盟章程"等内容。

3月18日 北京政府教育部派司长任鸿隽充任国立东南大学校董会部派代表。

同日 国立北京大学呈请北京政府教育部，计划在国立北京大学内附设高等国文补习科与普通补习科，以接收已受大学及中学教育的华侨学生。

3月20日 李大钊、陈独秀、李石曾等77人在北京以"反宗教大同盟"的名义在《晨报》发表通电宣言。宣言指出："近闻世界耶教学生第11次开会，今年4月，又欲举行于我北京首都之地，亦将于我中国宣传迷信，继长增高，同人等特发起组织非宗教大同盟，优良心之知觉，扫人群之障雾，"要求教育必须"以科学之精神，吐进化之光华"，抵制即将召开的第11届世界基督教学生同盟大会。

同日 北京政府教育部根据中华全国商会联合会呈请各省设立商业专门学校及甲乙种工业学校事宜，通咨各省酌核施行。

3月24日 国立北京女子高等师范学校呈请北京政府教育部："学校的本科及专修科学生毕业在即，拟赴教育发达省份参观，请求北京政府教育部与交通部商洽，发给学生免票。"

3月29日 上海学联在上海商科大学召集各校代表开会,讨论筹款赎回胶济铁路问题。

3月30日 留法学生李鹤龄枪击中国驻法公使陈箓。

同日 国立北京大学教授周作人、钱玄同、沈士远、沈兼士、马裕藻发表《信仰自由宣言》,重申信仰自由的精神,反对攻击基督教。周作人(1885—1967),浙江绍兴人,鲁迅之弟,留学日本东京法政大学预科和立教大学,曾任国立北京大学东方文学系主任和私立燕京大学新文学系主任、客座教授等职。沈士远(1881—1995),陕西汉阴人,曾任国立北京大学庶务部主任、私立燕京大学国文教授、国民政府考试院考选委员会秘书长等职。沈兼士(1887—1947),浙江吴兴人,曾任国立北京大学研究所国学门主任、私立厦门大学国文教授、国立清华大学国文学系教授、北平故宫博物院图书馆馆长等职。马裕藻(1878—1945),字幼渔,祖籍浙江鄞县,曾留学日本早稻田大学、东京帝国大学,曾任国立北京大学评议员、国文系主任等职。

3月 蔡元培发表《教育独立议》一文。文章指出:"教育事业当完全交由教育家,保有独立的资格,毫不受各派政党或各派教会的影响。"其主要内容包括:一、教育经费的独立,要求军阀政府划出某项固定收入专作教育经费,不得挪作他用;二、教育行政独立,要求各省设立专管教育的司,不要附属于政务之下,要由懂得教育专业的人任教育行政官员,教育总长不因政局变动而频繁更动;三、教育思想独立,要执行一定的教育方针,以谋求独立自由的教育;四、教育内容独立,学校中不得有宣传宗教的课程,不得举行祈祷式。

同月 暨南学校校董会通过"扩充海外教育案",决定自办商科大学。

同月 国立北京大学德国文学系教授顾孟余等倡办成立中德文化协会。顾孟余(1888—1972),原名顾兆熊,河北人,德国柏林大学毕业,曾任国立北京大学文科教授和教务长、国立中山大学副委员长、国民党第二届中央执行委员、国民政府教育部部长等职。

同月 金通尹等创办私立复旦大学土木工程学系,开始招生。金通尹(1891—1964),又名问洙,浙江平湖人,北洋大学土木工程专业毕业,曾任私立复旦大学理学院院长、私立震旦大学理工学院院长、青岛理工学院院长、中华人民共和国政协第一、二、三、四届委员等职。

春 私立厦门大学董事会成立，陈嘉庚为永久董事，陈敬贤（陈嘉庚胞弟）为董事，林文庆为当然董事。

春 吴梦非等人在上海闸北创办上海艺术专科师范学校，专门培养中等学校图画、音乐和工艺教员。后因校内风潮，舍监陈太汉率领部分学生另外组建私立东南高等师范专科学校，设有文学与美术两科。吴梦非（1893—1979），浙江东阳人，曾任上海美术专门学校教务主任、中国音乐家协会杭州分会执委兼秘书主任、上海音乐学院教务处副处长等职。

春 私立大同学院增设商科和教育科。

4月1日 留日学生监督徐梦鹰呈请北京政府教育部，建议将《留日官费与自费生奖励暂行章程》中第一条的规定按照日本新学年制进行变通，并请求将奖励金由原来的各省支付改为中央支付。徐梦鹰（1873—1943），字冀杨，江苏昆山人，曾任北京政府教育部编审、私立上海中法大学工学院监督及国文教员等职。

同日 台湾总督府高等学校开办，学制7年。先设立4年制寻常科。1925年设高等科，分文、理2组；1926年改名台湾总督府台北高等学校。

4月3日 国立北京高等师范学校为教育研究科第1期研究生举行毕业典礼，授予毕业生常道直、王卓然、薛鸿志、殷祖英、陈兆蘅、康绍言、邵松如、胡国钰等16人"教育学士"学位。此为我国高等师范学校研究生授予教育学士学位之始。

4月4日 世界第11届基督教学生同盟会在北京清华学校开会，8日结束。32个国家140名代表参加，另有中国代表550余人参加会议。大会主持人为该同盟会总干事美国人穆德（Mott, John Raleigh）。大会讨论了如何向现代学生宣传基督教、学校生活的基督教化等专题。

4月8日 北京政府教育总长齐耀珊辞兼职，周自齐接任。

4月9日 北京非宗教大同盟讲演大会在北京大学举行，蔡元培等到会发表演说。蔡元培说："我所尤反对的，是那些教会的学校同青年会，用种种暗示，来诱惑未成年的学生，去信仰他们的基督教。"蔡元培重申他在《教育独立议》一文中提出的三点意见，主张教育事业不可不超然于各派教会之外，"我的意思，是绝对的不愿意以宗教参入教育的"。

4月12日　中华教育改进社事务所开成立会，到会者有蔡元培、胡适等20余人。

4月25日　胡适当选为国立北京大学教务长及英文学系主任。

4月29日　北京政府教育部命令京师国立各校提前结束，原因是"近畿战事发生，各校经费益形竭蹶""加以人心恐慌，亦难安心执务"，要求各校"一俟军事解决，经费稍可维持，仍应恢复原状。"

5月1日　国立北京大学开始规定"五一"劳动节放假。学校以校长名义发出布告："本日为精神劳动纪念日，经校务讨论会决定，放假一日。"

同日　北京学生联合会等组织在国立北京高等师范学校举行"五一"纪念大会，李大钊到会演讲。

5月4日　北京学生联合会为纪念"五四"运动3周年，发表宣言，"誓以五四运动的精神，采取适当有效方法，打倒中国军阀。"并散发宣传册，痛斥吴佩孚"障碍中国统一"。

同日　《广东非基督教学生同盟周刊》出版。

5月5日　共青团第一次全国代表大会在广州召开，陈独秀等25名代表参加，大会通过了《关于教育运动的决议》，指出要开展6项教育运动，第一项就是开展青年工人和青年农民的特殊教育运动，从而把工农教育放在各项教育工作的首位。

5月14日　蔡元培、胡适、梁漱溟等16人在《努力》周报上发表《我们的政治主张》一文，提出"好人出来奋斗""造成决战的舆论"，主张组织"好政府"，"好政府"即"宪政的政府""公开的政府"。

5月16日　四川省长刘湘电聘骆成骧筹备创立四川大学。

5月22日　蔡元培、熊希龄、梁启超等电复曹锟、吴佩孚，赞成恢复六年旧国会，速成宪法，善后问题各省派员解决。

5月25日　北京历史博物馆所藏明末及前清内阁档案，移交给国立北京大学收管整理。

5月　胡适等主编的《努力》周报在北京创刊。该刊1923年10月停刊，共出刊75期。

6月10日　私立同济大学学生因校方增加学费，全校学生于10日开始罢课，并向董事会请愿。13日，该校学生召开全体大会，宣布学费问题已经取得圆满解决，议决自14日起复课。

6月11日　北京政府教育总长周自齐辞职。

6月12日　北京政府大总统黎元洪令，任命黄炎培署教育总长。黄炎培未到任前，由前交通总长高恩洪兼署教育总长职。高恩洪（1875—1943），字定庵，山东蓬莱人，先后就读于上海电气测量学校、英国剑桥大学，曾任北京政府交通总长、青岛大学校长等职。

6月15日　交通部派参事关赓麟任国立交通大学校长。沪校全体学生闻讯召开大会议决："在董事会未正式解决前，无论何人长校，一概否认。"6月22日北洋政府宣布了解决办法："唐、沪两校分立，各设校长。"关赓麟（1880—1962），字颖人，广东南海人，清末进士，日本弘文学院师范速成科毕业，曾任北京政府财政部秘书、交通部路政司司长、平汉铁路管理局局长等职。

6月17日　北京政府教育部批准私立民国大学立案。8月25日，农商部批准立案。11月22日，司法部批准备案。

6月19日　北京国立专科以上八校教职员召开紧急会议议决："向黎元洪请愿，要求即日撤销高恩洪代理教育总长职位。"

6月27日　北京政府教育部令国立专门以上学校校长："北京政府教育部特预留教员留学名额24名，本年暂不选补。"

6月30日　北京政府教育部公布《学制会议章程》9条，规定"学制会议由教育总长招集之"；学制会议应议事项为"学校系统""地方教育行政机关""其他关于学制事项"；学制会议组成人员为："由各省及特别区教育行政机关各选派一人""由各省及特别区教育会各推选一人""国立专门以上学校校长""内务部民治司司长""教育部参事司长"和"教育总长延聘或指派者";"学制会议设主席一人、副主席一人,由会员互选";"学制会议开会日期由教育总长酌定""议决事项由主席报告于教育总长"。

6月 美国教育家推士(G. R. Twiss)应中华教育改进社的邀请,前来中国考察科学教育。在此后的两年间,推士到过中国的10个省,24个城市,248所学校,对中国的科学教育进行考察,并将考察结果《科学教育与中国》发表在《民国日报》上。推士(1863—1944),全名乔治·兰森·推士(George Ransom Twiss),美国人,曾任美国俄亥俄州立大学教授。

同月 蔡元培在《教育杂志》上发表《美育实施的方法》一文,认为美育是教育上最重要的目标,并详述美育在家庭、学校、社会3方面的实施方法。

同月 李石曾在《教育杂志》上发表《新学制草案评议》一文,认为"大学预科目前还有存在的必要,反对新学制草案中将大学与高专并列,认为旧制高专应一律改为大学,高等师范应改为师范大学";"新学制是改进中国教育的一种计划,却不是中国教育的万应膏和救生丹。"并建议推行新学制万不可急切,最好先实验,后推行。

同月 由蔡元培倡议创办的私立华北大学成立,开始招生。校董会成立后,推举蔡元培为校长。该校开设文、法等科。

同月 经国立东南大学与暨南学校两校商定,暨南学校退出东南大学、暨南学校合设上海商科大学。自7月起,上海商科大学由国立东南大学独办,并将校名改为"国立东南大学分设上海商科大学"。

7月3日 中华教育改进社在济南举行第1次年会,8日结束,会议邀请全国教育界代表讨论各种教育革新问题,蔡元培致开幕词。会上特聘请国内外教育专家黄炎培、邓萃英、胡适、蒋梦麟、推士等8人担任各门教育的演讲。本次会议与会者370余人,议决《国立大学与省立大学分别设立议》等提案122件。

7月6日 北京政府交通部训令交通大学校长关赓麟:"交通大学改设两校,上海校名曰交通部南洋大学,唐山校名曰交通部唐山大学",各校校长均直辖于交通部。北京学校各科分别编入沪、唐两校。一经"国务会议议准",

各校"即分别进行。"京校师生坚决反对。

同日 蔡元培、梁启超等致电北京政府，请求将俄国退还的庚子赔款拨作教育经费。

同日 北京政府教育部定于9月12日（后改为9月20日）在北京政府教育部举行学制会议，令各省教育厅遴选与会人员参会。

7月14日 云南督军兼省长唐继尧下令筹备私立东陆大学，聘筹备员22人，选举董泽为筹备处长。是日召开首次筹备会议，讨论学制、经费、校址等问题。董泽（1888—1972），字雨苍，白族，云南云龙人，美国哥伦毕业大学硕士，曾获"法兰西科学院院士"称号，曾任北京政府云南教育司司长、财政司司长、交通司司长等职。

7月15日 北京各专门学校女生组织成立女子参政协进会与女权同盟会。

7月18日 江亢虎应国立北京大学与国立北京女子师范学校的邀请，作"游俄观感"演讲。江亢虎（1883—1954），安徽旌德人，曾发起成立社会主义研究会，创办私立上海南方大学，兼任校长。

7月20日 北京政府教育部派汤中、秦汾、邓萃英、陈任中、陈宝泉等22人为学制委员会筹备员。汤中（1882—?），字爱理，江苏武进人，私立日本大学法科毕业，曾任山西大学堂教员、北京政府专门教育司司长、参事、代理次长、交通部参事等职。陈任中（1874—1945），字仲骞，江西赣县人，清末举人，曾任京师大学堂监学官、北京政府教育部参事兼代理教育部次长等职。

7月21日 北京政府总统黎元洪令，任命雷光宇为上海南洋大学校长，俞文鼎为唐山大学校长，全绍清为唐山大学北京分校校长。雷光宇（1879—?），字道衡，日本早稻田大学政治经济科修业，曾任山东法政学堂监督。俞文鼎（1878—?），字琴贻，浙江钱塘人，曾任邮传部铁路总局通译科科长。全绍清（1884—1951），字希伯，河北宛平人，美国约翰霍布金斯大学医学博士，曾任北洋医学堂教员、天津陆军医学校校长、北京政府教育部教育次长等职。

7月23日 中国留日学生总会为头道沟事件通电国内，抗议日本派军警进驻吉林头道沟,呼吁"国人一致奋起,共同反对,挽主权而报国疆"。

7月25日 北京政府内阁会议议决,由崇文门每月拨25,000元救济留学经费。

同日 北京政府教育次长汤尔和代理部务。

7月28日 北京国立专科以上八校教职员联席会召开紧急会议,讨论教育经费问题。会议议决要求北京政府按月从关税中拨32万元作为八校的经费。

7月29日 北京政府国务会议通过教育部次长汤尔和要求抽取关税作为教育经费的提案。

7月 交通部部长高恩洪改国立交通大学北京分校为"国立唐山大学分校",任邵恒浚为校长。邵恒浚(1870—1951),字筠农,山东文登人,曾留学俄国,曾任清政府学部郎中、外交部俄文专修馆馆长、胶济铁路管理局局长等职。

同月 江西省中等以上学校,以官厅积欠薪金,拖延不发而决定成立"江西全省教育救济会",会长为蔡儒楷。

同月 蒋维乔任江苏省教育厅厅长,同时兼任东南大学佛教哲学课程教授。

同月 私立厦门大学增设工学、新闻学。

8月2日 国立北京女子高等师范学生自治会发布宣言,拒绝承认许寿裳为校长。

8月5日 北京政府大总统黎元洪任命代理国务总理王宠惠兼教育总长。

8月12日 留法勤工俭学学生代表大会在巴黎举行,成立勤工俭学生总会。

8月17日 北京国立专科以上八校校长蔡元培等因索薪与交通总长高恩洪冲突,宣告辞职(高亦辞)。

8月18日 北京政府交通总长高恩洪指使该部职员,以八校教职员代表逼迫索要经费为由,提出辞职。

同日 北京政府大总统黎元洪令:上海南洋大学校长雷光宇准予免本职,

任命卢炳田为该校校长。卢炳田（生卒年不详），字孔生，广东中山人，曾任驻美、墨、秘、古各国使馆三等通译官和驻澳大利亚副领事、国民政府中央造币厂秘书长等职。

同日 中国科学社在南京创办生物研究所。生物研究所分动物、植物两部。动物部由秉志主持，植物部由胡先骕、钱崇澍主持。钱崇澍（1883—1965），浙江海宁人，芝加哥大学硕士，曾任私立金陵大学教授、国立清华大学生物系主任、中国科学社生物研究所教授兼植物部主任、中央研究院院士、中国科学院学部委员等职。

8月20日 湖南学生联合会在长沙发起成立"民治促进大同盟"。

8月 陕西省政府聘请傅铜为国立西北大学筹备处处长，地点定在旧督军署，已筹集30万元开办费，后每年从菸酒局的菸酒特税中抽取30余万元作为教育经费。傅铜（1886—1970），河南兰考人，英国伯明翰大学哲学硕士，曾任国立北京师范大学教授、国立女子大学教授、私立中国大学教授、国立西北大学校长等职。

同月 《新教育》杂志分别刊登蔡元培的《湖南自修大学的介绍与说明》与《国立大学与省立大学分别设立议》两文，认为"省立大学最重要的是要有完备的图书馆及物理学、化学、地质学、生物学四种实验室"，主张省立或区立大学要"先设地质学、生物学研究所，以考求本地原料，设物理学、化学研究所，以促进本地工艺。""招收大学毕业生为研究员；本省本区人不足，则以他省人补充之。延本国宿学为导师，不足则以外国学者补充之。"

9月1日 私立东陆大学兴建校舍，并选举董泽为校长，王九龄为名誉校长。王九龄（1882—1951），字竹村、梦菊，云南云龙人，日本东京法政大学毕业，曾任靖国军总司令部军法处处长、云南财政司司长、北京政府教育总长等职。

9月2日 北京国立专科以上八校教职员代表开会议决："一、要求拨付三个月教育经费，唤起群众舆论；二、宣布高恩洪推翻议会、摧残教育等罪状。"同日，八校学生代表赴国务院请愿，要求拨付教育经费，请求将高恩洪免职。

9月4日 吴玉章就任成都高等师范学校校长,本日到校就职视事。其后,吴玉章聘请恽代英等到校任教,并保护四川省学生会联合会、马克思主义研究会等组织在校内的活动。成都高师成为传播新文化新思想的一个据点。吴玉章(1978—1966),原名永珊,字树人,四川荣县人,曾任中华人民共和国中央人民政府委员、中国人民大学校长等职。

9月6日 国立北京大学校长蔡元培等向国务院呈文声明,"在经费未领得三个月以前,绝对不能负责"。北京国立专科以上八校教职员第150次联席会议议决,即日起致函王宠惠质问。

9月8日 北京国立专科以上教职员代表临时会议商讨争取经费及宣传学生参加运动。会后散发传单,号召学生"起来向政府算账,向军阀算账"。

9月10日 北京政府国务会议议决,从"九六"公债的关余中抽出22万元作为教育经费。交通部表示无款。教育界于是日在国立北京美术学校召开报界招待会,指责北京政府欺骗"无枪阶级""自本日起,北京八校校长离校,声明不再负责学校事务"。

9月11日 北京国立专科以上八校校长因教育经费无着,发布宣言,声明不负责校务,蔡元培也随之刊发与北京大学脱离关系的启事。《启事》的内容为,"自九月十一日起,元培与北京大学脱离关系,凡北京大学一时不能停止之事务,概请蒋梦麟总务长酌量办理,俟政府派定继任校长,即由蒋总务长克期交代"。

同日 北京国立专科以上八校学生读书运动代表联席会在国立北京女子师范学校召开第一次会议,会议决定:"一、请求国会罢免高恩洪;二、要求拨付八校经费;三、去函挽留校长;四、要求宪法规定教育基金独立。"

9月12日 北京国立专科以上八校得发2个半月经费。

9月13日 国立北京大学教职员在三院召开全体大会,公推蒋梦麟为临时主席。会议议决:"一、蔡元培校长自离职至复职期间,校务由全体教职员共同负责维持。二、以本校教职员名义,挽留蔡校长,并请本日大会主席赍函前往蔡校长处面述。三、责成本校代表赴联席会议时,劝说其他七校教职员代表与北京大学一致行动。"

9月15日 经亨颐在《北京高师教育丛刊·学制研究号增刊》上发表《新学制研究》一文。

9月19日 北京国立专科以上八校学生代表赴国务院提出三项要求："一、限期发清三个月经费；二、罢免高恩洪；三、关税未加征前，确定教育基金。"

同日 教育总长王宠惠辞职，北京政府大总统黎元洪任命汤尔和为教育总长。

9月20日 北京政府教育部召开"学制会议"，国立专门以上学校校长以及教育总长延聘或指派者等78人到会。蔡元培为会议主席，会议于30日闭幕，共开会议10次，与高等教育有关的主要内容有：（1）学校系统改革案，（2）高专改为单科大学，（3）高等师范改为师范大学。

9月28日 私立华北大学举行开学典礼。

9月29日 北京政府教育部公布议案《学校系统改革案》，其中规定："专门学校修业年限四年或五年，初级中学毕业者入之。高等师范学校修业年限四年，初级中学毕业者入之。大学修业年限四年或五年。大学校合设数科或单设一科均可，其单设一科者，称某科大学校。专门学校如提高程度，改收高级中学毕业生，其修业年限定为四年或五年，得改为单科大学校。高等师范学校如提高程度，改收高级中学毕业生，其修业年限定为四年，得改为师范大学。专门学校与单科大学校，高等师范学校与师范大学，均得并设于一校。大学院为大学毕业生及具有同等程度者研究之所，年限无定。"

9月 代理校长张继煦在国立武昌高等师范学校首开实行男女同校，创立旁听生制度，废除学年制，采用学分制。张继煦（1876—1956），又名张勋，号春霆，湖北枝江人，清末举人，曾留学日本东京弘文书院师范科，曾任湖北省立第一师范学校校长、北京政府教育部代理总长、安徽省教育厅厅长等职。

同月 苏州美术学校成立，学校先办西洋画系，1923年秋改为苏州美术专科学校，添设预科及国画系。

同月 余家菊在《中华教育界》上发表《民族性的教育与退款兴学问题》

一文，极力提倡实施国家主义的教育。他对退款兴学提出三项主张：（1）反对各国建立清华式的预备学校，意在防止民族性之汩没和民族精神之分裂。（2）反对滥派留学生，主张充实学术机关，意在为民族的独立树立百年大计之基。（3）反对款项集中而主张各省分享，意在使民族底全体能于文化上并驾齐驱，以免文野不齐，情意隔阂之弊。余家菊（1898—1976），字景陶、又字子渊，湖北黄陂人，先后在伦敦大学、爱丁堡大学攻读哲学、心理学、教育哲学，曾任国立武昌师范大学教育哲学系主任、金陵军官学校监督、私立冯庸大学教授等职。

同月 陈启天在《中华教育界》上发表《评全国法政专门学校应否停办》一文。作者主张应废止法政专门学校，希望早日一律停办。陈启天（1893—1984），字修平，湖北黄陂人，曾主编《中华教育界》、创办《醒狮周报》，曾任国民政府经济部部长、行政院工商部部长等职。

同月 在校长李登辉支持下，私立复旦大学学生会改为学生自治会，分司法、评议和执行3部。学生自治会将膳食工作从学校收归同学自办。

同月 私立大同学院获北京政府教育部立案，改称"私立大同大学"。增设大学别科。

秋 由北京政府国会参议员、《晨报》主笔蒲英伯发起创办的"北京人艺戏剧专门学校"成立。校址在宣武门外南横街。该校1924年停办。

10月3日 中华教育改进社在山东济南召开第1次年会。蔡元培致开幕词，陶行知做社务报告，梁启超做《教育与政治》演讲。大会的高等教育组共收到议案14件，通过提"专门以上学校应以各专门学科为本位，凡学校一切事务，除关系全体者，均归各科主任教授分任""减少兼任教员并限制各学校专任教员兼课兼职以重功课""酌量废止讲义""创办青岛大学""废止法政专门学校，法律、政治、经济各科应在大学教授"等提案7件。

10月7日 上海东吴大学法学科学生汤宗威、胡经亚，南洋大学学生何世杰等联合通电，不承认"非法总统以非法手续私定之条约"，反对筹款赎胶济铁路。

10月10日 北京政府外交部任命曹云祥为清华学校代理校长。曹云祥

(1881—1937)，字庆五，浙江嘉兴人，哈佛大学商业管理学硕士，曾任北京政府外交部参事、中国红十字会总会秘书长、中国基督教青年会董事长等职。

10月11日 全国教育会联合会在济南召开第八届会议，21日结束。出席会议代表44人。议决《学校系统案》《沟通大中小学案》等提案30余件。会议另外决定，组织新学制课程标准起草委员会，并推选袁希涛、黄炎培、胡适、经亨颐、金曾澄为起草委员。

10月19日 国立北京大学学生抗议缴纳讲义费，校长蔡元培、总务长蒋梦麟等向北京政府教育部辞职。国立北京大学全体教职员发布《暂时停止职务宣言》，《北京大学日刊》也宣告"自明日起停止出版"。北京政府教育部汤尔和、马叙伦当晚到蔡宅表示挽留。

10月21日 新学制课程标准起草委员会委员袁希涛等5人在北京召开第1次委员会，议定进行程序。

10月23日 私立东南高等师范专科学校更名为"私立上海大学"，校长为于右任，瞿秋白任教务长兼社会科学院社会学系主任，邓中夏任总务长。《上海大学章程》规定："本大学以养成建国人才，促进文化事业为宗旨。"学校先后设有社会科学院、文艺院和附属中学三部分。于右任（1879—1964），原名伯循，陕西三原人，曾任南京临时政府交通部次长、北京政府内务部总长、武汉国民政府委员、南京国民政府委员等职。瞿秋白（1899—1935），本名双，江苏常州人，曾任中国共产党中央局委员、中国共产党中央常务委员会委员、中国共产党中央政治局委员、中华苏维埃共和国中央政府教育部部长等职。

同日 北京政府教育部训令国立北京大学：应即"整顿校风，匡救士习"。

同日 国立唐山交通大学学生赈工会、国立北京大学开滦旷工农工经济后援会发表通电，声援开滦煤矿罢工工人。

10月26日 北京政府教育部派参事邓萃英、司长陈宝泉为筹备北京师范大学委员会委员。

10月29日 美国教育家推士博士在私立南开大学发表演说。

10月 国立北京高等师范学校校长李建勋组织学校教职员成立"中华民国宪法草案修正请愿团",起草了在宪法中增加有关"教育及学校"条文的请愿书,向众议院请愿,要求将教育列入宪法。

同月 国立北京大学设立音乐传习所,蔡元培校长兼任所长,萧友梅任教务主任。刘天华、杨仲子、赵丽莲等任导师。萧友梅(1884—1940),字思鹤,广东香山人,德国莱比锡大学教育学博士,曾任国立北京大学教授、国立音乐院教务主任、国立音乐专科学校校长等职。

11月1日 《学校系统改革案》(即1922年"壬戌学制")以大总统令形式颁布。其中,高等教育方面规定:"大学校设数科或一科均可,其单设一科者,称某科大学校";"大学校修业年限四年至六年(各科得按其性质之繁简于此限度内酌定之)";"医科大学校及法科大学校修业年限至少五年。师范大学修业年限四年";"大学校用选科制";"因学科及地方特别情形得设专门学校,高级中学毕业生入之,修业年限三年以上,年限与大学校同者,待遇亦同";"大学校及专门学校得附设专修科,修业年限不等";"为补充初级中学教员之不足,得设二年之师范专修科,附设于大学校教育科或师范大学校";"大学院为大学毕业及具有同等程度者研究之所,年限无定"。

同日 北京政府教育部命令国立北京法政专门学校:"不准学生派代表加入学校评议会,并应整饬校风。"

11月5日 国立北京大学学生组织的化学会正式成立,蔡元培出席会议并发表演讲,"研究化学的人,有两个目的:一是为化学工业,一是为学理,二者各有偏重,然不可分离。"

11月7日 北京政府教育部咨各省区:"切实推行学校系统改革案,拟定准备期间(以一年为度)及施行标准,以获革新教育之效。"

同日 北京政府教育部通知申请升级为大学的专门学校:"其原有学生须按照原来的章程进行,直至毕业,不得迁就,以免造成混乱。"

11月10日 国立北京美术学校升格为"国立北京美术专门学校",郑锦任校长。

11月13日 国立唐山交通大学全体学生300余人停课1天进行游行募

捐，援助唐山五矿罢工工人。16日，校长俞文鼎根据交通部旨意开除5名学生代表，学生罢课反对，发表驱逐俞文鼎宣言。是日，俞文鼎奉交通部令解散学校，将全体学生武装押解出唐山。学生分赴津、京、沪、汉等地申述经过，并再三通电，恳求各界声援。

11月15日 北京政府教育部职员因索求欠薪无结果，停止办公。次日决定如果达不到目的，3日后封存印信，6日后封锁机关。

11月18日 唐山交通大学因学生罢课支持开滦煤矿工人罢工，校长奉北京政府教育部令解散大学。

同日 蔡元培辞去私立民国大学校长兼职。

11月29日 北京政府教育总长汤尔和辞职，北京政府大总统黎元洪任命彭允彝为教育总长，引起北京高等学校师生不满。在北京大学学生会的倡议下，北京学联发表宣言，拒绝彭允彝任教育总长。

11月 北京政府教育部改北京农业专门学校为农业大学，聘请章士钊为校长，筹备改组。

同月 北京政府教育部发给北京高等师范学校"训令"，内称："改造师资宜有专设之师范大学。查该校开办较早，并有各种研究科之设置，亟应先就该校开始筹备，除由本部敦聘教育界耆老范源濂、袁希涛、李石曾及指派专员外，并由该校先行推定教授组织筹备北京师范大学委员会。"北京政府教育部指派的专员为邓萃英和陈宝泉，由国立北京高等师范学校教授中推选出的是程时煃和张敬虞。由以上7人组成的"北京师范大学筹备委员会"，正式进行改升大学的筹备工作。同时，聘范源濂为校长。范源濂到任前，由教授代表组成的评议会，代行校长职。程时煃（1890—1940），字柏庐，江西新建人，哥伦比亚大学硕士，曾任国立北京师范大学教务主任、国立北京女子师范大学教授、上海大夏大学教授、国立中央大学教育行政院普通教育处处长、福建省政府委员兼教育厅厅长等职。张敬虞（1893—?），原名张见庵，河北人，美国哥伦比亚大学硕士，曾任国立北京师范大学教授、国民政府北平特别市政府教育局局长、河北省政府委员兼教育厅厅长等职。

12月2日 彭允彝到北京政府教育部就任教育总长。北京政府教育部职员向其索薪不得，决定继续停止办公，仅允许彭允彝用印于就职通告，用后即封存。彭允彝与财政部商议，请求先发1个半月欠薪，北京政府教育部职员于是在12日开始办公。

12月5日 美国罗氏基金会驻华代表Dr. Gee来私立南开大学商讨捐助私立南开大学建筑科学馆事宜。9日离校。

12月6日 国立南京高等师范学校评议会和国立东南大学教授会联席会议通过了《南京高等师范归并东南大学办法》。

12月8日 私立东陆大学宣布成立，唐继尧和王九龄当选名誉校长，董泽为校长。1923年1月预科招生；1925年春本科招生，有文、工两科。

12月15日 国立北京大学召开世界语联合大会，并提议在北京成立世界语专门学校。

12月16日 私立中国大学读书会举行讲演会。李大钊应邀出席并作了题为"社会问题与政治"的演讲。

12月17日 国立北京大学召开庆祝大会，纪念学校成立24周年。

12月29日 北京政府交通部请王正廷调停唐山大学风潮，与学生达成妥协，是日派佥事刘式训等人护送学生回校上课，并答应撤换校长。王正廷（1882—1961），字儒堂，浙江奉化人，美国耶鲁大学博士，曾任北京政府外交总长、财政总长、国务总理、国民政府委员等职。

12月30日 北京政府公布《教育基金委员会条例》，规定教育基金委员会掌"筹划全国教育基金事宜""设委员长一人、副委员长二人、委员三十人，委员由教育总长遴选教育界有声望者，呈请大总统分别委派，委员长、副委员长由委员互选"；"分总务、调查、计划三组，由委员长指定委员分掌各组事务"；"设咨议员若干人，讨论本会重要事件并备各组咨询""咨议员由委员长商同教育总长分别延聘"；"设干事若干人，由委员长函商教育总长酌调部员充任"；"教育基金委员会遇有重要事件应开会决议，全体会议由委员长招集，分组会议由各组主任招集"；"教育基金委员会委员均为名誉职，但分组主任及干事得由教育总长酌给津贴"。

同日 浙江省议会选举蔡元培等10人为筹办杭州大学董事。

12 月 31 日　北京政府特派熊希龄、汪大燮、蔡元培、张伯苓、黄元培、章士钊、郭秉文等 29 人为教育基金委员会委员。

12 月　英国政府宣称："中国应付未到期之庚款，即将退还中国，作为两国教育文化事业之用。"后因英国国会改选，此事搁置数年，直至 1925 年 6 月英国国会才通过"中国赔款案"。

冬　国立北京工业专门学校、国立北京法政专门学校均呈准北京政府教育部改为大学。

同年　北京民国大学经核准备案。

同年　上海大同大学经核准备案。

同年　湖北工业专门学校停办采矿科，添设电机、土木两科。

同年　商务印书馆、中华书局分别以"现代教育名著"丛书的形式出版有关约翰·杜威的译著《杜威教育哲学》和《平民主义与教育》。

1923 年（民国十二年　癸亥年）

1 月 4 日　王正廷辞北京政府国务总理职，黎元洪特任张绍曾为国务总理兼署陆军总长。

2 月 7 日　吴佩孚对汉口江岸、郑州、长辛店等地罢工工人进行镇压，制造了震惊中外的"二七惨案"。

2 月 21 日　孙中山重返广州，组织陆海军大元帅府，于 3 月 1 日任大元帅职。

2 月 24 日　8 国驻华公使照会北京外交部，要求庚子赔款按金价折付。

6 月 13 日　大总统黎元洪以向国会辞职为名，出走天津。

6 月 15 日　张绍曾内阁解体，国会议员 475 人电请孙中山"复总统职"。

10 月 5 日　直系军阀曹锟通过贿选就任北京政府大总统，并于 10 日就职。

12 月　徐志摩、胡适、梁实秋、陈源、闻一多等在北京成立新月社。

1月4日 北京政府内阁改组，北京政府大总统黎元洪任命彭允彝为教育总长。

1月8日 教育基金委员会在北京政府教育部召开成立大会，推选熊希龄为委员长，蔡元培、孙宝琦为副委员长。北京政府教育部设立该委员会的目的，是使教育经费的筹划扩展及保管等事宜有一个专管机关，由热心教育的人士担任职务，以免政潮起伏、人事去留而影响教育事业。孙宝琦（1867—1931），字慕韩，浙江杭县人，曾任北京政府外交总长、国务总理等职。

1月13日 大总统黎元洪令北京政府教育部"严行整饬学风"。

1月16日 大总统黎元洪增派张謇、王克敏、李石曾、谈荔孙为教育基金委员会委员。教育基金委员会主席：熊希龄。副主席：蔡元培、孙宝琦。王克敏（1876—1945），字叔鲁，浙江杭县人，曾任北京政府留日学生监督、驻日使馆参赞、财政总长兼盐务署督办等职。谈荔孙（1880—1933），字丹崖，江苏无锡人，日本东京高等商业学校毕业，曾任南京高等商业学校校长、北京中国银行国库科长等职。

1月17日 国立北京大学校长蔡元培以教育总长彭允彝干涉司法独立，蹂躏人权，非法要求逮捕北京大学兼职教师、财政总长罗文干，表示羞于为伍，在《北京大学日刊》上刊登"自本日起，不再到校办事"的辞职声明，辞职出京。

1月18日 国立北京大学全校学生举行大会，通过"驱逐彭氏""拥护司法独立""挽留蔡校长""警告国会"等项决议。

同日 国立北京大学评议会和北京国立专科以上八校校务讨论会先后召开紧急会议，商讨维持校务和挽留蔡元培校长等事。

1月19日 国立北京专科以上高等学校学生千余人到众议院请愿，反对通过彭允彝任教育总长案。众议院议长吴景濂唆使院警横施殴击，学生受伤者达到300余人。翌日，各校代表开会，决议驱逐彭允彝，控诉吴景濂，并表示不信任国会。学潮扩大。

同日 国立北京大学教职员召开全体会议，议决"一致挽留蔡校长"，除蔡校长外，"不承认任何其他人充任北京大学校长"。

1月20日 北京学生联合会宣告成立。该会在通告中指出："本会自民国八年为争外交问题应运而生，年来学生运动渐趋衰竭，本会亦遂无形消灭，今因利害切身之教育问题不容袖手，经北京公私各学校代表联席会议议决，北京学生联合会自本日起正式宣告成立。"同日，国立北京大学全体教职员发表宣言，要求驱逐彭允彝，挽留蔡元培。

同日 北京政府国务院致电蔡元培："顷奉发下贵校长辞呈文一件，奉谕交院（慰）留等因。先生领袖学界，士望攸归，祈早回京，勿萌退志。"

1月21日 国立北京大学全体教职员召开会议，决定组织教职员临时委员会，办理挽留蔡校长及其他一切相关事宜。委员会推举陈启修为主席，蒋梦麟、王世杰为副主席。委员有顾孟余、李大钊、何基鸿、朱希祖、丁燮林等人。

1月23日 北京学生联合会发表宣言，要求驱逐彭允彝，惩办吴景濂。

同日 蔡元培发表《关于不合作宣言》，表示对北京政府应采取不合作主义。

同日 陈独秀在《向导》上发表文章《教育界能不问政治吗？》，明确反对"教育独立，不问政治"的观点。

1月24日 北京34所学校5,000余名学生，再次向众议院请愿，要求否决对彭允彝的任用案，遭到拒绝。

1月25日 国立北京女子高等师范学校、国立北京医科专门学校、国立北京工业专门学校、国立北京美术专门学校四校校长愤于"以教育为政争之具"，呈请辞职。国立专科以上八校教职员联合会立即开会议决：声明"除现任四校长外，不承认任何其他人出任校长，并决计运动教育独立"。

1月30日 彭允彝正式就任北京政府教育总长。

同日 北京国立专门以上八校联席会议代表拜见北京政府大总统黎元洪，要求下令罢免教育总长彭允彝。

1月31日 国立北京大学、国立北京医科专门学校、国立北京工业专门学校等6校评议会举行联席会议，决议"凡是由彭允彝署名的北京政府教育部一切公文，概不接受"。

同日 北京各大学、专门学校学生外出演讲，指责政府破坏司法独立，并要求黎元洪挽留国立北京大学校长蔡元培。

2月3日 北京大学教职员校务协进会、少年中国学会、北京大学学生干事会、北京学生联合会等40余团体召开会议，继续讨论应付时局办法。会议达成以下决定："一、推翻现国会；二、废督裁兵；三、教育独立；四、联络团体至相当时期开国民大会。"

2月5日 北京学生联合会要求罢斥彭允彝，切实挽留蔡元培等。北京国立专科以上八校联席会议开会，反对彭允彝移用留学生经费买好北京政府教育部部员。

2月6日 武汉学生联合会通电声援北京学界反对彭允彝的斗争。电文称："溯吾国自辛亥革命以来，举凡一切乱国之政治妖孽，莫不以万恶军阀为靠山。彭允彝以一不学无术恶浊政客之所以敢占据神圣之教育最高机关，以有小军阀赵恒惕之推荐，国会之后援；国会之所以敢于违叛民意予以通过，吴景濂之所以敢唆使警卫枪杀学生，以有直系大军阀之靠山。吾人欲驱逐恶浊彭允彝，横蛮之吴景濂以及只知有钱不知有国之议员，并解散过期之议会，非先打倒一切军阀不可。"

2月7日 北京师生组织游行示威，并筹款援助京汉铁路工人的政治大罢工。

2月8日 北京学联向全国发出通电，号召全国各界以实际行动支援京汉铁路工人罢工，并表示"愿为后盾""共起合作"。

同日 北京专门以上学校教职员会议代表召开联席会议，通电支持京汉铁路工人，指责政府的不当之处。

2月9日 北京各校学生四千余人，分别在女高师和北京大学三院召开联合大会，一致声讨军阀镇压京汉铁路工人罢工，要求政府严惩赵继贤、冯沄、黄殿辰以及肇事军警，释放被非法逮捕的京汉铁路工会职员和工人，从速抚恤死伤工人及其家属。会后举行示威游行。

同日 北京政府大总统黎元洪责令内务部、北京政府教育部及京师地方长官严加取缔"师生聚众干政"，称师生"借口研究学说，组织秘密团体，希图扰乱公安"。

2月22日 北京政府教育部将"国立北京高等师范学校"改为"国立北京师范大学",范源濂任校长。

2月24日 私立燕京大学主办的《燕大周刊》创刊,其宗旨"系以科学之精神,谋学术之发展"。

2月 国立北京农业大学正式成立,章士钊任校长。

3月1日 教育总长彭允彝在派员继任北京大学校长遭到拒绝后,报请北京政府大总统黎元洪准北京大学教职员组织评议会代行校长职务,希望间接行使权力,当即遭到北京大学评议会的拒绝。该会重新声明:"一、一致挽留蔡元培校长,驱逐彭允彝;二、拒绝任何人来北京大学任校长;三、本校事务仍由原有之评议会主持。"

同日 北京政府交通部改"国立唐山大学分校"为"北京交通大学",张福运任校长。张福运(1890—1983),字景文,山东福山人,美国哈佛大学文学士及法学院法学士,曾任北京政府交通部航政司司长、财政部关务署署长等职。

3月2日 北京学界与各团体联合会为促进废督裁兵,联合举行农历元宵节提灯游行大会。是日晚队伍分3路出发,从沙滩北京大学一院出发的东北路提灯群众行至前门大栅栏和南路从高师出发的群众行至西河沿东口时,突遭武装军警镇压,受重伤者30余人,轻伤90余人,被捕20余人,造成了震惊中外的"提灯会惨案"。

3月3日 北京学生联合会议决就"提灯会惨案"通电全国,否认国会,反对北京政府。

同日 河南省教育厅决定将原来的河南法政专门学校、河南农业专门学校及留学预备学校改建为"中州大学",先招文理两科,张鸿烈任校长。张鸿烈(1886—1962),字幼山,河南固始人,美国伊利诺大学教育学硕士,曾任河南省留美预备学校校长、国立中山大学校长、国民政府行政院参议、国民经济建设委员会委员等职。

同日 中华教育改进社在私立南开大学举行京津董事会。熊希龄、梁启超、严修、张伯苓、陶行知、孟禄等出席，推定代表蔡元培、张伯苓、范源濂、黄炎培、胡适、陶行知、汪精卫等8人出席本年6月28日至7月6日在美国旧金山举行的世界教育会议。

3月5日　国立北京农业大学开学。该校设有农艺、森林、畜牧、园艺、生物、病虫害和农业化学7个系，章士钊任校长。

3月6日　全国学生联合会、全国学界联合会通电全国，号召立具决心，共驱军阀。

3月15日　第四次全国学生代表大会在上海大东旅社举行，会议通过了《全国学生总会对于现时政治态度建议案》，提出"打倒军阀""打倒国际帝国主义"的政治主张。会议于27日结束，并选出临时理事会。

同日　北京学生联合会开会商讨收回大连、旅顺问题。会议决定举行游行示威，扩大宣传。

3月20日　中国留日学生为取消"二十一条"以及收回旅顺、大连，在东京神田区神保町青年会召开大会，到会400余人。会议决议："一、打破军国主义；二、取消'二十一条'；三、收回旅顺、大连；四、巩固中日两国交往。"会后全体与会人员赴中国公使馆及日本外务省面呈会议各项决定。

同日　上海全国学生代表大会在上海举行会议，通电全国，号召各地学生在3月25日为收回旅顺、大连，废除"二十一条"，举行游行示威。

3月26日　北京高校学生代表与社会各界代表4,000余人举行游行示威，要求取消"二十一条"，收回旅顺、大连，召开全国国民代表大会，援助工人恢复自由。

3月31日　旅沪留日学生同学会举行示威游行，抗议日本警方殴打侮辱中国留学生，并拘捕23名学生的行径，声援中国留学生为抗议日本胁迫中国接受"二十一条"而进行的斗争。4月1日，又致电北京政府，严重声明："政府应由大总统下令宣布'二十一条'无效，以国际法庭审理，庶壮我民气，伸公理，复国权，在此一举。"

同月　日本众议院通过议案，以退还的庚子赔款办理对华文化事业。

同月　私立同济医工专门学校更名为"私立同济大学"，校董会长校，经费由江苏省国税项下拨付。1927年8月，更名为"国立同济大学"。

同月 国立武昌高等师范学校增添女生宿舍，修正学制，废除学年制，采用学科单位制。后于6月份议决，自下学期起改为师范大学。

同月 上海中法国立通惠工商学校改名为"中法工业专门学校"，停办商科，设高等技术教育部（或简称高专）和附属高中部，学制为4年。

同月 美国罗氏基金会同意捐助私立南开大学建筑科学馆，捐赠建筑费10万元，馆内设备费2.5万元。

4月5日 江西省教育会发起的施行新学制讨论会于是日开幕，14日闭幕。会议决定："将法专、医专、农专改组为江西大学；第一甲种工业学校改为工业专门学校；第二甲种工业学校改办为窑业专门学校，迁往景德镇；体专仍按原案。"

4月13日 北京国立专科以上八校继续向北京政府教育部索薪（已积欠5个半月薪水），北京政府教育部员亦开会讨论向彭允彝索薪。

4月20日 北京学界为收回旅顺、大连，废除"二十一条"，举行游行，抵制日货。次日开始检查日货，见有陈列日货之商店，则劝其即日停止出售，陈述旅顺、大连问题之原委及抵制日本货物的必要性，大多数商人为之所动。

同日 私立东陆大学奠基并举行开学典礼。唐继尧发表演讲说："东陆大学者，东亚人之大学，非滇一省之大学。""东陆大学之成立其所负文化上之使命不限于云南一省，将进而谋西南诸省文化之均衡与向上，以与中原齐驱，而同欧美争衡。"

4月26日 省立东北大学在沈阳成立，经费由奉、黑两省分担，校址暂设沈阳高等师范学校旧址内，王永江任校长，初设文法科（在文学专门学校基础上改建）和理工科（在沈阳高等师范学校基础上改建）。王永江（1871—1927），字岷源，辽宁金州人，曾任北京政府奉天省省长、奉天省财政厅厅长等职。

4月28日 北京政府派邓萃英、秦汾、李建勋、谢冰为出席万国教育会代表。

同月 私立厦门大学各学部改称为科，全校共设文、理、工、教育、新闻、商等科。校评议会议决"自1923年9月起，预科由两年改为一年，本科仍为四年"。

5月1日　日本政府提取一部分庚子赔款用作中国留学生学费。

5月4日　北京学生联合会在国立北京女子高等师范学校开会纪念"五四"运动，各校学生2,000余人到会，会上强调要继承"五四"精神，作政治运动。提出：对内打倒军阀、裁兵、否认现政府、否认国会、拥护人权与教育独立。对外则应起来作国民的自动外交。会后，分为两队，一队去北京政府教育部，一队去彭允彝宅示威，驱逐彭允彝。

5月6日　国立北京法政专门学校改为"国立北京法政大学"。该校分政治、经济、法律、商业4科，并设有预科和研究科。

5月7日　中国留日学生在东京集会，纪念"五七"国耻日，主张抵制日货。会后全体与会人员整队前往中国驻日使馆，强迫廖恩焘代办即日辞职。并宣称："3月20日，我国学生举行收回旅大运动，当时日警逮捕学生，并有受伤者数人，使署何故不严重抗议，实属有忝厥职，此种无用之外交官，即应逐回本国以减国家之耻辱。"

5月9日　上海各大学学生举行国耻纪念大游行，散发传单，沿途演讲，抗议日本拒不退还旅顺、大连。

5月31日　国立北京医学专门学校经北京政府教育部批准改组为大学，严智钟为校长。6月3日，北京医学专门学校教职员以彭允彝此举实系借此摧残医校，向府、院呈请收回成命，并推选代表8人向严智钟提出忠告，劝其不要被彭允彝所愚弄。严智钟（1889—1974），字季约，河北天津人，日本帝国大学医学学士，曾任国立北京医科大学教授、国民政府卫生部医政司司长、内政部卫生署技正等职。

5月　北京政府任命梁龙为国立北京法政专门学校校长。梁龙（1893—？），字云从，广东梅县人，英国剑桥大学法律专业毕业，后又赴法国、德国学习，曾任国立广东大学法科教授、国立北京法政大学校长、北京政府驻德使馆一等秘书、国民政府驻罗马尼亚国公使、驻瑞士国公使、外交部欧洲司司长等职。

6月1日 国立东南大学授予德国哲学家杜里舒（Hans Driesch）名誉博士学位。杜里舒（1867—1941），德国人，生机主义哲学家，1920年受梁启超等人组织成立的"讲学社"邀请来中国讲学。

同日 长沙学生与市民在市内小西门外河街，为收回旅顺、大连及废除"二十一条"举行游行演讲，当时恰好日本轮船"金陵丸"到达码头，日本兵与学生发生口角，日舰"伏见号"即派水兵登陆向人群开枪，打死学生黄汉卿、市民王绍元，重伤9人，轻伤3余人，造成"六一惨案"。

6月2日 长沙全市学生罢课、工人罢工、商人罢市，各界13万人举行游行，抗议日本海军的"六一"暴行。

6月4日 蔡元培由上海来函，向私立民国大学董事会请辞校长一职。10日，董事会开会挽留。7月2日，蔡元培电复坚辞校长职。

6月5日 全国学生联合会通电抗议日本帝国主义在长沙所犯的暴行，呼吁"全国同胞一致奋起，共同团结，敦促当局使之严重交涉，严办凶手。一面消极与日人经济绝交，努力进行，坚持不懈；一面积极地作澄清政治运动，内除本国军阀政客，外攘国际资本主义，以为根本解决"。

6月 国立武昌高等师范学校评议会及主任会议决定改校名为"国立武昌师范大学"。1924年2月教育部批准更名，任命张继煦为代理校长。设教育哲学系、国文学系、历史社会学系、外国文学系、理化学系、地理学系，均6年毕业。

夏 暨南学校自设商科大学部，专门招收华侨学生及有志于南洋商业者，以培养高级工商管理人才，聘请高阳为主任，先后有马寅初、王敏祥、吴莹等人任教。高阳（1892—1943），字践四，江苏无锡人，美国康奈尔大学硕士，曾任吴淞私立中国公学教务主任、总务主任兼教授、江苏省立教育学院院长等职。

7月1日 国立北京高等师范学校正式改为"国立北京师范大学"，范源濂任校长，"以造就师范与中等学校教师及教育行政人员并研究专门学术为宗旨""本科四年，分初级大学、高级大学二部，修业年限各二年"。本科分设教育、国文、英文、历史、地理、数学、物理、化学、生物9个系以及体育和手工图画专修科。

7月3日 国立南京高等师范学校行政会议议决取消南京高等师范学校一案。

7月8日 中华学艺社（丙辰学社改名）在上海召开第1次社员会。该社有600多名社员，全部是留学的专门学生与国内大学专门学校毕业生。该社刊物有《学艺杂志》，并将发刊"学艺丛书"。

7月13日 全国学生联合会、工会、商会联合发起的"反帝国主义大同盟"在北京成立。

7月14日 长沙群治法政专门学校经北京政府教育部司法部认可改为"群治大学"，并添设北京及上海两地分校。是日，上海群治大学校董会召开会议，讨论校董会章程，并拟先办文法两科。

同日 中国留日学生总会在日本召开会议，会议决定："一、请外教团撤销承认北京政府；二、电促国会议员南下择地集会速制定宪法；三、彻底惩办曹锟、吴佩孚；四、徼告取缔排日运动的各省长官；五、向各国宣传排日运动的真相，免遭友邦误解；六、向日本国民说明排日理由；七、对于长沙'六一'事件，敦促湖南省政府须持强硬态度。"

7月20日 国立北京大学校长蔡元培由上海乘法国邮船赴比利时，拟在比利时专攻美育。

同日 私立民国大学董事会公推顾维钧为董事长。顾维钧（1888—1985），字少川，江苏嘉定人，美国哥伦比亚大学毕业，曾任北京政府内阁总统秘书、外务部顾问和宪法起草委员、国民党政府驻联合国代表、海牙国际法庭法官等职。

8月2日 国立北京大学国学研究所集合校内外学者组织风俗调查会，调查全国风俗。

8月16日 全国学生联合会第5次代表大会在广州召开。大会提出："学生要加入民主革命，赞助三民主义，并接受中国共产党在1923年6月提出的召开'国民会议'的主张，号召各地学联开展国民会议运动。"

8月20日 中华教育改进社在清华学校召开第2届年会，25日闭会。出席人数570人，会议分组32，提案数120。会议通过《请各大学及专门学校宣布入学试验标准案》《为普及学术于一般社会起见请各大学举办通俗学术讲习班案》等提案。

8月26日 北京学生联合会因外交问题召开会议。会议决定："一、坚决反对外交团议定的变相共管铁路案；二、对中俄外交问题，欢迎俄国代表加拉罕来京，采用国民外交的方式，由国民自动承认苏联。希望中俄会议后，履行1920年的对华宣言，抛弃俄国时代所订一切不平等条约与权力；三、坚持无条件收回威海卫；四、国会期满后，请各省撤回所选之代表，反对贿选总统。"

8月 国立东南大学暑期学校设道尔顿制班，请舒新城讲授，学员150余人。舒新城（1893—1960），湖南溆浦人，曾任中华书局编辑所所长兼图书馆馆长、中华书局辞海编辑所主任等职。

同月 陈启天在《中华教育界》发表《中国新教育思潮小史》。文中介绍了11种新教育思潮开始提出的年代和代表人物。如美感教育思潮，始于民国元年，以蔡元培为代表；实用教育思潮，始于民国二年，以黄炎培为代表；职业教育思潮，始于民国二年，以蔡元培、黄炎培为代表；科学教育思潮，民国十年为最盛，以严复、任鸿隽、唐钺为代表。

同月 由朱其慧、晏阳初、陶行知、朱经农、胡适、袁观澜、傅若愚等发起的中华平民教育促进会总会在北京正式成立，朱其慧任董事长，陶行知任董事会书记，晏阳初任总干事并主持工作；宣布以"除文盲，作新民"为其根本宗旨。朱其慧（1877—1931），女，字淑雅，江苏宝山人，曾创办妇女红十字会、女子平民工厂、婴幼教保院等，参与成立平民学校30余所。晏阳初（1890—1990），别名晏遇春，四川巴中人，美国耶鲁大学学士、普林斯顿大学硕士、锡拉丘兹大学荣誉博士，"世界平民教育运动之父"，曾任中华平民教育促进会总会干事、国际乡村改造学院院长、联合国教科文组织顾问等职。

同月 中国科学社在杭州教育会召开第8次常务会，社长任鸿隽号召要组织发展科学教育，代表们作了科学教育的演讲。

同月 由国立北京大学筹办的世界语专门学校在北京西城孟端学校内正式成立。蔡元培兼任校长，校董有蔡元培、鲁迅、张季鸾、爱罗先柯等。

9月4日 北京政府内阁下令免去彭允彝教育总长职，北京政府大总统黎元洪任命黄郛为教育总长。黄郛（1880—1936），字膺白，浙江杭县人，日本东京振武学校毕业，曾任中国经济调查委员会委员、外交委员会委员长等职。

9月15日 省立东北大学举行开学典礼，设文、法、理、工4科，计划添设财政、商业等科。

9月17日 私立民国大学董事会公推江天铎为校长。江天铎（1880—1940），字竞庵，广东花县人，日本早稻田大学法律政治科毕业，曾任北京政府众议院议员、农商部次长、全国水利局总裁等职。

9月18日 全国学生联合会发表宣言，否认北京的非法摄政内阁及非法国会，请求孙中山重组政府，行使大总统职权。

9月 广州中等以上学校教职员，因欠薪达5个月之久，无法维持生活，议决罢课。

同月 江苏省立第二工业学校更名为江苏公立苏州工业专门学校，校长仍由刘勋麟担任。1927年9月省校改组奉令停办。

同月 北京政府教育部部令：国立北京法政专门学校改为"国立北京法政大学"，先任命刘彦为校长，继又改聘江庸为校长。刘彦（1881—1938），字式南，湖南醴陵人，早年留学日本，曾任私立清华大学教授、私立中国大学教授等职。江庸（1878—1960），字翌云，福建长汀人，日本早稻田大学政治经济科毕业，曾任北京政府京师高等审判厅厅长、司法次长、司法总长、国民参政会司法总长等职。

秋 广东公立法政专门学校改为广东省立法科大学，设法律、政治、经济等系，分招本科、预科、讲习班学生。

10月5日 曹锟以5,000元1票的价格贿买国会议员，被选为"大总统"。私立上海大学学生通电全国各团体，揭露和抗议北洋军阀曹锟的贿选行为，号召一致讨伐曹锟，打倒军阀。

10月10日 南京学生联合会发起举行讨伐曹锟大会，参与会议者有40

余所学校学生,市民数千人。大会通电全国一致否认 10 月 5 日选出的总统,申讨曹锟及议员。

10 月 17 日 恽代英在《中国青年》上发表《蔡元培的话不错吗?》一文。文章评论蔡元培教育救国的主张时指出:"蔡先生办北京大学亦七八年了。这七八年不看见中国有转机。然而贿选反成功了,临城通牒反承受了,便是蔡先生自身,亦不能容身于北京那个地方了。"文章向青年提出,蔡元培的"教育救国"论是一种似是而非的议论,青年人切不要无条件的相信。

10 月 22 日 全国教育会联合会第 9 届会议在云南昆明举行。出席会议的有 15 个省区的代表 22 人。大会推选龙云为主席,段育华、袁希涛、黄炎培、金曾澄、王希禹为委员。会议于 11 月 5 日闭会,通过《创设国立高等教育图书编译馆案》《西北各省区宜速设大学案》等提案 31 件。

同日 安庆各校学生全体集会游行,申讨曹锟及议员,并捣毁议员张伯衍、何雯两家住宅。省长吕调元命令警察厅厅长潘怡然出动警察镇压,拘捕学生 4 人,打伤 80 余人。同日,省教育会、学校联合会、学生联合会通电呼吁请求安徽旅外同乡会援助。23 日,北京政府命令安徽省政府赔偿议员损失,撤销教育厅厅长职务,惩办鼓动学潮之人。同日,被捕学生由陶行知保释。

10 月 24 日 北京政府教育部自彭允彝辞职后,部务无人负责,欠员工薪水多月,各种公文积压数月未办理。是日,召开全体职员大会,公推代表将公文封送国务院,高凌霨允积极筹款,始各退回。

10 月 27 日 北京政府教育部全体部员通电全国,称自 6 月份以来,北京政府教育部无人负责,部务全部停止,部员欠薪已经达到 8 个月,曹锟任总统后仍无解决办法,如果政府再不发欠薪,将自决办法。

10 月 30 日 经教育总长黄郛调解,北京政府教育部职员结束罢工,开始办公。

10 月 少年中国学会在苏州开会,会议通过决议反对教会教育。

同月 胡适到上海商科大学讲"哲学与人生",是月,又去国立东南大学讲"书院制史略"。

同月 舒新城辞离私立中国公学。

11月1日 北京国立专科以上八校因教育经费积欠已经超过9个月，教职员生活陷入绝境，无法维持生计。是日，八校教职员代表召开联席会议，决定各校召开全体教职员大会，讨论讨要薪水办法。各校校长表示竭力向政府交涉，请再维持10天，"届期如仍无头绪，亦只好任其关闭"。

11月3日 安徽省立各校教职员代表28人往省政府见省长吕调元，要求拨发教育经费，与吕发生争执。吕乃指挥军警将代表殴伤10余人，教育厅厅长江暐在场劝解，亦被打伤。同日，省教育会通电历数吕之罪行，请各方支援。教育厅厅长江暐愤而辞职，学生罢课，要求惩吕。同日，吕调元电北京政府，诬称教职员为乱党，蓄有野心，要求立即将学校解散，务请电饬督理马联甲协助镇压，并请通缉陈独秀。

11月5日 北京国立专科以上八校呈文国务院，请求令财政部速发欠薪，否则不负责保管校产责任。

11月6日 北京政府复电吕调元、马联甲，对吕的行为大加赞赏，并命令督理马联甲"相机协助，如教、警两长不能得力，即予撤换"。

11月9日 北京国立专科以上八校全体教职员因政府积欠薪饷9个月，实已无法维持，是日再开大会。英文《导报》主笔、北京大学教授柯乐文提议组织特别委员会，要求日、英两国退还庚子赔款，月拨20万元作为八校及中小学教育经费。最后议定："若本月12日前政府尚无解决办法，八校一律关闭。"

11月10日 北京政府教育部全体职员因经费积欠已久，决定定期拍卖书籍物品，并发布告称"本部现经政府遗弃，公家事物，私人生计，均陷绝境，乃谋自决"，所有房屋器具、书籍陈设，一概定期拍卖。

同日 北京国立专科以上八校教职员召开会议。会上，北京大学校长蒋梦麟报告借款30万元的经过，该款由中华汇业银行承借，由正金银行每月拨盐余5万元，并决定从12日起，各校照常上课。

同日 安徽督理马联甲、省长吕调元因学潮，拘捕管曙东等多人。

11月13日 北京国立专科以上八校代表蒋梦麟、俞同奎、郑锦、许绳祖等致函苏联代表加拉罕称，八校"经费困难，势将停顿，请贵代表团在中俄会议未开之前，将庚子赔款全部放弃，尽数发展中国教育，拨其中一部分作八校经费及基金之用"。

11月15日 苏联代表加拉罕就北京八校函请苏联政府将庚子赔款全数拨作教育经费事照会北京外交部，称："本代表特代表苏联政府，将庚子赔款俄国部分之全部尽行拨为贵国教育经费，首先拨于国立大学，并速拨交一部分给北京国立专科以上八校，希望中国政府亦承认该款不得作他用。"

11月17日 北京国立专科以上八校教职员联席会召开会议，再次讨论经费问题。因蒋梦麟奔走商议筹集维持校务的30万元借款，财政部只拨12.6万余元，此款还包括公立中小学经费在内，校务已经无法维持，决议自18日起八校同时关闭。

11月19日 北京国立专科以上八校中之五校教职员因索薪无着，停课。

11月24日 北京国立专科以上八校校长联名呈请国务院、北京政府教育部，将俄国退还的庚子赔款用作教育基金。

11月27日 非常大总统孙中山命令将广东高等师范学校改为国立，任命邹鲁兼任校长。邹鲁（1885—1954），字海滨，广东大埔人，早年入日本早稻田大学学习，曾任国立中山大学校长和国民政府委员、国民政府政务官惩戒委员会委员等职。

11月28日 安徽《通俗教育报》因刊登的文章对学潮的记载"秉笔直书，未稍隐晦"，被省长吕调元下令停办。29日，吕调元又以安徽学潮捣毁议员家宅为由，令警察厅将省学生会解散。学生代表迫于被镇压之危，纷纷逃往外地。

11月 赵恒惕以"自修大学所倡学说不正，有关治安"为由，下令封闭。赵恒惕（1880—1971），字夷午，号炎午，湖南湘潭人，日本士官学校炮科毕业，曾任北京政府湖南省省长。

12月1日 北京国立专科以上八校"读书运动会"发表宣言，宣告该会改名为"国立专科以上八校学生教育基金运动会"，并声明此后"凡关于庚子赔款之退还，华府会议增加关税之拨充，皆在运动之列"。

同日 国立北京师范大学、国立北京农业大学、国立北京工业专门学校、国立北京美术专门学校、国立北京女子高等师范学校5校，因教育总长筹得部分经费，宣布复课。

12月5日 北京政府教育部令各大学："学校系统改革案内规定大学本科由高中毕业生升入，目前无高中毕业生，暂时仍按旧制设置预科。"

同日 中国科学社社长任鸿隽来私立复旦大学作题为"能源问题之将来"的演讲。

12月6日 北京政府教育部令北京国立专科以上八校及京师学务局："经国务会议讨论决定，自1924年2月起，每月拨盐款15万元，作为北京国立专科以上八校及公立学校教育基金。"

12月7日 北京政府教育部裁撤教育调查会及实施义务教育研究会。

12月12日 国立东南大学发生火灾，图书、仪器、教室大部分被烧毁。

12月13日 苏联驻京代表加拉罕照会北京政府外交部，谓"中国政府擅将俄国退还之庚款作维持驻外使领经费，违背俄代表关于将该款拨作教育基金之声明，俄代表团对此提出严重抗议"。

12月14日 北京政府教育部电告各省省长：本年度选派留外学生，因多数省份经费无法落实，暂停办理。

12月15日 北京政府教育部通电各省，谓各省留学海外官费生因官费积欠年余，流离失所，衣食无着，请速汇款救济。

12月21日 非常大总统孙中山在岭南大学发表演说，勉励学生为重建中华民国努力，并告诫学生们立志"要做大事，不可要做大官"。

12月27日 北京政府教育部部令："国立北京大学校长蔡元培在欧洲考察未回校以前，由总务长蒋梦麟代理北京大学校长。"

12月 江苏改公立法政专门学校为公立江苏法政大学。

同年 北京平民大学经北京政府教育部核准备案。

同年 陈筑山代理私立中国公学校长，将原有的商科专门提高程度，改为大学。陈筑山（1888—?），贵州人，日本早稻田大学政治经济学学士，美国密歇根大学肄业，曾任北京政府众议院议员、中华平民教育促进总会乡村教育部主任等职。

同年 清华学校因留美费用骤增，停招专科生及女生，减招在校学生，正式讨论办大学。

同年 蒙藏专门学校继成立法律专门科后，又成立政治经济专门科，并招收师范、畜牧、农业等班。

1924 年（民国十三年 甲子年）

1月12日 孙宝琦任国务总理，改组内阁。

1月20日至30日 中国国民党第一次全国代表大会在广州召开，确定"联共、联俄、扶助农工"三大政策。

4月12日 《国民政府建国大纲》正式公布。建设程序分为军政、训政、宪政3个时期。

5月21日 美国总统批准交还中庚子赔款余额议案，并申明此款须用于教育文化事业。

5月31日 北京政府外交总长顾维钧与苏俄代表加拉罕正式签订《中俄解决悬案大纲协定》。

7月2日 顾维钧兼代理国务总理。

9月14日 颜惠庆任国务总理，改组内阁，顾维钧为外交总长。

9月17日 第二次直奉战争爆发。

10月23日 冯玉祥发动"北京政变"，电邀孙中山入京主持国家大计。

11月10日 孙中山发表《北上宣言》，提出召开国民会议及废除不平等条约的主张。

11月24日 段祺瑞宣布就任北京政府临时执政。

1月7日 北京政府教育部令各校整饬学风。

同日 美国芝加哥大学植物学主任、教授柯尔脱（Dr. Coulter）到访私立南开大学，在南开大学礼堂演讲"植物之机会"。8日在南开中学讲"天演之意义"。9日在南开大学讲"遗传与反应"。10日在南开中学演讲"科学在近代文化上的地位",晚上在中西女学演讲"宗教与科学"。

1月9日 北京政府教育总长黄郛在北京召开新闻界会议,称国立各校"学风败坏",其原因为:(1)"五四"以来,学生干政,习以成风,积重难返;(2)教育经费支绌,教具设备难以满足学生要求;(3)受政局变迁及世界潮流影响。

1月10日 北京政府教育部部令:"国立北京医学专门学校改组为国立北京医科大学。任命洪式闾为校长。"洪式闾(1894—1955),字伯容,浙江乐清人,曾入德国柏林市立病院病理科、德国汉堡热带病研究所、美国华盛顿农业部动物工业局研修,获九州帝国大学名誉医学博士学位,曾任杭州热带病研究所副所长、国立江苏医学院教授、台湾大学热带医学研究所所长、浙江医学院院长等职。

1月12日 北京政府教育总长黄郛辞职,北京政府大总统曹锟任命范源濂为教育总长,范辞不就。

1月13日 国立东南大学、河海工程学校等校学生组织的南京社会科学研究会成立。该会偏重研究社会科学中之政治经济,尤其注重时事。

1月20日 国民党第1次全国代表大会发表宣言,提出要增加高等教育经费并保障其独立;在对外政策部分提出将"庚子赔款完全划作为教育经费"的主张。

1月21日 国民党第1次全国代表大会发表宣言及议决案,在教育方面要"整理学制系统,增加教育经费,并保障其独立"。

同日 北京政府准予教育总长范源濂辞职,任命张国淦为教育总长。

同日 湖南省议会议决设立省立湖南大学,指定岳麓书院为校址,以湖南公立法政专门学校、湖南公立工业专门学校和湖南公立商业专门学校等三校改组之。湖南省教育司司长李剑农组织湖南大学临时董事会,聘工专校长杨茂杰、商专校长任凯南、法专校长李希贤和教育界元老陈润霖、曹典球为董事,选举曹典球为董事长,"规画组设大学一切事宜"。5月21日,省议会审定《湖南大学组织法》暨《湖南大学开办之办法》。李剑农(1880—1963),又名剑龙,号德生,湖南邵阳人,曾就学于早稻田大学和伦敦政治经济学院,曾任《太平洋》杂志主编、中华人民共和国中南军政委员会顾问、全国政协委员等职。

1月24日 孙中山决定设立中国国民党陆军军官学校，派蒋介石为军校筹备委员会委员。2月1日，又任命王柏龄、李济深、沈应时、林振雄、于飞鹏、张家瑞、宋荣昌为筹备委员，筹备处于6日正式成立。军校校址设在广州黄埔岛，以广东陆军学校和海军学校旧址为基础加以修整。蒋介石（1887—1975），原名瑞元，学名志清、中正，浙江奉化人，曾留学日本东京振武学校，曾任黄埔军校校长、国立中央大学校长、教育部部长、国民革命军总司令和国民政府主席、行政院院长和国民政府军事委员会委员长、中华民国总统等职。

1月26日 北京学生联合会等团体在国立北京大学第三院大礼堂举行遥祭列宁大会。到会5,000余人，马叙伦任大会主席，高尚德在会上报告了列宁生平事略。大会通过了顾孟余的提议，要求北京政府承认苏联，并致电苏联政府及列宁家属表示慰问。

同月 国立北京师范大学校长范源濂到校就职，并成立董事会，以梁启超、李石曾、熊希龄、张伯苓、邓萃英、陈宝泉、范源濂等9人为董事。

2月2日 陕西省省长刘镇华呈请北京政府教育部将法政专门学校并入国立西北大学，北京政府教育部核准。刘镇华（1883—1956），原名茂业，字雪亚，河南巩义人，曾任北京政府陕西督军兼省长、安徽省主席等职。

2月5日 基督教大学联合会会议在南京金陵女子大学举行，到会者有中国各地基督教高等教育机关的代表225人。

2月6日 非常大总统孙中山令，任命广东高等师范学校校长邹鲁为筹备主任，筹建广东大学。

同日 我国驻日公使汪荣宝与日本对华文化事务局局长出渊胜次订立《日本对华文化事业协定》。《协定》规定，"设庚款补助费学额三百二十名，在济南地方设立医科大学，以病院附属之等"。汪荣宝（1878—1933），江苏吴县人，早年赴日本留学，曾任南京临时政府临时参议院议员、北京政府国会众议院议员、驻瑞士公使等职。

2月8日 蒋介石、廖仲恺奉孙中山命令筹办黄埔陆军军官学校。是日召开校务筹备会议，会议由筹备委员蒋介石主持，讨论招生事宜。廖仲恺（1877—1925），原名恩煦，广东归善人，曾任黄埔军校党代表、广州国民政府财政部部长、国民党中央委员、农民部部长等职。

2月9日 非常大总统孙中山颁布大总统令："将广东高等师范学校、广东农业专门学校与广东公立法政专门学校合并，组成国立广东大学。"

2月16日 国立北京大学教授蒋梦麟、丁西林、陈大齐、马叙伦、陶孟和、李大钊、胡适、郁达夫、沈尹默、顾孟余、李石曾、周作人等47人，联名致函外交总长顾维钧、中俄交涉督办王正廷，请速恢复中苏邦交。

2月20日 吴敬恒、黎锦熙等发起创办的上海国语师范学校开学。该校以专修国语、培养师资为宗旨，分为普通科与高等研究科。

2月23日 北京政府教育部颁布《国立大学校条例》20条，附则3条，废止《大学令》（1912年10月公布）及《大学规程》（1913年1月公布）。《条例》规定，"国立大学以教授高深学术，养成硕学闳材应国家需要为宗旨。""国立大学得设数科，或单设一科。各科分设学系。"修业年限4年至6年。毕业生称某科学士。课程得用选科制。设大学院，大学毕业生及具有同等程度者入院。大学院生研究有成绩者得依照学位规程给予学位。大学得设各种专修科及推广部。校长由教育总长聘任。大学校延聘正教授、教授、讲师。国立大学得设董事会审议学校进行计划、预决算及其他重要事项，董事由教育总长从北京政府教育部部员中指派。取消各科学长，以教务长1人代之，主持全校教务，由正教授或副教授兼任。取消助教授，而保留其他3级。恢复教授会，同时添设教务会议。此《条例》公布后，国立北京大学教授函请北京政府教育部取消董事会制度，要求速将新订立的《条例》命令撤销，否则不足以保大学之秩序。1925年2月，国立北京大学教授再次请求北京政府教育部取消此《条例》，认为《条例》是"摧残大学教授制之萌芽，而以校外之官僚财阀组织董事会或理事会，以处理学校之大政。""以研究学术者，听命于非研究学术者，而受其盲目的支配，于理为不可通，于情为不堪受。"

同日 中国留英学生在伦敦成立退款兴学研究会，以促进英国政府退还庚子赔款兼商讨其用途。25日，蔡元培由巴黎至伦敦，与该会人士共同讨论展开争取庚款兴学事宜。

同日 国立北京大学公布《北京大学学生军章程大纲》42条，《大纲》规定，"本军以锻炼身体、增进军事常识为宗旨"。北京大学学生军成立于1922年夏，本年共成立3队170人。总教练为体育主任。蒋百里、黄膺白任学生军讲师。课程分操课、学科。操练时间：每日早晨，另有春秋季旅行、野外战斗演习。学生军均着军装。

2月26日 北京政府教育部令：国立北京工业专门学校改为"国立北京工业大学"，任命俞同奎为校长。北京工业大学采用3级制，即预科至本科毕业，共6年，为1级；土木专修班与机械专修班，2年毕业，为1级；研究班招收专门学校毕业生，为1级。后又将土木、机械两专修班改为本科，亦为4年毕业。

同日 北京政府教育部根据日本对华文化事业规定，通知北京国立专科以上八校酌选学生赴日考察。

2月27日 国立自治学院在上海筹建成立，院长张君劢主持开学典礼。董事会代表沈恩孚致辞，称该院的宗旨是培养有道德的政治人才。张君劢（1887—1969），原名张嘉森，江苏宝山人，毕业于日本早稻田大学政治科，曾任清政府翰林院编修、北京政府外交部浙江交涉员、国立政治大学校长等职。

2月28日 北京政府教育部公布《北京政府教育部直辖国立各学校公文程式条例》。

2月 美国工部发布移民法，严格限制亚洲学生入境。美国要求学生在赴美留学前须获得美国学校的允许，学生很难做到，北京政府教育部通告8月份停止派赴美留学生。

3月4日 北京国立专科以上八校依照《中日文化事业协定》规定，选派46名学生赴日进行为期1个月的考察，旅费每人500元，从日本返还的庚子赔款中支付。

3月6日 北京政府教育部公布《日本对华文化事业补助留日学生补助费

分配办法》。

3月8日 留日学生因日本将庚子赔款 30 万元拨作留日学生补充经费，官费生与自费生相争不休，驻日使馆无法处理，呈请北京政府教育部核准分配办法。是日，北京政府教育部公布《庚款补助留日学生学费办法》，其主要内容为：（1）学生数为 320 名，以各省众议员名额及担负赔款金额之比例为分配标准；（2）每名学生每月支付学费 70 日元；（3）各省应得名额，在留日官、自费生中各补半数，若系单数则自费生多补助 1 名。

3月9日 国立北京大学全体教授反对北京政府教育部颁布的《国立大学条例》，不承认国立学校有设校董的必要，国立北京女子师范学校全体教授亦随同反对。

3月14日 私立南开大学评议会成立，负责评议全校一切大政方针。评议会成员包括校长张伯苓、大学部主任凌冰、文科主任蒋廷黻、理科主任邱宗岳、商科代理主任孙瑀、矿科主任薛桂轮，教授会议代表饶毓泰，校长指定成员李济、伉乃如。

3月15日 国立北洋大学学生因代理校长冯熙运拒绝学生改革学制和组织董事会的要求，发生学潮，学校开除 4 名请愿学生代表，是日全校学生集体罢课。直隶省长王承斌派军警包围学校，搜捕学生代表。17 日，225 名学生赴京请愿，提出 3 项要求："一、罢免冯熙运；二、允许被开除的学生代表返回学校；三、从速组织董事会。"21 日，北京警察押送请愿学生回天津。京、津学界群起声援，成立驱冯后援会。北京军警获悉学生将游行，于 29 日上午包围国立北京大学、国立北京师范大学，游行未成。

3月18日 北京政府教育部指令第 278 号，令甘肃教育厅将"法政专门学校预备改为政法大学。在高级中学未完成以前，仍照旧制办理。速设矿业专门学校。筹设西北大学，先设法成立筹备处。法政专门学校改组法政大学及筹备矿专经费，由教育厅增加预算。西北大学经费另设法筹之"。

3月21日 北京教育会、北京国立专科以上八校教职员联席会议、中华教育改进社、国立北京大学学生干事会等 9 个团体，发布宣言，要求北京政府当局承认苏俄。

3月23日 国立广东大学为了争取教育经费，邀请各界代表在高师集会，请求帮助取得关余及庚款，以利大学的兴办。大会形成决议如下："一、由各团体联名发表宣言；二、由各团体联名通电中外名界及各国政府；三、宣言、电文发表后，到沙面举行示威游行，要求各国领事赞成。"

3月24日 国立北京大学发表宣言，反对北京政府教育部颁布的《国立大学条例》。该校评议会呈文北京政府教育部，指出大学内部行政，自有校长总负责，不需要设董事会。

3月25日 留英学生退款兴学研究会自伦敦致函国内教育界，主张国内应该迅速组织一个委员会讨论英国退还庚款的用途，并称该会已于3月8日在伦敦成立。研究会一面请求朱兆莘代为探询英国政府的意向，一面致书英国学者、教育家，并请蔡元培由法国到英国接洽相关事宜。

3月27日 北京政府教育部根据国际联合会秘书长函，命令中等以上学校向学生宣讲国际联合会的情况。

3月28日 北京学生联合会因中苏交涉停顿，在国立北京大学召开紧急会议，国立北京大学、国立北京师范大学、国立北京女子高等师范学校等40余校代表参加。会议决定29日下午1时游行请愿，要求北京政府承认苏联。

同日 平民教育家晏阳初来私立复旦大学讲演平民教育问题。

3月29日 北京国立专科以上八校推举教职员代表8人，赴北京政府教育部索薪。教育次长罗鸿年表示中央财政拮据，筹措困难。4月1日，八校又有教职员300余人赴北京政府教育部索薪，北京政府教育部答应于3日发放部分欠薪。

同日 北京学生举行游行示威，要求北京政府无条件承认苏俄，请求苏俄实践其两次对华宣言。

4月1日 上海学生联合总会、青年学社、全国各界联合会等10余团体发表通电，主张速签中俄协定，承认苏联。

4月7日 留英学生退款兴学研究会在英国通过议案7条，其主要内容为，"以一部分补助中国境内若干大学及专门学校为建设或扩展特种学术之用。以一部分为国立各大学中设立研究英国文化机构之用。以一部分为派遣大学及专门学校教员与留学生留英研究之公费的基金。以一小部分为英国派遣研究生赴中国国立各大学学习中国文学、哲学之用。""交换教授：请英国著名学者到中国各大学充教授，送中国著名学者到英国大学中演讲中国哲学、文学"。

同日 蔡元培会晤英国内阁工商大臣韦伯夫妇，讨论英国退还庚子赔款用途事宜。

4月9日 国立北洋大学学潮未息，校长冯熙运又开除185名学生，未被开除的学生责问冯熙运自己未被开除的原因。

同日 留日自费生联合总会在驻日公使馆学务处召开全体大会，讨论庚款分配问题，200余人参与会议。会后留学生到中国驻日使馆责问公使汪荣宝，并要求公、私费留学生享受同等待遇，汪拒绝，发生争吵，以致动武。

4月12日 印度诗人泰戈尔应国立北京大学邀请来华讲学。是日一行6人抵达上海，徐志摩、郑振铎等前往迎接。

4月15日 北京政府国务会议决定，国立专科以上八校的教育经费，由盐余内优先提拨。

4月22日 全国教育会联合会、退还庚子赔款事宜委员会、中国科学社等教育、学术团体在北京中华教育改进社开会，讨论日本外务省拟以庚子赔款合办中日文化事业问题。27日，会议发表联合宣言，主张中日设立文化事业理事会，主持一切事务，理事人数中日各半，理事长1人由中国人担任，否则不参加合办。

4月27日 国立东南大学、国立北京师范大学及中国科学社、全国教育会联合会、退还庚子赔款事宜委员会、中华教育改进社、筹划全国教育经费委员会等11个团体，联合发表宣言，反对日本对华的文化侵略，要求日本政府反省。

4月30日 国立北洋大学200余名学生到北京政府教育部请愿，提出如下要求："一、撤换校长冯熙运；二、允许所有被开除的学生全部回校。"北京政府教育部司长范鸿泰接见学生，劝学生回校，北京政府教育部会尽力调停。学生以北京政府教育部无具体解决办法，拒绝回校，夜宿于北京政府教育部礼堂。

4月 清华学校学生以该校董事会掌握于外交官吏之手，不利于学校的发展，要求改组董事会，发行宣传册《中华教育大问题——清华根本改造》，列举董事会改组的四项原则："（一）将来之董事会应完全不受政治之牵制。（二）将来之董事会应捐除国界之观念。（三）将来之董事会应有终决权。（四）将来之董事会应设法筹备基金，并使其永远安全。"

同月 沈步洲任国立北京农业大学校长。

5月1日 北京政府教育部令：国立北京女子高等师范学校改为国立北京女子师范大学，任命学监杨荫榆为校长。

5月4日 上海学联在私立复旦大学中学部举行五四纪念会，会议号召"学生要同帝国主义作坚决的斗争，摆脱半殖民地的深渊"。

5月5日 中国国民党陆军军官学校正式成立，孙中山兼任军校总理，廖仲恺任校党代表，蒋介石任校长。

5月6日 北京政府教育部、交通部任命朱炎为中法国立工业专门学校校长。朱炎（1885—?），字炎之，上海人，比利时列日大学博士，曾任北京政府教育部佥事、国立北京高等师范学校教授、国立北京工业专门学校教授、驻欧留学生经理员等职。

5月7日 北京各校学生8,000余人，在东西长安街游行，纪念"五七"国耻，提出"快起来形成反帝国主义之战线"的口号。

同日 中国留日学生数百人在东京集会、游行，要求日本废除对华不平等条约。

5月8日 北京政府国务院开会讨论北洋大学学潮问题。会议决定由王正廷出面调解，张国淦与王正廷商议派代表赴天津会见直隶省长王承斌，磋商解决办法。

同日 北京政府教育部任命傅铜为国立西北大学校长。

同日 北京政府国务会议决定，湖南育群学会与美国雅礼大学合办的湘雅医院10年合约已满，准予续办10年。

5月9日 王正廷接见国立北洋大学学生，向学生说明王承斌已允许被开除学生回校上课,校长冯熙运可以撤换,但是撤换校长属于行政范围,学生不能强求,嘱学生回校。学生要求书面保证,王正廷只答应用个人信誉担保。

5月11日 北京政府教育总长张国淦、教育次长罗鸿年因无法应付京津各地迭起的学潮,提出辞职。

5月12日 广东省教育学会等8个团体为协助创办广东大学,发布《请争广东关余及欧美各国退回庚子赔款为广东大学经费宣言书》。

5月14日 国立北洋大学213名学生回到天津。王承斌因冯熙运反对,突然改变态度,不准第一次被开除的4名学生回校,并令后开除的186名学生写悔过书。学生以当局无诚意,决定不回学校。

同日 私立厦门大学校长林文庆通知数学系主任傅式说、商科主任王祉伟、教育科主任欧元怀、英文科主任林天兰,要求他们于本年8月20日解职。学生要求林文庆解释辞退各位主任的原因,并请撤回解职命令,林文庆拒绝。傅式说(1891—1947),字筑隐,浙江乐清人,日本东京帝国大学工学学士,曾任私立上海大夏大学会计主任兼数学教授、中华学艺社执行委员会主席等职。王祉伟(1886—1950),名本修,字醴祥,湖南衡阳人,先后就读于美国芝加哥大学、纽约大学,曾任国立东南大学教授、吴淞私立中国公学教授、国立暨南学校商科教授、私立厦门大学商科主任、国民政府交通部电信学校校长、私立大夏大学副校长、校长等职。欧元怀(1893—1978),字愧安,福建莆田人,哥伦比亚大学硕士,曾任上海光华大学、国立政治大学教授、私立大夏大学副校长等职。林天兰(1887—1960),字馨侯,福建闽侯人,普林斯顿大学政治学硕士、西南大学荣誉法学博士,曾任国立东南大学教授、私立大夏大学教授、国民政府交通部秘书等职。

5月27日 北京政府教育部任命教育部专门教育司司长、佥事陈延龄为国立北京美术专门学校代理校长。

5月29日 因私立厦门大学校长林文庆拒绝透露解聘欧元怀等教员缘由,学生全体罢课,并致电侨居新加坡的陈嘉庚,要求撤换校长。

5月30日 私立厦门大学学生致电陈嘉庚,请求迅速撤换校长,以挽回厦大局面;同时致电北京政府教育部、上海全国学生联合会及江苏教育会,称林文庆不学无术，无故辞退经验丰富的三位主任及一名教员，以致教员纷纷辞职，学生全体罢课。

5月31日 北京政府与苏俄政府正式签订《中俄解决悬案大纲协定》，两国政府关于庚子赔款的声明书同时签字。该声明书规定："苏联政府所抛弃俄国部分之庚子赔款，于该项赔款所担保之各种优先债务清偿后，完全充作提倡中国教育款项之用""设立一特别委员会管理并分配上述款项。"

同日 北京国立专科以上八校教职员发表宣言，要求政府应先声明庚子赔款全数用作教育经费，不得挪用，并应与政治、外交、宗教等脱离关系，由学者共同管理。

5月 北京政府内阁会议议决发行100万元特种国库券，作为北京国立八所专科以上学校的教育经费。8月，此项国库券由财政部发行。9月，因北方发生战事，直隶省将此款拨归军用，北京国立专科以上八校又因经费无着，延期开学。

同月 广东省教育会等6个团体发表《关于日人在粤办文化事业之宣言》，主张用日本退还的庚款在广州设立一个应用科学研究所及广东大学图书馆。

同月 郭泰祺任国立武昌商科大学校长。郭泰祺（1888—1952），字保元，湖北广济人，美国宾夕法尼亚大学博士，曾任黎元洪总统府高等顾问兼外交部参事、湖北方言学校校长、国民政府外交次长、国立武昌商科大学校长、驻英公使、外交部部长等职。

6月1日 私立厦门大学建筑部主任陈延庭、教师林幽率四百余人围打闹学潮的学生，经海军制止。学生会主席罗士清等均受重伤。林文庆随即宣告提前放暑假，并限定学生5日内离校。陈延庭（1888—1983），原名陈庆，福建同安人，曾任私立厦门大学总务主任、集美学校教育推广部主任等职。

6月6日 北京学生联合会干事会在国立北京大学三院召开中俄邦交恢复庆祝大会。5,000余名学生到会，国立北京大学校长蒋梦麟在大会上致词，苏联代表加拉罕及国立北京大学教职员代表马叙伦及学生代表相继发表演说。

6月8日 私立厦门大学全体学生举行离校宣誓大会。会议决定，"林文庆一日不去，我等绝不再来厦大"。被解职的王祉伟、傅式说等相继发表宣言，驳林所提出的解职理由。后厦门大学离校学生团致函离校教员，请求另行筹办大学。

同日 上海学生联合会发表通电，抗议北京政府在北京拘捕无辜学生、在武昌拘捕工人、在洛阳杀害工人杨国辅等行径，呼吁全国民众共同声讨北京政府。

6月9日 广东高等师范学校、广东公立农业专门学校和广东公立法政专门学校合并为国立广东大学，邹鲁任校长，广东公立医科大学、广东公立工业专门学校、广东法科学院、广东省立勷勤大学工学院先后并入。学校9月19日开学，11月11日举行成立典礼。

6月14日 美国国务卿照会中国驻华盛顿公使：美国政府将退还庚子赔款余额1,250万美元，作为发展中国教育基金。

6月18日 广州学生联合会发表《广州学生会收回教育权运动委员会宣言》。《宣言》指出，"文化侵略的政策，就是帮助帝国主义之经济侵略的一种最妙方式。"他们实施殖民地的教育政策，"使中国学生洋奴化""使学生忘记了其种族、国家、历史、政治、经济、社会的观念。""教育侵略，比任何形式的侵略都要厉害的多。""收回一切外人在华所办学校之教育权"，是关系民族的大事。

6月25日 北京国立专科以上八校教职员、中华教育改进社、北京教育基金委员会联席会议发表宣言："俄庚款清偿债务之后，悉用于教育，惟管理与分配该项赔款之中国委员二名，必须以教育界有资望、经验，而为一般人所信仰者充任。倘以不明教育事业或无资望，不为一般人所信仰者滥竽斯席，同人等为教育计，惟有反对到底。"

6月 高恩洪倡议创办私立青岛大学，聘请蔡元培、黄炎培、张伯苓等为董事，李贻燕为筹办主任，招收文、商、工3科学生。

同月 武汉学生联合会、国立东南大学、国立山西大学纷纷请拨各国"退还"之庚款。山东、河南、直隶、湖南等省人士主张按各省原担负庚款之比例分配庚款。

同月 私立上海持志学院在上海闸北水电路创立，何世桢任院长，初设中国文学、英文、政治3学系及商科，后陆续改设文、法两科，1931年7月经北京政府教育部核准立案。何世桢（1895—1972），字思毅，安徽望江人，美国密歇根大学法学博士，曾任东吴大学法科教授、第三届国际律师协会中国代表、安徽省政府委员兼教育厅厅长等职。

同月 上海女子医学院在美国华盛顿哥伦比亚特区注册。该院由美国女公学、监理会、浸礼会3会合创，与原美国监理会女子部所立的苏州女子医学院合并，将其校具、图书、一起搬到上海，合并于新校。学院拥有化学、生理学、病理学、组织学、解剖学、药理学、胚胎学和细菌学实验室。

同月 国立北京师范大学修订组织大纲，分设教育、国文、英文、历史、地理、数学、物理、化学、生物9系，并设体育专修科及手工图画专修科。

同月 私立厦门大学校评议会议决，将教育科、商科、新闻科并归文科，工科并归理科，预科保留。文理两科共设国学、外国语文、哲学、历史社会、政治经济、教育、商学、新闻、算学、物理、化学、植物、动物、工程等14学系。

夏 关赓麟创办的北京畿辅大学正式成立。关赓麟任校长，唐绍仪为董事长，叶恭绰、杨晨为副董事长，熊希龄为名誉董事长。

7月1日 美国开始实行新的移民法律，限制中国学生入境。凡中国学生入境手续，有下列三项规定："1. 凡学生之欲入境者，须有一八八二年美国上议院增修华工条例第六条规定之护照一纸。2. 庚子赔款所津贴之学生，须领有曾经美国公使馆签字之护照一纸，但无须请特许护照。3. 凡学生之欲入境者，年龄须在十五岁以上，确为求学而来，并已经本部（美国工部）特许收留入境学生之学校准其插班授课者。除第六条法定之护照一纸外，须领有一驻华美领事馆所颁给之特许入境护照，始得有入境之资格。"

同日 中国科学社在南京举行第9届年会，纪念该社成立10周年。竺可桢、范源濂、丁文江、任鸿隽等发表演讲，宣读论文者22人次。推举叶企孙、鲍国宝、叶元龙、翁文灏分任天算理化、工程、社会科学、自然历史4科编辑。

7月3日　中华教育改进社第3届年会在国立东南大学举行，20余省区六百余人到会，9日结束。会议通过《反对日本对华文化事业》《请求力谋收回教育权》《各省区组织大学试验委员会应有同一标准》《组织大学联合会以其联络各校，解决共同关系诸问题》等提案。陶行知、马寅初、范源濂、章太炎、丁文江、马君武等发表演讲。

7月4日　中华全国体育联合会在国立东南大学举行成立大会。会议推选张伯苓为主席，张伯苓、郭秉文、陈时、聂云台、方小川、沈嗣良、郝伯阳、卢伟昌、穆藕初9人为董事。

7月7日　私立厦门大学离职教授欧元怀、傅式说等9人，学生代表罗士清、孙元曾等14人，在上海租用宜昌路前私立上海南方大学校舍，设立大夏大学筹备处。30日，在上海召开大夏大学筹备会议，决定开办文科、理科、教育、商科、预科。8月2日，招考新生。8日，聘请吴稚晖、汪精卫、张君劢、王伯群、叶楚伧、邓萃英、邵力子、林支宇、陈树霖9人为大夏大学董事，成立董事会。

同日　中华教育改进社高等教育组议决组织的大学联合会召开成立大会，郭秉文任主席。大会议决组织大纲，介绍会员标准、临时职员及审查员人数职务、大会日期及地点，并选举范源濂为正会长，郭秉文为副会长，谭熙鸿、胡敦复为书记，王伯秋为会计，陈时、任鸿隽、查良钊为审查员。组织大纲规定："定名为中华民国大学联合会""以联合各大学共谋学术上之合作及课程上之联络，促成全国高等教育之进步为宗旨。"

同日　留日学生同学会发表宣言，谴责日本政府一意孤行，倒行逆施，任意分配庚款，并谴责驻日公使汪荣宝等处理不当。宣言并称国内军阀专横，祸国殃民，以致庚款未得到公平处理。

7月9日　北京国立专科以上八校教职员代表许绳祖等14人赴北京政府外交部拜见顾维钧，然后拜访颜惠庆，分别由外交部参事朱鹤翔及颜惠庆的秘书吴炳南分别接见。许绳祖等人提出三点申述："一、反对张国淦为俄国庚款特别委员；二、各校经费积欠已达到十个月之久，学校与个人都无法维持，请求设法补助；三、反对张国淦、罗文幹任教育总长、次长。"

7月13日 北京学生联合会、国立北京大学等京内外50余团体，以及各界人士230余人在中央公园举行反帝国主义运动大联盟成立大会。大会选举雷殷等15人为执行委员。会议发表宣言，要求列强废除一切不平等条约。随后，上海、武汉、天津及湖南、山东等地也先后组织反帝运动大同盟。

7月15日 北京国立专科以上八校教职员于本日、18日、25日在国立北京法政大学召开3次会议。会议议决："庚子赔款应用于教育事业，反对用于筑路导淮，请全国教育界一致力争"；"催促北京政府迅速组建俄国庚款特别委员会"；"教育经费积欠问题再与顾维钧、王正廷交涉"；"反对张国淦任教育总长"；"定期召开教育基金委员会会议"。

7月22日 北京政府教育部布告："中央政法专门学校、通才商业专门学校、新华商业专门学校、朝阳大学、中国大学、民国大学、平民大学、华北大学等私立专门以上学校，均经部核准备案。"

7月24日 全国教育会联合会退还庚款委员会通电，主张"庚款悉数用作教育及文化事业"。8月17日，中华民国学生联合总会第六届代表大会通电声明主张"庚款兴学，如果有野心家垂涎于庚款，将以国贼对待，誓死反对"。19日，全国教育会联合会、国立专科以上八校教职员联合会、广东大学等发表宣言，指出"以庚款筑路不啻奖励军阀穷兵黩武，表示坚决反对"。

同日 私立大夏大学在沪全体教员在宜昌路115号召开第1次筹备会议。会议通过了《大夏大学组织大纲》。议决设立文、理、教育、商、预五科，并推定各项章程起草委员，着手准备组织筹备委员、董事会等事宜。

7月25日 湖北省教育界为争取参与分配庚子赔款，成立湖北退还赔款兴学委员会，推选私立中华大学校长陈时、里昂中法大学校长黎寿昌为代表，参加教育基金的运作。

7月26日 北京政府教育部公布《管理自费留学生规程》16条。废止1914年1月公布之《管理留学日本自费暂行规程》。《规程》规定："自费留学生须中等以上学校毕业者，或办理教育事业二年以上者"；"自费留学生均须领取留学证书，到达留学国后应将所领留学证书向驻在该国办理学务机关呈验报到"；"自费生应将留学国之住址、学校、学科、年级随时呈报管理机关，以便按时造表，报告北京政府教育部"；"自费生毕业回国时，应将毕业证书呈管理机关验证，如果情况属实，由管理机关发给证明书"；"凡是经过北京政府教育部认证的自费生，毕业回国后，与官费生享受同等待遇。"

7月27日 中华学生废约同盟在北京成立，表示愿与反帝国主义大同盟一致行动。之后，反帝国主义大同盟在全国各地纷纷成立。

7月28日 北京政府教育部公布《发给留学证书规程》11条。《规程》规定："凡留学外国的公费生，均须按照该规定领取留学证书"；"领取该证书后，持证书申请护照，并向有关国家领事馆请求签字"；"出国后应将所领证书呈各所驻国学务机关验证"；"未领证书者，不得以留学生名义申请护照，不得申请官费，不得请求送学，回国时，呈验文凭，不予注册"；"出国前应填写保证书，自费生的保证书中，规定保证人须保证所有该生留学期内，应需经费及其他行为。"

7月29日 北京国立专科以上八校教职员联席会议决致电英国政府及国会，要求英国退还的庚款用于教育事业，并致电蔡元培请其赴英国力争以实现此主张。

7月31日 中华学生废约同盟会第1次执行委员会在国立北京工业大学召开。会议议决与反帝大联盟通力合作，并致函驻京公使团，警告他们不要在我国境内继续欺凌同胞，并迅速取消不平等条约。

7月 广东省立第一甲种工业学校更名为"广东省立工业专门学校"。校长为肖冠英，设机械、土木、化学3科。1930年遵令改组，更名为"广东省立工业专科学校"。肖冠英（1885—1949），字菊魂，广东大埔人，曾任黄埔中央军事政治学校工程筹备部少将主任、国立中山大学教务长兼工学院筹委会主任、国民政府韶关市市长等职。

同月 由中华教育改进社编的《中国教育统计概览》出版。

同月 国立北京大学增设教育学系。

同月 广东省立第一甲种工业学校改名为"广东省立工业专门学校"。

同月 上海艺术师范学校改为"上海艺术师范大学"。

同月 北京新民大学学生反对许冀廉任校长，许冀廉遂联合当局逮捕学生。学校学生会向地方法院控告，要求许冀廉辞职。许冀廉以风潮不易消除，将该校改为"安徽大学"，并聘请江朝宗为名誉校长，作为对付学生之策。江朝宗（1861—1943），字宇澄，安徽旌德人，曾任北京政府代理国务总理、临时参政院参政等职。

8月2日 北京教育界为抵制军人及政府挪用俄国退还的庚子赔款，特地召开大会。会议请求俄国驻华大使加拉罕发表声明，该款按照约定应用于教育。

8月4日 全国学生第六次代表大会在私立复旦大学中学礼堂召开。18个省市的40余名代表出席了会议。在开幕式上，吴稚晖、于右任等发表了演说。大会确定了今后一年中反帝斗争的主要任务是收回关税权、司法权、教育权3种运动。大会决定与上海其他各团体联络、发起组织上海废约运动大联盟和上海反帝国主义大同盟，并向全国学生提出"我们不能做一个奴隶式的学生"口号。

8月5日 北京国立专科以上八校教职员召开大会，要求俄国退还的庚子赔款悉数用于教育事业。

8月6日 国立北洋大学校长冯熙运辞职，由刘振华继任校长，学生一致决定回校，历时半年之久的北洋学潮至此结束。刘振华（1890—1975），字仙洲，原名鹤，河北完县人，香港大学工学士，曾任唐山工学院总务长、国立清华大学教授、国立西南联合大学工学院教授、科学院技术科学部委员、河北省人民政府委员、中国机械工程学会理事长、中国农业机械学会理事长、全国人大代表等职。

8月7日 余楠秋、金通尹代表私立复旦大学前往北京向教育部申请立案。余楠秋（1897—1968），原名箕传，湖南长沙人，美国伊利诺大学文学士，曾任私立复旦大学文学院院长兼西洋文学系及历史学系主任、私立中国公学教授、国立暨南大学讲师等职。

8月12日 余楠秋、金通尹会晤苏俄大使加拉罕，并分别向外交部、教育部及苏俄使馆呈文，申请苏俄退还庚子赔款补助私立复旦大学。

8月14日 我国赴美留学学生受到美国新颁布的移民法律影响，留学被拒。本日，美国政府命令驻上海领事，指定美国14所大学准予我国学生就学，赴其他学校留学的学生，一概遭到拒绝。22日，美国公布哈佛等22所大学准予中国学生入学。

8月16日 中国共产党早期青年运动领导人之一，黄埔军校第四期政治教官恽代英在其创办和主编的《中国青年》杂志上发表《再论学术与救国》，指出当时中国最需要的是革命的人才和研究救国的人才。

8月18日 北京政府教育部通咨各省，由于留美经费不足，从本年起停止选送留美学生，将留学学生名额改为留学其他国家。

8月19日 全国教育学术团体联合在北京开会，发表《各国退还之庚子赔款须直接用于全国教育基金宣言》，反对庚款用于筑路。

8月26日 北京国立专科以上八校教职员代表举行联席会议，议决五项："一、催促全国教育、学术团体成立大联合会；二、派代表访比利时、葡萄牙、西班牙、瑞典、挪威等国公使，表达教育界对于庚子赔款的主张；三、即日召集八校教育基金委员会；四、邀请八校校长出席会议，共同讨论教育经费问题；五、27日集合赴财政部交涉教育经费问题。"

8月 北京政府教育部布告，京内新创立之私立大学，未报部备案者，限定于本年9月15日之前将详细情况报北京政府教育部。

同月 江苏、浙江两省因爆发战争，教育经费无着。江苏省政府通令各校暂缓开学，浙江省政府令教育厅停办教育。

同月 廖训榘任国立北京农业大学代理校长。

同月 国立东南大学校董会复议暂行停办工科案。最后议决："此项办法既与停办之原案不相抵触，又于学生转学上不发生困难，本会认为可行。"

同月 北京国立专科以上八校教职员代表赴英国驻华使馆，陈述庚款只能用于教育，不能用于筑路之主张。

同月 私立复旦大学校董郭子彬捐助学校心理学院建筑费5万银元。郭子彬（1860—1932），广东潮阳人，鸿裕纱厂法人代表。

9月1日 全国教育学术团体在北京中华教育改进社会所开会，讨论美国退还赔款委员会人选问题。到会者有全国教育会联合会退还庚子赔款委员会、国立专科以上八校教职员联合会、东南大学、科学社、学术社、中华教育改进社等 15 团体代表共 28 人，会议推选熊希龄为主席。

9 月 8 日　武昌文华大学和武昌博文书院大学部、汉口博学书院大学部合并组成"私立华中大学"，美国人孟良佐（Alfred Alonzo Gilman）任校长，设文、理两科。1927 年 5 月，私立华中大学因受政治时局影响而停办。孟良佐（1878—1966），美国人，美国圣公会传教士，曾任鄂湘教区第三任主教。

9 月 14 日　北京政府教育总长张国淦辞职，任命黄郛为教育总长。

同日　留美学生政治学会正式宣告成立。

9 月 15 日　私立青岛大学新生入学，校长为高恩洪。9 月 20 日正式上课，10 月 20 日补行开学典礼。经过校董会研究，学校设立工科和商科。

9 月 17 日　北京政府教育、外交两部组织成立"中华教育文化基金董事会"，保管美国退还庚子赔款，颜惠庆、顾维钧、范源濂、施肇基、黄炎培、蒋梦麟、张伯苓、郭秉文、周贻春 9 人为中国董事，孟禄（Paul Monroe）、杜威（John Dewey）、贝克尔（John E. Baker，交通部顾问）、噶理恒（Roger Green，协和大学董事）、白赖脱（Chares R Bennth，花旗银行经理）5 人为美国董事。

9 月 20 日　私立大夏大学举行开学典礼，马君武任校长。22 日正式开始上课，共有 240 余名学生。该校为厦门大学发生"六一"事件后，请留沪教授为离校学生组成之新校。

9 月　中国体育专门学校在苏州成立。1927 年春更名为"中山体育专门学校"。1929 年秋，更名为"中山体育专科学校"。

同月　因军阀混战，直隶、江苏、浙江等省教育事业停办。直隶省将校款拨归军用，校舍改作兵营，京师只有国立北京大学一校开学。

同月　国立北京师范大学校长范源濂辞职离校，董事会议决致函该校评议会，在校长未返校前，委托评议会代行校长职务。

秋　国立成都高等师范学校校长傅振烈就学校改建大学，起草大学预科章程，呈北京政府教育部核准，开始招考预科生。学校共分 11 个系，另外设体育专修科。傅振烈（1893—1972），字子东，四川江油人，美国加利福尼亚大学研究院经济学博士，曾任国立武汉大学教授、国民革命军总政治部编审委员会委员、国立中山大学教授、陕西师范大学教授等职。

秋 徐谦、张一鹏、黄镇盘、刘邠、沈铭昌发起创立"私立法政大学"成立。推选徐谦为校长，徐谦、张一鹏、黄镇盘、刘邠、沈铭昌等人为校董，校址位于法租界金神父路。1927年夏因政治关系被查封，后继续开办，1929年11月更名为"私立上海法政学院"。徐谦（1871—1940），字季龙，安徽歙县人，清末进士，曾入法国巴黎大学学习法政，曾任清政府翰林院编修、私立岭南大学教授、北京政府广东政府司法部部长、外交部俄文专修学校校长、国民党第二届中央执行委员和中央政治会议委员等职。

秋 浙江省议会议决，改组浙江省立甲种农业学校为"浙江公立农业专门学校"。

秋 国立东南大学的工科划出与河海工程专门学校组建成"国立河海工程大学"。

10月3日 北京政府教育部令驻日留学事务处："以前学务处因附属于使馆，恒致劳扰驻使，兹经另行设立留学事务处简派总裁，行将东渡日本，嗣后关于留学事务，自应由总裁主持一切""凡属学务事宜，统与该处接洽办理。"

10月7日 福建省因教育经费无着，中等以上学校一律停课。

10月9日 基督教高等教育会议在私立上海圣约翰大学召开，11日结束。全国各教会大学代表20余人出席会议。会议讨论了开办教育行政大学、开办教育研究院、改良国文教授等议案，并提出"与中华教育改进社合作"。

10月15日 全国教育会联合会在河南开封举行第十届年会，19个省区的35名代表参加了会议。会议议决《请北京政府教育部严订大学设立标准案》《取缔外人在国内办理教育事业案》《国立专门以上学校招生宜酌定各省区名额建议案》《庚款分配标准及董事会组织原则》等提案38件。

10月24日 湖南教育经费积欠已达11个月，教职员联席会召集公私立各校校长及教职员代表开联席会议，商讨解决办法。

10月25日 沪江大学、南洋大学、圣约翰大学、东吴大学法科等校学生代表召开会议，正式成立上海学生救济难民会。会议决定与上海基督教青年会合作，在 11 月 15 日联合举行募捐活动，筹款救济难民。

11 月 10 日 北京政府摄政黄郛以大总统名义任命易培基为教育总长，马叙伦为教育次长。易培基（1880—1937），字寅村，湖南长沙人，早年留学日本，曾任北京政府湖南教育委员会委员长，湖南省立第一师范学校校长、国立广东大学教授及文科主任、国立北京女子师范大学校长、国立劳动大学校长等职。

11 月 11 日 国立广东大学举行成立典礼。该校由广东高等师范学校、农业专门学校、省立法科大学合并而成，设文科、理科、法科、医科和预科，各科设学长、预科及附校设主任，分别办理教务；设秘书处、会计处、图书馆，分别办理校务、组织校务会议，以评议、筹划重要校务；设工科筹备委员会，拟增办工科，并设法国里昂大学海外部，遣派留法学生。

11 月 13 日 俄国庚子赔款委员会成立。北京政府派蔡元培为中国委员，蔡未就职前，由李石曾暂行代理，俄国委员为伊凡诺夫。

同日 北京国立专科以上八校致函俄国驻华大使加拉罕，请求将俄国退还的部分庚款作为八校的教育经费。

11 月 17 日 鲁迅、周作人、钱玄同、顾颉刚等主编的《雨丝》周刊出版。

11 月 20 日 天津南开大学学生笑萍（宁恩承）在《南大周刊》上发表《轮回教育》一文，批评教师只知道贩卖知识，引发全体教授罢教，校长张伯苓辞职，时称"轮回教育风波"。后经董事会调解，风潮始平息。

11 月 23 日 中俄庚子赔款委员会成立，中方委员 2 人，先后由蔡元培、徐谦、李石曾（代理）、汤尔和等 10 人充任；俄方委员 1 人，先后由伊法尔等 3 人充任。次日，委员会在北京苏联使馆举行第 1 次会议。出席的委员有徐谦、李石曾（代蔡元培）、伊法尔，会议选举蔡元培为委员长。

11 月 24 日 北京政府临时任命王九龄为教育总长。

11 月 25 日 北京政府令：教育总长王九龄未到任前，由教育次长马叙伦代理部务。

11月26日 全国学生联合总会通电全国,号召全国学生拥护孙中山召开国民会议的主张,并表示将在国民会议中提出废除不平等条约、实行废督裁兵、确定教育经费不得挪作军政费用等要求。

11月28日 私立上海大学代理校长邵力子召开全校教职员及学生大会。会议一致赞成孙中山提出的召集9团体之预备会议产生国民会议的建议,议决发表宣言。并推举邵力子、张太雷等7人为代表,与国内各大学联系,促进预备会议之产生。邵力子(1882—1967),原名闻泰,字仲辉,浙江绍兴人,早年留学日本,曾任私立复旦大学教授、私立中国公学校长、国民政府中央政治会议委员等职。

同月 蔡元培在《东方杂志》发表《对于英国退还赔款规定用途意见》一文,主张将退还之庚子赔款用于兴学。

同月 私立青岛大学推选宋传典为校长。宋传典(1875—1930),又名化忠,字徽五,山东益都人,曾任山东省议会议长、私立青岛大学校长等职。

同月 北京政府任命许璇为国立北京农业大学代理校长。许璇(1876—1934),字叔玑,浙江瑞安人,日本东京帝国大学农学士,曾任浙江公立农业专门学校校长、浙江农民银行筹备处长、国立浙江大学农学院教授兼农业社会系主任及教务主任、中华农学会委员长等职。

12月1日 湖南省39校教职员六百余人举行集会,以教育经费积欠累年,一致决定12月2日罢课。省财政厅答应先发1个月经费,请各校复课。

12月2日 私立上海大学全体师生员工发表宣言,呼吁全国人民一致拥护孙中山的主张,促成国民会议。

12月5日 私立燕京大学、私立国际大学设立报学系。

12月12日 长沙雅礼大学全体学生为反对学校当局不向中国政府立案、不准学生参加社会活动、强迫学生诵读圣经和美国教师无理侮辱中国学生而发生学潮,学生相继罢课退学。该市教育界人士组织收回教育权促进会、教育主权维持会,援助退学学生。

12月13日 国立北京大学王世杰等人主办的《现代评论》周刊出版,该刊于1927年12月停刊。王世杰(1891—1981),字雪艇、行五,湖北崇阳人，英国伦敦大学政治经济学院法学学士、法国巴黎大学国际公法专业法学博士，曾任国立武汉大学校长、南京国民政府教育部部长、湖北省政府委员兼教育厅厅长、国民党中央候补监察委员等职。

12月14日 全国学生联合会发出促成国民会议、整顿学生团体的紧急通告，号召全国同学须竭力赞成孙中山先生提倡的国民会议主张。各地学生联合会在接到通告1星期内应立即召开各校代表会议，筹划如何促成国民会议，并切实整顿各校之学生会，使学生会与学生有密切的联系，成为强有力的团体。

12月19日 北京政府教育部致函驻德、英、法、瑞、比等国公使，决定驻欧外交官、领事官兼任学务员。因留欧监督同驻伦敦与大陆各国有海洋相隔，不能兼顾，改为管理学务专员，分设3处：一处驻伦敦，专管留英学生事；一处驻巴黎，监管留学法比两国学生；一处驻柏林，监管留学德、奥、瑞学生。各学务员，即由驻外秘书或领事官兼任，就地派任，并支津贴。

12月21日 湖南省政府下令，禁止各校学生进行反基督教运动。

12月31日 北京政府教育部颁布《各专门学校拟照部定〈国立大学暂设预科办法〉仍增设预科》。

冬 陆军部汉阳兵工专门学校成立。1926年9月该校更名为"国民政府汉阳兵工专门学校"，1928年改称为"军政部汉阳兵工专门学校"。

同年 清华学校停止招收高等科学生。

同年 湖北医学专门学校改组为湖北省立医科大学。

同年 湖北省外国语专门学校改组为湖北省立文科大学。

同年 湖北省法政专门学校改组为湖北省立法科大学。

同年 朱家骅被北京大学聘为地质系教授、德文系系主任，成为当时北京大学最年轻的教授，时年31岁。

同年 中法大学社会科学院（孔德学校）成立。

1925年（民国十四年 乙丑年）

1月11日 中国共产党第四次全国代表大会在上海召开。

2月1日　广东政府第一次东征，讨伐陈炯明。

3月12日　孙中山在北京逝世。

5月30日　上海发生五卅惨案。

7月1日　中华民国国民政府在广州成立。

7月6日　国民政府军事委员会在广州成立。

10月1日　国民革命军举行第二次东征。

10月8日　荷兰驻华公使照会北京外交部，全部退还庚子赔款荷兰部分。

11月23日　国民党右派召开国民党一届四中全会，"西山会议派"形成。

12月26日　段祺瑞公布修正《临时政府制》，增设国务院，委任许世英为国务总理。

1月1日　非基督教同盟杭州支部通电支持长沙雅礼大学罢课退学学生。电文指出："帝国主义利用中国的不发达，任意在中国设置学校，强迫学生信教，禁止爱国行为，种种的压迫已经达到极点""为民族的自由与青年的解放奋斗到底，杭州分会愿做后盾，给予大力支持。"

1月6日　北京政府教育部免国立东南大学校长郭秉文职，任命胡敦复为国立东南大学校长，引起学潮。东南大学、东南商科大学师生及各地校友纷纷召开紧急会议，致电北京政府，坚决要求段祺瑞内阁、北京政府教育部取消成议。

1月12日　国立东南大学校董、教职员等，反对北京政府教育部免除郭秉文东南大学校长职务，主张教育独立，教育不能随政潮进退。

1月13日　国立武昌师范大学更名为"国立武昌大学"，公推石瑛任校长（北京政府教育部于1925年4月30日正式任命），设预科、本科、大学院和师范学院。石瑛（1878—1943），字蘅青，湖北阳新人，清末举人，先入法国海军学校学海船制造与驾驶，转赴英国学习海军军械制造，后获英国伯明翰大学矿冶专业硕士学位，曾任国立北京大学教授、国立武汉大学工学院院长、国民党第一届中央执行委员、国民政府铨叙部部长等职。

同日　湖南学生会致电北京政府教育部，请求下令取消教会学校，称教会学校以"办学""传教"等方式,"实行帝国主义者文化侵略""实为洋奴养成所""毕业学生除充当洋奴买办外,别无他种技能"。

1月23日 国立北京女子师范大学4名学生代表到北京政府教育部请愿,要求撤换校长杨荫榆。随后,该校学生自治会发表宣言,列出杨荫榆9条罪状,表示"誓将此摧残教育之徒驱逐出校园"。

1月30日 北京政府教育部以学生拒绝新校长到校,蔑视部令,宣布国立北京美术专门学校"暂行停办",并派军警强行解散该校。

1月 全国教育会联合会庚款委员会经北京政府批准,宣告成立。

同月 北京政府教育部规划全国教育区域。"大学本部分为七个区(北京、南京、广州、武昌、太原、奉天、兰州),高师教育分为六个区(直隶、东三省、湖北、四川、江苏、广东)。"

同月 因德国生活费用昂贵,北京政府外交部限制学生赴德国留学。

同月 广东国民党中央执行委员会致函中央执行委员、广东大学校长邹鲁。函文称:"本会决议凡教育机关人员及学校教职员均须一律入党,请贵校长查照办理。"

同月 江苏省教育经费自本年起独立。教育经费分国库、省库2项。国库支付国立大学经费。

同月 私立大夏大学校长马君武聘任各科主任。聘任张介石为文科主任、余泽兰为理科主任、欧元怀为教育科主任兼注册处主任、王祉伟为商科主任兼会计主任及大学中文秘书、鲁继曾为预科主任、傅式说为总务主任、龚质彬为大学英文秘书、唐荣滔为审计主任。余泽兰(1893—1956),字兰园,福建古田人,美国哥伦比亚大学哲学博士,曾任私立厦门大学化学系教授、省立中州大学化学系教授、省立东北大学理学院化学系教授等职。鲁继曾(1892—1977),字省三,四川阆中人,美国哥伦比亚大学硕士,曾任私立之江大学教育系主任、私立大夏大学教务长兼教育心理学教授等职,上海特别市政府教育局科长兼代局长。

2月2日 北京政府教育部成立"教育行政讨论会"。该会"以讨论审查关于教育行政上之重要问题为目的""其议决事项,应陈请教育总长采择施行"。该会会员共40人，蔡元培、范源濂任正副会长。

2月9日 国立东南大学校董会否认北京政府教育部免郭秉文校长职之命令。

2月16日 北京政府教育部代部长马叙伦在北京召开的善后会议上提出3个议案："一、教育经费独立案，二、教育基金宜即指定专款案，三、小学教员应有国家补助薪金案。"

2月19日 北京政府教育部公布《私立专门以上学校及学会请求注册费征收条例》，规定："私立专门以上学校请求教育部认可注册者，应于呈请时随文缴纳请求注册费国币二百元""凡各种学会请求教育部认可注册者，应于呈请时随文缴纳请求注册费国币二十元""未缴请求注册费者，概不收受""无论认可与否，概不退还。"

同月 《中华教育界》出版"收回教育权运动号"专号，刊载蔡元培关于教会教育的意见以及中华教育改进社、全国教育会联合会近年有关收回教育权的提案等。同时发表舒新城、余家菊、常道直、陈启天等人的文章，这些文章从教育主权、教育宗旨、教育法令、信教自由、教育效果、国家安全等方面论述收回教育权的重要性。

同月 广西省政府请求拨庚子赔款之余款筹办广西大学，并聘马君武为广西大学筹备处主任，盘珠祁、麦焕章为副主任。盘珠祁（1885—1984），号斗寅，广西容县人，美国威斯康星大学硕士，曾任国立东南大学农科教授、江苏省第一农业学校教务主任、广西省建设厅厅长兼代教育厅厅长等职。麦焕章（1889—1940），字慕尧，广西平乐人，早年留学法国巴黎大学，曾任国民政府农矿部政务次长、监察院委员和国民党中央监察委员等职。

同月 私立复旦大学董事会董事长唐绍仪致函北京政府教育部，"声明本校已遵部令设定大学本科四年、高级中学两年、初级中学四年，并乞查核后准予立案"。3月教育部派员复查，并在视察报告中对复旦的办学成就予以高度评价。8月20日私立复旦大学正式在北京政府立案。

3月3日 中华教育改进社呈送北京政府教育部第三届年会议决收回教育权一案，请求北京政府教育部施行。

3月9日　新任国立东南大学校长胡敦复到校就职,遭教授、学生驱逐,并迫令声明永不就职。

3月11日　北京政府教育部令国立东南大学取消校董会。

3月14日　国立北京大学评议会和教职员会议开会决议,"如果王九龄悍然就职,北京大学就宣言与北京政府教育部脱离关系"。

3月16日　北京政府任命王九龄为教育总长,本日赴北京政府教育部就职。京师各校反对王就任教育总长,各校教职员代表百余人到北京政府教育部阻止其上任,发生冲突,王九龄在警察总监保护下到部。教育次长马叙伦因牵涉此事被免职。

3月19日　国立东南大学教授召开紧急校务会,议决致电段祺瑞内阁,退回北京政府教育部训令,并正式成立校务委员会,选举陈逸凡为校务委员会主席。陈逸凡(1894—1955),字茹玄,广东兴宁人,留学美国入伊利诺伊大学,后进入哥伦比亚大学深造,专研公法,先后获政治学学士和法学硕士学位,曾任国立北京师范大学教授、私立大夏大学教授、私立光华大学文学院院长兼政治系主任、国民政府建设委员会秘书长等职。

3月20日　北京政府教育部训令各大学及京师学务局:"严密查察,认真防范共产党。"

3月24日　北京政府教育部颁布《管理留日学生事务规程》31条,规定:"关于留日学生一切事务由驻日留学事务处管理""驻日留学事务处设事务专员,由教育总长委派充任";"民国八年十一月核准之帝国大学学生每年另给五十元书籍费办法、九年十一月公布之修正管理留日学生事务规程,自本规程公布之日起即行废止。"

3月　国立北京师范大学校长范源濂因该校经费支绌,辞职赴津。教职员及学生发表宣言:"本校为全国师资所宗""正本清源,责任綦重";"学校名为国立,而政府悍然不顾。以堂堂国立大学之校长,不得不为经费奔走"。"尤望邦人君子,社会人士,予以帮助,协同进言"。

春　私立东陆大学因学校预科学生毕业,开始办本科,决定设立文、理、法、工、农、商、医7科,先办文、工两科。文科分为政治、经济、教育3

个系，工科分为土木、采冶两个系。

4月4日 日本外务省事务官朝冈到北京，办理中日文化事业协定，教育界反对该协定之存在。

同日 北京政府教育部任张明纶为国立北京农业大学校长，张明纶未到任。北京政府教育部任马君武为国立北京工业大学校长。张明纶（生卒年不详），字伯言，湖南湘西人，日本东京帝国大学农科毕业，曾任北京政府农林部土壤科科长、佥事、农林部农政专门学校校长、国立北京农业大学校长等职。

4月6日 北京政府教育部提议日本庚款办理文化事业，须两国协同组织总委员会。

4月7日 全国私立大学联合会在北京私立民国大学举行成立大会，私立文化大学等10余所学校30余名代表出席会议。会议决定："一、通函京外各大学，请速加入；二、通知在京各私立大学选代表一人组织委员会。"该联合会章程规定，"本会以联络感情，增进公益，发展大学教育为宗旨，凡国内私立大学，除教会大学外，皆可自由加入"。

4月12日 关于法国退还庚款余额事宜，外交部照会法国公使签订协定，其中关于美金债票的用途规定"第二项内规定办理中法间教育及慈善事业之用"。

4月14日 北京政府临时执政段祺瑞令："王九龄因事请假，着章士钊暂行兼署教育总长。"

4月15日 北京全国教联会、庚款委员会一致反对日本利用庚款对我国进行文化侵略，议决发起组织反对日本文化侵略大同盟。

4月16日 北京政府教育部公布《修正国立大学校条例》第11条条文，"国立大学校设校长一人，总辖校务，由教育总长陈请简任或聘任之"。

4月18日 北京政府阁议胡敦复简任国立东南大学校长。

4月20日 国立东南大学风潮升级，47名教授宣布罢教，学生提出"拒胡（胡敦复）、倒章（章士钊）、驱杨（杨铨）"口号。

4月21日 江苏省教育会在南京举行学校军事教育研究委员会会议。会议主张军事教育应普及于一切学校。

4月25日 北京政府外交、财政、教育3部呈准《中法教育基金委员会组织大纲》。《大纲》规定："中国方面外交、财政、教育三部及国立北京、东南、广东、中法四所大学校各派代表一人为委员，与法国委员根据中法协定，管理中法教育事业基金及决定其用途。"

4月27日 北京政府教育部提议武昌商科专门学校改升为大学。

4月28日 中法教育基金委员会在北京政府外交部举行会议，宣告成立。同时，中国代表组织成立中法教育基金委员会中国代表团，处理中国方面的事务。代表团组成人员为：外交部的刘锡昌、财政部的林鸿隽、北京政府教育部的刘百昭、国立北京大学的蒋梦麟、国立东南大学的胡敦复、国立广东大学的邹鲁、里昂中法大学的李石曾7人。刘锡昌（1880—?），字佐卿，浙江德清人，曾任北京政府外交部佥事、华盛顿会议中国代表团秘书、外交部秘书、国民政府条约委员会委员等职。刘百昭（1893—?），字可亭，湖南武冈人，曾任北京政府教育部专门教育司司长、国立北京艺术专门学校校长、省立东北大学文德学院院长等职。

4月29日 教育总长章士钊拟合并北京国立专科以上八校，设立考试院，严考师生，遭到教育界反对。

4月30日 中法教育基金委员会中国代表团在外交部开会，通过该团办事细则8条。

4月 北京政府外交部批准私立清华学校"大学筹备委员会"提出的《清华大学工作及组织纲要（草案）》。学校随即按照《纲要》成立了"临时校务委员会"，曹云祥、张彭春等10人为委员。"该委员会负责将清华学校改组成大学部、留美预备部和研究院三部分，并决定到1929年旧制学生全部毕业后，留美预备部即停办。"张彭春（1892—1957），字仲述，河北天津人，美国哥伦比亚大学哲学博士，曾任私立南开大学代理校长、私立清华学校教务主任等职。

同月 朱经农在中华基督教教育会出版的《教育季刊》上发表《中国教会学校改良谈》一文。作者认为，不必收回教育权而使教会学校关门，应对之进行改良，以适应中国的需要，并认为教会学校应该接受政府的监督。朱经农（1887—1951），浙江浦江人，美国哥伦比亚大学教育学硕士，曾任国立北京大学教授、私立沪江大学文科主任、私立齐鲁大学校长、国立中央大学教育长、国民政府教育部政务次长等职。

同月 中华教育文化基金会通知私立复旦大学："从今年起，每年拨款1万元，帮助复旦发展生物学科。"

5月4日 中华民国学生总会及上海学生会举行集会，纪念"五四"运动6周年。上海各大中学校6,000余学生到会，全体高呼"打倒帝国主义！""打倒一切军阀！""中华民族解放万岁！"等口号。

同日 国立北京师范大学举行纪念"五四"运动6周年大会，遭到制止。

同日 中国外交总长与日本驻华公使公文照会，决定以庚子赔款作为管理文化事业。段祺瑞指派柯劭忞、王树枏等11人为管理中日文化基金总员会中国委员。日本委员为大河、入泽、服部守野等7人。柯劭忞（1848—1933），字凤荪、凤笙，山东胶州人，曾任清政府学部丞参上行走、京师大学堂经科监督署总监督、清史馆编纂兼代理管长、故宫博物院理事等职。王树枏（1851—1936），字晋卿，河北新城人，清末进士，曾任清政府户部主事、新疆布政使、清史编纂处总纂、北京政府参政院参政等职。

5月7日 北京政府教育总长章士钊禁止学生举行国耻纪念活动，军警与学生发生冲突，被捕学生18人，受伤者甚多。下午，学生捣毁章宅。

同日 国立北京女子师范大学学生举行"五七"演讲会，拒绝校长杨荫榆为主席。杨荫榆召开校评议会，决议开除6名学生自治会成员。

同日 留日学生总会非常评议会等团体在东京召开"五七"国耻纪念大会，到会数百人，议决救国方案多件，随后持国旗游行。日本警察撕毁国旗一面，逮捕学生19人。游行队伍遂至中国使馆要求严重交涉。经使馆与日本警署交涉，日方表示歉意，释放全部被捕学生。

5月9日 北京学生4,000余人向政府请愿，要求"罢免章士钊、朱琛（警察总监），释放被捕学生，废止治安警察法、出版法，恢复学生言论集会自由"。

同日 北京政府国务会议讨论 5 月 7 日学生捣毁章士钊住宅一事，明令告诫学生"要潜心学业，勿问外事。并责成各校长严行约束，若仍有越轨行为，将依法惩治"。

同日 全国教育会联合会庚款委员会通电各省区教育会，反对中日文化协定，要求"迅起抗争，予本会以充分之援助"。

同日 国立北京女子师范大学校长杨荫榆借故开除刘和珍与许广平等 6 名学生，引发"女师大风潮"。

5 月 10 日 上海全国学生总会为北京"五七"事件召开紧急会议，讨论对付办法。会议决定致电段祺瑞及各地学生会，要求"查办章士钊，释放被捕学生"。

同日 天津学生联合会开会议决援助北京学生办法 4 条："一、通电全国各界一致抵抗北京临时政府；二、要求惩办章士钊、朱琛，释放被捕学生；三、派代表赴北京慰问；四、联络各界一致援助。"同日，国民党天津市党部亦致函声援北京学生。

5 月 11 日 国立北京女子师范大学学生自治会召开全体紧急会议，一致决议驱逐校长杨荫榆，并派人看守校门，禁止其入校，出版《驱杨运动特刊》。

同日 北京警卫总司令鹿钟麟调停"五七"北京学潮，被捕学生准予取保释放。

5 月 12 日 北京政府教育总长章士钊辞职。

同日 北京政府国务会议决定："中法教育基金 1,000 万元分两年支付，其中 150 万元分配给京外各国立学校"。在京各国立学校对经费分配问题意见不一，北京政府教育部因财政部提案手续不合法，提出抗议。26 日，国务会议决定，中法教育基金 150 万元现款暂停分配。

5 月 13 日 美国教育家孟禄偕同洛克菲勒基金团驻华代表参观私立复旦大学。

5 月 27 日 国立北京女子师范大学教授马裕藻、沈尹默、周作人、钱玄同、周树人等发表宣言，指责国立北京女子师范大学校长开除学生不当。

5月30日 上海各大学学生2,000余人，为反对日本纱厂枪杀工人顾正红，揭露拘捕学生真相，宣传反对工部局提案等，举行了反帝大游行，100余名学生被捕。后万余名学生、群众举行大游行，要求释放被捕人员，当队伍经过南京路时，英国巡捕突然向示威人群开枪射击，当场中弹死亡11人，重伤8人，轻伤10余人，被捕数10人，制造了震惊中外的"五卅惨案"。上海各校学生代表20余人赴江苏交涉署，要求交涉员陈世光向驻沪领事团提出严重交涉，提出释放被捕学生、惩治凶手、赔偿、道歉、罢工自由等5项要求。

同日 全国学生总会、上海学生会通电全国，报告"五卅惨案"的经过，呼吁社会各界援助。

5月31日 上海各校代表一百余人在东亚体专开紧急会议。会议一致决定各校继续罢课、游行、演说，散发传单。

5月 私立清华学校大学部正式成立，开始招生。本次共招收新制大学普通科一年级学生132人（报到者93人）。同时增设研究院国学门（通称为"国学研究院"），导师有王国维、梁启超、陈寅恪、赵元任，招收研究生30名，以培养"以著述为毕生事业"的国学研究人才为目标。旧制学生在校者仍继续按年派遣赴美留学。

同月 湘雅医学专门学校更名为湘雅医科大学，改为自办。1931年更名为"私立湘雅医学院"。

同月 章士钊兼任国立北京农业大学校长。

6月1日 国立广东大学学生会举行"六一"纪念大会，汪精卫等出席演讲。会议议决援助"五卅惨案"办法多种。

同日 苏州各校学生分组出发演讲，唤起民众对于"五卅惨案"的重视，援助上海学生。次日，各校2,000余人停课游行，分组演讲。随后，南通（3日）、嘉兴（4日）、无锡（7日）、清江浦（8日）等地，先后举行集会、游行、演说，声援沪案。

6月2日 北京政府国务会议讨论沪案。沈瑞麟报告上海学生被杀经过。阁员相继发言，咸谓英日等国驻沪当局对于无辜学生，竟采用武力摧残手段，致发生此种不幸之事，实在有辱国体，政府应该及时查办，秉公交涉。会议议决，通过向驻京使团领袖意大利使馆提出严重抗议，并派曾宗鉴、蔡廷干等人赴上海查办，并紧急致电上海军警长官镇抚商民。沈瑞麟（1875—1932），字砚裔，浙江吴兴人，清末举人，曾任清政府驻德使馆二等参赞代办使事、北京政府驻奥公使、外交次长、外交总长、内务总长等职。

同日 江苏省长郑谦就"五卅惨案"事件回电上海各大学校长："务望劝告各学生，在校静候解决，免滋别生意外。"

6月2日 中华教育文化基金董事会在天津裕中饭店举行第1次年会，4日结束。议决庚款用途、范围及分配庚款6条原则。改选颜惠庆为董事长，孟禄、张伯苓为副董事长，范源濂为干事。

6月3日 北京百余所学校共5万余名学生罢课，举行游行示威，声援"五卅惨案"，要求政府"向英使馆提出严重抗议，不达到目的不停止"。游行队伍在天安门开国民大会，通过决议："一、游行队伍立即赴总商会，请求立即罢市下半旗；二、请求工界罢工；三、发起组织北京各界反对英日残杀同胞雪耻会；四、施行经济绝交，以及向驻京使团提出严重抗议等。"

同日 私立圣约翰大学暨附属中学800余人，因校长美国人卜舫济辱及我国国旗，声明离校，并宣誓永不再回校。次日，该校中国教师宣布全体辞职，并通电全国。4日，离校学生在复旦附中召开全体会议，并成立离校学生善后委员会。12日，善后委员会联合社会各界及学生家长召开新校发起人大会，成立新校筹备委员会，开始着手准备成立新的大学。22日，新校筹备委员会召开第3次会议，经商议，取"日月光华"之意，定校名为"光华大学"。

同日 上海70余所学校学生与各团体万余人在上海军营广场召开"六三"纪念大会，要求"收回租界，取消领事裁判权，取消一切不平等条约，号召工商学联合起来，坚持反帝斗争"。

6月4日 上海学联代表大会提出对英、日交涉条件："先决条件为撤退武装，释放被捕学生及工人，日本工厂主答应工人要求"；正式条件为："惩凶、赔偿、永远撤退在华英、日海陆军队、取消巡捕房改由中国警察维持治安、取消会审公廨、取消西人纳税会议、华人主理市政、华人在华界有言论出版之绝对自由、工人有组织工会及罢工之自由等。"

同日 上海租界中西巡捕与英国武装兵士 60 余人，包围私立上海大学，闯入校内搜查、殴打学生，逮捕职员 1 人，并驱逐寄宿生百余人，强行占据学校。次日，又强占私立南方大学、私立文治大学。

同日 汉口 50 所学校二万多名学生举行示威游行，抗议英国士兵枪杀中国人。

6月5日 驻美公使施肇基致函美国政府，根据中美文化事业基金保管委员会之决议，要求美国将国库中所储蓄的庚子赔款，移交该会接收保管。

同日 天津各校教职员学生为声援"五卅惨案"举行大游行，沿途演说并发放传单。

6月8日 私立圣约翰大学离校学生敦请王丰镐、张寿镛、袁希涛、徐谦、朱经农、孟宪承、钱基博等 12 人筹建私立光华大学。12 日推选大学筹备委员 23 人，张寿镛为会长。张寿镛（1875—1945），字伯颂、咏霓，浙江鄞县人，清末举人，曾任宁波政法学堂监督、国民政府财政部次长、中央银行副行长等职。

6月19日 国立北京大学教职员沪案后援会发布通电，要求惩办湖北督军萧耀南。通电历数萧耀南于沪案发生后令交涉员向租界领事道歉、禁止工商学界募捐集会、逮捕市民、枪杀人道医院院长萧英等罪状，要求将萧耀南立即予以免职，并依法处置。

6月20日 上海学生联合会召集各校学生开会，与会学生 3,000 余名。大会反对上海总商会将工商学联合会决议的交涉条件擅自修改后送交涉员。会后全体与会人员走上街头，举行游行示威。

6月21日 中国留学生及华侨数百人在巴黎包围中国驻法使馆，胁迫公使陈箓，并宣布其罪状，10 余人被捕。

6月24日 广东岭南大学美籍教职员 17 人就沙基惨案发表宣言，"特以自由及自动之意志表示恻惧之同情心。如此横暴之遭逢，实为不仁不公之袭击，沙面之主持此事者，当负其最咎及责任"。并表示"我等决心与中国人合作，经中国方面所持之理由及合作之希望和目标，贡献于世界。并将予所持之宗旨直接得令美国政府与人们知之"。

6月 全国教育会联合会致函日本外务省事务官朝冈健，反对日本对华文化事业协定，表示我国文化事业，无须日本人越俎代谋。并向政府呈文，请"令外交部严重交涉，将该协定取消，以保国权"。

6月 英国国会正式通过《中国赔款案》，并成立咨询委员会。委员会由威林顿（Willingdon）子爵任团长，胡适、丁文江、王景春3人及安特孙（Dame Adelaide Andergon）、苏德赫（W. E Sothill）教授任团员。

7月2日 北京政府教育部公布《私立专门以上学校认可条例》。《条例》规定："私立专门以上学校遵照私立大学规程及公立私立专门学校规程，呈请教育总长认可时，应遵照本条例办理"；"私立专门以上学校开办前应遵照《私立大学规程》第一条、第二条、第三条或《公立私立专门学校规程》第二条、第三条、第四条详具事项表册，呈请教育总长核办"；"私立专门以上学校应于开学后三个月内将办理情形详具表册呈报教育总长。经派员视察后，认为校址、校舍、学则、学科分配、教职员资格、学生资格、经济状况及各项设备均无不合者，由部批准试办，以三年为试办期"；批准试办的私立专科以上学校"于每学年开始后遵照部章，将校内各项详细情形呈报教育总长""在试办期内教育总长认为办理不合格者，得令其停止试办""确保参照《国立大学校条例》或遵照《专门学校令》及各专门学校规程办理，并于试办期满后具备所列条件，由教育总长正式认可。（一）有自置之相当校舍；（二）有确定之基金在五万元以上；（三）经部派员考试学生成绩优良。"

7月15日 北京政府教育部通电各省："如省内无高中毕业生可以升入大学的，应将初中增加至四年，毕业后可以报考大学预科。"

7月16日 恽代英在国立东南大学发表题为"五卅运动"的演讲，号召青年"把反对上海五卅惨案的运动，变为全国民众长期与帝国主义斗争的运动"。

7月18日 北京政府教育部公布《修正捐资兴学褒奖条例》18条。《条例》规定，"人民以私财创立学校或捐入学校，准由地方长官开列事实表册，详请褒奖。华侨在国外以私财创立学校或捐入学校，培育本国弟子，准由各驻在国领事开列事实表册，详请褒奖。以私财创办或捐助图书馆、博物馆、美术馆、宣讲所等有关教育事业的，准照前项办理"。褒奖分为褒章、褒状、匾额、褒辞等。

7月20日 中华教育改进社和全国教育会联合会推选蔡元培、郭秉文出席在英国爱丁堡举行的世界教育会联合会首届大会。蔡元培在会上作《中国教育的现状与将来》的演讲。

7月27日 北京政府临时执政段祺瑞令："巴黎大学前经我国与法国学者商促中国文化讲座，现在中国学院次第观成，所有应拨款项，即由各部处按照议决办法陆续筹拨，并派专员充任监督，所翼切磋提携，共策进行。"又令："派韩汝甲充巴黎大学中国学院监督兼办巴黎大学在华分校事宜。"

同日 教育部派员视察私立大夏大学，认为学校管理认真，学风成绩俱佳，准予立案试办。

7月28日 北京政府临时执政段祺瑞令："任命章士钊为教育总长。"

7月 湖南省教育经费积欠已达120余万元，湖南教职员组织非常委员会，进行教育经费独立运动。7月6日，教联会召集各校代表开会，30余所学校50余名代表参与会议。会议议决于7月10日向政府请愿。

同月 北京政府交通部为规范留学事务，制定《交通部管理部派国外留学生章程》24条，规定："本部留学生事务由总务厅育才科管理""本部留学生名额暂定为七十名，其分配法依左列之规定。（一）本部直辖三大学学生每年毕业时，择其成绩优异、品诣端方者四名，每人留学五年，共占额二十名，内南洋大学每年派送两名、唐山大学及北京交通大学内边各派送一名；（二）本部直辖三大学学生在校成绩优美，毕业后在本部四政服务两年以上、品行、才具、学识俱佳者，每年选派二十名，每人留学两年，共占额四十名，内土木、机械、电机、铁路管理四科各占四分之一，但本部得视需要情形随时酌量变更之；（三）自费生在外国各大学本科肄业两年以上、所习学科在本部四政范围以内、成绩优美者，得给予官费，以十名为限，留学期限二年"。

同月 中华民国学生联合会总会举行第七届全国代表大会。大会提出，"要引导各校学生切实进行参与校务的运动，反对政府复试中等以上学校毕业生，组织学生军，撤废教会学校，收回教育权"等。

同月 《甲寅周刊》发表瞿宣颖的《科举议》一文。文章详细论述了"科举的益处"，主张恢复科举制。瞿宣颖（1894—1973），字兑之，湖南长沙人，曾任国务院秘书、外交委员会秘书长、国史编纂处处长等职。

同月 因"五卅惨案"事件，蔡元培撰写了《为国内反对日、英风潮敬告列强》一文，翻译成英、法、德等文字，分送西欧各国的报刊发表。文章指出列强"用旧式的胁迫手段，去达到损人利己的计划，是不合于中国现势的了。""我尤希望日、英两国与其他列强，都有根本的觉悟；都宣告把从前与中国旧政府所订的不平等条约，无条件的取消；特派专使，重订平等条约"。

同月 晏阳初应邀前往檀香山出席太平洋国民会议，作《中国的新生力量——平民教育》演讲，受到各国代表的注意和赞扬。

同月 江苏省教育厅厅长蒋维乔接任国立东南大学校长。

同月 国立北京大学增设生物学系。

8月1日 北京政府教育总长章士钊令国立北京女子师范大学校长杨荫榆带领军警，包围学校，强行解散国文系等4个班级，以武力驱逐住校女生。反抗者被殴，10余人受伤。

8月2日 北京各大学代表在中央公园召开会议，推选李泰棻、王世杰、李石曾、易培基、熊希龄等为代表，与北京政府交涉，援助国立北京女子师范大学。李泰棻（1896—1972），字革痴，河北阳原人，曾任国立北京大学历史教授、国立北京师范大学历史教授、北平特别市政府教育局局长等职。

8月6日 北京政府国务会议讨论决定："停办北京女子师范大学，由部派员接收。"

8月7日 北京政府教育总长章士钊派视学张邦华等接收国立北京女子师范大学。张邦华（1873—1957），字燮和、协和，浙江海宁人，早年留学日本。

同日 北京各校沪案后援会、学联会、救国会等83个团体派代表至北京政府递交请愿书，要求"取消停办北京女子师范大学议案，并即日罢免章士钊、杨荫榆"等4项要求。

8月10日　私立南开大学在北京政府教育部核准立案。

8月11日　私立上海南方大学校务会议讨论7、8日上海《新申报》《民国日报》等报登载清室善后委员会发表清室密谋复辟的文件。文件中有南方大学校长江亢虎请求觐见溥仪函2件，金梁为江亢虎请求觐见函1件。校务会议认为，江亢虎犯有复辟嫌疑，决议以全体教职员的名义发布启事，否认江亢虎为校长。此前，该校留校学生要求江亢虎主动辞职。

8月12日　因鲁迅支持国立北京女子师范大学的学生运动，北京政府教育总长章士钊呈请段祺瑞免去鲁迅北京政府教育部佥事职务。22日，鲁迅向平政院投诉状，控告章士钊，胜诉。1926年1月，北京政府教育部宣布恢复鲁迅北京政府教育部佥事职务的"复职令"。

8月17日　北京政府教育部召开部务会议，决定将国立北京女子师范大学改组为"国立女子大学"，由章士钊自任筹备处长，刘伯昭为筹备员。

8月18日　国立北京大学评议会召开会议，抗议章士钊解散国立北京女子师范大学。会议最终以7票对6票，通过了"北京大学与北京政府教育部脱离关系宣布独立"的提案，并发布公告："不承认章士钊为教育总长，拒绝接收由章士钊签署的文件"。随后，胡适等5位教授反对学校卷入政治与学潮，向评议会提出抗议。31日，校长蔡元培在评议会上宣布，"此案既经议决，宜继续执行脱离北京政府教育部，一切由本人负责"。

8月19日　北京政府教育总长章士钊派司长刘百昭接收国立北京女子师范大学，学生自治会会长刘和珍等与之力争，刘百昭被学生驱逐出校。

8月20日　内阁会议通过了教育总长章士钊草拟的《整顿学风令》："倘有故酿风潮，蔑视政令，则火烈水懦之喻，孰杀谁嗣之谣，前例具存，所宜取则。本执政敢先父兄之教，不博宽大之名，依法从事，决不姑贷。"

8月21日　周树人、钱玄同、马衡、沈尹默、顾孟余等41位教员联名发表宣言："谴责章士钊压制学生的爱国运动、禁止学生开会纪念国耻、提倡复古运动、解散北京女子师范大学、以整顿学风为名摧残教育，表示不承认章为教育总长。"

8月22日 北京政府教育总长章士钊派司长刘百昭强行接收北京女子师范大学。并密令："女生若有抵抗，可以格杀勿论。"当日，刘百昭带领雇佣的女仆三十余人，由北京地方监察厅侦缉队配合，将留校女生全部拖出校门，随后将校门关闭。

同日 上海学生联合会致电北京政府，抗议北京政府教育部停办国立北京女子师范大学的暴行，要求将章士钊革职查办。次日，全国学生联合总会及北京学联会等团体代表前往警察厅请愿，要求撤退军警，惩办行凶警察，保护被拘代表。

同日 私立上海南方大学教授胡朴安、李石曾为反抗江亢虎占据学校，联合章太炎另行创设私立国民大学，设中国文学系、政治学系、经济学系及商业系。胡朴安（1878—1947），原名胡韫玉，安徽泾县人，曾任《国粹学报》《民立报》《太平洋报》《中华民报》编辑、私立中国公学教授、私立复旦公学教授、私立国民大学及私立持志大学国学系主任、私立上海正风文学院教务长、上海女子大学教授等职。

8月26日 北京政府临时执政段祺瑞发布整饬学风令："自后无论何校，不得再行借故滋事，并责成北京政府教育部拟具条规，认真整饬。"

同日 北京政府教育部发布《女子大学筹备委员会规程》。

8月29日 北京政府教育部任命胡敦复为国立女子大学校长。

8月 北京政府教育部正式认可私立民国大学、私立平民大学、私立华北大学、私立金陵大学、私立协和医科大学。

同月 国立北京美术专门学校更名为"国立北京艺术专门学校"，刘百昭任校长，增设音乐、戏剧2系。

同月 张黼卿任国立北京医科大学校长。张黼卿（生卒年不详），河北人，早年留学日本，后再赴日本、德国进修，曾任国立北京医科专门学校教授、代理校长、国立北京医科大学校长等职。

9月5日 私立大夏大学上海胶州路新校舍落成，随后于10日开始上课，学生700余人。

同日 北京政府临时执政段祺瑞依章士钊主张，令"停办东南大学"。江苏省省长郑谦反对。

9月7日 北京政府令："上海大学代理校长邵力子呈请北京政府教育部准予援助上海大学建筑经费二万元，经十五次委员会议决，决定补助二万元，由财政部筹拨。"

同日 国立北京师范大学校长范源濂致函校董事会，倡议"教授治校"，其本人决定辞职。

9月9日 国立北京大学学生因"五卅惨案"事件从6月3日开始罢课，本日宣布复课。

9月10日 私立大夏大学办理缴费注册手续，16日正式上课。本学期注册学生700余人，教授70余人。10月10日举行开学典礼。

9月12日 私立光华大学在上海霞飞路大学部举行开学典礼。

9月15日 国民党中央执行委员会第108次会议议决，改国立广东大学为"国立中山大学"。

9月18日 北京政府教育部令："按照全国教育会联合会议决扶助无力就学的优良学生。"通令提出的扶助办法有：免费、贷款、补助。筹款办法为学校筹款、公款拨助与社会捐助。此项办法适用于中等以上学生。

9月20日 上海学生联合会、全国学生联合会发起成立"反帝国主义大同盟"。

9月 全国教育会联合会庚款委员会董事会成立。10月，董事会通电全国，反对私分庚款。

同月 山西省立国民师范学校校长赵丕廉在校内增设高等师范部国文系，聘郭象升任该部学长。赵丕廉（1882—1961），字芷青，山西五台人，早年留学日本，曾任山西省政府委员兼农工厅厅长、国民师范学校校长、政治速成学校校长、国民政府内政部次长等职。郭象升（1881—1942），字可阶，号允叔，山西晋城人，曾任清史馆纂修、医学馆监督、省立山西大学代理校长兼文科学长、山西省立师范学院选科主任、山西省立国民师范学校校长等职。

同月 胡适在《现代评论》上发表《爱国运动与求学》一文。

秋 中法大学社会科学院移文科于北京东皇城根39号，改称"服尔德学院"，理科改称"居里学院"，生物研究所改称为"陆谟克学院"。

10月5日 北京政府教育部任命张贻惠为国立北京师范大学校长。张贻惠（1886—1946），字绍涵，安徽全椒人，日本东京帝国大学理学士，后赴美国芝加哥大学研修，曾任国立北京师范大学教授、国立中央大学教育行政院高等教育处处长兼物理系主任、国立北平大学第一师范学院院长、国立北京大学教授等职。

10月10日 由罗马教廷天主教会创办的辅仁社在北京成立。先设国学专修科，招收大学预科学生1班（均由教会从各地选送），学制2年。18日开始上课。

10月14日 全国教育会联合会在湖南长沙召开第11届会议，出席代表34人，至27日结束。大会收到提案84件，议决"修改庚款董事会组织原则并规定协争庚款办理案""请组织中等以上学校考试委员会案""请北京政府教育部明定中医课程并在医学校内设中医科案"等提案34件。

10月25日 上海中华学生联合总会发表时局宣言，赞成反奉，但声明不是为曹、吴反奉，并指出此次反奉战争，"是两派军阀互抢地盘的争斗"，主张"组织人民自卫军，打倒军阀，打倒帝国主义，使人民得到最后的胜利"。

10月26日 北京各校师生5万余人举行示威，"要求取消不平等条约，主张关税自主"，与段祺瑞卫队发生冲突。

10月28日 胡适在私立光华大学作《思想之方法》的演讲。

10月 北京政府教育部通令"取缔私立大学，并对全国私立大学进行调查"。

同月 浙江省教育厅奉督办、省长训令，禁止学生加入政党。训令云："自今以后，为学生者，务须一心向学，勿预外事。其侵淫于共产赤化等邪说者，故应严禁；即其他政党团体，无论何种名义，一概不能阑入"；"其有已入党籍者，许其自行陈明，即日脱离""嗣后即永禁入党。"

同月 胡适至国立自治学院及私立中国公学讲中国哲学。

11月3日 为反对段祺瑞政府的关税特别会议，全国学生联合会在北京召开了全国学生临时代表大会。会议通过了《临时代表大会宣言》《关税自主决议案》《庆祝苏俄革命八周年纪念宣言》等10个提案。大会号召全国学生为争取关税自主、取消一切不平等条约、打倒一切帝国主义和军阀而斗争。

11月7日 武汉学生联合会等团体在武昌召开国民关税自主运动大会，5万余人到会。会议一致通过反对关税会议、主张关税自主。会后举行了游行活动。

同日 北京政府临时执政段祺瑞令："国立自治学院改为国立政治大学。任命张嘉森为国立政治大学校长。"

11月14日 《上海学生》杂志刊登全国学生联合总会发布的《全国学生军组织大纲》10条。组织学生军的原则为："全国中等以上各校学生应组织学生军，讲求军事教育，以为领导农民工人，武装起义，以革命手段，打倒帝国主义的准备。但学生军不可只限于操练兵式操，须特别注意各项军事学识之研究。"

11月16日 北京政府教育部公布《外人捐资设立学校请求认可办法》6条，规定："凡外人捐资设立各等学校，遵照教育部所颁布之各等学校法令规程办理者，得依照教育部所颁关于请求认可之各项规则，向教育行政厅请求认可"；"学校名称上应冠以'私立'字样"；"学校之校长须为中国人，如校长原系外国人者，必须以中国人充任副校长，即为请求认可时之代表人"；"学校设有董事会，中国人应占董事名额之过半数"；"学校不得以传布宗教为宗旨"；"学校课程须遵照部定标准，不得以宗教科目列入必修科。"

11月18日 北京工商界、学界进行国民革命大示威行动，包围执政府，并捣毁章士钊、李思浩等人私宅，于次日继续在天安门开国民大会。

同日 鲁迅针对章士钊镇压学潮、鼓吹读经，发表文章《十四年的"读经"》，指出章士钊的读经主张"不过是这一回要把戏偶尔用到的工具""用旧习惯、旧道德、凭着官力将一切新生的力量压下去"。

11月20日 广东政治委员会议决，撤销邹鲁国立广东大学校长及外交代表职务。

11月22日 国立北京大学教职员沪案后援会等30余个团体召开关税自主国民示威运动大会。大会推选陈启修为主席，通过如下议决案："一、绝对无条件收回关税自主权；二、本月 19 日关税会议议决案与无条件收回关税自主的主张相违，全国国民应一致反对；警告政府绝对尊重人民言论、集会、结社的自由。"会后举行了游行示威。北京警察厅派大批军警将集合点严密包围，禁止群众集会游行。

11 月 24 日 广州国民政府令："特派汪精卫、谭延闿、伍朝枢（1887—1930）、陈公博为国立广东大学管理委员会委员。"谭延闿（1880—1930），字组庵，浙江杭州人，曾任南京国民政府主席、行政院院长等职。伍朝枢，字梯云，广东新会人，英国伦敦大学法学士，曾任北京政府众议院议员、国立北京大学教员、广州国民政府主席、南京国民政府主席、行政院院长、国民党中央政治会议委员等职。

11 月 25、26 日 中华教育改进社干事陶行知在私立南开大学分别讲演"学术独立在中国之重要""大学生应有之精神"。

11 月 29 日 被解散的国立北京女子师范大学，经师生的坚持斗争，本日师生返回原校，并隆重举行集会庆祝复校胜利。

同日 私立国民大学、私立光华大学、私立大夏大学报学系学生组织成立"上海报学社"。

11 月 章士钊辞教育部总长职。

同月 国立广东大学改校长制为大学委员会制，以顾孟余为主席，到任前由陈公博暂代。不久恢复校长制，仍任命顾孟余为校长，到任前由陈公博暂代。郭沫若、郁达夫等人受聘任教。陈公博（1892—1946），广东南海人，美国哥伦比亚大学经济学硕士，曾任省立广东大学校长、国民政府实业部部长、国民党第五届中央执行委员、农商银行董事长等职。

12 月 5 日 陕西省立各校教职员联合会因教育经费与更换校长问题，发表宣言，驱逐教育厅厅长王振东。王振东（1885—?），奉天兴京人，曾任东北讲武堂教育长、奉天省立海龙实业女学校校长等职。

12 月 10 日 国立广东大学辞职教授周佛海、曾济宽、萧鸣籁、杨宙康、程璟、冯友兰、刘光华、任中敏、郭冠杰、费鸿年等 38 人到达上海，发表宣言声讨"鲍罗廷阴谋破坏广大""共产党占据广大"，声明辞职原因在于"反对赤化教育"。周佛海（1897—1948），湖南人，日本京都帝国大学经济学学士，曾任国立广东大学教授、私立大夏大学教授、中央军官学校政治训练处主任等职。

12月13日　开封中等以上学校教职员因纸币票价低落，要求发现洋，本日开始停止授课。

12月24日　北京政府令："国立女子大学及国立女子师范大学均应继续兴办"，并令财政部、北京政府教育部迅速呈报筹办办法。

12月27日　上海学联代表大会决议："反对日本出兵东三省，呼吁上海市民参加反奉战争，督促国民军积极进攻，讨伐奉系军阀。"

12月28日　私立上海中华艺术大学发表成立宣言。该校实行行政委员治校，陈望道任行政委员会主席。陈望道（1891—1977），原名融，字参一，浙江义乌人，日本中央大学法学学士，《辞海》总主编，曾任私立复旦大学教授、私立上海大学代理校务主任、国立劳动大学教授、省立广西大学文科主任、中华人民共和国民主同盟中央副主席、中国科学院哲学社会科学部委员等职。

12月31日　北京政府执政段祺瑞任命易培基为教育总长。

同日　北京学生总会、国立北京大学等200余个团体在天安门召开"反日国民大会"。徐谦宣布开会宗旨，于右任、陈启雷、雷殷等相继发表演说。会议决定联合全国民众，实现国民革命，打倒帝国主义。会后进行了示威游行。

12月　北京政府教育部派洪式闾赴美国调查医学教育，派王悦赴日本考察美术教育。

同年　私立南开大学经政府核准备案。

同年　私立复旦大学经政府认可备案。

同年　私立江西心远大学经政府认可，核准备案。

1926 年（民国十五年　丙寅年）

1月1日至19日　中国国民党在广州召开第二次全国代表大会，重申三大政策。

3月18日　北京发生"三一八惨案"。

3月20日　北京政府内阁对"三一八惨案"声明引咎，提出总辞职。

5月13日　颜惠庆任国务总理。

5月22日　颜惠庆辞职，杜锡珪暂代国务总理。

7月9日　蒋介石就任国民革命军总司令职，革命军誓师北伐。

9月5日　英舰炮轰四川万县，酿成特大惨案。

10月1日　外交总长顾维钧兼代国务总理。

1月3日　中华民国学生联合总会通告各地学联："反对北京政府教育总长章士钊所定复试中等以上毕业生的命令，更反对湖南督办赵恒惕所定的科举式的复试，一致拒考。"

1月5日　北京政府教育部员工开会讨论索薪。会议决定派人员将北京图书馆的《四库全书》及《唐人写经》等书籍一律查封，作为欠薪抵押。

1月11日　东京中国留日学生100余人，为反对日本出兵满洲召开会议，开会决定离日归国，以示抗议。

1月12日　广州国民政府军事委员会议决改"黄埔军官学校"为"中央军事政治学校"。

1月13日　北京各大学、团体举办反日大演讲。李石曾、吴稚晖等6人在国立北京大学三院礼堂进行演讲，王世杰、陈翰笙等5人在国立北京师范大学风雨操场演讲，于右任、徐谦等4人在私立民国大学礼堂演讲。陈翰笙（1897—2004），江苏无锡人，曾赴美、英、俄等国留学，曾任国立北京大学史学教授、私立燕京大学教授、上海商务印书馆编辑、国立中央研究院社会科学研究所专任研究员兼社会组主任等职。

1月14日　东北三省留日学生反对日本出兵南满，离日归国。

1月16日　北京国立专科以上九校教职员代表58人赴北京临时政府国务院讨要欠薪，要求年前发4个月欠薪。教育总长易培基答应阴历十二月十日发1个月，二十日再发1个月。

1月18日　北京国立各校因经费无着，自本日起一律停课。

1月19日　广州国民政府军事委员会决定："任命蒋介石为中央军事政治学校校长，汪精卫为党代表。"

1月22日　私立中法大学奉北京政府教育部第112号指令，正式得到认可。

1月24日　东北三省留日归国"讨张排日团"及天津各团体1万余人在南开中学新操场举行国民大会，通过议案12项，其中有："请政府免张作霖职，并下令讨伐""反对对抗国民军的一切军阀""反对吴佩孚联合张作霖祸国殃民""致电警告日本政府"等。会后游行。

同日　湖北全省学生联合会为反对日本出兵满洲，派代表包泽英赴襄樊宣传，被襄樊县知事逮捕。该县学生会要求释放包泽英，遭到卫队枪击，10余人受伤，29人被拘捕。

1月28日　北京政府教育部任命王宠惠为国立北京法政大学校长，李石曾为国立北京农业大学校长，孙柳溪为国立北京医科大学校长，林风眠为国立北京艺术专门学校校长，徐谦为外交部俄文法政专门学校校长。孙柳溪（1885—?），字六桥，山东即墨人，早年留学日本，同盟会会员，曾任国立北京医科专门学校外科教授、校长、国立京师大学校医科学长等职。林风眠（1900—1991），广东梅县人，法国巴黎美术专门学校毕业，曾任国立北京美术专门学校校长、国立杭州艺术专科学校校长等职。

1月30日　北京政府国务会议决定：蔡元培、李石曾等16人任中华教育基金会委员；俄文法政专门学校归北京政府教育部管辖。

1月　四川省公署将成都大学所提交的预算案提交善后会议，经全省各界代表讨论议决，成都大学常年经费为60万元，按月拨付5万元，全部由四川盐税款项下照数支付。

同月　私立厦门大学将隶属文科之教育学系、商学系，及隶属理科之工学系恢复为科，新闻学系停办。全校共设文、理、教育、工、商5科。

2月1日　湖南工业专门学校、湖南商业专门学校和湖南法政专门学校合并，正式成立省立湖南大学，设理、工、法、商4科。不设校长，组织行政委员会管理。

2月2日　反基督教大同盟代表要求北京政府教育部命令取消教会学校。

2月4日　北京政府教育部通告："国内私立学校及外人捐资所设立的学校，一切课程、训育、管理事项，必须按照北京政府教育部章程办理，如有违反者，应即停办。"

2月12日　基督教全国大学联合会在私立上海沪江大学开会，至16日结束，讨论教会学校向政府注册等问题。

2月22日　北京政府教育部通令："限制学生转学。"

2月26日　中华教育文化基金董事会在北京饭店举行第1次常会，议决在武昌华中大学文化图书科设立图书馆学教席及助学金等事宜。

2月28日　北京政府令："制止反基督教运动。"

2月　广州国民政府任命褚民谊为国立广东大学校长，筹备改办中山大学，随后组织国立中山大学委员会，统筹规划一切事宜。褚民谊（1884—1946），字重行，浙江吴兴人，法国圣彼得堡医科大学医学博士，曾任法国里昂中法大学校长、国立广东大学医学院院长、上海中法国立工学院院长、中法大学药学科主任、上海美术专科学校校董等职。

同月　张珽任国立武昌大学代理校长，5月辞职，由李汉俊、黄侃等教授组织临时校务维持会维持。张珽（1884—1950），字镜澄，安徽桐城人，日本东京高等师范学校博物部及植物研究所毕业，曾任安徽省教育司科长、国立武昌大学教授及代理校长、国立武昌中山大学理科委员会主席、国立武汉大学筹备委员会秘书、国立武汉大学教授兼生物系主任等职。李汉俊（1880—1927），原名书诗，字人杰，湖北潜江人，早年就读于日本帝国大学，曾任私立中华大学教授、北京政府外交部秘书、国立武昌大学教务长、私立上海大学社会学系教授、北京政府湖北省政务委员会委员、教育厅厅长、国立武昌中山大学委员等职。

3月1日　广州国民政府设立教育行政委员会，委员有陈公博、甘乃光、许崇清、金曾澄、钟荣光、褚民谊。后增任廖仲恺、蔡元培、韦悫等12人为委员。甘乃光（1897—1956），字自明，广西岑溪人，美国芝加哥大学毕业，曾任私立岭南大学教授、国民政府广州市市长、国民党第二届中央执行委员和中央政治会议委员等职。

3月2日　中华教育文化基金董事会董事、美国教育家孟禄博士应邀在私立南开大学发表"大学之责任"的演讲。

3月3日　全国非基督教大同盟通电各省非基督教同盟及各团体，"指斥段祺瑞政府下令取缔非教运动，甘心做帝国主义的走狗，请求一致声讨"。

3月4日　北京政府任命马君武为教育总长，马辞不就。

3月5日　北京国立专科以上九校教职员向国务总理贾德耀索要欠薪。

3月7日　北京政府教育部将"国立北京俄文法政专门学校"改为"国立中俄大学"，徐谦任校长。反对徐谦任校长的学生离校，由外交部另外设立俄文法政专门学校进行教学。

3月18日　国立北京大学、国立北京师范大学、国立北京女子师范大学、国立女子大学等京师80余校学生和各界市民5,000余人，在李大钊的带领下，在天安门前召开反对列强最后通牒大会，会后示威游行，到北京政府请愿。段祺瑞命令卫队镇压，击毙学生及其他群众47人，伤150余人，制造了"三一八"惨案。

同日　北京政府通电称"三一八"惨案是徐谦等人鼓动所致，下令通缉徐谦、李大钊、李石曾、易培基、顾孟余5人，称他们"假借共产学说，啸聚群众"，扰袭国务院。

同日　"三一八"惨案当天，鲁迅先生写了《无花的蔷薇之二》，文章后并注"民国以来最黑暗的一天，写"。此外，还写了《"死地"》《可惨与可笑》《记念刘和珍君》《空谈》《如此"讨赤"》等文章。

同日　广州国民政府教育行政委员会令广西教育厅命令各校，课程中增加"三民主义"科目。

同日 私立光华大学校长张寿镛呈请英国退还庚款委员会补助学校发展，并呈请北京政府教育部准予立案。5月15日，就立案事宜，教育部派员视察私立光华大学。

3月20日 上海学生联合会召开紧急会议，议决："召集市民大会，声讨军阀制造'三一八'惨案的罪行。"

3月21日 胡适在上海私立大同学院作宣扬"学术救国"演讲。不久，在国立北京大学作同一题目演讲。

3月23日 北京各学校、团体在国立北京大学第三操场举行"三一八"死难烈士追悼会。

同日 北京学生联合会就"三一八"惨案通告各地学生联合会："一、各地学生应立即组织演讲队，向民众讲演此次惨案的真相及其关系的重大；二、联合各界一致发表宣言或通电，宣布帝国主义的阴谋和段祺瑞媚外残害民众的罪恶，以及其借口'赤化'，嫁祸少数民众领袖，离间民众运动的阴谋；三、联合各界即日组织'三一八'惨案后援会；四、联合各界举行大规模的示威游行运动与追掉大会。"

3月24日 上海各校学生为声援"三一八"惨案，纷纷上街演讲，散发传单，并一律罢课下半旗。

同日 上海学生联合会为声援"三一八"惨案，开会决议罢课4天。

3月25日 北京各学校、团体代表在国立北京大学开会，讨论筹备29日在中央公园举行死难国民追悼大会及在中央公园建立纪念碑等事宜。

同日 国立北京大学学生为"三一八"惨案殉难同学李家珍、黄克仁、张仲超下葬，1,000余人送葬，并抬棺游行，抗议段祺瑞政府的暴行。

同日 为悼念"三一八"惨案中死难的刘和珍、杨德群两名学生，国立北京女子师范大学师生举行追悼大会。鲁迅出席了追悼会，会后作了《纪念刘和珍君》一文。

3月29日 北京各界追悼"三一八"惨案死难国民大会原定在中央公园举行，因京师警察厅阻止，改在国立北京大学第一院大操场举行，蒋梦麟任大会主席。

同日 北京政府任命胡仁源为教育总长。

3月 由瞿秋白推荐，郭沫若就任广州中山大学文科学长。郭沫若到任后即着手对文科进行整顿，由此触发了一场"择师运动"，允许文科学生注销原选科目，自由选读新开科目，遭到任教多年、思想保守的一些教授的反对，26名教授联合罢教，上书诸民谊校长及国民政府教育行政委员会，以辞职相要挟，要求罢黜郭沫若。文科的广大学生坚决拥护郭沫若的改革措施，提出"打倒饭桶教授"的口号，呈请国民政府、国民党中央党部和诸民谊校长，要求撤换不称职的教师。最终以不受欢迎的15名教授被辞退离校而告终。郭沫若（1892—1978），四川乐山人，毕业于日本九州岛大学医科，曾任国立中央研究院院士、中华人民共和国中央人民政府委员和社会科学部主任和哲学社会科学部常务委员会主任、中国科技大学校长、中国科学院历史研究所第一所所长、第一至第五届政协委员会、副主席等职。

同月 中华教育文化基金董事会议决，三年内补助私立南开大学10.5万元，专为扩充理科之用。

同月 国立广东大学取消管理委员会，恢复校长制，褚民谊任校长。

4月2日 广东各界在国立广东大学操场为北京"三一八"惨案召开反对段祺瑞大会。会议指出，"'三一八'惨案是北京反动政府残杀爱国民众的开始；一切不平等条约都是帝国主义束缚我国的工具；直、奉军阀都是帝国主义的走狗。大会号召各界团结一致以抵抗反动势力的进攻，以早日取消一切不平等条约，援助北京的群众运动，打倒直、奉军阀"。

4月9日 《京报》披露北京政府通缉许寿裳、陈垣、马叙伦、周树人等48人。

4月12日 周恩来应邀出席国立广东大学孙中山总理纪念周，讲演《国民革命当中之工农运动与学生运动》。

4月19日 广州国民政府教育行政委员会公布《中央教育行政大会规程》。

同日 北京军警搜捕国立北京大学代校长蒋梦麟以及多名教授。蒋梦麟、朱家骅等人到六国饭店躲避，后秘密离开北京。

5月3日 国立东南大学教育科及农科、中华教育改进社、中华平民教育促进会成立"联合改进农村生活"董事会，黄炎培任董事长，合作试办农村教育，制定《实验改进农村生活合作条件》《联合改进农村生活董事会简章》。

5月7日 广东学、工、商等各界团体代表1,000余人向广州国民政府请愿，要求收回岭南大学。

5月13日 北京政府任命王宠惠为教育总长。

5月16日 广州国民政府教育行政委员会公布《中等以上学校教育奖励规程》7条。《规程》规定："中等以上学校教员，连续服务满十年者，得受奖励一次，二十年者二次，以上照推"。"应得奖励金教员，以在职者为限，其奖励金与该教员之年俸相等，但须将十年内所得之俸给平均计算之。"

5月19日 北京各大学教授、全国教育会旅京代表、中华教育改进社代表等70余人集会，主张敦促英国正式声明退还庚子赔款，由中国设立一个董事会对赔款进行保管与支配。

5月28日 中华全国总工会发表《援助上海同济大学学生宣言》。《宣言》"号召全国同胞声讨同济校方及反动军阀，对同济学生予以同情和帮助"。

5月 张澜就任国立成都大学校长职。张澜（1872—1955），字表方，四川南充人，曾任四川省省长、中国民主同盟主席、中华人民共和国中央人民政府副主席、全国人大常委会副委员长、全国政协副主席等职。

同月 毛泽东主持的第六届农民运动讲习所开办于广州番禺学宫，9月结束，训练4个多月。课程有《中国农民问题》《农村教育》《社会问题与社会主义》《中国民族革命运动史》《中国政治状况》《各国革命史》《中国史概要》等。毛泽东任第六届农讲所所长，并主讲《中国农民问题》课程，时长23小时；周恩来主讲《军事运动与农民运动》课程。

同月 中华全国总工会省港罢工委员会为广东、香港各工会开设的培养工人运动干部的劳动学院成立，院长邓中夏，教授有肖楚女等。

同月 广东全省第6次教育大会通过《党化教育决议案》，规定党化教育的具体方法，确定教育宗旨为三民主义革命化之教育，学校增设政治训育部，实施政治训育；规定三民主义为必修课，每周课时数至少50分钟，审查现行教科书。

同月 台北州立宜兰农林学校开办。1945 年底改制为"台湾省立宜兰高级农工职业学校"。

6月4日 湖北省教育厅制定并施行《取缔私立中等以上学校暂行办法》10 条。

6月8日 湖北省训令警务处,解散武昌学生联合会、湖北全省学生联合会等学生组织。

6月18日 南京金陵大学董事会召开,另选华人接管学校。

同日 中华教育文化基金董事会在北京召开第五次执行委员会。会议议决:"按照原议,给予岭南农科大学和中华平民教育促进会补助费"等。

6月19日 安徽省教育厅召开会议,计划筹办安徽大学。

6月22日 北京政府改组,颜惠庆以国务院摄行大总统令,任命任可澄为教育总长。任可澄(1878—1946),字志清,贵州安顺人,清末举人,曾任贵州省师范传习所监督、优级师范学堂监督、北京政府云南巡按使、广东军政府内政部部长、贵州省省长、教育总长等职。

6月24日 中华教育文化基金董事会在北京召开第 2 次年会,选举颜惠庆为董事长,孟禄、张伯苓为副董事长。

6月26日 湖南省公立学校校长因教育经费积欠达 17 个月之久,全体辞职。

同日 山东省代省长林宪祖令:"教育厅撤销法政、医学、矿业、商业、工业、农业六个专门学校以及省立第一、第二、第六、第十中学附设的高中班,暑假期间筹办山东大学,教育厅长王鹏寿兼任校长。"

同日 蔡元培致电北京政府国务院及北京政府教育部,请辞国立北京大学校长及俄国庚子赔款委员会委员之职。

6月30日 奉系军阀张宗昌下令在济南建立山东大学。

6月 美国在费城举行博览会,中华教育改进社致函国内各学校各教育文化机关,征求教育品到美国参展。国立北京大学、国立东南大学、国立北京师范大学、私立厦门大学等代表中国高等学校参加展览,获得世博会最高荣誉奖章。

同月 私立厦门大学添设法科，以隶属文科之政治经济学系划设的政治、经济两系并入。

夏 国立北京法政大学收回被参议院、众议院借用的第一、第二院旧址。

7月1日 广州国民政府教育行政委员会在广东召开第1次中央教育行政大会，与会47人，有国立广东大学校长、各学院院长、各私立大学、专门学校校长等。会议历时10天，通过"凡学校及私塾员生须全体加入国民党案""外人捐资及教会设立之学校须呈报主管教育机关立案"等提案23件。

7月4日 国民党中央执行委员会常务委员会第37次会议决定在广州设立"学术院"，以造就政治、建设人才。学术院分设法律、政治、交通、外交、财政、教育、工业、农业等16门专科，入学资格为国内外大专院校毕业，学习两个月即推荐到各行政机关任职。

7月8日 国立北京大学教职员召开全体大会，讨论挽留蔡元培校长。会议通过三项办法："（一）与教部接洽，请其派代表到沪，切实挽留。并对教部坚决表示，非蔡先生不可，另换他人，誓不承认。（二）派全权代表到沪，对蔡先生坚决挽留，非请打消辞意不可。（三）对外发表宣言，北京大学非挽留蔡先生不可之理由。"

7月13日 北京政府教育部令各省区："自本年度起，各大学一律不准附设专门部。大学及各专门学校除各级师范学校外，不得用附属名义附设中学或小学。"

7月16日 全国教育联合会庚款董事会派代表罗教铎等人前往北京会见教育总长任可澄，反对北京政府教育部和财政部拟以俄国庚款作为抵押，发行教育国库券1,000万元。罗教铎（1886—1951），字湘道，湖北新化人，创办基本平民学校、平民女子工学社、平民女子职业班（后更名为"湖南模范平民学校"），曾任湖北旅鄂中学校长、长沙省立一中校长等职。

7月17日 广州国民政府令："国立广东大学改为国立中山大学，戴季陶为校长，"未到任前由经亨颐代理校长职务。戴季陶（1891—1949），初名良弼，后名传贤，浙江吴兴人，曾任黄埔军校政治部主任、国民党中央宣传部部长、国民政府考试院院长等职。

7月19日　上海学生联合会发表宣言，要求收回会审公廨。指出："列强乘我国辛亥革命未定之时，以骗取及侵略手段，霸得毫无条约根据之沪廨，十余年来，帝国主义者用以压迫吾民众之唯一利器，而我全沪同胞，备受其苦，无条件收回公廨，实为理直气壮，迫不待缓之事。"

7月23日　全国学生代表大会在广东大学礼堂召开，31日结束。到会人员有17个省市代表40余人。大会通过《统一学生运动议决案》《拥护国民政府并赞助北伐议决案》等提案，要求统一学生运动，支持北伐等。

7月24日　山东省教育厅决定将山东省立农业、工业、矿业、商业、医学、法学6个专门学校合并，改建为省立山东大学，王寿彭任校长，设文、法、工、农、医5科，学校组织设校评议会、系设教授会。王寿彭（1875—1929），字次篯，山东潍县人，清末状元，曾任清政府湖北提学使、山东省教育厅厅长等职。

7月　美国罗氏基金会捐赠私立南开大学理科2万元，分5年拨付。

同月　北京政府任命许璇为国立北京农业大学代理校长。

8月5日　国立北京女子师范大学教职员50余人，为反对与北京女子大学合并，开会讨论对付的办法。会议决定选派周作人等8名代表赴北京政府教育部交涉。

8月8日　江苏省教育厅奉浙、闽、苏、皖、赣5省联军司令部函，通令禁止各校男女同校，要求注重读经与国文。

8月13日　教育界反对日本将"中日文化委员会"改为"东方文化委员总会"。

8月15日　全国教育联合会、中华教育改进社、北京国立专科以上九校教职员联席会、北京私立大学联合会4个团体为争取日本庚款的自主权，向北京政府提出3项主张："一、日本如不正式声明退还庚款，则拒绝日本在我国内地举办的由日本操纵的文化事业；二、否认民国十二年关于日本庚款的中日协定及十四年所交换的有关文件；三、在上述事情未办妥之前，日本在我国内地举办文化事业，都应该算作是侵略行为，政府应该立即制止。"

8月16日 全国教育联合会致函汤尔和、张嘉森，反对以俄国庚款作为新公债担保。

8月26日 北京国立专科以上九校经费困难，驻京苏联大使加拉罕允借款20万元作为维持费。

8月 广州国民政府教育行政委员会通过《大学教授资格条例》，此条例于1927年6月公布。

同月 在反"誓约书"运动中被开除的同济大学学生80多人到达广州，受到国民党中央和广东大学的欢迎。其中大部分学生转入国立广东大学，有五六人进入黄埔军校第7期学习，数人到国民革命军政治部工作。

同月 省立湖南大学改委员制为校长制，湖南省政府聘任雷铸寰为省立湖南大学校长。雷铸寰（1884—1941），字孟强，湖南东安人，湖南高等学堂理科毕业，曾任湖南省国民党部第二届主任委员、船山高级农业中等专业学校校长等职。

同月 广东省立工业专门学校并入国立中山大学，设为工业部。

同月 由国民政府教育行政委员会委员兼广东省教育厅厅长许崇清起草《党化教育之方针、教育方针草案》，提出了党化教育14条，供国人讨论。许崇清（1888—1969），字志澄，广东番禺人，曾就读于东京高等师范学校、东京帝国大学，曾任国立中山大学校长和法学院院长、江苏社会教育学院教授、中华人民共和国中国民主同盟广州市委员会主任委员、广东省人民委员会委员、第三届全国人大代表等职。

9月4日 北京政府教育总长任可澄为合并国立北京女子师范大学等3校，带领军警武力接管国立北京女子师范大学。次日，离校教职员集会反对3校合并，学生会发表宣言指责北京政府教育部。

同日 国立北京女子师范大学全体教员、学生及家长纷纷召开紧急会议，一致挽留校长胡敦复，并抗议北京政府教育部将国立北京女子大学并入国立北京女子师范大学。

9月6日 中华教育改进社、教育联合会庚款董事会、北京国立专科以上九校教职员联席会、私立五校联合会等4个团体召开会议，决定推翻东方文化事业总委员会，议定如下办法："一、呈请政府撤销该会中国委员；二、警告该会主要活动分子江庸等，令其立即停止活动；三、请各教育团体一致力争，并揭发日本文化侵略的阴谋。"

9月7日 江苏教育界人士组织成立"学校毕业生就业指导委员会"，通过委员会简章，发表解决学校毕业生失业问题宣言。

9月13日 国立女子师范大学与国立女子大学合并，改组为"国立北京女子学院"，内分师范大学部（即女子师范大学所改）及大学部（即女子大学所改），教育总长任可澄兼任院长。

9月18日 私立光华大学校长张寿镛聘任朱经农为副校长，容启兆为教务长。1927年6月25日，朱经农因就任上海特别市教育局局长，辞去副校长一职。容启兆（1898—1970），广东番禺人，美国弗吉尼亚大学哲学博士，曾任私立光华大学副校长、教务长，国立暨南大学化学系主任等职。

9月22日 北京国立专科以上九校校长及教职员召开联席会议，决定致函北京政府财政总长顾维钧：九校的每月经费需20万元，财政部每月拨款只有1万元，请其负起筹划经费的职责。

9月 私立上海法科大学成立。学校设法律、政治、经济3系，法律、政经专门部及预科。

同月 鲁迅离开北京到达私立厦门大学，在私立厦门大学任文科教授，主讲《中国文学史》《中国小说史》，并为学生编撰《中国文学史略》和《中国小说史》讲义。

秋 国立北京法政大学添设俄文法政学1科，招收中俄大学转学学生。

秋 私立南开大学矿科停办，三年级以下同学转入他校或改学理科。

10月3日 中华民国学生联合会总会、上海学生联合会、上海各大学同志会为万县惨案在上海举行联席会。议决"抵制英国货物、举行纪念大会、组织万县惨案后援会"。

10月4日 北京国立专科以上九校校长因教育经费无着、无法开课，联名辞职。

10月5日 中华民国学生联合会总会因倡议举行"反英运动周"，被上海警方封闭。

10月6日 各学校、团体派翁文灏、竺可桢、李四光、胡先骕、任鸿隽等参加在东京举办的第3次泛太平洋学术会议。翁文灏（1889—1971），字咏霓，浙江慈溪人，比利时鲁文大学科学博士，曾任北京政府农商部矿政司司长、国民政府农矿部技监、北平地质调查所所长、国立清华大学地理学系主任、国立北京大学地质系讲师等职。李四光（1889—1971），字仲揆，湖北人，英国伯明翰大学理科硕士，曾任国立北京大学地质学教授、国立图书馆副馆长、国立中央研究院地质研究所专任研究员兼所长、中国地质学会会长等职。

10月9日 孙传芳电令封闭上海学生联合会，并拘捕工作人员2人。

10月10日 蔡元培为《申报》"国庆纪念增刊"撰写《十五年来我国大学教育之进步》一文。

同日 私立厦门大学国学研究院正式成立，林文庆兼任院长，沈兼士担任研究院主任，林语堂兼任院总秘书；鲁迅、张星烺、顾颉刚等应聘为研究院教授。林语堂（1895—1976），福建龙溪人，美国哈佛大学硕士、德国莱比锡大学语言学博士，曾任国立北京大学英文教授、国立北京女子师范大学教务主任、私立东吴大学教授、国立中央研究院外国语编辑、国民政府外交部秘书等职。张星烺（1889—1951），字亮尘，江苏泗阳人，美国哈佛大学科学学士、德国柏林大学肄业，曾任长沙工业专门学校化学科主任、国史编纂处特别纂辑员、胶济铁路化学工程师、私立燕京大学讲师、国立清华大学历史学系讲师、国立北京大学史学系讲师、私立辅仁大学历史系教授等职。

10月14日 国民党中央、广州国民政府决定中山大学实行委员制，任命戴传贤（季陶）为委员长，顾孟余任副委员长，徐谦、丁维汾、朱家骅为委员；免去经亨颐代校长职务，设文学院、理工学院、法学院、农学院、医学院。10月17日中山大学五人委员会举行就职典礼。11月五人委员会第七次会议决定中山大学英文名称为"Sun Yatsen University"，并经国民党中央委员会政治会议议决办理。

同日 安徽省立各校校长因教育经费积欠时间过久、校务无法维持，全体辞职。

10月16日 北京国立专科以上九校召开校务会议，决定："考虑到学生的学业，暂时勉强尽力维持，不作辞职之举。各校的行政费用，先用学生所交的学费维持，同时竭力与当局交涉。"

10月17日 全国学生总会发表宣言，主张"市民自治自决，撤除所有驻上海的各国军队"。

10月18日 广州国民政府教育行政委员会公布《私立学校规程》与《私立学校校董会设立规程》。规定外国人设立及教会设立的学校为私立学校，"须受教育行政机关之监督及指导"，"私立学校不得以外国人为校长，如有特别情形，得另聘外国人为顾问""私立学校不得以宗教科目为必修科，亦不得在课内作宗教宣传"，"私立学校如有宗教仪式，不得强迫学生参加"。在学校董事会组成上，规定"外国人不得为校董；但有特别情形者，得酌量充任，惟本国人董事名额占多数；外国人不得为董事长，或董事会主席"。

10月27日 上海私立光华大学董事会成立。推请王丰镐、朱吟江、朱经农、余日章、赵晋卿、钱新之、张寿镛、吴蕴斋、黄炎培、虞洽卿等为校董，推选王丰镐为董事长。聘请王正廷、王宠惠、马相伯、熊希龄、顾维钧等为名誉董事。在董事会推荐下，张寿镛担任光华大学的首任校长。王丰镐（1858—1933），字省三，上海人，清末举人，英国格林威契大学毕业，曾任出使日本大臣参赞、驻横滨总领事、浙江交涉使等职。

10月30日 太平洋学术会议在日本东京召开第2次会议，11月11日会议结束。中国代表秦汾、翁文灏、竺可桢、胡先骕等11人出席，并均有论文在会上宣读。大会决定改名为太平洋科学会议。

10月 安徽省省长高世读提议筹设安徽大学，聘姚永朴为校长，值军兴中辍。姚永朴（1861—1939），字仲实，安徽桐城人，清末举人，曾任山东高等学堂教员、安徽高等学堂教员、京师法政学堂教员、京师大学堂经教员、国立东南大学文科教授等职。

11月2日 广州国民政府公布《学校职教员养老金及恤金条例》。《条例》规定："凡连续服务十五年以上之教职员，年逾六十，自请退职，或由学校请其退养者，得领养老金；或年未满六十而身体衰弱不胜任务者，亦得领养老金，但以不任其他任务者为限。""因公受伤，以致残废不胜任务者时，虽未满前条之年限，亦得领养老金"。

11月8日 中华民国学生联合会总会发表宣言，"主张实现和平，撤退上海的各国驻兵，上海市民自治，组织上海市民自治政府，废除一切苛捐杂税，保障民众集会、结社、言论、出版的绝对自由"。

同日 北京政府税务处拨俄国退还的庚子赔款30万元，救济北京国立各校。

11月10日 教育部批准成都高等师范学校一分为二，师范部分改建为国立成都师范大学，原四川官立高等学校部分搬回南校场重建国立成都大学，张澜任校长。国立成都大学设教育哲学、中国文学、历史学、英文学、政治学、数学、物理学、化学、生物学等系，并将体育专修科改为体育系。

11月15日 全国教育会联合会在上海的代表召开座谈会，决定暂缓召开大会。自此以后，全国教育会联合会停止活动，组织无形解散。

11月17日 上海工、商、学各界和外地团体纷纷发表宣言，要求启封学联和释放被捕职员。20日，孙传芳下令"准予保释"。

11月18日 直隶教育厅下令整顿女校："一、禁止公开社交；二、禁止阅读不正当书籍；三、禁止袒胸露肘；四、禁止与男生跳舞。"

同日 国立东南大学公布《国立东南大学研究院简章》。《简章》规定："研究院设高等学位委员会，其职权为：主持研究院行政事务，每年汇报各系研究生之应得学位者于校长，以便授予学位；聘定各系所推举之研究指导员；聘定各科研究生之考试委员；审查研究生入学及毕业之资格。该简章还规定：大学本科毕业生经本校系教授会推荐及高等学位委员会认可者，方得为本院研究生；研究生除国文必须通畅外，兼须能以英、德、法或他国文字之一种，作通畅之论文；研究生须在院继续从事二学期以上之研究；研究生每学期除研究学科外，须修习9学分本系或副系课程；研究生须将其研究所得作一优良论文，表明其有独立研究能力及在学术上确有贡献；研究生除所选18学分课程与所作论文外，须经过口试，有必要时可再加笔试；各研究生之考试委员会，由高等学位委员会委定同数之教授组织。"

11月20日 湖北政务会议决定将"武昌大学、商科大学、法科大学、文科大学、医科大学"合并改组为"湖北中山大学"，实行委员制。

11月23日 中华民国学生联合会总会发表宣言，指出："目前只有各界团结一致，伸张民治，划上海为特别市，把江、浙的政权归还给人民才是唯一的出路。"

11月24日 北京教育联合会庚款董事会、中华教育改进社、北京国立专科以上九校教职员联席会、私立大学联合会等团体的代表召开联席会议，讨论反对东方文化事业总委员会在东京开会及其所议决事项，号召教育界反对日本利用庚款进行文化侵略活动，并决定联合组织成立"对日庚款问题委员会"。

11月28日 上海工、商、学各界400余团体约5万人在公共体育场召开市民大会，反对鲁军南下。私立南洋大学、私立中华法大、私立暨南大学、私立复旦大学、私立沪江大学等校学生参加了大会。会上，蔡元培、杨铨、杨贤江等20余人作了演讲。

11月 江西政务委员教育科长谢式南在政务会议上提出，"全省中等以上学校，均须重新改组，随训令停止上课"，经会议讨论通过。

同月 陶行知以中华教育改进社名义召开乡村教育研究会，发表了《我们的信条》演讲，号召"把整个心献给三万万四千万的农民""常常念着他们的痛苦，常常念着他们所想的幸福"。随后还以中华教育改进社的名义发表了《改造全国乡村教育宣言书》提出要"募捐一百万元基金，征集一百万位同志，提倡一百万所学校，改造一百万个乡村"。

同月 北京政府再次任命许璇为国立北京农业大学校长。

12月1日 私立复旦大学学生在校园内大操场发起军事训练。

12月2日 上海学生联合会向上海教育界及各学校当局提出28条教育改革要求，主要内容有："给予学生集会、结社、言论、出版自由"；"改善设备便于学习、生活、体育活动"；"减免各项费用，以利于贫困学生有就学的机会"；"不得强迫学生参加宗教活动"；等等。

12月6日 东方文化事业委员会上海分会在上海礼查饭店及宁波同乡会召开会议，议决派遣中国自然科学专员赴各国考察及研究，预备研究一般办法各案，至10日中日两国委员，因设立自然科学研究所细目协定，发生异议，暂时休会。

12月8日 中华教育改进社等团体在北京召开会议，反对东方文化事业总委员会上海分委员会会议。11日，出席上海分委员会会议的秦汾、胡敦复声明辞职，对日方表示抗议。中华化学会、上海学生联合会、江苏省教育会等先后发表宣言反对该会议，认为新规定的办法含有"二十一条"中第5条第2款的意味。

12月15日 中国留日陆军军官学校第18期全体学生发表退学宣言，指出日本学校对中国学生差别对待，重要的学科都秘而不授，并且学校无端凌辱中国学生，伤及国家体面，所以全体签名退学。

12月21日 广州国民政府教育行政委员会公布《学校职教员养老金及恤金条例施行细则》13条。

12月28日 国立武昌大学、国立武昌商科大学、湖北省立医科大学、湖北省立法科大学、湖北省立文科大学、私立中华大学等合并建立的国立武昌中山大学，设预科、本科和大学院，本科设文、理、法、商、医5科，实行大学委员会制，徐谦任主任委员，顾孟余、李汉俊、周佛海、章伯钧为委员，李四光、周建人、周作人、钱玄同、顾颉刚、陈望道、沈雁冰等在该校任教。该校办学原则为学习科学知识，建设革命文化，造就革命人才，拥护农工利益，建设民主的新社会。

12月 上海学生联合会召开第3次代表大会，经讨论决定："一、协同本市各界召开上海自治运动市民大会，宣布上海自治；二、推选复旦大学为大会的学联主席，南洋大学、上海大学为总指挥；暨南、法政为总纠察；三、发动学生在闸北等地进行宣传自治活动。"

冬 新华艺术大学于上海创办，1930年1月改为新华艺术专科学校。

同年 汉口私立明德大学停办。

同年 郭秉文在美国发起组建"华美协进社"，郭秉文任社长。组建"华美协进社"的目的有三：一是提倡中美文化交流与合作；二是宣传中国传统文化及国情，使美国朝野对中国有正确的认识；三是给中国留美学生以种种方便和帮助。

同年 黄炎培认识到"孤立的办职业教育是办不好的，社会是整个的，不和别部分联络，这部分休想办得好"，因此提出"大职业教育主义"为职业教育的实施方针。所谓"大职业教育主义"即办职业学校的同时须和一切教育界、职业界努力地沟通联络，参加全社会的运动。

同年 北京政府任命屠孝实为国立北京法政大学校长。屠孝实（1898—1932），字正叔，江苏常州人，日本早稻田大学文学士，曾任国立北京大学哲学教授、私立中国公学教授、国立武汉大学教授、私立朝阳大学教授等职。

同年 易培基任国立北京女子师范大学校长。

1927 年（民国十六年 丁卯年）

3月10日 国民党二届三中全会在汉口召开，针对蒋介石独裁，做出提高党权决议。

3月21日 周恩来等领导上海工人举行第三次武装起义。

4月4日 国民党中央举办的农民运动讲习所在武昌正式开学。

4月12日 蒋介石于上海发动反革命政变。

4月18日 国民政府在南京成立，定都南京。

4月27日 中共在武汉召开第五次全国代表大会。陈独秀任中共中央总书记。

5月21日 "马日事变"发生。

6月18日 张作霖在北京就任中华民国海陆军大元帅，组织安国军政府，任命潘复为国务总理。

8月12日 蒋介石下野。

8月20日 李宗仁、白崇禧与汪精卫在庐山会谈，达成妥协，宁汉合流。

9月9日 毛泽东受中共中央委派，发动"秋收起义"。

12月10日 国民党四中全会预备会通过蒋介石复职案。

1月1日 广州国民政府因国民革命军北伐胜利，决定移都武汉，但"教育行政委员会"仍留在广州。

1月4日 私立大夏大学校长马君武辞职。校董事会经讨论决定，改校长制为委员制，推选王伯群为大学委员长，欧元怀、王祉佛等11人为委员。王伯群（1885—1944），原名王文选，贵州兴义人，早年就读于日本中央大学，曾任广州军政府交通部部长、大总统府参议、北京政府临时参议院议员、国民政府委员、中央执行委员、第二联合大学校长等职。

1月6日 上海学生联合会为声援武汉各界的反英斗争，召开特别会议。会议通过《对汉埠英人残杀同胞案》，并决定通电全国，要求国民政府对英国进行严重交涉。

同日 鲁迅辞去私立厦门大学教授职位，学生开会挽留。

1月11日 中华教育改进社、江苏省教育会、上海各大学同志会、中国科学社4个团体联合发表宣言，并附议决办法5条，分送全国各教育学术团体，请求共同反对日本利用庚款在中国进行文化侵略。

1月16日 广州私立岭南大学纽约董事局代表决定，将学校交给中国人办理，原有的董事局改为协进会，由13名华人、5名西方人组成新的校董会，执行该大学的最高管理权。钟荣光任校长。

1月20日 上海大学学生发表宣言，号召民众一起进行反英运动。

1月25日 江苏省教育会、国民大学学生会、北京大学学生会、中华全国警钟会、中华民国学生联合总会等团体分别发表宣言，反对英军来华。

1月 全国学生联合会在上海发表宣言，声明"学生有集会、结社、言论、出版、信仰自由；学校应尽可能采纳学生的建议及要求；学生有参加爱国运动的自由；学校开除学生须正式公布理由；学校不得干涉学生自治；学校应酌量减免定期的月考、周考"等。

同月 广州国民政府教育行政委员会颁布施行《私立学校规程》《私立学校董事会设立规程》《学校设立案规程》。

同月 私立厦门大学学生成立"驱刘委员会";刘树杞自动辞职,学校提前放假。1月23日,林文庆启程赴新加坡与陈嘉庚磋商解决办法。2月下旬,国民党厦门市党部与警备司令部出面调停。3月中旬,双方同意调停条件。刘树杞(1890—1935),字楚青,湖北新埔人,美国哥伦比亚大学化学工程博士,曾任私立厦门大学理科主任、教务主任,湖北省政府委员兼教育厅厅长,国立武汉大学校长,国立中央大学化学系主任兼代理学院院长,国立北京大学理学院院长等职。

2月10日 鲁迅任国立中山大学文学系主任兼教务主任。后因广州发生"四一五"大屠杀,鲁迅奔走营救被捕进步青年学生无效,4月下旬愤而辞去中山大学一切职务,以示抗议。

2月19日 私立大夏大学马君武校长因职务繁重,恳请辞职,董事会开会挽留不获,议决改校长制为委员会制,并推举王伯群为大学委员会委员长,欧元怀、王祉伟、傅式说等人为大学委员会委员。大学委员会为学校立法行政最高机关,学生会派代表参加大学委员会会议。

2月 广州国民政府设立军事政治学校四川分校,蒋介石任命刘湘为该分校校长。刘湘(1888—1938),字甫澄,四川大邑人,曾任川军总司令、国民革命军第二十一军军长、国民政府军事委员会委员、四川省政府委员、国民政府委员等职。

同月 中山军事政治学校在西安成立。共产党员史可轩为校长,邓小平为政治部主任,刘志丹担任教官。6月,徐州会议后,冯玉祥追随蒋介石反共,将邓小平等遣送别处。7月,史可轩带领千余人离开西安,该校宣布结束。史可轩(1890—1927),陕西兴平人,曾任国民联军驻陕总司令部政治保卫部部长、中山军事政治学校校长等职。

同月 中山大学理科天文台建成,由留法学生张云主持。张云(1897—1958),字子春,广东人,法国里昂大学理学博士,曾任国立中山大学教授兼天文台长、国立中山大学校长、中央研究院评议会评议员等职。

同月 江西省立工业专门学校并入江西中山大学工业部。中山大学停办后改为原名。

同月 江西省公立法政专门学校并入江西中山大学法学部。中山大学停办后复改为"江西省立法政专科学校"。

同月 江西公立农业专门学校并入江西中山大学农业专门部。中山大学停办后复改为"江西省立农业专门学校"。

3月1日 国立中山大学举行开学典礼，国民党政治代表、国民政府代表、国民政府教育行政委员会代表、广东省教育厅长等数百人参加，朱家骅作《本校筹备之经过和将来的希望》的演讲，鲁迅作《读书与革命》的演讲，倡导"读书不忘革命，革命不忘读书"。

3月2日 吴在民等校董创办广州国民大学，本日正式成立。8月2日奉广东省教育厅转奉国民政府教育行政委员会批复照准设立备案。吴在民（1876—1964），原名吴旭，字济芳，号鼎新，广东开平人，曾任广东高等师范学校教授兼教务长、广西省教育厅厅长、国民政府国民经济建设运动委员会委员等职。

3月5日 山东省各校经费积欠达9个月。本日，省内各校校长到济南汇集，联合向北京政府请愿。

3月10日 国立西北大学改为"西安中山学院"。

同日 美国教育家克伯屈（W. H. Kilpatrick）应中华教育改进社之邀抵上海，之后相继到私立大夏大学、私立清华学校、私立燕京大学、国立北京大学、国立北京女子师范大学、国立北京法政大学演讲。其演讲的题目主要有"文化变迁与教育""道德教育""中国目前教育问题"，等等。

3月12日 北京学生联合会总会因"三一八"惨案被武力解散后，各校学生根据全国学生联合会总会统一全国学生组织案，决定重新起草章程，并改名为"北京学生联合会"。

同日 蔡元培在杭州之江大学的演说词《读书与爱国》在《知难周刊》刊出。蔡元培在演说词中指出，学生"要能爱国不忘读书，读书不忘爱国，如此方谓得其要旨。至若现在有一班学生，借着爱国的美名，今日罢课，明天游行，完全把读书忘记了，像这样的爱国运动，是我所不敢赞同的"。

3月13日 私立复旦大学开始设置军事课。

3 月 15 日　陶行知与赵叔愚等在南京郊外小庄共同创办晓庄试验乡村师范学校开学，由袁观澜（后由蔡元培）任董事长，陶行知任校长，赵叔愚任第一院院长，首届招收 13 名学生。赵叔愚（1889—1928），原名崇鼎，字叔怡，美国哥伦比亚大学硕士，曾任国立东南大学教育科教授、国立中央大学民众教育院院长兼劳农学院筹备委员等职。

3 月 17 日　直鲁联军执法处杀害国立东南大学学生成律、吴克田 2 人，同时逮捕学生 5 人。

3 月 22 日　武汉国民政府任命顾孟余为教育总长。

同日　美国教育家克伯屈应邀来私立大夏大学演讲"教育与进步"。

3 月 23 日　北京军警当局拘捕各大学学生 39 人，各校教职员与学生人人自危，纷纷出京避祸。北京国立九校校长召开校务讨论会，推选国立北京大学代理校长余文灿、国立北京工业大学校长马君武等为代表，营救被捕学生。

3 月 24 日　上海学生联合会发出通告要求各校一律复课。

同日　北伐军攻克南京城，金陵大学副校长文怀恩（John E. William）被杀。

3 月 28 日　国民党中央政治会议议决："国立东南大学改组为第四中山大学，并派吴稚晖、杨铨、侯绍裘、柳亚子、顾孟余、郭沫若等七人为筹备员。"侯绍裘（1896—1927），字墨樵，江苏松江人，曾任松江景贤女子中学校务主任、上海大学附中主任兼国民党上海执行部宣传委员和教育委员、上海特别市临时政府市政委员等职。柳亚子（1887—1958），原名慰高，号安如，曾任临时大总统府秘书、新南社社长、国民党中央监委、中华人民共和国全国人民代表大会常委会委员等职。

3 月 29 日　《申报》载：私立复旦大学学生会召集全体大会，向市政府、市党部等团体接洽，主张"将复旦改为国立大学"。

3 月 30 日　北京国立、公私立专门以上 25 所学校代表 28 人下午在国立北京交通大学开会，推举张贻惠、顾名、朱我农、冯农 4 人为代表，分别访问在野要人王世珍、赵尔巽、熊希龄、汪大燮 4 人，请求援救被捕学生。

同日　私立光华大学学生会发起改国立运动。

3月31日 私立光华大学设总务长，聘孟宪承为总务长。孟宪承（1894—1967），字伯洪，江苏武进人，美国华盛顿大学硕士，曾任国立东南大学教授、私立圣约翰大学教授、私立光华大学教授、江苏教育厅科长、国立第四中山大学秘书长、江苏省立民众教育院研究部主任、国立中央大学教育学院院长等职。

3月 国立武昌中山大学正式开学，后因时局动荡，校务废弛。本年冬，国民政府大学院决定停办中山大学，学校校舍与图书器皿等皆由湘鄂临时政务委员会暂行保管。

同月 私立东吴大学校长文乃史向该校董事部辞职；董事部会议议决"照准并一致推选钮永建为继任校长，在新校长未就任之前仍责成前校长文乃史负责"。文乃史（1868—1964），美国南加罗利州人，范德比尔大学神学博士，曾开办"中西书院"，曾任私立东吴大学校长。钮永建（1870—1965），字惕生，江苏松江人，清末举人，曾入日本士官学校、德国陆军大学学习，曾任南京临时政府参谋次长、武汉国民政府委员和南京国民政府秘书长、立法院立法委员、考试院铨叙部部长、江苏省政务委员会委员兼民政厅厅长等职。

4月4日 私立厦门大学开学，第2次学潮结束。国学研究院正式停办，除沈兼士、鲁迅先期辞职外，林语堂、顾颉刚、张星烺也相继离校。

4月6日 北京宪警搜围东交民巷远东银行及中东路管理局驻京办公处，逮捕俄使馆赤卫军将领与俄人30名、中国学生20名（其中女生4名）及国立北京大学教授李大钊。

4月9日 北京国立大学校长开会讨论营救李大钊等人。会议推选国立北京大学代理校长余文灿、国立北京师范大学校长张贻惠去见张学良面陈。余文灿（1892—？），字育三，广东台山人，美国芝加哥大学哲学博士，曾任国立北京大学注册部主任兼经济学教授、国立北京交通大学事务长、浙江公立法政专门学校校长、国民政府教育部总务司长、北平税务学校校长等职。

同日 上海公共租界百余英国士兵包围私立大夏大学，冲进办公室、图书馆、实验室及寝室搜查并打伤数十名学生。上海交涉员应学校及学生的请求,于次日下午向驻沪英国领事馆提出严重抗议。

4月11日 北京国立专科以上九校教职员代表在国立北京大学三院召开会议,讨论教育经费问题。会议决定:"如果一星期内政府经费得不到解决,则九校教职员将提出总辞职,呈请北京政府教育部批准。"

4月19日 南京国民政府军事委员会主席蒋介石下令成立"上海学生运动指导委员会",负责指导上海一切学生运动。

4月26日 国立北京大学考古学会、北京中央观象台、北京政府教育部历史博物馆等学术团体与瑞典探险家斯文赫定(Sven Hedin)组成的西北科学考察团,开始对中国西北地区进行实地科学考察。

同日 南京国民政府任命张乃燕为江苏省教育厅厅长。张乃燕(1894—1958),字君谋,浙江吴兴人,日内瓦大学理学博士,曾任国立北京大学教授、北京高等师范学校教授、国立北京工业专门学校化学教授、浙江教育会会长、国立广东大学工科学长、国立中央大学校长等职。

4月27日 国民党中央政治会议第76次会议决议:"添请蔡元培、李石曾、汪精卫为中央教育行政委员会委员;并即以该委员会行使教育部职权。汪精卫为东南大学校长;褚民谊为中法工业专门学校校长。"

4月28日 北京当局绞毙前捕教授李大钊及学生谭祖尧、谢伯俞、邓文辉等20人。

4月 苏州东吴大学改组董事会,选任华人杨永清为校长。杨永清(1891—1956),字惠庆,浙江镇海人,美国华盛顿大学政治学硕士,曾任国际联合会代表办事处及华盛顿会议中国代表团秘书、北京政府外交部秘书和驻伦敦总领事、国民政府外交部秘书等职。

同月 湖南省政府明令取消湖南大学,改建湖南工科大学,原商、法两科学生转入武昌中山大学肄业,农科参与合并组建湖南省立农业学校。

同月 上海特别市党部拟定《党化教育委员会章程》。

同月 湖南大学奉令取消,只留下工科,更名为"湖南工科大学"。

5月1日 开封中州大学因人告密暗通北伐军,学校教职员及学生20余人被捕。10日,开封警备司令宣布,除校长曹理卿等5人外,其余人准予保释。

5月2日 私立上海大学被国民党查封，学生被驱逐离校。

5月9日 国民党中央政治会议第九十次会议议决设国立劳动大学，内分劳工学院及劳农学院，以"发展劳动教者教育，试验劳动教育"为宗旨，派蔡元培、张静江、李石曾、褚民谊、金湘帆、许崇清、严慎予、匡互生等为筹备员，委员会于5月13日成立。张静江（1877—1950），原名张人杰，浙江吴兴人，历任中国国民党中央执行委员、广州国民政府委员兼主席、南京国民政府常务委员、国民党第五届中央监察委员、国民政府建设委员会委员长等职。金湘帆（1879—1957），原名金曾澄，广东番禺人，早年留学日本，曾任公立广东高等师范学校校长、国立中山大学校长等职。严慎予（1901—1969），浙江海宁人，曾任《上海民国日报》编辑、《南京民国日报》总编辑等职。匡互生（1891—1933），又名务逊，字仲九，湖南邵阳人，曾创办立达学园。

同日 国民党中央政治会议根据教育行政委员会提议，决定设立中央研究院筹备处，派蔡元培、李石曾、张静江等为筹备员。

5月11日 徐谦在法租界所办的私立法政大学被查封。

5月13日 南京国民政府任命蒋梦麟兼任浙江省教育厅厅长。

5月23日 南京国民政府教育委员会任命胡刚复、蔡无忌等接收国立东南大学。蔡无忌（1898—1980），浙江绍兴人，法国格里农国立农业学校及阿尔福国立兽医学校毕业，曾任浙江省立农业专门学校校长、国立中央大学农学院院长兼畜牧门副教授、国民政府实业部上海商品检验局副局长等职。

同日 私立东陆大学创办人唐继尧逝世。龙云、陈钧、王九龄等人组成董事会，维持校务。陈钧（1874—1931），字鹤亭，云南石屏人，清末进士，曾任云南都督府内务司司长、总统府秘书、云南省政府委员兼财政厅厅长等职。

5月25日 浙江省务委员会通过设立浙江大学研究院计划案，并聘请张静江、李石曾、蔡元培、马叙伦、邵裴子、蒋梦麟、胡适、邵元冲、陈世璋为筹备委员。后因研究院规模宏大、需费浩繁，由筹备委员会议决研究院暂缓设立，提议先筹办大学。

5月28日 国立劳动大学筹备委员会与工厂改组委员会召开联席会议，议决本年9月工学院开学，1929年春天农学院开学，两院每月经费各1万元。

5月30日 南京国民政府教育行政委员会召开第75次会议，讨论"实行新教育制度、改东南大学为江苏大学、大学采用分院制"等提案。

5月 国民党中央政治会议第90次会议议决，设立中央研究院筹备处，并推选蔡元培、李石曾、张静江等为筹备委员。

同月 北京政府任命刘哲为教育总长，林修竹为教育次长。刘哲（1880—1954），字敬舆，吉林永吉人，曾任吉林法政专门学校校长、北京政府参议院议员、教育总长、京师大学校校长等职。林修竹（1884—1948），字茂泉，山东峄县人，日本东京高等工业学校毕业，曾任京师大学校法科学长、俄国庚款委员会委员等职。

同月 南京国民政府教育行政委员会在南京召开第74次会议，推选蔡元培、李石曾、褚民谊3人为教育行政委员会常务委员。

同月 国立广州中山大学成立生理学研究所，6月成立细菌学研究所及病理学研究所。

同月 私立大同大学学生会发表驱逐学阀校长胡敦复的宣言。随后，教职员发表宣言，指出"仍请胡敦复行使校长职权外别无办法"。

6月2日 清华大学国学研究院导师王国维投北京颐和园昆明湖自杀。

同日 国民党中央政治会议决定："在南京设立中央党务学校，推选蒋中正为校长，戴传贤、罗家伦为正副主任。本日派员开始筹办。"

6月6日 国立东南大学学生为复校之事向教育行政委员会请愿。该会常务委员褚民谊答复："东南大学改组为第四中山大学，张乃燕为校长，一个月内开学"。

同日 安徽省政委会与省党部改组委员联席会议通过张仲琳所提的筹设安徽中山大学的议案，并通过"筹设安徽中山大学委员会大纲"。张仲琳（1886—1962），本名张健，湖北江陵人，英国爱丁堡大学硕士，曾任省立河南大学教授、国立武昌师范大学历史社会学系主任、湖北省女子师范学校校长、国立北京师范大学教授、国立北京大学教授、国立中央大学教授等职。

6月7日 国民党中央执行委员会政治会议讨论蔡元培提出的变更教育行政制度提案，主张"以大学区为教育行政单位，区内的教育行政由大学校长处理之，凡大学应设立研究院，为一切问题交议之机关"，并拟具《大学区组织条例》，"经一百零二次政治会议议决，由国府于7月12日令教育行政委员会遵办"。

6月8日 浙江省第19次省务委员会议通过《收回外国人所办教育事业办法》提案。《办法》规定："外国人所办教育事业，于9月1日前移交省政府或有中华民国国籍的公民（或团体）接办，听候审查立案。立案后可与私立学校享受同等待遇。外国人或外国团体，不得担任董事及校长。"

6月9日 南京国民政府教育行政委员会议决"裁教育厅，施行大学区制""将东南大学、河海工科大学、南京工业专门学校、苏州工业专门学校、上海商业专门学校、南京农业学校、江苏法政大学、上海商科大学、江苏医科大学等9所学校，合并组建成为国立第四中山大学，张乃燕任校长"，下设自然科学院、社会科学院、文学院、教育学院、医学院附设药学院、农学院、工学院和商学院。

6月10日 遵照国民党政府规定，国立中山大学由委员制改回校长制。戴传贤为校长，朱家骅为副校长，改医科为德国制。1929年组织董事会。

6月13日 国民党中央执行委员会政治会议第105次会议通过蔡元培所提的"设立中华民国大学院案"。

6月15日 南京国民政府教育行政委员会公布《大学教员资格条例》20条及《大学教员薪俸表》。《条例》规定："大学教员名称分一二三四等：一等曰教授，二等曰副教授，三等曰讲师，四等曰助教。资格：助教资格：'国内外大学毕业，得有学士学位，而有相当成绩者。于国学上有研究者。讲师资格：国内外大学毕业，得有硕士学位，而有相当成绩者。助教完满一年以上之教务，而有特别成绩者。于国学上有贡献者。副教授资格：外国大学研究院若干年，得有博士学位，而有相当成绩者。讲师满一年以上之教务，而有特别成绩者。于国学上有特殊之贡献者。教授资格：副教授完满二年以上之教务，而有特别成绩者．'凡大学教育均须受审查，审查时，须呈验：（一）履历，（二）毕业文凭，（三）著作品，（四）服务证书，于审查机关。大学评议会为审查教育资格之机关，审查时由中央教育行政机关派代表一人列席。前项教员之资格审查合格后，由中央教育行政机关认可给予证书。"《大学教员薪俸表》规定："薪俸分4等12级，教授一级月俸500元，副教授一级月俸340元，讲师一级月俸240元，助教一级月俸180元。"

6月17日 浙江省务委员会议决聘浙江大学研究院筹备委员为国立第三中山大学筹备委员。

6月23日 国民党中央执行委员会政治会议"通过蔡元培、李石曾、褚民谊等的提议，组织中华民国大学院，为全国最高学术教育行政机关"。

同日 国民政府教育行政委员会决定筹划大学区，并依《大学区组织条例》规定，暂在浙江、江苏两省试行，广东缓行。

6月24日 私立中国公学董事会在上海开会，推举新任董事，并确定何鲁为私立中国公学校长。何鲁（1894—1973），字奎垣，四川广安人，法国里昂大学理科硕士，曾任国立南京高等师范学校教授、上海中法国立工业专门学校教授、私立大同大学教授、私立大夏大学教授、国立中山大学算学系主任、国立中央大学理学院算学系主任、国立暨南大学理学院院长、省立安徽大学校长等职。

6月27日 国民党中央政治会议通过《大学院组织法》。《组织法》规定："中华民国大学院为全国最高学术教育机构，承国民政府之命，管理全国学术及教育行政事宜"；"本院设大学委员会，议决全国学术上、教育上一切重要问题"；"大学委员会，由各学区中山大学校长、本院教育行政处主任及本院院长所选聘之国内专门学者5至7人组织之，以院长为委员长"。

6月28日 国民党中央执行委员会政治会议议决："浙江设第三中山大学，任命原浙江省教育厅厅长蒋梦麟为第三中山大学校长，江苏将东南大学改组为第四中山大学，原江苏省教育厅长张乃燕为第四中山大学校长，并在江苏颁行大学区制，裁撤教育厅，由大学区处理省内教育行政。"

6月 国民政府教育行政委员会由广州迁至南京。

同月 王寿彭辞省立山东大学校长职，张宗昌自兼校长。1928年6月停办。张宗昌（1881—1932），字效坤，山东掖县人，曾任北京政府山东省省长、直鲁联军总司令、安国军副总司令等职。

同月 暨南学校改组为国立暨南大学，郑洪年任校长，改商科为商学院。1929年增设文、理、教育三学院。1930年增设法学院。郑洪年（1876—1958），字韶觉，广东省番禺人，清末举人，曾任暨南学堂堂长、北京政府交通部次长兼铁路督办、国民政府交通部次长和财政部次长、工商部次长、庚款委员会委员等职。

同月 冯玉祥将河南公立法政专门学校、河南省立农业专门学校并入中州大学，改建国立开封中山大学，张鸿烈任校长。不久又改为河南省立中山大学，增加了农科和法科。1928年增设医科。

同月 国立北京交通大学改名北平交通大学铁路管理学院，沈穆涵任院长，11月改归铁道部管辖，由孙科兼任院长。沈穆涵（1871—1930），原名沈琪，直隶静海人，曾任北京政府交通部技正、技监等职。孙科（1891—1973），字哲生、建华，广东香山人，曾任私立岭南大学董事长、私立国民大学董事长、私立大夏大学董事长、私立中国大学董事长、国民政府副主席、国民政府委员兼立法院院长等职。

同月 胡适任中华教育文化基金董事会董事兼秘书。

同月 中央教育行政委员会制定《国民政府教育行政委员会组织法》9条，规定"教育行政委员会下设行政事务厅，处理本委员会所管事务；行政事务厅下设秘书处、参事处、督学处三处"。

同月 南京国民政府公布《大学区组织条例》9条。《大学区组织条例》规定："全国依现有之省份及特别区，定为若干大学区，以所在省或特别区之名名之，如浙江大学、江苏大学等。每大学区设校长一人，总理区内一切学术与教育行政事项"；"大学区设评议会，为本区立法机关"；"大学区设秘书处，辅助校长，办理本区行政上一切事务"；"大学区设研究院，为本大学研究专门学术之最高机关。院内设计部，凡省政（府）关于一切建设问题，随时可以提交研究"；"大学区设高等教育部，设部长一人，管理本部各学院，及其他大学、及专门学校、及留学事项";"大学区设扩充教育部,设部长一人,管理区内劳农学院及关于社会教育之一切事项";"大学区评议会、秘书处、研究院、高等教育部、普通教育部、扩充教育部之组织与职权,别定之";"本条例经国民政府核准后,暂在浙江、江苏等省试行之"。

同月 南京国民政府教育行政委员会通过《大学规程》23条。《规程》规定,"大学以灌输及研究世界日新之学术,力图文化之上进,以实现三民主义为宗旨"。《规程》在"总纲"后列专章对分科及课程教学、组织、入学修业及毕业、上课修业等作了规定。

同月 美国圣本笃会所办的北京辅仁社召开第1次董事会。会议议决将辅仁社改名为私立北京辅仁大学,会议推选陈垣为校长,奥图尔为校务长。暑假开始招收大学班学生,史学系、国文系、英文系3系共招收本科、预科6个班,录取学生150人。9月27日开学。

同月 武汉国民政府教育行政委员会委员韦悫起草《国民政府教育方针草案》,提出了党化教育的12项内容,并经该委员会通过。提出"学生运动应统一在党的指挥下"。

夏 暨南学校设商科大学部,并将暨南学校更名为"国立暨南商科大学"。

7月2日 国民党上海政治分会第38次会议,讨论事项(五)的内容为:"江苏著名学阀黄炎培、郭秉文、袁希涛、沈恩孚、蒋维乔,历年依附军阀及帝国主义者,把持全国教育及文化事业,操纵江苏政治,现闻仍在各方活动。应请中央政治会议明令褫夺公权,并令各教育及其他机关永远不许延用。议决通过。"

7月4日 南京国民政府公布《中华民国大学院组织法》11条。《组织法》规定:"大学院为全国最高学术教育机关,承国民政府之命,管理学术及教育行政事宜"。"本院设院长一人,综理全院事务,并为国民政府委员";"本院设大学委员,为最高评议机关,议决全国学术上、教育上一切总要问题";"大学委员会,由各学区中山大学校长、本院教育行政处主任及本院院长所聘之国内专门学者五至七人组织之,以院长为委员长,设秘书处秘书长一人，秘书若干人，设教育行政处主任一人，处员若干人。"

同日 广州中山大学改称为"国立第一中山大学"。

7月8日 南京国民政府令："江苏省实行大学区制，原设之教育厅应立即裁撤，江苏省内所有国立、省立大学以及专门学校，均分别裁并或改组，其各级学校之学生，应依照现行条例由各学院、学校考核程度分别编录。"

7月9日 江苏省教育厅遵令裁撤，大学区开始办公。实行大学区制后，江苏教育界多有非难。其反对理由为"大学区制使大学畸形发展；经济分配不均；偏重学术而忽视教育；行政效率低；易为少数人操控"等。

7月11日 南京国民政府任命"蒋梦麟为第三中山大学校长、张乃燕为第四中山大学校长、郑洪年为国立暨南大学校长、朱家骅为广东省教育厅厅长"。

7月12日 北京政府大元帅张作霖命令公布《教育部官制》。其中规定："教育部直隶于大元帅，管理教育学艺及历象事务。"

7月15日 中华全国第九届学生代表大会在武汉开幕。大会决定："拥护国民政府，消灭蒋介石、张作霖，反对帝国主义。"

7月16日 国民政府交通部议决改组"交通部南洋大学"为"国立第一交通大学"，改组"交通部唐山大学"为"国立第二交通大学""北京交通大学"为"国立第三交通大学"。

7月20日 北京政府大元帅张作霖下令整顿校风："着北京政府教育部妥拟条规，重申训诫，责成各学校切实整理并咨行各省区一体力行，务使士习胥端，学风丕变，四维咸凛，三育兼施，庶几上理克臻，人文蔚起。"

7月21日 国民政府交通部任命符鼎升、王镜如、黄惠平、徐佩琨、王绳善、夏孙鹏、章臣桐、朱庭祺等为国立第一交通大学筹备委员。9月10日委任符鼎升代理国立第一交通大学校长。符鼎升（1879—?），字九铭，江西宜黄人，东京高等师范学校数理化科毕业，曾任国立北京高等师范学校教授、国立北京工业专门学校教授、国立交通大学校长、国民政府交通部参事和交通部总务司司长、行政院秘书等职。王镜如（1895—?），原名王克仁，贵州贵阳人，美国芝加哥大学毕业，曾任国立成都高等师范学校教务长、留日学生监督等职。黄惠平（1901—?），字慕孙，湖南耒阳人，德国柏林大学政治经济学学士，曾任上海法政大学副校长、上海第一交通大学预科主任兼教授等职。徐佩琨（1892—1980），字叔刘，江苏吴江人，美国瓦海瓦大学经济学硕士，曾任上海交通大学交通管理学院院长、国立中央大学商学院院长等职。王绳善（1890—?），字尔绚，上海人，曾任京沪沪杭甬两路管理局车务处处长、中国工程师学会上海分会副会长等职。朱庭祺（1888—?），字体仁，江苏川沙人，美国哈佛大学科学学士，曾任胶济铁路管理局副局长、陇海铁路工程局局长、国民政府财政部会计司司长等职。

7月26日 南京国民党中央执行委员会发出通电："取消莫斯科中山大学，全国各机关不得再派遣学生。"

7月26日至28日 浙江省教育厅在举行会议讨论实施党化教育问题时，通过了《浙江省实施党化教育大纲》，提出"要以训练党员之方法训练学生，以国民党的纪律为学校规约，依训政时期国家的组织为学生自治组织，以三民主义的中心思想确定学生的人生观等"。

7月28日 北京政府教育部公布《京师学务局暂行组织条例》14条。《条例》规定"京师学务局直隶于北京政府教育部，办理京师地方教育事宜"。

同月 江苏教育厅改组为大学区教育行政部，不久又改为教育行政院。

同月 广东省教育厅通令公私各学校采用校长制，废除委员制。

同月 北京政府教育部部长刘哲将北京国立九校合并为"国立京师大学校"，自兼校长。

8月1日 浙江省省务会议议决，浙江省立甲种工业专门学校、浙江省立甲种农业专门学校改组为国立第三中山大学工学院、农学院，另筹建文理学院，将3个学院合并成为国立第三中山大学，浙江大学区正式成立，并接收浙江省政府教育厅行政职权。

8月4日 北京政府内阁会议通过"北京政府教育部拟改组北京国立专科以上九校计划"。九校教职员忠告教育总长刘哲，不要使学校随着政潮而改变。

同日 南京国民政府教育行政委员会议决《学校施行党化教育办法草

案》,"指出所谓党化教育就是在国民党的指导下,把教育变成革命化和民众化,教育方针就是建立在国民党的根本政策之上。国民党的根本政策是三民主义、建国方略、建国大纲和历次全国代表大会的宣言和议决案"。会议还通过了《组织教科书审查会章程》11 条。

8 月 6 日　北京政府命令国立专科以上九校改组合并为"国立京师大学校",每月经费十五万元,由财政部按时发放,并命令北京政府教育部组织筹备委员会。

同日　南京国民政府教育行政委员会通令各省区教育行政机关:"所有学校采用校长制,废除委员制。"

8 月 7 日　世界教育会联合会第三届会议在加拿大举行,12 日结束。30 多个国家的 2,000 余名代表参加了会议。中国派郭秉文、黄启明、王卓然等 8 位代表出席会议。

8 月 8 日　南京国民政府令各省政府清查留学生,"如有共产党及跨党分子即停止公费"。

8 月 9 日　北京政府教育部公布《国立京师大学校筹备委员会规程》。

8 月 10 日　北京政府教育部派参事陈任中、司长刘风竹等 10 余人为京师大学校各科筹备员,并派各科筹备员分别接收国立专科以上九校。刘风竹(1889—1981),字冬轩,吉林德惠人,美国密歇根大学法学博士,曾任吉林省立法政专门学校校长、私立民国大学副校长、省立东北大学副校长、国民政府教育部专门教育司司长等职。

8 月 14 日　国立劳动大学工学院开始招收本科、中等科、师范班、训练班学生各 100 名。

8 月 15 日　南京国民政府教育行政委员会公布《教育会规程》21 条。《规程》规定:"教育会以研究教育事项,发展地方教育为宗旨。教育会分省区、县市二级";"教育会得设各研究会或演讲会";"教育会得以决议事项,建议于地方教育行政机关。教育会得处理教育行政机关委任事务";"现任学校之教职员为当然会员,现任教育行政人员,或曾在教育机关服务五年以上者,或专门以上学校毕业曾在教育机关服务一年以上者得自由入会。"

8月17日 国民党中央江西特别委员会命令江西省中等以上学校一律停办。

同日 广西省委会议议决："拟先筹六十万，筹设中山大学，在南宁办农科、梧州办工商两科，浔州办理科、桂林办医文两科。"

8月20日 国立劳动大学筹备委员会召开第5次会议，通过《劳动大学条例》《劳农学院组织大纲》以及劳工、劳农两院各项预算。

8月27日 北京政府教育部为防止学生"继续闹事"，下令取消各校学生会及学生联合会，禁止学生在校开会。

8月29日 南京国民政府上海政治分会派员接收私立同济大学，改为国立，任命张仲苏为校长，设医科和工科，9月开女禁首招两名女生。张仲苏（1882—?），原名张谨，河北清苑人，曾任北京政府教育部佥事、京师学务局局长、直隶教育厅厅长、国民政府教育部大学委员会委员、省立河北大学校长等职。

同日 国民党上海特别市清党委员会函复复旦大学，称该校学生陈禺德、谢国慈、罗元英等12名学生确系共产党员，应立即开除学籍。

8月31日 北京政府教育部公布《国立京师大学校组织总纲》17条。《总纲》规定："该校以教授高深学问、养成硕学闳材为宗旨"；"学校分设文、理、法、医、农、工六科，师范部、女子一部、女子二部、商业专门部、美术专门部等五部"；"学校各科部得兼设预科"；"大学校收受高级中学毕业生或具有同等资格者；预科及专门部收受四年制初级中学之毕业生或具有同等资格者；录取学生以其入学试验之成绩定之"；"国立京师大学校置校长一人，总辖校务，由教育总长聘任之"；"国立京师大学校各科部各设学长一人，商承校长分掌科部之教务及事务，由教育总长聘任之。"

8月 南京国民政府教育行政委员会会议通过《学校发给证书条例》。

同月 经四川省长公署政务厅和四川省教育厅核准，将四川公立国学专门学校、四川公立法政专门学校、四川公立外国语专门学校、四川公立农业专门学校、四川公立工业专门学校合并成立公立四川大学，本科4年，预科2—3年，专门部2年，设中文学院、外文学院、法政学院、工科学院和农科学院。不设校长，由向楚（中国文学院学长）、杨伯谦（外国文学院学长）、刘昶育（法政学院学长）、伍应垣（工科学院学长）、邓崇德（农科学院学长）5学长（1930年起改称院长）组成的大学委员会处理校务。向楚（1877—1961），字仙樵，四川巴县人，曾任国立成都高等师范学校国文部主任、国立成都大学教授、国立成都师范大学中国文学系主任、国立四川大学文学院院长、四川省政府委员兼教育厅厅长等职。杨伯谦（1892—1962），别名吉甫，四川叙永人，曾任成都师范大学校长、私立光华大学教授、上海法政学院教授等职。

同月 国立北京师范大学改名为京师大学师范部，张贻惠任学长。

9月1日 私立复旦大学大学部召开教职员全体大会。会议决定："大学行政系统由校董会、校长、行政院（校长为当然院长）构成；行政院院员由下列人员担任：校长、七科主任（文科、商科、理工科、中国文学科、生物科学科、社会科学科、预科）、注册主任、会计主任、庶务主任、教职员代表3人，共计14人组成。"

9月4日 国立劳动大学筹备委员会召开第六次会议，推选易培基为劳动大学校长。

同日 《晨报》报道："北京政府教育部决定，京师大学校各部科取缔男女同校。各校已收男女生，以办至毕业时为止。"

9月7日 江西省教育厅召开第1次会议，议决《中等以上学校临时保管条例》《检定江西中等以上学校暂行条例》等提案。

9月8日 北京政府教育部令直隶、山东、奉天、吉林、黑龙江、热河、察哈尔、绥远、新疆各省教育厅厅长，京师学务局长，国立京师大学，哈尔滨特区教育管理局："所辖中等以上各校：所有国文一课勿论编纂何种项讲义及课本均不准再用白话文体，以昭划一，而重国学。"

同日 南京国民政府教育行政委员会修正核准广西教育厅呈送的《建设广西中山大学草案》。

9月10日 私立南开大学教授何廉主持成立社会经济研究委员会，也即私立南开大学经济研究所前身。

9月12日 南京国民政府教育行政委员会修正公布《大学教员薪俸表》，规定："教授月俸400至600元，副教授260至400元，讲师160至260元，助教100至160元。"

同日 江西省政府召开第42次会议，议决准予私立中等以上学校开学。

9月14日 北京政府教育部公布《国立京师大学校校务会议规程》《国立京师大学校校长办公处规程》。

9月17日 国立劳动大学开始招生，易培基任校长，设农学院和工学院。劳工学院分为机械工程、劳工教育、工业社会3系，1928年夏又增设土木工程系；劳农学院分为农艺、园艺、农艺化学3系，1929年初增设社会科学系。

9月18日 美国康奈尔大学生物学系主任尼丹（J. G. Needham）博士应中华教育文化基金董事会邀请来华讲学，本日到达上海。

9月19日 北京政府交通部在锦县创办唐山大学锦县分校，派郑林皋为校长，初设预科和补习各一班。郑林皋（1882—?），字鸣九，黑龙江拜泉人，曾任北京政府参议院议员、黑龙江省政府委员兼教育厅厅长等职。

9月20日 京师大学校在北京政府教育部礼堂举行开学典礼。北京政府教育部部长兼校长刘哲在演讲中提出，学校的办学宗旨是"保存旧道德，取法新文明"。

同日 北京政府教育部公布《国立京师大学校职员薪俸规程》。《规程》将职员的薪俸分为六等八级。校长月俸为600元，学长一级为月俸400元，教授一级月俸为300元，预科教授一级月俸为260元，助教一级月俸为120元，事务员一级月俸为120元。其中规定："专门部之学长支第二级俸，其他各科部学长支第一级俸""教授授课钟点每周至少十二时，至多十八时，教授授课钟点不足十二时者，应按照讲师支薪"；"教授得在他科部兼授功课，按照讲师支薪，但以八时为限"。

9月21日 北京政府教育部令："国立京师大学校国学门研究所改为国学研究馆，其任务为整理及阐扬国学并指导研究生研究高深国学"，28日公布《国立京师大学校国学研究馆规程》。《规程》规定："国学研究馆设总务部、研究部与编辑部"；"研究部分为哲学组、史学组、文学组、考古学组、语言文字学组、艺术组与其他组"；国学研究馆研究生的资格为"本校毕业生有研究国学之志愿及学力者"或"国内外大学毕业生有研究国学之志愿及学力者"或"未经学校毕业而于国学有高深研究，其著作经本馆审查合格者"。

9月25日 北京军警包围搜查国立专科以上九校及各私立大学，以"共党嫌疑"逮捕学生100余人，并枪杀赵全霖、陈国华等10人。

9月26日 国立第四中山大学正式成立，本日开始授课，10月7日补行开学典礼。

同日 国民政府教育行政委员会同意将国立成都高等师范学校更名为"国立成都师范大学"，但是"仍用省款作办学经费"。龚道耕、杨伯谦、周光鲁、宋绍曾相继担任校长。

9月29日 北京学生因张贴"打倒军阀"等字样的标语，50余人被拘捕。

9月 安徽省省长陈调元聘余谊密、胡春霖、张秋白、刘文典、吴承宗、刘复等11人为安徽大学筹备委员，定名"安徽大学"。筹委会推选刘文典为文学院筹备主任兼预科主任，韩安为农学院筹备主任，吴承宗为工学院筹备主任。1928年2月筹备就绪，以安庆百子桥边法政专门学校旧址为校舍，预科开始招生；8月文、法学院成立。刘文典（1889—1958），字叔雅，安徽合肥人，曾任省立安徽大学文学院院长兼预科主任、国立清华大学中国文学系教授、国立北京大学国文系教授等职。韩安（1883—1961），字竹坪，安徽巢县人，美国密歇根大学林科硕士，曾任北京政府农商部佥事、安徽省政府委员兼教育厅厅长等职。吴承宗（生卒年不详），字亢生，安徽桐城人，英国孟却斯德大学电工科学士，曾任国立东南大学讲师、省立安徽大学工学院筹备主任、国民政府建设委员会电气事业处技正等职。

同月 白崇禧任南京中央军事政治学校校长。白崇禧（1893—1966），字健生，广西桂林人，曾任国民革命军东路军前敌总指挥、国民政府委员、国民党中央政治会议委员等职。

秋 中国国民党中央政治学校正式开办，直隶中央执行委员会。最初称为中央党务学校，学生由各省市党部考选，经复试及格，入校修业一年，分发各级党部，担任党务工作。

10月1日　中华民国大学院在南京正式成立。院长蔡元培宣誓就职。大学院布告开始办公。布告云："前广东国民政府教育行政委员会即行结束，该前教育行政委员会所有一切公布法律规程等项，在本院没有修改公布以前，一律继续有效。"

10月8日　湖南省政府公布《改造省立学校组织案》。《组织案》决定："筹建长沙中山大学，设文、理、工科。"

10月12日　国民政府任命蔡元培为中华民国大学院院长。

10月17日　私立南开学校大学部主任黄钰生提出"集中精力政策，以振兴文科计划书"，裁并政治、经济、哲学、教育心理、历史五系为政治、经济两系。黄钰生（1898—1990），字子坚，湖北沔阳人，美国芝加哥大学哲学博士，曾任私立南开大学文学院院长、国立西南联合大学师范学院院长等职。

10月27日　中华民国大学院教育行政处举行第1次处务会议，到会有杨铨、钱端升等6人，议决《学校立案办法》等7个提案。钱端升（1900—1990），上海人，美国哈佛大学哲学博士，曾任国立北京大学讲师、国立北京师范大学讲师、国立中央大学法学院政治学系副教授、国立清华大学政治学教授等职。

10月28日　东方文化事业总委员会在北京召开第三次会议，出席委员日方5人，中方11人，选举柯劭忞为总裁，王树枏为副总裁。

同月　私立上海法政大学校董事会推选郑毓秀为校长。郑毓秀（1891—1959），女，广东宝安人，法国巴黎大学法学博士，曾任国际联合会行政会秘书、上海地方法院院长、国民政府立法院立法委员等职。

11月6日　中华民国大学院大学委员会召开首次会议。到会有蔡元培、李石曾、易培基、郑洪年、褚民谊、戴传贤、蒋梦麟、胡适、朱家骅、张乃燕、张仲苏、杨铨、金曾澄、高鲁等14人，议决《大学委员会条例》及《大学委员会议事细则》《统一党化教育及政治指导》等提案9件。

同日　甘肃教育厅决定，将中山学院及公私立法政专门学校改组为"兰州中山大学"。

11月7日 中华民国大学院公布《毕业证书条例》。《条例》规定："各校学生，修满规定学程，经考查成绩及格者，得由各该校给予毕业证书"；"专门以上学校选科生、各学校中途退学学生，得由各该校给予修业证书"。《条例》对毕业证书、修业证书的式样作了统一的规定。

11月11日 私立大夏大学委员会研究决定：成立毕业生职业介绍委员会，为毕业同学介绍职业。

11月13日 中华民国大学院大学委员会在上海召开第二次会议，与会人员有蔡元培、李石曾、褚民谊、易培基等人，议决《修正教育会规程》《私立专门以上学校立案由大学院统一办理》等提案。

11月15日 北京政府大元帅张作霖命令公布《修正学校系统》，令北京政府教育部立即通知各省区切实执行。此次对于壬戌学制修正的重点为："大学兼重文实，每校至少设两科以上"；"师范专修科限设于大学教育系或师范大学"；等等。

11月16日 私立金陵大学新校董会成立，推举陈裕光为校长。陈裕光（1893—1989），字景唐，浙江鄞县人，美国哥伦比亚大学哲学博士，曾任国立北京师范大学物理化学系主任、私立金陵大学文理科主任等职。

11月18日 私立厦门大学校董会聘张颐博士为副校长。张颐（1887—1969），字真如，四川永宁人，英国爱丁堡大学哲学博士，曾任国立四川大学文学院院长、代理校长、国立北京大学哲学系主任兼教授等职。

11月20日 国立中央研究院筹备会及各专门委员会开成立大会，与会人员有蔡元培、杨铨、曾昭抡、胡刚复、王世杰、张乃燕、张奚若、王星拱等30人，会议通过《中央研究院组织条例》，蔡元培兼任研究院院长。曾昭抡（1899—1967），字叔伟，湖南长沙人，美国麻省理工大学化学博士，曾任国立北京大学教务长兼化学系主任、中央研究院院士、中华人民共和国教育部副部长兼高教司司长、高等教育部副部长兼全国高校招生委员会副委员长等职。张奚若（1889—1973），陕西朝邑人，美国哥伦比亚大学硕士，曾任国立北京法政大学教授、私立中国大学政治学教授、国立清华大学政治学系教授、国民政府大学院高等教育处处长等职。王星拱（1888—1949），字抚五，安徽安庆人，英国伦敦理工大学硕士，曾任国立北京大学化学教授、国立中央大学理学院化学系副教授、国立武汉大学副校长兼理学院院长等职。

11月21日 浙江省当局以"谋危党部政府罪"致函第三中山大学，请缉拿学生，共计150余人。

11月27日 国立音乐院于本年10月在上海开始筹备，于10月15日开始上课，于本日补行开院礼，设预科、本科、专修科，分理论作曲、钢琴、管弦乐器、声乐、国乐5组，实行学分制。蔡元培兼任院长，萧友梅任教务主任，1928年9月由萧友梅代理院长。

同日 中华民国大学院艺术委员会在上海召开第1次会议，决定筹设国立艺术大学。

11月28日 国立武昌中山大学改名为"国立第二中山大学"。12月奉令停办，校产由湘鄂临时政务委员会派员暂行保管。

同日 河南省立中山大学开学上课，学生500余名。

11月 浙江公立医药专门学校改称为"浙江省立医药专门学校"。

同月 广西省政府主席黄绍竑邀请马君武回桂筹办广西大学，正式成立省立广西大学筹备委员会，黄绍竑任委员长，马君武、盘珠祁、雷沛鸿等为委员。

同月 国民党控制学校的组织"中央俱乐部"由陈果夫在蒋介石的授命下成立，在各省市党部设立"调查室"，派遣特务打入学校，对进步人士和学生监视、调查、告密。

12月5日 四川省署政务厅召集省立各校校长、教职员开会，讨论教育经费问题。教育厅厅长万克明因拒绝学联代表列席会议，被学生殴打。

12月9日 中华民国大学院令各大学区及各省教育厅："禁止未立案的私立学校采用大学院所颁发的毕业证书式样。"

12月15日 留学日本军事学校的学生因受到学校的歧视与差别对待，留日士官学校第十八期全体学生发表退学宣言，以示抗议。

12月16日 中华民国大学院通令各国立大学、省市教育厅、局："制定单行的教育法令，须经大学院核准，方得施行。"

12 月 17 日 北京中俄庚款委员会开会议决："以后每月拨十五万元作为京师大学校的教育经费。"

12 月 20 日 中华民国大学院公布《私立大学及专门学校立案条例》9条。《条例》规定："私立大学及专门学校须向大学院立案，私立大学及专门学校，必须试办三年以上，方得呈请立案"；"校长由中国人担任；教职员能合格胜任，大学、专科专任教员应占全数三分之一以上"；"已立案的学校，如果措施失当，或办学成绩不良时，得撤销其立案"；"未立案学校，其毕业生与肄业生不得与已立案学校的学生享受同等待遇。"

12 月 22 日 蔡元培与孙科向国民政府委员会十六次会议提出《提议教育经费独立案》，强调教育经费独立的意义，提出要增高教育经费，并保障其独立。

12 月 23 日 国民政府派往莫斯科中山大学的留学生，因广东事件被苏联政府下令限期出境，是日 17 人由海参崴抵达日本，转道归国。

12 月 24 日 中华民国大学院大学委员会举行第 3 次会议。议决《实行大学区制省份特别市教育界暂行条例》《教育会规程》等 6 个提案。

12 月 26 日 中华民国大学院及财政部提议，通令各省市政府切实施行整理学制并保障教育经费独立。通令云："嗣后各省学校专款，及各种教育附税，暨一切教育收入，永远悉数拨归教育机关保管，实行教育会计独立制度；不准丝毫拖欠，或擅自截留挪用，一律解存大学院，听候拨发。"

同年 无锡国学专修馆改名为"国文大学"。不久董事会决议，改名为"国学专门学院"。

同年 国民政府教育行政委员会颁布《民国十六年度学校历》。《学校历》规定："大中小学均为秋季始业（9 月开学）"；"大学校，寒假三个星期，暑假两个月"；其他放假日有秋节、重阳、国庆日（10 月 10 日）、孙中山诞辰日、冬节、元旦、孙中山逝世纪念日、黄花岗烈士殉国纪念日、植树节、学生运动纪念日（5 月 4 日）、惨案纪念日（5 月 30 日）、夏节、学校纪念日。《学校历》规定不放假的纪念日有世界劳动节（5 月 1 日）、国耻纪念日（5 月 9 日）。

同年 黄惠平呈请恢复私立法政大学，并推选易培基、黄郛、褚民谊、郑毓秀等人为校董，成立董事会。

同年 私立北京中央大学停办，学生全部并入私立中国大学。

同年 私立南开大学校长张伯苓成立满蒙研究会（后改为"东北研究会"），赴东北调查社会经济、物产情况及日本在东北侵略活动，编写《东北地理》，作为南开学生必读教材，对学生进行爱国主义教育。

1928 年（民国十七年 戊辰年）

1月1日 《中央日报》在上海创刊。

2月3日 国民党二届四中全会在南京召开，蒋介石被任命为国民党中央执委主席、中央政治会议主席、军事委员会主席。

6月4日 "皇姑屯事件"发生。

6月18日至7月11日 中国共产党第六次全国代表大会在莫斯科举行。会议重新确认中国社会和革命性质，制定了10大政纲。

7月7日 国民政府外交部发表宣言，宣布废除一切不平等条约，重订新约。

8月8日 国民党在南京召开二届五中全会。此次会议宣布"训政"。

12月29日 "东北易帜"发生，东北归属国民政府。

1月4日 由哈佛大学和私立燕京大学合作成立的"哈佛燕京学社"在马萨诸塞州注册成立。该研究机构经费源于查尔斯·马丁·霍尔（Charles Martin Hall）的遗产捐赠，主要致力于发展亚洲地区高等教育和东西方文化交流。

1月8日 中华法学会在私立上海法科大学召开成立大会。

1月9日 中华民国大学院公布《革命功勋子女就学免费条例》。规定："凡革命功勋子女已入公立学校，而家计贫苦不能负担费用者可请求免费。"

1月14日 张伯苓致函张学良，谈南开满蒙研究会情况，并邀请张学良为满蒙研究会名誉董事。张学良允任，并捐洋 500 元。张学良（1901—2001），字汉卿，辽宁海城人，曾任国民政府东三省保安总司令、东三省巡阅使、省立东北大学校长、中央政治会议委员等职。

1月15日 国立北京师范大学教授高仁山以内乱罪被张作霖掌控的北京军政府杀害，时年 34 岁。高仁山（1894—1928），原名高宝寿，江苏江阴人，美国哥伦比亚大学硕士，曾任国立北京大学教育系教授、系主任、北平艺文中学校长、国立北京师范大学教授等职。

1月27日 国民政府公布《修正大学区组织条例》10 条。修正处为："每大学区设大学一所，除在广州者永远定名中山大学以纪念总理外，均以所在地之名名之"；增加条款"大学区因特殊情形，得于区内设分区委员会，分理各地学术与教育行政事项，其组织与职权另定之。"

同日 国民政府公布《修正中华民国大学院组织法》11 条。修正处有："设副院长一人，襄助院长总理全院事务"；"大学委员会由各学区中山大学校长、本院副院长及本院院长所选聘之国内专门学者五人至七人组织之，以院长为委员长"；"本院设学校教育组、社会教育组、法令统计组、书报编审组、图书馆组，每组置主任一人，股长股员若干人，承院长副院长之命，处理各大学区及不属于各大学区之教育行政事宜。"

1月31日 国民政府第 36 次会议照准交通部部长王伯群提议，任命蔡元培为交通部直属第一交通大学校长。蔡元培并未到职，6月由王伯群兼任，11月由孙科兼任。

1月 中华民国大学院采纳艺术教育委员会提案，在杭州创办国立艺术院。

同月 私立中华大学校友习文德、姚名帛、邓翔海、蓝芝浓、潘新藻、吴仲行等发起复校运动。

2月1日 蔡元培与戴季陶、李石曾、吴稚晖联名提议以俄、英退还庚款拨充教育基金案。

2月3日 国民党二届四中全会召开，中央执行委员经亨颐、朱霁青、丁惟汾、白云梯、陈树人等提案要求设立教育部，废止大学院。蔡元培、李石曾等主张维持大学院制。会议最后决议："大学院制暂保留，待三次代表大会再决存废。"朱霁青（1882—1955），原名国升，奉天广宁人，曾创办《东三省民报》，曾任国民政府委员、国民党第二届中央执行委员、中央政治会议委员等职。丁惟汾（1874—1954），字鼎丞，山东沂州人，中国同盟会创始人之一，曾任广州国民政府执行委员会常委、国民党中央党务学校训导长、中央政治学校教育长、国民政府监察院副院长等职。白云梯（1894—1980），字巨川，蒙古族，内蒙古卓索图盟喀喇沁中旗人，曾任国民政府中央执行委员、国民政府委员、蒙藏委员会委员长等职。陈树人（1884—1948），广东人，日本东京帝国大学美术科毕业，曾任国民党第二届中央执行委员、国民政府侨务委员会委员长等职。

2月6日 中华民国大学院公布《私立学校条例》11条，规定："凡私人或团体设立之学校为私立学校，外国人及教会设立之学校均属之。私立学校须受教育行政机关之监督及指导。私立学校须由设立者推举校董组织校董会，负经营学校之全责。私立学校之设立、变更及停办，须得主管教育行政机关之许可。私立专门以上之学校及其校董会，以中华民国大学院为主管机关；私立学校校长须以中国人充任。私立学校不得以宗教科目为必修课，亦不得在课内作宗教宣传。私立学校如有宗教仪式，不得强迫学生参加。学校须遵照现行教育法令办理。如办理不善或违背法令时，政府得解散之。"

同日 中华民国大学院公布《私立学校校董会条例》13条，规定："私立学校以校董会为其设立者之代表，负经营学校之全责"；校董会的主要职权在学校财务和学校行政两方面，在学校财务上校董会负责"经费之筹划""预算及决算之审核""财产之保管""财务之监察"和"其他财务事业"；在学校行政方面，"由校董会选任校长完全负责，校董会不得直接参预；惟所选校长应得主管教育行政机关之认可，如校长失职，校董会得随时改选之"；"校董会如欲解散或变更其所设学校，须得主管教育行政机关之许可"；"有特别情形者，得以外国人充任校董；但名额最多不得达半数，其董事长或校董会主席，须由中国人充任"。

2月9日 中华民国大学院大学委员会第4次会议，谭延闿、彭学沛、张乃燕、杨铨、张仲苏、金曾澄等出席。提议将"国立第四中山大学"名称改为"江苏大学"。彭学沛（1896—1949），字浩徐，江西安福人，早年留学日本东京帝国大学，曾任国立北京大学政治学教授、上海《中央日报》总编辑和国民政府交通部政务次长、行政院政务处处长等职。

2月10日 私立燕京大学哈佛燕京学社国学研究所成立，聘请著名历史学家、私立北平辅仁大学副校长陈垣出任所长。

2月17日 中华民国大学院大学委员会议决："第三中山大学更名为浙江大学，第四中山大学更名为江苏大学。"

2月18日 中华民国大学院通令各大学，各省市教育厅、局："将春秋祀孔旧典，一律废止。"

2月19日 私立大夏大学委员会议决，遵行大学院颁布的"学校条例"，改委员制为校长制。经校董会全体同意，推王伯群为校长，欧元怀为副校长。大学委员会改名为校务会议，为全校议事最高机构。

2月20日 国民政府准大学院、财政部商定之《整顿教育经费暂行办法》。规定："大学院经费由财政部负责拨付，各省教育经费由财政厅负责拨付。"

同日 蔡元培到徐家汇国立第一交通大学就任校长职。

2月21日 国民政府会议讨论"大学院院长蔡元培呈称，中法国立工业专门学校校长褚民谊已奉国府令派赴法考察卫生事宜，拟派李宗侗代理该校校长"。议决："照准。"李宗侗（1895—1974），字玄伯，河北高阳人，曾任国立北京大学教授、国立北京师范大学教授、私立中法大学教授、台湾大学教授、国立工业专门学校代理校长、国立中央研究院通讯研究员等职。

2月25日 私立沪江大学举行第一任华人校长刘湛恩就职典礼，沪江大学董事会董事长缪秋笙、国民政府大学院院长蔡元培、工商部部长孔祥熙、圣约翰大学校长卜舫济（Francis Lister Hawks Pott）、东吴大学校长杨永清、前任沪江大学校长魏馥兰（Francis John White）等出席。刘湛恩被聘为大学院专门委员。刘湛恩（1896—1938），湖北汉阳人，美国哥伦比亚大学哲学博士，曾任基督教上海青年会副会长、私立大夏大学教授、私立沪江大学校长等职。

2月 中华教育文化基金董事会设立之科学教育顾问委员会在上海举行成立大会。大会推定王琎、秦汾为正副委员长，并决议编辑各科教科书等议案。王琎（1888—1966），字季梁，浙江黄岩人，美国理海大学化学工程师，曾任湖南高等工业学校教授、国立东南大学化学系主任、浙江公立工业专门学校教务主任兼化学科主任、国立中央大学理学院院长、国立中央研究院化学研究所专任研究员兼所长等职。

同月 中华民国大学院公布《国立音乐院组织条例》。规定："大学院院长兼任本院院长，总理全院院务"；"教务处设主任一人，由院长聘任"；"分理论作曲、钢琴、小提琴及声乐四系。"1929年改名为"国立音乐专科学校"。

同月 省立安徽大学正式成立于安庆，先招收预科学生，8月招收文法学院本科学生，设中文、教育、政经、法律4个系，首任文法学院院长兼预科主任为刘文典。

同月 俞庆棠在苏州留园路创立民众教育学院，5月迁至无锡荣巷，改名"江苏省立民众教育学院"。同年10月，无锡创建江苏省立农学院。1930年两院合并，定名为"江苏省立教育学院"。这是我国第一所培养从事民众教育专业人才的高校。

同月 胡适受私立东吴大学及私立光华大学之聘，作哲学讲座。

同月 私立中华大学接收原来校址；3月13日宣布复校。5月，新校董会成立。

同月 私立大同大学召开董事会，推选马相伯为董事长，曹梁厦为校长。曹梁厦（1886—1957），原名曹惠群，江苏宜兴人，英国伯明翰大学理学学士，曾任国立暨南大学教授、私立复旦大学教授、私立同济大学化学教授、中华化学工业会会长、中华工业化学研究所所长等职。

3月1日 蔡元培、林风眠在杭州创立国立艺术院。大学院聘任林风眠为院长，林文铮为教务长，设绘画、图案、雕塑、建筑4系。本月国立艺术院在杭州狐岐山南麓的罗苑成立。林文铮（1903—1989），又名铎云，广东梅县人，早年曾入法国巴黎大学专攻法国文学和西洋美术史论，曾任国立西南联合大学教授、北平中法大学文学院院长、国立中山大学外文系主任等职。

3月21日 中华民国大学院批准私立厦门大学立案，28日正式注册立案。林文庆为校长。

3月 中华民国大学院公布《大学院教科图书审查委员会组织条例》9条和《大学院暂行教科图书审查办法》7条。《条例》规定："本会委员由大学院院长聘任之，院长兼任委员长"；下设"三民主义组""国文国语组""外国语组""社会科学组""自然科学组""职业各科组""音乐图画手工体操组""每组置主席一人，由大学院于各该组委员中指定之"；"本会全体会议，由大学院随时召集之"。

同月 商务印书馆出版邹恩润译《民本主义与教育》。邹恩润（1895—1944），别号韬奋，江西鹰潭人，曾任《时事新报》编辑、《生活周刊》主编、《大众生活》主编等职。

同月 省立贵州大学成立，周恭寿兼任校长，设经济、医学、土木工程、矿业专科和文、理两个预科。1929年5月周恭寿去校长职。1931年1月停办。周恭寿（1876—1950），字铭久，贵州麻江人，清末举人，早年留学日本，曾任贵州教育总会副会长、北京政府贵州省政府教育厅厅长、省立贵州大学校长等职。

4月1日 中华民国大学院决定："国立第三中山大学改名为中华民国大学院浙江大学，简称浙江大学，蒋梦麟任校长。"

4月7日 中华民国大学院公布《教育学术统计暂行条例》13条。《条例》规定："教育统计分学校教育统计和社会教育统计两种，每种分全国、省区、市县、某校（某社会教育机关）四类。全国的教育及学术统计由大学院编制，其余类推。"

4月8日 上海世界语学会呈请中华民国大学院批准在全国学校加授世界语。

4月10日 国民政府公布《修正国立中央研究院组织条例》，规定：国立中央研究院"为中华民国最高科学研究机关"。其宗旨是："实行科学研究，并指导、联络、奖励全国研究事业，以谋科学之进步，人类之光明。"研究范围：数学、天文学与气象学、物理学、化学、地质学与地理学、生物科学、人类学与考古学、社会科学、工程学、农林学、医学等11组科学。

4月11日 国民党中央政治会议第136次会议决议通过《修正中华民国大学院组织法》22条，由国民政府于4月17日公布。修正处有："中华民国大学院为全国最高学术教育机关，直隶于国民政府，依法令管理全国学术及教育行政事宜"；"大学院对于各省及地方最高级行政长官之执行本院主管事务，有指挥监督之责"；"本学院于主管事务对于各省各地方最高级行政长官之命令或处分，认为违背法令或逾越权限者，得呈请中央变更或撤销之"；大学院下设秘书处、高等教育处、普通教育处、社会教育处、文化事业处，并对各处的职权进行了规范，其中"高等教育处"执掌"关于大学校事项""关于专门学校事项""关于国外留学生事项""关于学位考试事项""关于各种学术机关事项""关于其他高等教育事项"；人员设置上，增加"置参事二人至四人，承长官之命掌理、拟定关于本院主管之法律命令事项""置处长四人，承长官之命分掌各处事务""大学院各处分科办事，各科置科长一人"；删除了大学委员会委员构成规定，强调"大学院设中央研究院为全国最高之学术研究机关"；"大学院为实行所定计划得设学校及其他教育学术机关"；"大学院因事务上之必要，得设专门委员会"。

4月13日 国民政府第54次会议决议："依照总理遗教，明令提倡我国旧有美德，并令大学院标举普通人民应具有之道德，编为专本，责成各学校实施训育。简任许寿裳、朱葆勤、杨芳为大学院参事，张奚若为大学院高等教育处处长，朱经农为大学院普通教育处处长，陈剑脩为大学院社会教育处处长，钱端升为大学院文化事业处处长。"朱葆勤（生卒年不详），字子勉，广东番禺人，日本大阪高等工业学校毕业，曾任国立广东高等师范学校教授、国立交通大学教授、国民政府教育部参事等职。杨芳（生卒年不详），字仲白，四川成都人，曾任国立北京大学教授、广州黄埔军官学校教官、国民政府教育部参事等职。陈剑脩（1896—？），原名宝锷，江西遂川人，英国伦敦大学硕士，曾任国立北京大学教授、国立女子大学教授、私立中国大学心理学教授、南京特别市政府教育局局长、国民政府教育部社会教育司司长兼蒙藏教育司司长、国立中央大学理学院副教授、国立武汉大学心理学教授等职。

同日 国民政府湘鄂政务委员会明令规定除初级小学与大学可以男女同堂教授外，中学与高级小学，则严行取缔。

4月16日 北京军政府外交部令准严鹤龄辞私立清华学校校长，由温应星继任。严鹤龄（1879—1937），字履勤、侣琴，浙江余姚人，曾任北京政府农商次长、代理驻美公使等职。温应星（1887—1968），字鹤荪，广东台山人，曾任淞沪商埠督办公署总务处处长、联军驻沪军法处处长、国民政府财政部盐务缉私处处长等职。

4月18日 国民党中央政治会议第237次会议。讨论"大学院转广州中山大学校长戴季陶、副校长朱家骅请维持该校经费，令行广东财政厅仍照原额十足发给"。决议："令政治会议广州分会饬令照办。"

4月23日 国民政府令："特任蔡元培为国立中央研究院院长。"

4月24日 大学委员会临时会议议决："江苏大学改称中央大学，得加'国立'二字。"校长仍为张乃燕。

4月27日 世界著名生物学家倪丹（J. G. Needham）教授到大学院访问蔡元培院长，至5月11日，先后在江苏大学、私立金陵大学、私立金陵女子大学、中国科学社讲演《生物之本能》《先天与后天之势力》《蜻蜓之研究》等专题12次。

同日 私立中国公学大学部召开校董会，在沪校董熊克武、王云五、夏敬观、胡适、刘秉麟、朱经农、但懋辛、丁毂音等均到会，在京校董蔡元培委员委托王云五为代表，杨铨委托朱经农为代表。票选胡适为私立中国公学校长。

4月28日 私立大夏大学正副校长王伯群、欧元怀就职典礼，董事马君武博士、主席董事赵晋卿代表董事会授印。王伯群（1885—1944），贵州兴义人，日本中央大学毕业，曾任国立第一交通大学校长、国民政府交通部部长、吴淞商船专科学校校长等职。

4月30日 胡适就任私立中国公学校长，并兼任文理学院院长。

同日 国立北京大学教授辜鸿铭在北京病故。

4月 中华民国大学院聘请孟宪承、顾颉刚、杨振声为中央研究院历史语言研究所筹备员。

同月 中华民国大学院聘请：孟宪承、范寿康、张谨、赵迺传、戴修骏、王琎、丁燮林、何尚平、郑贞文、秉志、周仁、王云五、宋子文、李毅士、胡适、杨端六、周启刚、汪企张任全国教育会议委员会委员。

同月 江苏大学恢复视学制度。由杨孝述、胡刚复、程相庐、俞庆棠、孟宪承、郑宗海、王季良7人组成视察委员会。杨孝述（1889—1974），字允中，江苏松江人，美国康奈尔大学机械工程硕士，曾任河海工程专门学校教授、河海工程大学校长、国立上海交通大学电机系教授等职。胡刚复（1892—1966），江苏无锡人，美国哈佛大学哲学博士，曾任上海同济医工专门学校教授、私立光华大学教授、私立大夏大学教授、国立东南大学物理系主任、私立厦门大学理科主任、私立上海大同大学教授、国立中央研究院物理研究所专任研究员等职。俞庆棠（1897—1949），字凤岐，江苏太仓人，美国哥伦比亚大学教育学硕士，曾任私立大夏大学教授、国立中央大学教育行政院扩充教育处处长、江苏省立教育学院教务主任等职。

同月 北京教育当局通令各校禁止体育比赛。谓："比赛易使多数青年性情浮动荒废正课。"

同月 湖南省政府决议将湖南工科大学更名"省立湖南大学"，任凯南为校长，设文、理、工三科，8月呈准教育部立案。任凯南（1884—1949），原名拱辰，英国伦敦大学经济学学士，曾任湖南商业专门学校校长、国立武汉大学教授兼经济学系主任、国立湖南大学代理校长等职。

同月 甘肃法政专门学校改组为兰州中山大学，校长由教育厅厅长马鹤天兼任，后任校长分别为郑道儒、谢无忌、邓春膏。1930年更名为甘肃大学，1931年12月教育部令在理学院未成立以前改称甘肃学院。马鹤天（1887—1962），山西芮城人，日本早稻田大学毕业，曾任私立民国大学总务长、国民政府中央考试院铨叙部育才司司长、国民政府蒙藏委员会委员等职。郑道儒（1897—1977），天津人，曾任国民政府贵州省政府委员兼秘书长、吉林省政府主席、绥靖区政务委员会委员等职。邓春膏（1900—1976），字泽民，甘肃循化人，美国斯丹佛大学文学硕士、芝加哥大学哲学博士，曾任甘肃学院院长。

5月3日 国民政府公布《大学院大学委员会组织条例》14条，规定："大学院大学委员会依本条例决议全国教育及学术上重要事项"；大学委员会委员分"当然委员"和"聘任委员"两种，当然委员包括"大学院院长""大学院副院长""国立各大学校长及副校长"，聘任委员包括"曾任大学院院长、副院长及曾任国立大学校长、副校长者"、"具有特殊之教育学识或于全国教育有特殊之研究或贡献者""国内专门学者""聘任委员之人数为五人至九人，由大学院院长取得当然委员多数之同意，以大学院之名义聘任，任期为三年"；大学委员会议决事项包括"大学院组织法之修正事项""教育制度及教育行政制度之变更事项""教育方针之制定事项""大学院长及各国立大学校长之人选事项""大学院及直属各机关预算事项""专门委员会之设立事项""其他由大学院院长交议之事项"；"大学委员会大会，须有全体委员三分之二以上出席，常会临时会均须有全体委员二分之一以上出席，方得开议"。

同日 国民政府公布中华民国大学院大学委员会委员名单："蔡元培任大学院大学委员会主任委员，李石曾、诸民谊、胡适、许崇清、高鲁、戴季陶、朱家骅、蒋梦麟、张乃燕、易培基、郑洪年、张瑾等13人为委员，金曾澄任秘书。"

同日 国民政府公布《大学区组织条例》7条。修正处有：删除"除在广州者永远定名中山大学以纪念总理外，均已所在地之名名之"的规定；"大学区设评议会为本区审议机关"；改"部"为"处""大学区得设高等教育处、普通教育处、扩充教育处""组织与职权另定之"；删除"大学区因特殊情形，得于区内设分区委员会"的相关规定。

5月5日 上海各大学联合会推举私立大夏大学为执行委员会主席。

5月7日 中华民国大学院电令全国教育机关于国耻纪念日（5月7日至5月9日）讲授特种课程（民族主义、日本研究、中日交涉史等），使青年明白纪念国耻之真谛。

5月15日 中华民国大学院在南京举行第一次全国教育会议，28日结束。各省区、特别市和大学院当然会员及专家78人出席。蔡元培在开会词中提出今后办理教育应使教育科学化、劳动化、艺术化；会议议决废止党化教育名称，改称"三民主义教育"，通过中华民国教育宗旨说明书。提出"此后中华民国的教育宗旨，就是三民主义的教育"，并议诀根据三民主义拟定教育实施方案的原则及厉行全国义务教育。会议通过《整理中华民国学校系统案》，对1922年"壬戌学制"进行了修正。关于高等教育的说明有3条，分别是：第13条"大学修业年限是四至七年，医科及法科修业年限至少五年"；第14条"二年之师范专修科须附设于大学教育学院"；第15条"研究院为大学毕业生而设，年限不定"。

5月16日　国民政府行政院作出了"江苏大学改称国立中央大学"的决议，任命吴稚晖为校长，吴稚晖坚辞不就，校长仍由张乃燕担任。朱家骅、刘光华、罗家伦、顾孟余、蒋介石、顾毓琇、吴有训、周鸿经相继担任该校校长。

5月28日　中华民国大学院发表全国教育会议宣言，提出："此后中华民国的教育宗旨，就是三民主义的教育。""我们全部的教育，应当发扬民族精神，提倡国民道德，锻炼国民体格，以达到民族的自由平等；应该养成服从法律的习惯，训练团体协作和使用政权的能力，以导入民权的正轨；应该提倡劳动，运用科学方法，增进生产的技能，采取艺术的陶熔，丰富生活的意义，以企图民生的实现。总之，我们全部的教育，应当准照着三民主义的宗旨，贯彻三民主义的精神。"宣言并对教育行政及经费、普通教育、社会教育、高等教育、军事教育及体育、职业教育、科学教育、艺术教育、出版物、私立学校10项议案作了说明。

6月1日　中华民国大学院通告："6月16日举行国内公私立专门以上学校三民主义考试。举行此项考试之目的为测验受考者对于三民主义之认识；根据测验，规定各级学校三民主义教科之设施及内容。"

6月7日　蔡元培主持大学院三民主义考试委员会第2次会议，决议："（一）试卷格式标题改为'公私立专门以上学生三民主义考试'。（二）试题之分配及分量：问答题须简单，测验题须多于问答题，易题须多于难题，易题约占百分之八十。（三）考试及阅卷人员：本日出席人员全体均为阅卷员。中央大学监试员——段锡朋、皮宗石、张厉生、经亨颐、张道藩、周鲠生、周佛海、史维焕等；金陵大学监视员——陈立夫、李敬斋、吴企云；金陵女子大学监视员——朱经农。（四）考试时间：定六月十六日下午2时至4时，宁、沪各校均同时举行。（五）考试场所及考试规则等事，由大学院派员办理。"

6月8日 国民政府第70次会议。讨论"北京大学历史悠久，上年北京教育部并入师范等大学，改名为京师大学，现在国府定都南京，北方旧时之名不能沿用，拟请仍名北京大学，并选任一校长，以专责成"。决议："京师大学改为中华大学，任命蔡元培为校长，未到任时，以李石曾署理。"

6月9日 国民政府令：京师大学改名为国立中华大学，任命蔡元培为国立中华大学校长，蔡元培未到任时以李石曾署理。

同日 国民政府通令："所有分隶各部院及特殊团体之中央教育学术机关统一归大学院主管。"

6月10日 私立中国公学依据大学院颁布的《私立学校校董会规程》，改组校董会、通过《校董会章程》，决定校董名额为15人，每两年改选三分之一。新校董分别为：蔡元培、于右任、熊克武、胡适、杨铨、夏敬观、叶景葵、朱经农、何鲁、王云武、刘秉麟、但懋辛、王敬芳、马君武、丁毂音。

6月13日 国民政府公布《修正中华民国大学院组织法》23条，主要修正处有："秘书处掌理院长委办事务"，增设"总务处"，职掌原秘书处的主要事项；"大学院置处长五人，承长官之命，分掌各处事务"。

6月14日 美国圣公会全国委员会布道部同意卜舫济（Francis Lister Hawks Pott）建立圣约翰校董会。根据校董会规定，校董会的设立人是美国圣公会国内外传道部，上海主教担任其驻中国代表。

6月15日 中华民国大学院大学委员会第六次会议审议将北京各大学合并改名"中华大学"，请李石曾任校长，得到吴稚晖、易培基、张乃燕、张仲苏等人的支持，但胡适坚决反对，主张由蔡元培兼任、李石曾代理。

6月16日 沪、宁等地同步举行国内公私立专门以上学校三民主义考试。

同日 蔡元培辞交通部直辖国立第一交通大学校长职。

6月17日 杨亮功担任私立中国公学副校长。杨亮功（1897—1992），安徽巢县人，美国哥伦比亚大学哲学博士，曾任开封中山大学文科主任，私立中国公学副校长兼哲学系主任，国立暨南大学教授，省立安徽大学文理学院院长和校长等职。

6月19日 中华民国大学院公布《国立艺术院组织大纲》6章22条。《大纲》规定："国立艺术院直隶于大学院，以培养专门艺术人才，倡导艺术运动，促进社会美育为宗旨"；"艺术院设绘画系、雕塑系、图案系、建筑系"；"招收高级中学毕业生，修业年限为四年"；"为养成高深艺术人才，艺术院设研究部"。

同日 蔡元培出席国民政府第73次会议，辞去中华大学校长兼职，大学委员会推荐李石曾充任中华大学校长。

6月21日 私立之江大学监事会全体会议一致表决，鉴于董事会不同意立案，同时考虑到学校严重的财政问题，为重新组织私立之江大学，暂时关闭学校。

6月30日 中华民国大学院拟定《训政时期施政大纲》。该《大纲》依三民主义为政纲，提出训政时期大学院应办之教育事项共16大类，即教育经费、幼稚园及小学、中等学校、专门学校、大学、国外留学生、图书、公民教育、民众教育、博物馆及图书馆、公共体育、公共美育、特殊教育、蒙藏教育、华侨教育、教育统计。

6月 商务印书馆出版许崇清译著《苏俄之教育》一书，原作者为美国学者尼林（Seott Nearing）。

同月 经亨颐、郭春涛等中央执行委员在国民党五中全会上历数江苏、浙江两省试行大学院制之流弊。再次建议"废止大学院制，设立教育部"。

同月 私立中国公学向中华民国大学院申请立案。

7月1日 蔡元培主持国立第一交通大学毕业典礼。之后举行新任校长王伯群就职典礼。

同日 中华民国大学院浙江大学更名为"国立浙江大学"。8月增设文理学院。11月邵裴子被任命为副校长。1929年1月，改劳农学院为农学院。

7月4日　中华民国大学院准国立中央大学将原有之自然科学院改为理学院，社会科学院改为法学院，哲学院裁撤归入文学院。至此，连同教育学院、农学院、工学院、商学院，国立中央大学共有8所学院。

7月5日　国民党中央常务会议通过《各级学校党义老师检定委员会组织条例》16条及《检定各级学校党义老师条例》12条。

同日　杭州之江大学美籍主办人坚持设宗教科，校董不同意，是日召开特别会议决议停办。

7月10日　京师大学校改名为"国立中华大学"，李石曾任校长。

7月12日　国民政府公布《交通部直辖各大学组织大纲》7条。

同日　国民政府令："照准大学院呈请将北平蒙藏院房地拨予中法大学为校舍。"

7月19日　国民党中央执行委员会抽送《取缔各种社会教育机关违背党义教育精神通则》致国民政府函："凡公私团体或私人所举办之社会教育机关或其负责人员，而有违背党义教育精神之设施或言行者，由国民政府遵照本通则，分饬所属各级教育行政机关及民政机关严格取缔之。"

7月21日　蒋介石在北平国立、公立各校教职员欢迎会上演说，发表对教育之意见。蒋说："建设之急务，即在振兴教育""今后建设自由的新的国家，人人有责，惟教育界责任为最大"；"教职员不怕学生，负责领导青年尽心力研究学问，学生要服从教员""尽心读书"；"教育界无论何时何地均应指导青年信仰三民主义"。

7月27日　国民政府第83次会议。中华民国大学院院长蔡元培与外交部部长王正廷提议改组清华学校董事会案，云："清华学校改归大学院管辖，已奉国民政府明令规定在案。现因历史上之关系，拟暂由大学院会同外交部处理。其处理方案，宜先从改组董事会着手。特拟董事会组织人选如左［下］：（一）当然董事：大学院院长，外交部部长，美国驻华公使；（二）大学院会同外交部聘任国内学术专家四人（内二人系清华学校出身）。至该校旧董事会董事，系外交部部长、次长及美使三人，合并声明。是否有当，敬请公决。"

决议："照准。"

同日 国民政府第83次会议，大学院院长蔡元培提议改组中华教育文化基金董事会案，云："中华教育文化基金董事会，于民国十三年九月十七日，由贿选总统曹锟以大总统命令，委派董事十五人，组织成立。现在国民政府统一全国，此种贿选乱命，自当根本取消。且所任命之董事中，有为国民政府所通缉者，有为拥护贿选之官僚与学阀者，皆不当任其主持国民革命之教育文化事业。拟请国民政府明令取消贿选时代成立之中华教育文化基金董事会，另颁董事会章程，重新任命董事，主持会务。"决议："章程通过，董事照派。"

7月28日 国民政府公布《高级中学以上学校军事教育方案》。《方案》规定：凡高级中学以上学校，"除女生外，均应以军事教育为必修科目"；"军事教育之目的，在锻炼学生翠微涵养、纪律、服从、负责、耐劳诸念，提高国民献身殉国之精神，以增进国防之能力"；"军事教官由陆军学校毕业之军官充任"。《方案》还对军事教育时间、修学期限等作了明确规定。

同日 中华民国大学院发出全国教育会议决议之《师范教育制度》，令各省市教育行政长官、各大学区及各大学校长遵行。《师范教育制度》规定："废止六年制师范学校"；"修业年限三年制初中毕业者修业年限为三年，四年制实践毕业者修业年限为二年"；"师范学校得单独设立"；"高级中学得设师范科"；"在大学之教育学院，附设师范专修科，修业二年，收受高级中学及师范学校毕业生"；"乡村师范收受初中毕业生，或相当程度肄业生，有教学经验且对乡村教育具改革之志愿者，修业年限暂定一年。如收受小学毕业生，入学年龄应在16岁以上，修业年限至少二年。"

7月 国民政府正式公布北平为大学区，大学区辖北平、天津两市和河北、热河两省。李石曾为北平大学区校长。

同月 国立山东大学筹备委员会由国民政府教育部批准成立，何思源、赵太侔、王近信、彭百川、蔡元培、袁家普、杨振声、杜光埙、傅斯年任筹备委员。何思源（1896—1982），字仙槎，山东菏泽人，美国芝加哥大学硕士，曾任广州国立中山大学教授、图书馆馆长和政治训育部副主任、国民革命军总司令部政治训育部副主任兼代理主任、国民政府山东省政府委员兼教育厅厅长等职。赵太侔（1889—1968），原名赵海秋，山东益都人，曾任国立山东大学校长、国民政府教育部高等教育司司长、教育部参事等职。彭百川（1896—1953），江西宁冈人，美国斯坦福大学硕士、哥伦比亚大学博士，曾任国民政府山东省教育厅厅长、国立中央大学教授兼师范学院附中校长、教育部蒙藏教育司司长等职。袁家普（1873—1933），字雪安，湖南醴陵人，日本早稻田大学毕业，曾任北京政府云南财政司司长和财政厅厅长、河南财政厅厅长兼代省长、国民政府教育部佥事、山东省政府委员兼财政厅厅长、安徽省政府委员兼财政厅厅长等职。杜光埙（1901—1975），字毅伯，山东聊城人，美国哥伦比亚大学法学硕士，曾任国民政府教育部高等教育司司长、美国西北大学文学院院长、美国加州大学教授、华盛顿大学客座教授、私立东吴大学教授、国立政治大学教授、国民政府立法委员等职。

同月 国民政府以原国立武昌中山大学为基础，筹建国立武汉大学，聘刘树杞、王星拱、李四光、周鲠生等为筹备委员。刘树杞为筹备委员会主任委员，8月任代理校长。设社会科学院、理工学院及文学院，并设预科，分文理两组。周鲠生（1889—1971），原名览，湖南长沙人，英国爱丁堡大学政治经济学硕士、法国巴黎大学法学博士，曾任国立北京大学政治系教授兼系主任、国立中央研究院社会科学研究所筹备委员、国立武汉大学法学院院长、中华人民共和国宪法起草工作委员会顾问、第一至第三届全国人民代表大会代表等职。

8月6日 国民政府公布《各级学校增加党义课程暂行通则》13条。《通则》提出，"为使本党主义普及全国，并促进青年正确"，各级学校需增加党义课程。《通则》对各级学校党义课程最低限度的必修科目、教授时间、所用教本等作了具体规定。

8月7日 河南省政府任命邓萃英为省立河南中山大学校长。

8月9日 中华民国大学院公布《学校系统表》。高等教育方面规定："大学校得分文、理、法、医、工、农、林等科为各学院。修业年限，文、理、农四年，法、工五年，医七年。大学得附设各种专修科。研究院为大学毕业生而设，年限无定。专门学校得就农业、工业、商业、药学、美术等各科分别设立。招收高中或同等学校之毕业生；修业年限，农、工、商、美术各科三年，药学五年。"

8月13日 国立北洋大学隶属北平大学，更名为"北平大学第二工学院"，行政院同意其在适当时机划出独立，并拟组织国立北洋大学筹备委员会。

8月14日 刘守中等5人在国民党二届五次全会上提议"撤销大学院改设教育部案"。大会议决通过该提案，按照建国纲领设教育部。此前，经亨颐等5人在国民党二届三次全会上提请设立教育部案，但是由于三次全会推迟召开，一并在二届五次全会议决通过。刘守中（1881—1941），字允丞、允臣，陕西富平人，曾任国民党第二届中央执行委员、中央政治会议委员、北平政治分会委员和国民政府委员等职。

8月16日 中华民国大学院大学委员会通过《北平大学区实行办法》，大学本部的组织为文、理、法、工、艺术、师范等学院及俄文专修馆。

同日 中华大学改称为"北平大学"，隶属北平大学区。对此，原国立北京大学师生强烈反对，要求恢复原有校名和组织，表示绝不受北平大学区的管辖。并组织恢复北京大学委员会，领导复校工作，学校的教学活动完全停顿。

8月17日 国民政府议决："私立清华学校改为国立清华大学，"由教育部、外交部共管，罗家伦任校长。

同日 中华民国大学院大学委员会举行会议，蔡元培为主席，李石曾提议在北平地区实行大学区制，蔡元培反对无效，通过北平大学区组织大纲案。

同日 中华民国大学院院长蔡元培向国民政府、国民党中央执行委员会政治会议提出辞呈，自称"一介书生，畏涉政事"。

8月21日 国民政府举行第87次会议讨论"蔡委员元培呈请辞去大学院院长及代理司法部长等本兼各职案。决议：慰留"。

8月 陶知行在全国教育会议上提出设立教育研究所案，建议："由大学院设立教育研究所，聘请专门人才，分工研究。"

同月 全国交通会议议决复行改组上海第一交通大学为交通大学，分电机工程、机械工程和交通管理三学院，改第二交通大学为交通大学土木工程学院，改第三交通大学为交通大学交通管理学院。唐山、北平分院隶属于上海本部，由交通部直辖，王伯群任校长。

同月 国民政府重新委派的中方校长褚民谊任中法国立工业专门校校长。1929年学校更名为"中法国立工业专科学校"。

同月 张学良任省立东北大学校长。学校下设文科、法科、理工科和师范部。

9月1日 蔡元培再辞中华民国大学院院长职。

9月3日 中华民国大学院公布《国立清华大学条例》7章31条。《条例》规定：国立清华大学"以求中华民族在学术上之独立发展，而完成建设新中国之使命为宗旨"，"由大学院向外交部管理之"。学校"设本科及研究院，附设之留美预备班"。《条例》还对董事会、学校组织、留美学生监督处、学生等列有专章。

同日 国民政府议决任命李书华为国立中华大学副校长。李书华（1889—1979），字润章，河北昌黎人，法国巴黎大学理学博士，曾任国立北京大学物理系主任、北京中法大学教授兼代理校长、国立北平大学副校长、国民政府立法院立法委员和教育部政务次长等职。

9月8日 上海《民国日报》刊载：蔡元培辞职离院时，力主将大学院的决算发表，被称为"国民政府实行财政公开之第一声"。

9月19日 国民党中央政治会议举行第155次会议。讨论事项包括："蔡元培续呈坚请辞去大学院院长职务，并荐蒋梦麟继任，决议：挽留蔡院长。"

同日 四川省教育厅奉大学院令饬筹设四川大学，特组织筹备国立四川大学讨论委员会连日召开会议，决议将国立成都大学等10个大专学校改组为"国立四川大学"，设文、理、法、农、工、医等学科。

9月20日 中华民国大学院准私立金陵大学、私立大同大学立案。陈裕光、胡敦复分别为校长。

9月21日 国民政府议决：国立中华大学改称为"国立北平大学"，并通过《北平大学区组织大纲》。

9月26日 中华民国大学院公布国语罗马字拼音法式，作为国音字母第二式。

9月 蒋介石到安庆，逮捕安徽大学校长刘文典，另派程天放任安徽省教育厅厅长兼安徽大学校长。程天放（1899—1967），原名学愉，江西新建人，美国都朗度大学政治学博士，曾任国民政府参事、江西省政府委员兼教育厅厅长、国立中央大学副教授、省立安徽大学校长、安徽省政府委员兼教育厅厅长、国民党第三届中央候补执行委员等职。

同月 中华民国大学院公布《学校系统表》，对学校系统提出以下原则："（一）根据本国国情；（二）适应民生需要；（三）增进教育效率；（四）提高学科标准；（五）谋求个性发展；（六）普及教育；（七）地方教育发展弹性。"学制系统沿用1922年颁布学制。

同月 私立大同大学增设测绘专修科，文、理、商3科改为文、理、商3学院，停办别科。

同月 直隶公立工业专门学校更名为"河北省立工业专门学校"。11月，河北省府令将河北省立工业专门学校甲种染、织两科改建为"河北省立第一职业学校"，独立办学。

10月3日 国民党中央政治会议第157次会议决议："大学院院长、兼代司法部长蔡元培迭请辞职，应照准。特任蒋梦麟为大学院院长。"

10月5日 中华民国大学院准私立复旦大学立案，李登辉为校长。李登辉（1872—1947），字腾飞，祖籍福建厦门，生于南洋群岛爪哇，毕业于美国耶鲁大学，曾任私立复旦公学教授兼教务长、私立复旦大学校长、中华书局英文总编辑等职。

10月8日 国民政府任命李石曾为国立北平大学校长。

10月10日 省立广西大学正式开学，马君武任校长，初设预科，聘教授13人、助教6人。1929年6月因粤桂战争停办。

10月24日 国民政府令："大学院改为教育部。任命蒋梦麟为部长。11月1日起，所有前大学院一切事宜，均由教育部办理。"

10月27日 国民政府发布"训政"时期施政宣言，提出："首在普及三民主义之国民教育，充实中学以上教育之内容，注重学生体格之训练，提高实用科学之智识，使青年国民之身体精神皆有充分健全之发育，时刻保证民族无穷之新生命。因此之故，凡智识未充，判断力未备，而身体发育未臻健全者，决不任其参加政治斗争与社会斗争。"

10月 国民党中央民众训练部订定《党治教育实施方案》，"依据教育宗旨制定党治教育实施分为三期进行：第一、二期各定一年，第三期不定年限"。规定"须有相当资格之本党忠实党员，方能担任与党义有关教育职务，如全国及各省教育行政长官，国立、省立学校校长，及各校训育主任、党义教师之类"。

11月3日 吴贻芳出席私立金陵女子大学新校长就职典礼，并发表就职演讲。之前在7月1日已承担行政责任。吴贻芳（1893—1985），女，浙江杭州人，美国密歇根大学哲学博士，曾任国立北京女子高等师范学校英文教授、国立北京高等师范学校英文部主任、私立金陵女子学院院长等职。

11月9日 国民政府公布《国立中央研究院组织法》11条。《组织法》规定：国立中央研究院"直隶于国民政府，为中华民国最高学术研究机关"；任务为"实行科学研究""指导联络奖励学术之研究"；"设院长一人，特任院长总理全院行政事宜"；"设评议会，为全国最高学术评议机关，以院长聘任之国内专门学者三十人组织之"；设物理、化学、工程、地质、天文、气象、历史、语言、国文学、考古学、心理学、教育、社会科学、动物、植物15个研究所；设个人名誉会员、团体名誉会员两种，"外国科学专家在科学上有重大之发明或贡献，经评议议员全体通过，可被选为中央研究院名誉通讯员"。

11月24日 私立南开大学校长张伯苓即赴日本、美国、英国、法国、意大利、瑞士等国考察教育。

11月26日 国民政府教育部大学委员会开会。通过《大学委员会组织条例》14条，规定除教育部部长、次长及国立大学校长为当然委员外，并聘请蔡元培、戴季陶、高鲁、罗家伦、杨铨等为委员。

11月29日 原国立北京大学学生反对北平大学区制，反对改组，向校长李石曾请愿，要求学校独立，增加经费，恢复公费。

11月 京师大学师范部改名为国立北平大学第一师范学院，张贻惠任院长。

同月 国立北平大学副校长李书华设国立北平大学校长办公处、组织秘书处及高等教育处，办理大学行政事宜。

同月 北京前国立九校及前外交部俄文法政专门学校、天津北洋大学、保定河北大学改组为十学院一专修馆及文理两预科。后经中央略变原定计划，最后改组为十一学院五附校，其名称次序为：（一）北大学院、（二）法学院、（三）第一工学院、（四）第二工学院、（五）第一师范学院、（六）第二师范学院、（七）农学院、（八）医学院、（九）女子学院、（十）艺术学院、（十一）俄文法政学院、（十二）附属中学、（十三）附属女子中学、（十四）附属小学、（十五）附属女子小学、（十六）附属蒙养园。

同月 国民政府铁道部将原第一、第二、第三交通大学各学院合并，统称"铁道部交通大学"，设置铁道管理、土木工程、机械工程及电机工程4学院，校长由铁道部部长孙科兼任，副校长由黎照寰兼任。黎照寰（1898—1968），字曜生，广东南海人，美国本薛文尼亚大学硕士，曾任私立中国公学商科教授、广九铁路管理局局长、国民政府财政部参事、铁道部参事、国立交通大学校长、铁道部常任次长等职。

12月1月 李石曾派员率武装兵士接收原国立北京大学，为学生所拒。12月5日，教育部电北平大学，对大学区之设施及北平大学之定名作了解释，并告学生"期即俊悔，如执我梗令，即当依法制裁"。后由蔡元培、吴稚晖等人调解，于1929年初达成协议，将前北京大学称为"北平大学北大学院"，分文、理、社会科三院，于1929年3月重新开学。

12月3日 私立燕京大学发布改组后的《学校章程》，规定"本校严格地执行基督福音的、非宗派主义的原则，旨在帮助中国的青年在本校获得一种文化的、科学的或者专业的教育"。

12月5日 私立燕京大学董事会推选副校长吴雷川为校长。吴雷川（1870—1944），原名吴震春，杭州杭县人，曾任清政府翰林院编修、浙江高等学堂监督、北京政府教育部参事、国民政府教育部常务次长等职。

12月11日 国民政府公布《教育部组织法》21条，规定："教育部管理全国学术及教育行政事务"；"对于各地方最高级行政长官执行本部主管事务有指示监督之责"；"对于各地方最高级行政长官之命令或处分，认为有违背法令或逾越权限者，得请由行政院院长提经国务会议议决后，停止或撤销之"；教育部设总务司、高等教育司、普通教育司、社会教育司、编审处，并设大学委员会，"决议全国教育及学术上重要事项"；等。

同日 国民政府公布《教育部大学委员会组织条例》14条，规定："教育部大学委员会依本条例议决全国教育及学术上重要事项"；"教育部大学委员会当然委员"包括"教育部部长""教育部次长"，"聘任委员"包括"现任或曾任国立大学校长及副校长者""具有特殊之教育学识或于全国教育有特殊之研究或贡献者""国内专门学者""聘任委员之人数为七人至十三人，由教育部部长取得当然委员多数之同意、以教育部长之名义聘任之，其任期为三年"；议决事项包括"教育制度及教育行政制度之变更事项""教育方针之制定事项""各国立大学校长之人选事项""教育部直属各机关预算决算事项""专门委员会之设立事项"和"教育部部长交议之事项"。教育部长为该会委员长。

12月12日 国民政府教育部公布《国语统一筹备委员会规程》11条。《规程》规定"该会的任务为征集并审查各种国语读物""调查各地国语教育进行状况""视察各学校国语科之教学状况""计划关于促进国语统一之各种方法""编辑有关刊物与图书"等7项。

12月15日 国民政府教育部函复孔教总会，不同意该会提请令全国学校一律添习经学的意见。

12月25日 国立北平大学聘茅以升为国立北平大学第二工学院院长。

12月27日 河北省政府致电国民政府拒绝推行大学区制，三点理由如下："一是大学区制根据大学院制产生，大学院制已废除，大学区理应废止；二是大学区制在江浙试行效果不佳，以试验无成绩之制度施于北方，有贻误北方青年之嫌；三是党化教育之目的不能容许教育行政脱离政治组织。"28日河北省党务指导委员会致电蒋介石拒绝推行大学区制。

12月28日　茅以升到北平大学第二工学院就职，与前国立北洋大学校务维持会办理交代。

12月　广州中山大学对前大学院所编之各级学校教育目标及草案提出建议，共4项："一、应根据教育宗旨定各级目标；二、目前幼稚教育只能做试验工作；三、小学科目应简单而便于学习；四、师范教育的训练与实习应并重。"

同年　中华职教社成立了研究部，编辑出版多种职业教育理论书刊，如编译《职业教育》《职业教育研究》，以及邹恩润著的《职业智能测验法》《职业指导》《职业心理》等。

同年　私立南开大学开始研究生教育。

1929年（民国十八年　己巳年）

3月　蒋介石同桂系军阀李宗仁、白崇禧战争爆发。

4月8日　国民党三届一中全会闭幕，蒋系独掌实权。

5月5日　粤桂爆发战争。

5月23日　《中华民国民法总则》公布。

5月　胡适发起"人权运动"。

8月1日　上海反帝大同盟成立。

11月15日　陈独秀被开除中共党籍。

12月2日　古生物学家裴文中在房山县周口店发现首个完整的北京猿人头盖骨化石。

12月28日　中共红四军召开古田会议，通过毛泽东起草的《关于纠正党内的错误思想》的决议。

1月1日　卜舫济（Francis Lister Hawks Pott）举荐并任命沈嗣良任私立圣约翰大学代理校长。沈嗣良（1896—1967），浙江鄞县人，美国哥伦比亚大学教育学硕士，曾任国立中央大学教育学院体育科主任兼副教授、私立圣约翰大学教务长及副校长等职。

1月4日　中华教育文化基金董事会在杭州举行第三次董事常会，出席董事有蔡元培、蒋梦麟、胡适、翁文灏、颜惠庆、周诒春、顾临、贝诺德、司徒雷登（John Leighton Stuart）、孟禄。公推蔡元培为主席。议决事项：接受郭秉文、顾维钧、张伯苓、颜惠庆、周诒春、胡适诸董事辞职，票选汪精卫、孙科、李石曾、伍朝枢、任鸿隽、赵元任继任；补选蔡元培为董事长，蒋梦麟为副董事长。

同日　国民政府教育部公布"教育部组织系统表"，教育部下设总务司、蒙藏教育司、社会教育司、普通教育司、高等教育司、秘书处、参事处、华侨教育设计委员会、编审科以及9个委员会。

1月12日　国民政府第55号指令："令行政院取消北平大学区。"

1月16日　国民政府教育部训令："选派留学生应注重理工二科。认为建设事业，经纬万端，实用人才，尤为需要。"

同日　南京、上海两特别市教职员联合会在上海举行第二次会议。会议议决的提案有：组织两市教职员国外参观团；确定研究会期及组织；编辑定期会刊；编定课程标准及标准测验；两市教职员待遇标准；更聘校长应就市校教师中选任；两市内教育税收应从速划归两市教育局直接征收；请两市教育局从速定期接收市内庙产开办学校普及教育；呈请国民政府从速收回租界教育权及国内外人士所办学校等。

1月19日　梁启超在北京病逝。

1月22日　国民政府教育部公布《民众学校办法大纲》18条。规定："民众学校以简易之知识技能使适应社会生活为宗旨"；"凡年在12岁以上50岁以下之男女失学者均应入民众学校"；"师资得由各省及特别市设立专校培植之"；"民众学校不收学费及其他费用，所用书籍文具等均由学校供给。"

同日　国民政府教育部公布《教科图书审查规程》12条，规定"学校所用之教科图书，未经国民政府行政院教育部审定或已失审定效力者，不得发行或采用"。

同日 国民政府教育部订定《暂行教科图书审查办法》9条，规定"应行审查科教图书依其性质分为中国语文、外国语文、自然科学、社会科学、职业各科、技艺各科等六类"，"审查工作分为初审、复审、终审三次"。

同日 国民政府教育部订定《审查教科图书共同标准》，包括教科图书精神、实质、组织、文字、形式等5个方面24条标准。

1月24日 国民政府教育部训令各省市及各大学区：全国各大学及专门学校之党义教师及训育主任均须受全国大学及专门学校党义老师检定委员会检定，否则不得充任。

1月29日 国民政府修正公布《高中以上学校军事教育方案》。

1月 国民政府教育部训令："取缔各学校同乡会之组织。"

同月 省立东北大学改科为院，成立文、理、法、工4院，师范部改为教育学院。12月文、法学院合并，理、工学院合并。

同月 安徽大学更名为"省立安徽大学"，聘教育厅厅长程天放兼任校长。6月王星拱继任校长，成立理学院。

2月2日 国民政府教育部公布《督学规程》19条。《规程》规定："各大学区大学、各省教育厅设督学4至8人，各特别市教育局设督学2至4人，承主管教育行政长官之命视察及指导各该管区域内教育事宜"；"督学由各该主管教育行政长官遴选任用。"《规程》对督学之资格、督学应视察及指导之事项等作了具体规定。其中，"国内外大学教育学院或文学院教育学系毕业曾任教育职务二年以上著有成绩者""国内外专门以上学校毕业曾任教育职务七年以上著有成绩者得任为督学"。

2月5日 国民政府教育部公布《修正发给留学生证书规程》12条。《规程》规定："凡往外国留学之公费生、自费生及津贴补助费生均须遵照本规程之规定领取留学证书。"

2月8日 国民政府教育部公布《教育部编审处译名委员会规程》13条。该委员会专司统一全国学术上各种名词审译事宜。

2月19日 国立北平大学第一师范学院学生为要求增加预算和恢复公费事，赴大学委员会北平分会请愿，与门警发生冲突，学生5人被捕。21日，学生通电全国，并呈请查办祸首张继、李书华。

2月24日 国立北平大学各院长董时进、徐炳昶等致函校长李石曾，请解决经费及学潮问题，并电请教育部部长蒋梦麟到北平实地查办学潮。董时进（1900—1984），四川垫江人，美国康奈尔大学农学博士，曾任国立北京农业大学教授、国立北平大学农学院院长等职。徐炳昶（1888—1976），字旭生，河南唐河人，法国巴黎大学肄业，曾任国立北京大学教务长、哲学系教授兼研究所国学门导师以及西北科学考察团团长、国立北平大学女子师范学院院长、国立北平师范大学校长等职。

2月27日 国民政府公布《修正教育部大学委员会组织条例》14条。修正处有："聘任委员之人数为十一人至十九人，由教育部部长以教育部之名义聘任之"；大学委员会议决事项中删除"各国立大学校长之人选事项""教育部直属各机关预算决算事项"的规定；"大学委员会每年开大会两次，均由委员长召集。"

2月 王世杰被任命为国立武汉大学校长，未到任前由理工学院院长王星拱代理。3月理工学院分为理学院和工学院。5月王世杰就职，改社会科学院为法学院，筹设研究院。

同月 北平交通大学铁路管理学院改名为"交通大学北平交通管理学院"，徐承燠任院长。徐承燠（1897—?），字仲宣，广东番禺人，美国本薛文尼亚大学硕士，曾任北京政府铁道部科长、平绥铁路局处长、国立交通大学北平学院院长、国民政府交通部财务司司长、交通部顾问、私立岭南大学教授等职。

3月9日 国民政府教育部训令所属各机关（大学、厅、局、校）整饬学风。令云："教育行政机关督率各校注意严格训练，必致尽纳轨范校纪，地方行政长官于学生举动妨及治安者宜协同教育行政机关严予裁制，务使学风丕变，蔚成良模。"

3月13日 国民政府行政院又令教育部、财政部、各省政府："整饬学风并尽先拨付教育经费。"

3月14日 私立南开学校创办人严修在津病逝。

3月19日 国民政府教育部批准私立沪江大学正式立案，沪江大学原有学科改组为4个学院：文学院、理学院、商学院、教育学院。

3月25日 国民党在南京召开第三次全国代表大会，会上通过"三民主义教育宗旨和实施方针"，同年4月由国民政府正式公布执行。教育宗旨全文是"中华民国之教育，根据三民主义，以充实人民生活，扶植社会生存，发展国家民生，延续民族生命为目的。务期民族独立，民权普遍，民生发展，以促进世界大同"。实施方针共有8条，其中第4条规定"大学及专门教育必须注重实用科学，充实学科内容，养成专门知识技能，并切实陶冶为国家社会服务之健全品格。"第7条还规定"大学专门学校须受相当之军事训练，发展体育之目的，固在增强民族之体力，尤须以锻炼强健之精神，养成规律之习惯，为主要任务"。

3月 直隶公立法政专门学校从国立北平大学独立并改为"河北省立法商学院"，校址位于天津新开河北岸，吴家驹任院长，大学部设法律、政治、经济、商学4系。

同月 国民政府任命张群为国立同济大学校长。

4月1日 私立大夏大学、私立中国公学学生反对当局剥夺人民言论、出版、集会、结社等自由，组织自由运动大同盟分会，邀请鲁迅、潘梓年、郑伯奇等来校演讲。

4月5日 私立大夏大学本科三、四年级及高师科二年级学生，开始施行导师制。

4月9日 国民政府教育部批准私立大夏大学校董会正式立案。

4月18日 国民政府教育部通令各省市旅行中央训练部订定的军事教育实施训练办法。

4月20日 国民政府教育部颁布实施军事教育7项办法，通令全国"高中以上学校于本年8月学期始业时实行"。

4月22日 私立金陵大学发布《大学章程》，第2条规定："金陵大学的目标是：维持一个基于基督教福音支持计划的学习机构，有完整的宗教自由，达到高水平的教育效果，培育出基督教领导者，推动社会福利，提升公民理想和服务，依据大学基督理想发展人格。"

同日 上海特别市教育局转国民政府教育部令，批准私立光华大学校董会立案。

4月24日 程天放就职省立安徽大学校长。

4月25日 省立吉林大学筹备处和筹建委员会正式成立，张作相任委员长，王莘林任副委员长，李锡恩任主任委员。张作相（1881—1949），字辅臣，辽宁锦县人，曾任国民政府委员、吉林省省长、东北政务委员会委员、吉林省政府委员兼主席等职。王莘林（约1868—?），字可畊，吉林榆树人，清末举人，曾任清政府江苏巡按使署咨议长、江苏苏常道尹、北京政府吉林省政府委员兼教育厅厅长等职。李锡恩（1895—?），字纶三，吉林舒兰人，毕业于德国柏林大学，曾任吉林省立法政专门学校校长、省立吉林大学副校长、国立中央政治学校训导处主任、国民参政会参政员、立法院立法委员等职。

4月26日 国民政府公布《中华民国教育宗旨及其实施方针》8条，规定教育宗旨为："中华民国之教育，根据三民主义，以充实人民生活，扶植社会生存，发展国民生计，延续民族生命为目的；务期民族独立，民权普遍，民生发展，以促进世界大同。"并规定："大学及专门教育，必须注重实用科学，充实科学内容，养成专门知识技能，并切实淘融为国家社会服务之健全品格。"

4月30日 国民政府教育部发布布告："现有之中医学校一律改称中医传习所。传习所不在学制系统之内，无庸呈报教育行政机关立案。"

4月 国民政府教育部令："各教育行政机关及校长负责审查各校教授自编之讲义。"

同月 国立清华大学校长罗家伦因办学政策、经费困难等请辞，国民政府慰留。学生代表赴南京请愿，"要求清华大学直辖教育部，取消董事会"。

同月 《郑洪年教育言论集》出版。编述者：李邦栋。

同月 中华书局出版舒新城编《近代中国教育思想史》。

同月 国民政府教育部发布《取缔宗教团体私立各学校办法》，规定：

"凡以宗教团体名义，捐资设立学制系统内之各级学校者，应遵照私立学校规程办理"；"凡宗教团体为欲传播其所信仰之宗教，而设立机关，招致生徒者，概不得沿用学制系统内各级学校之名称。"

同月 国民政府教育部令上海特别市教育局，"饬令办理不善、迹近营业之远东大学停办"。

5月3日 国民政府教育部布告："告诫学生勿投考未经教育部准设立案之私立学校。"布告称："这类学校办理不善，迹近营业，无法律根据，毕业后不能与合法学校之学生受同等待遇。"

5月8日 国民政府教育部公布《教育会规程》31条，前大学院颁布之规程作废。《规程》之总纲规定："教育会以研究教育事业发展地方教育为宗旨"；"教育会分省、特别市、市县三种"；"教育会为讲求学术，促进文化，得设各项研究会或演讲会"；"教育会得以决议事项建议于教育行政机关，并得处理教育行政机关委办事务。"《规程》还对会员、各种教育会、经费等系列有专章规定。

5月11日 私立光华大学获国民政府教育部批准立案，张寿镛为校长。随后，遵大学组织令，改设文学院、理学院和商学院，工科停办。张东荪为文学院院长，颜任光为理学院院长，金其眉为商学院院长。9月，张东荪就燕京大学之聘，辞去文学院院长职务。颜任光（1888—1968），字耀秋，广东崖县人，美国芝加哥大学哲学博士，曾任国立北京大学物理学系主任、国民政府建设委员会专门委员、私立光华大学理学院院长兼物理学教授等职。金其眉（1892—?），原名金井羊，江苏宝山人，德国基尔大学政治学博士，曾任国立政治大学教务长兼代理校长、国民政府铁道部建设司科长、铁道部参事、私立光华大学商学院院长等职。

5月17日 私立大夏大学获国民政府教育部批准立案，王伯群为校长。

5月24日 国民政府教育部颁发《学校卫生实施方案》。《方案》对学校卫生服务人员、经费、健康检查、疾病畸形之矫治、预防接种、预防传染病、一般学校卫生、卫生教育、体育训练9个方面提出了具体意见。

同日 陈望道、夏衍等创办的中华艺术大学支持左翼进步文化，遭到国民党政府查封，逮捕师生30余人。夏衍（1900—1995），原名沈乃熙，字端先，浙江杭州人，日本明治专科学校毕业，曾参与筹建中国左翼作家联盟、中国左翼戏剧家联盟，曾任中华人民共和国上海市委常委、上海市委宣传部副部长、上海人民艺术剧院院长等职。

5月　国民政府教育部批准私立中华大学校董会立案。

同月　国立山东大学筹备委员会更名为"国立青岛大学筹备委员会"，接收省立山东大学和私立青岛大学校产。议决大学设于青岛，分设工厂、农事、试验场于济南。

同月　国立清华大学改归教育部直辖，明定设文、理、法3院，同时设立研究院。

同月　河北省立水产专科学校成立，设预科和本科。本科分渔捞、制造两科。11月更名为河北省立水产专科学校，改渔捞、制造两科为组，王文泰任校长。王文泰（1886—?），字志一，江苏松江人，日本水产讲习所渔捞科卒业，曾任北京政府农商部技正、海州渔业试验场场长、河北省立水产专科学校校长等职。

同月　河北省立工业专门学校升格学院，定名"河北省立工业学院"，同时将"河北省立第一职业学校"定为附属学校，魏元光任院长，设化学制造、机电工程、市政水科工程等系。魏元光（1893—1958），字明初，河北南乐人，美国西拉求斯大学化学硕士，曾任重庆国立工业职业学校校长、省立重庆大学教授、平原大学筹委会秘书长、平原师范学院总务长和化学系教授、有机化学教研室主任等职。

同月　中央研究院心理研究所在北平成立。

同月　徐国桢撰写的《近百年外交失败史》出版。

6月4日　私立青岛大学及省立山东大学，奉令改组为国立青岛大学。

6月5日　国民政府教育部准私立燕京大学、私立南开大学立案。

6月6日　国立暨南大学在本校举行南洋华侨教育会议。暹罗、英、荷、法、美各华侨学校主要团体代表78人出席。议决案46件。

6月12日　国民政府令：国立同济大学校长张群免职，由胡庶华继任。

张群（1889—1990），字岳军，四川华阳人，早年留学日本，曾任国民党第三届中央执行委员、上海市市长、国立同济大学校长、国民政府外交部部长和国防会议会员、总统府秘书长等职。胡庶华（1886—1968），字春藻，湖南攸县人，德国柏林工业大学冶金工程师，曾任省立湖南大学教授、国立武昌大学教授、江苏教育厅厅长、国立同济大学校长、省立湖南大学校长、国立重庆大学校长、国立西北大学校长、国立西南联合大学常务委员、国民政府农矿部农民司司长、国民政府制宪国民大会主席团成员等职。

6月13日 国民政府教育部聘请蔡元培、何思源、王近信、赵太侔、彭百川、杜光埙、傅斯年、杨振声、袁家谱为国立青岛大学筹备委员。王近信（生卒年不详），山东菏泽人，早年入哥伦比亚大学学习，曾任国民政府山东省教育厅秘书。袁家谱（1873—1933），字雪安，湖南醴陵人，早年留学日本法政大学，曾任云南省财政司司长、湖南省财政厅厅长、湖南省政府秘书长、山东省财政厅厅长等职。

6月15日 国民党第三届中央执行委员会第二次全体会议讨论一批关于教育之决议案。包括："一、整顿并发展全国教育案。政府应即实行下列二事：（一）于民国十九年春季，由教育部召集全国教育会议。（二）在首都设置教育馆。即日开始筹办，限明年春成立。二、关于大学区制案。由教育部定期停止试行大学区制。三、关于司法制度之完成及其改良进步之规程案。国立大学法律科之课程编制及研究指导，应归司法院直接监督。私立法律政治学校，非经司法院长特许，教育部立案，不得设立。中央及地方之司法行政机关或法院，不得设类似法官养成所之教育机关。四、关于拨用庚款发展建设事业案。母金所应得之盈余金数用为文化教育经费。五、关于蒙藏教育问题案。于首都设立蒙藏学校，确定蒙藏教育经费，教育部设立蒙藏司，规定蒙、藏、新疆、西康等地学生办法。"

6月17日 国民政府教育部通令："国立大学教授自民国18年上学期起以专任为原则，以杜绝各校教授因兼课太多，请假缺课，影响教学效能，妨碍学校进步之弊端。"

6月20日 国民政府教育部部长蒋梦麟赴杭州结束浙江大学区，改设浙江省教育厅,管理中小学校;改设国立浙江大学,兼任校长,由教育部直接管理。

6月21日　国民政府教育部公布《学校学年学期及休假日期规程》8条。

6月22日　吴雷川就职私立燕京大学校长。何思源赴青岛接管国立青岛大学。

6月24日　国民政府教育部令各省市:自民国十八年起社会教育经费应切实执行占全部教育经费之10%至20%,以矫正过去社会教育经费不足之弊。

6月25日　国民政府教育部就学生入学资格作出严格规定,指出:"专门以上学校入学资格,须曾在高级中学或同等学校毕业,不得收受同等学力之学生。"

同日　国民政府行政院第27次会议决议:"暑假期内停止浙江、北平两大学区的试行;中央大学区则限于本年年度停止。"

6月29日　中华教育文化基金董事会在天津举行第五次年会。会上决议:"承受国民政府教育部及清华基金保管委员会之委托,接管清华大学基金;接受国民政府教育部提议,接收并合组国立北平图书馆,增加北平图书馆建筑物、购书费。"

6月　中国国民党中央党务学校改名为"中国国民党中央政治学校",直隶于中国国民党中央执行委员会,蒋介石为校长,丁惟汾为教务长,校务委员还有胡汉民、戴季陶、陈果夫、邵力子、罗家伦等,为养成国民党干部人才之最高学府。本科设政治、财政、地方自治、社会经济4系。修业年限改1年为4年。

同月　由于师生反对,程天放被迫辞去省立安徽大学校长职务,安徽省政府聘请王星拱为校长。

同月　国立北平大学第一师范学院恢复为"国立北平师范大学",独立设置。

同月　私立辅仁大学按照南京政府教育部的大学组织法,以及"收回教育权"的有关规定,重组了董事会,推举陈垣为校长,奥图尔改任校务长。

同月　河北省政府会议议决：就省立第一女子师范学校设置"省立女子师范学院"，同时由北平大学区教育行政院聘请齐国樑为院长。齐国樑（1883—1968），号璧亭，直隶宁津人，早年赴日本广岛高等师范学校学习，曾任直隶第一女子师范学校校长、河北省立女子师范学院院长、中华人民共和国河北省人民政府参事、河北省政协委员会副主席等职。

夏　国民政府教育部派员视察私立辅仁大学，认为"该校课程及设备与国内成绩较著之私立大学相差甚远"，校务"均有切实整顿之必要，提高入学程度尤为当务之急"，决定降格为"辅仁学院"。

7月1日　依据6月17日第三届中央执行委员会第二次全体会议议决："由教育部停止试行大学区制。"

7月9日　蒋介石在北平召集各学院院长开会，询问各校状况并发表意见。蒋谓："学生在求学时代，应以学业为主"；"庚款的五分之一作教育经费"；"学区制度俟返南京后即讯饬办理。"

7月10日　国立北平大学校长李石曾以大学区制被取消，庚款复改作他用，教育经费无着，提出辞职。是日，国民政府复电慰留。

7月11日　国立北平大学学生会致电教育部，"要求北大直属中央，请任蔡元培为校长，恢复'北京大学'原称"。

7月19日　国民政府教育部通令：各地法、医两科专门学校修业年限太短，成效未著，应限期停办。本年暑假起，一律不得继续招生。经费、校产分别公私依法保留，以备改设各种专科学校或高级中学之用。

7月21日　辅仁大学校长陈垣派教务长刘复教授到国民政府教育部办理校董会立案事宜。

7月22日　国民党中央常务会通过《资送革命青年出洋留学生办法》。《办法》规定出洋留学名额为100名。学科以政治、经济、法律、教育为主科，其余有相当人才，亦得派遣。国别为德、美两国。选送应经过考试。年限以所入学校毕业期间为限。

7月24日　国民政府教育部令："国立中央大学、北平大学，对于蒙藏学生入学，遵照《蒙藏学生就学两大学蒙藏班办法》办理。"《办法》规定："国民政府为奖励蒙藏学生研究高深学术，特在国立中央大学、北平大学各设蒙藏班，专教蒙藏学生。"

7月25日 第三次世界教育会议在日内瓦举行。美国人笃姆思（Thomas）为主席，中国人郭秉文为副主席。中国参加会议的还有张伯苓、刘湛恩、何尚平、张印堂、夏奇峰、韩玉珊、高益炽、何艾龄等14人。

7月26日 国民政府公布《大学组织法》26条，规定："大学应遵照民国十八年四月二十六日国民政府公布之《中华民国教育宗旨及其实施方针》，以研究高深学术养成专门人才"；"国立大学由教育部审察全国各地情形设立之"；"由省政府设立者为省立大学，由市政府设立者为市立大学，由私人或私法人设立者为私立大学，前项大学之设立变更及停办须经教育部核准"；"大学分文、理、法、教育、农、工、商、医各学院"；"凡具备三学院以上者始得立为大学，不合上项条件者为独立学院，得分两科"；"大学各学院及独立学院得附设专修科"；"大学得设研究院"；"大学设校长一人，综理校务，国立大学校长由国民政府任命之，省立、市立大学校长由省、市政府分别呈请国民政府任命之，除国民政府特准外，均不得兼任其他官职"；"独立学院设院长一人，综理院务，国立者由教育部任命之，省立、市立者由省、市政府请教育部聘任之，不得兼职"；"大学各学院教员分教授、副教授、讲师、助教四种，由院长商请校长聘任，大学修业年限除医学院五年外余均四年，修业期满考核成绩及格由大学发给毕业证书"；"大学设校务会，以全体教授、副教授所选出之代表若干人及校长、各学院院长、各学系主任组织之，校长为主席"；校务会议审核事项包括"大学预算""大学学院学系之设立及废止""大学课程""大学内部各种规则""关于学生试验事项""关于学生训育事项""校长交议事项"；"大学各学院设院务会议""各学系设系教务会议"。该法还对教员资格、学生入学资格等作了规定。

同日 国民政府公布《专科学校组织法》13条，规定："专科学校应遵照民国十八年四月二十六日国民政府公布之《中华民国教育宗旨及其实施方针》，以教授应用科学养成技术人才"；"国立专科学校由教育部审察全国各地情形设立之"；"专科学校由省政府或市政府设立者为省立或市立专科学校，由私人或私法人设立者为私立专科学校，前项专科学校之设立、变更及停办须经教育部核准"；"专科学校设校长一人，综理校务，国立专科学校校长由教育部聘任之，省立或市立专科学校校长由省市政府请教育部聘任之"；"专科学校修业年限为二年或三年"。该法还对专科学校教员之聘任权限、学生入学资格等作了规定。

同日 私立金陵女子大学改名为"私立金陵女子文理学院"。

同日 吉林省政府发布"吉林省立大学一号公函"：省长张作相为吉林省立大学校长，李锡恩为副校长。8月2日吉林大学正式成立。

7月28日 私立东吴大学在国民政府教育部立案。

7月30日 浙江大学区结束，教育厅厅长陈布雷正式到职。陈布雷（1890—1948），原名训恩，字彦及，浙江慈溪人，曾任国民党中央党部书记长、国民党第三届候补中央监察委员、浙江省政府委员和教育厅厅长、国民政府委员、总统府国策顾问等职。

7月 私立复旦大学与美国华盛顿大学交换大学教授。此为两国交换教授之开始。复旦大学派该校1922年毕业生、曾在美国华盛顿大学留学获得硕士学位的章益赴美担任华盛顿大学教授。章益（1901—1986），字友三，安徽滁州市人，美国华盛顿大学博士，曾任山东师范学院教授、山东师范大学心理学教授等职。

同月 私立中华大学取消原有教育、法律、政治经济等系，设文、理、商3个学院。文学院设中文、外文系；理学院设数学、化学系；商学院设经济、工商管理系。增设了会计、师范等专修科，保留附中、附小。

同月 私立厦门大学副校长张颐博士辞职。

同月 国立音乐院更名为"国立音乐专科学校"，教育部聘萧友梅为校长，设本科和研究班。

同月 交通大学北平交通管理学院改名为"交通大学北平铁道管理学院"，1938年迁贵州平越，1942年更名为"交通大学贵州分校"。

8月1日 国民政府公布《考试法》，规定："凡候选及任命之人员及应领证书之专门职业或技术人员均须经中央考试定其资格"；"考试分一、二、三种",并对应考者资格、应试科目等作了规定。

同日 私立中国公学校长胡适致函国民政府教育部部长蒋梦麟、次长马叙伦,要求立案。

8月4日 北平大学区结束,河北教育行政事务移交省教育厅办理。

8月6日 国民政府行政院议决:"北大学院独立,仍称国立北京大学;第一师范学院独立,改称国立北平师范大学;第二工学院独立,改称国立北洋工学院;艺术学院独立,改为国立艺术专科学校"。

8月8日 国民政府教育部、财政部及江苏省政府开会,商讨大学区制停止后如何解决中央大学经费问题。

8月13日 北平国立八院学生成立联合会,发表独立运动宣言并派代表南下请愿。宣言认为:"国民政府教育部所颁《大学组织法》规定需'具备三学院以上者始得立为大学'的条例不公允,要求政府修改。并收回准许北大、师大独立,其他各校仍合并称北平大学之成命。要求政府贯彻国立北平各校待遇平等的宗旨,明令各校独立。"

8月14日 国民政府教育部公布《大学规程》30条,规定:大学依"分文、理、法、教育、农、工、商、医各学院",独立学院"得分两科";大学"至少须具备三学院,并遵照《中华民国教育宗旨及其实施方针》,大学教育注重实用科学之原则,必须包含理学院或农工医各学院之一";"大学文学院或独立学院文科,分中国文学、外国文学、哲学、史学、语言学、社会学、音乐学及其他各学系";"大学理学院或独立学院理科,分数学、物理学、化学、生物学、生理学、心理学、地理学、地质学及其他各学系,并得附设药科";"大学法学院或独立学院法科,分法律、政治、经济三学系";"大学教育学院或独立学院教育科,分教育原理、教育心理、教育行政、教育方法及其他各学系";"大学农学院或独立学院农科,分农学、林学、兽医、畜牧、蚕桑、园艺及其他各学系";"大学工学院或独立学院工科分土木工程、机械工程、电机工程、化学工程、造船学、建筑学、采矿、冶金及其他学系";"大学商学院或独立学院商科,分银行、会计、统计、国际贸易、工商管理、交通管理及其他各学系";"大学医学院或独立学院医科不分系";"大学各学院或独立学院得分别附设师范、体育、市政、家政、美术、新闻学、图书馆学、医学、药学及公共卫生等专修科"。《规程》还对大学课程设置、经费及设备、试验及成绩等方面进行了规定。

同日 国民政府教育部转发国民党中央第 26 次常务会议通过的《检定各级学校党义教师条例》及《各级学校党义教师检定委员会组织通则》。

8 月 15 日 国民政府行政院 32 次会议通过教育部将国立北平大学艺术院改为北平艺术专科学校、杭州国立艺术院改为国立杭州艺术专科学校、上海国立音乐院改为国立上海音乐专科学校的提案。

8 月 16 日 国民政府教育部聘王宠惠、王正廷、李石曾、陈立夫、王劭廉、赵天麟、茅以升 7 人为国立北洋大学筹备委员会委员。王劭廉（1866—1936），字少荃、少泉，天津人，早年入英国格林海军军官学校学习，曾任天津水师学堂教习、北京五城学堂总务长、北洋大学堂总教习、北洋大学监督、北京政府教育部临时教育会议议长、约法会议议员、参政院参政、国立北洋大学校长等职。

8 月 19 日 国民政府教育部公布《专科学校规程》6 章 25 条，规定：专科学校"以教授应用科学养成技术人才者为限"；"修业年限为二年或三年"；"入学资格须曾在公立或立案之私立高级中学或同等学校毕业经入学试验及格者"；专科学校分甲、乙、丙、丁 4 类，甲类包括矿冶、机械工程、电机工程、化学工程、土木工程、河海工程、建筑、测量、纺织、染色、造纸、制革、陶业、造船、飞机制造和其他关于工业之专科学校，乙类包括农艺、森林、兽医、园艺、蚕桑、畜牧、水产和其他关于农业之专科学校，丙类包括银行、保险、会计、统计、交通管理、国际贸易、税务、盐务和其他关于商业之专科学校；丁类包括药学、艺术、音乐、体育、图书馆学、市政、商船和其他不属于甲乙丙三类之专科学校。《章程》还对专科学校的经费和设备、试验及成绩、教员资格等方面进行了规定。

8 月 19 日 中国数理学会在北平举行成立大会。该会宗旨为"联络全国数理学家，从事新学说之传播与探讨"。

8 月 21 日 国民政府行政院 34 次会议通过教育部所提中央大学经费支付

办法。办法规定："中央大学经费永久由江苏省教育经费管理处支给，民国十八年度预算不足之数由财政部支给。"8月31日，行政院令"教育部、财政部、江苏省政府遵照议决办理"。

8月28日 国民党上海市执行委员会第48次委员会认为"中国公学校长胡适侮辱总理，诋毁三民主义，通过决议呈请中央严办"。10月，国民政府教育部训令私立中国公学，内称："该校长言论不合，奉令警告。"胡适随即致电教育部部长蒋梦麟，对训令予以逐条反驳。

8月29日 国民政府教育部公布《私立学校规程》29条，规定："凡私人或私法人设立之学校为私立学校，外国人及宗教团体设立之学校均属之"；"私立学校以校董会为其设立者之代表，负经营学校之全责。"《规程》列专章对"私立大学、独立学院及专科学校"进行了规范，规定私立大学、独立学院及专科学校设立程序包括"呈请核准设立""呈报开办""呈请立案"。其中"呈请核准设立""应于校董会立案后行之"，呈请时须开具"学校名称""学校种类""经费来源及经常开办各费预算表"送呈查核；"呈报开办""应于呈准设立后一年内行之"，呈报时须开具"学校所在地""校地及校舍情形""经费来源及经常开办各费预算表""组织、编书及课程""教科书及参考书目录""图书馆全部图书目录或分类统计及实验室全部仪器标本目录""校长或院长及教职员履历表"连同全校平面图及说明书送呈查核；"呈请立案""应于开办三年后行之"，呈请时须开具"开办后经过情形""前项第三款至第七款各事项""各项章程规则""学生一览表""训育及党义教育实施情形"送呈查核。

同日 国民政府教育部聘蔡元培、袁同礼为国立北平图书馆正、副馆长。袁同礼（1895—1965），字守和，河北徐水人，美国哥伦比亚大学文学学士、纽约州立图书馆学校图书馆学学士、英国伦敦大学及法国国立图书馆学校肄业，曾任国立广东大学图书馆馆长、国立北京大学教授兼图书部主任、故宫博物院图书馆副馆长等职。

8月 国立北平艺术专科学校（北平）、河北省立水产专科学校（天津）、国立杭州艺术专科学校（杭州）立案。

同月 国民政府教育部训令："批准私立辅仁大学学校董事会立案,恢复'大学'身份,继续招生。"

同月 国立北平大学第一师范学院独立为国立北平第一师范大学,张贻惠任代理校长。

同月 重庆大学筹备会成立大会开展,发布《重庆大学筹备委员会成立宣言》。同年10月12日,在菜园坝杨家花园正式开学,仅设立文理预科班。

9月1日 吴淞商船学校正式复校,定名为"交通部吴淞商船专科学校",交通部部长王伯群兼任校长,杨志雄任副校长。初设驾驶科,1930年添设轮机科。1937年因战停办。杨志雄(1892—1971),上海市人,曾任国民政府上海市议员、交通部顾问、上海市政顾问等职。

9月4日 北平原国立八院学生因大学区制停止,师大、北洋二校恢复独立,纷纷要求恢复大学。学生代表赴国民政府教育部请愿,要求教育部部长蒋梦麟立即允许复大并增加经费。11日,学生再赴教育部请愿。

9月9日 国立北平研究院正式成立,设总办事处于北平中海怀仁堂之西四所,李石曾任院长,李书华为副院长,分设物理学、镭学、化学、药物、生理、动物学、植物学、地质学8研究所及史学、字体、经济、水利等研究会。

9月10日 国民政府行政院第37次会议决议案:"任命蔡元培为国立北京大学校长,在未到任前,派陈大齐代理。"陈大齐(1886—1983),浙江海盐人,日本东京帝国大学毕业,曾任浙江高等学校校长、国立北京大学心理学教授等职。

9月11日 国民政府教育部令北平各大学校长及各学院院长注意整顿学风。令云:"学生应以革命精神求学致用,不宜干涉学校行政,及有越轨行为。"并称:"由部呈报行政院会议,当奉议决,复大不准,增费应由负责学校当局呈请核办。"

9月16日 国民政府连发三个命令:(一)任命蔡元培为国立北京大学校长,此令。(二)北京大学校长蔡元培未到任前,以陈大齐代理,此令。(三)派陈大齐代理国立北京大学校长。

9月18日 国民政府教育部遵照国民党三届二中全会的议决案，组织教育方案编制委员会，以制成实行整顿并发展全国教育之方案。教育部聘蔡元培、褚民谊、陶行知、俞子夷、顾树森、欧元怀、陶孟晋、孟宪承、钟荣光、戴修骏、谭仲揆、胡庶华、杨铨、秉农山为委员。并任蔡元培、褚民谊、陶行知、俞子夷、顾树森、陶孟晋、戴修骏为常务委员。

9月19日 国民政府教育部电江苏、安徽、江西、湖北、湖南、四川、云南、西康、青海等19省政府主席："请取缔日本所派东京帝国大学教授岸上谦吉等5人来华调查长江一带水产动物。"

9月21日 国民政府教育部决定停止筹办江西大学，将筹办大学之款，称作普及教育、整顿中等教育及改设专科学校之用。

同日 国立北平大学各学院院长组织校务会议，辅助校长处理校务，由各院长轮流担任主席，每届任期定为2月，并改组校长办公处。

9月23日 国民政府教育部令各省市教育厅局："严厉制止外国人及教会所立之学校作宗教宣传。"

9月30日 国立音乐专科学校举行开学典礼，校长萧友梅主持，蔡元培"报告音乐院改为专科学校之经过，须注意音乐系超国家性，并应淡泊明志"。

9月 国民政府教育部公布《国立北平图书馆办法》《国立北平图书馆委员会组织大纲》。

同月 韦卓民回国出任私立华中大学校长，长沙雅礼大学和岳洲湖滨大学同时加入私立华中大学。韦卓民在5月被选为私立华中大学校长时，尚在英国伦敦大学经济学院攻读博士学位，由孟良佐（Gilman, Alfred A.）主教代理校长。韦卓民（1888—1976），广东中山人，美国哈佛大学哲学硕士、英国伦敦大学哲学博士，曾任耶鲁大学客座教授、芝加哥大学客座教授、哥伦比亚大学客座教授、私立华中大学校长、国民政府国民参政会参政员、湖北省基督教联合会主席等职。

同月 国民政府教育部颁布《发给留学证书规程》，详尽规定了留学资格，规定"选派外国留学生，应注重自然科学及应用科学等，以应国内建设之需要""每次属于理农工（包括建筑）、医药者至少应占全额十分之七"。

同月 唐山大学锦县分校改归东北政务委员会直辖,推举张学良兼校长,改名为"东北交通大学",设交通管理科,并将各班有志于学习工科学生送至东北大学及其他大学肄业。

10月1日 国民政府公布《修正教育部组织法》23条。《组织法》规定:"教育部管理全国学术及教育行政事务";"教育部设总务司、高等教育司、普通教育司、社会教育司、蒙藏教育司、编审处,于必要时得设各委员会。"《组织法》还对各司之职掌、教育部之职能作了明确规定。

10月14日 国民政府教育部教育方案编制委员会开会,到会者有韦悫、欧元怀、胡庶华、陶行知、朱经农、陶玄、刘大白等20余人。由蒋梦麟主席,推举蔡元培为教育方案编制委员会主席,褚民谊为副主席,并决议教育方案,分高等教育、中等教育、初等教育、义务教育、社会教育、青年实习教育、党义教育、华侨教育、蒙藏教育、教育行政、师范教育等11组,分工起草。韦悫(1896—1976),字捧丹,广东中山人,英国格拉斯哥大学文学学士、美国芝加哥大学哲学博士,曾任国民政府教育行政委员会委员、国立广东大学教授、私立岭南大学教授、国立武昌中山大学教授、大学院社会教育组主任、国立中央大学教育学院院长等职。陶玄(1898—1972),女,字孟晋,浙江绍兴人,早年留学日本,曾任国民政府立法院立法委员、江苏省立南京女子中学校长等职。

10月24日 国民政府卫生部公布《卫生教育实施方案》。规定:国立大学、教育学院添设卫生教育课程,师范学校应以卫生教育为必修课程,并有卫生教育实习。

10月25日 国民党中央训练部令全国学生总会停止活动。

10月28日 国民党中央第44次常务会议通过《各级学校教职员研究党义暂行条例》。《条例》要求各级学校教职员对国民党党义"作系统的研究,求深切的认识"。规定研究程序分为四期:一期为"孙文学说""军人精神教育""三民主义";二期为"建国大纲""五权宪法""民权初步""地方自治开始实行法";三期、四期为实业计划。每期以一学期为限,每日平均至少须保证半小时自修。

11月1日 原国立北洋大学、国立北平大学第二工学院更名为"国立北洋工学院"。

11月8日 国民政府第50次国务会议决议：教育部政务次长马叙伦辞职照准，遗缺调常任次长刘大白继任。刘大白（1880—1932），浙江绍兴人，曾任私立复旦大学中国文学科主任、国立浙江大学秘书长、国民政府教育部次长等职。

11月19日 国民政府公布《司法院特许私立政法学校设立规程》及《司法院监督国立大学法律科规程》。其中规定：国立大学法律课程编制及其研究指导由司法院直接监督，并对必修课目及其授课时间、研究方法等作了详细规定。

11月20日 私立齐鲁大学学生组织收回教育权大同盟，本日起罢课，向校长提出"改组董事部，取消评议会，组织校务会，全校职员均由华人充当，神科须搬离本校"等条件。11月25日，校方完全接受学生所提条件，当即恢复上课。

11月 杨贤江用柳岛生笔名在《新思潮》杂志发表《中国教育状况的批评》一文。文章对国民党统治下的教育现状进行了揭露和批评，指出"党国的教育是党国政治的反应"，这种教育"正和党国自己所标榜的什么'学术化''革命化''三民主义化'恰恰相反，而是'官僚化''反动化''帝国主义化'"。文章就教育的宗旨、教育行政、教育经费、教师、学生、帝国主义的文化侵略、对少数民族的教育等7个方面作了论述。

同月 按照《大学组织法》《大学规程》规定，私立南开大学将文、理、商3科分别改为文学院、理学院、商学院。

12月8日 国民政府教育部限制各学校行政经费，规定"全国国立各大学院、各专科学校之行政经费，不得超过经费之10%"。

12月10日 私立之江大学董事会召开会议做最后表决，议决"同意它发展成为高级学院"并向国民政府立案。

12月14日 国民政府教育部准北平大学第二师范学院改称为"国立北平大学女子师范学院"，北平大学第一工学院改称"北平大学工学院"。

同日 私立圣约翰大学授予陶行知、吴贻芳、晏阳初、诚静怡、陈永恩、郑和甫、汤忠谟、陈光甫、钟荣光、刘鸿生、宋子文、薛敏老12人名誉博士学位。

12月27日 私立中华大学获国民政府教育部立案。

12月28日 国民政府教育部公布《医学教育委员会章程》11条，"谋划及改进医学教育"，其任务为："拟订医学教育计划"、"审议医学课程及设备标准""建设与医学教育有关之一切兴革事项"，"审议教育部长之交议事项"。

12月 国民政府教育部通令，详释限制学分制之意义，并非主张改行学年制，重申按《大学组织法》和《大学规程》21条、9条办理。

同月 国民政府教育部颁布《中央派遣留学生管理章程》，确定由中央训练部设留学生管理委员会对留学生进行管理。规定"留学生应定期向管理委员会报告学业状况、学业成绩、参观报告及实习报告"；"凡无故缺学业报告状况报告三次以上者取消公费"；"成绩不良，经管理委员会审查认为无造就可能者，取消公费"；"凡有反革命言论行为，经所在地党部呈中央审查属实者，取消公费"。

同月 河北省立水产专科学校成立，孙凤藻任校长，1931年8月5日创办了我国最早的水产学术刊物《水产学报》。孙凤藻（1884—1932），字子文，河北天津人，国立北洋大学毕业，曾任北京政府大总统府顾问、直隶教育厅厅长、津浦铁路管理局局长、直隶高等工业学堂庶务长等职。

同年 国民政府教育部通令全国各大学，停止旅行学分制。国立中央大学、私立金陵大学等校当即改行学年制，规定"除医科外，均须读满四年才能毕业"。

同年 国立清华大学开始招收研究生。

同年 私立齐鲁大学爆发"立案风波"，校长李天禄被驱逐，由文理学院院长林济青代行校长职权。李天禄（1886—?），字福田，山东泰安人，美国范德比尔大学哲学博士，曾任北京汇文大学教务长、私立齐鲁大学校长、金陵神学院教务长和教授等职。林济青（1886—1960），又名林则衣，山东莱阳人，哥伦比亚大学文学学士，里海大学工程学硕士，曾任陕西高等学堂英文教习、私立齐鲁大学教授、私立青岛大学教务主任、国立山东大学代理校长等职。

同年 遵国民政府教育部令，私立复旦大学校董会改组，钱新之任主席。钱新之（1885—1958），原名钱永铭，浙江吴兴人，日本神户高等商业学校毕业，曾任上海交通银行副经理、北京交通银行总行协理、国民政府财政次长和建设委员会委员、私立圣约翰大学校董、私立复旦大学校董、私立光华大学校董等职。

同年 私立中法大学设药学专修科。

1930 年（民国十九年　庚午年）

2月15日　中国自由运动大同盟在上海成立。

3月至10月　中国左翼作家联盟、中国社会科学家联盟、中国左翼美术家联盟、中国左翼戏剧家联盟及左翼文化界总同盟先后在上海成立。

5月　中原大战爆发。

6月11日　中共中央政治局会议在上海召开，通过了由李立三起草的《新的革命高潮与一省或数省的首先胜利》。

9月18日　美国放弃在华领事裁判权。

9月24日　中共六届三中全会召开，决定结束"立三路线"，由瞿秋白主持中央工作。

10月1日　英国人强行租借的威海卫回归中国。

11月30日　中国收回厦门英租界。

12月16日　蒋介石开始对中央革命根据地进行第一次"围剿"。

1月6日　国民政府教育部同意山西省立国民师范学校高等师范部改组为"山西省立教育学院"，聘赵丕廉为院长。相继设国文系、史学系和教育学系。

1月18日　国民政府教育部制定变通办法，通令国立、公立、私立大学、学院："大学毕业证书式样，可于'准予毕业'之下，依学生所入各学院，加载'得称某学士'字样"。

同日 私立华南女子文理学院院长王世静在沛恩堂宣誓就职。王世静（1897—1983），女，福建闽县人，美国密执安大学硕士，曾任私立华南女子文理学院院长、福州大学副主任委员、福建师范学院图书馆馆长等职。

1月23日 国民党中央第67次党务会议通过《学生自治会组织大纲》22条，其中规定"凡中等以上之各种学校学生，不分性别，皆得在学校以内组织学生自治会"；"凡专门学校以上之学生自治会，其干事会之干事，定为十一人至十七人，候补干事三人至五人，并由干事互选常务干事一人至三人。"

同日 国民党中央第67次党务会议通过《学生团体组织规则》，规则内容分为范围、目的、名称、方式、职权等6个方面。

1月 《教育杂志》第1号载文介绍苏联教育。赵演引苏联年鉴材料写的《苏俄最近教育之鸟瞰》一文，介绍了苏联的教育系统，教育委员会、普通教育、专门教育、成人教育、劳工及大学教育等方面的概况。金溟若翻译日本学者仲宗根源和著《苏俄新教育》一书的首章，介绍马克思的教育论。

同月 私立复旦大学向国民政府教育部申请成立理工学院和法律系，未获同意。

同月 私立中国公学校长胡适提出辞职，并推举马君武继任校长。

2月5日 私立大夏大学校务会议议决："聘吴泽霖代理文学院院长，陈选善代理教育学院院长，俞志瀚任预科主任，卢锡荣任政治学系主任，张耀翔任心理学系主任"。

2月8日 国民政府教育部训令公布教育部、财政部共同拟定之《教育用品免税章程》8条，自3月1日起实行。"教育用品指仪器、理化用品、标本模型以及依各学校各教育机关之设立性质用以教授或研究之必需品。"

同日 私立中国公学校长胡适发布《中公校长辞职布告》。

2月11日 国民政府教育部通令各省市："此后派遣公费留学生，对于留学国语言、文字务须严加考试，以阅读、写作、会话及听讲均无窒碍为及格，庶免补习费时，徒耗公费。"

2月12日 国民政府行政院电复北平市政府，依《工会法》第3条，"教员不得视为工人，不得组织工会"。

2月17日 国民政府任命李石曾为国立北平师范大学校长，未到职前由李蒸代理。李蒸（1895—1975），字云亭，河北滦县人，美国哥伦比亚大学哲学博士，曾任国立中央大学教育学院副教授、国立北平大学教育行政院扩充教育处处长兼秘书、国立北平师范大学校长、国民政府教育部社会教育司司长等职。

2月20日 国民政府教育部规定"在校学生结婚年龄不必于法令外明定限制办法"，根据民法第973条及980条规定，"各校教职员随时剀切劝导，使在校学生咸以早婚为戒"。

2月28日 国民政府教育部公布《处置已停办或封闭之私立学校办法》4条，规定："非经一学期，不得重请设立，以新开办学校论"；"新开办学校只准招收一年级生"；"停办或封闭之学校，当时在校学生听候甄别，发给修业证明书"。

2月 李浩吾（即杨贤江）著《新教育大纲》一书由上海南强书局出版。此书为我国第一部系统阐述马列主义教育学说的专著。

同月 国民政府教育部勒令私立上海艺术大学、私立新民大学、私立建设大学、私立华国大学、私立光明大学、私立文法学院6校停办。教育部勒令停办之理由分别为"办理不合规程""编制不合""设备简陋""搜出反动书籍"等。

同月 私立厦门大学遵照国民政府教育部令，将"科"改为"学院"，并重新修订《厦门大学组织大纲》，全校设文、理、教育、法、商5学院。

3月1日 寰球中国学生会调查本年我国在美留学生共1,280人，分布在48所大学。其中哥伦比亚大学144人，居中第一位。50人以上的学校有：密歇根大学84人，加利福尼亚大学58人，波士顿大学58人，芝加哥大学54人，40人以上的学校有：哈佛大学47人，本薛文尼亚大学42人，加省工科大学仅4人。

3月4日 国民政府教育部训令《各大学自十九年度起不得再招预科生》。

3月7日 国民政府教育部通令各大学："自本年度起，一律不得再招预科生。原有预科，办至在校预科学生修业期满为止。如事实上确有困难，暂准另办附属高级中学。"6月3日，国民政府教育部重申废止大学预科前令。

3月14日 寰球中国学生会调查本年我国在日留学生共2,485人，分布在84所学校。其中：东亚预备、明治大学334人，陆军士官、早稻田大学174人。留日学生中学科在百人以上者有军事、铁道、法律、政经、文科、理科。留日学生中有2/3为国内中等学校毕业生。

3月15日 私立中法大学奉国民政府教育部指令，暂准备案。同年，遵部令停办各学院预科，改设附属高级中学甲乙丙三部。

3月20日 傅作义来访张伯苓，就南开系列学校发展事宜进行商讨。天津警备司令部决定"将天津南郊小站营田数百亩拨归南开经租，租金充作学校常年经费"。同日，政治学教授张忠绂到私立南开大学任教。张忠绂（1901—1977），字子缨，湖北武昌人，美国约翰霍布金斯大学博士，曾任省立东北大学教授、私立南开大学教授、国立北京大学教授、国民政府外交部参事、驻联合国代表团顾问等职。

3月22日 私立金陵大学青年会活动，教授夏慕仁放映电影，所取材料含有侮辱华人的情节，致引起重大纠纷。教育部部长蒋梦麟责令该校校长陈裕光，查封该校青年会，并辞退夏慕仁，以平众愤。陈裕光校长未从，另定处理办法。

3月23日 国民政府公布《修正省政府组织法》，规定教育厅掌理各级学校事项，社会教育事项，教育及学术团体事项，图书馆、博物馆、公共体育场等事项，以及其他教育事项。教育厅设厅长一人，由行政院就省政府委员中提请国民政府任命之。厅长综理该厅事务，指挥监督所属职员及所辖机关。教育厅设秘书1—3人，荐任。每科设科长1人，荐任；科员4—12人，委任。督学若干人，荐任。

3月24日 国民政府教育部公布《修正学校学年学期及休假日期规程》，自8月1日施行。《规程》规定："8月1日为学年之始，翌年7月31日为学年之终"；"8月1日至翌年1月31日为第一学期，2月1日至7月31日为第二学期"。休假分两类："甲、例假：暑假，专科以上70日、中等学校56日、小学 50 日为限。年假，21 日为限。春假，3 日。""乙、纪念假：孔子诞辰（8 月 27 日）、国庆（10 月 10 日）、总理诞生（11 月 12 日）、开国（1 月 1 日）、黄花岗 72 烈士殉国（3 月 29 日）等，均休假 1 日。"

3 月 27 日 国民党中央 81 次常会通过《党员请求资助升学处理办法》10 条。资助条件为"入党已满三年，曾任党务工作二年以上有相当成绩，经济困难而志愿升入大学或高等专门学校者"。"暂以 300 名为限，资助金分每年 400 元、300 元、200 元三级"。

4 月 1 日 全国国语宣传周开幕。5 月，私立复旦大学、国立交通大学、国立暨南大学、私立光华大学 4 所大学举行国语演说竞赛。

4 月 8 日 南京私立晓庄师范学校因为师生在中国共产党地下党组织的领导下积极参与下关罢工，被国民党反动派查封，革命师生被逮捕、枪杀，陶行知遭通缉。

4 月 12 日 国民政府教育部通令全国各学校于体育课程内酌量增授国术，以"锻炼青年体魄，增进国民健康"。

4 月 15 日 国民政府教育部在南京召开第二次全国教育会议，23 日结束，蒋梦麟任议长。会议分组审议了教育部制定的《改进全国教育方案》。《方案》分义务教育、成年补习教育、师资训练、初等教育、中等教育、高等教育、社会教育、华侨教育、蒙藏教育、教育经费等 10 章，全文 10 余万言。由陈布雷等五人起草的会议宣言指出："在训政六年期内，对于义务教育和成年补习教育，主尽量推进；而对中等教育和高等教育，主整理充实，先求质量的提高，不遽作数量的增进。"会议宣言还提出：培养生产能力，养成职业技能；注重公民训练；注重公民训练；注重民族独立精神。

4 月 17 日 蒋介石以国民政府主席身份在第二次全国教育会议上演说，指出："改革教育当用革命手段整顿学风，使从前纷乱之教育现象改转过来。并应注重农业教育，十分注意党义教育，以三民主义统一青年思想"。

4 月 27 日 国民政府任命杨振声为国立青岛大学校长。

4 月 国民政府教育部令：原北平大学艺术学院暂仍隶属于国立北平大学。

5月1日 国民政府教育部通令各省市教育厅局："各大学或中学，择其设备完善及经费充裕者，酌设妇女职业班，以后逐渐扩充，以期普及"。

5月7日 卜舫济、刘鸿生、伍德前往南京，同国民政府教育部部长蒋梦麟商讨私立圣约翰大学立案问题。刘鸿生（1888—1956），浙江定海人，私立圣约翰大学荣誉博士，曾任国民政府全国船舶调配委员会主任委员、中国红十字总会副会长、上海市政府咨议委员会委员等职。

5月9日 省立四川大学工学院院长杨懋实枪杀学生，激起学潮，重庆500余学生向省政府请愿。杨懋实（生卒年不详），又名杨声，四川天全人，四川高等工业学堂毕业，曾任四川工业专门学校教授、国立成都师范大学教授、省立四川大学工学院院长、四川中心工业试验所副所长等职。

5月10日 国民政府教育部颁布《图书馆规程》，废止1927年10月20日大学院颁布之《图书馆条例》。《规程》规定："各省及各特别市应设图书馆储集各种图书供公众阅览"；"私法人或私人得依本规程之规定设立图书馆"。《规程》还对图书馆之设置、停办，对馆长、职员之职责，对私立图书馆之备案等都作了规定。

5月15日 国民政府教育部通令取消私立中等以上学校名誉校长，"用杜假借，以免青年受人欺蒙"。

同日 蔡元培代表私立中国公学校董会接受胡适辞职。

5月18日 国民政府教育部通令各省市，各级学校校长就职时应举行宣誓仪式，并公布《宣誓条例》。誓词中有"服从党义，奉行法令，并遵守国民政府公布之中华民国教育宗旨及其实施方针，忠心及努力于本职，如违背誓言愿受最严厉之处罚"等语。

5月19日 私立中国公学校董会议推定马君武继任，是日马君武就职。

5月24日 中华艺术大学遭到国民党政府查封。

5月 朱经农校长致信私立之江大学董事会辞去校长职务，董事会选举李培恩为校长，并改组董事会向国民政府立案。因省教育厅不顾教育部规定，坚持管理委员会成员必须全是中国人，推迟立案。

同月 私立南开大学筹设电机工程学系，8月正式成立。

同月　国民政府批准，由财政部每年补助陈嘉庚教育事业经费6万元。

同月　国立青岛大学正式成立，杨振声任校长，设文、理两学院。

6月6日　国民政府教育部奉令停止劳动大学招生，决定改组该大学。随后，劳动大学教职员开全体大会，反对教育部令，并发表宣言。

6月14日　国民政府教育部公告已准立案及令停办私立大学及学院名单。已令停办者为上海的东亚大学、建设大学等9校，已准立案者14校（括号内为批准立案年月）：厦门大学（1928年3月），金陵大学（1928年9月），大同大学（1928年9月），复旦大学（1928年10月），沪江大学（1929年3月），光华大学（1929年5月），大夏大学（1929年5月），燕京大学（1929年6月），南开大学（1929年6月），东吴大学（1929年7月），武昌中华大学（1929年12月），协和医学院（1930年5月），上海政法学院（1930年6月），中国公学（1930年6月）。

6月14日　私立上海圣约翰大学咨议会决议报与校董事会，鉴于托事部不同意现有条件下向政府立案，请求董事会及刘鸿生博士与教育部部长蒋梦麟再次会晤，希望圣约翰大学暂时作为非立案学校继续存在。

6月20日　国立劳动大学发起护校运动，反对教育部停止该校招生。

6月23日　国民政府教育部训令北平特别市教育局转饬私立燕京大学："撤销招收新生广告中关于宗教事业与社会服务专修科一节"，因"该项科目显有宣传宗教作用，碍难准予开办"。

6月26日　国立清华大学教授会发表宣言，认为校务未因校长罗家伦去职而受到影响，反对阎锡山任用校长。国立清华大学学生会向报界宣告，"清华不为一党所操纵""未经全体同意，拒绝任何人接任校长"。

6月28日　国民政府教育部布告医学院修习程序，规定"大学医学院学生，须有高中毕业程度，再入先修科二年，始得入本科"，"本科修业期限五年（含实习一年）"。

6月　《教育杂志》出版"现代世界教育专号"，共发表文章30余篇，介绍美、英、法、德、意、西班牙、瑞典、日本、土耳其、印度等国教育近况及教育改革中之问题。

同月 江苏大学民众教育学校和中央大学区劳农学院合并改组为"江苏省立教育学院",院址无锡,设民众教育、农事教育两学院,高阳任院长。

同月 杨亮功继任安徽省立大学校长,遵照部令更校名为"安徽省立安徽大学",何鲁、程演生、傅铜、李顺卿相继长校。李顺卿(1894—1972),字干臣,山东海阳人,美国芝加哥大学哲学博士,曾任国立北京农业大学林学教授、国立北平师范大学生物系主任、国民政府农林部林业司司长等职。

同月 河南省立中山大学更名为"省立河南大学",并改文、理、法、农、医5科为5院,张广舆任校长。9月张广舆辞校长职。张广舆(1895—1968),字仲鲁,河南巩义人,美国密苏里大学矿学院学士、哥伦比亚大学工学硕士,曾任焦作福中矿物大学校长、国立清华大学教授、国立中央大学总务长和中华人民共和国燃料工业部计划司副司长、煤炭管理总局副局长兼河南省人民政府委员、全国政协委员等职。

7月8日 国民政府教育部通令明定各地私立学校立案期限:"首都于本年第一学期开学前一日为止,各地至迟于1931年同日为止","逾期不立案者,应由各省市教育行政机关酌量情形,饬令停止招生或勒令停闭"。

7月12日 国民政府教育部草拟8项办法,为大学毕业生谋出路。其中有:"各省市设职业访问所,尽先介绍大学毕业生服务";"考试院应尽先甄别尚无职业的大学毕业生,发往各处录用";"由教育部将毕业生愿就业者名单汇登《教育公报》,送各机关、省市、工厂就其所学试用,试用一年以上确有成绩者正式任用"等等。

同日 国民政府令准国立浙江大学校长蒋梦麟辞职,任命邵裴子继任。

7月14日 私立厦门大学与中华教育文化基金会联合举办"暑期生物研究会",全国共有14所大学22名生物学教授参加。研究会结束时宣布成立"中华海产学会",并在厦门大学设立海洋生物研究场。

7月21日 国民政府教育部准令私立岭南大学立案。

7月 唐钺、朱经农、高觉敷编纂之《教育大辞书》由商务印书馆出版。全书近300万字,内容包括教育原理、教育史、教学法、教育制度、教育行政、教育心理学、教育统计、著名学术机关团体以及有关诸学科。范寿康等

14人任常任编辑。蔡元培、胡适、孟宪承、陈鹤琴、陶知行、陆志韦、黄炎培、黎锦熙等75人任特约编辑、撰稿人。唐钺（1891—1987），字擘黄，福建闽侯人，美国哈佛大学哲学博士，曾任国立北京大学心理学教授、上海商务印书馆编译所哲学教育部主任、国立清华大学心理学系主任、国立中央研究院心理研究所所长等职。高觉敷（1896—1993），原名卓，浙江温州人，香港大学文学学士，曾任省立四川大学校长、国立复旦大学教授、国立中山大学教授和南京师范学院筹备委员会办公室主任、教授、教务长等职。

8月23日 国民政府教育部订定《私立大学、专科学校奖励与取缔办法》。规定奖励办法有三点："（一）立案私立大学、学院及专科学校成绩优考（良）者，由中央或省市政府拨款补助，或由教育部转商各庚款教育基金会拨款补助；（二）在教育学术上有特殊贡献者，得由教育部或省市教育机关褒奖或给补助费；（三）有实验性质而实验成绩优良者，由教育部褒奖或给补助费。"取缔的规定有三条："（一）凡未立案的应限期呈请立案，不遵令如期呈请立案，勒令停办；遵令呈请立案者，经视察后分别准予立案或准予试办，或勒令停办或限期结束，或立予封闭；（二）已立案之学校，教育部随时视察，如内容不合规定标准或亏空过巨，教育部酌量情形限期改善或筹备，违者予以警告或封闭；凡经教育部指导后不加改善者予以警告，情形重大或受警告后经过若干时期仍未改善者，封闭；（三）新创办之私立大学、学院及专科学校，应依照大学及专科学校法规办理，并按照私立学校规程，先行呈请设立之，违者立予封闭。"

8月29日 著名教育家袁希涛逝世。

8月 商务印书馆出版孟宪承译《现代教育学说》（美 B. H. Bode 著）。

9月6日 国民政府教育部通令国立各大学、学院："因西北灾情，继续免收陕西、甘肃、察哈尔、绥远四省学生本年度学杂费。"

9月7日 河南省议会通过决议："将全省的契税专款专用于河南大学的经费，不得挪用。"

9月15日 国民政府教育部通令："凡经前大学院、本部审定及准予发行之教科书，准由各校自由采用。各地方教育行政机关另行采择教本时，应先经本部核准，方可采用。"

9月16日 云南省政府议决：私立东陆大学改组为"省立东陆大学"，华秀升任校长。1932年将云南省立师范学院并入，设教育学院，文学院扩充为文理学院，并开设医学专修科。华秀升（1895—1954），名时杰，蒙古族，云南通海人，美国密苏里大学政治经济学学士、哥伦比亚大学经济学硕士，曾任私立东陆大学教授兼文科主任、省立东陆大学校长、云南高等师范学校校长、国民政府云南省财政厅厅长等职。

9月18日 国民政府准免国立中山大学校长戴季陶本职，任命朱家骅为国立中山大学校长。

9月19日 国务会议第94次会议决议："国立北京大学校长蔡元培辞职，照准。遗缺以陈大齐代理。"陈大齐（1886—1983），字百年，浙江海盐人，日本东京帝国大学文学学士，曾赴德国柏林大学研究西洋哲学，曾任国立北京大学哲学系主任、教务长和代理校长、国立政治大学校长、国民政府考试院秘书长和考选委员会委员长、中国国民党中央评议委员、总统府国策顾问等职。

9月24日 国民政府令："准免国立北京大学校长蔡元培本职，任命陈大齐代理国立北京大学校长；准免国立交通大学校长孙科兼职，任命黎照寰为国立交通大学校长；准免国立劳动大学校长易培基兼职。"

同日 国民党第三届中央执行委员会第112次常务会议通过《学生自治会组织施行细则》，规定"学生自治会的成立需要呈报当地高级党部后，再呈报学校及主管官署备案"。

9月 河北省立第一女子师范学校和河北省立第一女子师范学院合并为河北省立女子师范学院，内分学院、师范、中学、小学、幼稚园5部。学院部设国文、英文、史地、教育、家政、音乐、体育7系。

秋 国立西湖艺术院改名为"国立杭州艺术专科学校"，改系为组，改修业年限为3年。

10月2日 国民政府教育部通令："各国立大学无庸另设副校长"。

10月7日 上海国立劳动大学校长问题久悬未决，日前上海国立劳动大学全体学生议定校长标准，推派代表詹纯鉴、刘培坤赴南京请愿任命新校长，11日，教育部部长蒋梦麟对劳动大学校务委员会说，1年内不派校长，由教育部直接管理。

10月13日　国立劳动大学教职员151人致电南京中央党部和教育部，谓"教育部派人直接接管劳动大学，一年内不派校长，非教育行政当局对于国立大学应有之态度"。15日，国立劳动大学校务会议决议："不承认教育部部派校长直接接管办法，在继任校长未到前，由校务会议负责。"10月24日，奉命接收劳动大学的专员谢树英回南京汇报教育部接收劳动大学困难。谢树英（1900—1988），号济生，陕西安康人，曾被派赴德国考察工业，参与筹办国立武汉大学、省立山东大学和西北农业专科学校，曾任国民政府监察院监察委员、山西大同煤矿主任等职。

10月14日　私立中国公学国民党员学生李雄、严经照等企图包办系学生自治会，与邓中邦、魏佑翰等发生冲突，邓、魏被指控为共产党，当即被军队逮捕，15日，该校校长马君武将二人保释，以李、严私自报告军队，干扰学校秩序，予以开除。

10月17日　陶知行特写《护校宣言》，揭露当局断然以迅雷不及掩耳的手段停办晓庄学校远因近因虽多，"归总起来只是因为我们不肯拿人民的公器，做少数人的工具，不肯做语文刽子手，去摧残现代青年之革命性。我们认清了教师之职务是教人学做主人"。他号召"晓庄的同志，晓庄的朋友，大家一致起来爱护晓庄，爱护人权，爱护百折不回的和平奋斗，爱护教人做主人的革命教育，爱护向前上进之时代革命，爱护自由平等的中华民国之创造，爱护人人有工做，人人有饭吃，人人有水仙花看的理想社会之实现"。

10月25日　上海国民党第八区党部通电反对马君武，斥其"不设党义课程，污蔑该党总理，不悬挂党国旗，包庇反动分子，反对以党治国"。

10月30日　私立中国公学学生因校长开除学生事件掀起驱逐校长风潮。私立中国公学校董会正式布告，云："兹因马君武校长辞意坚决，特由本会于本月三十日会议，推选于校董右任先生为校长。"

11月2日　应基督教青年会之请，蔡元培在四川路该会礼堂讲演《以美育代宗教》，略谓："我所以主张以美育代宗教，有以下两种原因：（一）宗教的初期，本兼有智育、德育、美育三事。""及人智进步，物质科学与社会科学逐渐成立，宗教上智育、德育的教训，显见幼稚，不能不让诸科学家之研究。而宗教之所以……使信徒尚恋恋忍去者，实恃其所保留之关系美育部分而已。""（二）以代宗教上所保留的关系美育部分，在美育上实为一部分。""且以其关系宗教之故，而时时现出矛盾之迹。例如美育是超越的，而宗教则计较的；美育是平等的，而宗教则差别的；美育是自由的，所以到现时代，宗教并不足为美育之助而反为其累。""我等已承认现代宗教除美育成分以（外），别无何等作用，则我等的结论，就是以美育代宗教。"

11月3日 私立中国公学学生1,200余人开全体学生大会，坚决挽留马君武。

11月5日 国民党中政会讨论"整理中央大学及继任校长问题"。教育部部长蒋梦麟列席报告中央大学校务纠纷真相。同日，中央大学学生全体会议决议："（一）张乃燕校长辞职不予挽留；（二）提出继任校长标准四项，不合者誓以全力反对。"

同日 私立中国公学及私立光华大学教授罗隆基，因被人控告反动，于吴淞私立中国公学被捕，蔡元培、宋子文前往保释。

11月11日 国民政府教育部令全国公私立大学："在学位授予法未制定公布前，不得擅授名誉学位。"

11月24日 国立中央大学学生代表20余人赴国民政府和教育部请愿，要求按照所提校长人选标准迅速任命校长。

11月28日 国民政府教育部部长蒋梦麟呈国民政府及行政院辞职，称受职两年，"力不从心，时遭横阻"，"默念前途，殊多障碍"。

11月 蔡元培、吴敬恒、李石曾、戴传贤、朱家骅等在国民党四中全会上提出发行1,000万元教育文化建设公债案。议案规定"该公债以英庚款利息、俄庚款余额担保，专充补助国立大学及研究院购置图书仪器及建筑屋馆之用。三年内清偿本息"。

12月1日 广州中山大学学生风闻金曾澄将任本校校长，举行罢课。

同日　奉河北省教育厅函转国民政府教育部指令："准朝阳大学以朝阳学院名义立案。"

12月4日　国民政府令："国立北京大学校长蔡元培呈请辞职，蔡元培准免本职。任命蒋梦麟为国立北京大学校长。"蒋梦麟到任后提出"教授治学，学生求学，职员治事，校长治校"的方针。

同日　国民政府任命高鲁为教育部长。高鲁未到任。

同日　国民政府令："易培基为北平师范大学校长，朱家骅为中央大学校长，金曾澄为中山大学校长，代理北京大学校长陈大齐，北平师范大学校长李石曾，代理北平师范大学校长李蒸、中山大学校长朱家骅均免本职"。中山大学学生2,000余人开会决定继续罢课，并推李绍华等4代表进京请戴季陶校长返校主政。8日，戴季陶电促金曾澄就中山大学校长职，并劝师生接受金校长长校，学生拒绝，18日，朱家骅电劝中山大学学生复课，学生继续罢课并电请戴季陶复任校长。

12月6日　国民政府明令由行政院院长蒋介石兼理教育部部长职务。蒋介石于兼理教育部部长的当日发布《整顿学风令》，责令学生"一意力学，涵养身心""不得干涉行政"，如有违者，政府"执法以绳，以治反动派者治之，决不稍事姑息"。

12月9日　国民政府任命王景岐为国立劳动大学校长。王景岐（生卒年不详），字石荪，福建闽县人，法国巴黎政治大学毕业，曾任北京政府驻法使馆翻译、农林部编纂、外交部主事、宪法研究会调查员、外交部佥事和国立北京大学法科讲师、国立劳动大学校长等职。

12月11日　蒋介石以国民政府行政院令发表《告诫全国学生书》，称："近年以来，中正见闻所及，深觉于国家前途，具有莫大危机，而引为稳痛者，莫过于各地学校学风之败坏，与学潮之蜂起"；"破坏法纪之学潮，自与反革命无异，政府自当严厉禁止，如法惩处"。

同日　国民政府教育部通令：奉行政院训令整顿学风。行政院训令称：学生如再有甘受利用，恣行越轨者，"惟有执法严绳，以治反动派者治之，不稍事姑息"，"而至全校解散亦所弗惜"。

12月16日 广州中山大学迎戴（季陶）拒金（曾澄）运动代表李绍华、周可法等抵达南京向行政院、教育部请愿。17日，中山大学集会决议罢课、封锁校门，请中央任命戴季陶为校长。

12月17日 私立复旦大学授予邵力子、于右任、钱新之3人名誉博士学位。

12月18日 国民政府教育部发布训令：准予私立中国公学立案。

12月27日 考试院公布《检定考试规程》，规定："高等检定考试以省教育厅长或市教育局长为委员长，该省市区域内之大学或专科学校教职员若干人为委员"；"有大学或专科学校毕业之同等学力者，得应高等检定考试"；"高等检定考试分下列各种：（一）凡欲应行政人员、财务人员、统计人员、会计人员、外交官、领事官之高等考试者，应试以国文、比较宪法、政治学、经济学、行政法、中外历史、中外地理七科目；（二）凡欲应司法官、监狱官、警察官之高等考试者，应试以国文、政治学、民法、刑法、中外历史、中外地理六科；（三）凡欲应教育行政人员之高等考试者，应试以国文、教育原理、教育史、教育行政、中外历史、中外地理六科目；（四）凡欲应农林各科技术人员之高等考试者，应试以数学、化学、植物学、动物学、外国文五科目；（五）凡欲应理工各科技术人员之高等考试者，应试以高等数学、高等物理、高等化学、外国文四科目；（六）凡欲应医师、药师、卫生行政人员之高等考试者，应试以物理、化学、生物学、物理卫生学、外国文五科目"。

12月 经国民政府教育部核准，私立金陵女子大学正式注册立案，更名为"私立金陵女子文理学院。"

同月 国民党中央党部训练部制定《学生训练暂行纲领》。

同月 沈鹏飞任国立中山大学代理校长。

同月 国民政府任命朱家骅为国立中央大学校长。

同年 据本年度国民政府教育统计：全国高等学校共86校（其中公立大学32校、公立专科21校），学生37,566人，教员6,985人。

同年 陈焕章以民间团体名义在香港创立"孔教学院"，自任院长，1933年由朱汝珍继任。陈焕章（1880—1933），字重远，广东高要人，美国哥伦比亚大学博士，曾任《经世报》总经理兼总编辑、北京政府总统府顾问、北京孔教大学校长、香港孔教学院院长等职。朱汝珍（1870—1943），字玉堂，号聘三，广东清远人，日本东京法政大学毕业，曾任清政府翰林院编修、香港大学教习、香港孔教学院院长等职。

同年 在哈佛燕京学社的经费资助下，私立齐鲁大学国学研究所创立，为当时国内大学中墨子研究、甲骨文研究等国学研究的中心。

同年 国立同济大学依照《大学组织法》，改医工两科为医学院、工学院。"一·二八"事件后暂迁市区巨籁路民生坊继续上课。

同年 国立交通大学增设科学学院，分数、理、化3系，扩充"工业研究所"为"交通大学研究所"，设工业和经济两大研究部，从1931年起正式招收研究生。

同年 山西省立商业专科学校改组成立，校址位于阳曲新满城，设银行、会计、商工管理、交通管理4科。

同年 广东省立工业专科学校复校，设置土木、机械、化工3个工业专科，同时增办高中工科，增设机械厂以及皮革、陶瓷、化工等工场和各科实验室。

同年 张励生创办的察哈尔实业学校升格为察哈尔省立农业专科学校成立，设农艺科，附设高中部和初中部，米增兆为校长。张励生（1901—1971），字少武，河北乐亭人，曾留学法国巴黎大学，曾任国民政府河北省政府委员和建设厅厅长、国民党中央组织部部长、制宪国民大会筹备委员会委员、行政院副院长等职。米增兆（生卒年不详），山西大同人，京师大学堂师范馆史地类第一届毕业生，曾留学日本，曾任大同第三师范学校训育主任、张家口农业专科学校校长，绥远省立第二师范学校校长等职。

1931年（民国二十年 辛未年）

1月7日 中共中央六届四中全会在上海召开。王明掌握中央领导权。

2月19日 英国下院通过将450万英镑之庚子赔款退还中国。

5月1日　以陈独秀为书记的"中国共产党左派反对派"成立。

5月5日　国民会议在南京开幕。

5月28日　广州"国民政府"成立，宁粤分裂。

6月1日　南京国民政府正式公布《中华民国训政时期约法》。

6月23日　南京国民政府核定"忠、孝、仁、爱、信、义、和、平"八字为训民要则。

9月14日　中国当选为国际联盟非常任理事国。

9月18日　日本关东军侵占沈阳，"九一八事变"发生。

11月20日　中华苏维埃共和国临时中央政府在江西瑞金成立。毛泽东任主席，朱德任军委主席兼红军总司令。

12月13日　蒋介石辞去南京国民政府主席兼行政院院长职。

1月9日　中华文化教育基金董事会在上海举行第5次常会。议决提案15件，其中有："五年拨款国币20万元，补助北京大学延聘学者设立研究讲座及聘请专任教授并添置设备之用"等。

1月19日　蒋介石在教育部总理纪念周训话，谓：中国过去19年教育不能进步，其原因为"办教育者无中心信仰。百年大计端正以教育立定基础。中心信仰厥为三民主义"。

1月20日　教育部公布《修正学校学年、学期以及休假日期规程》11条，规定："专科以上学校第一学期136天，第二学期135天"；"暑假不超过70天，年假3天，寒假14天，春假7天，国家各种纪念日假期8天，本校纪念日假期2天"；"校历应于学年开始两个月之前转交教育部核定，规程于当年8月1日正式实施"。

1月22日　第三届中央执行委员会第124次常务会议通过《审查党义教师资格条例》，规定"本党党员曾任或现任中央党部干事以上、职务满二年并曾在大学或专科或旧制专门以上学校毕业、对党义确有特殊研究者，得请求分别给予充任大学或专科学校党义教师之资格"。

1月26日　国民政府教育部规定推行社会教育之重要措施3项，通令各省实施。"一、增筹社会教育经费，务必达到占该省市县全部教育经费之 10%至 20%之标准。二、各省市设立社会教育或民众教育人员训练机关一所。三、教育厅局设置掌理社会教育之专科，县教育局应设专科或专员。"

1月27日 国民政府公布《教育会法及其施行细则》，规定"教育会以研究教育事业，发展地方教育为目的"。具体分为区教育会、县市教育会、省教育会以及行政院直辖市教育会。

1月29日 私立中国公学教职员会上书该校董事会，陈述马君武长校以来，违背董事会章程，变更学科系统，任意独裁，经费不公开，招收伪造文凭之学生，重用教育部明令撤退之教授罗隆基等办学措置失当，要求准马立即辞职。

1月30日 国民政府教育部训令国立各大学、专科学校暨各省市公私立高中以上学校："加紧军事训练，修习期 2 年，每周 3 小时，校长应认真办理，学生不得托故请假"。

2月2日 私立中国公学发生学潮，校长马君武离开学校，校董会特于本日晚间假沧洲饭店开临时会，董事长蔡元培及校董王云五、高一涵、刘秉麟、杨铨、丁燮音一同提出辞职。王云五（1888—1979），名鸿桢，字岫庐，广东中山人，曾任北京政府大总统府秘书和教育部专门教育司司长、国立北京大学教授、国立中央研究院社会科学研究所法制组主任兼研究员、国民政府经济部部长和行政院副院长等职。刘秉麟（1891—1956），字南陔，湖南长沙人，英国伦敦大学毕业，曾任私立中国公学教务长、私立光华大学经济学教授、上海商务印书馆编译所编辑等职。

同日 美国教育家华虚朋（Carleton. Washburne）博士来华访问。华氏系文纳特卡制创始者，曾在私立复旦大学、私立沪江大学、中华慈幼协济会等处演讲。

2月3日 私立中国公学董事长蔡元培及王云五等董事联名具呈教育部，详述：去年 5 月 5 日推选马君武为校长，而马自 6 月 8 日起提出辞职；然而今年 1 月 26 日马对《中央日报》记者谈话，有苦于无人接替之语；1 月 31 日，复有所谓学生代表到蔡董事长住宅留条，声言"昨经全体同学公决……如第三者长校时，则誓死气绝，同时我们并不承认马校长已经辞职"等情况，"自顷以来，校中纠纷日甚一日，孑民等既不忍坐视，又无力维持，不得已于本月2日校董会临时会中，引咎辞职，业经决议接受。孑民等对于中国公学之责任解除，理合备文呈报"。

2月5日　国民党中央训练部颁布《学生训练暂行纲领》。纲领规定了各级学校的学生的训练原则、训练方针、训练实施、训练材料等方面的内容，在训练方针上鼓励大学生在学术上发明创造、研究高深学问。

2月7日　国民政府任命沈尹默为国立北平大学校长，原校长李石曾免本职；任命徐炳昶为国立北平师范大学校长，原校长易培基免本职。

2月11日　国民政府教育部训令整饬国立北平大学，办法为："一、女子师范学院及其附属学校合并于国立北平师范大学；二、俄文法政学院自本年起逐年结束，不再招生；三、艺术学院切实办理结束；四、女子学院自本学期改称女子文理学院。"

2月12日　国民政府教育部奉行政院令规定国立北京大学、国立北平大学、国立北平师范大学三校进行整顿："一、充实设备，减少薪资开支；二、教员不得逾部令兼课；三、学生上课的考查、试验都要明定规则、严厉实行。"

2月14日　国民政府教育部接管委员召开私立中国公学校董谈话会，先由顾树森报告接管经过，旋正式开校董会议，由蔡董事长主持，决议："接受于右任辞校长职；选举邵力子为校长；加推陈果夫、邵力子、潘公展、朱应鹏、吴开先为校董。"顾树森（1886—1967），字荫亭，江苏嘉定人，英国伦敦大学肄业，曾任上海中华职业学校校长、国民政府教育部普通教育司司长、国际联合会行政会中国代表办事处三等秘书、南京特别市政府教育局局长等职。

2月16日　国民政府教育部令："国立北平师范大学筹备改组，以原有国立师范大学与国立北平女子师范学院合组为国立北平师范大学，分设教育、文、理三学院。"7月，第一部和第二部合并称国立北平师范大学，设教育、文、理3学院。

2 月 17 日　国民党第四次全国代表大会修订通过《中华民国教育宗旨及其实施方针》，规定："各级学校之三民主义之教育，应与全体课程及课外作业相关连，以史地教科阐明民族之真谛，以集团生活训练民权主义之运用，以各种生产劳动的实习，培养实行民生主义之基础；务使知识道德融会贯通于三民主义之下，以收笃信力行之效。""大学及专门教育，必须注重实用科学，充实科学内容，养成专门知识技能，并切实陶融为国家社会服务之健全品格。"

2 月 21 日　中华职业教育社在苏州举行第 6 届专家会议。会后蔡元培、胡庶华、刘湛恩等 42 人联名发表宣言，提出："教育应与内政、实业等联系，使培才与用才得相济之效"；"减少普通学校，增设职业学校；普通中学增设职业科"；"小学施行职业陶冶"；"各级教育应于训练上厉行劳动化，确立工商保护政策"。

2 月 28 日　国民政府教育部通令国立各大学、学院："遵照执行国民政府发下的《视察北平各大学调查报告》中对整顿北平各大学校务应行改革事项的五点规定。其要点为：一、设备应力求充实，经费应妥为支配，减少薪资所占成数，增加设备所占成数。二、教员兼课应切实限制。专任教员兼课，每周以六小时为限，并须先征得校长同意。三、订立学生上课考查规则，严厉实行。四、奠立学生实验规则。五、切实整顿斋务。"

同日　私立大夏大学商学院请哈佛大学经济学博士、密歇根大学经济学教授雷麦博士（Charles Frederick Remer）莅校演讲，题目为"经济与政治"。

2 月　台湾总督府台南高等工业学校开办，系由原台北高等商业学校及其台南分校合并而成，初设机械工学科、电气工学科、应用化学科。

3 月 3 日　省立东北大学改行委员制，张学良任委员长，藏式毅等任委员，副校长刘风竹辞职。

3 月 26 日　国民政府教育部公布《修正专科学校规程》21 条。其中规定：专科"教授应用科学，养成技术人才"。入学资格为高级中学或同等学校毕业，或具有同等学力，经入学试验及格者。修业年限为 2 年或 3 年（医学专科学校于修业 3 年后，须再实习 1 年）。专科学校分甲（工业）乙（农业）、丙（商业）、丁（医学、药学、艺术、音乐、体育等）。专科学校课程得采学分制，无实习证明书之学生不得毕业。

3月28日 国民政府派叶恭绰等（中方）10人、休士（E. R. Hughes）等（英人）5人组成管理中英庚款董事会，以朱家骅、马锡尔（Sir R. Calder-Marshall）为正、副董事长。

3月 国民政府教育部通令各省市教育厅局转饬各书坊："将孙中山总理格言及先哲嘉言之不违背三民主义精神者，编入各级学校有关党义、国文及社会科学等教科用书，以树立青年中心思想。"

春 私立中法大学成立镭学研究所。同时遵照《大学组织法》改服尔德学院为文学院，改陆谟克学院为医学院，改孔德学院为社会科学学院。是年12月，在国民政府教育部呈报立案。

4月16日 私立华西协合大学董事会决议任命张凌高为华西协合大学校长。张凌高（1890—1955），四川璧山人，美国西北大学文学硕士，耶鲁大学哲学博士，曾任华西协合大学副校长和校长、民社党中央常委兼四川省党部主任委员等职。

4月24日 国民政府教育部聘褚民谊为中法国立工学院院长。

4月 商务印书馆出版林笃信译《教学概论》（Bagley & Keith 著），此书列为现代教育名著。出版庄泽宣著《各国学制概要》，刘虎如著《小学地理科教学法》，陈博文著《西洋十九世纪之教育家》，各书均列入万有文库。还出版了陈东原著《中国古代教育》和舒新城著《中国教育建设方针》。

同月 吴南轩出任国立清华大学校长。吴南轩（1893—1980），名冕，江苏仪征人，美国加利福尼亚大学哲学博士，曾任中央政治学校教授、国民政府考试院考选委员会专门委员、国立清华大学校长等职。

5月5日至17日 蒋介石联合阎锡山、冯玉祥在北京召开扩大会议，在南京召开国民会议，会上通过《训政时期约法》，其中第五章为"国民教育"，共计47—58条，其中，第52条规定"中央及地方应宽筹教育上必需之经费，其依法独立之经费，并予以保障"；第53条规定"私立学校成绩优良者，国家应予以奖励或补助"；第55条规定"教职员成绩优良者，久于其职者，国家应予以奖励与保障";第 56 条规定"全国公私立学校应设置免费及奖学金额,以奖进品学俱优无力升学之学生";第 57 条规定"学术及技术之研究与发明,国家应予以奖励与保护"。

5 月 9 日 国民政府行政院公布《地方教育经费保障办法》14 条。《办法》规定"各省市及各县市政府对于现有之教育经费总额,应切实保障,不得任其短少""自民国 20 年起,各项新增地方捐税由省市政府酌定提留若干成作为地方教育经费"。并规定"现有教育经费必须用于教育事业,无论何人及何项机关,均不得挪借或移作别用""各地方政府及教育行政机关,对于教育经费,倘任意玩忽,致有损失时,应受相当之惩戒"。

5 月 14 日 国民会议第 6 次会议通过设国立编译馆案。6 月 15 日,国民政府行政院令教育部办理此事。

5 月 28 日 因擅改《国立清华大学规程》,清华大学教授、学生掀起反对校长吴南轩风潮,指责吴"大权独揽,不求发展校事",要求吴立即离校,并请教育部另简贤能主持校务。29 日,全体学生召开大会决议驱逐吴南轩,由学生会电教育部请改任周诒春为校长,新校长未到任前暂由教授会维持校务,吴南轩被迫离校,在北平东交民巷成立国立清华大学临时办事处,并于 7 月 4 日离开北平。

5 月 华西协合大学纽约联合托事部正式任命张凌高为私立华西协合大学校长,并向中国政府教育部呈请立案,1933 年 9 月,张凌高得到教育部正式任命。

同月 私立南开大学经济学院董事会成立,颜惠庆为会长,吴达铨为副会长,范旭东为名誉秘书兼会计。颜惠庆(1877—1950),字骏人,上海人,美国弗吉尼亚大学学士,曾任商务印书馆编辑、北京政府驻美使馆参赞和外交总长、国务总理等职。

同月 私立复旦大学联合上海私立大学向南京政府教育部请求补助。教育部准补助私立复旦大学 1 万元。

同月 省立广西大学复校,成立理工学院,7 月开始招生。

6 月 2 日 国民政府教育部对于国立清华大学校长吴南轩、国立同济大学校长胡庶华、国立北洋工学院院长蔡远泽辞职分别慰留。

6月6日 南京、上海教育界人士300余人在中央大学举行"教师节"首次庆祝仪式。创议6月6日为教师节的是教育家邰爽秋、程其保等人。他们在发起宣言中提出,"定教师节的目标有三:改良教师待遇,保障教师地位,增进教师修养"。

6月10日 蒋梦麟电教育部报告清华大学学潮原因,谓"除党与非党派之争外,原校长罗家伦离开该校后,教育部对该校学生会呈请的四位校长人选均不采纳,亦是导致风潮之原因"。

6月12日 国民政府教育部训令:"山西公立法政专门学校拟改为山西省法学院,查同一区域内增设学校,应互避重复,节约糜费。""贵省山西大学已设有法学院,该山西公立法政专门学校应即遵照本部停办法专通令逐年结束,所请改为省立法学院,未便照准。"

6月15日 国民政府行政院令教育部执行国民会议通过之《确定教育设施趋向案》6条,规定:"各级学校之训育,必须根据总理恢复民族精神之遗训,加紧实施,特别注重于刻苦勤劳习惯之养成,与严格的规律生活之培养";"大学教育以注重自然科学及实用科学为原则";等等。

同日 蔡元培所撰《三十五年来中国之新文化》刊出。

6月16日 国民政府教育部指令:"查私立广东国民大学改进情形及所呈表件,该校应即准予立案,并列入已立案私立大学一览表。惟该校曾于十四年呈奉国民政府批准立案,其在本部批准立案以前,溯至国民政府批准立案之日起,当然亦属立案有效期间。复查该校章程有与现行法令不符或未尽妥善之处,应加修正。"

同日 国民政府教育部回复"上海震旦大学可依照美教会所立各校办法呈请本部立案"公文:"查国内美教会所立各大学,大都遵奉我国现行教育法令,呈经本部批准立案,该震旦大学自可依照上项办法办理,以免歧异。"

6月19日 国民政府特任李书华署理教育部部长,"于本月27日接任视事,所有蒋介石兼理教育部部长职务,至李署部长就职之日为止"。

6月22日 由中央大学教授邰爽秋等发起组织的中华庙产兴学促进会本

日在国立中央大学成立，并通过组织章程。该会宣言称：庙产为振兴教育之重要财源。湖北、广东、江苏、山东等省均有庙产兴学之决议案。

6月23日 中华教育文化基金董事会批准自1931年8月起，补助私立厦门大学理学院、教育学院每年3万元，为期3年。

6月25日 国立北平图书馆举行落成典礼。蔡元培、蒋梦麟等二千余人出席落成典礼。7月1日，正式开馆。

6月27日 国民政府教育部令国立劳动大学："查大学组织法规定，大学入学资格，须曾在公立或已立案之私立高级中学或同等学校毕业，经入学试验及格者，该校中学部三年制毕业与高中毕业年限，相差三年，即将补习班一年计算入内，尚差两年，其四五年制亦与高中相差两年，或一年，该项学生自不得投考大学。"

同日 国民政府任命陈布雷为教育部政务次长，免去其教育部常务次长职务，任命钱昌照为教育部常务次长。钱昌照（1899—1988），字乙藜，江苏常熟人，英国伦敦大学硕士，曾任国民政府外交部秘书、教育部常务次长、行政院最高经济委员会委员等职。

同日 赵振声博士从法国人裴百纳（A. Bernarb）手里接任私立天津工商大学校长。该校1933年通过立案注册申请，更名为"私立天津工商学院"。赵振声（1894—1968），河北景县人，比利时昂坚耶稣会神学院神学和哲学博士，曾任天主教献县代牧区主教。

同日 私立辅仁大学大学部首届学生毕业，11人获学士学位。

6月30日 国民政府教育部令："清华大学校长吴南轩辞职慰留，近因吴以暑病时侵，特派实业部地质调查所所长翁文灏代理清华校务。"

6月 许崇清任国立中山大学代理校长，改理学院为理工学院，增设土木工程和化学工程两系。至新中国成立前，沈鹏飞、邹鲁、张云、金曾澄、王星拱、陈可忠分别担任该校校长或代理校长。

7月2日 国民政府教育部派人到劳动大学调查，次日，学生反对校长克扣教育经费，包围校长和教育部代表。

7月6日 国民政府公布《修正教育部组织法第二十条至第二十四条条

文》，规定："教育部设督学四人至六人，视察及指导全国教育事宜"；"教育部设科长十四人至十八人、科员八十人至一百一十人，承长官之命分掌各科事务"；"教育部部长特任，次长、参事、司长及秘书二人、督学二人简任，秘书、督学、科长荐任，科员委任"。

7月13日 国民政府教育部令浙江省教育厅："私立之江文理学院应即准予立案"。"惟该院理科仪器，殊属缺乏，经济状况，亦欠充裕，仍须责成该院校董会于最近一年内，充实设备，并筹足大学规程第十条规定之经费数目，以固基础。"

同日 国民政府新任教育部部长李书华、次长陈布雷、钱昌照等在礼堂举行宣誓就职典礼，由蔡元培监誓。于右任主席授印。

7月14日 国民政府教育部代电："公私立各级学校校董概不得以现任教育行政人员担任。"

7月18日 国民政府教育部发出通令："为提倡道德，各校悬挂匾额，其文字为横列'忠孝仁爱信义和平'八字，一律蓝底白字，'以资启迪'。"

7月19日 国民政府教育部颁布《各省市普设农医工三种专科学校实施方案》，规定："各省应于省城设医学专科学校一所，并于本省适宜地点设农业专科学校一所"；"已设有省立农学院、医学院得缓设专科学校"；"行政院直辖各市应设医学专科学校工业专科学校一所"；"人口满三十万以上之都市应各设医学专科学校一所"；"工业专科学校须附以学生实习适用之工厂"。

7月21日 国民政府教育部指令："令中法国立工学院院长褚民谊，据呈中法国立工学院组织大纲及学则，应准备案。大纲及学则存。原呈所拟工学院组织大纲暨学则，殊多未合，修改另呈。"

同日 国民政府教育部指令："令青岛大学据呈该大学组织规程，应准备案。"

7月23日 国民政府教育部通令：凡受免费待遇之高中师范科毕业生，须有服务教育事业一年以上之证明，始得投考专科以上学校。

7月27日 国民政府教育部发布布告：公布全国已立案之私立大学及学院名单（共22校），并规定："凡在未立案各校毕业者，关于公务员考试、律师甄拔、医生营业许可等，均不能与立案学校之毕业生享受同等待遇。"立案名单为："厦门大学、金陵大学、大同大学（上海）、复旦大学、沪江大学（山海）、光华大学（上海）、大夏大学（上海）、燕京大学、南开大学、东吴大学、武昌中华大学、岭南大学、广东国民大学、协和医学院（北平）、上海法政学院、南通学院、中国学院（北平）、朝阳学院（北平）、金陵女子文理学院、上海法学院、福建协和学院、之江文理学院。"

同日 国民政府教育部训令："通令私立各大学、学院自本年度起停止招收专门速成等科部""以杜冒滥""如事实上遇必要时，得依照大学规程第五章之规定，附设专科，须先呈经本部核准，方得招生"。

7月28日 教育部高等教育司准国立中央研究院代为征集美国芝加哥大学函索各种教育测验刊物样本。

7月 私立持志学院在国民政府教育部立案。

同月 《中华教育界》刊登陶知行（署名何日平）的《中华民族之出路与中国教育之出路》一文。作者认为："中国之所以贫穷落后，主要是由于人多；科学不发达；社会不平等。""减少人口是中华民族出路之一，也是中国教育的出路之一。"中国现代教育者之最大责任是"教人少生孩子，教人创造富的社会，教人建设平等互助的世界"。文章在列举了人口数与生活状态的关系之后提出："只有人口退到教育线或创造线（每户三至四人）才能使有天才的分子不致因穷忙而埋没，没有余暇研究高深学问，以发现更有效之生产技术而创造更富裕的社会。"

同月 《中华教育界》发表研究1930年我国大学学潮之署名文章。该文列举当年的大学学潮12起，其中有牵涉教育部部长蒋梦麟者，有市党部直接干预者，有师生涉讼、法院调解者。文章认为，"发生学潮之原因有五：一、党派之斗争；二、经济的影响；三、教师不学无术；四、师生无感情；五、学生毕业无出路"。

同月 国立山西大学更名为"省立山西大学"，将文、法、工3科改为文学院、法学院和工学院。

8月1日 私立辅仁大学校长陈垣向北平市教育局请假1年，并指定由校董事沈兼士代理校长之职。

8月6日 国民政府教育部训令国立各大学、独立学院："将各学科中文讲义等检送到部以供本部译名委员会撰译算学名词参考。"

8月9日 马克思主义教育理论家杨贤江逝世。

8月10日 国民政府任命高鲁为监察院监察委员。

同日 国民政府教育部训令国立北平大学："其俄文法政学院完全结束后应改为商学院，隶属于该大学，为因地制宜起见，该商学院之课程，宜注重中俄经济关系之研究；艺术学院完全结束后，由本部依照《专科学校组织法》改为国立北平艺术专科学校。"

8月11日 国民政府教育部发布《各级学校党义教师及训育主任工作大纲》及《党义教师及训育主任工作成绩考核办法》。

8月13日 国民政府教育部部长李书华主持医学教育委员会第2次会议，决议"废止医学院之预科，及先修科；组织医学课程标准起草委员会，在未成立以前，由本会推定颜福庆、徐诵明、严智钟、金宝善、孙本文、宋梧生等拟订课程大纲草案"。该委员会请教育部令饬各大学医学院拟订医学院课程标准，建议"酌量增加与医学有关之基本科学如物理生物学化学等钟点；酌量增加预防医学（卫生学）钟点；医学院修业期五年，五年期满后实习一年"。

8月20日 国民政府教育部指令上海市教育局："查私立东南医学院校董会立案表册，核与私立学校规程尚无不合，所筹学院经费，与大学规程第十条规定之数，亦属相符，该校董会应即准予立案。"

同日 国民政府教育部指令上海市教育局："查私立群治法学院校董会呈报立案各项表章，尚无不合，该校董会应即准予立案。"

同日 私立圣约翰校董会根据主教授权，通过上海市教育局申请立案，8月28日，立案申请文件被上海市教育局退回，理由："校董会外籍校董超过三分之一，校董会副主席不应以西人充任；校董会目的以基督教为标准，不符合中华民国三民主义教育宗旨；该校设有神学院，与大学组织法不合；附属高中应另案呈请等。"

8月21日 国民政府教育部指令国立中央大学："该校本年度录取之高中师范科毕业生仍应遵照前令服务一年，惟该生等既经录取，应准保留其入学资格，待服务期满后，于明年度入学；至现无服务机会之学生，为顾全其学业起见，姑准特别通融，准待毕业后补行服务，以示体恤，惟嗣后不得援以为例"。

同日 国民政府教育部指令山西省教育厅："查私立并州大学校董会呈报立案表册，尚合规定，惟该校除法学院外，文学院仅有中国文学系，医学院并无本科，按照部章，应称学院，兹即以私立并州学院校董会名义准予设立，同时并准立案"；"又校董会简章第五条所列校董会职权，应遵照私立学校规程第十二条酌加修正，报部备核。至学院立案一节，应待本部派员视察后，再行核办"。

8月24日 国民政府教育部训令北平市教育局："案查私立北平辅仁大学呈请立案一案，前经本部派员视察，兹据报告，该校办理情形，大致尚无不合，应即准予立案。惟医预科名义，本部前据国立北平大学及国立清华大学呈请修改医学教育制度或请添设医预科，当交本部医学教育委员会决议：医预科及先修科废止，照大学组织法，医学院应招收高中毕业生，修业期五年，满期后实习一年等语，本部认为可行，当经分别指令照办在案；该校理学院附设之医预科，自应逐年结束，以符定章。"

同日 国民政府教育部训令北平市教育局："案查北平私立郁文学院呈请立案一案，前经本部派员视察，兹据报告，该校学生缺席甚多，查阅各种试卷，程度低浅，教员给分亦滥，教授多系兼任，合班教授科目甚多，教室狭小，图书缺乏，编制尤为杂乱，有专门部，专修部，大学预科，专门部预科，速成科等名目，均为部定规程所无，或为法令所不许等语，据此，该学院办理情形殊欠完善，察阅报告所列，殊鲜有点可举，碍难准予立案。如该学院能于二十一年六月以前切实改善，应准呈由该局转呈本部派员视察后再行核办。"

同日 国民政府教育部训令北平市教育局："私立民国学院暂准立案惟尚有应行改进之处限一学年内逐渐改善。"

同日 国民政府教育部训令："私立华北学院暂予立案，尚有应行改进之处限一学年内逐渐改善。"

8月25日 国民政府教育部电武昌国立武汉大学王世杰校长："准该校开学期因水灾暂缓三星期"。

8月26日 国民政府教育部指令湖北省教育厅："据郭宗燮等为筹办私立湖北法学院（前私立湖北法政专门学校，系前清宣统三年由随县何齐阳独立创设），据称该私立湖北法学院校董会所筹资产资金既未确定，而该省国立武汉大学及私立武昌中华大学均设有法学院，按照地方情形，自无再行筹设法学院之必要"。

同日 国民政府教育部指令上海市教育局："查私立震旦大学校董会呈报表件，大致尚无不合，该校董会应即准予设立，同时并准立案"。

8月31日 国民政府教育部公布《教育部督学规程》17条，规定："依教育部组织法之规定，设督学四至六人，其中二人简任，余荐任，并得酌派部员协同视察及指导事宜"；"每年定期视察两次，每次二个月至五个月，并依部长命令进行临时视察"；督学应视察及指导之事项包括"教育法令之推行""学校教育、社会教育、地方教育行政及其他与教育有关事项"等。

8月 山西省立法学院成立，设法律、经济2系。

同月 湖北省立乡村师范学院更名为"湖北省立教育学院"，黄建中、罗溍相继任院长，设农事教育系和乡村教育系，11月2日开学上课。1936年7月奉教育部令停办。黄建中（1889—1959），字离明，湖北随县人，英国剑桥大学硕士，曾任国立北京大学教授、国立女子大学教授、国立北京师范大学教授、国立暨南大学教务长、国立交通大学国学系主任、国民政府教育部高等教育司司长兼代理常任次长等职。罗溍（1896—?），湖北武昌人，曾留学美国获硕士学位，曾任湖北女子师范学校教务主任、湖北师范学校校长、省立成都大学教授、省立安徽大学教授兼教育系主任、湖北教育学院院长、四川女子师范大学教务长、贵阳师范学院院长、中山大学师范学院院长、华南师范学院副院长等职。

同月 江西省立医学专门学校更名为"江西省立医学专科学校"，校长为何焕奎，设五年制医学专科，同时呈准教育部立案。1934年因教育部废止医学专科，学生建议改校名为省立医学院，未获准。

同月 江西省立农业专门学校改组为"江西省立农艺专科学校"，先办农艺专科一科，许调履为校长。许调履（1895—1978），原名可蓉，江西金溪人，日本东京帝国大学农学学士，曾任江西省立农业专科学校教授兼教务主任、校长、湖南省立农业专科学校校长、江西省立南丰高级农业职业学校教务主任、湖南克强学院教授、克强学院衡阳分院主任等职。

同月 浙江公立医药专门学校改组专科，更名为"浙江省立医药专科学校"，朱其辉任校长。朱其辉（1886—?），字内光，浙江绍兴人，日本千叶医科大学毕业，曾任浙江省立医药专科学校校长、国立浙江大学卫生学讲师、国立北平大学医学院内科学教授兼附属医院院长等职。

9月1日 中法国立工业专科学校更名为"中法国立工学院"，设机械电机和土木工程两系，修业年限为4年。执行严格的考试制度，每年的升学考试，约有三分之一的学生因考试不合格而补考、留级或被淘汰。1940年6月30日学校关闭。

9月3日 国民政府教育部指令私立沪江大学："该校拟先办新闻学训练班，既系适应实际需要，姑予照准。惟该训练班不属学校系统范围之内，该项学生修业期满成绩及格，应由学校发给修业证明书，不得发给毕业证书。"

同日 国民政府教育部指令："令江苏省教育厅准予私立苏州美术专科学校校董会设立，并准立案。"

同日 第三届中央执行委员会第17次常务会议通过《三民主义教育实施原则》，确立高等教育目标为："一、学生应切实理解三民主义的真谛，并且有实用科学的知能，俾克实现三民主义之使命"；"二、学校应发挥学术机关之机能，俾成为文化的中心"；"三、课程应视国家建设之需要为依归，以收为国家储材之效"；"四、训育应以三民主义为中心，养成德、智、体、群、美兼备之人格"；"五、设备应力求充实，并与课程训育相关联"。

9月5日 国民政府教育部指令四川省教育厅："该私立华西协合大学校董会各项表件，大致尚无不合，该校董会应即准予设立，同时并准立案。至学校立案，待派员视察后，再行核办。"

9月8日 国民政府教育部训令《医学院学生修业及实习年限》规定："医预科及先修科废止，照大学组织法，医学院应招收高级中学毕业生，修业年限五年，期满后实习一年。"

9月10日 国民政府令："据署教育部部长李书华呈，请任命王慎明、相菊潭、向玉楷、林本为教育部督学，应照准"。

9月17日 私立华中大学注册申请文件寄呈南京教育部。申请中有关私立华中大学办学目标及历史部分指出："华中大学的目标是贯彻本校创始者的原有目的和意图。""学生将在自愿的基础上参加各项宗教活动，无论是个人还是私人团体组织的宗教活动和集会，学校都不强迫学生参加。"10月24日，教育部复函批准私立华中大学校董会正式在教育部注册。

同日 国民政府教育部通令："湖北、江西、湖南、安徽、河南、陕西、甘肃、绥远、察哈尔等省及江苏省江北各县学生因灾豁免、减免本年学费、杂费"。

9月18日 教育部公布《国立中央大学蒙藏班招生办法》，招收蒙藏学生各20名。成立此班，是为"奖励蒙藏学生研究高深学术"。学生年龄为18至30岁，文化程度为高中毕业或具有同等学力者。学生分别编入中央大学各系一年级随班上课。学生膳宿、制服、书籍、零用等费，由学校供给。

9月19日 教育部准聘请冯纶为山西省立法学院院长。冯纶（1889—1954），字次经，山西隰县人，日本明治大学法学学士，曾任山西省立法政专门学校校长、山西省立法学院院长、省立山西大学教务长、代理校长、国立西北大学商学院教授等职。

9月21日 教育部准清华大学校长吴南轩辞职，拟请以梅贻琦继任，未到校前由叶企孙代理校务。

9月23日 教育部公布《教育部督学办事细则》16条。

同日 教育部指令："令福建省教育厅，查该私立华南女子学院校董会章程，既经遵令修正，复据派员查明相符，该校董会应即准予设立"。

9月26日 国民政府任命梅贻琦为国立清华大学校长。11月梅贻琦到任，其间由叶企孙代理校务。梅贻琦（1889—1962），字月涵，天津人，美国伍斯特理工学院电机工程硕士、工程学名誉博士，曾任清华学校教授、教务长，清华大学留美学生监督处监督、国立清华大学校长、国立西南联合大学常务委员、国民政府教育部部长、行政院政务委员等职。

同日 我国留日学生代表在东京议决全体回国参加抗日。10月，2,300余名留日学生络绎归国。10月，国民政府教育部令京沪各大学收容留日归国学生。

同日 东北大学大部分师生逃离沈阳前往北平。

9月27日 因武昌城洪水，难民占据宿舍，私立华中大学原定于月初的开学时间推迟到本日，时有67个学生注册。

9月28日 南京国立中央大学学生1,000余人由该校抗日救国会主席何浩若教授带领，因"九一八"事件赴中央党部请愿，后赴外交部，痛殴外交部部长王正廷，国立中央大学校长朱家骅提出辞职。同日，上海私立复旦大学800余人由沪到达南京，与国立中央大学、私立金陵大学学生及各界代表赴国民政府请愿，要求惩办丧失领土之东北负责长官及丧权误国的外交部长，蒋介石亲自接见。

同日 国立暨南大学校长郑洪年及全校师生以东北大学、冯庸大学两校学生遭受日军蹂躏，不能就学，特电邀南下该校就学。

9月30日 国际联盟教育考察团应国民政府之请于本日到达上海。该团先后在我国上海、南京、天津、北平、河北定县、杭州、江苏无锡、苏州、镇江、广州等地考察教育，12月中旬结束考察工作。考察团成员有：柏林大学教授、前普鲁士教育部部长柏克（C. H. Becker），波兰教育部初等教育司司长法尔斯基（M. Falski），法兰西大学教授郎吉梵（P. Langevin），伦敦大学政治经济学院教授叨尼（R. H. T.），并由国际联盟秘书长窝尔特兹（F. P. Walters）协助。该团到我国后，又有国际文化合作社社长波内（M. H. Bonnet）等人参加。1932年12月，该团之考察报告中文译本《中国教育之改进》由国立编译馆翻译、发行。

9月 "九一八"事变发生后，全国各地教育界抗日救国运动风起云涌。

北平各大学召开紧急会议，致电国民政府要求"对日宣战"，指责"不抵抗主义，洵属可耻"，师生组织宣传队到工厂农村宣传抗日。上海大学校长发表谈话，大中学生纷纷成立抗日救国会等组织，派代表赴京请愿。南京学生冒雨赴国民党中央党部及外交部请愿。天津南开中学组织刻苦团，北京清华大学实行军营化，停课实施军事训练。

同月 私立南开大学文学院增设英文学系，陈逵为系主任。理学院增设化学工程学系，张克忠任系主任。陈逵（1902—1990），字弼猷，湖南攸县人，毕业于内布拉斯加州立大学，后又入威斯康辛大学研究院学习欧美文学和哲学，曾任国立北平大学女子文理学院教授、私立南开大学教授、国立浙江大学教授、国立暨南大学教授、国立复旦大学教授等职。张克忠（1903—1953），天津人，麻省理工学院化学专业博士，曾任私立南开大学工学院院长、天津市工业试验所所长等职。

秋 陈炳权被聘任为私立广州大学校长。陈炳权（1896—1991），字公达，广东台山人，密西根大学经济学学士、哥伦比亚大学银行学硕士、罗若拉大学法学名誉博士，曾任国立广东大学教授。

10月8日 第二届中央执行委员会第163次会议通过《中央审查党义教师资格委员会组织条例》，规定"本会委员定为九人，根据审查党义教师资格委员会组织通则第六条之规定，除中央三部部长及教育部长为当然委员外，其余五人由中央训练部聘任之"；"本会以审查国立省立大学或经教育部立案之私立大学、国立省立专科学校或经教育部立案之私立专科学校党义教师训育主任之资格为任务"。

10月14日 国民政府教育部通令各公、私立大学："因日军入侵东三省，凡黑、吉、辽三省学生，均豁免或减免学费一学期"。

10月24日 国民政府教育部电："着四川省政府对所定国立四川大学校名及成大原有监款移作国立川大经费，应准备案"。

同日 私立华中大学收到教育部的复函，"批准华中大学校董会正式在教育部注册"。

10月26日 私立东北冯庸大学校长冯庸，因不愿参与日军策划之东北

"独立"运动，冯托言赴英留学，设法辗转回国，27日向蒋介石汇报"九一八事变"后办学艰难，请求政府救济。冯庸（1901—1981），字天铎，辽宁沈阳人，曾任奉天航空处参事、中央航空署参事兼所长、私立冯庸大学校长等职。

11月5日 国民政府教育部派遣军事教官刘振洛、刘国宪、唐启琳、王昌裕前往私立大夏大学主持全校军事训练事宜，并指派刘振洛为主任教官。

11月9日 由国立成都大学、国立成都师范大学、公立四川大学合并组成的"国立四川大学"举行开学典礼，宣告成立，暂由刘文辉代行校长职务。刘文辉（1895—1976），字自干，四川大邑人，保定军官学校毕业，曾任国民政府军事委员会委员、四川省政府委员兼主席等职。

11月16日 私立大夏大学邀请太平洋会议代表、英国利物浦大学教授陆克斯佩（Roxbey）来校演讲，题目为"国际联盟"。

11月19日 国立北京大学教授徐志摩因飞机失事在济南逝世。徐志摩（1897—1931），浙江海宁人，美国哥伦比亚大学硕士、英国剑桥大学研究员，曾任《北京晨报》编辑、国立北京大学教授、私立东吴大学教授、私立光华大学外国文学系主任、国立中央大学副教授、私立大夏大学教授等职。

11月22日 私立之江大学和中学的全体学生乘火车赶到南京，向蒋介石递交请愿书，要求蒋向日本宣战，并要求发放枪支弹药组成志愿军。

11月28日 国民党中央发表"告全国学生书"指出"人民应受统一指挥，政府有军事处分之权衡，宣战与否人民所不必问，此后如再见于国家有害者，职责所不容姑息。"

11月 河北大学停办，其农科改为"河北省立农学院"，薛培元任院长，设农学、林学、园艺3系，1937年停办。薛培元（1894—1970），字燮之，河北临城人，曾入日本西京帝国大学学习物理、入美国芝加哥大学研究院和伊利诺大学研究院攻读胶体化学，曾任国立北京农业大学教授、河北省立农学院院长、国立北京女子高等师范学校教授兼教务长等职。

同月 江西公立工业专门学校改组为"江西省立工业专科学校"，校址位于南昌城书院街，雷宣任校长，设土木、机械、应用化学和采矿冶金4个5年制专修科。雷宣（1891—?），江西新建人，毕业于日本东京第一高等学校工科及日本东京帝国大学采矿冶金科,曾任江西省立工业专科学校校长。

12月1日 国民政府教育部通令发布《东北各大学及留日归国学生在各校借读及旁听待遇办法》。

同日 国立中央大学校长朱家骅发出布告:告诫学生"勿再奔走呼号,旷废学业"。同日,国立北京大学校长蒋梦麟奉教育部令阻止国立北京大学、私立朝阳学院学生南下请愿,未果,蒋梦麟于6日电教育部自请免职查办。

12月13日 国立暨南大学校长郑洪年发表谈话,认为学生爱国运动"系总理恢复民族国有精神之遗训",无可非议。

同日 中国社会教育社在无锡成立。该社以"研究社会教育学术,促进社会教育事业"为宗旨。

12月15日 北平学校学生示威团,约200人,到南京中央党部请愿,时中央临时常务会议正在举行,推蔡元培、陈铭枢两委员出现,"蔡氏甫发数语,该团学生即将蔡氏拖下殴打,并以木棍猛击陈氏头颅,陈氏当即昏厥倒地……并绑架蔡氏向门外冲出,中央党部警卫至此向天空开放空枪示威,并追出营救蔡氏,直至离中央党部荒田中近玄武里处始行救回。蔡年事已高,右臂为学生所强执,拖行半里,红肿异常,头部亦受击颇重。"

12月16日 国民政府教育部指令山西省教育厅:"大学毕业论文字数的最低标准,'在大学规程中未经规定,自可由各校自行酌定。惟普通论文,约以二万字标准,应用本国文字'"。

12月27日 国民政府考试院公布《高等考试教育行政人员考试条例》规定:"中华民国国民有下列资格之一者",得应教育行政人员之高等考试:"公立或立案之私立大学、独立学院或专科学校修教育学、哲学、文学、史学、社会学等学科三年以上毕业得有证书者得应高等考试";"教育部承认之国外大学、独立学院或专科学校教育学、哲学、文学、史学、社会学各学科毕业得证书者";"有大学或专科学校教育学、哲学、文学、史学、社会学各学科毕业之同等学力,经高等检定考试及格者";"有教育专门著作经审查及格者"。考试分3试:"第一试考国文、党义";"第二试考教育原理、教育史、各国教育制度,学校管理、教育统计、教育行政及法令等";"第三试为面试"。考试及格人员得分发各级教育行政人员。

12月30日 国民政府任命朱家骅为教育部部长。

12月 国民政府教育部出版的《教育部公报》，公布国立、省立、私立（已立案）大学及独立学院一览表。计有：国立17校：中央大学、北平大学、北京大学、北平师范大学、清华大学、中山大学、浙江大学、武汉大学、劳动大学、暨南大学、同济大学、青岛大学、交通大学、北洋工程学院、四川大学、广东法科学院、中法国立工学院。省立20校：东北大学、安徽大学、湖南大学、山西大学、广西大学、东陆大学、河南大学、吉林大学、锦州交通大学、甘肃学院、河北法商学院、河北工业学院、河北女子师范学院、河北农学院、河北医学院、山西法学院、山西教育学院、江苏教育学院、湖北教育学院、新疆俄文法政学院。私立31校：括号内为立案年月。厦门大学（1928.3）、金陵大学（1928.9）、大同大学（1928.9）、复旦大学（1928.10）、沪江大学（1929.3）、光华大学（1929.5）、大夏大学（1929.5）、燕京大学（1929.6）、南开大学（1929.6）、东吴大学（1929.7）、武昌中华大学（1929.12）、协和医院（1930.5）、中国公学（1930.6）、上海法政学院（1930.6）、岭南大学（1930.7）、南通学院（1930.8）、中国学院（1930.10）、朝阳学院（1930.11）、广东国民大学（1931.6）、之江文理学院（1931.7）、持志学院（1931.7）、辅仁大学（1931.8）、民国学院（1931.8）、华北学院（1931.8）、中法大学（1931.12）、齐鲁大学（1931.12）、武昌华中大学（1391.12）、湘雅医学院（1931.12）。

同年 朱经农就职私立齐鲁大学校长。12月私立齐鲁大学在国民政府教育部注册。

同年 山西公立工业专门学校改为"山西省立工业专科学校"，李尚仁任校长，设机械工程、化学工程和电机工程3科，聘瑞典科学家新常富教授、电力专家王梦龄等知名学者加盟。1937年停办。李尚仁（1884—1968），字绷卿，曾任国民政府天津特别市政府财政局局长、山西教育会会长、山西工商厅厅长、山西省政府委员等职。

同年 山西公立农业专门学校改组为"山西省立农业专科学校"，校址位于太原上马街，刘遹九任校长，设农、林、畜牧 3 科。刘遹九（1880—1948），日本东京高等农业学校农学士，曾任山西高等农林学堂教授、山西省立农业专科学校校长等职。

1932 年（民国二十一年　壬申年）

1 月 28 日　日本军队进攻上海，十九路军违命抗战。

3 月 6 日　蒋介石任国民政府军事委员会委员长。

3 月 9 日　伪满洲国在长春成立，溥仪出任"执政"。

4 月 15 日　中华苏维埃临时中央政府发表《对日宣战通电》。

5 月 5 日　国民党政府与日本签订《淞沪停战协定》。

7 月 8 日　中国短跑选手刘长春、教练宋君复赴美国洛杉矶参加第十届奥运会。

8 月 1 日　英、美、意 3 国同意中国缓付庚子赔款 1 年，荷兰允将庚款退还。

12 月 30 日　宋庆龄、蔡元培等发起的中国民权保障同盟在上海成立。

1 月 8 日　中华教育文化基金会董事会，在上海举行第 6 次常会，到会者伍朝枢、胡适、赵元任、任鸿隽、司徒雷登、贝克、顾临、贝诺德等人。董事长蔡元培因病未能出席，由副董事长蒋梦麟代为主席。会议通过"结束该会所设科学教授席办法"等议案；并同意蒋梦麟、赵元任辞去董事之职，选举徐新六、周诒春继任。徐新六（1890—1938），字振飞，浙江杭县人，英国伯明翰大学科学学士、维多利亚大学商学士，曾任国立北京大学法科教授、北京政府财政部佥事及秘书、中国银行金库部主任、巴黎和会中国代表团专门委员等职。

同日　国民政府令："中央大学校长朱家骅呈请辞职，朱家骅准免本职"。

1 月 9 日　国民政府令："教育部政务次长陈布雷已另有任用，应免本职。任命段锡朋为教育部政务次长。教育部部长朱家骅未到任以前，着政务次长段锡朋暂行代理部务"。

1月11日 国立中央大学教授开会反对江苏省教育厅厅长周佛海提议停拨国立中央大学经费的决议。12日，国民政府行政院第3次会议议决："中央大学经费维持前案，132万元永由江苏教育经费管理处支给"。25日，国立中央大学教授会向国民政府行政院、教育部、财政部及江苏教育经费管理处交涉发清欠款，否则全体总辞职。是日起开始罢教。

1月13日 国立北平大学7院长徐诵明、虞振镛、程干云、王之相、杨仲子、白鹏飞等因教育经费困难辞职，校长沈尹默亦电国民政府教育部辞职。虞振镛（1890—1962），字谨庸，浙江慈溪人，美国伊利诺大学畜牧学专业学士、康奈尔大学农科硕士，曾任私立清华学校农学系主任、国立清华大学教授兼农场主任、国立北平大学农学院代理院长、国民政府实业部渔牧司司长兼种畜场长等职。王之相（1891—1986），字叔梅，辽宁绥中人，曾任驻俄属海参崴总领事、外交部俄文秘书、中俄庚款委员会秘书、国立北平大学法学院俄文法政系主任等职。杨仲子（1885—1962），号粟翁，曾入法国贡德省大学理学院和日内瓦音乐学院学习，曾获士鲁斯大学理学院化学工程师证书，曾任国立北京大学教授、国立北平艺术学院院长、国立女子师范学院教授、国立音乐院院长、国民政府教育部音乐教育委员会主任、国立戏剧专科学校教务主任等职。白鹏飞（1870—1948），字经天，广西桂林人，日本东京帝国大学法学学士，曾任广东省立工业专门学校教务主任、国立北京法政大学总务长、中俄大学教务长、中央大学区立民众教育学院教授兼总务主任、国立北平大学法学院院长、国立北京大学法律系教授、省立广西大学校长、国立广西大学校长等职。

1月18日 国民政府任命桂崇基为国立中央大学校长。国立中央大学学生发起拒桂运动，确定校长人选标准："1. 纯粹学者；2. 办理高等教育有成绩者；3. 绝无政治色彩者；并推举竺可桢、翁文灏、任鸿隽三人，呈请国民政府择一任命"。桂崇基（1901—1990），江西贵溪人，美国哥伦比亚大学哲学博士，曾任国立中山大学政治系主任、国民政府南京特别市政府土地局局长、国民政府考试院参事兼编译局主任、国民党第三届中央候补执行委员、考试院考选委员会委员、国立中央大学政治学系副教授、中央政治学校政治系教授等职。

1月19日 国民政府令："任命邹鲁为国立中山大学校长"。

1月29日 国民政府教育部颁布《高中以上学校加紧军事训练方法》,指出"查日军侵占辽吉以来,内地各学校及团体纷纷起而为抗日运动,但群众意志不一,心理各殊,易入歧途;青年血气方刚,尤易过激,一旦受奸人煽惑,必致学业废弛,酿成社会不宁,影响治安及外交。兹为维持安宁,加紧教育,使对日方针依从正规解决起见,特行令仰该总监转饬全国各学校,加紧军事训练,操作时间务须增多,课余之暇,关于文课及军事必要课程亦宜酌量添授,使莘莘学子专心本业,增益军学,不可专事游行宣传,徒托空言,不务实际,以学术救国为正鹄。"

1月30日 国民政府教育部明定《旅行学分制划一办法》,通令各省市遵行。《办法》规定:"凡采取'绩点'或其他名称者,应一律改称学分"。"凡需课外自习之课目,以每周上课一小时满一学期者为一分。实习及无需课外自习之课目,以二小时为一学分"。"大学修业年限概为四年。在四年修业期间,须习满132学分。医学院修业年限不同,其学分另行规定"。

1月31日 国民政府准免国立中央大学校长桂崇基职,任命任鸿隽为国立中央大学校长。任鸿隽力辞不就。

1月 国民政府教育部任赵元任为国立清华大学留美学生监督。

同月 省立河北大学医学系改为"河北省立医学院",院长相继为马桂丹、戈绍龙、齐清心。1937年9月停办。1946年1月复校。戈绍龙(1889—1973),字乐天,日本九州岛帝国大学医学博士,曾任国立北平大学医学院教授、河北省立医学院院长兼耳鼻喉科教授、广西省立医学院院长兼广西省政府卫生委员会常务委员等职。齐清心(1894—?),字澄秋,河北保定人,美国哲弗逊医学院医学博士,曾任省立河北大学医科病理学和物理诊断学教授、河北省立医学院院长、国立西北医学专科学校校长。

2月1日 蔡元培、刘光华、邹鲁、蒋梦麟、王世杰、梅贻琦联名发电报致国际联盟,请其制止日军侵沪的暴行。刘光华(1892—?),字味莘,湖南网岭人，日本京都帝国大学经济学硕士，曾任省立湖南大学教授、私立厦门大学教授、国立中山大学教授、国立中央大学法学院院长兼代理校长、国民政府考试院高等考试典试委员等职。

同日 蔡元培致电教育家巴特勒（Nicholas Murray Butler）、哲学家杜威（John Dewey）、科学家爱因斯坦（Albert Einstein）："希望全世界的知识界领袖人士仗义而起，公开谴责日本毁灭中国文化教育机构的野蛮行为，并提出措施制止日本方面进一步采取这种行动。"

2月3日 日军进攻上海，淞沪抗战爆发。日军舰队袭击吴淞炮台，私立中国公学主要建筑基本被毁。

2月4日 上海中日战事爆发后，私立大夏大学停课，除事务、会计、教务三处及收发股各留1人办公外，其余均留职停薪。

2月15日 中华教育文化基金董事会编译委员会主任委员胡适兼任国立北京大学文学院院长及中国文学系主任。

2月20日 国民政府教育部训令上海市教育局："私立新华艺术专科学校暂准立案并限期改进"。

同日 国民政府任命王兆荣为国立四川大学校长。王兆荣（1887—1968），原名王宏实，四川人，曾留学日本，曾任国立北京法政专门学校教务长、国民政府考试院编撰、私立吴淞中国公学总务长等职。

同日 朱家骅到国民政府教育部就职，在此之前曾由段锡朋代理。

2月26日 胡适、蒋梦麟、丁文江、翁文灏等致电美国哈佛大学校长劳伦斯·罗威尔（A. Lawrence Lowell），对其向美国总统赫伯特·胡佛（Herbert Clark Hoover）建议给日本在华之暴行以经济制裁之举，表示感谢。丁文江（1887—1936），字在君，江苏泰兴人，清末举人，英国格拉斯哥大学动物学和地质学双学士，曾任北京政府工商部地质科科长、地质研究所所长、农商部技正、地质调查所所长、中国地质学会会长、国民政府中央研究院总干事、全国经济委员会水利委员会委员等职。

2月 私立南开大学商学院院长张平群就职国民政府实业部，何廉代理院长。张平群（1900—1987），字秉勋，河北天津人，英国伦敦大学经济学院商学专业毕业，曾任伦敦大学东方研究院讲师、私立南开大学商科教授、商学院院长、国民政府行政院参事、中国驻纽约总领事等职。何廉（1895—1975），字醉帘，湖南宝庆人，美国耶鲁大学哲学博士，曾任私立南开大学财政统计学教授、国立中央研究院社会科学研究所特约研究员、国民政府经济部常务次长、国立南开大学校长等职。

同月 省立东北交通大学并入省立东北大学，成为省立东北大学下设的交通学院。

3月3日 私立沪江大学在上海市内开办城中区商学院夜校，向男女青年提供商业职务的培训。

3月4日 国立清华大学、私立燕京大学教授陈寅恪等7人致电国民政府质问对日方针，称："敌兵在境，岂可作城下之盟"。陈寅恪（1890—1969），江西修水人，先后就学于柏林大学、苏黎世大学、巴黎高等政治学校经济部、哈佛大学，曾任国立清华大学中国文学系教授、国立中央研究院历史语言研究所第一组主任、英国剑桥大学教授、香港大学中文系主任、中央研究院院士、私立岭南大学教授、中国科学院哲学社会科学学部委员、中国人民政治协商会议第三届全国委员会常务委员等职。

3月17日 国民政府行政院第12次会议决议："提请任命程天放为国立浙江大学校长；中央大学每月经费16万元，自2月份起，一并暂由财政部拨发。"

3月25日 国民政府教育部指令国立北平师范大学："为呈请准给研究院教育科学门毕业生硕士学位由呈件均悉。事关学位授予，应待学位授予法公布后，再行照章办理。所请暂勿庸议。"

同日 安徽省府常务会议决议："安徽大学校长何鲁辞职照准，聘程演生继任"。程演生（1888—1955），安徽怀宁人，曾留学英、法、日等国，获法国考古研究院博士，曾任国立北京大学文科教授、省立安徽大学文学院院长、校长等职。

3月26日 国民政府准免邵裴子浙江大学校长职，任命程天放为浙江大学校长。

4月1日 国立北平大学校长沈尹默及各学院院长以经费困难为由,向教育部集体辞职。

同日 徐悲鸿在南开学校演讲"世界美术之趋势与中国美术之前途"。

4月3日 国立中央大学校长任鸿隽以经费困难为由,再次向教育部辞职。

4月5日 国民政府教育部部长朱家骅赴北平,会晤蒋梦麟、任鸿隽等,商量平津地区的教育经费问题。

4月8日 国立浙江大学校长程天放赴京,面请教育部发欠费。

4月14日 蒋介石在南京军校邀国立中央大学、私立金陵大学和私立金陵女子大学校长讨论教育经费问题,各校长请蒋转请政府特别救济,蒋允设法。

4月30日 国民政府行政院决议:"任李建勋为国立北平师范大学校长"。

4月 国民政府教育部决定:"因经费困难,西藏实习学校准其移设北平"。

5月4日 国民政府令:"在中央大学校长任鸿隽到校之前,派该校法学院院长刘光华代理中央大学校务"。

5月8日 私立光华大学文学院院长王造时发表论文,驳斥汪精卫、于右任等国民党一党专政独裁谬论。王造时(1902—1971),江西安福人,美国威斯康辛大学哲学博士,曾任私立光华大学文学院院长、私立上海大学教授、华东军政委员会文化教育委员会委员等职。

5月10日 国民政府教育部令:"兹制定《国立编译馆组织规程》公布之。前订《教育部编审处分组规程》及《教育部编审处译名委员会规程》,应即废止"。

同日 国民政府教育部令:"兹制定《未立案及已停闭之私立专科以上学校毕业生肄业生甄别试验章程》暨《未立案及已停闭之私立专科以上学校毕业生肄业生甄别试验委员会章程》公布之"。

5月15日 国立北平师范大学学生会电请教育部发表易培基、张乃燕、经亨颐3人中择1人长校,3人之外,任何人均不欢迎,并绝对拒李建勋长校。

5月19日 私立中国公学抗日救国会开会,租界巡捕到场拘捕大会主席田横。学生认为这是教务长樊仲云所致,遂发动驱樊运动的风潮。6月10日,校董会在蔡元培寓所举行会议,讨论解决风潮问题,推选朱经农担任校长一职。樊仲云(1901—1989),字德一,浙江嵊县人,日本东京帝国大学政治经济科毕业,曾任私立复旦大学教授、国立暨南大学教授、私立光华大学教授、私立中国公学教授、汪伪国民政府"教育部政务次长"、汪伪中央大学校长等职。

5月24日 国民政府教育部发布北平各大学院系统计数字。北平全市公私立大学及独立学院共12校,有130余学系。其中中国文学系、经济系各有10系,政治系、外国文学系各有9系,法律系、物理系各有7系。鉴于院系重迭严重,教育部令各校讨论改进计划。

5月30日 国民政府教育部提请行政院准予平津高等教育经费保管委员会备案。

5月 国民政府委员陈果夫提出《改革教育方案》10条。《方案》认为,"二三十年来,学校课程偏重文法,忽视农、工、医,形成畸形发展,文法人材过剩,农工医人材缺乏,失业者逐年增加,造成社会上种种不安,这种教育上之病态亟应纠正"。《方案》提出:"自本年度起,十年内全国各大学及专科学院一律停招文法艺术等科学生;各中学一律加重与农工医科有关之基本学科;派遣留学生一律以农、工、医等实用科学为限"。该《方案》后经国民党中央政治会议函准。陈果夫(1892—1951),原名祖涛,浙江吴兴人,曾任国民党中央组织部部长、国民政府委员、国民政府财政委员会委员、中央政治学校教育长、国民党中央执行委员、中央常务委员、中央政治委员会委员等职。

同月 国民政府教育部修正公布《学校毕业修业证书规程》,规定"各级学校学生修业期满,成绩及格者,由各该校给予毕业证书";"专科以上学校毕业证书由教育部验印";"中等以上学校毕业证书,应贴毕业生最近二寸相片一张";"专科以上学校毕业证书,应贴印花五角"。

6月1日 国立北平大学工学院学生为驱逐校长沈尹默和院长程干云，举行罢课。程干云（1891—1968），字松生，浙江宁海人，美国康奈尔大学工学士，后入哥伦比亚大学研究机械工学，曾任国立北京工业大学教授、国立劳动大学总务长、国立北平大学工学院院长、省立河北工业学院电机工程系教授、北京工学院一级教授等职。

6月4日 国民政府教育部制定《各大学学院及专科学校招收留日学生投考及转学待遇办法》，通令施行。鉴于"九一八"事变后中国留日学生纷纷归国，此办法准其投考与转学国内相当学校，在日本原校已修毕之各科成绩，均予承认。

同日 国民政府教育部训令："为私立平民学院碍难准予立案，令仰转知。该学院基金二十万元，有北平中国银行函件为证，但未见到存折；经常费大部分，系由各校董分别认担；设备简陋，关于各科系之特别设备几完全缺乏；图书馆藏书甚少，且多陈书，与大学科目无关系；附设法政专科，非部章所许；教员三十余人中专任不过六七人；各科系教材，缺少讨论与发"。

6月6日 国立中央大学全体教授因索教费无着，全体罢课。

6月11日 国民政府教育部令国立劳动大学停办。

6月12日 国立北平大学校长沈尹默及各学院院长致电国民政府教育部再辞职。

6月13日 国民政府教育部训令北平市教育局："私立燕京大学宗教学系应即取消。本部前令饬查私立燕京大学宗教学系一案，据复略称：该校确仍设有宗教学系。该校文学院课程一览，亦将宗教史、宗教心理学、宗教哲学经典、宗教艺术等详为规定门类及学分，是该校仍设宗教学系，确系实情。惟据校长吴雷川声称，关于宗教学科，均系选修，并不与私立学校规程抵触等情；查大学规程第7条，曾规定'大学各学院或独立学院各科学生，从第二年起，应认定某学系为主系，并选定他学系为辅系。'"

6月15日 国民政府教育部派次长段锡朋赴北平调查北平学潮。任鸿隽再电教育部辞中央大学校长职。中央大学学生及教授开会，用全体学生大会名义电促任鸿隽校长到京视事。

6月16日　国立编译馆在北平成立，撤销原编审处。1933年任命辛树帜为国立编译馆馆长。

6月20日　国民政府行政院令教育部："聘任教育部部长、中央研究院院长、北平研究院院长、驻德公使、暨陈树人、叶恭绰、刘海粟、高奇峰、徐悲鸿为柏林国术展览会筹备委员"。刘海粟（1896—1994），江苏武进人，意大利国家艺术学院院士，曾创办上海美术专科学校，曾任上海美术专科学校校长、华东艺术专科学校校长、南京艺术学院院长等职。

同日　国立中央大学教费独立委员会推代表20余人赴行政院请愿，要求拨定庚款为该校经费独立基金，汪精卫手谕答复，"英庚款与英有换文规定用途，当查明办理，如无庚款可拨，政府必须设法维持中大教费。"

6月27日　国立青岛大学发生罢考风潮，校长杨振声赴南京辞职。

同日　国立中央大学师生全体会议决议："校长仍请于任鸿隽、翁文灏、竺可桢三人择一任命。驱逐刘运筹、杨公达、黄仁浩、方光圻四教授，请政府彻查中大水灾捐款舞弊事，限朱家骅三日内把水灾挪用款送还会计组，要求行政院撤换教育部长朱家骅。"

同日　国民政府教育部训令："令江苏省教育厅，查私立苏州美术专科学校呈请立案一节，业经派员视察，据报称，该校既位于优良环境中，复得主席校董吴子深热心赞助，校长颜文樑苦心经营，一切规模已告粗具。惟该校固定基金仅有五万元，应即增筹基金，专科课程，关于理论者太少，各组共同必修之课，如解剖学、美术史均付阙如，应修正改进，重行拟定。同时，并须注意应用艺术之发展，以符艺术教育之本旨，专科各系学生修业均为一年，殊嫌过短，应改定为三年，俾得较深之研究。教员二十余人中，尚不乏知名之士，惟俸给甚薄。以上各点，该校应努力进行，如能切实遵办，再予立案。"

6月28日　国民政府行政院议决由教育部政务次长段锡朋代理国立中央大学校长。

6月29日　段锡朋到国立中央大学就职时，遭到学生强烈反对，部分学生甚至扭打段锡朋，砸毁其轿车。次日，行政院令："中央大学除在沪之商医两学院外，着即暂行解散，听候整理，所有教职员重行聘任，学生重行甄别"。

同日 国民政府教育部训令："令福建省教育厅，案查私立福建学院，曾经本部派员视察，兹据呈送立案表件，查核尚无不合，自应准予立案"。

6月 私立中法大学成立药物研究所。

同月 国立北京大学实行学院制，设文、理、法3个学院，胡适、刘树杞、周炳琳分别出任院长。周炳琳（1892—1963），字枚荪，浙江黄岩人，美国哥伦比亚大学文学硕士，后入英国伦敦大学经济学院和法国巴黎大学深造，曾任国立中山大学教授、国立清华大学教授、国立北京大学法学院院长、国立西南联合大学法学院院长、国民政府教育部常务次长、国民参政员、中华人民共和国政治协商会议委员等职。

7月1日 国民政府教育部指令上海市教育局："查圣约翰大学立案手续，已正在进行中。该圣玛利亚女学既称与圣约翰大学同等情形，自应向该局呈请立案，不能以该大学立案问题尚未解决为口实，有意延搁。如逾限仍存心观望，自当遵章取缔，以儆效尤。"

7月2日 国民政府行政院训令："任命戴夏、陈礼江为教育部督学。"戴夏（生卒年不详），字夷乘，浙江永嘉人，德国留学生，曾任教育部专门教育司司长、国立中山大学教授、国立北京大学教育系主任等职。陈礼江（约1896—1984），字逸民，江西九江人，美国芝加哥大学教育学硕士，曾任国立武昌师范大学教育学教授、国立武昌中山大学教育系主任、国民政府江西省政府委员兼教育厅厅长、国立中山大学教育研究所教授等职。

7月6日 国民政府行政院决议设中央大学整理委员会，蔡元培为委员长，顾孟余、周鲠生、俞大维、竺可桢、钱天鹤、张道藩、罗家伦、谭伯羽为委员。俞大维（1897—1993），浙江绍兴人，美国哈佛大学哲学博士，曾任国立中山大学教授、国立中央研究院历史语言研究所专任研究员等职。钱天鹤（1893—1972），浙江杭县人，美国康奈尔大学农学硕士，曾任私立金陵大学农科教授兼蚕桑系主任、浙江公立农业专门学校校长、中央研究院自然历史博物馆筹备处常务委员、博物馆主任等职。张道藩（1897—1968），贵州盘县人，英国伦敦大学文学学士，后入法国巴黎最高美术学院学习，曾任国立青岛大学教务长、国民政府教育部教科用书编辑委员会主任委员、国立中央政治学校教务主任、浙江省政府委员兼教育厅厅长等职。谭伯羽（1900—1982），原名翃，湖南茶陵人，曾留学德国，曾任国立同济大学秘书长、国民政府经济部常务次长、交通部政务次长等职。

7月7日 国民政府教育部训令广东省教育厅："查私立广州大学呈请立案，前经本部派员视察，兹据报告略称，该校设文、法、理三学院，常年经费二十五万七千元，其中除息金及省府补助费一万八千元外，均系校董会捐款及学生缴费，校舍不敷分配，设备简陋，图书缺乏；查该校经费，按照大学规程第十条所规定最低限度数，尚属不敷，……兹查照旧案仍予立案，尽于一年内积极增筹确实经费，扩充校舍，充实设备，并添置图书，届时详细呈请本部。"

7月8日 上海市教育局提出《上海市复兴战区教育计划》。《计划》拟分3期（每期1年至1年半）复兴日寇入侵上海时破坏严重之闸北、江湾、吴淞等区之学校教育与社会教育，包括修理校舍，定期开学复课，以及修复体育馆、博物馆、民众教育馆设施等事项。

7月11日 国民政府教育部在南京举行国立专科以上学校校长会议，13日结束。会议议决各大学经费案、修正大学组织法案、注重农工医理学院案、在同一区域之国立大学应避免院系之重复案、各大学应如何培养国防建设人材案、各国立学院经费案、限制教员兼课案、大学毕业会考案、军事训练改善案、学校学风应如何整顿案、毕业生就业问题案等11案。

7月15日 全国高等教育问题讨论会在上海举行，17日结束。此会由上海各大学联合会发起，各地大学校长及代表近九千人与会。国立交通大学校长黎照寰报告筹备过程，沪江大学校长刘湛恩致欢迎词。讨论会通过关于提高教职员待遇、学生出路、课程标准与增进高等教育效能等提案24件。并议决成立中国各大学联合会，拟定该会章程，"以协谋发展高等教育为宗旨"。

7月16日 国民政府教育部修正公布《民众学校办法大纲》。《大纲》规定"民众学校授与年长失学者以简易之知识技能，使适应社会生活为宗旨"；

"16 岁至 50 岁之男女失学者，均应入民众学校"；"修业期限至少 3 个月，每周授课至少 12 小时"；教授科目包括"识字、三民主义、常识、珠算或笔算、乐歌，此外兼授历史、地理、自然、卫生等浅近读物"；民众学校"不收学费及其他费用，书籍文具由学校供给"。

同日 私立大夏大学校务会议议决："大、中两部迁回中山路新校区"。

7 月 17 日 中国测验学会在私立燕京大学举行第 1 次年会，20 日结束。到会代表 50 余人。杜元载、艾伟、陆志韦等作学术报告。艾伟、陈鹤琴、陆志韦、廖世承等 11 人当选为理事。

7 月 19 日 国民政府教育部于 6 月颁令国立劳动大学学期末办理结束，原有学生转入其他国立各校。教育部于本日派员接收劳动大学。

7 月 22 日 国民政府行政院院长汪精卫、教育部部长朱家骅联合签署颁发《整顿教育令》。令称，政府"定以最大决心，历行整顿"。其主要内容为：宽筹经费，合理解决同一区内院系重复，慎重遴选教育行政人员与教师，对学生管理取严厉方针等。

同日 国民政府教育部发布《教育部修正各司分科规程》，高等教育司分第一、第二两科，第一科负责大学相关事务以及高等教育统计事务；第二科除负责专科学校事务，还负责国外留学生和学术团体事项。

7 月 25 日 国民政府教育部训令："国立北平师范大学校长李建勋准免本职。任命李蒸为国立北平师范大学校长"。

7 月 27 日 江西省教育厅暑期教育学术讲演会开幕。蔡元培、杨铨、朱经农、顾树森、陶百川、邰爽秋等到会讲学，讨论教育学术问题。陶百川（1901—2002），浙江绍兴人，早年入美国哈佛大学研究院进修政治及法律，曾任上海《国民日报》编辑、国民参政会参政员及国民政府监察委员等职。邰爽秋（1897—1976），字石农，美国哥伦比亚大学教育学博士，曾任国立中央大学副教授、国立中山大学教授、国立暨南大学教育学院教育系主任、私立中国公学教授、私立大夏大学教授等职。

7 月 28 日 国民政府行政院训令："查比国退还庚款，为数共五百万美金，经铁道部拨用四分之三，计三百七十五万美金，从未付息，核与总理遗训以庚款与学之旨不符，业由蔡元培、李石曾、吴敬恒、褚民谊向中央政治会议提议，请照中央规定庚款保息原则，以铁道部用去比国退还庚款为教育文化基金，以五厘付息。组织'中比庚款委员会中国代表团教育文化基金委员会'，推举李石曾、蔡元培、吴敬恒、褚民谊、曾宗鉴、朱世全、宋梧生等七人为委员，共同负责。"朱世全（1887—?），字完初，江苏宝山人，曾任北京政府外交部主事、佥事、华盛顿会议中国代表团编纂、国民政府外交部欧美司帮办兼第一科科长等职。宋梧生（1895—1969），浙江余姚人，法国里昂大学理科博士及医科博士，曾任私立光华大学教授、国立中央研究院化学研究所专任研究员、中法大学药学院教务长等职。

7月 国民政府教育部训令："经行政院会议议决，北平师范大学与北平大学（农、工、医三学院除外）本届停止招生。"22日，两校发表宣言，反对教育部停止招生令。北平师范大学组成护校委员会、校务整理委员会，草拟《国立北平师范大学整理计划书》，提出整理的方针与原则为"充分表现师大之特性，即师大之组织、课程、训育、教法等，必与其他大学显有不同"。

同月 国立浙江大学公布新订《组织规程》28条。该校为简化行政层次，提高效率，集中行政权于秘书处、军训部、体育部，3部直隶校长，废除训育处代之以生活指导员。

同月 国民政府行政院议决解散青岛大学，听候整理。随后，教育部令该校学生限期离校，教师重聘，并派蒋梦麟、丁惟汾等组成整理委员会。该委员会议决："青岛大学改名国立山东大学；变更院系组织，设文理学院、农工学院。"

8月1日 国民政府教育部训令河南省教育厅："查私立焦作工学院呈请立案，业经本部派员视察，大致尚无不合，所拟改进计划，关于设备建筑教授课程诸端，均属急切需要，该学院应先暂予立案，务于一学年内依照原定计划，切实改进，以臻完善，本部当随时派员视察。"

同日 国民政府教育部在南京举行化学讨论会，5日结束。曾昭抡、陈裕光等40余人参加。讨论会提出请教育部设立国防化学讲座、各大学及学术机关自筹国防化学研究、请政府举办国防化工等案。会后成立中国化学会，陈裕光等 19 人当选为理事。

8月2日 国民政府教育部训令："国立中央研究院秘书林语堂，经十余载之研究，发明华文打字机一种，应予嘉奖，以彰殊绩"。

8月10日 私立中国公学暂行停办。

8月13日 国民政府教育部令取消北平华北学校立案，该校全体师生电教育部请收回成命。

8月16日 国民政府教育部在南京举行第 1 次全国体育会议，21 日结束。到会 123 人。会议由朱家骅主持。会议以《国民体育实施草案》为中心展开了讨论。

同日 国立中央大学商学院独立建校，定名为"国立上海商学院"。抗日战争期间迁入上海租界办学。

8月23日 中国物理学会在北平成立，会长为李书华。

8月26日 国民政府任命罗家伦为国立中央大学校长。

8月30日 蒙藏教育委员会在南京正式成立。白云梯任主任委员。该委员会专司计划、推进蒙藏教育办法及审核蒙藏教育文件。

8月 奉国民政府教育部令，私立中法大学将社会科学院各系并入文学院办理。

同月 原国立中央大学医学院改组独立学院，更名为"国立上海医学院"，颜福庆任院长。1940 年朱恒璧继任院长。朱恒璧（1890—1987），江苏阜宁人，曾赴美国哈佛大学和西余大学进修病理学和药理学，曾任国立中央大学医学院副教授、上海医学院院长、私立湘雅医学院药理科副教授、上海医学院教务主任兼药理科主任、代理院长、浙江医学院药学系主任等职。

同月 国立劳动大学经济系并入国立上海商学院。

9月1日 中国政治学会在国立中央大学成立，选举高一涵、周鲠生、刘师舜、杭立武、杨铨等 22 人为干事。刘师舜（1900—1996），字琴五，江西宜丰人，美国哥伦比亚大学哲学博士，曾任私立清华学校政治学系教授、国民政府外交部条约委员会专任委员、内政部参事、立法院立法委员等职。

9月5日 国民政府教育部指令江苏省教育厅："准苏州中山体育专科学

校立案。"

9月15日 国民政府训令："案准陈委员果夫提议，国家办理教育之主旨，原为培植各项人才，以供社会需要。吾国二三十年来，学校课程，常偏重于文法，而忽视农工医各门。形成文法人才之过剩，农工医人才之缺乏。拟订改革教育初步方案十项。令饬各艺术院校加设实用艺术课程，以助工商业之发展。各大学及专门学院之文法等科，如有办理不善者，限令停止招生，或取消立案，分年结束。嗣后遇有请设文法等科者，除边远省份为养成法官及教师准设外，一律饬令暂不设置。"

9月28日 国民政府教育部训令："私立学校校董嗣后不得以现任教育行政人员兼任。如有已兼任者，改选时不能连任。"

同日 国立北京大学学生要求缓交学费，蒋梦麟不准，学生集会驱蒋，蒋即晚电教育部辞职。29日，教育部部长朱家骅电蒋梦麟，严厉处置北大潮，学生总罢课。

9月 国民政府教育部公布《国民体育实施方案》，令全国切实推选。

同月 《中华教育界》连续发表《关于改革教育方案的提议及其商讨》的文章，对陈果夫于本年5月所提《改革教育方案》展开讨论。罗廷光认为：大学教育，关系全国文化隆替，其影响不只一端，亦不只一代；若只顾其一，而忽略其他，其遗害必有不可胜言者。中学教育，亦自有它的特殊职能，它既不是完全准备升学的，也不单单是农、工、医三科的预备学校。程其保认为：中国现状是百废待兴，应谋多方发展，以适应社会需要，若专注农、工、医而忽视其他，实属失当。刘廷芳认为："停办文科，专办农工医三科，是反教育之教育"。罗廷光（1896—?），江西吉安人，先入美国斯坦福大学教育研究院，后入哥伦比亚大学获教育学硕士学位，曾任湖北教育学院院长、省立河南大学教务长及教育系主任、中正大学校长兼教务长、国立中央大学师范学院院长、南京师范学院教授兼校务委员会委员等职。程其保（1895—1975），字稚秋，江西南昌人，美国芝加哥大学硕士，曾任国立东南大学校长办公室秘书、上海商科大学主任、私立大夏大学教育学教授、私立齐鲁大学教育科主任、国立中央大学副教授等职。刘廷芳（1891—1947），浙江永嘉人，美国哥伦比亚大学哲学博士，曾任国立北京师范大学教育研究科主任、私立燕京大学教务主任兼神学科主任、国立北京大学教育系教授等职。

同月 商务印书馆出版程湘帆编《中国教育行政》、孙逸园编《社会教育设施法》、俞子夷译述《普通教学法》（美国，Parker S. C. 著），各书均列入师范丛书或大学丛书。还出版了孟宪承译《教育哲学大意》（美国，B. H. Bode 著），此书列为现代教育名著。

同月 私立厦门大学裁并工商管理学系。

同月 翁之龙任国立同济大学校长。翁之龙（1896—1963），字叔泉，江苏常熟人，法兰克福大学医学博士，曾任国立北京大学教授、国立中央大学教授、上海市立医院院长等职。

同月 国立青岛大学更名为"国立山东大学"，赵太侔、林济青先后任校长，老舍、洪深、张煦、丁山、王淦昌、童第周、曾呈奎等人来校任教。

同月 国民政府任命徐诵明为国立北平大学代理校长。

10月8日 国民政府教育部训令各级学校："改正每星期六下午例不授课积习，规定除星期日例假外，各日授课与自修时间应平均分配，勿使间断偏倚。"

10月16日 《大公报》发表南京国民政府教育部所拟《改革我国教育之倾向及其办法》。其中提出，"大学以农工医为主，将现行师资教育一律取消。小学师资以中学毕业，受一年师范训练者充之；中学师资以大学毕业，再授一年师范训练者充之；中学师资以大学毕业，再授一年师范训练者充之。"

同日 《东方杂志》复刊，胡适任主编。《东方杂志》复刊后开辟"教育专栏"，以补《教育杂志》停刊后久未复刊之不足。

10月28日 国民政府令教育部部长朱家骅调任交通部部长，特任翁文灏为教育部部长。翁坚辞不就。

10月31日 教育部命令各省市免收东北入关求学青年学费。

10月 国民政府教育部任胡庶华为省立湖南大学校长。

11月3日 上海国际教育社成立。该社建社目的为"发展教育，研究学术，联络国际感情"。社员130人，分属8个国籍。社长为康普（上海工部局教育处代理处长）。继任社长为交通大学黎照寰。

11月17日 国民党中央常务会议议决在洛阳设中央军事学校分校。该校目的在养成屯垦实边之人才，以农林教育、军事教育合而为一，以改良西北军事，开发土地，充实国防，并籍以维持洛阳地方治安。

11月19日 国民政府令朱家骅兼理教育部部务。

11月25日 国民政府教育部部长朱家骅发表《教育部九月来整理全国教育之说明》。文中指出："今日全国教育，其发展关系，失其均衡，而其实际内容，复流于空虚；高等教育又苦于浮滥，而初等教育，尚艰于推广，文法科教育，苦于骈设，而实科教育，尚艰于发展，中学日事推广，而职业与师资之训练，反形阙如，学校集于城市而等缺于乡村，此全国教育实际内容流于空虚也。"又指出："欲返此积重，惟有厉行整理，调节其发展，使有缓急先后，充实其内容，使能切实有效。"

11月28日 《教育周刊》登载陶知行在国立暨南大学教育学系所作的题为《目前中国教育的两条路线》的演讲词。陶知行在演讲中提出："我们要挽回国家的危亡，必须打破传统的教育而寻生路。我觉得目前中国的教育只有两条路线可以走得通：（1）教劳心者劳力——教读书的人做工；（2）教劳力者劳心——教做工的人读书。"

11月30日 国立北平大学代理校长徐诵明电教育部辞职。徐诵明（1890—1991），字轼游，浙江新昌人，曾就学于日本九州岛帝国大学，曾任国立北平大学医学院院长兼病理学系主任、国立北平大学校长兼农学院院长、国立西北联合大学校务委员会常务委员兼法商学院院长、国立同济大学校长兼医学院院长、沈阳医学院院长等职。

11月 商务印书馆出版范寿康编《教育史》一书。范寿康（1896—1983），字允藏，浙江上虞人，东京帝国大学教育与哲学硕士，曾任国立中山大学教授兼秘书长、省立安徽大学文学院院长、国立武汉大学教授、台湾大学哲学系教授兼台湾大学图书馆馆长等职。

同月 以军方黄埔系的骨干分子为核心的复兴社在南京成立，蒋介石任社长。复兴社通过国民党训练总监部设立的国民军事教育处控制各级学校的军训。

12月9日　国民政府教育部发布《改革大学文法等科设置办法》，要求"现有文法等科办理不善者，限令停止招生或取消立案，分年结束。嗣后除边远省份为养成法官及教师准设文法科外，一律暂不新设。"

12月12日　国民政府任命徐诵明为国立北平大学校长。

12月17日　国民政府公布《师范学校法》17条，规定："以严格的身心训练，养成小学健全师资为宗旨"；"学制规定为三年，特别师范科一年，幼稚师范科二至三年"；"师范学校、幼稚师范学校招收初级中学毕业生，特别师范科招收高中或高级职业学校毕业生"。

12月19日　上海各大学联合会举行临时执行委员会，议决通电国民党三中全会："勿限制私人办大学及文法两科"。

12月21日　国民党四届三中全会通过《关于教育之决议案》。该《决议案》提出："此后普通教育，一方面应注重发扬民族精神，灌输民族思想，以及恢复人民之民族自信力，而达中华民族独立自由平等之目的；另一方面则应注重养成生产技能及劳动习惯，使学校毕业之学生均为社会分子，以矫正过去教育徒事空谈忽略实践之弊病。至人才教育，则重质不重量，对于现有之大学及中学应严加整顿，务使大学所造成者为真正之人才。"师范学校应脱离中学单独设立，现有之师范大学应力求整理与改善，以别于普通大学。大学应由教育部严加整理，同一地方院系重复者力求归并，成绩太差学风嚣张者应即停办。各省市及私立大学或学院应以设立农工商医理各学院为限，不得添设文法学院，公私立大学、学院应由教育部酌情举行会考。

12月22日　国民政府教育部训令国立各大学、学院、专科学校、各省市教育局："国民军事教育由驻在地高级军官每月检阅一次呈报军部备核"。

12月25日　私立南开大学奉教育部密令，开除学生30余人。27日又开除20人，未宣布理由，学生不满，殴伤校长张伯苓。

12月　国民党中央组织委员会向四届三中全会提交《改革高等教育案》。该案提出："国立大学，暂设于首都、北平、上海、广州、武昌、西安等处，各设立一所，其原有之国立大学及独立学院，应由教育部斟酌情形，归并或停办。"并称"师范教育不应另设""国立北平师范大学应即停办。"对此，平津国立院校教职员联合会议决，急电三中全会与蒋介石、蔡元培等，要求"万勿轻予通过"上案。三中全会上，经过争论，《改革高等教育案》未予通过。

同月 国民党四届三中全会通过《确立教育目标和改革教育制度案》，规定"各国立大学之教育学院或教育系，概行并入师范大学。"

同月 胡适去武汉大学讲学，是年当选为德国普鲁士科学院通讯委员。

同年 教育部《全国高等教育统计》公布：1928年度，全国大学本科生17,792人，专科学生3,412人。1929年度，全国大学本科生21,320人，专科学生3,624人。1930年度，全国大学本科生26,717人（其中有：文科5,800人，理科2,717人，法科8,951人，教育科1,746人，农科908人，工科3,305人，商科1,703人，医科1,587人）。专科学生3,719人（其中有：法政1,336人，农科341人，工科281人，商科142人）。

同年 国立清华大学成立清华工学院，设立土木工程、机械工程、电机工程3系。

同年 国立北京大学改研究所国学门为文史部，增设自然科学和社会科学2部。

同年 省立重庆大学开办本科，设文学院和理学院，1943年秋设农学院。

1933年（民国二十二年 癸酉年）

1月7日 中共临时中央政治局由上海迁往瑞金。

1月17日 中华苏维埃临时中央政府和工农红军军委发表宣言，声明愿在停止进攻、保证民众的民主权利和武装人民的条件下，停战议和，一致抗日。

2月6日 国民政府行政院及中央古物保管委员会将北平故宫古物首批2,118箱启运南京。

2月17日 英国文豪萧伯纳抵达上海，开始访问中国。

4月14日　江苏高等法庭公开审理陈独秀案。

5月31日　国民党政府同日本签订《塘沽协定》。

6月18日　国立中央研究院总干事、中国民权保障同盟副会长杨杏佛被刺杀。

6月　蔡元培、张静江、宋子文、厉麟似等人联合国际联盟筹备成立"世界文化合作中国协会"。

9月30日　世界反帝大同盟大会在上海秘密举行，宋庆龄等主持大会。

11月20日　李济深、蒋光鼐、蔡廷锴等在福建成立"中华共和国人民革命政府"，宣布反蒋抗日。

1月1日　全国国民教育促进会在上海举行全国国语八周年纪念会及首届国语游艺竞赛会。

同日　东北大学正式启用了由教育部颁发的校章。教育部于1934年和1935年相继发布视学后的整顿训令，要求整理院系、限制招生、充实设备、厉行教员专任制。

1月6日　私立中国学院、国立清华大学、私立燕京大学、国立北京大学等校和东北留平学生联合会、小学教员会分别集合，组织义勇军、宣传队、募捐队、救护队，开展抗日宣传，纷赴前线慰劳抗日将士。

1月17日　福建省政府批准自1933学年度起，按月补助私立厦门大学五千元。

1月28日　中国教育学会在上海成立。该会"以研究及改进教育为宗旨"，主要任务为"研究教育问题，搜集教育资料，调查教育实况，提倡教育实验，贡献教育主张，促进教育改革，发刊教育书报"；常道直、庄泽宣、郑西谷、邰爽秋、郑宗海、孟宪承、欧元怀、陈鹤琴、陈礼江、杨亮功、陶知行等15人为理事；下设高等教育、中等教育、初等教育、师范教育、职业教育、民众教育、教育行政7个研究会。

1月　国民政府西南政务委员会所属教育改革委员会通告《改革学制大纲》4条，规定："废止寒暑假制"；"修学年限改为初等、中等各5年，高等

3 年";"每学年分为 4 个学期";"每学期终了放假 1 周"。后因教育部、行政院未予批准,《改革学制大纲》未实行。

同月 《中华教育界》发表杨效春的《我们的教育》一文。文章提出:"我们的教育是全民教育(不是阶级教育),人本教育(不是书本教育),'社会人'的教育(不是贵胄教育、奴婢教育),科学的教育(不是宗教教育),中国土地生长出来的教育(不是由外国移植来的教育),知行合一的教育(不是空谈的教育、盲干的教育)。我们的教育就是人的生活的教育。"

同月 商务印书馆出版庄泽宣编《各国教育比较论》。

2 月 9 日 私立复旦大学创始人马相伯与章太炎发表《联合宣言》,以大量历史事实证明东北三省是中国固有领土,驳斥"国联"会议否认东北是中国固有领土的言论。

2 月 18 日 罗马教廷传信部谕令:"辅仁大学改由德国圣言会接办"。

2 月 商务印书馆出版张师竹译著《课程》(美,F. Bobbitt 著)、出版孟宪承著《西洋古代教育》、舒新城编《现代教育方法》。中华书局出版舒新城编《近代中国教育史料》共 4 辑。

3 月 3 日 蒋介石在江西教育讨论会上致训词。训词称:"教育的力量大于任何武器,国家民族之盛衰优劣,不在武备之良窳,而在文化教育之高下。中国要救国,只有改进教育,振作民族精神,复兴民族文化。救国的教育要以民族主义为基础,特别注重中国的伦理哲学,以确定教育方针。"

同日 私立厦门大学校务会议决定,将社会学系与历史学系合并为历史社会学系,动物学系与植物学系合并为生物学系,政治学系与经济学系合并为政治经济学系,教育原理学系与教育方法学系合并为教育学系。

3 月 10 日 国民政府令:"国立浙江大学校长程天放另有任用,程天放应免本职;任命郭任远为国立浙江大学校长"。郭任远(1898—1970),广东梅县人,美国哥伦比亚大学毕业,曾任私立复旦大学生物科主任兼心理学教授、代理校长、私立光华大学心理学教授、国立中央大学理学院心理学副教授、国立浙江大学校长、中央研究院评议员等职。

3 月 12 日 中山文化教育馆在南京举行成立大会。大会推举孙科为理事长，蔡元培、戴传贤等 8 人为常务理事，林森、蒋介石、汪精卫、胡汉民等 29 人为理事。大会提出："阐明中山先生之主义与学说，树立三民主义文化与教育之基础，培养民族之生命，为中山先生留文化上永久之纪念为宗旨。该馆主要任务为研究中国教育、艺术史、哲学及社会、土地问题，并编辑出版中山文库、建设丛书、党义丛书、民众科学丛书等。

3月13日 中国共产党中央为了纪念马克思逝世 50 周年，在江西瑞金成立马克思共产主义学校，即中央党校。首任校长任弼时，副校长杨尚昆。不久又改由张闻天兼任校长，董必武兼任副校长。专职教员仅有成仿吾、冯雪峰。任弼时（1904—1950），原名任培国，湖南汨罗人，莫斯科东方劳动者大学毕业，曾任中国共产党中央政治局委员、中央书记处书记等职。杨尚昆（1907—1998），四川潼南人，曾入上海大学、莫斯科中山大学学习，曾任中国共产党中央宣传部部长、中华人民共和国主席、中央政治局委员等职。张闻天（1900—1976），原名张应皋，化名洛甫，上海南汇人，曾任中国共产党中央委员、中央政治局委员等职。董必武（1886—1975），原名董贤琮，湖北黄安人，中国共产党创始人之一，曾任马克思共产主义学校教务长、副校长、中央党务委员会书记、最高法院院长等职。

3月14日 中国学术界、教育界人士蔡元培、陶知行、李公朴、陈望道、叶恭绰等一百余人发起举行马克思逝世 50 周年纪念会。蔡元培、陈望道、李石曾等到会讲演。

3月18日 国民政府教育部公布《师范学校规程》138 条，自本年 8 月 1 日起施行。《规程》规定"师范学校为严格训练青年身心，养成小学健全师资之场所"。师范学校实施下列各项训练：锻炼强健身体；陶融道德品格；培养终身服务教育之精神。《规程》规定：除普通师范（学制 3 年）外，还设女子师范、乡村师范、简易师范。师范学校之学年龄为 15 足岁至 22 足岁。其经费分别由省市县（或联立县）支给。师范学校分区设置，以有计划地培养师资。

3月19日 上海各大学教职员联合会成立。胡朴安等 31 人为执委，郑洪年、褚辅成、沈钧儒等 7 人为监委。成立会上议决：号召全国重振抵制日货运动案,号召全国教育界自 4 月 1 日起总动员反抗日本侵略案,请中央再增兵力支援热河案。30 日,联合会通电全国,反对对日妥协,反对与敌签订任何屈辱条约,并督促政府倾注全力,筹定积极反攻策略,收复失地,"如有敢违此旨与敌妥协者,即可视为全国公敌。"褚辅成(1873—1948),字慧僧,浙江嘉兴人,日本东洋大学高等警政科毕业,曾任浙江省议会议长、众议院副议长、上海法学院院长等职。

3 月 23 日 国民政府教育部电令私立中国公学:"应以逐年结束,办至原有各生毕业时为止,不得再招新生。"

3 月 25 日 国民政府教育部公布《教育部民众教育委员会章程》。民众教育委员会"辅助教育部规划并促进全国民众教育事宜",职掌"规划民众教育推进方案及实施程序"。教育部聘定陈立夫、余井塘、王琪、钮永建、梁漱溟、陈剑翛、晏阳初、高阳、孟宪承、杨菊潭、徐廷瑚、王先强为民众教育委员会委员。

4 月 8 日 国民政府教育部筹设国立博物院,派傅斯年为筹备处主任,同时派蒋复璁为中央图书馆筹备处主任。蒋复璁(1898—1992),号慰堂,浙江海宁人,国立北京大学哲学系毕业,曾任国民政府中央图书馆馆长、国立故宫博物院院长等职。

4 月 12 日 为鼓励学生进行学术研究,私立大夏大学特设专题研究奖金 6 名,每学院及师专科各 1 名,每名奖金 30 元。

4 月 19 日 国立唐山交通大学因华北形势危殆,特呈准铁道部南迁上海,并入国立上海交通大学,师生陆续抵达上海。

4 月 21 日 国民政府教育部部长翁文灏辞职照准,国民政府特任王世杰为教育部部长。

同日 国民政府行政院准教育部印行《四库全书》珍本,将其中向未复印或已绝版之珍本约 800 余种先行复印。教育部令中央图书馆筹备处主任蒋复璁迅速筹划。

4 月 22 日 国民政府公布《国立编译馆组织法》,裁撤编审处。公布《国立编译组织条例》,规定"国立编译馆隶属于教育部,掌理关于种种学校之图书编译事务"。

同日 国民政府公布《修正教育部组织法第三条第四条第六条第十二条条文》，规定"教育部就主管事务对于各地方最高级行政长官之命令或处分，认为有违背法令或逾越权限者，得请由行政院院长提经行政院会议议决后停止或撤销之"；教育部内设"总务司""高等教育司""普通教育司""社会教育司""蒙藏教育司"5个部门；"教育部经行政院会议及立法院之议决得增置裁并各司及其他机关"；"学校所用图书一起及其他教育用品，由教育部审查核定，其办法由教育部定之"。

同日 北平教育界公葬李大钊。

4月23日 上海各大学教职员联合发起成立保障教育经费独立运动委员会，推蔡元培、钱新之等负责筹备。

4月29日 国民政府教育部公布《国外留学规程》46条，规定："由各省市教育行政机关（以下简称省市）考取或由公共机关遴选派赴国外研究专门学术，供给其研究期间全部费用者，称为公费生"；"凡自备留学费用或由私法人遣派赴国外研究专门学术，供给其费用者，称为自费生"；"各省市考选派赴国外研究专门学术者，应注重理、农、工、医等专科，研究科目之种类、公费生名额、留学国别、年限及经费状况等须由各省市依其地方情形之需要及所研究科目之性质，于每届招生前详为规定，呈部核准施行，但留学年限至少二年至多不得过六年，实习及考察期间在内"；"各省市公费生经各省市考试后，由本部复试决定之"；公费生考试内容包括初试和复试，初试科目有"检验体格""普通科目：一、党义；二、国文；三、本国史地；四、留学国国语（作文、翻译、会话）"和"专门科目"（最少须考三种科目），复试包括"留学国国语（作文、翻译、会话）"和"专门科目（由初试之专门科目中选考二种）"；"赴国外留学之自费生须具有左列资格之一：一、公立或已立案之私立专科以上学校毕业者，二、公立或已立案之私立高级职业学校毕业者、并曾在国内任技术职务二年以上者"。《规程》还对公费生、自费生留学期间的具体要求、留学证书进行了规定。

4月 王星拱被任命为国立武汉大学校长，成立农学院筹备处，设立法科研究所经济学部、工科研究所土木工程学部。

5月8日　国民政府新任教育部部长王世杰发表就职谈话。提出办教育的方针是：（1）切实推进生产教育；（2）确定教育经费；（3）提高教育效能。

5月18日　国民政府教育部训令："山西省教育厅，私立山西川至医学专科学校该校校董会应准予立案。该校呈请立案，应待遵令改善具报后再行核办"。

5月29日　国民政府教育部令："兹制定《未立案及已停闭之私立专科以上学校毕业生肄业生甄别试验章程》十三条，暨《未立案及已停闭之私立专科以上学校毕业生肄业生甄别试验委员会章程》八条"。

5月　国民政府教育部通令各大学："限制招收文法科学生""各大学文、法、商、教育等各学院各系所招新生及转学生平均数，不得超过理、农、工、医等学院各学系所招新生及转学生平均数。独立学院招生比率与大学同"。

同月　国民党政治会议议决，将处于江湾、1932年停办的国立劳动大学的房屋、机器、工厂等划归国立同济大学，创办同济大学附设高级职业学校，后奉教育部令改称"同济大学附设高级工业职业学校"。

6月2日　国民政府教育部训令北平大学："将艺术学院结束，商学院停止招生，女子文理、法学二学院裁并学系，北平大学高中停办"。对此，学生及教职员群起反对。19日，北平大学高中及艺术学院师生组织联合护校会，发表宣言反对部令。北平大学校长徐诵明向教育部辞职，校务停顿。

6月12日　国民政府教育部公布《学校毕业证书规程》7条，规定"专科以上学校毕业证书由教育部验印"。

6月18日　教育界知名人士、民权保障同盟副会长杨铨（杏佛）在上海遭国民党特务暗杀。

6月20日　私立辅仁大学正式移交德国圣言会接办。

6月27日　上海各大学教职员联合会举行常会，议决："呈请教育部收回文法科限制招生成命"。

6月　商务印书馆出版杜佐周著《教育与学校行政原理》。此书列入大学丛书。杜佐周（1895—1974），字纪堂，浙江东阳人，美国爱俄华州立大学教育博士，曾任国立武汉大学文学院院长、私立厦门大学教授、国立暨南大学教授兼秘书长、国立英士大学校长等职。

同月 国民政府教育部令："福州私立华南女子学院及北平私立铁路学院暂予立案。国立北平大学女子文理学院所有学系由校自行酌量裁并报部核备，法学院俄文法律俄文政经两系取消，政治系停止招生，商学院暂停招生，艺术学院及附属高中办理结束。山西省立法学院及山西省立教育学院合并于山西大学，法学院二系并入山西大学法学院；教育学院三系并入山西大学文学院。国立浙江大学政治系，史学政治系，河南省立河南大学政治系、社会学，河北省立法商学院政治系停止招生，待原有各该系学生毕业后取消。河南省立河南大学英文系即取消，生物系并入农学院，附中停办。湖北省立教育学院，私立民国学院本年暂停招生。私立华北学院、郁文学院、江南学院、广州法学院均办理结束，不得再招新生。"

同月 广东省立工业专门学校扩设为省立勤勤大学（筹）工学院，卢德任院长，设机械工程系、化学工程系、建筑工程系、土木工程专修科，并设有附属高中。卢德（1894—?），广东东莞人，法国里昂大学理科硕士、里昂工业化学院工程师，曾任广州市立师范学校委员长、广州市立职工学校校长、国立中山大学教授、省立勤勤大学工学院院长等职。

同月 广州市立师范学校扩设为省立勤勤大学（筹）师范学院，任林砺儒为院长，设文史系、地博系、数理化系，附设高中和附小。林砺儒（1889—1977），广东信宜人，日本东京高等师范学校毕业，曾任国立中山大学教授兼教务长、私立中国大学教授、广东省立教育学院院长、广东省立文理学院院长、国立桂林师范学院教授兼教务长、中华人民共和国教育部中等教育司司长、北京师范大学校长等职。

7月4日 德国圣言会总长葛德林任命穆尔非（X. Murphy S. V. D.）博士为私立辅仁大学校务长。

7月16日 鲁迅以"虞明"的笔名在《申报·自由谈》发表《智识过剩》一文，文章指出"当局限制大学招收文法科学生和实行中等'会考制度'，是效法德国法西斯，'铲除智识'"。

7月 国民政府教育部令："南京私立文化学院及其上海第二院即行结束，不得再招新生"；"核准山西省立医学专科学校备案"；"核准河南省立水利工程专科学校备案"。

8月8日 国民政府教育部通令规定《各校收考东北学生变通办法》，规定"东北学生凡持有'九一八'事变前毕业证书及未经毕业会考者，暂准收考"。

同日 国民政府教育部令："国立北洋工学院设立工程材料研究所及矿冶工程研究所并拟具章程，准予备案"。

8月9日 国民政府教育部代电国立北平大学："查大学或学院附属高中毕业生，不得无试验升入各本科肄业"。

8月16日 中华苏维埃共和国临时中央政府人民委员会第48次会议决定开办苏维埃大学，并决定毛泽东、沙可夫、林伯渠、秦柏古、潘汉年为大学委员会委员，毛泽东为校长，沙可夫为副校长。《红色中华》报道：苏维埃大学决定招收1,500名学生，暂分普通班与特别班，特别班分土地班、国民经济、财政、工农检察、教育、内务、劳动、司法8个班。苏维埃大学于9月初举行开学典礼。

8月26日 私立齐鲁大学校长朱经农致函私立齐鲁大学校董会，"因国民政府要求留任湖南省教育厅厅长，辞任齐鲁大学校长职务"。

8月29日 国民政府教育部训令规定《私立专科以上学校立案前毕业生追认资格办理标准》，规定："立案前曾经前北京教育部认可之学校，在认可中断期间之毕业生资格，准予追认；立案前未经前北京教育部认可之学校如办理确有成绩并无第四项所列各种情事之一者其立案前毕业生资格，准予追认；立案前曾经前北京教育部认可之学校在认可前之毕业生，照旧不予追认；立案前未经前北京教育部认可之学校，有左列情形之一者，其立案前毕业生资格，应不予追认：暂准立案者；立案时曾责令改善者；立案后发现办理不善令饬改善者；立案后不遵章呈送新生入学证件，或新生入学资格有百分之三十以上不合规定，或屡有伪造或假冒文凭之事发现者。"

8月 国民政府教育部"批准私立天津工商学院、私立华西协合大学立案，暂准私立铁路学院立案"。

同月 裴复恒任国立上海商学院院长。裴复恒（1902—？），江苏吴县人，法国巴黎大学法学博士，曾任国立复旦大学法律系主任、国民政府参谋本部秘书、汪伪全国经济委员会委员等职。

同月 罗廷光任湖北省立教育学院院长。

同月 四川省政府合并川东师范附设之乡村师范专修班及二十一军部所设的中心农业实验场，成立"四川省立乡村建设学院"，甘绩镛任院长。甘绩镛（1889—？），字典夔，四川荣昌人，毕业于公立成都四川高等工业学校，曾任国民政府四川省政府委员兼民政厅厅长、财政厅厅长、国民参政会参政员等职。

9月7日 国民政府教育部公布《复试各省市考选国外留学生办法》6条，规定"组织各省市考选国外留学生复试委员会办理复试事宜"。

9月15日 洛甫（张闻天）在中央苏区出版的《斗争》上发表《论苏维埃政权的文化教育政策》一文，文中指出："同国民党政权的文化教育政策完全相反，苏维埃政权的文化教育政策，是在使每个苏维埃公民受到苏维埃的教育。这种教育不是在愚弄民众为剥削阶级服务，而是在启发民众，使民众为自身的解放而斗争。这种教育决不是封建时代的教育、不是资产阶级的教育，而只能是无产阶级的教育，即是马克思与列宁主义的教育，即共产主义的教育。"

9月18日 天津北洋工学院一年级学生因要求免费及更换陈旧课本与校方发生冲突。代院长李书田以学生"侮辱高级教职员"为由，向教育部请求处理办法。19日，教育部电令取消一年级全体学生学籍。21日，公安局派警察将学生强行驱逐出校。

9月23日 四川省教育厅转发教育部指令："私立华西协合大学，应准予立案"，张凌高任校长，设文、理、医3学院。

9月 国民政府教育部公布师范学校、乡村师范学校、3年制幼稚师范科、2年制幼稚师范科、简易师范学校、简易乡村师范科教学科目及各学期每周教学及自习时数表。

同月 商务印书馆出版孟宪承编《教育概论》、陈德荣著《行为主义》。

同月 苏维埃大学在瑞金沙坪坝创立,由中央人民委员会创办,毛泽东、沙可夫、林伯渠、秦邦宪、潘汉年为大学委员会委员,毛泽东任校长,沙可夫任副校长。招收学员 1,500 人,分普通班和特别班,特别班有土地、国民经济、财政、工农检察、教育、内务、劳动、司法 8 个班;普通班是预科,对文化水平低的学员进行文化补习教育。1934 年为纪念苏维埃革命运动领袖沈泽民,学校更名为"沈泽民苏维埃大学"。

同月 私立南开大学商学院自本学期始,为金城银行代培行业练习生 13 人。

10 月 17 日 国民政府教育部公布《国立编译馆办事细则》。

同日 中国工农红军大学在瑞金西郊大槐树村创立,隶属中革军委。为纪念献身中国革命的俄国工人郝西史,特命名为"工农红军郝西史大学",共办 3 期,学员大部分为师团干部,每期 200 余人,第四期参加长征。何长工、周昆(代)、刘伯承(代)、张宗逊、彭雪枫先后任校长。何长工(1900—1987),原名何坤,湖南华容人,曾任中国人民政治协商会议第五届全国委员会副主席。周昆(1902—?),原名周绪昆,湖南平江人,曾任红四军军长、红一军团十师师长、三师师长、红二十一师师长等职。刘伯承(1892—1986),原名刘明昭,曾任中国共产党中央西南局第二书记、西南军政委员会主席、中国人民解放军军事学院院长兼政委、中央人民政府人民革命军事委员会副主席等职。张宗逊(1908—1998),陕西渭南人,曾任中国人民解放军革命军事委员会副总参谋长兼军委军校部部长、总后勤部部长等职。彭雪枫(1907—1944),河南南阳人,曾任豫皖苏边区党政军委员会主任、八路军第四纵队司令员等职。

10 月 19 日 国民政府教育部公布《私立学校规程》,规定:"私人或团体设立之学校,为私立学校,外国人设立之学校亦属之。私立学校之开办变更及停办,须经主管教育行政机关之核准。私立专科以上学校,以教育部为主管机关。私立学校须经主管教育行政机关立案,受主管教育行政机关之监督及指导。其组织课程及其他一切事项,均须遵照现行教育法令办理。私立学校不得设分校。私立专科以上学校，非遇必要时，不得设附属中等学校或附设小学。外国人设立之私立中等以上学校，须以中国人充任校长或院长。私立学校，不得以宗教科目为必修科，及在课内作宗教宣传。如有宗教仪式，不得强迫或劝诱学生参加。私立学校不得以省市县等地名为校名并须冠以私立二字。"

10月 中央苏区召开全苏区教育建设大会。何凯丰在会上作报告和总结。何凯丰指出："苏维埃教育政策的基本原则，应当是共产主义的教育。"共产主义的教育，"要引导千百万的群众学习共产主义""还有一个重要的问题，是劳动与教育的联贯。"大会通过《目前教育工作任务的决议案》《苏维埃学校建设决议案》《消灭文盲决议案》等。何凯丰（1903—1955），原名何克全，江西萍乡人，曾任中央政治研究室副主任和中央青年工作委员会委员、中宣部副部长、中国共产党中央马列学院院长等职。

同月 私立厦门大学聘请曾江水先生为厦门大学名誉校董。校董会由陈嘉庚、陈敬贤、林文庆、曾江水4人组成。曾江水（1870—1941），字右甘，生于马六甲，祖籍同安禾山，因投资树胶种植成为马六甲首富。

11月7日 红军学校和苏维埃大学军事政治部合并，成立红军大学，校址在江西瑞金。1934年10月，红军大学随红军长征，1936年6月1日到达西北，改称"抗日红军大学"。1937年春，改名为"中国人民抗日军事政治大学"。

12月25日 私立大夏大学校董会根据《修改私立大学校董会规程》进行改组，并修正校董会章程。校董为：王伯群、王志莘、王祉伟、何应钦、杜月笙、马君武、张竹平、杨永康、傅式说、欧元怀。王伯群为董事长。名誉校董有：王一亭、吴稚晖、吴蕴斋、任稷生、汪精卫、邵力子、何纵炎、周守良、胡孟嘉、胡文虎、梁燊南、徐新六、徐寄顾、陈光甫、马君武、张君劢、张公权、黄绍雄、叶楚伧、荣宗敬、虞洽卿、赵晋卿、赵恒锡、刘书蕃、刘文辉、钱新之、戴培基、戴培元。

12月30日 国民政府教育部指令："我国驻外官吏之子弟，如系随从该官吏出国者，准予援用国外留学规程第四十二条之规定，由该处转请发给留学证书"。

12月 奉国民政府教育部令，私立大夏大学师生服装须用国货。

同年 西南国防委员会委员长陈济棠命令燕塘军事政治学校实行读经。其后，又向西南政务委员会提议，令各学校恢复读经课，"以读经为主要科目，每周至少授课6小时""以扶正学风"。陈济棠（1890—1954），字伯南，广东防城人，曾任国民政府委员、农林部部长、中央执行委员等职。

同年 据《第二次中国教育年鉴》刊载统计资料：本年全国高等学校达到108所，在校生42,936人，其中大学与独立学院79所，学生37,600人，专科学校29所，在校生5,336人。

同年 宋氏三姐妹为私立金陵女子大学附中捐赠一栋可住70名学生的宿舍楼。

同年 奉国民政府教育部令，私立复旦大学开始限招文、法学院新生。复旦大学与上海各私立大学联名向教育部提出申请，要求补助理学院经费。1934年教育部补助理学院设备费11,000元，化学教席4,000元

1934年（民国二十三年 甲戌年）

2月19日 蒋介石在南昌发表《新生活运动之要义》，发起以"礼义廉耻"为中心精神的"新生活运动"。

3月1日 溥仪"称帝"，伪满洲国改称"大满洲帝国"。

4月20日 由中国共产党提出，经宋庆龄、何香凝、李杜等1779人签名，共同发表了《中国人民对日作战的基本纲领》。

5月 中华民族武装自卫委员会总会在上海成立。

8月 南京紫金山天文台建成。

10月10日 中央红军开始长征。

11月7日 东北人民革命军第一军正式成立，杨靖宇为军长兼政委。

11月13日 上海《申报》总经理史量才遭伏击身亡。

1月15日 《民国日报》发表陈序经"中国文化之出路"一文,提出的"全盘西化论"引起了学术界、文化界的论战。陈序经(1903—1967),字怀民,广东省文昌县人,毕业于复旦大学、美国伊利诺斯大学,曾任私立岭南大学校长、南开大学副校长等职。

1月22日 罗家伦在《晨报》发表《中国大学教育之危机》一文。他认为,中国大学教育之问题有4个方面:"一、基础教育不扎实";"大部分中学办得实在太坏";"二、大学本身课程组合不甚适合实际需求";"三、设备不充分";"四、师资人选困难"。

1月28日 国民政府教育部限令私立复旦大学"取消法学院,将所属政治系并入文学院,经济系并入商学院,法律系、市政系取消"。

1月 国民政府教育部通令:"各大学工学院特设水利工程系以培养专门人才",并令"各地教育行政机关长筹设水工博物馆,搜集并陈列中外河道水力机器及水工建筑模型、照片、图籍,详加说明,任人参观"。

同月 商务印书馆出版周予同著《中国学校制度》、庄泽宣编著《职业教育通论》。上海良友图书公司出版周予同著《中国现代教育史》。

同月 陈嘉庚在南洋的企业被迫收盘,无力再为私立厦门大学提供正常经费。

同月 教育部令筹备国立北平艺术专科学校,严智开任筹备主任兼校长,设绘画、彩塑、图工、艺术师范4科。严智开(1894—1942),字季聪,毕业于日本东京美术学校及美国哥伦比亚大学,曾任北京国立美术学校教务长、主任、教授、国民政府北平市政府艺术专员、天津市政府顾问、天津市立美术馆馆长等职。

同月 国民政府任命高等教育司司长沈鹏飞代理国立暨南大学校长。沈鹏飞(1893—1983),字云程,广东番禺人,美国耶鲁大学林科硕士,曾任广东省立农业专门学校林科主任、国立北京农业大学森林系主任、国立中山大学农科主任兼事务管理处主任、国立暨南大学校长等职。

2月8日 国民政府训令:"令行政院准陈肇英等提案,政府拨款八十万元,筹设中医专科学校、中医院暨制药厂,以宏学术,而利民生。提交中央执行委员会讨论，决议交教育部参考在案"。陈肇英（1888—1977），字雄夫，浙江浦江人，曾任中国国民党中央纪律委员会委员、中央评议委员等职。

同日 国民政府训令："准中央大学移筑郊外，由行政院拨专款"。

同日 国民政府训令："中等以上学校，应采取导师制，以期训教合一"。

2月10日 私立大夏大学校董会在国民政府教育部获准备案。

2月11日 以陈立夫为理事长的"中国文化协进会"在南京成立，周佛海任教育主任。该会在国民党"CC同志会"操纵下，鼓吹"孔孟之道"，进行反革命文化围剿，并在各城市设立分会，拉拢大专学校校长、教授和文化名人为理事。

2月12日 国民党军事委员会委员长蒋介石在南昌行营扩大纪念周上发表训词称："建设国家、复兴民族之根本要务为'教''养''卫'。要以教育代替武力"。

2月19日 潘公展与蔡元培商谈私立中国公学复兴问题。3月，时任上海市市长吴铁城允任中国公学校长。吴铁城（1888—1953），化名吴丹，祖籍广东香山，曾就学于日本明治大学，曾任国民党临时中央执行委员会委员、国民党第二届候补中央执行委员、国民政府委员、立法委员、广东省政府委员兼主席、行宪立法院集会筹备处主任委员等职。

2月26日 私立大夏大学校务会议议决"该学期实施民族复兴教育"，并公布"本学期民族复兴教育方案"。

3月19日 国民政府前教育部部长朱家骅在国民党中央党部总理纪念周上作题为《新生活运动与教育》的报告，认为"新生活运动应从教育做起"。

3月23日 国民政府教育部为压制学生运动，通令各省市教育厅局、各学校，对于学生"务必力于矫正、敦品力行，注重训导，俾趋求学正轨。如有破坏纪律、鼓动风潮，应严格取缔。"

3月26日 国民政府教育部公布《音乐教育委员会章程》11条，以"研究并改进音乐教育"为宗旨，其任务有："音乐教育之设计"；"编审音乐教科书"；"考试、检定音乐教员"；"推荐音乐教员"；"组织演奏会"等。

3月 商务印书馆出版常导之编《德法英美四国教育概观》、雷通群著

《西洋教育通史》。

4月1日 中华苏维埃共和国国立沈泽民苏维埃大学在瑞金举行开学典礼。瞿秋白校长在报告中明确："大学的任务是为了发展中国的苏维埃革命，为苏维埃革命培养人才"。

4月4日 国民政府外交部、教育部、侨务委员会公布《修正依赖经理侨民教育行政规程》10条，规定："驻外总领事或副领事除有特别情形外，依本规程之规定经理各该驻在地及兼辖区域侨民教育行政事项。"《规程》还对经理侨民教育行政之范围、应处理事项等分别作了规定。

4月20日 国民政府教育部公布《1934年度各大学及独立学院招生办法》，规定"各大学、独立学院凡兼办文理两类院系科者，文、法、商、教育等院系科所招新生及转学生平均数不得超过理、农、工、医之新生、转学生平均数；专办文、法、商、医之独立学院，每一学系或专修科所招新生及转学生数不得超过50名。凡未严格按照本办法多招之学生，教育部不予核定。"该办法指出："以上规定，意在继续矫正文法科教育之畸形发展，注意造就多数实科人才"。本办法对于专收女生之学院，暂不适用。

4月26日 国民政府教育部公布《师范学校学生毕业会考暂行规程》20条，规定："省市县内公立及已立案之私立各类师范学校或师范科，其毕业会考由各省教育行政机关组织委员会办理之"；"市区内公立及已立案之私立各类师范学校及师范科，其毕业会考由各该市区教育行政机关组织委员会办理之"；"毕业会考各科成绩须均及格，始得毕业"；"三科以上不及格者，应令留级，以二次为限"；"一、二科不及格者准其参加下届该科会考，以二次为限"。

同日 国民政府教育部部长王世杰训令全国各级学校，并责成督学等对文言文和读经之风予以纠正。

4月 中华苏维埃共和国中央教育人民委员部修正公布《教育行政纲要》。《纲要》分教育部的组织系统和经费、反对文化战线上的错误倾向的斗争、巡视和报告的办法、各级教育的会议4章。《纲要》规定："教育部的基本组织为乡教育委员会"；"乡苏维埃政府常驻人员之中必须有一人负责管理教育事宜，领导乡教育委员会"；"省、县教育部分普通教育科及社会教育科"；"中央教育人民委员部分初等教育局、高等教育局、社会教育局、艺术局，另设编审局、巡视委员会"；"中央教育人民委员部在教育方针及政策上领导全国学校教育及社会教育"；"各级教育部每月向上级报告工作一次"。

同月 中华苏维埃共和国中央教育人民委员部颁发《沈泽民苏维埃大学招生简章》。《简章》规定："苏维埃大学以造就苏维埃建设的各项高级干部为任务"。"凡年在十六岁以上，不分种族、性别，曾在政权机关、群众团体或党团负责工作有半年以上；在边区积极参加过革命斗争的，其文化程度能看普通文件，均有入学资格。"《简章》规定：苏维埃大学设本科、预科2部。本科修业不得少于半年；预科随学生程度而定。课程包括：苏维埃工作的理论、实际问题和实习3项。

同月 中华苏维埃共和国中央教育人民委员部颁发《中央农业学校简章》。《简章》规定："中央农业学院的任务是培养农业建设中下级干部搜集苏区农民群众经验和农事试验场的经验，加以科学的整理，广泛进行农业技术传播；与土地人民委员部建设局发生亲密的联系，计划苏区的农业建设。"

同月 中华苏维埃共和国中央教育人民委员部颁发《高尔基戏剧学校简章》。《简章》规定：这所学校归中央教育人民委员部直接管辖，其教育目的是"栽培苏维埃戏剧运动与俱乐部、剧社、剧团的干部，养成苏维埃文化运动的人材。"《简章》还规定：招收16岁至27岁的学生，第1学期学生4个月毕业，学习科目有政治、文学课、舞蹈、唱歌、俱乐部问题、政治常识、戏剧理论。

同月 世界书局出版马宗荣编著《现代社会教育泛论》。

5月18日 国民政府教育部公布《私立专科以上学校补助费分配办法大纲》，规定："教育部为奖助优良之私立专科以上学校发展起见，自1934年度起，设置私立专科以上学校补助费额"；"补助费之给予，应以立案私立专科以上学校之办理成绩优良而经济困难、未得公私机关之充分补助者为限，同时注重理农工医之发展（每年至少应占全部补助费百分之七十），并酌量顾及地域之分配"；"补助费总额定为全年七十二万元，约以百分之七十补助扩充设备，以百分之三十补助添设特种科目之教席"；"补助费之给予，每次以一年为期，但中途经考核认为有违给予时规定之条件时，得停止发给"；"补助费之给予由教育部组织私立专科以上学校补助费审查委员会审核决定"；"审查委员会委员七人，内四人就部外专家聘任，凡在私立专科以上学校有职务者，不得充任委员"。

5月19日　国民政府教育部颁发《大学研究院暂行组织规程》，规定："大学为招收大学本科毕业生，研究高深学术，并供给教员研究便利起见，得依《大学组织法》第八条之规定，设研究院"；"大学研究院设院长一人，得由校长兼任"；"研究院分文、理、法、教育、农、工、商、医各研究所"；大学设立研究院或研究所须具备3个条件："一、除大学本科经费外，有确定充足之经费专供研究之用；二、图书仪器建筑等设备堪供研究工作之需；三、师资优越"；"凡具有三研究所以上者，始得称研究院，各研究所依其本科所设备系分若干部，称其研究所某部"；"各研究生研究期限暂定为至少二年"。

5月23日　私立金陵大学校长陈裕光写信给国民政府教育部，言"北平燕大、广东岭南等教会私立大学被迫解散，两校员生均有西奔流难在道者，请设法救济"。

5月26日　私立金陵大学接到美国纽约州大学院区颁赠毕业学位之永久认可公文。

5月　国民政府教育部应国际联盟要求，编成并提交《1934年中国教育概述》一书，分述中国高等、中等、初等、社会教育各方面发展情况。

同月　《第一次中国教育年鉴》出版。主任编纂周邦道。全书350万字，分教育总述、教育法规、教育概况、教育统计、教育杂录5编。取材范围，上自清末兴学下及1931年度、举凡教育制度、教育沿革及一切教育概况均详为搜罗编列。是中国教育史上第一部综合记载性的工具书。

6月2日　国民政府教育部、中央训练总监部令发《军训成绩核算办法》10条。《办法》规定"军事教育，系属高中或与高中相当以上之学校必修之科目，每学年之军训成绩不及格者不准升级"。

6月5日　私立大夏大学教育学会邀请国立暨南大学教授周谷城来校演

讲，题目为"世界现势与教育"。周谷城（1898—1996），湖南益阳人，曾任国立中山大学教授兼社会学系主任、国立暨南大学教授兼史社学系主任、国立复旦大学教授、历史系主任及教务长、中华人民共和国全国人大常委会副委员长兼教育科学文化卫生委员会主任委员、中国农工民主党副主席、主席等职。

6月8日　国民政府教育部公布《学校暑期军事训练暂行办法》，训令各省市教育厅局、各国立大学每年暑假期间，依据学校军事教育方案规定对高中以上之学生应实施三星期之军事训练。并规定，"未受本办法所规定训练之学生不得免除毕业三个月之集中训练。"

6月18日　国民政府教育部训令：私立齐鲁大学，"该校曾经本部派员视察，据送报告，经详加审查，该校学风尚好，医学院有相当贡献，理学院研究论文能注意本国问题，殊为可嘉。"并提出应改进各点。

6月19日　国民政府教育部聘张之江为中央国术馆体育专科学校校长。张之江（1882—1969），字紫珉、子珉，河北盐山人，曾任国民政府军事委员会委员、北伐总司令部高级参谋团主任、国术研究馆理事、国民参政会参政员、立法院立法委员等职。

6月21日　国民政府教育部训令：私立中国学院，"该学院每年受有巨额公款补助，迄无成绩表现，殊失政府补助私立学校之至意。兹将报告各要点摘示如下，仰即遵照厉行改进。"

6月25日　私立厦门大学遵照国民政府教育部令裁撤哲学系，将商学院各学系合并为商业学系，并入法学院，改称法商学院。

6月29日　国民政府教育部聘任严智开为国立北平艺术专科学校校长。

同日　国民政府教育部训令：国立北京大学，"该校兼任教员仍嫌太多，应厉行专任制度；该校专任教员，仍有在外兼课者，应再加限制，院长系主任等重要职员，据查待遇均极优厚，尤须绝对禁止在校外兼职或兼课，该校各院教授职员，如在校内他院兼课兼职，自不得兼薪。该校文学院学生人数，较他院为特多，以后招生应注意紧缩。"

6月　商务印书馆出版宋桂煌译《教育之基本原理》（美，桑戴克著），此书列入大学丛书。出版陈礼江著《教育心理学》，此书列为师范学校用书。

同月 管理中英庚款董事会议决："自本年起每年补助南开大学理学院算学系设备费2万元，以三年为限。"

同月 国立北京大学改组研究院各部为文科研究所、理科研究所和法科研究所。

7月1日 国民政府教育部发布整理北平大学令："北平大学法、商两院合并为法商学院；裁并女子文理学院；定俄文为必修课；厉行教职员专任，取缔缺席、缺课"。此令下达后，商学院对并入法学院表示反对，师生成立护院委员会并发表宣言。

同日 广东省立勷勤大学正式成立，任林云陔为校长。同时成立商学院，设会计学系，银行学系，经济学系，任李泰初为院长。林云陔（1883—1948），原名公竞，字毅公，广东信宜人，曾入美国纽约州圣理乔斯大学研习法律、政治，曾任国民政府广东教育委员会教育杂志社社长、国立广州中山大学校长、西南政务委员会常务委员、广东省政府主席等职。李泰初（1903—?），广东番禺人，曾留学美国，曾任国立中山大学法科教授兼图书馆馆长、广州市政府参事等职。

同日 北平各大学毕业生职业运动大同盟举行记者招待会，申明该组织的宗旨是"促进政治教育之改进与职业问题之解决"。28日，该同盟代表在南京向教育部部长王世杰请愿，要求设立青年职业介绍机关，设法录用应届毕业生，并为青年提供深造机会。30日，行政院院长汪精卫约见该同盟代表，面允筹备成立全国学生工作咨询处，调查各地需要人才与各大学毕业生失业人数，俾材尽其用。

7月4日 国民政府教育部训令私立东吴大学："该校法学院负责行政人员，均在他处兼任职务，全院教员，亦系兼职，殊属不合。应即设法纠正，并改聘专任教职员；该院研究院有硕士博士等学位之规定，在学位法未颁行以前，应将此项规定废除。"

7月5日 国民党第四届中央执行委员会第128次常务会议通过《先师孔子诞辰纪念办法》。正式规定：8月27日为"先师孔子诞辰纪念"日，是日休假一天，全国各界一律悬旗志庆，各党政军警机关学校团体分别集会纪念。

7月12日 国民政府教育部训令私立东吴大学："该校法律学院有'修毕文科二年学程转入南京金陵神学院修业三年后由该校给予文学士学位'之规定，查金陵神学院未经呈准本部立案，此项规定，殊与部章不合，自应剋日废止。又医学先修科，已经本部通令取消，应即停办，将原有学生编入理科各系。又该校关于硕士学位之规定，在学位法未颁布以前，殊无根据，并应删去。"

7月13日 国民政府教育部训令河北女子师范学院："该学院学系过多，就现有经费及师资办理，殊难著效，应即酌加缩减，以求充实。英文、教育两系，自本年暑假起，停止招生，逐年结束。惟对于教育英文科目，仍须酌设教席，认真讲授。家政、体育及音乐图画三系，应改为家政、体育及艺术三专科。国文、史地两系及以上三专科，每年招生名额，不得超过八十名。该院教员学历经验，多不合格，专任教员既属少数，且仍在院外兼任职务，其中并有十二人，系由北平来院任课，殊属不合，须减少兼任教员，改聘合格胜任之专任教员，并提高待遇。"

同日 国民政府教育部、内政部公布《护士教育委员会章程》。

同日 中华教育文化基金董事会决定补助私立厦门大学2万元。

7月15日 私立大夏大学校董会决定，增聘吴铁成、江问渔为校董。现共有校董王伯群、王志莘、王祉伟、何应钦、杜月笙、张竹平、杨永泰、傅式说、欧元怀、吴铁城、江问渔等11人，王伯群为董事长。

7月16日 中央人民委员会决定，苏维埃大学并入马克思共产主义学校，不久合编为"干部团"参加长征。

7月23日 国民政府任命傅铜为安徽省立安徽大学校长。

7月29日 国立北平师范大学校长李蒸在中国文化学会暑期学术讲演会作题为"教育改革问题"的讲演。他认为，自废科举兴学校实行新教育以来，中国教育有两大缺点：第一是"个人发展的教育观念，一般人对教育观念完全站在个人发展之立场上。"受教育的动机是谋个人"升官发财、光宗耀祖"，第二是"现代教育抄袭模仿外人之处太多，但又不彻底"。并认为，"教育急需改革之处：一、一般民众知识能力应赶快提高，社会生产要加速发展，教育者要赶快造就健全的国民。二、国家教育宗旨要切实遵行。"

7月30日 北平《教育日报》发表社论《〈教育改革问题〉之商讨》，8月2日发表《再论教育改革问题》。社论指出，中国自实行新教育制度以来，"教育制度，忽东忽西，施政方针，动摇不定。并随帝国主义经济势力在中国之发展，造成寄生于其下之亲美亲日等各式人才，大多数民众因无力求学。现代教育益为少数富有阶级所独享，而民族危机之加深，更加重将陷于殖民地奴化教育之严重性。""言教育改革者，如回避目前严重之政治经济危机不谈，而企图使教育得到单纯独立之发展，并思以'生产教育''教育劳动化'为教育施政方针，其结果除加强人民之驯服性，消除人民对参加政治热情外，实一无所得。""在中国目前则需要以革命为内容之启发性鼓动性之教育，而不需要帝国主义国家内所施行之麻醉教育也。"

7月 山西省立法学院并入省立山西大学法学院，山西省立教育学院也同时并入该校，保持教育学院名。

8月7日 国民政府教育部批准每年补助私立厦门大学9万元。

8月11日 国民政府教育部决定，每年补助私立复旦大学1.5万元。

8月18日 国民政府指令："令行政院审议并登报公布二十三年度私立专科以上学校补助费数额表"。涉及私立院校有金陵大学、金陵女子文理学院、东吴大学、南通学院、大同大学、复旦大学、光华大学、大夏大学、沪江大学、中法大学、药学专修科、东亚体育专科学校、苏州美术专科学校、之江文理学院、厦门大学、华南女子文理学院、福建协和学院、岭南大学、广州大学、广东国民大学、广东光华医学院、华西协合大学、湘雅医学院、武昌华中大学、武昌中华大学、武昌文华图书馆学专科学校、焦作工学院、山西川至医学专科学校、燕京大学、辅仁大学、南开大学、齐鲁大学。

8月22日 国民政府教育部公布《修正待遇蒙藏学生章程》15条。《章程》规定："凡经蒙藏委员会或其驻平办事处介绍之蒙藏学生，在公立学校应负全部学费，在私立学校应酌量减免"；"各学校对于一般正式生如有津贴及遣派留学等规定者，蒙藏学生之正式生应受同行待遇"。

8月 私立华中大学校长韦卓民博士赴美，黄溥代理私立华中大学校长。黄溥（1896—1982），湖南长沙人，斯坦福大学教育学硕士、哥伦比亚大学哲学博士，曾任私立华中大学教育学院院长、代理校长、华中高等师范学校教育系主任等职。

同月 省立河南大学土木工程系并入国立北洋工学院。

9月6日 国民政府教育部、中央训练总监部公布《高中以上学校军事教育奖惩规则》。《规则》分别对校（院）长、教官、学生的奖惩作了规定，其中包括"学生军训总成绩不及格者应责令补习或留级以一次为限，如再不及格，学校应令其退学。"

9月10日 《教育杂志》发表《中国农村复兴与教育改造》一文。文章指出：农村复兴"必需农人有教育，必需农人有适合现代农村生活的教育"，而"今日的学校教育，大多是农村复兴的障碍"。作者主张，农村教育：量的方面须使教育大众化，即教育机会均等；质的方面须使教育生活化，即要教育与生活打成一片。为此，在教育工作上必得注意："（一）生产劳作的训练以养其生；（二）精神陶冶及科学训练以明其生；（三）团体生活的训练以保其生。"

9月12日 国民政府教育部聘任李书田为国立北洋工学院院长。李书田（1900—1988），字耕砚，河北昌黎人，康奈尔大学博士学位，曾任华北水利委员会委员兼秘书长、国立交通大学唐山土木工程学院院长等职。

9月14日 陆志韦任私立燕京大学校长。陆志韦（1894—1970），浙江吴兴人，美国哥伦比亚大学硕士、芝加哥大学哲学博士，曾任私立燕京大学心理学系主任兼教授、国立清华大学心理学系讲师、国立东南大学心理系主任兼教授等职。

9月 私立南开大学经济学院更名为经济研究所，原经济学院未毕业学生改入商学院。

同月 江苏省立医政学院成立，定址于镇江北固山大校场，陈果夫兼任院长，胡定安任教育长，初设卫生行政科、医科和卫生教育科。

10月13日 《新生》杂志登载陶行知的《教育的新生》一文。文章论述了传统教育、改良教育与生活教育的不同，提出生活教育者主张把传统教育者、改良者将学校与社会中间造的一道高墙拆去。"我们承认'社会即学校'，这种学校是以青天为顶，大地为底，二十八宿为围墙，人人都是先生都是学生都是同学。"作者认为，"不运用社会的力量，便是无能的教育；不了解社会的需求，便是盲目的教育"。文章对"教学做合一""工学团""小先生"等做了简要的阐述。

10月15日 工农红军大学与第一步校、第二步校、特科学校组成中央红军干部团，参加长征。

10月20日 国民政府教育部部长王世杰在中央广播电台讲演《中国教育的现状》。认为，就中国目前情形言，自当以民众学校为社会教育的主要部分。民众教育是现时教育中最艰巨的问题。民众教育经费的筹措、民众教育机关的增设、师资与教材的解决皆尚无满意方案。

10月24日 国民政府教育部颁布《组织职业介绍机关与全国学术工作咨询处通力合作规定办法》5项；规定："学术人才，暂以国内外专科以上学校毕业生为限"；"凡公私立专科以上学校均应组织职业介绍机关"；"各校应将职业介绍机关简章成立日期及委员名单呈部备案，并函知全国学术工作咨询处。"

同日 国民政府教育部颁布《专科以上学校组织职业介绍机关办法》规定"公私立专科以上学校均应组织职业介绍机关。"

10月27日 国民政府教育部公布《私立专科以上学校补助费支给办法》10条，"申请补助之私立专科以上各学校为将本年度全部概算呈送者，应在受补助前先期将该项概算迅即补呈候核"；"凡担任特种教席之教员，不得兼任校外教课或职务"；该办法还具体规定了特种教席费的月薪额与设备费之用途等。

10月28日 李石曾病逝于上海。

10月 商务印书馆出版姜书阁编著《中国教育制度》。上海中华书局出版程谪凡著《中国现代女子教育史》、潘文安著《职业指导》、盛郎西编《中国书院制度》。

同月 国民政府教育部补助私立南开大学1934年度补助费4万元。

同月 管理中英庚款董事会批准补助私立厦门大学科学图书费3万元，分3年平均拨付。

11月1日 国民政府考试院在南京召开全国考铨会议。中央各机关及各省市县代表，国立大学独立学院及专家等近200人参加。议案共95件。会议决定自1934年起，专科以上学校毕业考试，概由政府主持，并与任用考试取得联络。做到"以考试选拔真才。"

11月15日 国民政府教育部令江苏省教育厅，"私立学校现任教职员，亦得兼任本校校董会校董，惟依照修正私立学校规程第十九条之规定，校董会负有学校财务上之责任，宜多聘校外人士参加。"

11月26日 国民政府教育部令中央国术馆体育专科学校，"该校原有女生，业已转学他校，现复有招收女生计划，倘无充分设备，仍不相宜，应详加考虑。"

11月 广西省政府开始筹设的广西省立医学院成立，戈绍龙任院长。

12月9日 中国考政学会成立。该会"以研究考选铨叙之学术制度，阐扬国父遗教，谋确立健全之人事制度，提高行政之效率为职志。"常务理事为蒋天擎、侯绍文等。编有《公务员半月刊》与《考政学报》等。

12月14日 国民党四届五中全会讨论孙科等委员关于"缩短学年案"。该提案主张："各级学校每年放暑假三十日，年假三日，国庆纪念假一日，每两星期放假一日，其余各日不利放假停课，而大学及高中修业年限比现行各缩短一年"。

12月17日 蒋梦麟抵马尼拉参加东亚教育会议。

12月22日 国民政府特任陈大齐为考选委员会委员长。

同日 私立厦门大学校长林文庆率法律系主任傅文楷、附属中学教务主任曾郭棠，赴南洋募捐。1935年3月15日自南洋返校，共募捐国币30余万元。

12月 国民政府教育部因经费困难，令全国各大学及专科以上学校："自本年度起，奖学金逐年取消，至1937年度各项奖学金一律清除，节余金作充实设备用。"

同年 国民政府教育部实施《公费免费奖学金制度》。

同年 私立南开大学确定"公能"校训,以培养学生"爱国爱群之公德,与夫服务社会之能力"。

1935 年（民国二十四年 乙亥年）

1月15日至18日 中共中央在遵义召开政治局扩大会议,确定了毛泽东在红军和党中央的领导地位。

5月5日 沈钧儒发起冤狱赔偿运动。

7月6日 《何梅协定》签订。

7月 中国数学会在上海成立。

8月1日 中国苏维埃中央政府、中国共产党中央联合发出《为抗日救国告全体同胞书》(即《八一宣言》)。

11月28日 中华苏维埃人民共和国中央政府、中国抗日红军革命军事委员会发表《抗日救国宣言》。

12月2日 蒋介石兼任国民政府行政院院长。

12月9日 "一二·九"运动爆发。

1月1日 蔡元培在《东方杂志》发表《论大学应设各科研究所之理由》一文。文章指出:大学不设研究所有数端弊病:"教员易陷于抄发讲义,不求进步之陋习";"大学毕业生除留学外,更无求深造之机会";"未毕业之高级生,无自由研究之机会"。

1月11日 国民政府任命蒋介石兼任陆军大学校长,任命杨杰兼任教育长。杨杰(1889—1949),白族,字耿光,云南大理人,早年留学日本,曾任国民政府军事委员会委员、北平宪兵学校校长、赴欧军事考察团团长、中央训练团教官等职。

1月14日 国民政府教育部通令各省市教育厅局及国立专科以上学校:

"将《新生活运动纲要》定为各大、中、小学补充教材"。

1月26日 国民政府任命杨震文为省立河南大学校长，准免许心武省立河南大学校长职。杨震文（1892—?），原名杨丙辰，河南南阳人，曾任国立北京大学德文学系主任兼教授、国立清华大学外国文学系教授、省立河南大学校长等职。许心武（1894—1987），江苏仪征人，曾任黄河水利委员会委员、扬子江水利委员会委员、省立河南大学校长等职。

1月 商务印书馆出版吴俊升著《教育哲学大纲》。此书先列入师范丛书，后又列入大学丛书。中华平民教育促进会出版晏阳初著《农村运动的使命》。

2月2日 私立中国公学召开校董会，蔡元培辞任董事长，于右任继任。吴铁城请辞校长职。8月1日蔡元培请辞私立中国公学校董职务。

2月8日 私立南开学校董事会在大华饭店召开例会，颜惠庆、李琴湘、严慈约、陶孟和等出席，张伯苓列席。会议讨论了关于大学部拟请收归国立问题：（1）大学用款过巨，维持尚难，发展更属不易；（2）政府补助费为数已不少，再求增加恐甚难；（3）政府补助费过多，何名为私立；（4）据中国现状而言，向私人方面捐募巨款恐不可能。根据以上情形，并为大学部前途的发展，惟有请政府将大学收归国办。

2月 国民党上海市党部批准组织"尊孔救国会"。14日，该会召开发起人会议，推举潘公展、柯闳希等为筹备会员。潘公展（1894—1975），浙江吴兴人，圣约翰大学毕业，曾任私立中国公学副校长、国民政府上海市教育局局长、上海特别市党部常务委员、中国国民党中央执行委员兼中央文化事业委员会委员等职。

3月11日 国民政府教育部公布《全国运动大会举行办法》7条，规定："为提倡国民体育起见，每两年举行全国运动大会一次，就首都及各省市适应地点用间隔之次序（即第五届首都，第六届各省市，第七届首都，第八届各省市，以此类推）轮流举行之"。

3月18日 刘湘聘胡庶华为省立重庆大学校长。胡庶华于1936年1月辞去省立湖南大学校长一职。

3月22日 国民政府令："私立金陵大学校董美国人福开森，捐助该校古物千余种，价值数百万元，核与捐资兴学褒奖条例第五条之规定相符，应予明令褒奖。"

3月25日　国民政府教育部训令："高中以上学校女生，平时应以军事看护为必修科；医药专科以上学校学生，平时应以陆军卫生行政法规及战时救护为必修科"。

3月　商务印书馆出版胡毅著《中学教学法原理》，此书列入大学丛书。

4月6日　国民政府教育部公布《师范学校学生毕业会考规程》21条，规定："各省市区教育行政机关对于所属各类师范学校（包括已备案之私立师范）及师范科应届毕业生，经原校考查毕业成绩及格后举行毕业会考"；"会考一科或二科不及格者，准其暂时服务，俟会考及格获得毕业证书后，方承认其正式服务资格"。

4月22日　国民政府公布《学位授予法》12条，规定"学位分学士、硕士、博士三级，但特种学科得仅设二级或一级"；"凡曾在公立或立案私立之大学或独立学院修业期满，考试合格，并经教育部复核无异者，由大学或独立学院授予学士学位"；"依本法受有学士学位、曾在公立或立案私立之大学或独立学院之研究院或研究所继续研究两年以上、经该院所考核成绩合格者，得由该院所提出为硕士学位候选人；硕士学位候选人考试合格，并经教育部复核无异者，由大学或独立学院授予硕士学位"；"依本法受有硕士学位、在前条所定研究院或研究所继续研究两年以上、经该院所考核成绩合格、提出于教育部审查许可者，得为博士学位候选人"；"具有左列条件之一，经教育部审查合格者，亦得为博士学位候选人。一、在学术上有特殊之著作或发明者，二、曾任公立与立案私立大学或独立学院教授三年以上者"；"博士学位候选人，经博士学位评定会考试合格者，由国家授予博士学位"；"硕士学位及博士学位之候选人，均应提出研究论文"；"本法施行前在公立或立案私立之大学或独立学院之本科毕业生，与依第三条受有学士学位者有同一之资格"；"在经教育部认可之国外学校或其他学术机关得有学位者，得称某国或某国某学校学位"；"名誉博士学位之授予，另以法律定之"。5月20日国民政府明令《学位授予法》自本年7月1日起施行。

4月24日 国民政府教育部指令：国立浙江大学，"依照本部十八年一月第210号取缔各学校同乡会之组织之训令，凡各校类似同乡会之组织，虽未标明同乡字样，并应予以取缔。"

4月25日 国民政府教育部通令公布《本年度各大学及独立学院招生办法》。《办法》要求各校在详审师资、设备的基础上酌定招生额数，不得滥收。各文商院校系招收新生及转学生平均人数限制为：文学院各系16名、法学院各系27名、商学院各系22名、教育学院各系15名。

4月30日 国民政府教育部训令规定《专科学校或专修科毕业生升学办法》："修业二年期满之专科学校或专修科毕业生得投考大学或独立学院第二年级第一学期。投考大学各学院或独立学院各科，均以与其院习学科性质相同为限。此项入学考试得酌量加考大学或独立学院第一年级所授科目"。

同日 《大公报》发表评论《大学教育政策之转变》，对教育部提早结束淘汰文法院校政策表示欢迎。

5月6日 因国民政府规定"不准私立学校法律系毕业生投考法官"，私立复旦大学、私立上海法学院等私立院校法律系学生召集紧急会议，商讨对策。

5月10日 国民政府教育部训令国立中央大学，"教职员人数太多，应极力裁剪。聘任助教，应以人才为标准，不宜偏重本校出身之条件。吾国医学人才至感缺乏，首都亦尚缺乏高等医学教育机关，该校应即添办医学院，于下年度开始招生，以应国家急需。"

同日 私立厦门大学重新组织校董会。陈嘉庚为永久董事，林文庆为当然董事。汪精卫、孙科、宋子文、王世杰、孔祥熙、黄奕住、曾江水为名誉校董。陈延谦、李俊承、黄廷元、黄伯权、洪朝焕为校董。9月10日，新校董会举行第一次会议，陈嘉庚被推举为校董会主席。

5月18日 国民政府公布《修正教育部组织法第二十一和二十二条条文》，规定"教育部设督学六人至十人，视察及指导全国教育事宜"；"教育部设科长十四人至十六人，科员办事人之一百零八人，承长官之命，分掌各科事务"；"教育部部长特任，次长、参事、司长、秘书二人及督学四人简任，秘书、督学及科长荐任，科员委任。"

5月23日 国民政府教育部颁布《学位分级细则》12条，规定："文科学位分文学学士、文学硕士、文学博士三级，大学文学院或独立学院文科设有政治学系、经济学系及文科研究所设有政治学部、经济学部者，其学位之级数及名称，应与法科同"；"理科学位分理学士、理学硕士、理学博士三级"；"法科学位分法学学士、法学硕士、法学博士三级，大学法学院或独立学院法科，设有商学系及法科研究所设有商学部者，其学位之级数及名称，应与商科同"；"教育科学位分教育学士、教育硕士、教育博士三级"；"农科学位分农学士、农学硕士、农学博士三级"；"工科学位分工学士、工学硕士、工学博士三级"；"商科学位分商学士、商学硕士二级，大学商学院或独立学院商科，设有经济学系及商科研究所设有经济学部者，其学位之级数及名称，应与法科同"；"医科学位分医学士、医学硕士、医学博士三级"；"大学或独立学院及其研究院或研究所，设有特殊系部者，如对于该系部所授学位，须用何项名称，发生疑义时，应呈请教育部核定"；"各级学位证书应载明受学位者、在本科所属之系或研究所所属之部"。

5月25日 国民政府教育部训令："专科以上学校招考新生，应在八月举行"。

5月27日 上海各私立大学法律系学生联合会通电全国，要求国民党政府"下大决心"收回领事裁判权。

同日 国立中山大学发生驱逐古直风潮。古直为该校文学院中文系主任，提倡读经最力，引起学生强烈反对。

5月28日 国民政府教育部训令国立各大学、学院："推行全国合作事业讨论会关于合作教育各案。其中包括，设法多设合作讲座，在经济、商业、社会等系科酌设合作课程，或于适当科目之教材中注重合作研究"。

5月30日 国民政府教育部训令私立华南女子文理学院："文科各系关于宗教课目之设置过多，应尽量减少。课堂工作，应加多辅导研究之机会，实习试教，为教育系主要课业""该院低年级课程，多用英文讲授，……应改用本国文字""该院本国教员薪俸，颇嫌低微，应尽可能范围内予以改善。"

5月 商务印书馆出版陈东原著《中国科举时代之教育》。此书列入师范教育丛书。国立编译馆出版丁致聘编《中国近七十年来教育纪事》。

6月7日 国民政府教育部训令国立中央大学主持办理国立牙医专科学校。

6月12日 国民政府教育部公布《硕士学位考试细则》12条，规定：硕士学位候选人资格须具有"（一）依学位授予法受有学士学位，或于学位法施行前曾在本国公立或立案私立之大学或独立学院本科毕业，或曾在经教育部认可之国外大学得有相当于学士之学位者；（二）曾在学位授予法第四条所定研究院或研究所继续研究两年以上者；（三）修毕规定课程，完成研究论文，经所属院以平时考试稽核方式、证明成绩合格者"；"硕士学位考试分列两种：（一）学科考试，（二）论文考试"；"候选人须于考试期前一个月缮正研究论文及论文提要各两份，呈送所属院所，由院所提出于考试委员会"；"考试成绩之核算，论文成绩占百分之六十，学科成绩占百分之四十，两种成绩各在六十分以上，始认为及格"；"硕士学位考试委员会""由校延聘经部核准之校内外委员各若干人（各占半数）组织之，由部指定一人为委员会主席"；"每一候选人论文之审查，由校外委员二人任之，其口试或笔试，至少须由校外委员一人参加主持。学科考试，至少须有校外委员一人参加主持"；"候选人考试成绩，由主试各委员分别评定后，须提送委员会，由全体委员为最后之决定"。

6月23日 私立南开校友总会为纪念南开学校成立30周年及校长张伯苓60寿辰，发起"三六奖学金"募款活动，公募款6.3万元。其中以全数三分之一息金，在本校设立"三六奖学金"额8名，每年2名，每年奖励200元。

6月24日 国民政府教育部训令私立复旦大学："该校经费，颇多亏空，亟应由校董会设法筹措，同时节减办公及临时费用，以谋收支之适合"；"兼任教员数额尚嫌过多，应逐渐改聘专任，以符部定比率"；"招生考试，殊嫌宽滥，对于少数学校毕业生，予以免试全部科目或一部科目之特例，尤属不合，嗣后应一律公开考试"；"教学方法，应培养学生临时笔记及阅读中西书籍之能力，各系毕业论文，均属重要，不得稍涉敷衍或竟予免除"。

同日 国民政府教育部训令私立光华大学："招生考试未见严格，嗣后应提高标准，从严取录"；"教学方面，应注意培养学生自动研究之精神，不宜徒凭讲义或课本。有若干课程，均纯用英语讲授亦非必要，应为适当之纠正"。

同日 国民政府教育部训令私立之江文理学院："该校招生，对于若干中学毕业生予以免试一部分科目之规定，殊属不合，嗣后自应一律全部考试""该院校内课程表及行政方面所有表册，均应力求以中文为主"。

6月25日 国民政府教育部训令私立大夏大学："该校招生，仍嫌宽滥，嗣后应提高标准，从严录取。"

同日 国民政府教育部训令私立湘雅医学院："教员授课，多用英语，固能提高学生阅读西文参考书籍之能力，但教员讲授是否皆能应用裕如，及学生听讲是否皆能充分了解，尚须加以注意，并为适当为之纠正。"

同日 国民政府教育部训令私立震旦大学："该校医学院分普通医学及牙医两系，与大学规程医学院不分系规定不合，应将普通医学系名称取消，牙医系改为专修科""该校重要职员，宜延聘本国学者充任，又中外教员待遇过相悬殊，亦应予以改善"。

6月 广东明德社开办学海书院，张东荪任院长，招收大学毕业生入院读经。对此，教育界反应强烈。

7月9日 国民政府教育部发布训令，对私立大夏大学提出改进校务意见，主要内容摘录如下："一、该校商学院办理未见妥善。惟查该院毕业生出路颇佳，姑准暂行试办，下年度应缩减招生名额，全力充实内容。二、该校经费每年亏空甚巨，应由校董增筹基金，以裕收入，并缩减办公临时各项费用，以节支出，籍谋收支之适合。三、该校教员薪给甚低，应极力减少兼任员额，增高专任教员待遇。四、该校化学系之仪器、药品等待补充，土木系三年级以上之高深设备均未配置，数理系之物理设备甚为缺乏，应分别添置补充，以资应用。又数理系课程亦嫌庞杂，应重新编制。五、该校招生仍嫌宽滥，嗣后应提高标准从严录取。平时训育管理方面，亦应加以整顿。"

7月13日 国民政府教育部训令私立齐鲁大学："文学院历史社会两系，

应遵前令合并一系""该校校长，在校董会未正式选定以前，应即由该代校长负责主持，以重校务"。

7月31日 国民政府立法院7月12日会议通过《考试法》经过修正公布，共19条，其中规定："中华民国国民有下列资格之一者，得应高等考试：一、公立或立案私立大学、独立学院或专科学校毕业，得有证书者；二、教育部承认之国外大学、独立学院或专科学校毕业，得有证书者；三、有大学或专科学校毕业之同等学力、经检定考试及格者；四、确有专门学术技能或著作、经审查及格者；五、经普通考试及格四年后，或曾任委任官及与委任官相当职务三年以上者。"

7月 私立南开大学经济研究所开始招收研究生。第一届录取刘君煌、陶继侃、黄肇兴等10人。本月，教育部补助私立南开大学1935年度补助费23万5千余元。

同月 省立山西大学增设理学院，1936年教育学院并入文学院。

同月 广东省立勷勤大学师范学院改称为教育学院，增设教育学系。工学院增设电信交通专修科。商学院增设工商管理学系。

同月 经教育部核准备案，重庆大学改为省立，将四川省立工学院并入，设理学院和工学院。原有的文、农两学院并入国立四川大学。1937年增设商学院。

8月1日 国民政府任命私立齐鲁大学校长朱经农为湖南省省府委员兼教育厅厅长。

8月5日 国民政府考试院公布《修正高等考试教育行政人员考试条例》6条，规定"第一试之科目：国文、总理遗教、中国历史、中国地理、宪法、社会学"；"第二试科目：教育原理、教育行政及教育法规、视学纲要、各国教育制度、民法"。

8月14日 国民政府令："国立四川大学校长王兆荣呈请辞职。准免本职。"

8月 国民政府教育部核准设立新疆、云南、绥远、西康、察哈尔、贵州等6省师范学校各一所。除察哈尔省为回民班外，均为完全师范（内含蒙、回等班）。

同月 商务印书馆出版姜琦著《现代西洋教育史》。姜琦（1885—1951），字伯韩，浙江温州人，东京高等师范学校毕业，曾任国立暨南大学教授、私立大夏大学教授、国立中央大学教授、私立厦门大学教授、国立浙江大学教授等职。

同月 江苏省立女子蚕业学校兼办制丝专修科，培养高级制丝人才。1936年制丝专修科改名为"江苏省立制丝专科学校"，郑辟疆任校长。郑辟疆（1880—1969），字紫卿，江苏吴江人，早年赴日本留学、考察，曾任江苏省立女子蚕业学校校长、苏州蚕桑学校校长、苏州丝绸工业学校校长等职。

9月3日 国民政府令："任命何炳松试署国立暨南大学校长"。何炳松（1890—1946），字柏丞，浙江金华人，美国波士顿大学硕士，曾任国立北京大学教授、国立北京高等师范学校教授、浙江省立第一师范学校校长、私立光华大学教授、私立大夏大学教授、上海商务印书馆编译所所长等职。

9月7日 胡适当选为国民政府中央研究院第一届评议会评议员。

9月16日 苏州国学讲习会开学，18日正式上课，由章太炎主讲。该会出版《制言》半月刊，"以提倡国学为宗旨"。

9月23日 国民政府令："任命任鸿隽试署国立四川大学校长"。

9月25日 中华国民拒毒会颁发《扩大全国学生拒毒论文比赛章程》，提倡大中学学生研究毒物问题，加入拒毒运动。

9月 商务印书馆出版钟鲁斋著《比较教育》。此书列入大学丛书。钟鲁斋（1899—1960），广东梅县人，美国丹佛大学文学硕士、教育学博士，曾参与创办私立嘉应大学，曾任私立沪江大学国文系教授、国立清华大学文学院院长等职。

同月 为鼓励私立大学发展，国民政府教育部颁给各校补助费并设特种教习。私立大夏大学徐仁铣先生经核准担任私立大夏大学特种教席。徐仁铣（1900—1943），美国康奈尔大学博士，曾任私立大同大学教授、私立大夏大学教授、国立浙江大学教授、国立中央大学教授、省立重庆大学教授等职。

同月 本年度国民政府教育部补助私立复旦大学理学院经费13,369元。

秋 广东省立体育专科学校在广州成立，许明辉任校长。

10月11日 国民政府教育部通令公私立各大学学院："在名誉学位授予法未制定公布以前，各校不得擅授任何名誉学位"。

10月16日 国民政府教育部训令设有法律科之各大学及独立学院："国立大学或独立学院请求司法院发给法律科毕业学生证明书应检同各该生毕业证书、分数、成绩单及最近二寸半身相片呈送司法院审核。"

10月18日 国立戏剧专科学校经中央委员张道藩建议在南京正式成立，国民政府教育部任命张道藩、方治、闻亦有、雷震、余上沅为校务委员会委员，任命张道藩为主任委员，余上沅为校长。学生修业2年，每年招收1班。1937年呈准改为3年制；1940年改办5年制专科学校，设话剧、京剧2科，并附设高级职业科话剧组。余上沅（1897—1970），字舲客，湖北江陵人，美国卡耐基梅隆大学研究员，曾任国立北京艺术专门学校戏剧学教授、国立东南大学教授、私立光华大学教授等职。

10月24日 国民政府令："安徽省立安徽大学校长傅铜呈请辞职，准免本职"。

11月2日 刘季洪试署省立河南大学校长，其间制定《河南省立河南大学组织大纲》，调整机构，减聘冗员，尊师敬贤，延揽名师，将"明德新民止于至善"的校训悬挂于新建大门之上。刘季洪（1903—1989），江苏丰县人，美国华盛顿大学教育硕士、化学博士，曾任湖南省立大学校长、河南省立大学校长、国民政府教育部秘书、社会教育司司长、国立西北大学校长、国立政治大学教育系主任等职。

11月3日 国民政府立法院院长孙科允任私立大夏大学校董。

11月12-22日 国民党召开第五届全国代表大会，大会通过教育决策之宣言，以推动战时教育为目标，对于教育提示有2点："一是学术研究机关必须与国家社会密切联系，二是确立奖学制度"。

11月19日 宋哲元、秦德纯、萧振瀛宴请北平教育界人士，征询对时局意见。各大学校长、院长、教务长等50余人参加。萧振瀛说明华北自治运动情况，与会者一致表示反对，强烈要求宋哲元、秦德纯竭力支撑危局，勿使国家领土主权招致分裂。宋哲元（1885—1940），字明轩，山东乐陵人，曾任国民政府军事委员会委员、察哈尔省政府主席、河北省政府委员、主席等职。秦德纯（1893—1963），字绍文，山东沂水人，曾任国民政府察哈尔省主席兼冀察政委会常委、北平市市长、国民党第五届中央监委山东省政府主席兼青岛市市长等职。萧振瀛（1890—1947），字仙阁，吉林扶余人，曾任国民政府察哈尔省主席、天津市市长等职。

同日 国民党在第五次全国代表大会上通过《确定今后教育改进方针案》，该方案指出"各级学校均应切实注重人格训练与团体训练，以矫正过去一般教育之弱点。"其中尤为强调"吾国各级学校，向不注重训育，而专科以上学校尤为甚，至于体育，近年虽渐有进步，然专科以上学校仍大都未能使全校学生受相当体魄训练。军事训练在专科以上学校亦尚未能产生相当之成绩。此种情形，中央及地方教育当局今后应为更大之努力，以图矫正，务使一切学校均有适当之训育组织，其在大学并应酌量采用导师制度，以为学生道德修业之助；训育课目应定为大、中、小一切学校之必修课目，而使一切学生切实修习，军训师资应力图改善，军训实施尤应较前认真。"

11月24日 蒋梦麟、梅贻琦、李蒸、徐诵明、陆志韦、傅斯年、任鸿隽、胡适、张奚若等北平各大学校长、教授20余人发表宣言，坚决反对一切脱离中央和组织特殊机构的举动，要求维护国家领土与行政的完整。

11月28日 北平各大学学生发表与北平共存亡宣言，宣称"绝不南迁，绝不离校，绝不停课，抱定以数千大学生之头颅，效法国'最后一课'之精神，作政府的后盾，与华北共存亡。"

11月 中国共产党中央、中央红军长征到陕北后即在瓦窑堡恢复了中央党校。校长为董必武，教务主任为成仿吾。成仿吾（1897—1984），原名成灏，早年留学日本，曾任省立广东大学教授、黄埔军官学校教官、中国共产党中央党校教务主任、陕北公学校长、中国人民大学校长、东北师范大学校长兼党委书记、山东大学校长兼党委书记等职。

12月2日 北平各大学校长、教授徐诵明、李蒸、蒋梦麟、梅贻琦、陆志韦、胡适、傅斯年等数十人电国民政府，申述华北各界民众"毫无脱离中央，另图自治之意"，要求当局"消除乱源，用全力维持国家领土及行政之完整"。

同日 私立大夏大学王伯群校长当选为国民党中央政治会议委员。

12月8日 北平学联在私立燕京大学召开各校代表大会，决定第二天组织学生到新华门前示威，反对成立"冀察政务委员会"。

12月9日 私立燕京大学、国立清华大学、国立东北大学、私立中国大学、国立北平大学、国立北平师范大学、国立北京大学、私立辅仁大学等校学生到新华门前请愿，提出"反对华北特殊化和伪自治运动""停止内战，一致对外"等6条要求。私立燕京大学教师埃德加·斯诺（Edgar Snow）夫妇与学生一同参加游行。埃德加·斯诺（1905—1972），曾任私立燕京大学新闻系讲师、《每日先驱报》和美国《星期六晚邮报》驻华战地记者等职。

同日 北平日军宪兵借口国立北京大学校长蒋梦麟有反日行动，传蒋至兵营问话。蒋不屈，遂释放。

同日 国立北平师范大学宣告成立学生自治会，于刚当选为执委会主席。并宣布10日起罢课。

同日 国民政府教育部部长王世杰公开发表谈话，禁止学生游行、请愿、罢课。接着教育部通知各地学校都提前放寒假。

12月12日 国民党中央政治委员会通过各专门委员会主任委员名单，经亨颐为教育委员会主任委员。

12月13日 北平6所大学校长蒋梦麟（国立北京大学）、徐诵明（国立北平大学）、梅贻琦（国立清华大学）、李蒸（国立北平师范大学）、王卓然（国立东北大学）、陆志韦（私立燕京大学）联名向学生发表《告同学书》，称被捕学生已完全释放，请愿及罢课目的已达到，望同学即日恢复学业。20日，发表二次《告同学书》，再劝学生复课。王卓然（1893—1975），字回波、梦白，辽宁抚顺人，美国哥伦比亚大学文学硕士，发起创立"九三学社"，曾任《东方快报》社长、国民参政会参政员等职。

12月14日 上海各大学校长翁之龙（国立同济大学）、李登辉（私立复旦大学）、刘湛恩（私立沪江大学）、何炳松（国立暨南大学）等10余人面见沪市长吴铁成陈述爱国运动意见，要求言论自由，吴称学生爱国运动须不违"不罢课、不游行"原则。

12月15日 北平市政府与各大学当局宣布自16日起学生一律上课，如有违反，严惩不贷。

同日 胡适在《大公报》上发表《为学生运动进一言》一文，指责学生罢课是"最无益的举动""久已成了滥用的武器，不但不能引起同情，还可以招致社会的轻视与厌恶"；学生救国"只有拼命培养个人的知识与能力"。

12月16日 北平学生为反对华北自治运动再度举行声势浩大的示威游行，44所大中学校，学生万余人参加游行。"反对日本帝国主义侵略中国""不承认冀察政务委员会""反对华北任何傀儡组织"，要求"收复东北失地"。是日，被捕学生46人，受伤300人，重伤者75人。天津、广州、安庆、上海、厦门、桂林、汉口、成都、徐州、南宁、开封、宁波、南通、重庆、应城、焦作、无锡等地学生纷纷游行、请愿、罢课，支援北平学生运动。

12月17日 国民政府令："任命李顺卿为安徽省立安徽大学校长"。

12月18日 南京各高校学生五千余人请愿游行，反对华北自治组织，要求当局释放北平被捕学生，保障爱国运动。翌日，南京金陵大学等10余校学生8,000余人再度游行，向国民政府行政院请愿，行政院院长翁文灏接见，表示所提请愿各点，政府当尽速处理。

12月19日 私立复旦大学等校8,000余人向上海市政府请愿，要求"政府维持领土主权完整，出兵收复失地，保护救国运动，保障言论集会自由"。

12月20日 国立浙江大学学生决议赴京请愿，军警逮捕多名学生，教授声援学生，校长郭任远辞职。

同日 上海40余校学生6千余人到市政府请愿，"要求国民党中央制止华北当局压迫学生爱国运动，出兵讨伐殷汝耕，维护国家领土、主权完整。要求市长释放本月9日被捕的交通大学学生李振声，保障言论、集会自由"。

12月22日 上海基督教各界人士刘湛恩、颜福庆、李登辉、朱懋澄等28人发表宣言声援学生爱国运动，称"不惜为真理与正义而流血，尽我们的力量，作伟大的反抗运动的后盾。"

12月25日 国民政府为制止学生运动，令军事委员会于必要地区宣布戒严。蒋介石传口讯，"凡违反戒严令者，概以军法从事"。翌日，南京、上海、武汉三市实行戒严。

12月26日 根据中国共产党北方局指示，"平津学生联合会"宣告成立。

12月27日 沈钧儒、曹聚仁、周新民、张定夫等60余人发起成立大学"教授救国会"。曹聚仁（1900—1972），字挺岫，浙江金华人，章太炎入室弟子，参建"新南社"，曾任《浙江新潮》主编、《涛声》主编、《芒种》主编等职。周新民（1897—1979），原名周骏，别名振飞，安徽庐江人，日本明治大学法学士，曾任安徽公立法政专门学校学监主任、河北省训政学院教授、私立中国公学教授、上海法政学院教务长、私立复旦大学教授等职。张定夫（1894—1966），曾留学日本法政大学，曾任中华人民共和国华东军政委员会司法部副部长、华东人民法院副院长、全国人大常委会法制委员会委员等职。

12月 湖南省主席何健委派曹典球编辑读经教材，并通令各校一律实行读经。曹典球（1877—1960），字籽谷，号猛庵，湖南长沙人，曾任湖南高等实业学堂监督、省立湖南大学校长等职。

同月 "一二·九"学生运动爆发后，陶行知提出"国难教育运动"，目标是推进大众文化，争取中华民族自由平等，保卫中华民族领土主权的完整。1936年陶行知发起组织国难教育社，号召中华民族必须与侵略者作流血斗争。

同年 刘书铭任私立齐鲁大学校长。刘书铭（1894—1964），原名刘世传，山东蓬莱人，美国哈佛大学政治学博士，曾任国立北京大学法学院教授、私立中国学院教授、私立民国学院教授、私立齐鲁大学校长等职。

同年 新疆省立俄文法政专门学校改名为"新疆省立新疆学院"，院址位于迪化，设政治、经济、法律、教育等系。

1936年（民国二十五年 丙子年）

4月22日 国际学联决定，本日至29日为"世界青年援助中国学生周"。

5月5日 国民政府发表《中华民国宪法草案》。

5月31日　沈钧儒、邹韬奋等在上海发起成立"全国各界救国联合会"。

6月3日　埃德加·斯诺以《每日先驱报》特派记者的身份来到陕北。

10月19日　鲁迅在上海病逝。

10月22日　中国工农红军二万五千里长征胜利结束。

11月10日　中共中央作出《关于青年工作的决定》。

11月23日　全国各界救国联合会领导人沈钧儒、章乃器、邹韬奋、李公朴、王造时、沙千里、史良等7人被国民党政府非法逮捕入狱。

12月7日　毛泽东任中共中央革命军事委员会主席。

12月12日　张学良、杨虎城扣押蒋介石,"西安事变"爆发。

1月2日　私立燕京大学校长办公室发布复学告示:"有本校学生近因时局问题,请愿游行,辍课多日,经本校两次劝告复课在案。诸生之爱国热忱,既已充分表现,其他救国事业,亦非长此辍课所能见效。为此布告,自二十五年一月六日起,应一律照常上课,至十八日止。"

1月3日　华北学生联合会组织平津学生南下扩大宣传团。宣传团下分4个团:第一、二团由国立北京大学、国立东北大学、国立北京师范大学、私立中国大学等校学生组成;第三团由国立清华大学、私立燕京大学、私立辅仁大学、私立朝阳学院学生组成;第四团由天津大中学校学生组成。

1月10日　上海各大学"教授救国会"正式成立,援助全国学生爱国救亡运动,负起领导学生救亡的责任。

1月10-12日　平、津学界代表胡适、梅贻琦、张伯苓等赴南京召开蒋介石谈话会,并向教育部部长王世杰报告学生运动情况。

1月13日　广州学生罢课举行爱国示威游行,1名学生被打死,100余人受伤,事件发生后,国立中山大学校长邹鲁辞职。

1月14日　蒋介石以军事委员长兼行政院院长的名义召见全国大、中专校长和学生代表。164位校长发表宣言:"一、拥护国家领土之完整,信任政府,并反对任何分离运动。二、尽力实施切合国难时期需要的教育。三、保持教育的生命,主张裁制罢课及破坏纪律之举动。"

1月28日　国民政府行政院训令教育部转令各教育厅局、各校："严加整饬全国校风。各省市公私立学校，应即按期开课，回复常态。嗣后凡不照章受课受考学生，各校概不得给予学绩。凡以任何方式妨害学校课业之学生，应立即严令离校。校内外尤不得有任何团体，为煽动罢课或干涉学校行政，或防碍社会秩序之举。地方军政机关，查有从事此种煽动行动之团体，应即予以制裁。"

1月29日　国民政府教育部发出通令："教育部将妥慎订定适应国难时期需要之教育方案"。当前，全国各校校长及教职员须"恪遵院令，执行校纪，务使学校秩序完全恢复，不致再有课业中断等事情"。望全国青年"纳感情于理智"。

1月　国民政府教育部任命湖南省教育厅厅长黄士衡兼任省立湖南大学校长。黄士衡于1937年2月辞校长职。

2月5日　中华法律教育会在上海举行成立大会及第一届年会。李登辉、杨永清、金通尹、沈钧儒等20余人到会。大会通过的《中华法律教育会简要》，规定："本会以国内专科以上学校之有法律学系者组织之""以改进法律教育为宗旨"。

2月24日　国民政府教育部部长王世杰就平、津等地学潮对中央社记者谈称，"本部对于此等情事异常重视，除一面责令各校严惩鼓动风潮分子外，并已决定于必要时采取断然处置。"

2月　国立北京大学学生会向校方提出《北京大学非常时期教育实施方案大纲》。《大纲》要求"加设社会科学方法论、国防概论、帝国主义侵略中国史、社会进化史和社会学说史等课程；要求成立时事研究会、社会科学研究会、自然科学研究会和文艺座谈会、学术讲演、时事报告等课外活动"。此《大纲》未被校方采纳。

同月　中央党校随党中央迁至延安，董必武任校长。课程设有哲学、政治经济学、联共党史、党的建设、中国革命问题和游击战争等。

同月　国民政府教育部拟定《高中以上学校军事管理办法》，《办法》分为总则、组织、服装、请假、外出、食堂规则、寝室规则、教室规则、操场规则、野外规则、每日勤务、风纪卫兵、诊断规则等 13 章 98 条管理办法。

3 月 国民政府教育部拟定"特种教育"方案，着重提出要改良精神教育，强调"精神训练是一切教育的基础"，要求各校注意实施下列各项：训教合一，注重学生团体生活，实施军事管理，注重人格感化，举行特别演讲改善学校环境。

4 月 7 日 国民政府教育部公布《硕士学位考试办法》4 条。

4 月 23 日 天津学生联合会组织中等以上 13 所学校学生举行同盟罢课，反对日本增兵华北，反对"防共军事协定。"

4 月 28 日 国民政府教育部颁布《专科以上学校特种教育纲要》，共分 4 章，分别为：精神训练、体格训练、特殊教学与研究、劳动服务。

4 月 蒋介石任命竺可桢为国立浙江大学校长，并答应了竺可桢提出的"财源须源源接济，用人校长有全权，不受国民党之干涉"的任职条件。

5 月 3 日 中国民生教育学会经过欧元怀、钮永建、邰爽秋筹备报呈国民党中央社会部，于上海成立，邰爽秋任学会理事长。

5 月 5 日 国民政府公布《中华民国宪法草案》，其中教育专章第 7 章规定："国立大学及国立专科学校之设立，应注重地区之需要，以维持各地区人民享受高等教育之机会均等，而促进全国文化之平衡发展。"

5 月 6 日 国民政府教育部公布《各级学校设置免费学额及公费学额规程》20 条。《规程》规定："专科以上学校应设置全校学生百分之十以上之免费学额，民国二十五年度至少应设置百分之五，以后应逐年增设，限至民国二十八年度一律达到百分之二十标准""公费学额，除依第二条免收学费外，并应依第十六条之规定，给予最低限度之膳宿、制服、书籍等费""公立专科以上学校，民国二十五年度，至少应设置全校学生数百分之二之公费学额，以后并应逐年酌量增设。各级私立学校之经费比较充足，或受有政府补助者，亦应酌量设置公费学额。"

5 月 10 日 私立大夏大学集中军训学生 208 人，由军事教官徐建德先生带领去苏州参加集中训练。

5 月 16 日 国民政府令："国立中央研究院总干事丁文江，在湘勘矿，劳卒弗辞逝世，特予褒奖"。用示"政府重视科学，眷念专才之至意。"

5月17日 陈嘉庚自新加坡致函福建省政府及国民政府教育部，"愿无条件将厦门大学全部产业奉送，请政府接办，省立、国立均可"。18日，国民政府教育部部长王世杰复函陈嘉庚称，"因来不及列入年度预算，厦门大学由政府接办一事，从缓商议"。26日，福建省主席陈仪复函陈嘉庚，"建议本年度仍旧维持，以免影响学业"。

5月19日 私立华南女子学院的校董会投票反对与福建协和大学联合并校。

5月 省立广西大学校长由省府主席黄旭初兼任，废除副校长制，将广西省立师范专科学校并为该校文法学院、将广西省立医学院合并为理工学院。黄旭初（1892—1975），广西容县人，毕业于广西陆军速成学校，后入北京陆军大学深造，曾任广西省主席、国民党中央执行委员、总统府国策顾问、行政院水利委员会委员等职。

6月1日 中华苏维埃共和国西北抗日红军大学（简称"红大"）在瓦窑堡成立，举行第一期开学典礼。毛泽东、周恩来、张闻天出席并讲话。该校直属于抗日红军中央军事委员会，以训练抗日救国军政人才为宗旨。林彪任校长，罗瑞卿任教育长，杨尚昆任政治部主任。第一期共 1,038 人，分为 3 科：第 1 科为军师两级军队干部，第 2 科为连营干部，第 3 科为班排干部。林彪（1907—1971），原名林祚大，字阳春，湖北黄冈人，黄埔军校毕业，曾任中华人民共和国中央人民政府人民革命军事委员会副主席、国务院总理、国防委员会主席等职。罗瑞卿（1906—1978），四川南充人，曾任中华人民共和国公安部部长、国务院副总理、中央军委秘书长、解放军总参谋长、中央书记处书记、国防委员会副主席、国防工业办公室主任等职。

6月6日 私立厦门大学全体学生集会，议决请求教育部将私立厦门大学收归国立。

6月26日 国立四川大学校长任鸿隽、国立浙江大学校长竺可桢、国立武汉大学校长王星拱、国立中央大学校长罗家伦、省立重庆大学校长胡庶华、私立华西协合大学校长张凌高致电中央，表示拥护对内和平统一政策，并电请陈济棠、李宗仁、白崇禧停战撤回原防。

6月28日　国民政府行政院会议通过本年度发给各私立大学补助费72万元。受补助的私立大学有厦门大学、金陵大学、东吴大学、之江大学等39校。

7月15日　国民政府教育部部长王世杰接见北平各大学毕业生，就数年来专科以上学校毕业生失业救济问题发表谈话。王世杰说："过去法科学生过剩，实科人材缺乏，高等教育之畸形发展，实为毕业生失业之重大原因"，近年来"高等教育在数量与质量上已有相当之整理与改进，其所造就之人材，渐能适应国家需要"，毕业生失业情形，"并不如外传之甚"，并称政府已决定失业救济办法。"政府决定每年淘汰百分之二成绩不良之公务员，以考试方法录用大学毕业生。"

7月21日　国民政府行政院通过开办专科以上学校毕业生就业训练班简章及训练班经费、招收学员办法等有关议案。

7月27日　国民政府教育部颁布《专科以上学校卫生设施暂行标准》。《暂行标准》确定的目标是："充实专科以上学校卫生设施，对于全校教职员、学生及工友之疾病，予以适当之诊治预防；改善校内环境卫生，以保障生活安全，增进个人健康；养成学生对于卫生之正当观念，以期负起引导社会，促进民族健康之责任"。

7月29日　国立中山大学师生员工掀起倒邹鲁运动，电教育部要求另派贤能接长该校。

7月　林济青赴青岛任国立山东大学代理校长。

同月　私立厦门大学调整董事会，汪精卫、孙科、宋子文、王世杰、孔祥熙、黄奕住、曾江水等7人仍为名誉校董。陈嘉庚、陈延谦、黄伯权、洪朝焕、黄鸿翔、林鼎礼、林文庆等7人为校董。陈嘉庚继续担任校董会主席。

同月　广西省立医学院改归广西大学，称为"广西大学医学院"。

同月　国民政府教育部派魏元光、陈剑如、石志仁、杜殿英等人为筹备委员，筹办国立中央工业职业学校，勘定南京中央门外郭家山为永久校址，并获中英文教基金董事会的经费支持。陈剑如（生卒年不详），广东台山人，曾任交通电讯学校校长、国民政府财政部秘书长、立法院立法委员、制宪国民大会代表、中央执行委员等职。石志仁（1897—1972），河北乐亭人，香港大学学士、美国麻省理工学院硕士、中国科学院院士，曾任国立北洋大学教授、省立东北大学机械系主任、国民政府交通部路政司司长、中华人民共和国铁道部副部长、中国机械工程学会理事长等职。杜殿英（1893—1978），字再山，山东潍县人，德国明兴城工业大学机械科特许工程师工学博士，曾任国立同济大学秘书长兼教务长、国民政府国防最高委员会委员、资源委员会副主任委员、中华民国工商协进会常务监事等职。

8月4日 国民政府教育部订定《暂行大学体育课程纲要》6条，规定"大学体育课之目标是：锻炼健全体格；培养合作精神；训练应用于一般生活及国家需要之技能；养成以运动调节身心之习惯。"《纲要》并对时间支配、教材大纲、教学要点、设备等作了规定。

8月13日 私立中国公学校长吴铁城约谈校董，商量复兴私立中国公学问题。

8月17日 中国科学社（第21次年会）、数学会（第2次年会）、物理学会（第5次年会）、化学会（第4次年会）、动物学会（第3次年会）、植物学会（第4次年会）、地理学会（第3次年会）等7个科学团体在国立清华大学召开联合年会，20日结束。到会四百余人。中国科学社在年会上决定设立中国科学社资金委员会，以奖励国人研究科学之兴趣，并推胡先骕（生物）、胡刚复（物理）、顾毓琇（工程）、黎照寰（社会）等为资金委员会委员。

同日 国民政府教育部任命胡庶华为四川省立重庆大学校长。

8月21日 国立药学专科学校经过国民政府教育部指派孟目的、薛培元、朱章赓、陈思义等筹备委员的筹备，正式在南京、北平两地招考新生，正取40名，备取15名。临时校舍位于南京白下路。次年八月呈准迁移至汉口四维路；1938年1－2月迁至重庆。1946年复员至南京丁家桥。朱章赓（1900—1978），浙江义乌人，曾任国民政府卫生部常务次长和代理部长、世界卫生组织公共卫生行政科主任、北京医学院副院长、中华医学会常务副会长等职。陈思义（1902—1983），曾名陈涌宜，上海崇明人，美国威斯康星大学药学博士，曾任国立药学专科学校教务主任、校长、私立华西大学教授、南京药物研究所研究员等职。

8月24日 国立北京大学文学院院长胡适在美加州太平洋学会第六届大会演说，抨击日本对华政策，表示"中国民族已抱定决心，誓必奋斗到底，以维护本国之生存。"

8月 钱新之任私立复旦大学代理校长。

同月 四川省立乡村建设学院改组为"四川省立教育学院"，高显鉴任院长。次年2月教育部批准省教厅的决定，准予设立。逐渐形成教育、国文、数学、英文、史地、博物、农艺、农制、园艺等9个系。高显鉴（1892—1961），字泳修、咏修，浙江绍兴人，曾任省立四川大学教授、四川省立教育学院院长、四川平民教育促进会会长、四川乡村建设学院院长、国民政府军委会委员、国防最高委员会专门委员等职。

9月2日 国民政府教育部聘孟目的为国立药学专科学校校长。孟目的（1897—1983），直隶保定人，毕业于英国伦敦大学药学院，曾任国民政府卫生部《中华药典》编辑、国立药学专科学校校长、中华人民共和国药典编纂委员会委员兼总干事、卫生部药典委员会副主任委员、卫生部药品检验所所长等职。

9月11日 国民政府命令嘉奖北平私立燕京大学校务长司徒雷登（John Leighton Stuart）募捐兴学，为该校先后所募捐款计达2,000万元。

9月13日 私立南开大学学生20余人，被日军逮捕。

9月 胡适代表国立北京大学和国立中央研究院参加哈佛大学300周年校庆活动。

10月17日 私立南开大学校庆纪念日，举行严范孙铜像揭幕仪式。

10月23日 国民政府教育部公布《蒙藏回学生升学补助办法》。《办法》规定："自本年度起，在边疆教育补助费内指拨若干，专作奖金补助升学内地专科以上学校蒙藏回学生之用"。

10月 国民政府教育部授权国立中山大学与意大利远东近东学会接洽交换教授讲座事。接洽结果，双方交换教授1名，期限半年，中国教授学科偏重于东方哲学，意方教授学科偏重于数理科学。

同月 国民政府教育部公布民国23年（1934年）高等教育概况，全国专科以上学校总计110所，教员7,200余人，职员5,300余人，在校生4.17万余人，毕业生9,600余人，图书487万余册。中国留学生共计859人，以留美、留日最多，年费212.7万余元。

11月6日 国民政府公布《修正国立中央研究院组织法》。规定："国立中央研究院直隶于国民政府，为中华民国最高学术研究机关"；国立中央研究院之任务为"实行科学研究"和"指导联络奖励学术之研究"；"国立中央研究院设院长一人，特任，管理全院行政事宜"。

同日 中法教育基金委员会决议，补助国立清华大学设置科学讲座费9,000元，聘请法国名教授任教；通过考选留法公费生办法，年定5名，留学3年，1937年开始实行。

11月12日 国立中央大学校长罗家伦在绥远发表慰勉武装同志文，并代表中央大学3,000余名教职员和学生向抗敌将士致敬。

11月20-26日 私立沪江大学30周年校庆，刘湛恩校长邀请教育部部长王世杰、上海市市长吴铁城、中国大学联合会会长黎照寰，以及肯塔基州路易维尔南浸会神学院院长约翰·R.沈培博士（Dr. John R. Sampey）等到校演讲。

11月25日 国民政府任命陈可忠为国立编译馆馆长。陈可忠（1898—1992），福建闽侯人，美国芝加哥大学化学博士，曾任国立中山大学教授、国立编译馆馆长、国立中山大学校长、台湾师范大学理学院院长、台湾清华大学教务长等职。

11月 国民政府教育部东北青年教育救济处公布《东北青年教育救济处科学研究补助费章程》。《章程》规定，"为奖助专科以上学校东北籍毕业生在国内外大学或研究机关从事科学研究而设置的科学研究补助费，每年暂定为9,000元"；"补助费分甲、乙、丙三种，补助期间以一学年为期限，期满照规定手续重新申请"。《章程》还对申请、审批等作了规定。

12月12日 南京、上海一些大学举行国语、英语演讲赛。国立中央大学、私立金陵大学、私立复旦大学、国立交通大学、国立暨南大学、私立之江大学、私立光华大学、私立沪江大学、私立金陵女子大学、私立大夏大学、私立大同学院等校参加。

12月28日 国立清华大学、私立燕京大学、私立北京协和医学院、私立南开大学、私立金陵大学与河北省定县平民教育委员会，合组华北农村建设协进会，会所暂设在山东济宁，旨在使大学课程面向农村，训练高级技术人才，改良农村建设。于定县、济宁分设实验区，会长为晏阳初，副会长为梅贻琦、林可胜。

12月 毛泽东在陕北红军大学作"中国革命战争的战略问题"的讲演。提出："重要的问题在善于学习""读书是学习，使用也是学习，而且是更重要的学习""一个军事学校，最重要的问题，是选择校长、教员和规定教育方针"。

冬 私立朝阳学院校董会董事长黄郛病故，经董事会推举，居正担任董事长，张怀九为校长。居正（1876—1951），字之骏、觉生，湖北广济人，早年入日本法政大学预备部和本科法律部，曾任国民政府委员、司法院院长兼最高法院院长、司法行政部部长、中央执行委员、制宪国民大会代表、国史馆馆长等职。张怀九（1886—1976），原名张知本，湖北江陵人，日本法政大学毕业，曾任国民政府众议院议员、湖北省立法科大学校长、私立上海法政大学校长、私立朝阳大学校长、国民政府司法行政部部长等职。

同年 商务印书馆编印大学丛书。大学丛书分文、理、商、法、教育、工、农、医等学院用书。邀集国内各大学及学术团体代表组织大学丛书委员会。委员有：丁燮林、王世杰、王云五、任鸿隽、朱家骅、朱经农、李四光、李建勋、李书田、李书华、李圣五、李权时、余表松、何炳松、辛树帜、吴泽霖、吴经熊、周仁、周昌涛、秉志、竺可桢、胡适、胡庶华、姜立夫、翁之龙、翁文灏、马君武、马寅初、孙贵定、徐诵明、唐钺、郭任远、陶孟和、陈裕光、曹惠群、张伯苓、梅贻琦、程天放、程演生、冯友兰、傅斯年、传运森、邹鲁、郑贞文、郑振铎、刘秉麟、刘湛恩、黎照寰、蔡元培、蒋梦麟、欧元怀、颜任光、颜福庆、罗家伦、顾颉刚。

1937年（民国二十六年　丁丑年）

1月18日　中共中央和中央军委机关迁入延安。

2月15—22日　国民党五届三中全会在南京召开，确定国内和平统一，适当扩大民主的政策。

7月7日　卢沟桥的日本驻军向宛平城和卢沟桥发动进攻，"卢沟桥事变"爆发。

7月29—30日　日军相继占领北平、天津。

7月31日　沈钧儒等"七君子"出狱。

8月12日　国民政府召开国防最高会议，中共代表周恩来、朱德、叶剑英应邀参加。8月14日国民政府发表《自卫抗战声明书》。

9月6日　陕甘宁苏维埃政府改称"陕甘宁边区政府"，林伯渠任主席。

9月22日　国民政府发表由中共起草的《国共合作宣言》。

9月28日　国际联盟大会通过《谴责日本在华暴行案》决议。

11月—12月　上海、南京先后被日军占领。

1月7日　国民政府教育部"令臧启芳会同北平社会局雷局长接收东北大学，并令接收后由臧启芳代理校长职务"，但东北大学师生以"不能由教育部径派校长"为由阻止教育部的接收工作。臧启芳（1894—1961），字哲轩，辽宁盖平人，美国伊利诺大学硕士，曾任私立中国大学经济学系主任、国民政府众议院秘书、上海商务印书馆编辑、省立东北大学法学院院长、国立东北大学校长等职。

1月20日　中国抗日红军大学改名"中国人民抗日军事政治大学"（简称"抗大"），迁入延安，林彪任校长，罗瑞卿任教务长。该校"以培养抗日军事政治干部为目的"，遵循"抗日高于一切，一切服从抗日"的教育原则，以"团结、紧张、严肃、活泼"为校训，课程及教学内容分政治课、军事课和工作方法课。该校前后共办了8期。

1月24日 中国哲学会第三届年会在国立中央大学举行，金岳霖、宗白华、冯友兰等到会，于27日通过决议："请教部增加哲学课程、并令国立大学一律添设哲学系"；"请中央研究院增设哲学研究所"等。金岳霖（1895—1984），字龙荪，湖南长沙人，美国哥伦比亚大学哲学博士，国立清华大学哲学系教授、国立西南联合大学教授兼清华大学哲学系主任、中国民主同盟中央委员、中央研究院院士等职。宗白华（1897—1986），本名之櫆，江苏常熟人，早年在德国法兰克福大学、柏林大学学习哲学、美学等课程，曾任国立中央大学教授、南京大学教授、北京大学教授兼中华全国美学学会顾问等职。冯友兰（1895—1990），字芝生，河南南阳人，美国哥伦比亚大学哲学博士，曾任国立清华大学教授、哲学系主任、文学院院长、国立西南联合大学教授、文学院院长和中华人民共和国全国人大代表、全国政协常委等职。

1月 毛泽东为中国人民抗日军事政治大学制定"坚定正确的政治方向，艰苦朴素的工作作风，灵活机动的战略战术"这一教育方针。

同月 任鸿隽在赴南京向国民政府教育部述职时，提出辞呈，辞去国立四川大学校长一职，校务由文学院院长张颐暂代管理。

同月 私立复旦大学政治学教授孙寒冰提出编辑《文摘》杂志的方针为"暴露敌人阴谋，促进全国团结，为抗战做准备"。孙寒冰（1902—1940），原名锡麒，江苏南汇人，美国华盛顿大学硕士，后入哈佛大学进修，曾任国立复旦大学教务长兼法学院院长、国立劳动大学经济系主任、国立暨南大学政治经济系主任等职。

2月 省立湖南大学校长黄士衡辞职，皮宗石继任。黄士衡（1889—1978），字剑平，湖南郴县人，美国哥伦比亚大学硕士，曾任长沙商业专门学校校长、湖南实业厅厅长、省立湖南大学校长、湖南省政府委员兼教育厅厅长等职。皮宗石（1887—1967），字皓白，湖南长沙人，早年留学英国，曾任国立北京大学政治学教授兼图书馆馆长、大学院教育行政处主任、国立武汉大学法学院院长、国立湖南大学校长、国民政府教育部教育研究委员会委员等职。

同月 中共中央党校迁到延安，校址设在桥儿沟天主教堂。5月，董必武调任抗大第四大队政治委员，李维汉接任中央党校校长。1938年4月，康生继任。李维汉（1896—1984），原名厚儒，字和笙，曾任中共中央党校校长、中共中央统战部顾问、全国政协副主席、中央顾问委员会副主任等职。康生（1898—1975），原名张宗可，字少卿，曾任中华人民共和国中央政治局常委、中华人民共和国副主席、全国人大常委会副委员长、全国政协副主席等职。

同月 国民政府决定，每年补助私立复旦大学经费18万元，后因抗战爆发而未果。

同月 国民党中央政治学校与青年团中央干部学校合并，改组为"国立政治大学"，蒋介石兼任校长，段锡朋为教育长。同年9月顾毓琇继任校长，不再设教育长。顾毓琇（1902—2002），江苏无锡人，美国麻省理工大学工学博士，曾任国立浙江大学工学院电机工程科主任兼教授、国立中央大学工学院教授、国民政府教育部政务次长、代理部长、国立中央大学校长、国立政治大学校长等职。

同月 省立广西大学医学院独立办理，更名为"省立广西军医学校"，1939年又改为"广西省立医药专科学校"。

3月 陕甘宁边区抗日政府创办边区鲁迅师范学校。第一批学生23人。

4月3日 国立北洋大学筹备委员会会议在上海世界文化合作中国协会举行。王宠惠、王正延、李石曾、陈立夫、茅以升、赵天麟、李书田等7人到会，推定王宠惠为筹备委员会主席。

4月4日 印度国际大学中国学院正式成立，泰戈尔主持庆典仪式并发表讲话。谭云山出任中国学院首任院长。印度国际大学由泰戈尔获得诺贝尔奖之后用奖金创建。谭云山（1898—1983），原名启秀，湖南茶陵人，湖南省立第一师范学校毕业，曾任印度国际大学中国学院院长、中印学会秘书长等职。

4月28日 国民党中央政治委员会以私立大夏大学办理成绩卓著，决议自该年度起，每月由教育部补助经费1万元。

5月3日 国立中央研究院举行第一届评议会第三次年会，通过决议："由中央研究院通函各学术机关，征求最近三年内之工作计划""由本会评议员分别调查国内学术研究事业，以为制作全国学术上合作互助方案之基础"等。

5月17日 胡适在给翁文灏的复信中说，国家教育"似仍宜继续为国家打长远算盘，注意国家的基本需要，不必亟亟图谋适应眼前的需要""解释'国家需要'，不宜太狭，我们所提倡的，似仍在社会不注意的纯粹理论科学及领袖人才的方面"。

同日 国民政府教育部令：东北大学改称"国立东北大学"，臧启芳任校长。6月迁至西安。

5月19日 国立东北大学师生约400余人，以"反对臧启芳任校长，要求张学良校长实际长校"等为由，组成"东北大学护校赴京请愿团"，赴南京请愿；22日与教育部代表达成"在张校长（汉卿）长校原则下，重新决定代理校长人选"等3项协议。

5月20日 国立四川大学由代理校务的文学院院长张颐领衔，76名教职员联名致电国民政府教育部和在南京的任鸿隽本人，恳切挽留任。

5月26日 国立四川大学全体学生举行挽留任鸿隽校长大会，但任去意已决。国民政府教育部部长王世杰于6月10日签署了同意任辞职的训令。任回北平担任中华教育文化基金董事会编译委员会委员长。

同月 受陈嘉庚委托，私立厦门大学校长林文庆前往国民政府教育部商讨更改国立事宜。

同月 国民政府任命张学良为国立东北大学校长，由臧启芳任代理校长。

6月4日 国民政府教育部部长王世杰复电陈嘉庚，同意将私立厦门大学收归国办。

6月 国民政府教育部颁发《训练中学师资暂行办法》，规定："（一）大学教育学院或教育学系学生须选定其他学院之某一学系，或同学院不属教育性质之其他学系为辅系，其辅系所修之主要专门学科须在五十学分以上；（二）教育学院以外之各院学生，志愿毕业后为中等学校教员者，须修习教育原理、教育心理学、普通教学法、专门学科教学法等教育学科十二学分以上"。

同月 私立南开大学第1班研究生毕业，由国民政府教育部授予硕士学位。

同月 国立同济大学增设理学院,"八一三"抗战后开始内迁办学,先后辗转浙江金华、江西赣州和吉安、广西贺县八步镇、云南昆明等地,直至1940年落脚四川宜宾的李庄古镇。

同月 福建省政府筹设福建省立医学专科学校,聘侯宗濂为校长,9月20日正式开学,11月1日并入福建省立医院供学生临床实习,附设医师养成班。侯宗濂(1900—1992),辽宁海城人,曾留学奥地利因斯布鲁克大学、德国莱比锡大学,曾任国立北京大学医学院生理学主任、福建医学院院长兼生理学系主任、西安医学院院长、中华人民共和国卫生部科学技术委员会委员等职。

同月 国民政府任命张颐为国立四川大学校长。

同月 江苏省立银行专科学校在镇江开办,首任校长赵棣华。1939年2月改为"江苏省立商业专科学校"。赵棣华(1895—1950),别名同连,江苏镇江人,美国西北大学经济学硕士,曾任国民政府主计官兼会计局局长、江苏省政府财政厅厅长、中央派遣留学生管理委员会委员、国民党第五届中央执行委员、中央财务委员会副主任委员等职。

夏 国立同济大学奉令增设理学院,加之原有医学院、工学院,使之适合部定《大学组织法》。

夏 潘序伦向国民政府教育部呈请申办立信会计专科学校,获准。7月开始招生。潘序伦(1893—1985),字秩四,江苏宜兴人,美国哥伦比亚大学哲学博士,曾任国立暨南学校商科主任、私立大夏大学商科教授、国立中央大学商学院副教授、国民政府委员会筹备处委员、经济部常务次长、全国经济委员会委员等职。

7月1日 国民政府宣布私立厦门大学正式改为国立大学,设置陈嘉庚奖学金若干名和陈嘉庚讲座数席,设置国立厦门大学咨询委员会为永久机关,陈嘉庚和林久庆为终身当然委员。

7月3日 国立中正医学院成立,王子玕任院长,院址位于江西南昌,设有解剖、生理及药理、病理、内科、外科、公共卫生6学类。王子玕

(1880—1963），原名光宇，江西永新人，美国芝加哥大学硕士、圣路易大学医学博士，曾任江西省医学专科学校校长、湘雅医学院院长、中华人民共和国江西省人民政府教育委员会委员、中南卫生干部进修学校教授等职。

7月6日 国民政府教育部经行政院核准，任命国立清华大学教授萨本栋为国立厦门大学校长。萨本栋（1902—1949），字亚栋，福建闽侯人，美国吴士脱工科大学电机工程师及物理学博士、中央研究院院士，曾任国立清华大学物理学系教授、国立厦门大学校长、中央研究院总干事等职。

7月7日 国民政府教育部令：省立湖南大学改为"国立湖南大学"，分政治经济系为政治、经济两系，将原有商学院并入经济系，改教育系为哲学教育系，皮宗石、胡庶华、李毓尧相继长校。

7月9日 蒋介石分别邀请各界知名人士在庐山举行关于国是问题的谈话会。蒋梦麟、梅贻琦、张伯苓、陈岱孙、顾毓琇、浦薛凤等社会名流应邀参加。其间平津战事吃紧，北方各校纷纷去电告急，要求几位校长返校应变。北平教育界著名学者、教授李书华、潘光旦等21人联名向谈话会呼吁"守土抗敌"。陈岱孙（1900—1997），原名陈总，福建闽侯人，美国哈佛大学哲学博士，曾任国立清华大学法学院院长兼经济学系主任、国立西南联合大学经济系教授、系主任、商学系主任、中央财经大学第一副院长、北京大学经济系主任等职。浦薛凤（1900—1997），字逖生，江苏常熟人，美国哈佛大学硕士，曾任省立东陆大学教授、国立浙江大学教授、国立清华大学教授、国立北京大学政治系讲师等职。潘光旦（1899—1967），江苏宝山人，美国哥伦比亚大学硕士，曾任国立政治大学教务长、私立东吴大学法律学院预科主任、私立光华大学文学院院长等职。

7月23日 毛泽东在《反对日本进攻的方针、办法和前途》中论述抗战的办法，其中第6条为"国防教育""改变过去的教育方针和教育制度"。

7月28日 蒋介石与教育界同仁于庐山举行第二次座谈会，形成数点教育共识，关于高等教育主要分区、经费、课程3个方面的内容。分区主要是把大学分区为紧急区如平津地区、次紧急区如上海、青岛、平常区如内地各处3个区域加以对此而采取不同的应对办法。如紧急区尽量维持学校教学活动；学校完全停顿的采用两种补救办法，（1）是一般学生担任战时服务工作，限于后方救护、慰劳、工程、交通运输等工作；（2）是与后方平常区学校接洽，尽量收容失学青年。次紧急区如上海、青岛，镇静维持学校平常教学，准许师生于课余时间在抗敌后援会统一指导下参加后援工作。而平常区如内地各处，有教育部令现有各校除维持其平常教学活动外，尽量收容紧急区失学青年；并由教育部设立临时学校，收容紧急区失学青年；准许教职员与学生于课余时间在抗敌后援会统一指导下参加后援工作。

7月29－30日　私立南开大学连续两天遭到日军轰炸，大部分校舍被焚毁。

7月30日　张伯苓对《中央日报》记者发表讲话："敌人此次轰炸南开，被毁者为南开之物质，而南开之精神将因此挫折而愈益奋劲"。

7月31日　蒋介石约见张伯苓，表示"南开为中国而牺牲，有中国即有南开。"

7月　国立北京高等师范学校首任校长陈宝泉为天津市教育者作抗战救国报告，因天气炎热、情绪激动，因高血压症一病不起，逝世。

同月　毛泽东完成《实践论》，并以此为主要观点给中国人民抗日军事政治大学学员作讲演。

同月　国民政府教育部拟定《全国医药专科以上学校高级护士及助产职业学校教职员组织救护工作办法》，规定各校联合组织"医教救护团"。

同月　胡适发表关于教育独立的主张："现任官吏不得作公私立大学校长、董事长，更不得滥用政治势力以国家公款津贴所长的学校"；"政治势力主要是党的势力，不得侵入教育"；"中央应禁止无知疆吏用他的偏见干涉教育"。

同月　国立浙江大学成立"特种教育执行委员会"，竺可桢任主席，设战时后方服务队，募集寒衣，捐献财物，执行警卫、消防、救护、防毒、宣传等任务。

8月1日　《中华教育界》杂志在出版第25卷第2期后，因战时原因被迫停刊。

同日　国立交通大学由铁道部直辖改为教育部直辖，将科学学院改为理学院，土木、电机、机械3工程学院合并为工学院。"八一三"事变后迁入上海法租界继续办学。

8月15日　日军轰炸南京，国立中央大学图书馆和实验中学被炸。19日，7名校工遇难。

8月19日　国民政府教育部颁布《战区内学校处置办法》，规定"各省市教育厅局如其主管区域辖有战区，应斟酌情形：一、于其辖境内或境外比较安全之地区，择定若干原有学校，即速量加扩充，或布置简单临时校舍，以为必要时收容战区学生之用，不得延误。二、受外敌轻微袭击时仍应力持镇定，维持课务，必要时得为短期休课。三、于战事发生或迫近时，量予迁移。其方式得以各校为单位，或混合各校各年级学生统筹支配暂时归并，并暂时附设于他校。四、暂时停闭。"

8月25日　日本宪兵进入国立北京大学，到第二院校长室进行检查；伪地方维持会约集国立北京大学等校负责人前往谈话。9月3日，日本宪兵进驻国立北京大学第二院和灰楼新宿舍。

同日　中共中央政治局扩大会议提出"抗日救国十大纲领"，其中抗日的教育政策是："改变教育的旧制度、旧课程，实行以抗日救国为目标的新制度、新课程"。

8月27日　国民政府教育部颁布《总动员时督导教育工作办法纲领》，指示战事迫近时各级教育如何处理。其重要原则有："战争发生时，全国各地各级学校暨其他文化机关，务力持镇静，以就地维持课务为原则""比较安全区域内之学校，尽可能范围内，设法扩充容量，收容战区学生""各级学校之教职员暨中等以上学校之学生，得就其本地成立战时后方服务团体，但须严格遵照部定办法，不得以任何名义妨害学校之秩序""中央及各省市教育经费在战时仍应照常发给，倘至极万不得已有量予紧缩之必要时，在中央应由财教两部协商呈准行政院核定后办理，在地方应由主管财教厅局会商呈准省市政府核定后办理"。

8月28日　国民政府教育部高等教育司公函："奉部长密谕：指定张委员

伯苓、梅委员贻琦、蒋委员梦麟为长沙临时大学筹备委员会常务委员。杨委员振声为长沙临时大学筹备委员会秘书主任",并即派专人前往长沙进行具体筹备工作。筹委会委员还有朱经农、皮宗石、胡适、顾毓琇、何廉、傅斯年、周炳琳为筹委会委员,王世杰为筹委会主席。

8月30日 国民政府教育部向中英庚款董事会商借50万元作为长沙临时大学开办费,实拨25万元。

8月 毛泽东完成《矛盾论》,并以此为主要观点给中国人民抗日军事政治大学学员作了讲演。

同月 国立北京大学、国立清华大学、私立南开大学分别通知各地师生南下长沙。

同月 省立山西大学开始疏散,工、理两学院迁临汾,法学院迁平遥,文学院迁运城。9月中旬开课。11月初,太原失守,奉令停课。

同月 陕北公学成立。成仿吾任党组书记兼校长。9月正式招生开学,11月1日在延安举行开学典礼。该校以培训政治工作干部为主要任务。学制有两种:一种是普通班(学员队),一般学习4个月;另一种是高级研究班(高级队),学习1年,为培养师资。

同月 河北省立女子师范学院西迁,依靠中英庚款补助费维持,家政系与国立西安临时大学合办,其他学生转入国立西安临时大学其他各系。

9月3日 厦门遭袭,国立厦门大学迁鼓浪屿。后金门失守,再迁长汀。

同日 安徽省立工业专科学校于安徽蚌埠开始招生开学,聘毕仲翰为代理校长,10月20日正式上课。毕仲翰(1897—1971),名汝藩,号晔西,英国伦敦大学马可尼无线电工程学院硕士,曾任国立中央工业专科学校教授、省立重庆大学教授、苏南工业专科学校副校长、西安动力学院副院长、上海交通大学教授等职。

9月10日 国民政府教育部发布16696号令:以"北京大学、清华大学、南开大学和中央研究院的师资设备为基干,成立长沙临时大学。以北平大学、北平师范大学、北洋工学院和北平研究院等院校为基干,设立西安临时大学。"

9月13日 国立长沙临时大学举行第一次筹委会，确定校舍、经费、组织分工等事项。常委分工：蒋梦麟负责总务，梅贻琦负责教务，张伯苓负责建筑设备。

9月19日 国民政府教育部颁发《高中以上学校学生战时后方服务组织与训练办法大纲》13条，规定"各校战时后方服务组织，专科以上称'队'，高中称'团'，统一称为'××学校战时后方服务团（队）'，以校长为指挥者，团队下的各种任务分为宣传、警卫、纠察、交通、救护、救济、防控与消防、募集与慰劳等"。

9月20日 私立大夏大学王伯群校长在南京致电贵州省政府，商借校舍。下午，私立大夏大学校长王伯群、副校长欧元怀与私立复旦大学校长钱新之、副校长吴南轩会晤教育部长，商定将私立大夏大学与私立复旦大学联合，设第一联合大学于庐山，第二联合大学于贵阳。24日，欧元怀与吴南轩抵九江转庐山，筹备第一联合大学。

9月23日 国民政府教育部"准迁重庆"的批复下达，国立中央大学教职工于10月上旬开始迁徙。11月中旬，最后一批学生抵达重庆。12月1日，国立中央大学在沙坪坝正式开学上课。

9月28日 国民政府行政院批准教育部向国民政府行政院提请忠字第37号密函，其中节录国防参议会黄炎培参议员提出的"总动员计划大纲特别急要事项"第四点"设法维护文化机关，在可能范围内恢复教育事业，但减缩原定课程，加入各种必要训练"。同时教育部拟定《总动员时督导教育工作办法纲领》6条，经行政院院长蒋介石核定，密令各省市教育厅局及公私立专科以上学校遵照办理。

同日 国立长沙临时大学关防正式启用。10月2日，第四次常委会决议，根据国民政府教育部规定科系相同者合并设置的精神，对原国立北京大学、国立清华大学、私立南开大学的科系作了调整，归并后共设文、理、工、法商4科共17个学系。10月18日，学生开始报到。10月25日，临时大学开学。11月1日，临时大学正式上课。有教师148人，学生约1,450人，校址设在长沙原圣经书院、德涵女校旧址、四十九标营房，文学院院址在南岳。

9月29日 国立清华大学算学系主任熊庆来出任省立云南大学校长。上任伊始，将院系重加调整，分设文法（设文史、政经、法律、教育4系）、理（设数学、理化、植物3系）、工（设土木、矿冶2系）、医4学院。

9月 国民政府教育部颁发《医学教育救护队队员调遣服务办法》，规定"医学院五六年级生、医学专科四年级生、及第五年服务学生，经军事委员会卫生勤务部商准教育部后，得径向各学校调遣，派赴军医救护机关服务"。

同月 私立齐鲁大学宣布停课，南迁四川成都华西坝，西籍教授仍暂时留守济南。1938年秋，在成都集中，借私立华西协和大学部分房屋上课。

同月 国立北平师范大学、国立北平大学、国立北洋工学院及河北省立女子师范学院之一部，在西安合组国立西安临时大学，由筹备委员会代行校长职权。1938年4月迁往汉中，改称"国立西北联合大学"，校址设在城固。

同月 广东省立勷勤大学改组，工学院并入国立中山大学。商学院独立为"广东省立勷勤商学院"，陆嗣曾任院长。教育学院独立为"广东省立教育学院"，林砺儒任院长。陆嗣曾（1888—1956），字光宇，广东信宜人，国立北京大学法学士，曾任国民政府行政院参事、广东高等法院院长、省立勷勤大学副校长、校长、制宪国民大会代表等职。

秋 日寇侵占北平，私立朝阳学院开始南迁，于1938年元月迁往沙市。是年7月，由于日寇逼近武汉，随后由沙市迁往成都。

10月2日 国立长沙临时大学第四次常委会通过《长沙临时大学借读生简章》，并通过临时大学所设学系：（一）文科：中国文学系、外国语文学系、历史社会学系、哲学心理教育学系；（二）理科：物理学系、化学系、生物学系、算学系、地质地理气象学系；（三）工科：土木工程学系、机械工程学系、电机工程学系、化学工程学系；（四）法商科：经济学系、政治学系、法律学系、商学系。

10月11日 国民政府教育部部长王世杰训令颁发《西安临时大学筹备委员会组织规程》，规定"不设校长，以筹备委员会代行校长职权"；"主席一人，由教育部部长兼任，设委员7至11人，由教育部聘任之。"随后又指定国立北平大学校长徐诵明、国立北平师范大学校长李蒸、国立北洋工学院院长李书田和教育部特派员陈剑翛 4 人为常务委员。下设秘书、教务、总务三处，全校设立文理、法商、教育、工、农、医 6 大学院，共 24 个系。

10 月 15 日 国立中央工业职业学校正式开学，魏元光任校长，设机械工程、土木工程、化学工程、电机工程 4 科。

10 月 24 日 私立大夏大学校长王伯群、私立复旦大学校长钱新之召开联合大学行政委员会会议，决定请欧元怀、章友三、鲁继曾、谌志远、邵家麟、王裕凯等赴黔筹备第二联合大学，请王祉伟为联合大学驻京办事处代表。11 月 1 日，在江西庐山牯岭的私立复旦大夏第一联合大学开学上课。11 月 28 日，战局急转直下，教育部令私立复旦大夏第一联合大学于必要时迁并贵阳。12 月 1 日，私立复旦大夏第一联合大学部分师生由庐山出发，计划由四川转道贵州。12 月 12 日，联合大学第二分校假贵阳女子师范学校举行第一次招考新生。

10 月 国民政府教育部通令全国医药专科以上全校在三四年级课程中，特别注意轻伤救治及防毒之职能，限 3 个月训练完毕，以应必要时之调遣。

同月 因唐山沦陷，国立唐山交通大学校长孙鸿哲忧愤成疾，病逝于北京。孙鸿哲（1876—1937），字揆百，江苏无锡人，毕业于英国爱丁堡大学机械系，曾任北京政府北宁铁路局局长、江苏省建设厅厅长、国立唐山交通大学校长等职。

同月 国立中央研究院地质研究所所长、国立北京大学地质系系主任李四光被聘为广西建设委员会经济部研究员兼文化部研究员。40 年代初，李四光两度调查岭南地质，考察过鄂西、川东、湘西、桂北、闽西、赣南等地的地质构造和冰川遗迹。

11 月 5 日 蔡元培、张伯苓、胡适、蒋梦麟、罗家伦、梅贻琦、翁之龙、邹鲁、刘湛恩等文化教育界人士 102 人，联合发表英文声明《日本破坏我国教育机关的声明》："北自北平、南至广州、东起上海、西迄江西，我国教育机关被日方破坏者，大学、专门学校有二十三处""诚可谓中国三十年建设之不足，而日本一日毁之有余也""日人之蓄意破坏，殆即以其为教育机关而毁坏之，且毁坏之使其不能复兴，以外皆属遁辞耳。"

大事记 1912—1949 年

11月12－13日 私立光华大学上海大西路校舍被日军焚毁。毁坏藏书7,000余册，总计损失在70万元以上。

11月23日 私立光华大学校长张寿镛致函谢霖，告知校董会在上海议决，分设入川，加聘谢霖、邓汉祥、甘绩镛、缪秋杰、康宝志为校董，就近主持各事，并电请谢霖兼任筹备主任，全权筹备一切。谢霖（1885—1969），字霖甫，江苏武进人，曾任国立上海商学院教授、私立光华大学商学院教授、国立复旦大学商学院会计系主任等职。

11月25日 私立光华大学成都分校筹备处在成都成立。28日，校董谢霖致函张寿镛，请副校长容启兆、附属中学校长廖世承来蓉负责主持一切。容启兆（1898—1970），广东番禺人，美国弗吉尼亚大学哲学博士，曾任私立光华大学理科主任、教务长、副校长、国立暨南大学理学院教授兼理化学系主任等职。

11月29日 私立光华大学校董谢霖致函四川省政府主席刘湘，恳请给予补助。12月7日，四川省政府决定援助私立光华大学迁建费5万元。

11月 杭州失陷，国立浙江大学奉令西迁。由建德至吉安至泰和至宜山至遵义。

同月 私立齐鲁大学因经费短缺，宣布闭校。

同月 国立西安临时大学开学。

同月 国立山东大学奉令由青岛迁往安徽安庆，再迁四川万县，1938年6月奉令停办。

同月 江苏省立教育学院先后迁往长沙、桂林办学，1938年奉部令设社会教育与农业教育两系。

同月 香港官立高级工业学院由港督府开办。学院位于湾仔活道，首任院长为怀特（G. White）。初设航海无线电操作、机械工程及建筑等科目。1947年改名为"香港工业专门学院"。

12月15日 国立北平国民大学教授王泳殉难。其在江都遇日军盘问，答以法语，敌先以刺刀戳伤其头部，后以枪杀之。王泳毕业于上海震旦大学，殉难时年仅31岁。

同日 国立唐山交通大学在湖南湘潭临时校址复课，茅以升为院长。国立北平交通大学铁路管理学院暂并于该院上课。后因敌军攻入湘北，该校奉令西迁，最终于 1939 年 2 月在贵州平越复课。

12 月 24 日 国立浙江大学西迁至贵州湄潭永兴设立分校，1938 年 8 月增设师范学院，1939 年 8 月文理学院分立为文学院和理学院，1940 年 8 月设师范学院第二部，1941 年 8 月增设工科研究所化学工程学部，1942 年 8 月增设理科研究所生物学部与农科研究所农业经济学部，1945 年增设法学院，1946 年增设医学院。

12 月 汤尔和在伪华北政务委员会中主管"教育部"，决定成立伪"国立北京大学"，下设文、理、法、工、农、医 6 学院。自 1938 年 5 月至 1940 年 9 月，6 个学院先后正式开学。汤尔和、钱稻孙等先后任"总监督"和"校长"。钱稻孙（1887—1966），浙江吴兴人，意大利罗马大学毕业，曾任北京政府教育部主事、视学、佥事、国立北京图书馆馆长、国立北京大学东方文学系讲师、国立清华大学教授等职。

同年 国民政府实施战时教育计划，教育部制定秘密级"战时动员计划（草案）"。计划分为战区及非战区学校之措施、普通教育与军事教育之方案、保护重要文物之措施、教科图书及其他图书供给措施等四个部分；其中为救济战区专科以上学校学生，教育部采取的措施有：（一）各专科以上学校设在比较安全地点者，可扩充容量，为战时增收学生作准备；（二）战事发生时，政府在湖北、湖南、江西、广东等省集中军训之房地，举办战时服务训练班，以收容不能转学他校之专科以上学校学生，并利用其原有教职人员；（三）为适应战时教育之需要，教育部得将教育文化总预算上之经费，统筹支配，变更用途，以利战时教育之措施，庚款机关用于教育文化之经费，亦得由教育部呈准行政院令其酌量变更原定用途。

同年 私立金陵大学迁四川华西坝。

同年 私立北平民国学院南迁开封，后迁长沙。

同年 江苏省立制丝专科学校增设养蚕专科，更校名为"江苏省立蚕丝专科学校"。10 月，苏州沦陷，校长郑辟疆率师生陆续进入上海筹设江苏省立女子蚕业学校上海办事处。1938年夏，江苏省立女子蚕业学校高年级复课，并在上海租界内觉园设专科分校。1941年12月停办。

同年 前暨南大学校长郑洪年旅居香港，创办华夏学院、汉华中学。

同年 张孝骞回母校湘雅医学院任内科教授兼教务长，是年冬出任院长。张孝骞（1897—1987），字慎斋，湖南长沙人，湘雅医学院专门学校医学博士，曾入美国约翰霍普金斯大学医学院进修，曾任国立中正医学院院长、协和医学院教授、中国科学院学部委员、中国协和医科大学副校长等职。

1938 年（民国二十七年 戊寅年）

1月5日 爱因斯坦、罗素、杜威、罗曼·罗兰等发起援华运动。

1月11日 《新华日报》在汉口创刊，潘汉年任社长，华岗任总编辑。

1月25日 上海《文汇报》创刊。

3月28日 伪"中华民国维新政府"在南京成立。

3月29日 国民党临时全国代表大会在武汉召开，通过《抗战建国纲领》。

4月15日 中国军队取得台儿庄大捷。

5月 厦门、合肥、徐州相继被日军占领。

6月12日 安庆沦陷，武汉会战拉开帷幕。

6月 宋庆龄在广州和香港先后组织"保卫中国同盟"。

7月6日 第一届国民参政会第一次会议在汉口召开。

10月 广州、武汉相继失陷。

12月29日 汪精卫在河内发出"艳电"，叛国投日。

1月1日 王世杰辞去国民政府教育部部长职。

1月5日 闽浙边抗日救亡干部学校在平阳山门创办，至3月15日停办，历时2个多月。校长由闽浙军区司令粟裕兼任。学员200多人。粟裕（1893—1985），侗族，湖南会同人，曾任新四军第一师师长、华中野战军司令、华东野战军代司令兼代政委、中国人民解放军总参谋长、中国共产党中央军事委员会常委、中华人民共和国第五届全国人大常委会副委员长等职。

1月7日 陈立夫就任国民政府教育部部长。陈立夫（1900—2001），名祖燕，浙江吴兴人，美国匹兹堡大学采矿学硕士，曾任国民党中央党部秘书长、国民政府中央组织部部长、教育部部长、立法院副院长等职。

1月8日 私立光华大学校长张寿镛致函校董谢霖，告知经校董会议决聘谢霖为副校长，在校长未在川前，执行校务，并嘱放手为之。

1月19日 国民政府批准长沙临时大学迁往昆明。2月中旬开始搬迁。一路人员主要是女生以及身体较弱不适合长途跋涉或不愿参加步行者，由粤汉路至广州，取道香港至越南海防，后经滇越路进入云南；一路人员组成湘黔滇旅行团，包括闻一多、袁复礼等，最终于4月28日抵达昆明。4月2日，教育部以命令转知：奉行政院命令，并经国防最高会议通过，国立长沙临时大学更名为"国立西南联合大学"。闻一多（1899—1946），本名闻家骅，字友三，湖北浠水人，曾赴美国芝加哥美术学院、科罗拉多学院、纽约艺术学院学习，曾任北京美术专门学校筹备专员、武汉国民革命军政治部艺术股长、国立清华大学教授等职。袁复礼（1893—1987），字希渊，河北徐水人，美国哥伦比亚大学硕士，曾任国立清华大学地学系教授、系主任、国立西南联合大学教授、北京地质学院教授、武汉地质学院北京研究生部教授等职。

同月 私立金陵女子文理学院师生迁至成都，借私立华西大学教室上课。

2月1日 私立光华大学请求国民政府教育部对四川成都分校进行备案。4月16日，谢霖副校长赴汉，谒教育部部长，报告筹设成都分校事务。

2月5日 国民政府教育部颁布《公立专科以上学校战区学生贷金暂行办法》，为贷金制度之始。规定"公立专科以上学校学生家在战区，费用来源断绝，经确切证明必需救济者，得向所在学校申请贷金"；"贷金分为全额、半额两种"；"按当时膳食价格，全额每月八元或十元"；"半额每月四元或五元，以所在地生活费用及学生实际需要来决定"。

2月15日 私立复旦大学一部分滞留上海师生，要求老校长李登辉解决求学与生计问题。李登辉在取得代理校长钱新之及重庆方面同意之后，租公共租界北京路中一信托大楼余楼为临时校舍，师生员工400余人在此复学。

2月23日 国民政府教育部公布《青年训练大纲》，要求青年学生在信仰方面，"信仰并服从领袖"；德行方面，"发挥忠孝仁爱信义和平诸美德"；体育方面，"学习军事技能"；服务方面，"在政府指导下"参加各种社会服务活动。

2月 国立武汉大学计划迁校，呈准国民政府教育部将一、二、三年级学生迁往四川嘉定。7月结束本部教学，8月将农艺系并入国立中央大学办理。

3月1日 国立贵阳医学院正式成立，院址位于贵阳阳明路，李宗恩为院长。李宗恩（1894—1962），江苏武进人，英国格拉斯哥大学医学学士和化学学士、科学博士，中央研究院院士，曾任国立贵阳医学院院长、北京协和医学院校长、中华医学会副会长等职。

3月3日 国民政府教育部公布《训育委员会章程》12条，规定训育委员会的任务有9个方面："一、关于三民主义之教导及公民道德之培养事项；二、关于训育实施之指导及考核事项；三、关于礼制之厘定事项；四、关于训育经费之筹集及支配事项；五、关于培养训导人员之计划事项；六、关于军事管理及童子军管理之督导事项；七、关于学生自治团体之指导事项；八、关于训导书刊之编审事项；九、关于训导学术之研究事项"。同时任命吴俊升、顾树森等19人为指派委员，朱光潜、陈礼江、钱穆等46人为选聘委员，正主任委员为方治，副主任委员为钱云阶。

3月9日 国立西安临时大学成立"准备迁移事务委员会"，决定奉令迁往汉中。3月16日开始迁校。4月10日，校常务委员会决定将全校安置在城固县、南郑县、勉县。

3月10日 国民政府行政院核定《教育部训育研究委员会规程》11条，规定该研究会任务为："研究关于专科以上学校之训育实际问题以及中学、小学、社会教育之训育实际问题"。还规定设委员7—11人，由教育部聘任，任期1年；设专任委员1—3人，由部长于委员中指定担任。

3月13日 教育部核准安徽省立工业专科学校备案，并准设5年制土木、机械、电机3科。

3月28日 国民政府教育部颁布《中等以上学校导师制纲要》12条，"特参酌我国师儒训导旧制及英国牛津、剑桥等大学办法，规定导师制"，各校须设主任导师及导师，分组训导学生。"导师对于学生之性行、思想、学业、身体状况各项，应按照格式详密记载，每月报告学校及学生家长一次；其缴学校之报告，主管教育行政机关得随时调阅之"。"要求各专科以上学校得依本纲要另行订导师制施行细则。"

同日 国民政府教育部颁布《关于各校实施导师制应注意各点令》，分别从校长、导师以及学生家长三个方面提出具体的要求。

同日 私立复旦大学沪校举行开学典礼，李登辉报告本校西迁、沪校复课经过、战时大学生应负之责任及复旦发展计划。

3月31日 国民党在武汉举行临时全国代表大会，4月1日闭会，制定并颁布《中国国民党抗战建国纲领》，提出："推行战时教程，注重于国民道德之修养，提高科学之研究，与扩充其设备""训练各种专门技术人员，予以适当之分配，以应战时需要"。同时通过教育部草拟的《战时各级教育实施方案纲要》，提出"三育并进""文武合一""教育目的与政治目的的一贯"等9大方针和17要点。要点中特别规定，"订定各级学校训育标准，并切实施行导师制""全国最高学术审议机关应即设立，以提高学术标准""改行留学制度，务使今后留学生之派遣，为国家整个教育计划之一部分；对于私费留学，亦应加以相当之统制，革除过去分歧放任之积弊"等。

3月 陕北公学在关中设立分校，李维汉到校任副校长兼党组书记。

同月 国立东北大学因敌军空袭频繁迁往四川三台，文学院改为文理学院添设化学系，工学院并入国立农工学院。1946年复校，8月恢复工学院和农学院，并在文学院增设教育学系和体育专修科。

同月 国立北平艺术专科学校与国立杭州艺术专科学校合并改组为"国立艺术专科学校"，废校长制，设校务委员会。以赵太侔、常书鸿为委员，林风眠为主任委员。常书鸿（1904—1994），满族，河北头田佐人，曾留学法国里昂国立美术学校、巴黎高等美术专科学校，曾任国立北平艺术专科学校教授、代理校长、国立敦煌艺术研究所所长、中华人民共和国国家文物局顾问等职。

春 国民政府教育部订定统一课程原则3项："规定统一标准""注重基本训练""注重精要科目"，并决定全国大学各院系必修及选修课程一律由教育部规定。"必修科目必须全国一律"。"各学院第一年注重基本科目，不分学系，三四学年酌设实用科目，大学采用学年制"。

春 马寅初到重庆任国立中央大学教授兼经济系主任，11月调任省立重庆大学教授兼商学院首任院长。

4月2日 奉国民政府教育部令，长沙临时大学正式更名为"国立西南联合大学"。由蒋梦麟、梅贻琦、张伯苓组成常务委员会，主持校务。设文、理、法商、工、师范5个学院，26个系。5月4日正式开始上课，7月1日启用国立西南联合大学关防。

4月3日 国民政府教育部发布《平津沪地区专科以上学校整理方案》，规定"国立北平大学、国立北平师范大学及国立北洋工学院，现为发展西北高等教育，提高边省文化起见，拟令该院校逐渐向西北陕甘一带移布，并改称国立西北联合大学"。5月2日，国立西北联合大学正式开学。

4月7日 私立沪江大学校长刘湛恩遭暴徒枪杀逝世。此前汪伪政府以"教育部长"一职相诱，被刘湛恩严词拒绝。沪江大学在港举行追悼会，7日至9日，停课3天，为校长致哀。

4月10日 鲁迅艺术学院在延安成立，是一所培养革命艺术工作干部的学校。当日下午举行成立典礼，到会者有毛泽东、李富春、成仿吾、杨松、周扬、何思敬等，副院长沙可夫及教职员徐一新、周骥、张庚、沃渣、魏志多等以及全体学生共计3百余人参加成立典礼；由徐一新报告开会程序及意义，宣布该会请蔡元培、宋庆龄、许广平、何香凝等为大会名誉主席团，由沙可夫、周扬、成仿吾、杨松、李凡夫、徐一新、张庚等为大会主席团，由主席沙可夫报告艺术学院成立经过；毛泽东、李富春等发表演说。次年11月，吴玉章为院长，周扬为副院长，负责实际工作。直至1943年4月并入延安大学，该校共毕业4期学生计502人。

4月19日 国立西南联合大学常委会决定成立蒙自办事处，内设教务分处及总务分处，分别请陈岱孙和樊际昌任主任，文学院和法商学院的师生曾在此办学，朱自清、闻一多、冯友兰等曾在此任教。樊际昌（1898—1975），字逵羽，浙江杭县人，美国华盛顿大学学士，曾任国立北京大学心理系主任、国立清华大学心理学系讲师、私立中国大学讲师、国民政府行政院秘书处秘书等职。

4月 国民政府教育部公布《医药助产及护士等学生服务成绩考核标准及补充训练大纲》，规定"凡依照《医教救护队队员调遣服务办法》，被调遣至军医及中国红十字会总会救护机关服务之医学院第六年级学生及医学专科学校第五年级学生，其服务成绩经调用机关主管长官发给证明书证明服务时间及成绩均合格满意者，得全部移充学业成绩，由各原院校办理毕业"。

同月 陈果夫出任国立中央政治学校代理教育长。

同月 晋察冀边区政府于五台山建立蒙藏学院，以动员蒙、藏人民参加抗战。

同月 国民党举行临时全国代表大会，通过《战时各级教育实施方案纲要》，推行战时教育，注重国民道德修养与学术研究，提高科研研究与扩充设备；训练各种专门技术人员；训练青年，服务战区与农村等。针对训育的实施准则，订定各级学校训育标准，并切实施行导师制，使各学生在品格修养及生活指导与公民道德之训练上，均有导师为之负责。

同月 国民政府教育部令西安临时大学改称"国立西北联合大学"，校址设在固城考院，并在古路坝、汉中、沔县设分校。

5月5日 马列学院在延安成立。这是中国共产党创办的第一所专门学习和研究马列主义理论的学校。张闻天任院长。

5月7日 国民政府教育部颁发《关于确定师范教育设施方案的训令》，规定自本年度起，"即划定示范区，每区至少设师范学校或乡村师范学校一所，各区不能单独设立女子师范学校时，应于师范学校内设立女子师范部，简易师范学校及简易乡村师范学校以由区内数县联合设立为原则。"

5月24日 国民政府教育部订定《各级学校兼办社会教育办法》13条，其中第二条规定"大学各学院及专科学校应参酌下列各项，各就专长，兼办较专门之社会教育工作二种以上（如农学院应兼办农业推广及合作指导，医学院应兼办救护训练及公共卫生指导等）：学术讲座、暑期学校、函授学校、民众识字教育、民众读物编辑、职业补习教育、农业推广、合作指导、民众法律顾问、地方自治指导、电影及播音科学技术传习、防控防毒知识传习、救护训练、公共卫生指导、地方水利及土木工程指导、各种展览会、其他为各学校所专长而切合社会需要之教育。"

5月 安徽省立安徽大学开始西迁，抵六安、转立煌，后又到达湖北沙市，拟筹备复校，终因经费问题于1939年夏停办。

6月21日 私立光华大学张寿镛校长召集校董会，推定邓汉祥、甘绩镛、张仲铭、康宝志为驻川常务校董，驻川帮助主持成都校事宜。

6月27日 原北洋大学校长赵天麟在由家赴校途中遭日本宪兵队狙击遇难。时任天津耀华中学校长。

6月28日 国民政府公函明令褒扬陈嘉庚。国民政府教育部于7月7月发布《关于表彰厦门大学创办人陈嘉庚、陈敬贤、林文庆的训令》。

6月 国民政府教育部训令《专科学校得采用五年制》，决定自1938年度起，"专科学校采用五年制，先由音乐、艺术、蚕丝、兽医等科试行""招收初中毕业及具有初中毕业同等学力之学生"。

同月 国民政府行政院第373次院会通过《沦陷区教育实施方案》，要求"在沦陷区域之各级教育，应利用种种方法，使其继续维持，以适应抗战需要，而延续文化生命；在沦陷区域应使教育界知识分子对民众宣传中央意旨，以培养民族意识，发动全民抗战力量""由教育部选择意志坚强、富有牺牲精神及教学经验之教育工作人员，为沦陷区教育督导员"。同年度在苏、浙、皖、豫、冀、鲁、晋、察、绥9省，平、津、沪、汉4市划定50个教育指导区，设置专员负责办理。

同月 胡庶华执掌省立重庆大学满3年，提出辞呈。

同月 省立河南大学校长刘季洪坚持"河大入川"，但是第一战区司令长官兼河南省政府主席程潜建议省立河南大学留在省内办学，"以启发民族意识、激起牺牲精神"。1944年夏国立河南大学医学院院长及大部分学生被日本侵略者俘虏。

同月 国立厦门大学校长萨本栋所著《李矢代数应用于三相电路》获美国电气工程师总会荣誉褒奖。

同月 私立中华大学校长陈时决定迁校宜昌，后又迁往重庆继续办学。

同月 国立艺术专科学校恢复校长制，聘腾固为校长。腾固（1901—1941），又名腾若渠，江苏宝山人，德国柏林大学哲学博士，曾任国民政府行政院参事、国立艺术专科学校校长、中山文化教育馆美术部主任等职。

夏 成都原有三所教会医院——仁济医院、仁济妇幼医院、存仁眼耳鼻喉专科医院合并，改组为国立中央大学、私立华西协和大学、私立齐鲁大学3大学联合医院，以供高年级学生实习之用。戚寿南为首任院长。

夏 国民政府教育部首次举办国立各院校统一招生考试："全国分为十五招生区及十三分处，考试题目由教育部统一颁发"。

夏 国民政府教育部于统一招生结束后，为救济失学青年，补救统一考试应试逾期及未经录取学生，首次在各大学设立专修科先修班15个班，特设大学先修班1所于四川江津之白沙，计8班，共计400人；并令国立西北联合大学、省立云南大学、省立广西大学各设先修班1班或2班。

7月1日 省立云南大学改为国立，熊庆来继续任校长。文法学院中的教育系并入国立西南联合大学师范学院；增设社会学系；理学院中的植物学系改为生物学系；工学院添设采矿专修科。学校经费由国库省库各拨25万元，设文法、理、工、农、医5个学院18个系。

7月 国民政府教育部指令："国立西北联合大学工学院与国立东北大学工学院、私立焦作工学院合并独立为国立西北工学院"；"国立西北联合大学农学院与西北农林专科学校合并独立为国立西北农学院"；"教育学院改称师范学院"。

同月 国立西北联合大学筹备委员会改为校务委员会，以李蒸、徐诵明、胡庶华为常务委员。

同月 依据全国临时代表大会通过《战时各级教育实施方案纲要》的规定筹设独立师范学院，聘廖世承、潘公展、朱经农、汪德耀、吴俊升为筹备委员，廖世承为主任委员。廖世承（1892—1970），字茂如，江苏嘉定人，美国勃朗大学哲学博士，曾任国立东南大学教授、私立光华大学副校长、国立中央大学副教授、国立暨南大学教授、华东师范大学副校长、上海师范学院院长等职。

同月　国立同济大学迁广西贺县八步镇，11月迁云南昆明；次年2月方开课。

同月　国立中央大学创办研究院，校长罗家伦兼任院长。于次年秋正式招生，1941年7月，首届毕业生7人均获得硕士学位。

同月　国民政府教育部筹设独立师范学院，聘廖世承、朱经农等为筹备委员。11月，筹备就绪，聘廖世承为院长，以湖南安化县蓝田镇为临时院址。12月1日，正式开学上课。

8月4日　国立西南联合大学第83次常委会决议："增设师范学院，将文学院哲学心理教育学系的'教育'部分与云南大学教育系合并，成立教育学系，归师范学院；哲学心理教育学系改称哲学心理学系"。8月16日，遵国民政府教育部电令，聘黄钰生为师范学校院长。

8月5日　奉国民政府教育部令，私立光华大学蓉校定名为"私立光华大学成都分部"。

8月9日　私立南通学院医科与江苏省立医政学院合并改组为国立江苏医学院，胡定安为院长，院址位于湖南沅陵，12月暂移贵阳，1939年1月再迁重庆，4月在北碚开学。胡定安（1898—1965），名赟，浙江吴兴人，德国柏林大学医学博士，曾任国立江苏医学院院长、国民政府考试院考选委员会专门委员、制宪国民大会代表等职。

8月10日　国民政府教育部颁布《师范学院规程》54条，规定师范学院"以养成中等学校之健全师资为目的"；"师范学院单独设立，或于大学中设置之，得分男女两部，并得筹设女子师范学院"；"独立或大学师范学院，由教育部审查全国各地情形分区设立之"；"师范学院修业年限五年，期满考试及格并经教育部复核无异者，由院校授予学士学位，并由教育部给予中等师范某某科教员资格证明书"；"师范学院各专科修业年限三年，期满考试及格并经教育部复核无异者，由院校授予毕业学位，并由教育部给予中等师范某某科教员资格证明书"；"师范学院得设第二部，招收大学其他学院性质相同学系毕业生，授以一年之专业训练，期满考试及格并经教育部复核无异者，由院校授予毕业学位，并由教育部给予中等师范某某科教员资格证明书"；"师范学院分国文、外国语、史地、公民训育、算学、理化、博物、教育各系及体育、音乐、图画、劳作、家政、社会教育各专修科"。《规程》还对师范学院的课程、组织、训导、学生待遇及服务、考试及成绩等方面作了规定。

8月23日 国立西南联合大学蒙自分校课程结束，文法学院师生迁返昆明。

8月 国民政府教育部奉行政院令，联合内政、财政、经济、交通、军政各部及航空委员会，组织"中央建教合作委员会"，由上述部会指派主管人员一至三人组织。其任务为"调查登记各方需要之技术人员种类及数量，依据调查结果，为各大学、专科学校、职业学校筹划，设科设系，以谋促进教育与建设事业的联络、沟通及供求适合"。

同月 河北抗战学院成立，杨秀峰任院长。该院由民运院和军政院两院组成，共办了两期，于1939年2月初结束。杨秀峰（1897—1983），原名碧峰，字秀林，直隶迁安人，曾入列宁学院学习，曾任中华人民共和国高教部部长、教育部部长、最高人民法院院长等职。

同月 毛泽东给抗大第二期毕业生题词，要求抗大学员"勇敢、坚定、沉着，在斗争中学习，为民族解放，随时准备牺牲自己的一切。"

同月 王广庆任省立河南大学校长。王广庆（1889—1975），字宏先，河南新安人，曾留学日本，曾任国民政府立法委员、监察委员、省立河南大学校长、国立河南大学校长等职。

9月9日 国民政府教育部召开第一次大学课程会议。后正式公布《文、理、法三学院共同科目表》，各校自本学年度就一年级新生起一律开始实行。各院除本身之共同必修科目外，国文与外国语文被列入各学院共同必修课，三民主义、军训、体育3科目，虽属当然必修科目，但不计学分。

9月13日 私立晓庄学院举行董事会成立大会，校董会由张一麐、陶行知等 9 人组成。呈报国民政府教育部准予立案。

9 月 14 日　国民政府教育部发布《高中以上学校新生入学训练实施纲要》，以加强新生训导工作，增进各校优良校风校纪。纲要共分为总则、目标、组织及人员、训练科目、实施原则、实施要点、考核、附则等 8 个部分。

9 月 21 日　国立厦门大学调整院系设置。全校设文、理、商 3 学院，共有中文、历史、教育、数理、化学、生物、土木工程、商业、经济 9 学系。

9 月　国立西北联合大学首创设立训导处，由胡庶华兼任训导主任；下设导师会、军训组、斋务组、学生贷金管理部。

同月　国民政府教育部制定《专科以上学校建筑校舍暂行规则》20 条，指出建筑校舍之原则为"须坚固质朴，须合学校卫生，须切实用，须注意安全防护"等。还对校址选择及决定方式、建筑种类及其面积、费用分配比例、建筑校舍申请程序等均有规定。1942 年 12 月，又将此规则修改为《教育部所属各级学校建筑校舍暂行规则》，通饬遵办。

同月　国民政府教育部令发《甄选国立各大学二十六年度（1937 年）毕业生，分发边远省区充任中等学校教员办法》，指定大学甄选教育学系及其他院系优秀毕业生，由教育部分发四川、云南、贵州、广西、山西等省区，充任中等学校教员，旅费及服务期间生活费均由教育部支给。

同月　陕西省立医院与助产学校合并改组为陕西省立医学专科学校，薛健任校长，设医学专科及调剂、护士 2 科。

秋　华罗庚在英国剑桥大学随数学家哈代学习后归国，被聘为国立西南联合大学教授。华罗庚（1910—1985），江苏常州人，中国科学院院士，美国国家科学院外籍院士，第三世界科学院院士，联邦德国巴伐利亚科学院院士，曾任国立清华大学教授、国立西南联合大学教授、普林斯顿大学高等研究院研究员、伊利诺伊大学教授、中国科学院副院长兼数学研究所所长、中国科技大学副校长等职。

秋　国民政府教育部颁发《大学各学院共同必修科目表》，要求各大学遵照执行，党义课是教育部规定的必修课。

10 月 20 日　国民政府教育部在重庆召开全国高等师范教育会议，22 日结束。会议通过师范学院与省市教育行政机关合作推进中等师范教育办法案、分科教材教法研究及编译丛书案、师范学院学生应注重修养案、充实基本训练案、调整学系设置案、师范学院学生之实习案、保障师范学院毕业生出路案等。

10月27日 国民政府教育部行文批准"国立师范学院"正式成立，廖世承为院长，校址设湖南溆浦县和蓝田镇，设国文、英语、教育、史地、数学、理化及公民训育7个系。12月1日正式开学。

10月 国立湖南大学奉令迁湘西辰溪县，以龙头塯为校址。

同月 国立浙江大学师生陆续到达广西宜山。奉国民政府教育部令，增设师范学院，设教育、国文、英文、史地、数理化、博物6系。

同月 省立河南大学校长王广庆将羁留在鸡公山的文、理、法学院迁到豫西南重镇镇平，以期在镇平安定扩充。

同月 国民政府教育部向全国各学校发布了"注重精神训练"的训令，其中要求"专科以上各校学生，特由本部办法青年守则，仰即转印分发并随时由各该校主持训育人员，严加考核，务须每生均能熟读背诵"。

11月1日 国民政府教育部公布《农、工、商三学院共同科目表》，规定国文与外国文两科目为各学院必修，三民主义一科于1941学年度起改为共同必修科目。

11月4日 陆军大学迁校途中，校长蒋方震在广西宜山病逝。

11月 浙江省筹备"省立浙江战时大学"，次年2月正式开办，校址位于浙江金华。

同月 江西省立兽医专科学校成立，附设江西省农业院，1943年8月独立设置，王承钧任校长，设3年制专科和5年制专科各3班。

同月 叶圣陶应邀到内迁于乐山的国立武汉大学任教。叶圣陶（1894—1988），原名叶绍钧，字秉臣，江苏苏州人，曾任中华人民共和国教育部副部长、人民教育出版社社长、中央文史研究馆馆长、全国政协副主席、民进中央主席、全国人大常委会委员等职。

同月 任鸿隽应蔡元培邀请，离开香港，赴昆明担任中央研究院总干事、化学研究所所长等职,负责中央研究院的日常工作。

12月12日 私立复旦大学沪校以李登辉、殷以文的名义,与中国实业银行襄理宋树玉签约,租定其在赫德路574号3层楼房1幢为校舍,自1939年1月至1946年3月底为止,沪校在此办学长达8年。

12月 中国人民抗日军事政治大学创办第二分校,于晋察冀边区办学。自1939年3月起共开办四期,并先后成立了附设中学和陆军中学。至1944年春宣告结束。其在晋察冀和冀中地区敌后根据地先后培养了2万多名干部。

同月 程天放任国立四川大学校长。

同年 国民政府教育部部长陈立夫发表告青年书,声明三点:"第一,青年愿从事军事工作者,送往军事工作地点";"第二,认为不适合军事工作者,送往学校";"第三,无论在何期学校肄业之青年,遇国家需要时,应随时放弃书本,以应国家征调"。

同年 国民政府教育部长陈立夫发表《告全国学生书》,强调"教育之任务,为在德智体各方面培养健全之公民,使其分负建国之艰巨责任……各级学校之课程不为必须培养之基本知识,即为所由造就之专门技能,均各有其充实国力之意义。纵在战时,其可伸缩者亦至有限,断不能任意废弃"。特别强调"战时学校之秩序,更须恪守纪律,服从师长领导",同时严格规定"各项服务应于不妨害课业范围以内为之"。

同年 复兴社与同志会等国民党秘密组织一起并入"三民主义青年团"。"同志会"由陈立夫1933年纠集"中央俱乐部"骨干组织"青天白日团"和"中国国民党忠实同志会";半年后"青白团"并入"同志会",蒋介石任会长。

同年 国立中央大学校长罗家伦发表《抗战的国力与文化的整个性》一文,系统地表达了战时教育应维持原状的观点,反对改革旧的教育制度,"不在制度的常改而在现在的制度能够切实整饬。国家常改制度,是件很吃亏的事"。

同年 罗家伦、张伯苓等人士组织"战时图书征集委员会",为大后方的大学征集图书。

同年　私立南开大学经济研究所在昆明、贵阳分设办事处，继续研究工作。

1939年（民国二十八年　己卯年）

1月21日　国民党五届五中全会确定"溶共、防共、限共、反共"8字方针。
2月7日　国民政府国防最高委员会成立，蒋介石兼任委员长。
2月16日　日军占领海南岛。
3月11日　国民政府设立精神总动员会，蒋介石任会长，通过《国民精神总动员纲领》。
3月18日　延安西北青年救国会决议，定5月4日为中国青年节。
3月27日　日军攻占南昌。
5月3日　重庆遭日机狂轰滥炸。
6月30日　国民政府公布《限制异党活动的办法》。
7月25日　滇缅公路正式通车。
11月24日　广西南宁失陷。
12月25日　泰戈尔致函蒋介石，颂扬中国抗战。

1月10日　国立厦门大学萨本栋校长暨全体教授通电声讨汪精卫叛国投敌。

1月31日　国民政府教育部公布《抗战期间回国留学生登记办法》，规定"国外专科以上学校毕业或国内大学毕业后在国外研究院研究一年以上者，由本部就可能范围内，按照本人专门研究，分别介绍服务，并得由本部指定相当工作，酌给生活费。""出国前在国内专科以上学校尚未毕业，出国后在国外专科以上学校亦未毕业者，由本部按照其所习学科，分发于国内同等学校试读，俟学期试验及格后，编为正式生。"

1月　国民政府教育部通令全国医药专科以上学校，各医学院第六年级学生、医学专科学校第五年级学生，应切实际由教员率领，担任救护防疫工作。

同月 华文宪在重庆中央训练团筹设音乐干部训练班，接收国立音乐专科学校避难于重庆的师生。华文宪（1899—1940），浙江临海人，上海国立音乐专科学校毕业，曾任中央陆军军官学校武汉分校、中央陆军军官学校广州分校音乐教官、武昌军官训练团音乐教官、峨眉军官训练团音乐教官、庐山军官训练团音乐教官、中央训练团音乐干部班副主任等职。

同月 国立中央技艺专科学校在四川乐山成立，刘贻燕任校长，设有二年制的农产制造、染织、造纸、皮革、蚕丝5科。刘贻燕（1884—1966），女，字式庵，安徽怀宁人，英国格拉斯哥大学毕业，曾任安徽公立工业专门学校校长、国民政府建设委员会专门委员、扬子江水利委员会当然委员、国立中央技艺专科学校校长等职。

2月2日 奉教育部核准，私立光华大学添设土木工程专修科和会计专修科。5月31日光华大学聘朱家骅为校董。

2月4日 上午11时半，敌机18架滥炸贵阳，死伤市民1,200余人，受难灾民2万余人。下午8时，私立大夏大学校务会紧急召开会议，议决："联合贵州省各高等教育机关，致电全世界，揭露日寇暴行，并组织救护团和募款，救济灾民"。

2月15日 国民政府教育部部长陈立夫抄报国立中央大学对于抗战直接有关之各项工作致行政院院长孔祥熙。密报国立关于中央大学的情况分为学生数、院系、经费、教职员等方面。附有关于国立中央大学对于抗战直接有关各项工作24项，如国立中央大学与航空委员会合作办理航空工程教育、工学院电机工程系研究秘密无线电之构造、农学院农业化学系研究制造军粮等。

2月27日 私立大夏大学王伯群校长、吴泽霖院长赴渝，出席教育部召开的全国教育会议。除出席会议之外，还会同欧元怀副校长向当局续商私立大夏大学改国立问题。吴泽霖（1898—1990），江苏常熟人，美国俄亥俄大学博士，曾任私立大夏大学文学院院长兼社会学系主任、私立光华大学社会学教授等职。

2月 国民政府教育部公布《各省市实施分区辅导职业学校办法大纲》，规定"各省市教育厅局应会同本省或省外公私立大学及专科学校就其地域及所设科系之便利，分负辅导各区职业学校教学实习之改进，并得商请有关之生产建设军事工业机关协同辅导"；"各公私立大学专科学校及生产建设军事工业机关应将辅导职业学校之改进列为主要工作之一"。

3月4日 国民政府在重庆召开第三次全国教育会议上，蒋介石发表《今日教育的基本方针》的讲话，提出"战时要当平时看"的办学方针："尤其在抗战期间，更需要着重各种基本教育""切不可忘记战时应作平时看，切勿为应急之故，而就丢却了基本"；但同时表明："今天我们再不能附和过去误解了许久的教育独立的口号""应该使教育和军事政治社会经济一切事业相贯通""我们教育界人士，就决不能自居于国家法令以外，以不受任命为清高"。

3月8日 私立复旦大学渝校内迁之后，学费收入不及战前的十分之一，每月亏欠甚巨。在渝校董商议，将复旦改为国立，但保留校名。副校长吴南轩致电在香港的校董事长兼代理校长钱新之，并请其领衔致电上海，征求李登辉和在沪校董的意见。17日，在渝校董与学校负责人开会商议，当日致电李登辉及在沪校董，征询对复旦改国立的意见。4月，由于对改为国立后渝沪两校种种善后问题有疑虑，在渝校董及同人尊重李登辉意见，体谅沪校特殊环境，决定暂行搁置国立之议。

3月22日 国民政府行政院任命私立大夏大学副校长欧元怀为湖北省教育厅厅长。师生代表召开会议挽留。30日，欧元怀分别致电教育部及湖北省主席，恳辞湖北省教育厅厅长的任职。

3月 第三次全国教育会议上教育部按照国立西北联合大学设立训导处的样板，提出专科以上学校设训导处的方案。

同月 国民政府教育部颁布《专科以上学校体育实施方案》，规定专科以上学校以体育正课、早操、课外运动3项为体育的主要部分。

春 福建省政府筹设福建省研究所，聘国立厦门大学校长萨本栋兼任所长，于国立厦门大学内办公。先后成立自然科学、医药卫生、农林、工业、社会学部。1940年11月，改为福建省研究院。

春 中华国学社召开年会，聘于右任、居正、吴敬恒、张继为名誉社长。出版《三民主义与大学》《中华篇》《国学运动大纲》等书。1944年，筹设中外通译专科学校、国学研究院等。后改名为"中天国学研究院"。

春 陈寅恪右眼患视网膜剥离，时英国牛津大学聘他为客座教授，因战时交通问题并未成行。1944年底左眼又病。1945年终赴英讲学成行。英国皇家科学院授予其外籍院士。

4月1日 国民政府教育部拨5,000元经费，嘱私立复旦大学渝校转沪校，指明其中2,000元为困难学生贷金款，并将贷金学生名单及数额造册寄渝呈部备案。

同日 国民政府教育部调四川省立重庆大学校长胡庶华任国立西北联合大学校务委员会委员兼常委。

4月18日 国民政府行政院颁布《修正限制留学办法》，对留学人员的素质、留学条件、科目等加以确定，限制留学生的盲目发展。规定"抗战起见除特准派遣人员以外的公费学生一律暂缓出国，自费者须得外国奖学金或其他外汇补助金，足够留学期间全部费用者，方可留学""特准派遣留学生和允许出国自费生必具备以下资格：公、私（已立案）立大学毕业生，从事研究、工作两年以上者；公、私（立案）立专科大学毕业生，从事研究、服务四年以上确有成绩者。特准派遣的公费生以研究军工理医，切能适应现实需要者""对已在国外习军事的留学生，已毕业者令其立即回国，成绩不佳提前回国。其他科目的学生出国已三年者，和虽未满三年但成绩不佳，或缺乏生活保障者，教育部出资令其立即回国"。

4月19日 私立大夏大学毕业同学会得知教育部拟改"大夏大学"为"国立贵阳大学"的消息后，致电王伯群、欧元怀校长，请求保留"大夏"校名。是日，该同学会接王、欧两校长复电，表示学校改国立正在进行中，校名保留。

4月 国立同济大学校长翁之龙辞职，赵士卿继任。赵士卿（1891—1974），字吉云，江苏常熟人，德国法兰克福大学医学博士，曾任国立中山大学医学院院长兼细菌学教授、国立编译馆编纂兼自然组主任、馆长、国立同济大学校长等职。

同月 南京政府行政院通过教育部提请在甘肃兰州筹设西北技艺专科学

校的议案，规定先设畜牧、兽医、农艺、森林、农业经济5科。

5月2日 国民政府教育部订定《各级学校兼办社会教育暂行工作标准》，其中规定"各级学校兼办社会教育应师生合作，以便实际指导学生服务"；"专科以上学校兼办社会教育之工作标准如下：一是就各院校专长办理较专门之社会教育工作两种以上；二是就各院校附近划定相当区域，办理社会教育施教区；三是每学期办理民众学校四班至六班；四是师范学院及教育学院除办一二三项外，并应切实指导与考查学生实习兼办社会教育及研究与试验兼办社会教育各项实际问题，每学期报告主管机关一次。"

5月5日 国民政府教育部任命叶元龙为四川省立重庆大学校长。

5月11日 国民政府教育部订定《各级学校社会教育推行委员会组织纲要》6条，规定各级学校均须在校内成立社会教育推行委员会，主持规划并推进社会教育事宜。

5月16日 国民政府教育部颁布《独立学院及专科学校行政组织补充要点》，其内容除与大学相同者外，还有以下几点："（1）独立学院设院长1人，综理院务。国立者由教育部聘任之；省市立者由省市政府请教育部聘任之，均不得兼任，各科各系，均设主任一人，由院长聘任之；（2）独立学院亦设教务、训导、总务三处，主管人员分别称教务主任、训导主任、总务主任；（3）专科学校设校长一人，综理校务；国立专科学校校长由教育部聘任之；省市立专科学校校长由省市政府请教育部聘任之"。

同日 国民政府教育部颁布《大学行政组织补充要点》，规定"大学教务、训导、总务三处，分别设教务长、训导长及总务长各一人，秉承校长分别主持全校教务、训导及总务事宜。教务长及总务长均由教授兼任，训导长及训导员资格俟呈请中央核定后另行公布。""大学训导处分为生活指导、军事管理、体育卫生三组。"

同日 国民政府教育部颁布《专科以上学校训导处分组规则》，规定大学训导处分为生活指导、军事管理（后改为课外活动）、体育卫生3组；并且具体规定了各组所负职责，如生活指导组设主任1人，负责训导计划拟定、导师分配、学生训导分组、学生思想训导、学生团体登记与指导、党部或三民主义青年团委托事项、推行社会服务及劳动服务、拟定各项规章表图等。

5月17日 国民政府教育部订定《师范学院、教育学院、师范学校及民众教育馆辅导中等以下学校兼办社会教育暂行办法》，规定"国立师范学院、大学师范学院、教育学院应于该师范学院区所设之中等教育辅导会议，负责研究并推行区内学校兼办社会教育辅导事宜"；"辅导事项有：（一）省立师范学校及省市立民众教育馆辅导方法之研究与指导及其困难问题之解答；（二）中等学校兼办社会教育人员之训练与其进修之指导；（三）中等学校兼办社会教育教材之介绍与补充；（四）依照中等学校应行兼办之社会教育事业举办数，共区内中等学校之；（五）其他关于主管教育行政机关之委托及区内各学校请求协助之事项。"

5月 国立北京大学研究院在昆明恢复并开始招收研究生。

同月 省立河南大学医学院迁到嵩县城内，校本部及文、理、农3院均到潭头。畜牧系与西北农业专门学校、西北联合大学农学院组建国立西北农学院。

同月 为纪念革命先烈陈英士，省立浙江战时大学改称"浙江省立英士大学"。10月26日开学，设工、农、医3院。

6月2日 国民政府教育部颁布《修订抗战期间国外留学生救济办法》，规定"请求救济之公费生以原派遣省份或机关已不能继续发给学费者为限，自费生以曾领本部留学证书，家庭沦入战区，经济来源不能继续者为限。其家庭不在战区，因受战事影响，无力负担其费用者，经本部查核属实，亦得酌予救济。"

6月6日 国民政府教育部聘曾济宽为西北技艺专科学校筹备委员会筹备主任，聘殷良弼、张丕介、谷子俊等12人为筹备委员。8月勘定卧龙滩及附近周任家庄为校址，10月上课。曾济宽（1883—1950），字慕侨，四川鄞都人，毕业于日本鹿儿岛高等农业学校林科，曾任国立北京农业专门学校教授、国立中山大学教授、国立中央大学教授、国立北平大学农学院院长、国立西北农学院校务委员、西北技艺专科学校校长等职。

6月17日 国民政府教育部训令"专科学校得采用五年制"，招收初中毕业及具有毕业同等学力之学生，自本年度起，先从音乐、艺术、蚕丝、兽医等科试行。

6月20日 国民政府教育部部长陈立夫致函行政院院长孔祥熙，关于私立复旦大学、私立大夏大学申请改为国立呈请行政院批。6月28日行政院第420次会议决议"改为国立事，缓议，由部查明两校实际情形，增加补助。"

6月21日 国民政府教育部公布《国立各院校统一招生办法大纲》。以往高校招收新生，均由学校各自办理，为适应战时特殊环境，大纲规定"国立各大学及独立学院一年级新生，除上海各校外，均统一招考，录取后由教育部分发各院校，插班仍得由各校呈请教育部批准后自行招考"；"至于省立、私立院校招考，各自办理，但须先呈部核准"。

6月23日 国民政府教育部颁发《修正大学研究院暂行组织规程》，规定"凡具备三年研究所（包括文、理、法、师范、农、工、商、医各研究所）以上者称研究院。研究生修业两年以上，修毕学分，通过论文，得授予硕士学位"。还规定"研究生不得兼任校内职务，但助教不在此限"。

同日 国民政府教育部订定《专科以上学校实施战时教程》，要求"全国公私立专科以上学校，应依其科目性质，酌量增设下列科目：一、文科：民族文学，抗战史料；二、法商科：日本问题，战时经济，战时法令；三、教育科：战时教育问题，军事心理学；四、理科：国防化学，国防地理；五、工科：军事工程，军事电讯，汽车修造；六、农科：战时食粮问题；七、医科：战时救护。"

6月 中国女子大学在延安成立。7月20日举行开学典礼。王明任校长，副校长柯庆施，孟庆树为政治部主任，张琴秋为教务主任。开学时有学员600余人，编为8个班，其中6个普通班，一个高级班，一个特别班。女子大学共办两年，培养了2,000余名妇女干部。王明（1904—1974），原名陈绍禹，字露清，安徽六安人，曾入莫斯科中山大学学习，曾任中共中央政治局委员、长江局书记等职。柯庆施（1902—1965），又名柯怪君，安徽歙县人，曾任中共中央政治局委员、国务院副总理、中共中央华东局第一书记等职。孟庆树（1911—1983），安徽寿县人，曾任中共中央南方工作委员会委员、中共中央统战工作委员会委员、中华人民共和国中央人民政府法制委员会委员等职。张琴秋（1904—1968），浙江崇德人，曾入莫斯科中山大学学习，曾任中共中央委员、中华人民共和国中央宣传部部长、中共鄂豫皖分局常委兼鄂豫皖省委书记等职。

同月 沈从文开始在国立西南联合大学任教，并继续参加以杨振声为首的编辑中小学教科书的工作。沈从文（1902—1988），原名沈岳焕，湖南凤凰人，曾任私立中国公学教员、国立武汉大学教授、国立青岛大学教授、国立西南联合大学教授等职。

同月 国民政府教育部制定《专科以上学校各院系应注重有关抗战之教材或增加战时教程办法》，令各校遵行。其有特殊研究及发明之教员或学术，并得由学校将其成绩转呈教育部奖励。

同月 中共中央政治局决定将抗大总校、陕北公学等迁入晋东南敌后抗日根据地。7月10日，抗大离开延安，向河东进发。

夏 管理中英庚款董事会创设中国蚕桑研究所于遵义，聘原浙江省蚕桑研究所所长蔡堡为所长。1946年改为与国民政府教育部合办，与浙江大学合作。蔡堡（1897—1986），字作屏，浙江杭县人，美国哥伦比亚大学生物学硕士，曾任国立复旦大学生物学科主任、国立浙江大学生物系主任、中国蚕桑研究所所长等职。

夏 江苏省立蚕丝专科学校、女子蚕业学校四川分校建立，借四川蚕业公司乐山蚕种场为校址，开学上课。

7月7日 华北联合大学在延安成立。该校由陕北公学、鲁迅艺术学院、工人学校和战时青年训练班联合组成。成仿吾任校长兼党组书记。1940年迁至晋察冀边区的阜平。成立初期为短期训练班，学习时间一般为4至6个月。下设社会科学部、文艺部、工人部和青年部4个部，次年10月，将各部改为学院，学习时间延长到1至2年；至1941年3月，设有法政、教育、文艺3个学院，群工、中学2个部。

7月11日 国立西南联合大学遵教育部令，设立训导处，由查良钊任训导长。下设生活指导组、军事管理组、体育卫生组3组；生活指导组由查良钊兼任组长，军事管理组由毛鸿任主任教官，体育卫生组由马约翰任主任。查良钊（1897—1982），字勉仲，浙江海宁人，美国哥伦比亚大学硕士，曾任国立北京师范大学教务长兼教育学教授、河南省教育厅厅长、河南省立中山大学校长、国民政府教育部参事等职。

7月13日 国民政府教育部公布《切实推进导师制办法》5条，"把推行导师制与否作为考察学校成绩之一；要求各校校长以身作则，督率教师履行导师责任，把教师执行导师制任务作为进退标准之一；规定导师应有训导时间安排。"

同日 国民政府教育部公布《各级学校及社会教育机关举行训导会议办法》8条，规定"各级学校行政机关，每年应分别召集所属各学校主持训导人员，举行训导会议一次"；"专科以上学校及国立社会教育机关训导会议，由教育部定期召集"。

7月21日 国民政府教育部颁发《各省市师范学校辅导地方教育办法》，规定"各省省立师范学校，对于各该师范学校区内各县市地方教育，应遵照本办法予以切实之辅导"，具体包括召集辅导会议、设置地方教育指导员、举行某种专题讨论会、指导教育实验等等。

7月23日 国民政府教育部公布《全国青年实施国民精神总动员具体办法》，规定"由教育部通令各级学校及社会教育机关，督促教职员及学生切实实施国民精神总动员，指定主管人员参加地方自治会及人民团体之国民月会，担任讲述，并指派教职员、学生利用星期日及寒暑假，劝导社会一般青年实施国民精神总动员"。

7月28日 国民政府教育部颁发《抗战期间回国留学生分发服务简则》，规定"留学生分发工作为编译、研究、教学、技术及其他工作""由教育部审查时依其专长及志愿，酌量分派核给生活费"等。

7月29日 国民政府教育部关于"游击区及接近前线各省设立临时政治学院办法"呈报行政院，同时附《游击区域及接近前线各省设立临时政治学院办法》，办法分为设立、宗旨、组织、设备、课程、训育、修业年限及毕业、学生待遇、经费等9个方面。8月9日，行政院第426次会议议决："删除临时政治学院办法第八项学生待遇项,第九项改为'经费由各省自筹',其余通过"。

7月 国民政府军政部、内政部战时卫生人员动员征调委员会开始征调各医药院校该年暑期医科实习期满学生及药科毕业生,认定半数为军事后方医院服务,半数为国家医疗卫生机关服务。西北医药院校毕业生集合军医署驻陕办事处待命,西南医药院校毕业生集合驻桂黔办事处待命,上海各校毕业生临时斟酌指定。

同月 国立浙江大学因留在浙江及其他各地未及随校西迁的教师甚多,经呈准国民政府教育部,在浙江龙泉县坊下村成立龙泉分校,设中文、外文、数理化、机电、化工、土木、农艺、农经8系,招各系一年级新生,学生升入二年级时,仍须至贵州校部。

同月 毛泽东在《关于整理抗大问题的指示》中指出,"阶级教育、党的教育与工作必须大大加强"。

同月 国民政府教育部令:"代校长臧启芳为国立东北大学校长"。

同月 国民政府教育部发布《学术审议委员会章程》16条,规定教育部学术审议委员会职责包括:"审议全国各大学学术研究事项""建议学术研究之促进与奖励事项""审议各研究院所研究生之学士及硕士学位授予暨博士学位候选人之资格事项""审议专科以上学校之重要改进事项""专科以上学校教员资格之审查事项""审议留学政策之改进事项""审议国际文化之合作事项"等8个方面。其中第三条规定"教育部部长、副部长及高教司司长为当然委员,设聘任委员二十五人,由教育部指定十二人,另由国立专科以上学校院校长中选举十三人"。

8月7日至10日 国民政府教育部赓续举办国立大学统一招生考试:全国分为15招生区及13分处,考试题目由教育部统一颁发,报名学生21,238人,实际考试20,006人,经考试评定成绩并经教育部审核,录取大学新生5,371人、大学先修班1,103人;免试入学及各省教育厅保送1,350人,大学先修班保送124人;其中海外侨生19人,先修班32人。

8月9日 国民政府教育部会商军政、交通、经济各部及航空委员会订定

《大学理工学院与经济交通及军备工厂合作办法》，呈经行政院核准公布，并与各部会同指定合作之工厂与学校。校厂合作的内容包括：学校聘请工厂技术人员担任教师、顾问或讲演；学校分发高年级学生至工厂实地练习，厂方应派员指导学生参加实际工作；学校应担任工厂各项问题之试验、研究与推广，其问题与材料应由厂方供给，并尽量提供协助；学校遇必要时，可变通正常课业，集中时间，协助工厂实际工作，以应国防上之急切需要；工厂如需要特种技术人员，得商由学校代为训练。

8月23日　国民政府行政院第428次会议决议通过国民政府教育部部长陈立夫呈请"改广西省立广西大学为国立广西大学"。

8月　国民政府教育部为使各大学理工学院与经济、交通及军备工厂合作，订颁《大学理工学院与经济交通及军备工厂合作办法》，规定各校应分发高年级生至工厂实地练习，厂方应派员指导学生参加实际工作，但兵工厂收受实习生以确具永久服务兵工事业志愿及具有确实保证者为限。

同月　国民政府教育部令国立西北联合大学改为"国立西北大学"，设文、理、法商3学院。国立西北联合大学医学院独立为"国立西北医学院"，设于汉中。国立西北联合大学师范学院独立为"国立西北师范学院"，设于城固，聘李蒸为院长。

同月　国立浙江大学在浙江龙泉县设立浙东分校，先设一年级。1941年8月增设二年级并另设师范学院初级部。

同月　福建省立医学专科学校的医专科扩展为福建省立医学院，向省立科学馆商借几幢房屋作为临时校舍，后迁址永安，仍聘侯宗濂为院长，呈准教育部备案。

同月　国民政府行政院通过设"国立西康技艺专科学校"提案，派李书田为筹备主任。

同月　浙江省立医药专科学校奉令改组为省立英士大学医学院，分设医学和药学2系。

9月4日　国民政府教育部颁布《大学及独立学院各学系名称》，规定"文学院设中国文学、外国文学、哲学、历史学等系，理学院设数学、物理、化学、生物学、地质学、地理学、心理学等系，法学院设法律、政治、经济、社会学等系，工学院设土木工程、水利工程、机械工程、航空工程、电气工程、建筑工程等系，商学院设银行、会计、国际贸易、工商管理、商学及其他各系；文学院与法学院亦得设商学系；医学院不分系；教育学院仍依《大学规程》，分设教育原理、教育心理、教育方法等系"；"凡各校单独设置某院之一二学系，而该院未独立成立者，得附设于性质相近之学院"；"两学门以上合并组成之学系，由各院校就合组情形拟订名称，呈请教育部核定"。

9月5日　国民政府教育部颁发《广西省立广西大学改为国立广西大学办法》，任命马君武为国立广西大学校长，设理工、农、医3学院。

9月25日　国民政府教育部颁发《训育纲要》，该纲要包括"训育之意义""道德之概念""训育之目标""各级学校训育之实施"等4部分内容，在第四部分中就有关于专科以上学校训育实施的相关8点规定："一、由民族历史文化的特性，研究各种学说主义之各自适合性，归纳结论于三民主义创见于中国之必然性及其适应性之理由，使学生切实理解三民主义之真谛，并依据总理总裁之训示确立三民主义的革命人生观"；"二、由军事教育、竞技运动等严格的训练，以锻炼强健的体魄，奋斗为国、坚韧图强之精神"；"三、注重实际问题之调查与研讨，切实了解建国方略、建国大纲之内容，鼓励创作之志趣，以养成穷理尽性的学术研究精神与学以致用的建国责任之自觉"；"四、陶冶爱好自然的情趣，及崇尚礼乐之美德，以养成优美刚健之风格"；"五、厉行节约运动，纠正浮华习气，以养成俭朴勤劳之平民生活"；"六、对于学生自治团体及三民主义青年团之校内组织予以适切指导，以养成有组织、有规律之习惯，以及组织管理能力"；"七、鼓励并指导社会服务与劳动服务，使学生深入社会内层，从事民众知识之提高，与社会利弊之兴革，以养成工作劳动的习惯，服务社会的热忱与做事的责任心"；"八、指导学生从事各种合作事业，以养成互助合作的精神及准备负荷对于社会国家以及世界人类之责任"。

9月28日　国民政府教育部颁发《大学先修班办法要点》，规定"大学先修班之设置，除由教育部特设大学先修班外，并指定国立师范学院、西北大学、西北师范学院、交通大学、暨南大学、西南联合大学、浙江大学、云南大学、广西大学等校分别办理"。教育部特设大学先修班三所，即"教育部特设大学先修班"（四川江津白沙）、"教育部特设苏浙皖区大学先修班"（安徽屯溪）、"教育部特设赣县大学先修班"（江西兴国）。"先修班学生修习期限一年，期满后，一律不给证书。但体格健全，学行成绩最优之百分之五十，由教育部准予免试，分发各公私立大学一年级肄业"。先修班至1945学年度后结束。

9月 广东省立教育学院改名为"广东省立文理学院"，林砺儒任院长。

同月 原私立南开大学经济研究所在重庆恢复，何廉任所长，陈序经为经济研究所主任。

同月 国立西北大学正式成立。

同月 福建省政府筹设一所涵盖医学院、法学院和农学院的省立福建大学，要求"民国30年6月底赶速建成"，福建省银行行长邱汉平任省立福建大学筹备委员会主任委员兼校长。

同月 第二战区司令长官阎锡山及山西省政府主席赵次陇商请国民政府教育部"恢复山西大学，并将省立农业、工业两专科学校并入"。

同月 国民政府教育部颁订《师范学院分系必修及选修科目表》，对师范学院各系共同必修科目作了规定，具体为"国文、外国文、社会科学、自然科学、哲学概论或高等数学、中国文化史、西洋文化史、教育概论、教育心理学、中等教育学、普通教学法"；"政治学、经济学、社会学、法学通论，任选2种"；"物理学、化学、生物学、人类学、地理学，任选1种"；"三民主义、军训、体育、音乐均为必修科目"。

同月 国民政府教育部颁订《大学助教兼作研究生办法》，"通令施行，以宏造就"。

9月至10月 国民政府教育部颁发《文理法农工商师范各学院之分系必修及选修科目表》，规定"专科以上学校自本年度二年级起遵照实施，三四年级用作参考"。

秋 私立圣约翰大学、私立东吴大学、私立沪江大学、私立之江大学等校合组华东基督教大学联合会。

10月7日 国民政府教育部令国立西南联合大学举行针对游击区各省市未能及时参加统一招生考试学生，参加考试者共805人，经济困难者由教育部津贴旅费，并在昆明设立各地来昆学生就学指导处，照料学生住宿，指导学生生活及思想。

10月22日 私立沪江大学创办人在美国弗吉尼亚州开会，推举樊正康为校长，指示樊"在任何情况下，应保持浸礼会对沪江大学的支配权"。

10月 国民政府教育部颁发《中等以上学校学生假期兵设宣传实施纲领》，利用学生于寒假、暑假、春假临时下乡宣传兵设，教职员一律参加指导，按宣传之性质及学生之志趣分编话剧、演讲、化妆演讲、歌咏等队。宣传方式采用文字宣传、口头宣传及艺术宣传，个人服务成绩，评定优劣，予以奖惩。

同月 广西省立医药专科学校又恢复为"广西省立医学院"，11月正式成立，由省主席黄旭初兼任院长，院务由雷沛鸿代行。雷沛鸿（1888—1967），字宾南，广西邕宁人，美国哈佛大学硕士，曾任国立暨南学校教授、国民政府广西省政府委员兼教育厅厅长、国立中央大学政治学系副教授、江苏省立教育学院教授、私立大夏大学教育学教授、国立广西大学校长等职。

同月 国民政府教育部为国民党六届全会撰写了教育报告书，关于高等教育有13点内容，包括"（1）增设与停办之专科以上学校：增设的专科以上学校有于四川设国立中央技艺专科学校、兰州附近设国立西北技艺专科学校、西昌设国立西康技艺专科学校、重庆设国立重庆商船专科学校；核准设立浙江省立英士大学、绥远省立绥蒙政法专科学校、陕西省立医学专科学校；核准广东设私立南华学院、天津设私立达仁学院、上海设私立立信会计专科学校；停办的学校有因院长附逆而停办的中法国立工学院和私立持志学院，还有因经费困难而停办的私立广东光华医学院。（2）改组与恢复的专科以上学校：改组的学校有国立西北联合大学分为国立西北大学、国立西北医学院、国立西北师范大学三校；核准省立广西大学改为国立，江苏省立商业专科学校改为国立，广东省立体育专科学校并入广东省立教育学院设体育专修科，广东省立教育学院改为广东省立文理学院；恢复的学校有省立山西大学于临汾失陷后停顿，于山西吉县恢复上课；私立南通学院迁移上海开学，江苏省立蚕丝专科学校迁四川嘉定复课，私立山西川至医学专科学校迁陕西宜川开学。（3）改进学校制度与组织，订发大学及独立学院与专科学校行政组织补充要点十二条，规定大学设教务、训导、总务三处，分设教务长、训导长、总务长各一人，独立学院及专科学校分设教务、训导、总务三处，各设主任一人；制度方面专科学校招收高中毕业生或同等学力学生，修业二年或三年，第三次全国教育会议决议，音乐、艺术、兽医、蚕丝等专科，试行五年制，招收初中毕业生，为五年一贯之技能训练。（4）改进专科以上学校训育：专科以上学校在组织上须设训导处，颁布条例审查训导人员资格，凡国民党党员曾任大学教授或专科学校专任教员二年以上，学望品行足资表率，经审查合格者，得充任大学训导长或专科学校训导主任。（5）整理课程与编著用书：订定颁发文理法农工商各学院共同必修科目表，颁布各学院所属学系之名称，令行国立编译馆负责编著大学主要科目之教本及评选已出版于大学程度之优良书籍。（6）推进学术研究工作：扩充各大学各科研究所，招收研究生，由教育部拨给研究生生活费用；颁订助教兼作研究生办法；特准浙江大学史地系附设史地研究室，编辑史地读物，发行史地定期刊物，编制史地教科设备及参考工具；令江苏医学院研究本国中小学学生之营养生理，以期改进中小学学生之养护问题；教育部特设学术审议委员会统筹全国各大学学术研究。（7）注重抗战教材，研究抗战问题：教育部制定《专科以上学校各院系应注重有关抗战之教材或增加战时教程办法》；会商军政、交通、经济各部及航空委员会订定"大学理工学院与经济交通及军备工厂合作办法"。（8）赓续举办统一招生考试：全国分为十五招生区及十三分处，考试题目由教育部统一颁发，报名学生21,238人，实际考试20,006人，经考试评定成绩并审核，录取大学新生5,371人、大学先修班1,103人。（9）设立大学专修科先修班二十四班，招生1,200余人。（10）推进战区青年之高等教育。（11）修正限制留学办法及国外留学生之救济。（12）战区员生及归国留学生之救济。（13）大学毕业生之就业与征调。"

11月4日 马相伯于越南谅山逝世。

11月27日 交通部吴淞商船专科学校在重庆复校正式上课，更名为"国立重庆商船专科学校"，先由吴俊升兼任校长，设航海、轮机、造船3科。吴俊升（1901—2000），字士选，江苏如皋人，法国巴黎大学文科教育哲学博士，曾任国立北京大学教育学系主任、国民政府高等教育司司长、教育部政务次长、中央图书杂志审查委员会委员、国立中央大学教授、香港中文大学新雅书院院长等职。

11月28日 国民政府任命胡庶华任国立西北大学校长。

12月15日 国民政府军事委员会订定"战地失业失学青年招致训练办法纲要"，分为要旨、招致、甄选、甄选标准、分训、隶属与经费等6个部分。

12月21日 国立西康技艺专科学校正式开课，李书田任校长，设3年制专科和5年制专科。

12月 国民政府教育部令国立编译馆拟具大学用书编辑计划，并拨给编辑费用。

同月 国民政府教育部颁布《第二期战时教育行政计划》，在高等教育方面要求"运用高等教育设施协助抗战军事""调整全国专科以上学校之系科设置与地域分配，划全国为若干大学区，每区至少配置国立大学一所；划分高级师范教育区，每区设立师范学院一所"。

同月 国立西北大学校长胡庶华监督起草《西北大学教员服务暂行规程》，规定"教授、副教授，每周任课十小时至二十小时，不足十小时，在七小时以上者，按照讲师扣薪"；"教授兼系主任者，每周任课八小时至九小时"；"专任教师每周授课时数定为八小时至十二小时"。

同月 国立四川大学南迁峨眉继续办学；1941年8月恢复师范学院，11月设文科研究所和理科研究所，专管研究生培养；1943年迁返成都。

同月 省立山西大学在三原复课，阎锡山兼任校长，教务主任冯纶代理校务，设文、法、工3院。1940年3月将山西私立川至医学专科学校并入。1941年学校迁址陕西省宜川县秋林镇。

同月 中央政治学校康定分校更名为"国立康定师范学校"，以崔子信代理校长。崔子信（1904—1947），字允卿，河北安国人，曾任国民党南京市党部训练科主任、国立南京中央政治学校附设蒙藏学校干事、国立中央政治学校康定分校主任、国立康定师范学校校长、国民政府制宪国民代表大会代表等职。

冬 中共中央决定在延安复办陕北公学，李维汉任校长，校址设在杨家湾。从1937年7月至1941年8月，陕北公学共培养了13,000多名学员。

同年 大学用书编辑委员会成立，初附设于国民政府教育部，1942年改属国立编译馆。

同年 国立西北联合大学的一部分原国立北平师范大学师生，迁到兰州。

同年 鲁迅师范学校与边区中学合并，成立边区第一师范学校，周扬兼任校长。周扬（1908—1989），原名周运宜，字起应，毕业于私立大夏大学，后留学日本，曾任陕甘宁边区教育厅厅长、延安大学校长、中华人民共和国中央宣传部副部长、文化部副部长、中国社会科学院副院长兼研究生院院长、中国文联主席、党组书记等职。

同年 复性书院成立于四川乐山县，以乌龙山寺为院舍，马一浮任院长。学生有住院肄业者20余人，院外参学10余人，通信问业者很多。学校设办事处、刻书处、讲习处、编撰处。该校倡导新儒学，以"综贯统术、讲明义理、养成通儒"为宗旨。1943年停讲习课，专攻刻书。马一浮（1883—1967），名浮，又字一佛，浙江会稽人，曾任南京临时政府教育部秘书长、国立浙江大学教授、中华人民共和国全国政协委员、浙江文史馆馆长、中央文史馆副馆长等职。

同年 私立齐鲁大学神学院、农村研究所和护士学校复校。

1940年（民国二十九年 庚辰年）

1月 毛泽东发表《新民主主义论》。

2月 日军相继攻占昆仑关、绥远、五原。

3月30日 汪精卫伪"中华民国国民政府"在南京成立。

6月　日军相继攻占襄阳、樊城、宜昌。

8月20日　八路军在华北对日军发动"百团大战"。

9月6日　国民政府颁布命令，正式定重庆为陪都。

9月27日　德、意、日3国在柏林签订军事同盟条约。

10月8日　英国首相邱吉尔宣布重开滇缅公路。

10月30日　中国军队收复南宁。

11月30日　南京汪伪政府同日本签订《日本国与中华民国关于基本关系的条约》。

12月29日　罗斯福发表著名的"炉边谈话"，表示美国将大规模军援中国。

1月10日　国立中央大学校长罗家伦、国立北京大学校长蒋梦麟、国立四川大学校长程天放、国立西北大学校长胡庶华、国立中山大学校长邹鲁等联名致电美国参众两院，请美国政府予日本以经济制裁，指出：美国继续供应日本汽油及日本飞机零件，将"使美国国民之良心受重大之震动""予日本以继续侵略之鼓励""实与美国政府及人民之远见不能相容"。

1月15日　私立大夏大学学生工作救济委员会正式成立。

1月　中共中央决定将自然科学研究院扩大并改为工、农科的教育机构——自然科学院，校址设在马家湾，李富春为第一任院长；1943年4月并入延安大学。李富春（1900—1975），字任之，湖南长沙人，曾任中华人民共和国国务院副总理兼国家计委主任、中共中央书记处书记、中共中央政治局常委等职。

同月　国民政府行政院决定设立国立贵州农工学院，选定贵筑县花溪镇为院址。1941年春聘叶秀峰、欧元怀等为筹备委员，8月招考农林、农化、农经、土木、矿冶、机电6系，聘李书田为院长，12月21日开学。叶秀峰（1900—1990），江苏江都人，美国匹兹堡大学硕士，曾任国民党中央组织部调查科科长、国立西北工学院院长、西康省政府教育厅厅长等职。

同月　国立浙江大学由桂迁黔，在遵义、湄潭、永兴等地坚持办学7年，直到抗战胜利。

同月 经过选举，冯友兰、傅斯年、竺可桢、吴有训、茅以升、马寅初、蒋梦麟等 13 人当选为国民政府教育部学术委员会委员。

同月 毛泽东发表了《新民主主义论》，其中包括新民主主义的文化教育问题，构成了新民主主义教育总的理论基础，即新民主主义教育要为工农群众服务，培养工农知识分子。

2月2日 私立成都朝阳学院因易长问题引起学潮，学生反对原校长江庸重长校务，发表反江宣言及敬告社会人士书，抨击激烈，由此引起中统局与军委会政治部的介入调查。

2月25日 私立光华大学沪校召开校董会议，推举虞洽卿为董事长，组建复兴委员会，确定今后校务方针，审查 1938 年度财务决算。虞洽卿（1867—1945），原名虞和德，浙江镇海人，曾任上海总商会会长、中央银行监事会监视、国民政府财政委员会委员等职。

2月27日 由教育部指派顾毓琇、戴粹伦、应尚能等组织的国立音乐院筹备委员会召开首次会议，指拨重庆青木关民众教育馆馆长训练班为院址，派应尚能赴沪延聘教授、购买教材，并将前国立艺术专科学校音乐组的教授、学生及器材并入该院。戴粹伦（1912—1981），江苏吴县人，毕业于上海国立音乐专科学校及维也纳音乐院，曾任国立音乐院分院院长、国立上海音乐专科学校校长、台湾省立师范学院音乐系主任等职。应尚能（1902—1973），祖籍浙江宁波，留学美国密歇根大学，先后修机械工程、声乐，曾任上海国立音乐专科学校、国立音乐院、国立戏剧专科学校、国立社会教育学院等校教授。

3月1日 国民政府行政院发布通告，成立国民政府军委会战地失学失业青年招致训练委员会。招训会按军事战区分别成立分会，聘各战区司令长官兼任主任委员，各在辖区内前线重要地点设招致站，办理战地青年调查、宣传、招致、登记、分送等事宜。

3月5日 国立中央研究院院长蔡元培在香港逝世。

3月7日 国民政府行政院训令：基于战时闽省农业经济落后等状况，要求将省立福建大学法学院并入国立厦门大学。

3月9日 国民政府教育部颁行《专科以上学校毕业生统筹分发服务办法令》，规定"各校应届毕业生册报甄选，各生由部选定后，除由部函达需用人机关外，即行由部通知各校转饬各生前往服务机关报到，不再先行征询，或由校保送，以资简捷。"

3月 国民政府教育部颁发《高中以上学校学生参战奖励办法》，规定："志愿参加前方作战工作以年满二十足岁者为限，担任战时军事技术工作以年满十八岁者为限"；"凡有功之学生，除军事机关予以奖励外，另由教育部发给奖章或奖状，其因参战殉职者，除应受政府规定之荣誉及抚恤外，并由学校建立碑碣，以为永久纪念"；"实际参加前方作战之学生，除得受前项奖励外，其姓名事迹，在中央由教育部编入抗战史料、教育年鉴，或教育史内，在地方由文献委员会编集，俾编入县市志，以资宣扬，其有特殊功勋者，并由教育部呈请行政院特予褒扬"。

同月 山西私立川至医学专科学校合并至山西大学。5月，校务主任冯纶辞职，以徐士瑚兼理校务。徐士瑚（1907—2002），字仙州，山西五台人，苏格兰爱丁堡大学硕士，后在剑桥大学研读莎士比亚与教育学，曾任省立山西大学文学院院长、教务长、国立西北联合大学教授、国立山西大学校长、北方交通大学教授等职。

同月 延安的八路军军医学校经过扩大、充实，奉命改为"八路军医科大学"。大学内分4科：高级军医班、普通军医班、药剂班和特别班。

同月 国民政府教育部发布《大学用书编辑委员会章程》14条，规定"该委员会负责拟定及审核大学用书之编辑方针、计划大学用书之编辑事项以及计划优良大学用书之选择与介绍事项"等。

春 国立西北大学校长胡庶华与国民政府教育部部长陈立夫发生矛盾。陈借视察西北大学之机，对学生发表讲话，含沙射影地讽刺胡的办学。

春 边区政府在关中设立第二师范学校。

4月25日 国民政府教育部在重庆召开第二届全国高等师范教育会议，27日结束。会议通过"大学师范学院应分年独立设置案""关于师范学校本科学生修业年限案"等。

4月29日 国民政府教育部公布《教员服务奖励规则》，"凡连续服务十年以上成绩优良之教员，经查明属实者，分别授予各等服务奖状。"

4月 国民政府教育部筹备国立女子师范学院，聘谢循初为筹备主任，齐国樑、陶玄为筹备委员，设院址于四川江津白沙镇。谢循初（1895—1984），安徽当涂人，美国芝加哥大学硕士，曾任国立武昌师范大学教授、国立北京大学教授、国立北京师范大学教授、私立中国公学教授、国立暨南大学副校长、教育学院院长、私立光华大学教授等职。

同月 许崇清被任命为国立中山大学代理校长。

同月 教育部指定西安为国立西北大学永久校址，以国立东北大学西安校址拨与该校使用。

同月 福建省立医学院奉令并入省立福建大学。

同月 福建省政府主席陈仪创设"福建省立音乐专科学校"于吉山，附设小学音乐师资训练班和艺术师资训练班，聘蔡继琨为校长。蔡继琨（1912—2004），祖籍台湾彰化，生于福建泉州，曾赴日本东京帝国音乐学院留学，曾任福建音乐专科学校校长、台湾交响乐团团长兼指挥、菲律宾马尼拉演奏交响乐团指挥兼音乐指导等职。

5月1日 陕甘宁边区教育厅为发展巩固女子教育成果，公布《陕甘宁边区升入师范学校女生奖励办法》，对师范女生予以特别照顾提携。

5月12日 国民政府教育部制定《学生军事训练实施方案》，规定"凡大学、独立学院、专科学校，除女生附另章规定外，均以军事训练为必修科。学生军训成绩不及格者不得毕业。"

5月14日 国民政府教育部史地教育委员会第一次会议在重庆召开，通过"编纂中国通史大学教本案""改进大学史地教育案""请培植大学中外历史师资案"等。

5月22日 国民政府教育部公布《各公立院校统一招生委员会章程》，"为研究规划并执行公立各院校统一招生事宜""设立教育部公立各校院统一招生委员会"，委员会任务如下："一、订定招生规章；二、规定命题、阅卷及取录标准；三、制定及颁发试题；四、复核考试成绩；五、决定及取录学生；六、研究招生改进事项；七、教育部交议有关招生事宜。"

5月27日　日军轰炸北碚，私立复旦大学教授、《文摘》杂志创始人孙寒冰殉难。

5月　国民政府教育部"为提高专科以上学校学生程度，谋高等教育质量之改进"，制发《专科以上学校学生学业成绩的考核办法》，规定"临时试验每学期内至少举行一次，该项试卷由校妥为保存，在一年以内，本部得随时令饬调阅，或于派员视察时，按照课程抽阅之"。通令专科以上学校毕业考试改为总考制，除本学期课程以外，"须通考其以前各年级所习专门主要科目三种以上，不及格者不得毕业"。对此规定，国立西南联合大学四年级生曾组织了"反总考委员会"，甚至在学校高压下发生了反总考学生自杀事件。

同月　国民政府教育部为奖励专科以上学校学生学业，公布《全国专科以上学校学生学业竞试办法》。甲类"竞试国文、英文（法文或德文）、数学三科，各院校一年级生自愿报考一至三科"；乙类"竞试各科系主要科目，二三年级生自由报考"；丙类"竞选毕业论文，四年级生一律参加"。至1945年，该竞试共举办6届。

同月　国民政府教育部颁发《全国专科以上学校战区学生贷金偿还办法》，规定贷金在毕业后分两次偿还，负担家庭生活过重者得缓期偿还，所还贷金由教育部续作贷金或奖学金之用。

同月　国民政府教育部颁发《各省市国民教育师资训练办法大纲》。

同月　国民政府教育部设立学术审议委员会，制定《教育部学术审议委员会章程》公布施行。除教育部次长及高等教育司司长为"当然委员"外，"设聘任委员二十五人，由部直接聘任十二人，其余十三人由高校校长选举，再由部根据结果聘任"。学术审议委员会的任务有8项："审议全国各大学之学术研究事项"；"建议学术研究之促进与奖励事项"；"审核各研究所之硕士学位授予，暨博士学位候选人之资格事项"；"审议专科以上学校重要改进事项"；"专科以上学校教员资格之审核事项"；"审议留学政策之改进事项"；"审议国际文化之合作事项"；"审议教育部部长交议事项"。4月产生第一届委员蒋梦麟、王世杰、竺可桢、茅以升、傅斯年、冯友兰、马寅初等 29 人，吴俊升兼任秘书。

同月 私立复旦大学校董会同意钱新之辞去代理校长一职，任命副校长吴南轩为代理校长。

同月 边区政府在定边设立第三师范学校。

同月 由中央党校青年班和安吴青年训练班发展而成的"泽东青年干部学校"在延安成立，校长为陈云，以学生自治为原则，注重自学和研究问题，减少上课时间，主要加强辅导。

同月 国民政府教育部修正《医学教育委员会章程》19 条，规定"教育部为谋医学、药学及护士、妇产教育起见，依照《修正教育部组织法》第五条之规定，设立教育部医学教育委员会（以下简称本会）"；"本会设护士教育专门委员会、助产教育专门委员会、牙医教育专门委员会、药学教育会及中医教育专门委员会，于必要时并得设其他有关医学教育之专门委员会"；"本会任务如左：一、拟定医学、药学、护士及助产教育计划；二、审拨医学、药学、护士及助产学校之课程设备标准；三、审查医学、药学、护士及助产学校之立案备案事项；四、编辑医学、药学、护士及助产学校教材；五、复议本会各项专门委员会议决之其他事项；六、建议与医学教育有关之一切兴革事项；七、议复部长交议事项"；"本会委员之人选如左：一、教育部高等教育司、普通教育司司长及指派人员；二、卫生署署长、军政部军医署署长、中央国医馆馆长；三、国立大学医学院或独立医学院院长及国立医药专科学校校长；四、医学专门人员九人至十五人；前项第二款、第四款委员均由教育部聘任之。"《章程》还对委员会委员任期、组织结构等事项进行了规定。

同月 国民政府教育部制定《专科以上学校分布原则》8 条，分别为："（一）教育部应就全国政治、经济、生产建设各方面需要及各地文化、教育人口、面积、物产、交通、风俗、习惯等情形，指定重要及适宜地点，设立院系完备与设备充实之国立大学。（二）在不合上述规定之重要区域以设立三学院之国立大学或独立学院一所为原则，如该地已有省立大学或学院，或成绩优良之已立案私立大学时，该项国立大学或学院得暂缓设置。（三）师范学院应以分区独立设置为原则，每一师范学院区设师范学院一所，师范学院除训练师资外，须兼负研究及辅导所在区域内中等教育之责任。（四）农、工、商、医各学院之设置，以就各省需要分区设置为原则；其在各区内尚无此项国立学院或省立学院者，应即予以增设农、工、商、医各学院，并应会同建设及生产事业机关辅导本区域内同性质之专科学校及高级职业学院。（五）农、工、商、医等专科学校之设置，应以配合当地需要为原则，并会同本区域与邻近区域大学之农、工、商、医各学院及生产事业机关，辅导本区内初高级职业学校。（六）自战区迁入后方各省之专科以上学校，在抗战结束后应根据前列原则，斟酌情形，决定其分布及迁移：1. 原校地点同性质之学校过多，或地点与学校性质不宜者，迁出以后，如当地原无此种学校，今后必须创设，即留在该地，不必迁回；2. 原校地点确有继续设置此种学校之必要，且其原校环境适宜，校舍完整，设备齐全者，迁回原地；3. 原校地点及新迁地点均有设置此种学校之必要，得斟酌情形，或留新校址，或回原校址，或一部分迁回，一部分留在新地点。（七）在同一地区，如各校重复及不合需要之院系，应加调整。（八）私立专科以上学校之设置，应参照前列各原则，分别斟酌情形予以限制或奖励"。

6月8日 国民党中央执行委员会常委会通过《修正专科以上学校训导人员资格审查条例》9条，规定专科以上学校训导人员资格如下："（一）凡中国国民党员，曾在大学教授或专科以上学校专任教员二年以上著有成绩，经审查合格者，得充大学训导长或专科学校训导主任；（二）凡中国国民党党员，在国内外大学毕业具有下列条件之一，经审查合格者，得充专科以上学校生活指导组主任或训导员：1. 曾任专科以上学校生活指导组组员、训育员或训导员一年以上而有成绩者；2. 曾任高级中学校长、教务主任、训导主任一年以上，或高级中学教员三年以上著有成绩者；3. 曾任专科以上学校讲师一年以上或助教两年以上者；（三）凡任训导员四年以上著有成绩者，得由学校呈为训导主任资格之审查；任训导主任两年以上者，得由学校呈为训导长资格之审查"。

6月10日 国立西南联合大学教务会议，对国民政府教育部颁布的《统一科目表》提出反对意见，建议本校不必"刻板文章，勒令从同""盖本校承北大、清华、南开三校之旧，一切设施均有成熟，行之多年，纵不敢谓极有成绩，亦可谓当无流弊，似不必轻易更张"。

6月 国民政府教育部公布《修正专科以上学校训导人员资格审查条例》，对专科以上学校训导人员之资格做了严格规定："凡经审查合格之训导人员""由审查委员会呈报中央执行委员会备案，并分函中央社会部及教育部，教育部依据审查委员会审查结果，令知原呈荐之学校并发给合格人员以审查合格通知书"。

同月 国民党当局以"思想不正确"的罪名批捕成都私立光华大学6名学生、私立齐鲁大学3名学生、国立四川大学农学院3名学生、私立华西大学2名学生、私立金陵大学1名学生。7月，国立武汉大学13名学生被捕，贵州平越唐山工学院5名学生被捕。

同月 国立西南联合大学历史系教授钱穆的《国史大纲》由商务印书馆出版。该书出版后即被列为国民政府教育部大学用书，成为各大学通用的历史教科书。钱穆（1895—1990），字宾四，江苏无锡人，曾在国立西南联合大学、私立齐鲁大学、国立武汉大学、国立浙江大学、私立华西大学、省立四川大学、国立云南大学、私立华侨大学等校任教，后创办新亚书院。

夏 私立南开大学经济研究所招收陶大镛等4名研究生。

夏 边区政府接办绥德师范学校。

7月1日 国立艺术专科学校因教师聘任问题发生风潮。

7月 国立同济大学校长赵士卿辞职，周均时继任。周均时（1892—1949），字君适，原名周烈忠，四川蓬溪人，曾入德国柏林大学学习，曾任吴淞商船专科学校校长、国立暨南大学教授、国立中央大学教授、省立重庆大学工学院院长、国立同济大学校长等职。

8月1日 国立广西大学校长马君武因积劳成疾、胃病复发，于桂林城郊校内住宅逝世。雷沛鸿继任国立广西大学校长职。

同日 广东省立战时艺术馆在曲江成立，黄麟书任馆长，设美术、音乐、戏剧3科。黄麟书（1893—1997），广东龙川人，日本东京中央大学毕业，曾任广东省教育厅厅长、国民党广东省委常委、中央监察委员、中央考试委员等职。

8月2日　国立中央大学校长罗家伦在国民党第五届中央执委会第七次会议上提出"确定办法迅筹款以挽救全国高等教育危机案""要求紧急增加对高等教育的拨款",获得通过。

8月6日　国民政府教育部与军委会政治部联合呈报"高中以上学校训导与军事训练办法",办法规定"各校应组织学生总队,由训导主任任总队长,训导长、主任导师、副训导长或军训主任教官分任副队长。"

8月　国民政府教育部令国立湖南大学校长皮宗石与国立西北大学校长胡庶华对调职位。皮并未就职,国立西北大学校长则由法律系教授王治焘代行2月余。王治焘(1891—?),字聪彝,湖北黄陂人,法国巴黎大学法学博士,曾任国立北平大学教授、私立中国大学政治系主任、私立朝阳大学教授、外交部俄文法政专门学校教授、省立东北大学教授、国际联合会秘书、外交部秘书等职。

同月　国民政府教育部颁布《大学及独立学院教员资格审查暂行规程》,规定"任助教四年以上,著有成绩,并有专门著作者";"任讲师三年以上,著有成绩,并有专门著作者";"任副教授三年以上,著有成绩,并有重要之著作者,经教育部审查得分别提升为讲师、副教授、教授"。

同月　国民政府教育部颁布《大学及独立学院教员聘任待遇暂行规程》,规定"教员以专任为原则,应于学校办公时间在校服务。教授副教授讲师授课时间每周以九小时至十二小时为率,不满九小时者照兼任待遇,但担任行政事务或实际上须以充分时间从事实验或研究,经学校允许,得酌量减少授课时间,教学实验之时间,以两小时作为一小时计算";"专任教员不得在校外兼课或兼职,但有特别情形经兼课学校先商得原校同意者,每周至多兼课四小时。兼课以与原校所授科目相同者为限,兼课薪金并得由原校具领支配"。

同月　国民政府教育部颁发《师范学院辅导中等教育办法》。

同月　国民政府教育部公布《公医学生待遇暂行办法》,规定"公医学生毕业后,其服务年限须照其修业年限加倍计算"。

同月　奉国民政府教育部令，国立西南联合大学在四川叙永设立分校，作为以后迁往四川的准备步骤。凡1940年录取的西南联大新生一律到四川叙永分校报到。1941年1月2日叙永分校新生正式上课。后日军轰炸减少，昆明局势稍趋安定，迁校之议遂作罢。1941年8月叙永分校学生迁回昆明本校。

同月　私立复旦大学增设农学院。

同月　管理中英庚款董事会在四川北碚正式成立中国地理研究所。聘黄国璋为所长，分设自然地理、人生地理、大地测量及海洋四组。黄国璋（1896—1966），字海平，湖南湘乡人，美国芝加哥大学地理系研究生，曾任国立中央大学理学院地学系副教授、国立清华大学地学教授、国立西北联合大学训导长兼地理系主任、陕西师范大学地理系教授、主任等职。

同月　汪伪中央大学理工学院学生建立秘密抗日团体"群社"，以《新知识》为宣传品。1941年在群社的基础上成立了"团结救国社"（简称"团救社"），以《萤光》为宣传品，在共产党领导下开展活动。

同月　国立交通大学旅渝校友，因上海情势恶劣，商请国民政府教育部，先在重庆设立分校，借用小龙坎无线电工厂一部分房屋为校舍。同月，国立交通大学重庆分校在小龙坎成立，设机械、电机两班，推徐名材为主任。1941年国立交通大学全校迁渝，陆续增设土木系、航空系、造船系、工业管理系、运输管理系、财务管理系和电信管理系。1942年迁往九龙坡，1945年10月复校上海。徐名材（1889—1951），字伯隽，浙江鄞县人，美国麻省理工大学硕士，曾任汉阳铁厂工程师、国立交通大学自然科学院院长兼化学教授、国立交通大学重庆分校主任、中央化工厂筹备处主任等职。

同月　私立湘雅医学院在贵阳更名为"国立湘雅医学院"，张孝骞任院长，1944年迁往重庆，1946年5月迁返长沙复员。

9月19日　朱家骅任国立中央研究院代理院长。

9月20日　国立女子师范学院在四川江津成立，聘谢循初为院长，设教育、国文、英语、史地、理化、音乐、家政7系，以及体育专修科。1946年迁往重庆九龙坡区的国立交通大学内办学。

9月26日　国民政府教育部向重庆卫戍司令部及中央调查统计局致公函

要求查照密饬所属制止学生前往投考中国共产党于延安筹设的自然科学院。根据原情报，"自然科学院分为大学、高中、初中三部，大学部注重精研高深学理与技术实际指导之配合，分设化学工程、机械工程、农艺、林牧等科，二年毕业"。"凡有志于技术科学青年及技术人员，不分性别，均可入院求学"；"入学后免收膳宿学费，并附设研究部，专供各种专门技术人员研究"。

9月 中国工农红军卫生学校正式更名为"中国医科大学"，附设白求恩国际和平医院为实习医院。

同月 自然科学院在延安正式成立。该校是在共产党领导下创建的第一所理工科高等学校。

同月 国立清华大学校长梅贻琦获母校吴士脱理工学院名誉博士学位。

同月 受中国茶叶公司委托并出资9万元，私立复旦大学开办茶叶系，吴觉农任系主任。吴觉农（1897—1989），浙江上虞人，曾到多国考察茶叶生产和销售情况，曾任上海市园林场场长、国立劳动大学教授等职。

同月 国立中正大学成立，位于江西泰和杏岭，胡先骕任校长，设文、法、理、工、农五个学院18个系。1942年该校在赣县设分校。

同月 国立成都理学院成立，院长为魏时珍，设数学、物理、化学3系，校址位于成都西郭万福寺。魏时珍（1895—1992），原名嗣銮，四川蓬安人，德国哥廷根大学数学、物理学博士，曾任省立成都大学客座教授兼理学院院长、国立同济大学教授、国立四川大学教授、川康农工学院院长等职。

同月 苏皖联立临时政治学院成立，顾祝同任院长，朱华为副院长，以收容江、浙、皖3省流亡学生为主，设文科和法科。顾祝同（1893—1987），字墨三，江苏涟水人，保定陆军军官学校毕业，曾任第九军军长、第一军军长、国民党中央执委、江苏省政府主席等职。

秋 国立厦门大学奉国民政府教育部令接办福建大学法学院，并添设机电工程学系，改理学院为理工学院。

秋 中国乡村建设育才院成立于四川省巴县歇马场。其前身为乡村建设学院。张群任董事会董事长，晏阳初任院长。设乡村教育、农村经济两个系，附设乡村教育、农业两个专修科。10月正式开课。1941年8月添设水利专修科。

秋 迁至重庆沙坪坝石门坎的国立中央工业职业学校增设 3 年制专科部，仍为机械、电机、土木、化学 4 科，更改校名为"国立中央工业专科职业学校"。

10月4日 国民政府教育部颁布《大学及独立学院教员资格审查暂行规程实施细则》，对于教师资格作了细致明确的划分，助教需具备下列资格之一："（1）国内外大学毕业，得有学士学位，而成绩优良者；（2）专科学校或同等学校毕业，曾在学术机关研究或服务 2 年以上，著有成绩者"；讲师需具备下列资格之一："（1）在国内外大学或研究院所获得硕士或博士学位或同等学力证书，而成绩优良者；（2）任助教 4 年以上，著有成绩，并有专门著作者；（3）曾任高级中学或同等学校教员 5 年以上，对于所授学科确有研究，并有专门著作者；（4）对于国学有特殊研究及专门著作者"；副教授需具备下列资格之一："（1）在国内外大学或研究院所获得博士学位或同等学力证书，而成绩优良，并有有价值之著作者；（2）任讲师 3 年以上，著有成绩，并有专门著作者；（3）具有讲师第一款资格，继续研究，或执行专门专业 4 年以上，对于所习学科，有特殊成绩，在学术上有相当贡献者"；教授需具备下列资格之一："（1）任副教授 3 年以上，著有成绩，并有重要之著作者；（2）具有副教授第一款资格，继续研究或执行专门职业 4 年以上，有创作或发明，在学术上有重要贡献者"。规程还规定各校已聘任与准备聘任的教师均须呈"部审核"，由教育部"学术审议委员会"审查、核定其等级，并发给审查合格证明书。

10月 国立同济大学迁往四川南溪县李庄镇。

同月 国民政府教育部令国立西北师范学院由汉中迁往兰州。1941 年成立兰州分院。

同月 国民政府任命教育部参事陈石珍兼任国立西北大学代理校长。陈石珍（1892—1981），江苏江阴人，美国哥伦比亚大学毕业，曾任国立浙江大学教授、国民政府教育部秘书、教育部参事、高等教育司司长、国立西北大学代理校长等职。

11月1日 国立音乐院正式成立，初聘谢寿康为院长，未到任前由顾毓琇代理。设五年制专修科和实验管弦乐团。专修科分国乐、理论作曲、声乐、键盘乐器、管弦乐器5组。后杨仲子、陈立夫、吴伯超等相继长校。谢寿康（1897—1973），字次彭，江西赣县人，法国巴黎法政学校经济科学士、瑞士罗山大学政治学硕士、比利时布鲁塞尔大学经济学博士，曾任国立中央大学文学院院长、国民政府立法院立法委员、国立戏剧学校教授、驻瑞士使馆代办等职。吴伯超（1903—1949），江苏武进人，早年留学比利时布鲁塞尔夏罗瓦音乐学院及皇家音乐学院，学习理论作曲与指挥，曾任广西省艺术师资训练班主任、国立女子师范学院音乐系主任、国立音乐院院长等职。

11月16日 国民政府第7次修正《教育部组织法》。删"大学委员会及华侨教育设计委员会之条文"；"改督学八人至十六人，四人简任余荐任，视察员十六人至二十四人委任，另设社教督导员及服务团视察各四人"。

同日 国民政府教育部制定《修正教育部各司分科规程》，规定"高等教育司内设第一、第二、第三、第四四科"，第一科掌管"专科以上学校设立与变更""专科以上学校组织与行政事项""高等教育经费计划与支配""专科以上学校建筑设备"等；第二科掌管"专科以上学校学生学籍""毕业生资格审查""学业成绩复核""实习及服务指导""学生免费、公费及奖学金事项"；第三科负责"专科以上学校训育""课程及教材""教员资格审查及待遇""体育卫生及军事训练""学术研究及奖励""学术机关团体之指导""学位授予"等事项；第四科负责"国外留学生""国外学术机关团体之联络""国外教授之交换讲学及学生之交换留学""国际出版及交换""沟通国际文化""侨民高等教育"等事项。

11月17日 湖北省立农业专科学校改建成立"湖北省立农学院"，1941年管泽良教授出任校长，设农业经济、农艺、园艺、植物病虫害4系。管泽良（1908—2001），曾用名管亦我，湖北蕲春人，美国康奈尔大学植物遗传学博士学位，曾任美国康奈尔大学副教授、私立金陵大学农学院教授、湖北农学院院长、中华人民共和国国务院参事、农业部干部学校农业教研室主任等职。

11月 福建省立农学院开学，院长为严家显，1942年1月呈准教育部立案，院址位于永安南郊。1946年1月迁回福州。严家显（1906—1952），江苏吴县人，私立燕京大学硕士、美国明尼苏达大学昆虫学博士，曾任国立武汉大学教授、国立广西大学教授、国立复旦大学农学院院长、中国人民解放军军事医学科学院昆虫系主任等职。

12月6日 马寅初因抨击国民党当局贪污腐败，被国民党宪兵逮捕，1942年8月获释，旋即被软禁在歌乐山家中。

12月31日 国立上海音乐专科学校校长萧友梅因感染回归热病逝世。

同年 国民政府教育部重新修正1938年颁布的《贷金暂行办法》，"以每人每月食米二市斗一升市价，另加燃料油盐菜蔬厨工工资等费用为计算标准，全贷者月给全数，半贷者月给半额"。同时对自费生亦补助膳食贷金，其办法视学生家庭经济状况分为全补半补两种，"全补者除学生自缴十八元外，补助其超额之全数，半补者补助其超额之半数"。此外，又订"零用贷金""特别贷金"等办法，前者规定"每名三元，经济较困难之学生可以申请，但名额不得超过战区贷金学生总人数百分之六九"；后者"分服装书籍两项，全额每名每学期二十元，半额十元，经济特别困难之学生于膳食贷金外，尚可申请此项贷金，惟名额不得超过战区贷金学生总人数之百分之十"。

同年 国民政府明定专科以上学校行政组织设立训导处，设训导长一人，训导员若干人，处下分设生活指导、军事管理及体育卫生等组，又规定学校训导人员一律须送部审查，合格后任用。

同年 国民政府教育部制定《教育计划与国防计划之联系方案大纲》，其中高等教育部分共有10个方面："（一）院系之调整应依照国家总复原计划，统筹规定，分别迁置，以利国防，并将各院校按照国防需要加以调整，其农工商医各学院以分区设置为原则；（二）专科学校及专修科设置依环境之需要，设中央、西北、西康等技艺专科学校，并指定大学办理专修科，注重实用知能，如造纸、制革、电讯、机械、农产制造、统计等，予以二年至三年训练；（三）国防教材之添授：专科以上学校应减去次要科目，加授有关国防之教材，如理学院物理系应添加气体动力学、弹道学、侦查摄影、无线电、测量器玻璃制造与设计等教材，化学系应添授军事化学、化学工程、汽油替代品等；（四）设置讲座及研究所：专科以上学校得单独或数校联合设置军事讲座，择定成绩优良、设备完善之学校，设立有关国防教材之研究所；（五）专科以上学校毕业生兼授予军官衔：一是专科以上学校学生在修业期间于应修各学科外，实授国民军事教育，期满考试及格者，为陆军备役移补军官；二是选修有关国防军事科目，经考试及格，短期入营者，应分别请求予以陆海空军备补军官；（六）留学生之限制：除与国防有关系者仍准留学；（七）奖励研究与创造：学校应设法引导少数天才学生选题研究最新式武器及有关国防工业；（八）学校与军事机关合作；（九）军训与体育：军训体育应列为各年级必修科目；（十）精神训练：各校实行导师制，并成立训导处，培养纯正思想及真实俭朴耐劳之校风，并严格厉行军事管理，养成整齐严肃、操作勤敏、守纪律、负责任、明礼义、知廉耻，现代国民之美德"。

同年 国民政府大学用书编辑委员会在北碚召开第一次会议，决定先编各学院共同必修科目用书，次及各系必修科目用书，再次及各学系选修科目用书。编辑方法，一为采选成书，二为公开征稿，三为特约编著。钱穆《国史大纲》、朱自清等《大学国文选》、朱光潜等《大学英文选》等均入选。

同年 开明书店开始发行由西南联合大学创办的《国文月刊》，成为当时国内关于国文教学的定期刊物。

同年 国民政府教育部为奖励专科以上学校清寒优秀学生及纪念总裁抗战建国功勋起见，"自本年度起设置专科以上学校清寒优秀学生中正奖学金"。

同年 日军入侵，私立光华大学宣告停办，私下由教职员设立诚正文学社及格致理商学社继续办理。格致学社移设于南成都路光宝中学内。

同年 伦敦各大学中国委员会函请我国派学者赴英讲述中国现状。

同年 在华新西兰人路易·艾黎（Rewi Alley）在山西双石铺创办培黎工艺学校，招收有小学文化程度的贫民子弟，施以合作教育和技术教育，经费靠国际援助，学校实行半工半读，重视生产劳动和职业训练。1944年改名山丹培黎学校。

同年 国民政府教育部首次建立国家奖学金制，当年设置400名，次年增加至 800 名，称为林主席及中正奖学金。计划 4 年内增加至 1,600 名。

同年 国民政府教育部订颁"大学暨专科学校之体育课程纲要及体育实施方案"，规定"大学或专门学校，每周体育正课二小时或三小时不等"；此外"每周课外运动必须有若干时间"。运动比赛、表演、野外活动等，时间无限定。"所采用之教材，视学生身心之发育状况而定，一般有整队与走步、体操、韵律活动、游戏运动、技巧运动、球类运动、竞技运动、自卫活动与国术（包括少林拳、形意拳、太极拳、八卦拳、刀书、棍术、枪术、剑术、弹丸、摔跤、搏击等，女生无搏击）、水上及冰上运动、和缓运动、野外活动等形式"；"学生体育考核力主严格，凡学生体育成绩不及格者，不得毕业"。

同年 英国牛津剑桥两大学各组织中英文化合作委员会，向国民政府建议互派教授，计划每年交换 6 人。

同年 国民政府应英国大学中国委员会函请，派原浙江大学校长郭任远博士赴英讲学，并与英国政府商谈中英文化交流方案。

同年 国民政府教育部设"公立私立各学院统一招生委员会"，1942 年由于教育部划分考区，制定区内各公立院校联合招生，该委员会被撤销。

同年 国民政府教育部举办第一届全国专科以上学校学业竞试，分为甲乙丙三类，选拔各院校各系各门学科及毕业论文成绩特优学生，颁发奖金奖状。成绩特优者，有国立厦门大学、国立中央大学、私立岭南大学、私立东吴大学、国立西南联合大学、国立师范学院、私立复旦大学、国立四川大学等 12 校，国立中央大学获奖人数最多，国立厦门大学获奖人数与学生数比例最好，获得甲类奖项最多的是私立岭南大学和私立东吴大学。

1941 年（民国三十年　辛巳年）

1月4日至14日　"皖南事变"发生。

2月7日　美国总统罗斯福致函蒋介石，盼国共加强合作。

4月　日军相继攻陷绍兴、宁波、台州、温州、福州、福清、奉化溪口等地。

8月1日　陈纳德组建的美国空军志愿队——"飞虎队"在昆明正式成立。

9月3日　中国军队收复福州、连江、长乐等地。

9月7日　第二次长沙会战。

10月3日　中国军队收复浙江绍兴。

10月10日　中国民主政团同盟在重庆成立。

11月24日　中、美、英、澳、荷五国外长在华盛顿举行会议，首次公开联合对日战线。

12月7日　日军偷袭珍珠港美军基地，"珍珠港事件"发生。

12月8日　日军攻占上海、天津公共租界。

12月25日　香港英军向日军投降，香港沦陷。

1月2日　国立西南联合大学叙永分校新生注册。1月6日开始上课。分校成立了校务委员会，杨振声任主席并任分校主任（校长），郑华炽为教务主任，褚士荃为训导主任。下设理、工、文法3个学院，并附设1个先修班，共有学生1,000人左右。郑华炽（1903—1990），广东中山人，曾入德国柏林大学、格丁根大学学习，获奥地利格拉芝工业大学工学博士学位，曾任国立中央大学、国立北京大学、国立西南联合大学等校物理系教授、主任等职。

1月25日　国民政府教育部指令江苏省蚕桑专科学校："专科学校教员应分为教授、副教授、讲师及助教四等，其资格审查悉依《大学及独立学院教员资格审查暂行规程》办理"。

1月　国民政府教育部奉令征调大学工科四年级生前往四川、江西两省建筑军用机场。

同月　国民政府教育部筹备"国立社会教育学院"，派陈礼江、吴俊升、刘季洪等人为筹备委员会委员，并指定陈礼江为主任。

同月　《中央日报》报道："国立院校教员的薪金抗战以来按八成发给，本月起按十足发给"。

同月　广东省立战时艺术馆改称为"广东省立艺术院"，赵如琳任院长。

赵如琳（1909—1983），曾任广东省立战时艺术馆副馆长兼戏剧系主任、广东省立艺术院院长等职。

2月14日 国民政府教育部再次任命胡庶华为国立湖南大学校长，免国立西北大学校长职。

2月 因视导人员名额扩充，督学之外，复有视察员，"督学室"改称为"视导室"。

同月 中共中央作出了《关于延安干部学校的决定》，指出干部教育必须从实际出发，实事求是。鼓励民办公助，走多种形式办学的道路。

3月17日 因经费极度困难，复旦大学渝校拟改为国立。是日，渝校致电李登辉及在沪校董，征求意见。21日李登辉、金通尹、殷以文、许晓初等联名回电渝校，电文曰："渝校经费困难，拟改国立，极佩苦心。惟改组后，经费如何保障？校董会是否存在？沪校如何维持？附中地点或为敌人藉口没收（因附中地处华界），如何避免？筹画所及，均盼电示？"27日，于右任领衔具名的在渝校董回电："改国立后，经费列入国家预算，自有保障，校董会名义无存在的必要。同仁当仍本往日之精神，为校服务。沪校不必冠国立之名，经费当续谋补助。"5月6日，李登辉等回电渝校："沪校决依电示，不称国立，仍沿用私立名义维持现状。惟渝沪既有国立、私立之分，沪校自以十七年原案继续办理为是。"

3月 国民政府教育部指定国立西北师范学院校址永设兰州。因经费交通等种种困难，呈准先在兰州设立分院。

同月 迁至李庄的国立同济大学各院系先后开课。后迁宜宾县。因交通困难，惟附中附职以及笨重机器仍留昆明。

同月 边区抗战建国学院、群众干部学校并入"华北联合大学"。

春 私立复旦大学心理学教授、前国立浙江大学校长郭任远教授赴英，向英政府洽商有关两国文化合作事项。英政府允俟交通恢复后，每年赠送我国留学生留英奖学金数10名。

4月1日 国民党第五届中央执行委员会第八次会议通过《加强学校训导以期青年思想导入"正规"案》，包括理由与方法两部分，方法中规定"中学以三民主义青年团为主，专科以上学校以区党部为主"；"专科以上学校学生如已成立青年团，即不再设立区党部。如已成立区党部，即不再设青年团"；"专科以上学校如已成立区党部及青年团者，则教职员划入区党部，学生划入青年团，青年团应受党部领导"；"党务工作，应与训导工作相配合，在任何环境下不得以党务机构干涉学校行政。"

4月5日 国民政府教育部制定《农林技术机关与农林教育机关联系与合作办法大纲》，其中规定"农林高级技术机关如有特殊人才与设备，得因教育机关之请求，允许农学院研究员前往研究，给予学分，并由原教育机关予以承认"；"技术机关得于学校暑假期内延用员生，酌给津贴。"

4月17日 私立中国公学成立复校委员会。

4月 国民政府教育部令发《三十年征用医药护士毕业生服务实施办法》，规定"1941年毕业生，除准以百分之十五留校服务外，其征用分配比例，军政部军医署百分之四十，卫生署百分之三十，中国红十字会百分之十五"；"征用报到时间，以毕业后一个月为限"；"如延长至三个月尚无正当理由提出报告者，得扣留其毕业证书至履行报到为之"；"如有特别申叙理由不能按照限期报到，经查确系实情者，得延长报到时间"；"各医药院校在学生毕业前按比例确定应征毕业生姓名，采用由志愿、抽签、指定三种方式，确定应征姓名"。

同月 国民政府教育部转发《农林技术机关与农林教育机关联系与合作办法大纲》，规定"技术机关得邀请或接受教育部机关关于假期内派员生至该机关研究或实习，该机关应酌量免费，供给各种研究实习资料或器械，并派员指导督率考核其成绩"。

5月16日 私立光华大学成都分校接教育部令，因学生人数过少，停办化学系及土木工程专修科。

5月28日 国民政府教育部颁发《公私立专科以上学校毕业生派往边地研究办法》，目的在于"鼓励优秀青年从事边地研究工作；协助各边教机关推进边地文化工作"，具体研究种类包括语文、史地、民俗、经济、自然等。

5月 国民政府教育部订颁《六年制医学专科学校科目表》，同时将1935

年颁布的《医学专科学校暂行科目表》修正为《四年制医学专科学校科目表》，以示区别。

同月 国民政府教育部颁发《中等以上学校员生助耕助收实施办法》，规定各校学生助耕助收成绩应列为平时操行及劳作成绩之一。

同月 国民政府教育部公布《国立专科以上学校教授休假进修办法》，规定"国立专科以上学校对于连续在校专任教授满七年以上成绩卓著者""予以离校考察或研究半年或一年之机会"；"合于前条规定之专任教授而未经学校予以休假进修机会者，得由校呈经教育部核准离校考察或研究一年，经费由教育部拨给之"。

同月 国民政府要求广东省立文理学院改组，并以停发经费相威胁，林砺儒被迫辞职卸任。以地下共产党员为核心的全院师生展开挽留林砺儒的运动，派出师生请愿代表团前往韶关向省政府请愿。为此，不少学生被捕、开除，一些教师也被迫离校。林砺儒赋诗："黄石出任乘小骥，闯入榴园杀桃李。三人贯耳七人鞭，园公闻讯心惘然"。

6月3日 国民政府行政院通过《教育部设置部聘教授办法》，教育部实行"部聘教授"制，按学科评选出一批资深、有名望的教授，改由教育部直接聘任，原则上每学科一名。"部聘教授须具备下列条件：（一）在国立大学或独立学院任教十年以上者；（二）教学确有成绩声誉卓越者；（三）对于所任学科有专门著作且有特殊贡献者""部聘教授任期五年，期满后经教育部提出学术审议委员会通过续聘者，得续聘之"。部聘教授每月薪金600元（相当于校长待遇），另加发研究补助费400元。部聘教授还负有"辅导全国各院校对于学科之教学与研究事项"的重任，由教育部分派赴各地讲学。首批聘任的"部聘教授"共29人，包括杨树达、黎锦熙、吴宓、陈寅恪、萧一山、汤用彤、孟宪承、苏步青、吴有训、饶毓泰、曾昭抡、王琎、张景钺、艾伟、胡焕庸、李四光、周鲠生、胡元义、杨端六、孙本文、吴耕民、梁希、茅以升、庄前鼎、余谦六、何杰、洪式闾、蔡翘、秉志。

6月17日 国民党中央秘书处致教育部函"加强学校训导之指示"，指示分为提高训导人员标准和训导方式两部分，训导方式主要有四点："一是要求训导人员要注重生活及思想的指导，不得本末倒置，管理学生仅仅偏重于表面纪律，而疏忽实际生活及思想"；"二是训育人员应发动各种科学研究，领导学生课外活动，提高学生对于科学、文学、音乐、艺术、体育、社会服务等兴趣"；"三是各级学校教职员均须切实同负训育责任，破除教学训育分裂之积习"；"四是训导人员遇有社科及国文教员言论偏激者，应报告学校予以说服或劝告，如仍无效，可直接报告教育行政主管机关，酌予适当之处理"。

6月 国民政府教育部公布《视导规程及教育部视导室办事细则》。

同月 国民政府教育部颁发《战区贷金学生暑假留校补课及服务规则》，规定专科以上学校贷金学生暑期留住校者，应履行劳动服务，其不遵守服务规则者，下学期即停发贷金。

同月 私立北平民国学院因溆浦交通困难，自购校舍于宁乡陶家湾，经营农场，借谋生产，并拟筹开农科各系，以图发展。

同月 国民政府教育部订定《处理战区学生升学就业办法》，分为招致、就近训练、来渝学生、贷金与工读等6章16条，规定"凡经登记合格之战区学生，如系专科以上学校肄业，呈验证件，由部分发借读。如系中等学校毕业生，除依照游击区各省市保送中学毕业生升学后方专科以上学校颁发保送者外，余均于到达后方后予以指导。""战区学生除免缴学费外，并得请领膳食贷金，不因其所入学校而受限制。"

同月 福建省立师范专科学校在福州成立，唐守谦任校长，初设文史地、教育、数理化、艺术和体育5科。唐守谦（1905—1998），福建莆田人，美国哥伦比亚大学师范学院硕士、晨边大学教育学博士，曾任国立厦门大学教授、省立安徽大学教授以及福建省立师范专科学校校长等职。

7月14日 国民政府教育部公布《补习教育规程》，规定"补习学校以传授或补充应用知识、提高学业程度为宗旨"；"修业期限，至少应为两个月，得于晨间或夜间或其他适当时间授课"；"学生不拘年龄及入学资格，惟以曾受相当教育者为限"。

7月 国民政府教育部复公布《公医生服务暂行办法》，规定"公医生之服务机关，以卫生行政机关、医学教育机关、或经教育部卫生署同意认为有供给卫生医务人员必要之其他公立机关为限";"公医生之分发，由卫生署依照本人之志愿，学业成绩及学校当局之意见，机关之需要为原则";"公医生服务满二年者，即予进修一年，进修后服务满三年者再予进修一年";"服务期间由卫生署发给临时医师证书，服务期满后再换发正式医师证书"。

  同月　国民政府教育部医学教育委员会重新修订《大学医学院及医科暂行科目表》，自1942学年度起实行。规定"各科目之讲授实习及临症时数，得按各医学院校所在地实际情形，酌量伸缩"。

  同月　国民政府行政院创设国立贵阳师范学院，聘王克仁为院长，并由贵州省政府拨借省立贵阳师范学校之一部为临时院舍，并将私立大夏大学教育学院全部学生拨归该院，设教育、国文、英语、数学4系及3年制的史地、理化、体育等专修科。

  同月　中共中央政治局两次会议讨论，决定将泽东青年干校（1940年5月成立）、中国女子大学（1939年6月成立）、陕北公学院（1937年8月成立）三校合并，命名为延安大学，吴玉章为校长，赵毅敏为副校长。大学下设社会科学院、法学院、教育学院、俄文系、英文系、体育系、中学部。全校学员800余名。校址在女大旧址王家坪。

  同月　许崇清因"引用异党，危害中大"，再度被国民政府免去国立中山大学校长一职。陈立夫任命张云接替代理校长职，国立中山大学师生展开"拥邹（鲁）挽许拒张"运动。

  同月　因经费困难江苏省立教育学院暂行停办，学生分别转入国立社会教育学院、国立广西大学农学院及其他各大学肄业。

  同月　湖北省立教育学院在恩施五峰山复办，设四年制本科乡村教育系1个班、二年制国文专修科和音乐体育专修科各1个班。

  同月　省立福建大学奉令撤销，其医学院独立为福建省立医院。1943年3月该院改组，由李鼎勋任校长，1946年1月复员回福州。李鼎勋（1903—?），湖南邹县人，日本东京帝国大学医学部毕业，曾任福建省立医学院院长、广州市陆军总医院内科主任、陆军军医学校教授等职。

8月19日　国立广西大学校长雷沛鸿辞职。

8月 国立社会教育学院成立，借四川璧山县中为临时院址，陈礼江为院长，9月正式上课，设社会教育行政、社会事业行政和图书博物馆学3系，后增设新闻系和电化教育系。陈礼江（1895—1984），江西九江人，早年留学美国芝加哥大学，曾任江西省教育厅厅长、教育部社会教育司司长等职。

同月 苏皖联立临时政治学院更名为"苏皖联立技艺专科学校"，成立校务委员会，公推顾祝同为主任委员。

同月 安徽临时政治学院在立煌成立，刘真如兼任院长，设文史、政经、法律、教育4系，学制1年。刘真如（1905—1947），原名刘成山，安徽涡阳人，法国巴黎大学文学硕士，曾任《华北日报》社社长、国民党安徽省党部主任委员、安徽临时政治学院院长等职。

同月 原附于中央政治学校的边疆学校独立为"国立边疆学校"，王衍康任校长，设2年制师范专修文组1班和5年制师范文理组各1班。

同月 陕西省立政治学院改组为"陕西省立商业专科学校"，王捷三任校长，设工商管理科、会计统计科、银行科。王捷三（1898—1966），陕西韩城人，国立北京大学哲学科毕业，曾任国立西北联合大学教授、陕西省政府委员、国立北洋工学院西北分院教授等职。

同月 国民政府教育部订颁《师范学院初级部各科科目表》，分国文、史地、教学、理化等4科。初级部修业3年，专门培养初级中学或简易师范学校教师。

同月 国民政府军政部为适应战时需要及增进军事工程人员质量，依据国家总动员法订定《军政部征用工程学科毕业生办法》，规定"自1943年度起，每年征用全国学校各级工程学科毕业生，充任军事工程人员，由军政部、教育部会同办理，并由社会部负综合联系之责"；"征用名额，以各级工程学科毕业生总名额百分之十以内为限"；"应征办法，优先鼓励学生自动参加，其不足之数，再抽签决定之"，报到手续、服务期限等，与征用法律科毕业生办法相同。

同月 罗家伦辞去国立中央大学校长一职，继任校长为顾孟余。罗氏在告别演说上说道，"大学在现在的中国，应该有三种任务：第一，是要为国家民族培养继起人才。第二，要为人类增加知识总量。第三，要能把握住时代精神和需要"。卸任之时，罗氏还说"我们主持教育行政的人，乃是牺牲了自己做学问的机会，来为大家准备下一个环境做学问。这也可以说是大学校长的悲哀"。

9月1日 私立大夏大学黔校奉令从该学年起进行院系调整。教育学院自三十年度起停办，法商学院合并，理学院土木工程系裁撤。教育学系学生分发国立贵阳师范学院，社教系学生分发国立社会教育学院，职教系学生分发四川省立教育学院，土木系学生分发国立交通大学唐山工程学院，一律借读4年毕业，毕业时仍由大夏大学发给毕业证书。大夏大学沪部仍设文、理、教、商、法5院照旧办理。

9月5日 因四川省立重庆大学校长叶元龙辞职、梁颖景继任，该校学生发生拒长风潮，教育部下令解散该校。旋设整顿委员会整顿复校，张洪沅任整理委员会主任。叶元龙（1897—1967），名卫魂，安徽歙县人，美国威斯康星大学经济学硕士，曾任私立金陵大学、私立大同大学、国立暨南大学、私立光华大学、国立政治大学、上海商科大学、国立中央大学等校教授、省立重庆大学校长、上海社会科学院历史研究所研究员等职。张洪沅（1902—1992），字佛宁，四川华阳人，美国麻省理工学院博士，曾任麻省理工学院副研究员、国立中央大学教授、私立南开大学教授、国立四川大学教授兼理学院院长、省立重庆大学校长、国立重庆大学校长等职。

9月8日 马列学院改名为"中央研究院"。

9月22日 延安大学成立，举行开学典礼。该校由陕北公学（留延安部分）、中国女子大学和泽东青年干部学校合并组成，设在延安城外延水之滨女子大学旧址。校长为吴玉章，副校长为赵毅敏。

9月29日 国民政府教育部颁布《政府机关委托大学教授从事研究办法大纲》，规定"政府机关委托教授从事研究者：（一）确知某教授堪任某项研究者，由委托机关函征院校同意后委托之，同时函请教育部备案；（二）某项研究并未确定堪任研究之教授者，函请教育部代为物色人选委托之。"

9月 在陕北公学民族部的基础上，成立了民族学院，校址在延安文化沟。高岗任院长，高克林任副院长，乌兰夫任教育处处长，刘春任教务长。高岗（1905—1954），原名高崇德，字硕卿，陕西横山人，曾任中共中央东北局副书记、东北民主联军副政治委员、中华人民共和国中央人民政府副主席等职。

同月 国立西南联合大学教授叶企孙赴重庆任中央研究院总干事。叶企孙（1898—1977），江苏上海人，美国哈佛大学哲学博士，曾任国立东南大学物理学教授、国立清华大学理学院院长兼物理学系主任、中央研究院评议会评议员、中央研究院总干事等职。

同月 省立山西大学奉省令北迁秋林，由阎锡山于虎啸沟拨给窑洞百余孔，建筑平房30余间。

同月 国立西南联合大学理科研究所开始招生。

秋 国民政府教育部征调各高校外国语文系学生为援华美国空军担任译员。直至战事结束，共有3,600余学生译员。

秋 国立暨南大学奉令于福建建阳设置分校，12月，全部南迁。

秋 国立体育师范专科学校在湖北武昌成立，方万邦为校长，校址位于四川江津县南郊武城，是全国唯一一所五年制体育专科师范学校。方万邦（1893—1969），原名方中，福建闽侯人，美国哥伦比亚大学教育硕士，曾任国立北平师范大学教授、省立安徽大学体育系主任、国立中央大学教授、上海市立体育专科学校教务主任、国立师范专科学校校长、私立大夏大学教授、华南师范学院教授等职。

10月1日 国民政府教育部颁布《加强学校训导之指示》，规定"要提高训导人员标准，训导人员须具有相当学识、资历及训育经验"；还规定了4点训导方式。

10月 国立西北师范学院兰州分院成立，聘齐国樑为分院主任。12月17日，兰州分院开学。

同月 私立复旦大学渝校决定，每年给沪校2万元补助费。

同月 广西省政府筹设广西省立师范专科学校，聘曾作忠主持筹备委员会，借广西教育研究所设筹备处招考新生，旋聘曾作忠为校长，拨桂林六合路江苏省立教育学院旧址为校址。曾作忠（1895—1977），字恕存，广西灵川人，美国华盛顿大学哲学博士，曾任国立暨南大学、国立云南大学、国立西南联合大学教授，广西省立师范专科学校校长、广西省立师范学院院长等职。

11月25日 私立复旦大学迁往重庆北碚，由吴南轩任校长。

11月27日 国民政府行政院第541次会议决议，"准将复旦改为国立，由教育部拟具办法及概算呈核"。

11月29日 国民政府教育部公布《专科以上学校学生学籍规则》，对专科以上学校处理新生、转学生、试读生、借读生、旁听生、研究生等的学籍及转学、复学、退学、实习、毕业的手续等作了详细规定。

11月 国立西南联合大学54位教授联名呼吁改善待遇，沉痛陈述教职工的窘迫生活状况，"始以积蓄贴补，继以典质接济。今典质已尽，而物价仍有加无已""若不积极设法，则前途何堪设想"，并派张奚若教授赴渝请愿，要求增加津贴。

同月 中国人民抗日军事政治大学第三分校与军政学院三队和四队的高级干部合并组成"军事学院"，其任务是"培养团级以上的军事干部"。一队二队是俄文队，三队是工程队。朱德任院长，副院长叶剑英。

12月8日 何炳松主持暨南大学校务会议，当日日本兵已占领租界，何宣布"……课照常进行，但是只要看到一个日本兵或一面日本旗经过校门时，立即停课，将这所大学关闭结束"。十时许，郑振铎讲课时望到太阳旗从校门口经过，立即宣布"下课"，此为国立暨南大学在上海的最后一课。国立暨南大学迁往福建建阳办学，1946年6月迁回上海，设文、理、法、商学院。

12月13日 国民政府教育部颁布《大学各学院、独立学院及专科学校附设中小学或职业学校暂行办法大纲》，规定"国立大学、师范学院或独立师范学院得设立附属中学或兼设附属小学，附属中学并酌设师范部，公私立大学农工医商学院或各该独立学院，如有必要经教育部核定后得附设职业学校"；"附属中小学或附设职业学校，应各设校长一人，除兼任该大学或学院教授或讲师外，不得兼任其他职务。"

12月26日 教育部训令（高字第50637号）私立复旦大学："前据该校

校董会呈请将该校改为国立,经呈。奉行政院三十年 11 月 27 日勇陆字 18797 号指令,开'案经提出,本院第 541 次会议议决,准将复旦大学改为国立,由教育部拟具办法及概算呈报。除呈报国民政府备案外,仰即遵照'等因奉此,除由部拟办法及概算呈核外,合行令,仰该校知照。此令。"

12 月 国民政府教育部公布《大学校长独立学院院长及专科学校校长待遇及公费支给标准》,规定"大学校长俸给按照所叙简任职等级规定之俸额支给";"国立大学校长铨叙级次,自简任五级至一级,省市立大学校长自简任七级至二级";"均由教育部按年考绩,后转咨铨叙部核定";一级 600 元,七级 360 元。

同月 鉴于国民政府行政院院长孔祥熙利用民航飞机抢运私产,连洋狗也飞运重庆。国立西南联合大学历史系教授吴晗在课堂上说:"南宋亡国前有个蟋蟀宰相,今天有个飞狗院长,可以先后媲美。"国立西南联合大学新校舍的墙头张贴"打倒孔祥熙"的标语和相关报道。吴晗(1909—1969),原名吴春晗,字辰伯,浙江义乌人,曾任国立云南大学教授、国立西南联合大学教授、中华人民共和国北京市副市长、北京市政协副主席等职务。

同月 国民政府教育部令发《征调至军事委员会战地服务团受训充任外籍空军译员之各校学生回校续学奖励办法》。

同月 国民政府教育部通令各省市:自 1942 年度起,"应于每年三月二十九日起,举行推进师范教育运动周"。

冬 太平洋战争爆发。日军封闭私立燕京大学,拘禁创办人司徒雷登及在校师生多人,一部分教员学生陆续内迁。

冬 国立中央研究院迁至重庆,任鸿隽辞职,再次到中华教育文化基金董事会担任干事长。

同年 因赶造公路及加强兵工制造,国民政府教育部征召大批工科学生。

同年 国民政府教育部增设"专科以上学校清寒优秀学生林主席奖学金" 400 名。

同年 第九战区工作人员发起组织"力行学术研究会"于长沙。1943 年改称为"中国力行学会"。

同年 国民政府教育部规定凡兼任行政工作的教授每人发给一笔"特别办公费",国立西南联合大学各院系负责人不愿因此引起广大教授不满,上书校方,指出"抗战以来,从事教育者无不艰苦备尝""十儒九丐,薪水尤低于舆台""故虽啼饥号寒,而不致因不均而滋怨",表示拒绝领受这项"补助",只有3个常委每月领1,200元。

同年 国立院校统一招生因交通关系暂停举行,改由国民政府教育部制订《公立各大学及独立学院自行招生办法》。

同年 张寿镛为避免日伪盗用"光华"名义,将光华大学和附中解散,另以"诚正学社"名义收容文学院师生,以"格致学社"名义收容理、商两学院学生,以"壬午补习班"名义收容附中师生。另外,还在自己家中开办"养正学社",亲自撰写讲义,讲授史学大纲、诸子大纲等课程。

同年 英国生物史学家李约瑟(Joseph Needham)教授到国立西南联合大学访问讲学。

同年 国民政府教育部举办第一届学术奖励,指拨学术奖励奖金10万元,奖励著作、发明及学术品,规定次年奖金增加一倍,每年举行一次学术奖励。著作发明分为:文学、哲学、自然科学、社会科学、古代经籍研究等5类;科学及技术发明奖励分为:应用科学、工艺制造两类。

同年 国民政府教育部颁发《国立中等以上学校学生贷金暂行规则》及《省私立专科以上学校战区学生贷金暂行规则》规定国立各校贷金学生成绩甲等,免偿贷金;省私立学校学生,成绩中等以上免偿贷金;成绩及格、操行丙等停发贷金。

同年 国民政府教育部和中缅文化协会应缅甸最高高等学府仰光大学邀请,国民政府教育部选派国立武汉大学化学系教授、总务长徐贤恭教授赴缅甸仰光大学,任教捷逊学院有机化学课程。徐贤恭(1902—1994),安徽怀宁人,英国伦敦大学化学博士,曾任国立武汉大学教授、总务长、国立中山大学教授、理学院院长等职。

1942年（民国三十一年　壬午年）

1月1日　中、美、英、苏等26国代表在华盛顿签署《联合国共同宣言》。

1月2日　中国战区设立，蒋介石任总司令，史迪威任参谋长。

5月2日—23日　毛泽东在延安文艺座谈会上发表讲话。

5月27日　陈独秀在四川江津病逝。

6月2日　《中美抵抗侵略互助协定》签定。

10月2日　美总统私人代表威尔基抵重庆与蒋介石会晤。

10月5日　周恩来在重庆会晤威尔基。

1月1日　原私立复旦大学正式挂牌"国立复旦大学"，校名牌由于右任手书。1月13日行政院顺拾字第780号训令：本院第546次会议议决"复旦自1月1日起改为国立复旦大学，任命吴南轩为校长"。2月5日，举行校长就职仪式，吴南轩宣誓就任国立复旦大学校长。

1月6日　国立西南联合大学学生进行倒孔（孔祥熙）示威游行。由一年级学生发起，省立云南大学、私立中法大学的学生也赶来参加。学校军训组曾奉上级密令，要教官负责举发此次运动的首要分子。

1月7日　钟荣光于香港逝世，其遗嘱中写道"余与妻曾双方订定，我夫妇无论何人先死，得同意后死者将家私什物公开拍卖，将所得款作学额基金"。

1月15日　国民政府教育部决定将所有尚未撤出上海沦陷区的高校全部合并，撤退至浙江境内组建"国立东南联合大学"，由暨南大学校长何炳松担纲主持。

同日　私立沪江大学宣告无限期停办。由同学会改以"沪江书院"名义继续进行教学活动。

1月　国立编译馆扩大组织，国民政府教育部中小学教科用书编辑委员会、中国教育全书编纂处并入该馆。陈立夫兼任馆长，陈可忠任副馆长。

同月 国民政府教育部令唐山交通大学与北平交通大学正式合并于平越，称"国立交通大学贵州分校"，下设唐山工程学院和北平铁道管理学院。

同月 黄季陆任国立四川大学校长。黄季陆（1899—1985），学名学典，四川永宁人，曾留学日本东京庆应大学、美国威斯灵大学、俄亥俄州立大学，曾任广东大学法政系主任、国立成都大学教授、国立中山大学法科教授、国立四川大学校长、国民政府内政部常务次长等职。

同月 "南大复兴筹备会"首次会议在重庆沙坪坝张伯苓寓所召开。出席会议的有张伯苓、伉乃如、邱宗岳、杨石先、陈序经、李卓敏。3月1日召开第二次会议，张伯苓、何廉、伉乃如、邱宗岳、杨石先、陈序经、李卓敏参加。3日召开第三次会议。

2月10日 前因经费困难，私立大夏大学校董会议决，呈请国民政府援照复旦大学例，改为国立大夏大学。2月25日国民政府行政院第552次会议决议，私立大夏大学改为"国立贵州大学"。私立大夏大学师生闻讯，殊为痛惜，群起反对，奔走各方求与各校董商诸，要求教育部收回成命。最后行政院收回成命，大夏大学依然维持私立性质不变。

2月20日 国立上海商学院自行改为"私立上海商学院"，3月6日，裴复恒院长就学校由国立改为"私立"的缘由和情势致函教育部。

2月28日 中共中央政治局通过《关于党校组织及教育方针政策的新决定》，对党校进行彻底改组，成为培养党的政治、军事、文化干部的一所规模宏大的学校。规定今后党校直属中央书记处领导，政治指导由毛泽东负责，组织指导由任弼时负责，日常工作由邓发、彭真、林彪组成的管理会管理，邓发为校长。

2月 国立同济大学校长周均时辞职，丁文渊继任。丁文渊（1897—1957），字月波，江苏泰兴人，德国柏林大学博士，曾任德国佛朗克德大学中国学院副院长、国民政府考试院参事、外交部参事、中国驻德大使馆参赞、国立同济大学校长等职。

同月 私立沪江大学在渝复校。初与东吴大学合组东吴沪江法商学院，内部自组校董会，推梁寒操为董事长，凌宪扬兼商学院院长。之后私立之江大学加入，合组法商工学院。梁寒操（1898—1975），字均默，广东高要人，曾任国民政府交通部秘书、财政部参事、铁道部秘书、总务司司长等职。凌宪扬（1905—1960），广东宝安人，美国南加州大学工商硕士、美国贝勒大学及韦克法斯特大学荣誉法学博士，曾任东吴沪江联合法商学院（重庆）之商学院院长、私立沪江大学校长等职。

同月 中国心理建设学会成立。该会主要成就有发刊《心理建设月刊》及《新政周刊》、举行心理测验、创办重庆力行中学及济南南华中学、创办洛阳心理招待所、创办西安心建图书馆等。

同月 张伯苓晋见蒋介石商讨复校问题，蒋介石答允复校时南开大学与国立大学同等对待。

3月7日 国民政府教育部部长陈立夫呈报行政院关于改省立河南大学为国立，3月11日行政院第554次会议通过省立河南大学改为"国立河南大学"，并报国民政府备案。3月19日国民政府准予备案。王广庆任校长。

同日 "南大复兴筹备会"召开第四次会议，决定成立聘任委员会，杨石先为召集人，并议决昆明一切校务仍请黄钰生、杨石先、陈序经总负责。同日，为私立南开大学增聘人员事，张伯苓致函蒋梦麟、梅贻琦。杨石先（1897—1985），名绍曾，原籍安徽怀宁，生于浙江杭州，美国康奈尔大学硕士、耶鲁大学博士，曾任私立南开大学教授、教务长以及南开大学校长等职。

3月24日 国立东南联合大学办事处在金华酒坊巷金华中学正式成立，由原暨南大学训导长的训育员娄子明任处长。办事处的主要任务就是接待和登记从上海撤出的各大学师生。

3月27日 国民政府行政院院长蒋介石批准拨给私立南开大学经济研究所补助费10万元。夏，私立南开大学经济研究所招收滕维藻、钱荣堃等6名研究生。

3月 教育部聘张廷休、凌纯声、余俊贤、罗常培、王丁一、汪懋祖等为筹备委员并指定张廷休为筹备主任委员，筹设"东方语文专科学校"。张廷休（1898—1961），毕业于国立东南大学，贵州安顺人，曾任国民党中央党部宣传部秘书、河南省政府秘书长、教育部秘书、蒙藏教育司司长、国立贵州大学校长等职。

4月19日 为解决学校发展中的经费问题，大夏大学校友总会发动各地校友为母校募捐，发起百万基金运动。王伯群为募捐运动会会长，欧元怀为副会长。

4月 广西省立师范专科学校奉省政府令改为"广西省立桂林师范学院"，仍聘曾作忠为校长。

同月 国民政府教育部公布《战时各级学校学年学期假期及利用假期服务进修暂行办法》，规定专科以上学校学生，在战时假期以实习作业、社会服务、社会调查及阅读指定书籍为主。

同月 国民政府教育部颁发《战时专科以上学校学生利用假期服务进修实施细则》，规定文、法、师范等科及理学院一部分科系二年级以上学生，应利用暑假一部分时间，由校组织或联合他校组织暑假服务团或考察研究参观等团体，至附近各处作实地考察研究，并于完毕后提出书面报告，作为学期成绩一部分。

5月 国民政府教育部饬各院校设置伦理学一科，为共同必修课。要求注重阐述先哲嘉言懿行及伦理道德方面各种基本概念，用以砥砺学生德行，转移社会风气。

同月 国民政府教育部令师范学院学生修业年限缩短为4年半，于第5学年第2学期起，分发充任实习教员。

同月 国民政府教育部奉主席手令，饬"各院校设置伦理学一科，为一年级共同必修科"。

同月 林砺儒在桂林《文化杂志》上发表《精神剃须论》一文，讽刺国民党对青年训练和控制的行径，导致该杂志被迫停刊。

同月 国民政府行政院决议成立国立贵州大学，将国立贵州农工学院并入，另增设文理、法商两学院。8月18日张廷休被任命为国立贵州大学校长。

同月 广东省立艺术院改称"广东省立艺术专科学校"，赵如琳任校长。

6月24日 国立东南联合大学筹委会设在建阳童游奎光阁新建楼房里，

何炳松兼任校长。

6月28日 张伯苓致函教育部高等教育司司长吴俊升，催拨私立南开大学自本年一月以来的每月建置费。本月私立南开大学边疆人文研究室成立。陶云逵为研究室主任。陶云逵（1904—1944），江苏武进人，先后于柏林大学和汉堡大学攻读人类学、遗传学和民族学，获博士学位，曾任国立云南大学社会学系主任、国立西南联合大学教授兼南开大学文科研究所边疆人文研究室主任等职。

6月 教育部公布1941年全国大学生学业竞试成绩，在最优5校中，国立厦门大学蝉联第一。

同月 金曾澄任国立中山大学代理校长。

7月2日 国民政府行政院长蒋介石指令追加私立南开大学经费10万元。

7月7日 国立中正大学教授姚名达率该校战地服务团在石口遇日军袭击殉难。临危仍高呼"中华民国万岁"。姚名达（1905—1942），字达人，清华大学国学研究院毕业，曾任私立复旦大学历史研究法教授、国立中正大学教授等职。

同月 国民政府教育部颁布《国外留学生奖助金设置办法》，为奖励国外留学成绩优良而家境清寒者，名额定为40名，每名年给美金1,000元。

8月1日 国民政府教育部公布《修正师范学院规程》。主要内容有："师范学院单独设立，或于大学中设置之，得分男女两部，并可筹设女子师范学院"；"师范学院得设第二部，招收大学其他学院性质相同学系毕业生，授以1年之专业训练，期满考试及格，经教育部复核无异者，由院校授予毕业证明书，并由教育部给予中等学校某某科教员证明书"；"师范学院得附设师范研究所""师范学院学生，一律免收学膳费，学生无故退学或被开除学籍者，应追缴其在校期间之全部学膳费及补助费"；"师范学院毕业生服务期为5年，在规定服务期内，不得从事教育以外之职业，违者追缴全部膳食费及补助费，但有特殊情形，经教育部核准者，可暂缓其服务期限"等。

8月4日 国民政府行政院修正通过国民政府教育部呈报关于英国工业协会请我国派遣大学工程毕业生12名赴英实习。期限1年，每周资助生活费4

英镑。

8月8日 国民政府教育部下令："交通大学即行由沪迁渝，该分校并入办理，迁渝后设土木、电机、机械、航空、管理五系，改为交通大学本部。"教育部同日电请黎照寰校长由沪来渝主持校务，黎未到前所有筹办事宜由分校主任吴保丰负责。后黎照寰因病留沪，申请辞职。吴保丰（1899—1963），字嘉谷，江苏昆山人，美国密歇根大学硕士，曾任国立交通大学重庆分校主任、国立交通大学代理校长、校长等职。

8月18日 私立中国公学复校委员会校友会公推许逊为校长，筹备复校。

8月 国民政府教育部令自本学年度起，西北师范学院兰州分院为本院，城固本院改为分院。9月，院长李蒸赴兰州主持院务，聘袁敦礼为城固分院主任。袁敦礼（1895—1968），字志仁，河北徐水人，美国芝加哥大学生理学学士、哥伦比亚大学师范学院体育系教育学硕士，还获得霍普金斯大学公共卫生学证书，曾任国立北平师范大学教务长兼体育系主任、国立浙江大学体育系教授兼主任、国立西北联合大学体育系主任、国立北平师范大学校长等职。

同月 国民政府教育部为配合国家总动员的实施，发动全国学生协助抗战，增强国防力量，并锻炼学生服务能力，发扬服务精神起见，特订定《全国各级学校学生社会服务年实施办法大纲》，定自1942年8月起至1943年7月底止，为学生社会服务年。专科以上学校学生的社会服务包括："（一）民众学校或补习学校暑期学校；（二）民众书报阅览；（三）壁报或画报；（四）通俗演讲；（五）民众生活指导"等。

同月 浙江省立英士大学迁云和、泰顺。

同月 福建省立音乐专科学校更名为"国立福建音乐专科学校"，聘卢前为校长，设五年制本科、三年制师范专修科和五年制师范专修科。卢前（1905—1951），原名正绅，字冀野，江苏南京人，国立东南大学毕业，曾任国立福建音乐专科学校校长、国民政府国民参政会参议员、南京市文献委员会主任、南京通志馆馆长等职。

同月 四川省立技艺专科学校更名为"四川省立艺术专科学校"，李有行任校长，校址位于成都市复兴门外新村十二街，设应用艺术、建筑及音乐3

科。李有行（1905—1982），四川梓潼人，法国里昂美术专科学校毕业，曾任巴黎维纳丝绸公司图案设计师、上海美亚丝绸厂图案设计室主任、国立北平艺术专科学校教授、四川省立艺术专科学校校长等职。

9月1日 国民党中央执行委员会第五次常委会通过《战地失学失业青年分发办法》，规定"年龄在二十五岁以下，其学识程度与规定学龄及学级标准相称或差相在五年以内者，为失学青年。""大学生由各分会根据考核报告，即将各生姓名、年籍、学系、年级电报本会转请教育部决定分发学系院校点后，电复各分会，分给旅费到达指定院校，经甄别试验后，插入相当班级肄业或试读。"

9月 安徽临时政治学院改名为"安徽省立师范专科学校"，刘迺敬任校长，内设国文、英文、数学、教育、史地5科，学制3年。刘迺敬（1893—1969），字觉凡，安徽巢县人，美国哥伦比亚大学硕士，曾任国立中央大学教授、国立中央政治学校教授、私立金陵大学文学院院长、安徽省立师范专科学校校长等职。

同月 国立东方语文专科学校在云南呈贡县筹备完成，10月开始招生，王文萱任校长，设印、越、暹、缅4语科。王文萱（1908—1983），浙江吴兴人，东京帝国大学毕业，曾任《开发西北》主编、边疆教育委员会常务秘书、教育部蒙藏教育司第二科科长、国立西北大学边政系主任、国立东方语文专科学校校长、国立北平铁道管理学院教授等职。

秋 私立燕京大学在成都借陕西街华美女中及华西坝为临时校址，继续上课。

10月14日 国民政府教育部颁发"国立交通大学"正式关防印章，令吴保丰为代理校长。

10月21日 国民政府任命赖琏为国立西北大学校长。赖琏（1900—1983），福建人，曾任国民政府考试院考选委员会专门委员、国立中央大学工学院副教授、国立西北大学校长、教育部常务次长等职。

10月 国民政府教育部邀法律教育专家及司法行政部专家，在渝举行法律教育讨论会，制定法律学系司法组必修及选修课目表，并将法律学系必修课目表作第一次修正。

同月 国民政府教育部颁发《兽医畜牧志愿生暂行办法》，规定："大学兽医畜牧系学生志愿毕业后服务于陆军部队、机关、学校的，经体检、口试合格后，每月补助 80 元，毕业后按二等兽医佐待遇"。

同月 汪伪政府拟将留沪的私立圣约翰大学、私立光华大学、私立大夏大学、私立复旦大学 4 校合并为联合大学。私立复旦大学根据李登辉校长意见表示学校"内部组织行政深愿不受干涉""倘不获当局谅解，无殊完全令其停办"。汪伪政府取消此案。

11 月 国民政府教育部颁布《设置专科以上学校教员奖助金办法》，其主旨在奖励服务有成绩之专科以上学校教员研究著述，并减轻其战时生活之困难。奖助金分甲、乙两种。甲种奖助"具有有价值之研究报告、专科译著、短篇论文之教员"。乙种奖助金"资助家境特别困难或生活上有特殊需要之教员，分补助与借贷两种"。甲、乙两种奖助金于 1945 年后停止，而于其他补助费中增加其数额，原借之贷金亦不须偿还。

12 月 浙江省立英士大学工学院划出，并入国立北洋工学院，任陈荩民为代理院长，因工学院地处浙江泰顺百丈口镇，故史称"泰顺北洋工学院"。另将国立东南联合大学法学院及艺术专修科并入该校。12 月 29 日国民政府行政院第 606 次会议决定："东南联合大学归并英士大学，而将英士大学改为国立。"

冬 国民政府教育部根据学术审议委员会常务委员第九次会议提议，呈请行政院转拨专科以上学校久任教员奖金，"藉以坚定专科以上学校教员终身从事作育人才与兴学术研究之决心，经奉令准拨款 200 万元。凡专科以上学校教员服务满二十年以上者，每人年给奖金 3,000 元，十年以上者给奖金 1,500 元"。

同年 国民政府教育部将"林主席奖学金"及"中正奖学金"合并称为"林主席、中正奖学金"，原有中正奖学金审查委员会，改为专科以上学校清寒优秀学生奖学金管理委员会。当年名额 1,200 名，以后各年 1,600 名。

同年 全国教育视导工作检讨会议召开，决议"省市教育厅局设督导室，秉承教育厅局长主持全省（市）视导事宜。督导室设主任 1 人，由厅局长就督学中指定 1 人兼任，秉承厅局长主持全室一切事宜。督导室视事务之繁简酌设办事人员若干人"。

同年 香港沦陷，前暨南大学校长郑洪年被日本侵略军关押在集中营长达 105 天，后被押回上海，被迫出任汪伪政府华中铁道公司有限公司总裁。

同年 私立圣约翰大学校长卜舫济（Francis Pott）辞去职务，转任名誉校长，由沈嗣良任校长。

1943 年（民国三十二年 癸未年）

1 月 11 日 中美签署《中美新约》，中英签署《中英新约》。

2 月 14 日 日军攻占广州湾。

2 月 18 日 宋美龄在美国国会发表演说。

3 月 16 日至 20 日 中共中央召开政治局会议，推选毛泽东为中央政治局主席、中央书记处主席。

6 月 10 日 共产国际正式宣告解散。

10 月 10 日 蒋介石就任国民政府主席。

10 月 31 日 中、美、英、苏签署《四国宣言》。

11 月 26 日 中、美、英三国政府首脑发表《开罗宣言》。

1 月 5 日 国民政府行政院发布《关于改重庆、英士、山西等大学为国立并恢复北洋工学院呈与国民政府批及有关文件》，同意省立重庆大学、省立英士大学、省立山西大学改为国立大学。

1 月 14 日 国民政府教育部部长陈立夫向行政院呈报《专科以上学校导师制纲要》十二条，其中规定"各校（院）应将全校学生按其所属院系（科）分为若干组，每组设导师一人，由校（院）长聘请专任教师充任之；每组学生人数由各校酌定，但至多不得超过二十人，各校（院）专任教师皆有充任导师之义务。""各校（院）应于每学期之始由训导处拟定训导计划""训导方式不拘一格"等。

1月 国民政府教育部修正公布《教育部组织法》，"督学增为三十人至四十人，其中四人简任、六人聘任，其余荐任"。视察员名义取消。

同月 省立重庆大学正式改为国立，张洪沅任校长，设理学院、工学院、商学院。

同月 省立山西大学正式改为国立，设文学院、法学院、工学院、医学专修科。

同月 省立英士大学正式改为国立，设农学院、医学院、法学院、艺术专修科、农业专修科、合作专修科。

同月 国立中央大学校长顾孟余因与当局不合，提出辞呈，未待获准，旋即赴美，引发1,500多名学生向国民政府请愿游行。国民政府行政院第60次会议决定：准予顾孟余辞职，校长一职由行政院院长蒋介石自兼。还特设教育长一职，湖南省教育厅厅长朱经农奉命担任，代表校长驻校主持校务。

同月 国民参政员胡秋原等提议"取消庚子赔款办理教育办法"提案，交由教育部、外交部办理。

同月 国民党中央训练团音乐干部训练班结束，国民政府教育部将其接收后成立"国立音乐院分院"，聘戴粹伦任院长，院址位于青木关附近的松林岗。

同月 省立山西大学改制为"国立山西大学"，阎锡山兼任校长。阎锡山（1883—1960），字百川，山西五台人，日本陆军士官学校步兵科毕业，曾任山西都督、山西督军兼省长、国民革命军北方军总司令、第三集团军总司令、国民政府军事委员会常务委员、山西省政府委员兼主席等职。

2月2日 国民政府行政院院长蒋中正准予实施教育部陈立夫呈交的《专科以上学校导师制纲要》。

2月20日 国民政府教育部任命章益为国立复旦大学校长。原拟调吴南轩为中央大学校长，然而中央大学师生以吴南轩资望不高为由，拒其前往。教育部遂改调吴南轩为国立英士大学校长。吴因该校远在浙江乡间，不愿前往，遂留在国立复旦大学任教育系教授。章益就职后，增设数理学系、职业教育学系、法律学系之司法组。

2月 徐向前任军事学院院长。3月，该院一部分并入抗大，一部分并入炮兵学院，另一部分并入中央军委俄文学校。徐向前（1901—1990），字子敬，山西五台人，曾任中国人民抗日军政大学代理校长、中国人民解放军总参谋长、中央人民政府人民革命军事委员会副主席、中华人民共和国国防委员会副主席等职，被授予中华人民共和国元帅军衔。

同月 重庆宗教、学术界人士于斌、梁寒操等发起组织成立人生哲学研究会筹备会。1944年10月，于重庆举行成立大会。该会出版了《人生哲学书》《宗教哲学书》等。于斌（1901—1978），字野声，洗名保禄，黑龙江兰西人，罗马宣传信仰部大学哲学博士、神学博士、教律学博士，意大利国立大学政治学博士，曾任天主教南京区主教、国民参政会参政员等职。

同月 四川省立教育学院会计专修科独立更名为"四川省立会计专科学校"，杨佑之任校长，校址位于成都。杨佑之（1893—1971），湖南长沙人，国立北京大学商科毕业，曾任国立四川大学教授、私立中国大学教授、四川省立会计专科学校校长、华西大学经济系主任、成华大学会计系主任和四川财经学院会计系、核算经济系、计划经济系、会计统计系主任等职。

3月2日 国立广西大学校长高阳辞职，理工学院院长李运华代理校务。李运华（1900—1971），广西贵港人，美国威斯康辛大学学士、麻省理工学院化学工程师、哥伦比亚大学研究院化学工程博士，曾任美国罗杰斯化学工程公司总设计师、国立中央大学教授、国立清华大学教授、国立广西大学校长、国民政府国防委员会常务委员等职。

3月5日 蒋介石偕同朱经农到国立中央大学视事。7日蒋介石发表就职演说。

3月6日 国民政府教育部颁布《专科以上学校导师制纲要》，纲要共有12条内容，规定专科以上学校导师制训导的具体方法，如"各校应于每星期之始，由训导处推订训导计划并记载学生身体状况及学行成绩，分送各组导师以作实施训导之参考"；"各组导师对于学生之性行思想学业身体专科各项，均应详密记载，并应针对学生缺点提出改进意见，每学期报告训导处一次"；"各组导师每月出席训导会议一次，汇报各组训导实施情形，并研究关于训导之共同问题，训导会议由训导处召集。"

3月16日 中共中央西北局决定"延安大学、鲁艺（1938年4月成立）、自然科学院（1940年1月成立）、民族学院（1941年9月成立）、新文学干部学校（1941年5月成立）合并，名称仍为延安大学"，校址设在延安桥儿沟"鲁艺"原址，校长仍为吴玉章。大学下设鲁艺、自然科学院、社会科学院、民族学院、新文字干部研究班、中学部。其中鲁艺下设戏剧、音乐、美术、文学4个系；自然科学院下设化工、机械、农业3个系。

3月 国民政府教育部公布《卫生人员动员实施办法》，规定"公私立医药专科以上学校学生新毕业学生在受动员卫生人员之列，其毕业生分配比例，规定留原校服务者至多不得超过百分之二十，余额由军政部按百分之四十五，卫生署按百分之三十五分配"。

同月 私立金陵女子文理学院院长吴贻芳组织"中国六教授团"率领众人赴美宣传抗日战争，争取美国朝野支持。吴贻芳被美国总统罗斯福盛赞为"智慧女神"。

同月 中共中央决定毛泽东兼任中央党校校长，彭真、林彪任副校长。4月，中央研究院（原马列学院）并入中央党校。彭真（1902—1997），原名傅懋恭，山西曲沃人，曾任中央政治局委员，第六届全国人大常委会委员长等职。

春 四川省政府任命刘昌合为四川省立体育专科学校校长，设2年制专科班和5年制专科班。

4月 鲁迅艺术文学院、自然科学院、新文字干部学校、民族学院并入延安大学。

同月 省立英士大学改国立后，其医学院恢复为"浙江省立医药专科学校"，1945年8月又奉令代办国立英士大学医学院。

同月 国民政府教育部斟酌农业教育委员会的决议，订颁《农业专科学校暂行科目表》，分农艺、森林、畜牧兽医、农业经济、农产制造、蚕丝及农业工程等7科，各科均定有分科必修及选修科目表。除农业工程科订有五年制及三年制两种外，其余分订为五年制、三年制及二年制3种，规定自1943

学年度第一学期入学新生开始施行。

同月 国民政府教育部任命王怀明为国立山西大学校长。王怀明（1892—1982），字念文，山西新绛人，美国芝加哥西北大学法学博士，曾任省立山西大学法学院教授、山西省立商业专科学校教授、国民政府内政部参事、山西省政府秘书长兼教育厅厅长、国立山西大学校长、山西省参议会议长等职。

5月5日 国民政府教育部在重庆召开师范教育讨论会，7日结束。

5月8日 国立重庆商船专科学校停止办学，按教育部令归并重庆交通大学接办。

5月14日 湖北省立医学院成立，朱裕璧任院长，同时将湖北省立高级护士职业学校和省立卫生人员训练所并入，设医科和附设六年制专修科。朱裕璧（1903—1986），号楚珍，湖北宜都人，德国哥廷根大学医学博士，曾任国立中山大学教授、私立北京协和医学院外科研究员、湖北省立医学院院长等职。

5月31日 南京汪伪中央大学近千名学生整队到汪精卫住所请愿。因校长樊仲云暗中勾结私商，贪污学生的伙食费，学生要求撤换校长。6月1日举行罢课，并成立了由11名学生组成的临时校务委员会代行校长职务。最后汪伪政府被迫撤了樊仲云的职，任命文学院院长陈柱为校长。陈柱（1890—1944），字柱尊，广西北流人，曾任无锡国学专科学校教授、私立大夏大学教授、国立暨南大学教授、私立光华大学中文系主任、国立中文大学中文系主任和南京汪伪中央大学文学院院长、校长等职。

5月 因吴南轩未到职，杜佐周被任命为国立英士大学校长。

6月 国民政府教育部制定《分布分层负责办事细则》，规定"视导工作于必要时得设室以掌理之，由部长就督学中轮流指定一人负责处理日常事务"。

同月 国立东南联合大学的文、理、商3学院和先修班并入国立暨南大学。

夏 私立南开大学经济研究所招收雍文远等4名研究生。

7月 国民政府教育部呈报《修正沦陷区域教育设施方案草案》。方案分为原则、划区、组织、任务4部分内容。原则上要求"在敌人占领区域之各级教育,由教育部派遣教育人员,深入督导,利用各种方法,使其继续维持,以延续文化生命;在敌占区域之教育界人士,应积极设法联络,组织训练,使为抗战而努力;敌伪学校教师,应加制裁,其尚能觉悟自新者,经考核属实后指示其工作,以削弱奴化教育之效能;战区内之失业失学青年,应尽量招致收容,使在战区内就业就学,以增强抗战力量。"9月3日经战区教育指导委员会第三届第一次及第二次会议修正通过。

8月1日 国民政府教育部决定将"国立广西大学师范专修科"并入"广西省立桂林师范学院",并改名为"国立桂林师范学院"。1946年秋迁设南宁,1947年更名为"国立南宁师范学院"。

8月16日 国民政府教育部任命李运华为国立广西大学校长。1946年10月28日李运华辞职。

8月17日 国民政府教育部公布《师范学院学生实习及服务办法》,规定"师范学院学生应于最后一年级第三个月后,在本校附属中学或附近中等学校实习二个月,参加学科毕业试验及格后,得充任中等学校实习教师或实习工作人员,半年期满,正式分发服务"。

同日 私立南开大学昆明办事处呈请教育部部长陈立夫核发本年度补助费。

8月20日 物价高涨,私立光华大学成都分校召集全体教师及主要职员开会讨论,议定每名学生应缴学费1,900元。

8月31日 私立光华大学成都分校学生100余人,推代表至校董张仲铭处,要求减学费。

8月 国立贵阳师范学院院长王克仁辞职,聘齐泮林继任。

同月 私立中国公学校董会改组,丁默邨任董事长。丁默邨(1901—1947),湖南常德人,曾任汪伪中央常委兼社会部部长、交通部部长。

同月 苏皖联立技艺专科学校与江苏省立教育学院合并为"江苏省立江苏学院",戴克光任院长。戴克光(生卒年不详),字刚伯、刚百,江苏阜宁人，英国剑桥大学毕业，曾任私立辅仁大学政治学教授、私立民国大学政治学教授、江苏省立江苏学院院长等职。

同月 国民政府教育部任命李毓尧为国立湖南大学校长。李毓尧（1894—1966），字叔唐，湖南桂阳人，英国伦敦大学毕业，曾任湖南地质调查所所长、国民政府农矿部农务司司长和农矿部参事、国立中央研究院地质研究所专任研究员、国立湖南大学校长等职。

9月1日 私立光华大学成都分校大学肄业生莫健等号召暑假留校学生，至向传义、张仲铭校董处，谓学费过巨，提出要求将光华大学改为国立。

9月8日 胡庶华以"国立湖南大学经费被国民政府教育部扣发或少发为由"，辞校长职。

9月 安徽省立师范专科学校扩充为"安徽省立安徽学院"，聘朱佛定为院长，内设中文、外语、数学、史地、政经、法律6系和银行、艺术、师范3个专修科。朱佛定（1889—1981），名文黼，号黻廷，法国巴黎大学法学硕士、日内瓦大学法学博士，曾任私立上海法政大学教务长、省立广西大学秘书长兼文法学院院长、安徽省政府代主席、省立安徽学院院长、国民政府行政院参事等职。

秋 国立复旦大学设数理学系、职业教育学系、法律学系设司法组。

秋 国民政府教育部呈请国民政府核准选派理工农医等科研究人员85名、考察人员10名出国研究考察。"此项目所有出国人员治装旅费及在国外生活费全由政府核给，出国期间可在服务机关照领薪津十分之七，赡养家属"。原定出国研究考察期限均为两年，但因为战时各地交通不便且政府外汇短绌，所以在1945、1946年才开始办理，外出期限也缩短为一年半或一年。

10月27日 经国民政府教育部核定，聘请杨石先为国立西南联合大学教务长。

10月30日 国民政府教育部公布《国立专科以上学校教员支给学术研究补助费暂行办法》，规定"国立各专科以上学校教员除原有待遇外，得支给学术研究补助费，俾便购置图书仪器文具供参考研究之用"，支给标准"教授每人月支500元；副教授每人月支380元；讲师每人月支250元；助教每人月支 130 元"。

10 月　国民政府教育部颁布《国外留学自费生派遣方法》《第一届国外自费留学生考试章程》，并于同年 12 月举办第一届自费留学生考试，规定应考学门分为实科与文科两大类，实科包括理、工、农、医 4 科 36 门，文科包括文、法、商、教育、艺术 5 科 25 门，各门均须考三民主义及中国史地、国文、外国文 3 门普通科目，考试分为笔试和口试。

11 月 22 日　国民政府教育部颁布《学生自治会规则》，规定"学生自治会以根据三民主义培养学生法治精神，并促进其德育、智育、体育、群育之发展为目的"；"学生自治会为学生课外活动之唯一组织，以在学校以内组织为限，不得有校与校间联合组织，并不得以会参加校外各种团体组织或活动。"

11 月 29 日　国民政府教育部公布《督学服务规程》，确定了督学人员工作总则、视导准备事项、视导工作的内容及终结工作的内容。规则把督学视导分为"定期""特殊"两种，定期又分"分区""分类"两种，特殊则"依部次长监时命令行之"；"视导人员一律改称督学，视导室复改称督学室"；"设科员一二人、书记一二人，由部长指定督学主持日常事务"；"督学除派在各司处会室办公者外，大半经常出发视察"。

12 月 7 日　南京中央大学二百多名学生在中共地下党组织的指导下，于晚间到夫子庙进行反烟毒宣传，并打砸烟馆、收缴毒品烟具。次日进行了更大规模的反烟毒运动，其他在宁各校学生及群众纷纷加入，人数达到 3,000 余人。

同月　国民政府教育部令发《专科以上学校理工科系学生分发经济、交通、军政各部所属工厂实习办法》，规定"实习学生以理工学院二、三年级学生为限，工业专科学校三年制者以二年级学生为限，五年制者以三、四年级学生为限，二年制及专修科以一年级学生为限，实习于暑假行之"；"实习项目由各校与厂方商定之，惟实习学生在厂内所任工作，必须与所习科目配合，实习期内，厂方应指定人员负责指导实习学生"；"实习学生成绩优良者，毕业后得尽先由实习机关聘派任用"。

同年 国民政府公布第二批部聘教授 15 名：楼光来、胡小石、柳诒徵、高济宇、常道直、徐悲鸿、戴修瓒、冯友兰、何鲁、胡刚复、萧公权、刘秉麟、邓植仪、刘仙洲、梁伯强。楼光来（1895—1960），字石庵，浙江嵊县人，美国哈佛大学硕士，曾任私立南开大学、国立东南大学及北京清华学校英国文学教授、国民政府外交部秘书和交通部参事、国立中央大学文学院代理院长等职。胡小石（1888—1962），名光炜，浙江嘉兴人，曾任国立北京女子高等师范学校国文部主任、国立武昌师范大学国文系主任、国立西北大学国文教授、金陵大学国文系主任、国立中央大学教授等职。柳诒徵（1880—1956），字翼谋，江苏镇江人，曾任国立东南大学教授、国立女子大学、国立东北大学史学教授、国立中央大学文学院研究生导师、中国史学会会长、中央研究院院士等职。高济宇（1902—2000），河南舞阳人，美国伊利诺大学有机化学博士，曾任国立中央大学化学系主任和教务长、以及南京大学理学院院长、教务长、副校长、中国化学会副理事长等职。常道直（1897—1975），字导之，江苏江宁人，先后留学于美国哥伦比亚大学师范学院、英国伦敦大学哲学系、德国柏林大学哲学系，曾任国立中央大学教育学院教授、省立安徽大学教务长、国立北京师范大学教务长、华东师范大学教育系教授等职。戴修瓒（1887—1957），字君亮，湖南常德人，日本中央大学毕业，曾任国立北京法政大学教务长、国立北京大学法律系主任、国立西南联合大学法律系教授会主席、中华人民共和国中央人民政府法制委员会委员等职。萧公权（1897—1981），原名笃平，江西泰和人，美国康奈尔大学哲学博士，曾任私立南开大学政治学教授、私立光华大学教授、中央研究院院士、西雅图华盛顿大学教授等职。邓植仪（1888—1957），字槐庭，广东东莞人，美国威斯康星大学农学硕士，曾任国立广东大学农科学院院长兼学长、广东省立农业专门学校校长、国立中山大学农科教授等职。梁伯强（1899—1968），广东梅县人，德国慕尼黑医科大学博士，曾任国立中山大学医学院教授和病理研究所所长、华南医学院教授、中山医学院教授及副院长、中华人民共和国卫生部科学委员会常委等职。

同年 国民政府教育部复将"林主席、中正奖学金"分设为纪念"林故主席奖学金"及"中正奖学金"。

同年 原定于1942年春在勒尔霍研究协会的资助下来华研究哲学的剑桥大学教授休士（E. R. Hughes）因战事未能成行。

同年 国立四川大学理学院院长周厚复教授应邀赴英国讲学。周厚复（1902—1970），江苏江都人，中国有机化学家，法国巴黎大学博士，曾任国立浙江大学化学系主任、贵州农工学院筹备委员会委员等职。

同年 江西省立体育师范专科学校在永安成立，余永祚任校长，设5年制体育专科。余永祚（1907—?），江西南昌人，国立北京师范大学体育系毕业，曾任江西省体育场场长、国立山西大学体育系主任、国立北京师范大学体育系讲师、盐务专科学校体育主任、江西省立体育师范专科学校校长等职。

1944年（民国三十三年 甲申年）

1月 国民政府筹建的敦煌艺术研究所正式成立。

4月17日 日军实施"1号作战"计划。

5月31日 邓拓主编的第一部《毛泽东选集》出版。

6月20日 张澜在成都发起成立"民主宪政促进会"。

8月 日军攻占湖南宁乡、衡阳。

9月15日 中共代表林伯渠在国民参政会三届三次会议上，提出废除国民党一党专政，成立民主联合政府的主张。

9月19日 中国民主政团同盟更名为"中国民主同盟"。

10月 日军攻占福州、柳州、广西桂平。

11—12月 桂林、柳州、宜山、河池、南丹、独山相继失陷。

12月4日 宋子文代理国民政府行政院院长兼外交部部长。

12月8日 中国军收复贵州独山。

1月1日 国民政府以张伯苓终身从事教育，颁布明令，授予一等景星勋章。

1月 国民政府军政部依据《国家总动员法》订定《军政部征用法律学系毕业生规程》，由教育部转发各校。规定："自 1944 年度起，每年全国各大学及独立学院之法律学系毕业生，百分之十五由军政部征用之"；"应征用之毕业生，由学校抽签决定之"；"报到期间，以毕业后四个月为限"；"如未事先陈明理由逾期未报到者，由军政部咨请教育部取消其毕业资格"；"被征用之毕业生如服务未满二年""各公私机关团体不得录用，其应征后服务满一年以上者，由军政部咨请教育部发给毕业证书"。

同月 湖北省立教育学院改为"国立湖北师范学院"，汪奠基任院长，设教育、国文、英语、史地、数学、理化、音乐 7 个系。汪奠基（1900—1979），又名三辅，湖北鄂城人，法国巴黎大学哲学硕士，曾任国立北京大学教授、国立北京师范大学教授、私立中国大学教授、国立湖北师范学院院长、中国科学院哲学社会科学部哲学研究所研究员等职。

同月 中国科学社董事会改为监委会，任鸿隽继任社长、监委会书记、理事会会长、临时编委会委员和特约撰稿通讯员。

同月 南京中央大学学生寒假在南京成立"清毒运动寒假工作团"，并邀约"千字运动实践会寒假生活营"，一起打抄了"白面大王"曹玉成家，从他家暗室中抄出大量海洛因。最终迫使汪伪政府枪毙了曹玉成。

2月 江西省立农业专科学校成立，校长为詹纯鉴，设三年制的农艺科、农业工程科和农产制造科。詹纯鉴（1915—1978），安徽婺源人，国立北京农业大学毕业，比利时农学研究院农学工程师，曾任国立西北农学院教授、国立中正大学教授、国立复旦大学教授、国民党中央委员、江西省立农业专科学校校长等职。

同月 国民政府教育部任命杨宙康为国立西北大学代理校长。杨宙康（1900—1966），曾用名杨特、杨戎，湖南长沙人，日本东京高等师范史地系毕业，曾任国立广东大学教授、私立大夏大学教授、南京国民党中央军校军官教育团政治部教员、国民政府考试院考务委员会专门委员、国立西北大学教授兼教务长和代理校长等职。

3月1日 私立金陵女子文理学院院长吴贻芳访美归国。

3月25日 国民政府教育部在重庆召开师范教育讨论会，26日结束。

3月 国民政府教育部奉令转发《军事委员会征调各专科以上学校学生充任译员办法》，要点如下："此项翻译人员，由军事委员会外事局或战地服务团会商教育部令饬全国各公私立专科以上学校，选送各该校在学男生应征之""专科以上学校学生均有被征调义务，一经征调到会，即作服务辅助作战勤务论，不再另作动员召集，院校并须保留其学籍"。

同月 国立西南联合大学算学系教授华罗庚应爱因斯坦邀请，赴美讲学。

同月 国立中央研究院在渝召开第二届第一次年会，决定发行西文《科学记录》（Science Record）及中文《学术江刊》两种院刊，专载纯粹科学及应用科学方面具有创作性的论文。因战时经费困难，在渝仅各出版两册。

4月1日 国民政府教育部颁布《大学教授、副教授自费出国进修办法》，规定"现任各大学教授、副教授，其资格曾经本部审查认可，并任职满五年以上，所教授或研究学科确有出国进修之必要，而自行筹足经费者，准予出国进修（在抗战期内研究社会学科之教授、副教授暂缓适用）"；"教授、副教授出国进修期间以两年为限，应如期返国服务。"

4月7日 中共中央西北局决定：延安大学与行政学院合并，仍称为"延安大学"，周扬为延安大学校长。校址设在行政学院原址南门外。大学下设行政学院、鲁艺、自然科学院、医学系、短期培训班。其中行政学院下设行政系、财经系、教育系、司法系；鲁艺下设文学系、戏剧音乐系、美术系；自然科学院下设农业系、机械工程系、化学工程系。师生员工2,124人，其中学员1,302人。

4月、10月 剑桥大学教授李约瑟（Joseph Needham）两度访问因战祸而长途搬迁中的国立浙江大学，赞扬它是"东方的剑桥"。

5月3日 国立西南联合大学历史学会发起举办了"五四座谈会"。中共地下党员李晓主持，教授张奚若、闻一多、吴晗等参加了座谈会，对"五四运动"的意义发表了讲话。次日，校园里又举行了众多民主活动。此后每年国立西南联大都举行"五四周"活动。

5月5日 国民政府表彰国立厦门大学校长萨本栋，颁发三等景星勋章。

5月12日 国立厦门大学校长萨本栋应邀前往美国讲学。校长职务由理工学院院长汪德耀教授代任。汪德耀（1903—2000），江苏灌云人，法国巴黎大学博士，曾任国立北平大学生物学教授、福建省研究院院长兼动植物研究所研究员、国立厦门大学校长等职。

5月24日 延安大学正式开学。该校由陕甘宁边区政府委员会领导，周扬任校长，王子宜任副校长。学校分设行政学院、自然科学院、鲁迅艺术学院和医学系。学制规定为2至3年。

5月 国立河南大学迁入潭头的校园遭日军占领。医学院院长张静吾教授被俘，夫人被害。女生李先识、李先觉，教师吴鹏、商绍汤等均死于此难。农学院院长王直青和段再丕教授等20名师生被俘，王直青院长和段再丕教授被迫当挑夫，王直青院长中途跳崖，幸被树枝挡住，重伤生还。惨案中，国立河南大学师生遭日寇屠杀9人，失踪3人。张静吾（1900—1998），原名张凝，河南巩县人，德国哥廷根大学医学博士，曾任河北医学院教授、国立河南大学医学院院长兼内科教授等职。王直青（1887—1958），名金吾，河南安阳人，美国佐治亚州立大学农学硕士，曾任中州大学教务长、河北农业专门学校校长、私立南通大学农科教授、国立浙江大学农科教授、国立河南大学教授等职。

同月 国民政府教育部将《学生参战奖励办法》重新修订，改为《高中以上学校学生志愿从军办法》。

同月 《延安大学教育方针暨暂行方案》公布，规定延安大学"对学员进行中国革命历史与现状的教育，增进学员的理论知识，培养学员的革命立场与实事求是的工作作风，达到理论与实践的统一"；"实行教育与劳动相结合，以有组织的劳动，培养学员的建设精神、劳动习惯与劳动观点"。延安大学学员的学习时间主要分为3部分：校内学习占60%，生产劳动占20%，实习占20%。

同月 国民政府派教育部蒙藏教育司科长张兆焕、周钟侠、黄景文赴闽筹设"国立海疆学校"，以张兆焕为主任委员，分3年制专修科和短期训练班。1946年6月建校址于晋江。

6月1日 国民政府教育部颁布《在国外大学设置中国文化奖学金办法》，为奖励国外人士研究中国语文、历史与文化，特在国外设有中文课程之大学内设置中国文化奖学金。学校包括美国芝加哥大学、哈佛大学、哥伦比亚大学、耶鲁大学等10所，英国牛津大学、剑桥大学、伦敦大学、加尔各答大学4所，印度国际大学1所，每校每年5名，给予美金1,500元。

6月2日 国民政府教育部公布《边疆学生待遇办法》，共计16条，其中规定"边疆学生升学内地中等以上学校时，除应参加入学考试外，得于学年开始前，备具升学申请书及籍贯证明书，连同学历证书，由各机关或学校之一保送，教育部审核入学。""边疆学生应免收学费，其设有公费待遇者，应依非常时期国立中等以上学校及省立专科以上学校规定公费生办法给予公费。"

6月22日 国民政府公布《学校教职员抚恤条例》20条，规定"服务十五年以上病故者"或"依法颁受年退休金中而死亡者"或"因公死亡者""给予遗族年抚恤金"；"遗族年抚恤金之数额，专任教职员按其死亡时之月薪额合成年薪，兼任教员按其最后三年内年薪平均数按左列百分比率定之"：15—20年者"百分三十"、20—25年者"百分之三十五"、25—30年者"百分之四十"、30年以上者"百分之四十五"；"教职员遗族领受抚恤金之顺序如左：一、妻或残废之未成年子女及成年而残废不能谋生之子女。二、未成年之孙子及孙女及已成年而残废不能谋生者为限。三、父母。四、祖父母。五、未成年之同父弟妹"。《条例》还对遗族抚恤金丧失领受权、领受期限等情形进行了规定。

同日 国民政府公布《学校教职员退休条例》22条，规定教职员"申请退休"条件为"服务十五年以上、年龄已达六十岁者"或"服务二十五年以上、成绩卓著者"；"应即退休"的条件为"年龄已达六十五岁者"或"心神丧失或身体残废、致不胜职务者"；"给与退休金"的条件为"服务十五年以上、已达申请退休年龄、而申请退休者"或"服务二十五年以上、成绩昭著、而申请退休者"或"服务十五年以上、已达退休年龄、而应即退休者"或"服务十五年以上、心神丧失或身体残废、致不胜职务、而应即退休者"或

"因公伤病、致心神丧失或身体残废、不胜职务、而应即退休者";"年退休金额,专任教职员按其退职时之月薪额,合成年薪",服务 15－20 年"申请退休者百分之四十、应即退休者百分之五十",服务 20－25 年"申请退休者百分之四十五、应即退休者百分之五十五",服务 25－30 年"申请退休者百分之五十、应即退休者百分之六十",30 年以上"申请退休者百分之五十五、应即退休者百分之六十五"。《条例》还对教职员退休金领受时限、领受权丧失等情形进行了规定。

6 月 25 日 美国副总统华莱士(Henry Wallace)访问国立西南联合大学,参观图书馆和生物系实验室,并赠送图书药品等。学生出版大型中、英文壁报,介绍中国政治情况及人民的民主要求。

6 月 28 日 国民政府教育部任命萧遽为国立中正大学校长。萧遽于 1947 年 7 月 10 日辞职。萧遽(1897—1948),字叔玉,江西泰和人,美国密苏里大学学士和康奈尔大学经济学硕士、哈佛大学哲学博士,曾任私立南开大学经济系主任、国立清华大学教务长、国立云南大学文法学院院长、国立中正大学校长等职。

6 月 苏中公学在苏中宝应县成立,粟裕兼任校长。该校由抗日军政大学第九分校改组而成,后又有行政学院、鲁迅艺术学院分院并入。两年多时间里共举办 5 期,培养了 4,000 多名干部。1946 年春,苏中军区撤销,该校大部分并入雪枫大学,一部分并入一分区苏中公学分校。

同月 国立河南大学迁淅川县荆紫关。除文学院图书大部分尚存外,理、医两院图书仪器均遭兵焚。

7 月 7 日 国立西南联合大学和国立云南大学、私立中法大学、云南省立英语专科学校 4 校联合举行纪念"七·七事变"7 周年全市性的时事晚会。会上近 20 位知名学者,从政治、经济、文化各方面剖析国民党当局抗战以来的政策,揭露和抨击统治当局造成的严重后果。其间闻一多发表演说:"在今日谈纯粹学术,我真有点莫名其妙,天晓得,在吃饭吃不饱,要看的书不能买的情形下,还能做出什么样的学术研究来?""当日的抗战是怎样才被掀起来的?它不是由千千万万的青年们闹起来的吗?""我们应该再来一次'闹'!"

7月28日 陕西省立师范专科学校成立，校址位于西安，郝耀东任校长，设国文、英文、数学、史地、理化5科。郝耀东（1891—1969），别号照初，陕西长安人，美国斯丹佛大学教育硕士，曾任国立西北大学教授、省立安徽大学教授、国立西北联合大学教授、国立西北师范学院教授、陕西省立师范专科学校校长等职。

7月 国立同济大学校长丁文渊辞职，徐诵明继任。

同月 中央军委俄文学校改称"延安外国语学校"。

同月 原私立南开大学在昆明教职员应张伯苓之召，赴渝商讨复校计划。

同月 经川康盐务管理局、自贡市政府及自贡市盐业界士绅之请，在四川自贡设立国立中央技艺专科学校分校。

8月12日 国民政府行政院核发1943年度派遣国外学习人员计划及经费表，国外学习人员包括95人，考察员60人，实习员445人；费用共计美元549.91万元。研究员中教育部占85人、中央研究院10人，由教育部及中央研究院就专科以上学校正副教授、各研究院正副研究员中择优遴选。第一批派遣国外研究员名单有杨家瑜、胡焕庸、赖琏等57人。

8月16日 国民政府行政院院长蒋中正发布行政院指令《专科以上学校导师制实施办法》10条，规定"专科以上学校依据本办法实施导师制""导师由校（院）长聘请专任教师充任，大学各学院院长、系（科）主任为各该院（系）主任导师，负责领导各该院系（科）导师实施训导工作。""各组导师对于学生思想行为、学业及身心摄卫均应体察，个性依据训育标准之规定及各该校（院）训导计划实施以严密之训导，使得正常发展，养成健全人格。"

8月 国民政府教育部召开第二次大学课程会议。9月17日公布修订的《文理法师四学院共同必修科目表》，正式将三民主义及伦理学列入。

同月 国民政府行政院院长蒋介石辞去国立中央大学校长一职，改任永久名誉校长。同时撤销教育长一职。顾毓琇继任国立中央大学校长。

同月 国民政府教育部订定《战区教育督导工作调整方案（草案）》，理由是战区教育过去工作成效不易，战区进入胜利阶段，欲使战区教育配合军事进行，以增大其协助反攻之能力。督导专员职责包括"接待陷区退出教师，协助内移，并介绍其工作"等；主任督导员工作职责为"调查敌伪奴化教育实况；调查文教团体之活动情形；密查教育人员之忠奸等。"

同月 国民政府教育部任命胡庶华为国立湖南大学校长。此为胡庶华第三次职掌湖南大学。

9月26日 国民政府教育部任命刘季洪为国立西北大学校长。1947年11月8日刘季洪辞职。

9月 国民政府教育部颁发《修订师范学院专修科及师范专修学校科目表》，并增订《二年制体育专修科科目表》。"除体育专修科得设二年制外，其余各科均为三年"。规定"在校上课二年半，第三学年第二学期分发至中等学校充任实习教师，实习合格，始准毕业"。

同月 私立沪江大学董事会推选凌宪扬为代理校长。

同月 胡适应哈佛大学之聘，前往讲学。

9月－10月 国民政府教育部调查整顿私立民治新闻专科学校。缘起于6月17日民治新闻专科学校代理校长陆诒延请张西曼至学校演讲"中苏关系"，内容涉及社会主义研究会、马克思主义研究会、国民党清共反苏之错误、苏联对我国之援助、国人对苏之态度以及非实行民主不足以抗日等等，为此查证代理校长陆诒有奸伪嫌疑。

秋 日军入侵广西，国立广西大学由桂林疏散，9月至融县，10月至榕江。

秋 国立西南联合大学中文系教授陈梦家赴美国芝加哥大学讲学，同时注意收集流散在美国的中国铜器资料。陈梦家（1911—1966），浙江上虞人，私立燕京大学研究院古文字学研究生，曾任国立西南联合大学教授、国立清华大学教授、中国科学院考古研究所研究员兼学术委员会委员等职。

10月7日 国民政府公布《补习学校法》，规定"补习学校以补充应用知识，提高学业程度，传授应用技术，增进生产能力为目的"。

10月10日 国立西南联合大学和昆明各界群众举行双十节纪念会。在李公朴主持下通过了一项关于要求结束国民党一党专政和响应中共中央号召建立联合政府的宣言。要求"立即结束党治"，号召"保卫昆明"。重庆、成都、贵阳等地纷纷集会响应。

10 月 私立南开大学举办"四七庆祝大会",庆祝建校 40 周年和张伯苓 70 岁生日。

11 月 26 日 雷沛鸿出任西江学院院长。次年 3 月,该院正式招生,不久学校迁至南宁。

11 月 国民政府教育部任张广舆为国立河南大学校长。张广舆 1945 年 6 月辞校长职。

12 月 20 日 私立大夏大学王伯群校长因十二指肠出血过多,医治无效,与世长辞。王伯群校长临终以"公诚"两字勉励全校师生。

12 月 22 日 马寅初在重庆工商业者的聚餐会上,作"中国工业化与民主是不可分割"的演讲,再度抨击国民党当局"其不肖者,当存亡危机之秋,大刮民财,大肆囤积居奇,狼心狗肺,可恨亦可杀"。马氏当月刚被国民党当局被迫宣布恢复人身自由。

同日 国民政府教育部颁布《全国师范学校学生公费待遇实施办法》,规定"师范生除保证金外免缴学费、宿费及图书、体育、医药卫生等杂费"以及在膳食、教科书、制服等方面的公费待遇。

12 月 25 日 昆明举行云南护国纪念日的集会。闻一多发言"我们所要的依然是民主,要打倒独裁",在国立西南联合大学等校同学的提议下,会后举行了大游行,喊出了"打倒专制独裁""扩大民主运动"的口号。

12 月 30 日 私立大夏大学校董会在渝交通银行开会,与会人员有董事长孙科及校董吴铁城、钱新之、王正廷、许世英、虞洽卿、王祉伟等。董事会公推欧元怀继任校长,校董王祉伟任副校长。

12 月 国民政府教育部公布《师范学院学生教学实习办法》,规定教学实习分"见习""试教"及"充任实习教师"3 部分,教学见习"在第三学年分科教材及教法一科目行之""试教在第四学年教学实习一科目内行之。由该科目教授担任指导,其试教时数每生每周三小时""充任实习教师于第五学年内行之"。"各校院应于各生第四学年学业结束前三个月,会同所在区内省市教育厅局,将拟分发各生实习学校名称等报部呈请分发充任实习教师,任教满一年后，其服务成绩经由原校审核后，转呈教育部复核无异者，准予毕业"。

同月 国民政府教育部关于"改组战区教育指导委员会"呈报至行政院，原战区教育指导委员会分为三组：第一组"掌游击区教育督导事宜"；第二组"掌战地失学失业青年招训事宜"；第三组"掌战区教师登记、救济及工作事宜"。由于先前战地失业青年招致训练委员会单独设置，所有战区教育指导委员会第二组原掌业务，移归招训会办理。因此，战区教育指导委员会第一组原掌业务无变动；第三组改称第二组。

冬 为响应"十万知识青年从军运动"，国民政府教育部颁发《志愿从军学生学业优待办法》。规定："中等以上学校在学学生志愿从军者，从军期间，一律保留原有学籍"；"从军学生退伍时，得依本人志愿仍回原校原级，并特许参加升级考试"；"从军学生参加留学考试，得予以优先录取之机会"；"从军学生志愿参加国内外军事学校以及出国研究国防科学者得由政府择优优先保送"。

冬 国立厦门大学将图书仪器等疏散至上杭、濯田。同时筹设上杭、武平两地分校，拟定详细计划及预算，呈部核准，以防万一。

同年 国立西南联合大学中文系教授杨振声赴美讲学一年。

同年 国立西南联合大学中文系教授罗常培赴美讲学。罗常培（1899—1958），满族，字莘田，北京人，国立北京大学文学士，曾任国立中山大学文科教授、国立中央研究院历史语言研究所专任研究员、国立北京大学教授、中国科学院语言研究所所长等职。

同年 国立西南联合大学物理系教授饶毓泰自费赴美，从事分子光谱的研究。饶毓泰（1891—1968），字树人，江西临川人，美国芝加哥大学理学学士、普林斯顿大学哲学博士，曾任南开大学物理系教授兼主任、德国莱比锡大学和波茨坦大学天文物理实验室研究员、国立西南联合大学物理系主任、中央研究院院士、中国科学院学部委员等职。

同年 国民政府教育部颁发《修正非常时期中等以上学校及省私立专科以上学校规定公费生办法》，规定"本年新生不再适用贷金制度""另定公费生制度，公费生分为甲、乙两种，按学科成绩评定"。

同年 国民政府教育部核准"云南省立英语专科学校"成立,经费主要来自于云南省政府和正字学会以美国罗氏基金团补助基金,水天同任校长。水天同(1909—2004),甘肃兰州人,美国哈佛大学硕士,曾任国立北京师范大学教授、私立中国大学教授、云南省立英语专科学校校长、兰州大学文学院教授兼院长、西北大学外文系教授兼系主任等职。

1945 年(民国三十四年 乙酉年)

1月27日 中印公路完全打通。

3月 缅北、滇西反攻战胜利结束。

5月18日—6月18日 中国军队收复福州、南宁、温州、永嘉。

6月19日 毛泽东当选为中共中央委员会主席。

6月29日—7月28日 中国军队收复柳州、镇南关、桂林。

8月6日和9日 美国在日本广岛和长崎各投下一颗原子弹。

8月15日 日本接受《波茨坦公告》,宣布无条件投降。

8月28日 应蒋介石邀请,毛泽东偕同周恩来、王若飞在赫尔利、张治中陪同下,到达重庆,与国民党商讨团结建国大计。

9月9日 中国战区日本投降签字仪式在南京举行。

10月10日 《政府与中共代表会谈纪要》(《双十协定》)在重庆签署。

12月1日 昆明爆发了"反对内战,争取民主"的"一二·一"民主运动。

12月16日 中国民主建国会在重庆成立。

12月30日 中国民主促进会在上海成立。

1月16日 国民政府教育部颁发《大学研究院所特种研究补助办法》,规定:"本办法所指之特种研究系指该项研究工作确非该校研究所经费所能单独负担者为限""申请补助之特种研究由部汇交学审会审议之""经本部核定准予补助之特种研究工作其补助费暂定为每种一万元至五万元(但不能超过原预算额金全数二分之一）"等。

1月 国民政府教育部制定《专科以上学校教员应约出国讲学或研究办法》，规定"应约出国讲学人员须任审查合格教授或副教授五年以上并有专门著述，在学术上有重要贡献者；应约出国研究人员须任审查合格讲师两年以上或助教五年以上著有成绩者"。

2月18日 苏浙公学在浙西长兴县槐坎乡成立，粟裕兼任校长。共招收2期学员，学生共1,400名。

2月 国民政府为适应抗战需要及节省国家财力，改变军事训练办法，一律停止开设军训课程。

3月5日 国立浙江大学教授费巩，从重庆千厮门码头乘船去国立复旦大学途中被绑架，国立复旦大学师生发表告各界人士宣言，呼吁援救费巩教授。

3月29日 吴贻芳以无党派人士身份，随中国代表团前往美国旧金山，参加4月15日至6月25日举行的联合国制宪大会，6月26日作为中国代表团成员之一在联合国宪章上签字。

春 国立河南大学迁陕西宝鸡武城寺。

春 在国立重庆大学学生强烈要求下，马寅初获校方重新聘用。

4月6日 国立西南联合大学全体学生发表《国立西南联合大学全体学生对国是的意见》，该宣言由学生自治会提出草稿，经过全校同学公开辩论，挫败了少数学生的阻挠，获得绝大多数系会级会的支持和赞同。宣言提出"立即停止一党专政、立即取消一切特务活动、立即没收发国难财者的财产和立即根绝党化教育"等6项要求。

4月14日 国民政府教育部发布《教育研究委员会组织条例》8条，规定教育部教育研究委员会任务为："关于教育制度之研究计划事项""关于学生训导之研究计划事项""关于学校行政之研究计划事项""其他有关教育之研究计划事项"等。教育研究委员会主任委员由教育部部长兼任，"委员由二十五至四十人组成"。

同日 私立大夏大学特设立训导委员会，管理学生训导事宜。苏希轼为主任委员，张祖尧、张伯箴、马镇国等为训导委员。

4月30日 国立西南联合大学举行科学晚会，华罗庚教授演讲"科学的基础应该建立在民主上"。

4月 国立重庆大学和国立中央大学地质系联合邀请李四光连续作题为《地质力学之基础与方法》的专题学术讲演，这是李四光20多年研究地质力学的一次总结，1947年1月经中华书局正式出版。

4—5月 萨本栋校长在美讲学期间因病复发，数次向国民政府教育部请辞国立厦门大学校长一职。

5月1日 冀中行政公署创办冀中五一学院，亦称冀中建国学院，杨沛任院长。该学院于次年6月结束。

5月4日 国立西南联合大学举行"五·四纪念周"活动。昆明各校联合举行了大游行，通过了组织昆明学生联合会的决议，推举国立西南联合大学的齐亮为主席。

5月5日 为提高学术研究水平，私立大夏大学决定筹办《大夏学报》，专门发布有价值的学术论文。

5月 国民政府教育部公布《医学师资奖学金发给办法》，规定"曾在医学院或理学院毕业，现任医学专科以上学校教员或研究工作，志愿继续进修者，得依本办法之规定申请发给奖学金"；"进修人员于进修期满后，应返原服务学校任教至少二年"。

同月 淮南根据地天长县将"新四军军医学校"改建为"华东白求恩医学院"。院长由新四军卫生部部长宫乃泉兼任。宫乃泉（1910—1975），山东莱阳人，奉天医科大学毕业，曾任新四军华中医学院副校长、新四军军医学校校长、华东白求恩医学院院长、山东医学院院长、解放军军事医学科学院第一任院长等职。

同月 国民政府正式任命吴保丰为国立交通大学校长。

6月1日 延安大学同学会致电国立西南联合大学、国立浙江大学、国立云南大学和私立燕京大学的同学会和自治会，"由于云山远隔、封锁阻碍，最近才读到你们对国是主张的宣言，对于你们身处黑暗统治的逆境，一心为祖国、为人民所发出悲愤交集、满怀赤诚的大声疾呼，我们解放区的同学衷心感奋""誓为你们争取民主的后盾";"独立、自由、民主、统一和富强的新中国必将在我们共同奋斗中出现!"

6月12日 国民政府教育部颁发《防止青年"参加解放区工作对策"训令》,要求"各校应加强思想指导,使学生明了中央国策及实际情形,增强对于政府之信仰,随时揭发奸伪真相,以免学生受其诱惑"。规定"各校对于学生请求休学转学或退学,应凭家长或其保证人请求方可照准,以免其蒙蔽家庭投入奸伪工作"等8点对策。

6月 国立北京大学校长蒋梦麟出任国民政府行政院秘书长,呈请辞去国立北京大学校长职务。

同月 私立中华大学校长陈时向董事会辞职,改任常务董事。校董会推选原汉口特别市市长刘文岛继任,刘因中央另有任务,8月又推王震寰继任。刘文岛(1893—1967),字尘苏,湖北广济人,日本帝国大学法学士、法国巴黎大学法学士,曾任汉口市市长、湖北省政府委员兼民政厅厅长、国民政府最高国防委员会委员等职。

夏 私立南开大学经济研究所招收赵靖等9名研究生。

夏 美国援华救济联合会捐赠我国大学教职员福利金国币2亿6千5百万元,同时由国民政府教育部呈请行政院另拨国币3千5百万元,共计3亿元,为全国公私立专科以上学校及学术研究机关教职员福利金之用。滇黔区每人按2万元计算,川陕区每人按1万6千元计算,其他区每人按1万2千元计算。

7月24日 战地失学失业青年招致训练委员会制定《战地青年回籍服务复学办法》,规定"服务之种类分为教育与政治:教育包括教育复员及临时应付之文教事项""教育服务人员由会就现有之高中生本期未能升学者编队训练。""随军前进之服务学生,享受青年军学生之待遇;服务队前进至自己之目的地区,可申请复学,由会分发失学失业者可申请工作;不能回原籍服务或复学以及无校分发者,稳定时再集合举办高级职业训练,并将进修班酌量改为学校,以容纳服务队优良队员,其公费待遇,迄至其复业与升学为止。"

7月 国立英士大学结束医学院及艺术、合作两专修科,将泰顺北洋工学院并入。

同月 私立光华大学校长张寿镛因病逝世。

同月 王星拱辞职，周鲠生任国立武汉大学校长，成立复校委员会，奉部令筹备恢复农学院，10月奉部令成立医学院筹备委员会，并先成立教育医院。1947年3月完成复校。

同月 在四川自贡设立的国立中央技艺专科学校分校更名为国立自贡工业专科学校，设机械工程、化学工程和土木工程3科。

8月11日 张伯苓在致蒋介石函中提出"政府就华北敌产中指定相当财产作为南开大学永久基金"。

8月13日 广东省政府同意在广州设立广东省立海事专科学校，聘姚焕洲为校长，设水产、商船二部。姚焕洲（1901—1979），字新吾，广东海丰人，日本北海道帝国大学水产渔捞系毕业，曾任国民政府农林部技正、广东省立高级水产职业学校校长、广东省立海事专科学校校长等职。

8月20日 蒙疆中央医学院被晋察冀军区卫生部接管，随即改名为"张家口医学院"。

8月24日 私立大夏大学校董会开会，孙科董事长主持会议。会议决定："学校将迁回上海，秋季仍在赤水开学，并电慰大夏大学沪校师生"。

8月27日 在上海的私立沪江大学校董会决定："自即日起本校恢复沪江大学继续办理"。

8月 抗战胜利，国民政府教育部特订《中等以上学校战时服役学生复学及转学办法》，规定"公立或已立案私立中等以上学校战时服役学生，于退役退职复学时，各原校应准其复学，不受休学年数之限制"。

同月 中国人民抗日军事政治大学进入东北，改名为"东北军政大学"。

同月 顾毓琇辞去国立中央大学校长一职，吴有训继任。吴有训（1897—1977），字正之，江西高安人，美国芝加哥大学哲学博士，曾任国立东南大学物理教授、国立清华大学物理学系教授、中央研究院院士和评议会评议员、国立中央大学理学院物理学系主任和校长等职。

同月 国立广西大学受洪灾影响，图书仪器与其他公私财物漂没几尽，损失严重。

同月 国民政府教育部订定《收复区专科以上学校肄业生学业处理办法》，规定"（一）收复区专科以上学校肄业生应经登记合格补习期满，并经考核成绩符合教育部规定程度者，始得转入其他学校肄业。（二）登记分南京、上海、武汉、广州、平津五区举行，由教育部各区教育复员辅导委员会兼办之。（三）各区得由教育部酌量实际情形，分设临时大学补习班"。

同月 私立燕京大学校长司徒雷登领导留北平师生先行复校。10月10日，正式开课，暂设一年级及先修班。

同月 国立西北师范学院院长李蒸辞职，院务由教务主任黎锦熙兼代。12月，国民政府教育部聘黎为院长。

同月 中国乡村建设育才院扩充为独立学院，改名"乡村建设学院"。设乡村教育学、农学、社会学、农田水利学4个系。

同月 私立武昌中华大学筹备复员，费用由国民政府教育部拨助1亿元，美国援华会资助4,300万元，其余由校董会筹措。11月正式开学。

同月 国立厦门大学校长成立复员委员会，在鼓浪屿筹备复员。

同月 国民政府教育部设台湾区教育复员辅导委员会，任罗宗洛为特派员前往办理辅助接收教育事宜。 罗宗洛（1898—1978），浙江黄岩人，日本北海道帝国大学农学博士，曾任国立中山大学生物系教授兼系主任、国立暨南大学教授、国立中央大学教授、台湾大学代理校长、中央研究院植物研究所所长、中央研究院院士、中国科学院学部委员等职。

9月6日 国民政府任命胡适任国立北京大学校长；因胡适在美尚未归国，由傅斯年暂代主持校务。

9月10日 国民政府行政院训令："任命汪德耀代理校长为国立厦门大学校长。"

9月12日 私立光华大学成都分校在渝召开校董会，议决四事："一、取消上海在抗战期内所设之诚正文学社、格致理商学社。二、聘请朱经农为本大学校长。三、依大学规程不准设立分校的规定，决遵张寿镛、谢霖当初商定成都分校永久留川的计划，议决两种办法：甲、将成都分校财产，赠请川省人士接收，另组校董会，继续办理，呈请教育部另行立案。乙，甲项办法若不能成功，则由董事会申请国民政府教育部并入国立四川大学，全部财产，亦悉数赠送。以上两办法，公推谢霖、邓汉祥、徐堪等三人与川省人士接洽。四、呈请国民政府褒扬张寿镛校长。"

9月20日　全国教育善后复员会议在重庆召开，26日结束。会议通过了"专科以上学校及研究机关复员案""奖励后方七省'内迁'专科以上学校教员仍在后方继续服务案""为迁川大学即将先后复员，拟请于四川省境内筹设师范学院、医学院、音乐院及工业专科学校，以资造就各种专门人才而利建设大业案""请迅速迁移西北大学至西安并充实其设备以树立西北高等教育基础案""请将国立西南联合大学师范学院，留昆单独设置，并加扩充以适应滇省今后中等学校师资之迫切需要案"，并临时动议："伪组织所办之各级学校各伪中央大学伪北平大学伪交通大学伪广东大学伪上海医学院等均应要求政府立即解散，所有各该校员生由部另筹安插办法案"。

9月24日　国民政府教育部电令国立西南联合大学："本校复员后，师范学院应留昆办理"。

9月　冀东建国学院开始筹建，10月招生，10月30日正式开学。校址设在玉田县城内。

同月　国民政府教育部公布《全国教育善后复员会议筹备委员会章程》，规定"该委员会设于教育部""由教育部部长、次长、各司长及聘请外部专家十三人"，共33名委员组成；会议讨论事项有"审议并通过全国教育善后会议各项章则""大会讨论范围之决定及其重要原则之拟议""提案之预备、审查"等。

同月　国民政府教育部公布《全国教育善后复员会议组织规程》，规定本会议为讨论战后全国教育善后复员之实施方针，"由教育部部长、次长、参事、简任秘书、督学，及教育部部长就所属各委员会委员中指派四人；中央党部各部会代表五人；中央团部代表三人；行政院各部、会、署代表各一人；参政会代表五人；军训部代表一人；国立中央研究院代表三人；国立北平研究院、国立编译馆、国立中央图书馆、国立北平图书馆、故宫博物院、国立中央博物院筹备处代表各一人；公私立大学校长；独立学院院长五人；专科学校校长五人；各省教育厅厅长；行政院直辖市教育局局长；各省市历时参议会各一人；教育部遴选之专家十至二十人；国立中等学校校长三人组成"。会议议长由教育部部长担任。

同月 国民政府教育部公布《全国教育善后复员会议审查规则》12条，规定审议议案分组如下："第一组关于内迁教育机关复员问题""第二组关于收复区教育之复员与整理问题""第三组关于台湾教育之整理问题""第四组关于华侨教育之复员问题""第五组关于其他教育复员问题"。

同月 国立中央大学复员委员会成立。1946年11月1日，国立中央大学开学上课。

同月 私立中华大学结束陆续回归武昌，开始登报招收新生。共录取中文系、外文系、教育系、数学系、化学系等新生各20名；经济系和工商管理系各30名，共计160名新生。并于11月在武昌旧校址开学。

同月 国民政府任命王星拱任国立中山大学校长。

秋 广东省立勷勤商学院更名为"广东省立法商学院"，除原有银行、会计、工商管理3系外，增设法律、政治、经济、社会、侨务5系。

秋 国立西南联合大学历史教授邵循正应英国文化协会邀请，在牛津大学任访问教授，并到比利时布鲁塞尔大学和鲁文大学短期讲学。1946年冬回到国立清华大学。邵循正（1909—1973），字心恒，福建侯官人，曾入巴黎法兰西学院东方语言学院和德国柏林大学学习，曾任国立西南联合大学历史系教授、清华大学历史学系主任、北京大学历史系中国近代史教研室主任等职。

10月1日 私立南开大学拟派张彭春前往天津接受校产。11月4日张伯苓致函天津市政府，要求将八里台南开大学以北毗连地拨给南开大学。12月18日张伯苓致函教育部平津特派员办公处，通知南开大学八里台校舍接收工作已派黄钰生前往办理。

10月12日 《国立编译馆组织条例》15条修正公布，规定"国立编译馆隶属于教育部，掌理教科图书及学术文化书籍之编译事务；编译各项图书包括各级学校教科及参考需用图书、各国新近出版各种科学书籍、阐明文化之高深学术者、关于世界专门学者所公认具有学术上之权威者"等。

同日 国民政府教育部宣布专科以上教员审查合格者为：教授 2,361 人，副教授 1,002 人，讲师 1,671 人。

10月16日 国民政府教育部公布《训育委员会组织条例》8条，规定该委员会任务包括："关于三民主义教导之研究""训育计划之订定督导及考核""训导人员之培养及指导""军事教育之督导及考核""学生自治团指导""训育学术之研究"等；"训育委员会委员由七至十三人组成，一人为常务委员，由教育部长就国立师范学院院长、师范学校校长、教育专家及教育部参事、司长中分别聘请或指派充任"。委员会下设三组，"一组办理训育工作指导及训导人员之培养指导"；"二组办理军事教育、童子军教育之督导及有关学生之服役"；"三组办理学生自治团体之指导及学生身心发展状况之调查"。

同日 国民政府教育部公布《医学教育委员会组织条例》，规定该委员会任务包括："医学、药学、护士、助产及卫生教育各项教育计划拟定"；"医学、药学、护士、助产等学校及各级学校卫生科之课程设备标准值审拟"；"医学、药学、护士、助产等学校及卫生人员训练机构立案之审查"；"与医学教育有关之一切兴革事项"。"委员会委员由二十七至三十七人组成，由教育部部长从卫生署及军政部军医署代表各一人、国立大学医学院或独立医学院院长、国立医学专科学校校长、教育部高教司司长及参事中聘请或指派"。

10月22日 北洋工学院西京分院、西北工学院和北洋大学北平部在天津合组为"国立北洋大学"，茅以升任校长。

10月30日 川省人士决定接私立光华大学成都分校，改名为"私立成华大学"，公推邓锡侯为代表，向私立光华大学及已故张寿镛校长及创办人谢霖道谢，并申明新校成立后，再行隆重纪念。12月23日光华大学成都分校正式改组为"成华大学"，王兆荣任校长。邓锡侯（1889—1964），字晋康，四川营山人，保定军官学校毕业，曾任国民政府军事委员会委员、四川省省长、四川省政府委员等职。

10月31日 私立复旦大学沪校分别致函教育部京沪区特派员办事处、教育部部长朱家骅、第三方面军总司令部、第三方面军总司令部张副司令官，说明复旦即将在江湾复校。由于抗战期间校舍破坏严重，请求拨付附近敌产，以满足复校之用。

10月 蒋梦麟辞去国立北京大学校长和西南联大常委职务。傅斯年继任国立西南联合大学常委。

同月 国民政府教育部修正公布《教育研究委员会组织条例》8条，规定教育部设教育研究委员会，任务包括："教育制度研究""学生训导研究""学校行政研究""其他关于教育之研究"；"委员会设主任委员一人，由教育部部长兼任，委员二十五至四十人，其中七人至十一人专任"；"研究会下设学制、课程、师资、行政四组，每组设主任一人，秘书一至二人，专员二人至三人；以及干事、助理干事三至四人"。

11月4日 私立复旦大学分别致函行政院副院长翁文灏，中国战区陆军总司令何应钦，京沪卫戍司令、京沪杭警备总司令汤恩伯，上海市市长钱大钧，说明抗战期间复旦地处交战地区，房屋损失甚大，为顺利复校起见，请求拨付学校附近敌产51幢，以供复校之用。

11月6日 国民政府教育部令西北农学院院长田培林兼任国立河南大学校长。田培林（1893—1975），字伯苍，河南襄城人，国立北京大学哲学系毕业，曾任国民党河南省党部主任委员、国民党第六届中央委员、国立河南大学校长兼西北农学院院长、国民参政员、教育部常务次长等职。

11月15日 教育部令在接收台北帝国大学原址上设立"国立台湾大学"，任命罗宗洛为代理校长，设文政学部、理学部、农学部、医学部和工学部。罗宗洛于1948年6月辞代理校长职。

11月25日 国立西南联合大学师生举行反内战时事晚会。政治系教授钱端升作"中国政治之认识"演讲，经济学教授伍启元作"从财政经济观点论内战必须避免"演讲，社会学系教授费孝通作"美国与中国内战之关系"演讲。会议明确提出：反内战，要和平；反独裁，要民主；全国人民团结起来，建设新中国。费孝通（1910—2005），江苏吴江人，中国社会学和人类学的奠基人之一，英国伦敦大学经济政治学院博士，曾任云南大学教授、中央民族学院教授、中华人民共和国全国人民代表大会常务委员会副委员长、中国人民政治协商会议全国委员会副主席等职。

11月 原蒙疆中央医学院院长、病理学教授、日籍人稗田宪太郎，经共产党城市工作部做工作，连同20多名日本医生、护士、教员，通过国民党的封锁，从北平回到张家口医学院。稗田宪太郎被聘为晋察冀军区卫生部顾问，并担任张家口医学院病理教研室主任。

同月 晋冀鲁豫边区政府委员会决定兴办北方大学。由范文澜担任校长，学校实行校长负责制。是中共晋冀鲁豫中央局和边区人民政府创办的一所规模较大、学科专业比较齐全的高等学府，下设行政学院、财经学院、教育学院、工学院、医学院、农学院、艺术学院。

同月 联合国教育科学文化组织于巴黎召开会议，国民政府派胡适博士、赵元任博士等为代表出席，参与联合国教科文组织宪章制定。

同月 台湾总督府台中农林专门学校改名为"台湾省立台中农业专科学校"，校长为周进三。周进三（1900—1994），字亚萍，浙江嵊州人，东京帝国大学毕业，曾任国民政府农林部滨海垦区管理局局长、台湾台中农学院院长和教授、民革浙江省委委员等职。

同月 上海市立工业专科学校在日本上海工业学校基础上改组成立，聘李熙谋任校长，专科高职分土木、纺织、机电3科。李熙谋（1896—1975），字振吾，浙江嘉善人，美国麻省理工学院电机工程硕士、哈佛大学哲学博士，曾任国立浙江大学工学院院长、国立暨南大学教授、国立交通大学教务长、上海市教育局副局长等职。

同月 私立大同大学校长胡敦复辞职，校董会推胡刚复为校长。

12月1日 国民党特务进攻昆明各校。国立西南联大校友、南菁中学教师于再，国立西南联大师范学院学生潘琰、李鲁连，省立昆华工业学校学生张华昌（即荀极中）4人牺牲。教授袁复礼、马大猷等也遭到殴打。是为"一二·一惨案"。当日下午，代常委叶企孙召开紧急教授会议，发表谴责当局暴行宣言。

同日 国民政府行政院核定《国民学校教职员任用待遇保障进修办法》，共16条，对于教师聘任、薪给、假期、奖励等均有规定，"国民学校教职员成绩优良者，发放奖金与奖状、升任简易师范学校及同等学校之教员，考入专科以上学校时进行补助或予以贷金"。

12月2日 由国立西南联合大学教授组成法律委员会，向地方和高等法院控告"一二•一惨案"主谋凶犯关麟征、李宗黄。12月4日国立西南联合大学第四次教授会决议："自即日起停课七天，表示抗议"。

12月3日 国民政府行政院颁布《青年复学就业辅导委员会组织规程》，规定该委员会"设主任委员一人，由教育部部长兼任""委员十八人，由中央组织部、三民主义青年团、中央团部、中央训练委员会、军政部、军训部、政治部、经济部、交通部、农林部、社会部、侨务委员会、善后救济总署指派一人兼任"。委员会下设三组，"第一组掌理收复区青年之登记、指导、救济、就学事项；第二组掌理收复区青年之训练、考试、就业；第三组掌理文书、人事、出纳及庶务"等。

12月21日 国民政府教育部颁发《收复区专科以上学校教职员甄审办法》，规定"收复区专科以上学校教职员由教育部组织收复区各地专科以上学校教职员甄审委员会作详尽调查并加以审核。""收复区专科以上学校教职员非经甄审委员会调查审核认为无处理汉奸案件条例第二条第一项所列各款情事者，一律不得再担任教育工作。"

12月27日 国民政府教育部颁发《收复区专科以上学校毕业生甄审办法》，规定"收复区敌伪专科以上学校毕业生之甄审事宜，由各区教职员甄审委员会兼办。""在敌伪所设具有政治性学校毕业生不得申请登记，收复区敌伪专科以上学校毕业生在学期间或毕业后曾在敌伪组织担任荐任职务或担任特种工作，受敌伪特种训练者，或曾有危害国家、妨碍抗战或借敌伪势力侵害人民之行为者，均不予审核。""收复区敌伪专科以上学校毕业生准予登记后，应将国父遗教研读并在书内加以标点批注，另作读后心得报告一份，连同有关所习专科科目论文一篇呈送各区教职员甄审委员会审查后，报教育部核定。审核合格者，为相当于专科以上学校毕业，教育部发给证明书；审核不合格者，得按其成绩准予投考相当学校及年级肄业。"

同日 国民政府教育部颁布《收复区专科以上学校肄业生学业处理办

法》，规定"收复区专科以上学校肄业生，应经登记合格，补习期满，并经考核成绩符合本部规定程度者，始得转入其他学校肄业。""收复区专科以上学校肄业生登记合格者，由各区教育复员辅导委员会径送临时大学补习班予以补习。补习期满甄试后，依照补习课程成绩转入相当学校肄业。"

12月 内蒙古学院在张家口成立。内蒙古自治运动联合会主席云泽兼任院长。云泽（1906—1988），原名乌兰夫，蒙古族，内蒙古土默特左旗塔布村人，曾任中华人民共和国副主席、全国人民代表大会常务委员会副委员长、中国人民政治协商会议全国委员会副主席、中共中央统战部部长等职。

同月 国立河南大学迁回开封，接办河南省立医科专门学校和黄河水利工程专科学校，1946年8月成立工学院。

冬 私立朝阳学院副院长夏勤飞往北平接受海运仓校园。1946年春，私立朝阳学院招收法律、政治、经济各系新生1班。是年暑期学校完成全部复员工作。夏勤（1892—1950），字敬民，江苏泰县人，北京法政专门学校法律本科毕业，曾任私立中国大学法律学系教授、国民政府最高法院庭长、国立中央大学法律学系副教授、私立朝阳学院副院长、国民政府司法行政部常务次长等职。

冬 为要求北平师范大学复校复员，国立西北师范学院学生举行罢课。

同年 国民政府教育部订定《公费办法及补充办法》6项。定公费生为"全公费、半公费两种，占入学新生百分之四十，清寒学生、侨生、边疆学生均得享受，核给标准以学业成绩与操行成绩并重"。

同年 英国文化协会派地理学教授罗士培为驻华代表，国立中央大学即聘其为名誉教授，讲授文化地理。罗士培（1880—1947）（Percy Maude Roxby），英国人文地理学家、中国地理研究专家、利物浦大学地理系教授兼主任。

1946年（民国三十五年　丙戌年）

1月5日 中共代表与国民党当局达成停战协定，组成周恩来、张群（后为张治中）、马歇尔军事三人小组。

1月10日至30日　政治协商会议在重庆召开。

1月13日　联合国安全理事会成立，中国为5个常任理事国之一。

5月4日　九三学社在重庆成立。

5月1日　美军驻华司令部正式成立。

5月5日　国民政府自重庆迁回南京。

6月23日　南京发生"下关惨案"。

6月26日　国民党军队大举围攻中原解放区，全面内战爆发。

9月27日　中共代表团声明，拒绝参加"国大"。

10月29日　中国海军前往接收西沙、南沙群岛。

11月15日至12月25日　"国民大会"在南京举行，通过《中华民国宪法》。

12月24日　"沈崇事件"发生，引发全国性的大规模反美运动。

1月1日　由国民政府行政院核准，青年复学就业辅导委员会正式成立，该会由战地失学失业青年招致委员会与战区教育指导委员会合并而成。

1月5日　山东大学在临沂为新招收的668名预科学生举行开学典礼，新四军军长陈毅、山东省政府主席黎玉等人在开学典礼上讲话。这些学生被编为6队，加上临时举办的合作、会计、邮电、文化等干部培训班，山东大学这一期共招收学生1,200人。陈毅（1901—1972），名世俊，字仲弘，四川乐至人，中华人民共和国十大元帅之一，曾任中华人民共和国国务院副总理、中共中央军委副主席、中华人民共和国外交部部长、上海市人民政府首任市长等职。黎玉（1906—1986），又名李兴唐，山西崞县人，曾任中共北平市委职工部部长、中共天津市委书记、中共山东省委书记、上海市委秘书长、第一机械工业部副部长、第八机械工业部副部长、农机部副部长等职。

1月13日　为追悼昆明"一二·一惨案"死难师生，上海市万余名学生集会并向政治协商会议通电提出要求："立即成立民主联合政府；立即实现蒋主席四项诺言，切实保障人民自由，政协大会期内盼即有事实表现；立即逮捕、公审汉奸，并鼓励人民检举；立即惩办关麟征、李宗黄及青岛屠杀青年学生的凶手；立即明令废止现行束缚学生民主自由的法令与办法（请立即废止现行处置学潮的高压政策，不得再用屠杀、枪毙，逮捕、开除、恐吓、诬蔑等手段；立即实现并切实保障学生言论出版结社集会游行之自由；立即释放北平南京及各地被捕学生；严惩教育汉奸；立即废止禁止义卖助学法令，并拨款救济失学青年）"。

1月15日 陶行知在重庆创办社会大学，周恩来、冯玉祥等出席开学典礼。社会大学以"人格教育、知识教育、组织教育、技术教育"为教育方针，以"大学之道，在明民德，在亲民，在止于人民之幸福"为办学宗旨。该校实施以"自学为主，教授为辅"的学习方法，提倡民主教育，强调"主动、实践、集体""学做教结合"。主要课程包括公民必修课、业务课、专题讲座3类，每晚上4节课。

1月16日 中国共产党代表团在政治协商会议提出《和平建国纲领草案》，《草案》在文化教育方面主张："大学采取教授治校制度，不受校外不合理之干涉"；"在中央与地方的预算中充分增加文化教育经费，并由国家补助民办学校及一切文化教育团体，奖励科学研究、艺术活动及出版事业"。

1月20日 延安自然科学院和晋察冀边区工业职业学校合并，新学校更名为"晋察冀工业专门学校"，恽子强任校长。9月下旬学校转移，到达河北建屏县西柏坡附近的柏岭村。恽子强（1899—1963），生于湖北武昌，祖籍江苏武进，国立东南大学毕业，曾任晋察冀工业专门学校校长、晋察冀化工研究所所长、华北工学院副院长、中国科学院学部委员、中国科学院办公厅副主任等职。

1月21日 国立复旦大学呈请教育部，要求聘请李登辉为复旦名誉校长。

1月25日 重庆8所高校及部分中学学生1万余人举行示威游行，向国民政府和政治协商会议请愿，要求和平、民主、团结、统一。

1月31日 国民政府教育部令："各省市除办理高级职业学校，尽量奖励各实业机关、职业团体办理职业班，应以接收之敌伪类似学校机构改办职业班校"。

1月 江苏省立教育学院在无锡社桥原址复校,接收苏州伪江苏省立教育学院院产,由童润之任院长,设社会教育学系、农业教育学系及劳作师资专修科,共 10 班;是年秋增设电化教育专修科。

同月 江苏省立江苏学院由福建省三元县回迁江苏扬州,旋奉令迁址徐州。设文史、外文、机工、数理、政治、经济、行政管理 7 学系,及社会专修科,共 14 班。

同月 国立西北师范学院为要求北平师范大学复校复员事,决定全体师生赴渝请愿。

同月 私立南开大学在天津市第六区重庆道租房成立复校筹备处,开始办公。

同月 国立山东大学在青岛复校,赵太侔再任校长,直至中华人民共和国成立。复校后设文、理、工、农、医 5 个学院,计有中国文学、历史学、外国文学、数学、物理学、化学、动物学、植物学、地质矿物学、土木工程学、机械工程学、电机工程学、农艺学、园艺学、水产学 15 个系。

同月 国立安徽大学筹备委员会成立,选址安庆,朱光潜任主任,陶因以委员身份兼任秘书。后朱光潜辞职,由陶因代理主任委员。朱光潜(1897—1986),字孟实,安徽桐城人,法国斯特拉斯堡大学哲学博士,曾任国立北京大学教授、国立四川大学教授、国立武汉大学教授、中国社科院学部委员、中华人民共和国全国政协委员、民盟中央委员、中国文学艺术界联合委员会委员、中国外国文学学会常务理事等职。陶因(1894—1952),字寰中,安徽舒城人,德国法兰克福大学经济学博士,曾任省立安徽大学法学院院长、国立安徽大学校长以及国立武汉大学教授、经济系主任、教务长,等职。

2月1日 私立成华大学校长王兆荣,代表成华大学校董会接办全部校产,按照当时物价作 1.5 亿元报国民政府教育部备案。

2月7日 国民政府教育部颁布《收复区专科以上学校教职员甄审委员会组织章程》9 条,对该委员会的任务、组织作了具体规定。

同日 上海市立体育专科学校开学,聘金兆均为校长,分设体育专科和童子军专科。金兆均（1891—1981），浙江诸暨人，美国斯坦福大学硕士，曾任上海市立体育专科学校校长、国立中央大学体育系教授等职。

2月9日 国民政府教育部公布《收复区专科以上学校处理办法》10条。办法规定："（甲）收复区专科以上学校处理办法案决议：由教育部统筹处理，其办法：（一）收复区敌伪所设之专科以上学校及未经教育部认可之专科以上学校，一律由教育部派员接收，其在校员生处理办法另定之；（二）收复区之专科以上学校，如系敌伪所设，专为教育敌人或带有政治侵略性质者，接收后一律予以停开；（三）收复区专科以上学校之敌籍学生，一律劝其返国；（四）收复区专科以上学校有继续办理之必要者，由教育部规定设置地点，派员分别改组；（五）收复区专科以上学校应改归省办者，由教育部移交办理；（六）收复区私立专科学校未经教育部认可者，接收后如认为继续办理者，应一律予以呈报部核准备案。（乙）收复区专科以上学校教职员处理办法案。决议办法：（一）由教育部组织委员会先作详尽调查，并加以审核；（二）收复区专科以上教职员，敌伪专科以上学校校长，私立专科以上学校校长之附逆有据者，敌伪专科以上学校教员及重要职员附逆有据者，均应依法惩处；（三）敌伪专科以上学校教职员凡曾负我特殊任务，经原派机关证明者，与确曾参加抗日活动有确实证据者，得继续任教，并分别奖励；（四）东北、台湾方法另订。"

2月12日 苏皖边区政府教育厅对新发布的《苏皖边区暂行教育工作方案》（草案）征求修改意见，并要求适合情况的地区可暂依"方案"实行。方案对专科学校、大学的管辖、办学目的、报考资格等作出了规定。

2月22日 国民政府教育部公布《中等以上学校战时服役学生还乡转学办法》。《办法》规定："战区学生志愿还乡转学者，应在7月底以前向所在学校提出申请，由学校发给转学证明书；战区学校还乡后，持转学证明书向志愿各校申请转学，不受年级限制；收复区各校对于此项学生，应在可能范围之内予以便利，尽量考取；当战区学生还乡转学不能录取者，准其回原校继续肄业，但不发给回校旅费。"

2月23日 冀鲁豫边区党委和行署在菏泽成立"冀鲁豫建国学院"。

2月26日 国民政府教育部公布《专科以上学校复员后不能随校迁移学生转移办法》5条，对后方各省境内于复员后不能随校迁移之专科以上学校学生之转学情况进行了规定。

2月27日 国立女子师范学院师生两次举行罢课要求复员迁院。国民政府教育部令国立女子师范学院解散，同时令组织"院务整理委员会"，任武俶为主任委员，从事接收整理，要求学生重新登记。

2月 东北大学在本溪成立，其前身是1945年年底在梅河口成立的东北公学。张学思任校长，白希清、舒群任副校长，下设文学、社会科学、医学、自然科学4个学院，以培养"为人民服务的，献身于新中国新东北建设的政治、经济、文化、艺术、教育、实业、医学等专门人才"为办学宗旨。1946年4月学校搬往长春，5月又转到哈尔滨，6月迁到佳木斯。张学思（1908—1983），字西卿，辽宁海城人，曾任中国人民解放军海军参谋长、辽宁省政府主席、辽宁军区司令员、东北行政委员会副主席兼辽东办事处主任等职。白希清（1904—1997），满族，奉天医科专门学校毕业，后赴英国格拉斯哥大学皇家医学院及理茨病理学研究所进修病理学，曾任盛京医科大学病理学教授、东北大学副校长、东北行政委员会卫生委员会副主任、东北人民政府卫生部副部长等职。舒群（1913—1989），满族，黑龙江阿城人，曾任延安鲁艺文学系主任、东北大学副校长、东北电影制片厂厂长、东北文联副主席、中国文联副秘书长等职。

同月 北平市立体育专科学校在原址上恢复，并正式上课。校长为张神泉，设本科和体育师范2科。北平市立体育专科学校创建于1934年，是北京最早的公立体育学校。

同月 中国人民解放军东北军事政治大学在通化成立。林彪任校长，彭真任政委，其任务是为东北根据地培养军政干部。设预科、本科和入伍生队。预科修业时间4个月，期满升入本科。本科设置军事系和政治系，修业时间8个月至1年。入伍生修业时间4个月至6个月，期满升入预科，成绩优良者可分配工作。不久，在总校之下设东满、西满、北满、南满4个分校。

同月 私立朝阳学院复员回到北平继续上课。

同月 晋察冀军政干部学校在张家口建立，聂荣臻兼任校长和政委，朱良才任副校长和副政委。1948年5月，学校合并到华北军政大学。聂荣臻（1899—1992），字福骈，四川江津人，曾任中央军委秘书长兼中国人民解放军代总参谋长、国防委员会副主席、中央军委副主席、国务院副总理兼国家科委主任、国防科委主任等职。朱良才（1900—1989），湖南汝城人，曾任华北军区政治部主任和副政委、北京军区政委等职。

同月 江苏省立苏州工业专科学校在三元坊成立，校长为邓邦逖，设土木、机械、纺织、建筑4科。邓邦逖（1886—1962），字着先，江苏江宁人，早年留学英国，曾任江苏省立苏州工学专门学校校长、国立中央大学工学院机械工程科副教授、江苏省人民政府委员兼纺织工业厅副厅长等职。

同月 广西省艺术师资训练班和私立榕门美术专科学校合并改组为广西省立艺术专科学校，校址位于桂林市，满谦子任校长，设3年制和5年制的绘画科、艺教绘画科、艺教音乐科。满谦子（1903—1985），原名满福民，广西荔浦人，上海音乐专科学校毕业，曾任重庆中训团音乐干训班教官、重庆国立音乐学院分院教授兼教务主任、上海音乐专科学校教授兼教务主任、广西省立艺术专科学校校长、广西艺术馆馆长、广西艺术学院院长等职。

3月1日 东北民主联军航空学校在吉林通化正式成立。朱瑞兼任校长，吴溉之兼任政治委员。随着战争形势的变化，该校先后迁往牡丹江、东安、长春等地办学。学校设政治部、校务处、训练处、供应处。1949年5月，该校改称"中国人民解放军航空学校"。朱瑞（1905—1948），江苏宿迁人，曾入莫斯科中山大学、克拉辛炮兵学校学习，曾任中共中央北方局军委书记、东北军政大学副校长兼东北炮校校长、东北民主联军炮兵司令员兼东北民主联军航空学校校长等职。吴溉之（1898—1968），字璇枢，湖南平江人，曾任中华人民共和国最高人民法院副院长、中共中央监察委员会常委、全国政协常委等职。

同日 中国人民解放军东北工兵学校在吉林通化成立，唐哲明任校长，李雪炎任政治委员，学校下设若干大队，大队下设连。后组建为中国人民解放军工程兵指挥学院。唐哲明（1908—1978），原名黄乃安，安徽桐城人，日本陆军士官学校毕业,曾任延安炮兵学校工兵科主任、中国人民解放军东北工兵学校校长、华中军区工兵司令员兼工兵学校校长、南京工兵学校校长、工程兵科学技术研究会主任、中国人民解放军工程兵科学技术部部长、工程兵副参谋长等职。李雪炎(1913—1999),河北定兴人,曾任东北军区工兵学校政委、中南军区工兵学校政委、中南军区空军工程部政委、空军学院院务部部长、空军后勤部副部长兼参谋长等职。

3月2日 国民政府铨叙部公布《关于沦陷区大学毕业生任用办法的规定》。规定:收复区专科以上毕业生"学历未经审定前,暂准现行试用"。

3月3日 私立大夏大学沪校前往中山路原校舍复校。陈铭恩为文学院院长,张隽青为法学院院长,何仪朝为商学院院长,邵家麟为理学院院长,鲁继曾兼任教育学院院长和教务长。陈铭恩(1892—1971),别名光恒,江苏苏州人,美国伊利诺伊大学文学硕士,曾任私立中国公学教授兼教务长、国立暨南大学教授以及私立大夏大学教授、文学院院长、外语系主任等职。张隽青(1894—1966),山东东平人,英国爱丁堡大学文学和法学硕士,曾任私立上海法政学院、私立大夏大学、私立复旦大学、国立暨南大学和私立上海中国新闻专科学校教授。邵家麟(1899—1983),浙江吴兴人,美国康奈尔大学理科博士,曾任私立大夏大学理学院院长兼化学系教授、国立劳动大学化学教授等职。

3月8日 国民政府教育部公布《甄审敌伪学校毕业生补充办法》,规定"审查收复区专科以上学校毕业生论文,如认为必要,得向原作人询问内容。""私立专科以上学校,未在伪组织立案者,经依合法手续,向本部办理立案。核准后,其毕业生在校成绩经本部审查合格者,其毕业资格,不经甄审,予以承认。"

3月12日 北平沦陷期间日伪举办的北京大学、北平师范大学校友联合会召开第三次反甄审大会。到会的历届毕业生代表600多人。大会通过拒绝政府甄审登记、抗议铨叙部公布的未受甄审学生的任用办法等4项提案。

3月16日 胡厥文等为恢复国立北京工学院致电教育部。胡厥文(1895—1989),又名胡保祥,上海嘉定人,曾任中华人民共和国上海市政协副主席、上海市副市长、全国人大常委会副委员长、全国政协委员、中国民主建国会常务主席等职。

3月23日 国民政府教育部公布《国立各级边疆学校教员服务奖励办法》，规定"凡在各边远省份国立各级边疆学校服务教员之奖励除法令另有规定外，依本办法之规定办理。凡在国立各级边校业经教育部核定合格之在职专任教员得申请奖励，校长、各处科主任、医师、护士及部派有案之会计人员亦得比照办理。""凡在各级边校继续服务每满五年得申请休假或进修，期限半年，休假进修期内仍支原薪及各项补助或津贴；凡应休假而不愿休假者得另核给奖助金。"

3月26日 国民政府教育部公布《国立专科以上学校战区学生还乡转学办法》10条。《办法》规定："凡复员后仍在陕西、甘肃、四川、西康、贵州、云南各省境内，继续办理之国立专科以上学校之战区学生还乡转学依本办法办理。本办法所称战区学生，系指抗战期间籍隶战区，受战事影响内迁就学，现在前条各校肄业已取得正式学籍之学生而言"。

3月 华中建设大学的大部分师生迁往山东，分设工学院、农学院、文学院、师范学院、社会科学院。

同月 国民政府教育部令设立国立北平师范学院，聘袁敦礼为院长，8月到任，到任前由黄如今代理院长。教育部核准设置国文、英语、数学、物理、化学、历史、博物、体育、音乐、家政等12系，并设劳作专修科。国立西北师范学院仍在兰州独立设置，并于当月15日复课。黄如今（生卒年不详），湖南永兴人，曾任国民党新疆省党部委员兼书记长、国民政府教育部社会教育司司长、国立北平师范学院代理院长、国立长春大学校长等职。

同月 国立复旦大学江湾校舍修缮完毕，搬迁工作结束。

同月 国立山西大学迁回太原，设文、法、工、医4个学院。

同月 国立英士大学奉教育部令以金华为永久校址，6月增设文、理学院，8月全部迁移完竣。

春 私立中国纺织染工程学院在上海成立。其前身是1938年申新纺织公司创办的申新纺织人员养成所，后改称"中国纺织工染工业专科学校"，改为

4年制大学。招收本科生，旨在培养高级纺织人才。

4月3日 国民政府教育部公布《实业机关或职业团体办理职业学校或职业训练班奖励办法》8条。国立北平高等工业职业学校、国立上海高级机械学校、国立琼山高级农业职业学校、国立高级蚕丝职业学校、国立高级窑业职业学校等职业学校先后成立。

4月5日 国民政府教育部公布《国立各级学校迁校办法》15条，规定"各校迁校人员"包括"1. 员工以在职人员专任者为限、并不得超过本年度预算人员；2. 学生以本学期在校、并以本人为限；3. 移交地方暨不办理之学校员生工役及不迁移学校之学生，并各校退休教员，而籍隶收复区，志愿迁回收复区、经教育部核准者，得由原肄业或服务学校列入名册之内迁送；4. 员工眷属以配偶及直系血亲在任所者为限，但教职员之直系姻亲及旁系亲属确由本人抚养者，经服务单位二人之联保及层级主管人员之保证，得呈报二级主管机关核准随校同迁；5. 各学校教职员工眷属平均按每教职员携带三人、每工役携带一人计列预算总人数，其六岁至十二岁者以半口计，五岁以下者不计，仍由学校按照各该员工原经登记有案之眷口按实分配，统筹分配时，以迁校员工之血亲及匹偶在任所者为优先，余额就其抚养之旁系亲属及姻亲分配，不得超越预算总人数；6. 眷属有在他机关或学校任职者不得在两机关或学校列报，违者除依法惩处外，取消其领费权利，取领各费均应追缴；7. 各学校教职员如在学校所在地死亡者，其眷属未在他机关或学校任职，须随校同迁者，由原服务学校核实统筹，列入名册之内运送"。《办法》还对迁送公物、迁送经费、教职员补助费等进行了规定。

4月6日 蒋介石亲自批准私立南开大学改为国立。9日国民政府教育部正式宣布私立南开大学改为国立。张伯苓任校长，设文学院、理学院、商学院和工学院。

4月10日 国民政府教育部核定国立西南联合大学复员经费预算："计旅费70亿1千9百40万元，由三校自行妥为分配报查；修建费共30亿元，分配北大10亿元，清华12亿元，南开8亿元"。

4月19日 国民政府教育部颁发《回国升学华侨学生奖学金办法》12

条，规定"侨生奖学金名额定为五十名""分配比率"为"专科以上学校侨生奖学金占百分之四十，中等学校侨生奖学金占百分之六十"；"侨生奖学金金额""专科以上学校每名八千元"；"凡在国内公立或曾立案之私立中等以上学校肄业之华侨学生，其学期成绩各科均及格、体育及操行成绩均在乙等以上"之"专科以上学校学生"，若"对于专习科目成绩优异、或有价值之著作、或有特别贡献能提出证明者""得请求给奖"；"专科以上学校由侨生每十五人以内，得选送一人"。《办法》还对侨生奖学金的设置目的、支配核发等进行了规范。

4月23日 陈郁率领东北职工总会筹委会和职工大队百余人从沈阳迁至长春，在伪满洲国皇宫里创办了东北工人政治大学，有1,000多名厂矿干部和煤矿工人参加学习，陈郁任校长，并创办了《东北工人报》。该校以培养工人干部为目的，共有学生300余人，均系电业、铁路等产业的工人。

同日 国民政府教育部电令国立北京大学、国立清华大学、国立南开大学3校恢复原校。

4月24日 国民政府教育部颁发《国立大学暨独立学院附设先修班办法》11条，规定："教育部为提高大学程度，免除大学低年级重修高中课程起见，自1946年起酌准国立各大学及各独立学院附设先修班，其原有先修班于三十四年学年度终了时即结束。《办法》还规定了先修班的管理、教员聘用、学班数额、学班学员数、入学考试、修习科目、期满考核等。

4月28日 北方大学工学院在冀鲁边区成立，于5月29日正式上课。第一批学生共64名，按程度分为两个班。另有不合预科标准的212人编为附设班。

4月 北方大学医学院以晋冀鲁豫军区医科专门学校为基础在河北邢台成立，院长为钱信忠。钱信忠（1911—2009），江苏宝山人，曾赴苏联学习并获医学副博士学位，曾任西南军区卫生部部长、中华人民共和国卫生部部长兼党组书记、中国红十字会总会会长、中华医学会会长等职。

同月 华中建设大学并入山东大学。

同月 国立同济大学回迁上海复学，下设文理学院、工学院、医学院和法学院。

同月 国立交通大学贵州分校在复员后，校名改为"国立北平铁道学院"，设铁道管理系、运输管理系、业务管理系、财务管理系和材料管理系。学制为 4 年，院长是徐佩琨。

同月 台湾省立师范学院成立，李季谷任院长，同年 6 月开始招生，10 月 1 日开学，1948 年 2 月核准备案，设本科和四年制专修科。1955 年该校改名省立台湾师范大学。李季谷（1895—1968），原名宗武，浙江绍兴人，英国剑桥大学近代史专业硕士，曾任国立北京大学教授、国立北平大学女子文理学院文史系主任、国立西北联合大学教授兼历史系主任、台湾师范学院院长、浙江省教育厅厅长等职。

5 月 1 日 国立女子师范学院在重庆九龙坡复课，6 月 3 日教育部聘劳君展为院长，后张邦珍继任。劳君展（1900—1976），女，原名启荣，湖南长沙人，法国里昂大学数学专业硕士，曾在巴黎大学镭研究所跟随居里夫人学习，曾任国立武汉大学教授、国立暨南大学教授、国立女子师范学院院长、中国人民大学教授、中华人民共和国教育部参事等职。张邦珍（1905—1998），云南镇雄人，曾赴法国巴黎大学学习，曾任云南省临时参议会参议员、国民参政会参政员、国立女子师范学院院长等职。

5 月 4 日 山东大学举行本科建系典礼，学校设政治、经济、文艺、教育、医学 5 系。

同日 梅贻琦在结业典礼上宣布国立西南联合大学结束。7 月 31 日，国立西南联合大学全面结束。

5 月 5 日 东北测绘学校于吉林长春正式组建，校长是石敬平。该校是中国人民解放军历史上第一所测绘专业学校。学校聘任了一部分日伪时期的测量人员作为专业教员，共有师生员工 300 余人。教学内容包括专业、政治、军事三部分。石敬平（1916—1990），湖南浏阳人，曾任中共中央军委机要秘书局一局科长、东北军区参谋处处长、东北军区装甲兵参谋长、总参谋部三部局长等职。

5 月 7 日 辽宁省立第三建国学院在新宾县正式开学。该校分为高级班和普通班，高级班的课程有国文、地理、中国革命问题、政策法令等，普通班以学习文化为主。高级班学生包括大学生和中学生，也有一部分是干部。此外，学校还组织学生业余进行生产，种粮食，开合作社，全部学费由学校供给。

5月11日　国民政府教育部公布《教育部35年公费留学生考试章程》，其中规定："1946年在南京、重庆、上海、西安、武汉等8区招收本部公费留学生120名，法国政府交换生50名。中英文教基金董事会公费生20名，共计190名"。

5月15日　为帮助私立光华大学上海本部复校，国民政府教育部拨付法币1.5亿元，其中2,700万元转拨私立成华大学。

5月21日　晋冀鲁豫边区的北方大学在河北邢台正式上课，其收取学员1,400人，校长为范文澜。该校设行政、财经、教育、工业、医学5个学院及附设班。

同月　国立商学院奉国民政府教育部令，并入国立湖南大学。

同月　国立西北大学迁设西安。8月将国立西北医学院并入。

同月　国立上海商学院复员上海中州路，朱国璋任院长，设保险、银行、会计、工商管理、国际贸易、统计、合作7学系。朱国璋（1913—1981），字仲谋，浙江吴兴人，国立上海商学院会计系商学学士、英国伯明翰大学商学硕士，曾任国立中央大学教授以及商学院院长、国立上海商学院院长、台湾大学教授、国立政治大学教授、国立重庆大学会统系主任、工管系主任等职。

同月　茅以升任国立北洋大学校长。

同月　国民政府教育部任命何炳松为国立英士大学校长。何炳松因疾病加重未能到任。

6月4日　美国哥伦比亚大学授予张伯苓名誉文学博士学位。

6月22日　国民政府教育部公布《各临时大学补习班毕业生毕业证书发给办法》6条。其中规定：各临时大学补习班毕业生愿取得正式国立专科以上学校毕业证书者得参加国立专科以上学校毕业考试及格后，由该校换发毕业证书。

同日 国民政府教育部训令北平市教育局："查伪教育部专科以上学校学生学籍档案内有私立辅仁大学、私立天津工商学院及私立中国学院文件，本部亟待明了各该校在抗战期间详细情形。仰即会同平津区特派员办公处及平津区甄审委员会，查明私立辅仁大学、私立中国学院真相，妥拟处理办法，报部备核。"

6月26日 国民政府教育部公布《国立大学及独立学院附设先修班科目表》，规定设国文、外国语、数学、物理、化学、生物等9科。国文、外国语、数学为共同必修科，其余科目分文理两组，由学生选习。

6月27日 国民政府教育部公布《35年度公私立专科以上学校招收办法》。其中规定："1946年公私立专科以上学校招生可用联合招生、单独招生、委托招生、成绩审查四种方式进行"，考试按照理工、农医、文法商等科不同要求分甲、乙、丙3组进行。

6月 东北白山艺术学校成立，办学宗旨是"为新民主主义革命和建设培养东北的文艺干部"。

同月 国立厦门大学与中英文教基金董事会合办"中国海洋研究所"，机构设在国立厦门大学。

同月 国民政府任命董洗凡为国立同济大学校长。董洗凡（1900—?），河北完县人，同济德文医工学堂医科毕业后留学德国柏林大学、科隆大学，曾任北平中法大学教授、国立北平大学女子文理学院经济系主任、私立辅仁大学经济系教授兼文学院院长、国立同济大学校长等职。

同月 国民政府任命李寿雍为国立暨南大学校长。李寿雍（1902—1984），字震东，江苏盐城人，国立北京大学经济系毕业后留学英国牛津大学、伦敦大学，曾任国立中央大学教授、国立湖南大学文法学院院长兼训导长、江苏省政府委员兼财政厅厅长、国立暨南大学校长等职。

同月 国立湖北师范学院奉教育部令复员荆沙。1947年学生发起迁校武汉的请愿，1948年5月12日通过了迁院武汉的方案。

同月 国立交通大学唐山工程学院更名为"国立唐山工学院"，归教育部直辖，迁回唐山原址办学，顾宜孙任院长，设土木工程、建筑工程、采矿工程和冶金工程 4 系。顾宜孙（1897—1968），字晴洲，江苏南汇人，美国康奈尔大学哲学博士，曾任国立交通大学唐山工程学院教授、院长、教务长等职。

同月 国民政府任徐士瑚为国立山西大学校长。

同月 白求恩医科大学在张家口成立，张家口军区卫生部部长殷希彭兼任校长，卫生部政治委员姜齐贤兼任政治委员，耿毓桂任副政委。1946 年 9 月 18 日，由于战争原因，全校师生迁往沙城，又步行来到涞源县的板城，暂住一个月进行修整和教学。殷希彭（1900—1974），河北安国人，曾任河北省立医学院病理学主任教授以及第一军医大学校长、军事医学科学院院长、白求恩卫生学校教务主任、副校长、校长等职。姜齐贤（1905—1976），字竹林，湖南湘乡人，曾任中共中央军委卫生部部长、八路军总卫生部部长、国家农垦部副部长等职。耿毓桂（1919—2006），河北阜平人，曾任晋察冀军区白求恩卫生学校政治处主任和政治委员、晋察冀军区卫生部政治部主任、华北军区医科大学政治委员、总后勤部第一军医大学政治委员、总后勤部技术装备研究院副院长等职。

同月 罗宗洛辞台湾大学校长职。

同月 金通尹任国立北洋大学代理校长。

7月1日 东北军政大学在黑龙江省北安成立。学校设预科、本科和入伍生队。招收一般知识青年，学习时间为半年。校长由林彪兼任，政委由彭真兼任。

同日 北平临时大学补习班所属八个分班全部结束。其中，"第一、二、三、四、六分班并入国立北京大学"；"第五分班（工学院）并入国立北洋大学（1946 年—1947 年称国立北洋大学北平部）"；"第七分班并入国立北平师范学院"；"第八分班并入国立北平艺术专科学校"。临大教职员的处理办法为："（一）战前任该院校教职员者，概予留聘；（二）一部分发至东北、河南、安徽、山东等处，由教育部负责介绍聘任；（三）如至八月份尚未确定聘任者，由教育部发给遣散费两个月"。

7月11日 中国民主同盟领导人、社会教育家李公朴在昆明被国民党特务用无声手枪杀害。李公朴（1902—1946），字晋祥，江苏常州人，沪江大学毕业后考取美国俄勒冈州雷德大学，半工半读，参与筹办《环球通讯社》《生活日报》，曾任上海各界救国联合会常务委员、山西民族革命大学校长等职。

同日 国立中正医学院在抗战期间迁经永新、昆明、贵州镇宁、福建长汀后，重新迁回南昌复校。

7月15日 李公朴追悼会在云南大学至公堂举行。原国立西南联合大学教授闻一多发表演讲，痛斥国民党特务的罪行。下午，闻一多在参加民盟为李公朴被刺举行的记者招待会后，回家路上，被埋伏的特务杀害。

同日 闻一多在昆明被国民党特务暗杀后，北平、天津、上海、南京等几十个大中城市，50多万学生，相聚举行罢课和游行示威。

同日 为建设边疆教育，国民政府教育部令国立云南大学、国立中山大学、国立贵州大学、国立浙江大学、国立西北师范大学、私立华西大学、私立协和大学及私立金陵大学等校设置边疆教育科目。

7月24日 国民政府教育部在南京举行高等教育讨论会，邀请大学校长、教育专家30余人参加。决议案有："一、废除大学导师制，另设训育委员会，订颁大学训育委员会组织章程，加强各院系教授对本院系学生之领导权，推进训育工作"；"二、废除各大学研究所及研究学部名称，订颁大学研究所暂行组织规程，每一学系得设一研究所，研究所与学系完全打成一片，研究所主任由系主任兼任，系内教授讲师俱为研究所工作人员"；"三、为造就法学人才，法学院得单独设立法学系"；"四、修改专科大学组织法，及结束战时特设之大学先修班，另订颁国立大学及独立学院附设先修班办法，与先修班科目表"。

7月25日 陶行知在上海逝世，上海及各地教育界举行悼念活动。

7月31日 国民政府教育部训令国立社会教育学院在原来设立的电化教育专修科之外，再增设电化教育学系。

7月 国民政府教育部在南京举行农业及工业教育会议，修正农学院和工学院共同必修科目表。

同月 河北省立农学院复校，将河北省立农业专科学校并入，校址位于保定，薛培元任院长，设农艺、森林、农田水利工程3系，学制4年。

同月 国民政府教育部为重建东北高等教育与收容失学青年，派黄如今筹设国立长春大学。

同月 国民政府教育部任命周尚任国立英士大学代理校长。周尚（1902—?），字君尚，江苏昆山人，美国密歇根大学教育学硕士，曾任国民政府教育部专员、香港大夏大学校长、国民政府侨务委员会侨民教育处处长、国立英士大学代理校长等职。

8月1日 原国立西南联合大学师范学院奉令独立设置，改名为国立昆明师范学院，查良钊任院长，设国文、英语、史地、数学、理化、博物、教育、体育8系。查良钊（1897—1982），字勉仲，浙江海宁人，美国哥伦比亚大学硕士，曾任国立北京师范大学教务长兼教育学教授、河南教育厅厅长、河南省立中山大学校长、国民政府教育部参事等职。

同日 教育部派方永蒸筹备国立长白师范学院，并指定接收伪满师道大学全部校产，12月25日开学上课。方永蒸（1893—?），字蔚东，辽宁铁岭人，国立北京高等师范学校教育研究科毕业，曾入哥伦比亚大学进修，曾任国立北平师范大学教授、国立西北师范学院教授兼附属中学校长、国立长白师范学院院长等职。

同日 国立北平艺术专科学校正式复课，与中英文教基金董事会所办中国美术学院合作，接收第八分班，任命徐悲鸿为校长。

同日 山西省立川至医学专科学校成立，校址位于太原，杨永超任校长，设医学1科。杨永超（生卒年不详），字镇西，山东齐东人，国立同济大学医科毕业，曾任第二战区西医侍从室少将主任、山西省立川至医学专科学校校长等职。

8月13日 国民政府教育部举行年度第六次工作讨论会，朱家骅、顾树森、朱经农等14人参与，讨论"高等教育计划，对私立学校可补助经费；不必规定私立学校收费，但不得藉以盈利"。

8月15日 国民政府教育部通令各公私立专科以上学校："务须收录教育部分发的从青年军退役的升学转学学生"。

同日 位于河北邢台的北方大学医学院（以原晋冀鲁豫军区医科专门学

校为基础）正式上课，分本科、预科、速成班、军医科4班。

同日 东北医科大学在兴山市举行开学典礼。校长为王斌，学制2年，初有教授20多名，学生300多名；教学重点是外科，尤其是战争外科。王斌（1909—1992），四川兴文县人，外科专家、医学教育家，曾任中国工农红军卫生学校校长、中央军委卫生部副部长等职。

8月19日 东北大学由校长张学思、副校长张如心、白希清、舒群的名义公布招生简章。招生简章内容包括了办学宗旨、学校院系和各院研究室、修业期限、报名手续、招生名额、费用等。

8月21日 国立北平铁道管理学院第一批复员师生抵平。

同月 国立甘肃学院与国立西北医学院之兰州部分合组成为"国立兰州大学"，辛树帜任校长，设法学院、医学院和文理学院。

9月5日 旅大建国学院在大连成立，系中共旅大地委创办的干部短期培训学校，地委书记韩光兼任校长。1947年7月，学院停办。韩光（1902—2008），黑龙江齐齐哈尔人，曾任中共中央纪律检查委员会常务书记、中共中央委员等职。

9月 哈尔滨大学成立，车向忱任校长，以"建设东北民主事业培养各种干部人才"为目标，设自然科学、社会科学、文艺3院，分预科和本科，预科2年，本科4年，3年后停办。车向忱（1898—1971），辽宁法库人，曾任哈尔滨大学校长、沈阳师范学院院长、沈阳体育学院院长等职。

同月 胡适回国就任国立北京大学校长，聘任汤用彤为文学院院长，饶毓泰为理学院院长，周炳琳为法学院院长，马文昭为医学院院长，俞大绂为农学院院长，马大猷为工学院院长，樊际昌为教务长，陈雪屏为训导长，郑天挺为秘书长，设33个学系、2个专修科及独立的文科研究所。汤用彤（1893—1964），字锡予，湖北黄梅人，美国哈佛大学硕士，曾任国立东南大学教授、私立南开大学教授、国立中央大学哲学院院长、国立北京大学文学院院长、中央研究院院士等。马文昭（1886—1965），河北保定人，曾跟从美国细胞学家考德里（E. V. Cowdry）和本斯利（R. R. Bensley）学习解剖学，曾任美国圣路易华盛顿大学细胞学科客座教授、国立北京大学医学院院长、北京医学院组织学胚胎学教研室主任、中国科学院学部委员等职。俞大绂（1901—1993），字叔佳，江苏南京人，美国依阿华州立大学哲学博士，曾任私立金陵大学教授、国立北京大学农学院院长、中央研究院院士、北京农业大学校长、中国科学院学部委员、北京农业大学校长等职。马大猷（1915—2012），广东汕头人，哈佛大学哲学博士，曾任国立北京大学工学院院长、中国科学院学部委员等职。陈雪屏（1901—1999），江苏宜兴人，曾入美国哥伦比亚大学心理研究所进修，曾任省立东北大学心理系主任、代理国民政府教育部部长、国立北京大学训导长、台湾大学心理学教授等职。郑天挺（1899—1981），原名庆甡，字毅生，福建长乐人，国立北京大学研究所国学门毕业，曾任国立西南联合大学教授和总务长、国立北京大学秘书长、中国史学会主席团执行主席、中华人民共和国国务院学位委员会历史组负责人、全国人大代表、中国民主促进会中央委员等职。

  同月 国立浙江大学复校完竣，浙东分校裁撤并入。

  同月 陶因被教育部任命为国立安徽大学校长，即聘汤璪真为教务长、桂丹华为训导长、胡子穆为总务长，设文、理、法、农4学院。10月初开始招生。汤璪真（1898—1951），湖南湘潭人，先后在柏林大学和哥廷根大学从事数学研究，曾任国立武汉大学教授、国立中山大学教授、国立广西大学教务长、国立安徽大学教务长和代理校长等职。

  同月 台湾省立台中农业专科学校更名为"台湾省立农学院"，周进三任院长，设农学、森林学、农业化学、农业经济学、植物病虫害学5系。

  同月 上海市立师范专科学校成立，董任坚任校长，1947年7月教育部核准备案，设教育、英文、国文、自然科学和社会科学5系。董任坚（生卒年不详），原名董时，浙江杭县人，美国康奈尔大学心理学硕士，曾任美国哥伦比亚大学讲师、私立南开大学教育科教授、国立东南大学教务部主任兼教育科教授、私立光华大学教务长、私立大夏大学教育学院教授、上海市立师范专科学校校长等职。

  同月 国民政府接收了在长春的"满洲建国大学""新京大同学院""新京医科大学""新京工业大学""新京法政大学""新京畜产兽医大学"等原满

洲国高校，合并组建"国立长春大学"，归教育部管辖，聘黄如今为校长，下设文、理、法、医、农、工 6 学院。

秋 各级学校的复员工作于秋后先后完成。迁移学校包括国立大学 20 所，独立学院 12 所，专科学校 10 所，省私立大学 14 所，独立学院 23 所，专科学校 24 所，合计 103 所。留设原地的专科以上学校 17 所。此外，战时停办战后恢复的专科以上学校 8 所，接受改设的专科以上学校 5 所。

10 月 1 日 国民政府行政院通过创办国立兽医学院提案，聘虞振镛、崔步瀛、史亨利、辛树帜、盛彤笙组织筹备委员会。崔步瀛（1888—1964），字在洲，河北滦县人，曾入日本东京帝国大学农学部兽医学大学院和日本陆军兽医学校学习，曾任北京农业大学畜牧系教授、陆军兽医学校教务主任和教务长、国立兽医学院筹备委员会委员等职。辛树帜（1894—1977），湖南临澧人，曾入英国伦敦大学、德国柏林大学学习，曾任国立中山大学教授兼生物系主任、国民政府教育部编审处处长、国立西北农林专科学校校长、国立兰州大学校长、中国科学院西北分院筹委会第一副主任、九三学社西安分社副主委暨宣传部部长等职。盛彤笙（1911—1987），湖南长沙人，德国柏林大学医学博士、德国汉诺威医学院兽医学博士，曾任国立中央大学畜牧兽医系教授、国立兽医学院院长、西北大区畜牧部副部长及西北财经委员会委员、中国科学院学部委员、西北畜牧兽医学院院长等职。

10 月 5 日 边区政府在东北解放区首府哈尔滨市创建东北行政学院，院长由东北行政委员会主席林枫兼任。林枫（1906—1977），原名郑永孝，黑龙江望奎人，曾任中共河北省委巡视员、中共中央驻北方代表、中共中央副秘书长、中共中央委员、全国人大常委会副委员长等职。

10 月 10 日 复员后的国立北京大学举行开学典礼。开学典礼在城南国会街北京大学第四院举行，共有学生 3,420 人。校长胡适发表讲话，回顾学校 48 年发展史，主张建设"新北大"。

同日 复员后的国立清华大学正式开学。共有学生 2,300 多人，设文、理、法、工、农 5 个学院 26 个学系，有中国文学、哲学、历史等 14 个研究所，校长为梅贻琦。

10月14日　原国立重庆商船专科学校在上海以前雷士德学校为临时校址复校开学，更名为国立吴淞商船专科学校，周均时任校长，设航海、轮机两科。

10月15日　台湾省立台南工业专科学校更名为"台湾省立工学院"，王石安任院长，本科设机械工程、电机工程、化学工程、电话工程、土木工程、建筑工程6学系。

10月17日　国民政府教育部通令全国各大学及独立学院："切实注意英文，其教材内容、教师选聘及教授方法等须切实改进，务使学生英文程度得以普遍提高"。

10月24日　国民政府教育部令国立河南大学校长田培林调任国民政府教育部，任教育部常务次长。

10月26日　私立大夏大学黔校复员师生由南京乘火车到达上海。28日，私立大夏大学复员圆满完成，是日学校在新建大礼堂举行复员后黔沪两校合并大会及秋季始业式。

同日　河北省立女子师范学院学院部复员开学，设国文、教育、家政、体育、音乐5系，仍由齐国樑任院长。

10月　东北行政学院在哈尔滨成立，以"培养行政干部，毕业后从事政权工作"为办学宗旨，设行政系、司法系、教育系。

同月　国民政府教育部公布《三十六年度各省市教育工作计划编制要点》，通知规定"登记恢复区失学失业青年，并辅导其入学及求业。"关于高等教育规定"各省省立专科以上学校应宽筹经费，充实设备，建立永久性校舍，工农医各科教学必须附设实验研究机构，增加教学效率。""专科以上学校应慎选师资，使用时应以本部审定合格者为原则。""整饬学风，加强训导动作。""根据实际需要对各专科以上学校所设科系切实调整，力求充实。对于毕业学生予以适当安置。"

同月　国立北京大学、国立清华大学、私立南开大学发表通告，公布北平、天津、上海、沈阳各考区招生名单。

同月　国民政府任命杨公达任国立英士大学校长。杨公达（1907—

1972），四川长寿人，曾入法国政治学院、巴黎大学学习，国立中央大学名誉法学博士，曾任国民政府教育部秘书、中国国民党中央党部秘书、国际联盟中国同志会总干事、《国际政治》主编、国立英士大学校长等职。

同月 国民政府教育部任命陈剑翛为国立广西大学校长。陈剑翛于1949年5月25日辞职。

同月 国立复旦大学在上海江湾旧址复员完成，合并抗战时期在沪设立的上海补习部。11月增设合作学系及生物学系之海洋组。

同月 国民政府教育部将"河北省立工业学院"改名为"河北省立工学院"。

11月5日 中国人民解放军华东军事政治大学在山东莒南县大店成立，该校由华中雪枫大学和原山东军区军事政治干部学校以及从广东北撤的东江纵队干部队合并而成，张云逸兼任校长。张云逸（1892—1974），广东文昌人，曾任新四军参谋长、新四军江北指挥部指挥员、新四军副军长兼第二师师长、抗日军政大学第八分校校长等职。

11月14日 国立北平铁道管理学院举行复员后首届开学典礼，校长为徐佩琨。

11月 晋察冀工业专门学校与晋察冀边区铁路学院合并，成立"晋察冀工业交通学院"，黎亮任院长，设置业务、机电工程、土木工程3系及预科。黎亮（1900—1981），原名锦炯，字殿庸，湖南湘潭人，曾任国立北京大学工学院土木系教授和系主任、中华人民共和国华北人民政府交通部副部长和铁道部设计院总工程师等职。

同月 国立葫芦岛商船专科学校成立。该校是国民政府接收伪满政府创办的国立高等船员养成所改组而成。

同月 国民政府教育部任姚从吾为国立河南大学校长。姚从吾（1894—1970），字占卿，河南襄城人，国立北京大学研究所国学门研究生，曾留学德国柏林大学，先后任波恩大学东方研究所讲师、柏林大学汉学研究所讲师、国立北京大学教授、国立西南联合大学史学系主任、国立河南大学校长、台湾大学历史系教授等职。

12月5日 山东大学第三期开学，预科分4个班，修业期限1年；本科有经济系和文教系，经济系下设农业、合作两个专科；文教系下设教育行政、文史、数理、艺术4科。

12月9日 国民政府教育部颁布的《修正师范学院规程第七、九、十、十一各条条文》，规定："师范学院修业年限五年期满考试及格并经教育部复核无异者，由院校授予学士学位"；"师范学院得设第二部招收大学其他学院性质相同学系毕业生，授以一年之专业训练，期满考试及格，经教育部复核无异者，由院校授予毕业证书"；"师范学院得设职业师资科，招收专科学校毕业生，授以一年之专业训练，期满考试及格，经教育部复核无异者，由院校授予毕业证书"；"师范学院得附设专修专科，招收高级中学或同等学校毕业生，予以三年制学科及专业训练，期满考试及格经教育部复核无异者，由院校授予毕业证书"。

同日 国民政府教育部公布《修正改进师范学院办法第六、九、十各条条文》，规定"前项学生在校修业年限为四年，但离校后须担任实习教师一年、于修毕全部规定科目、经考试合格并于实习一年期满、经证实教学成功者，给予学士学位，在实习教学期内支中等教员初级薪俸"；"独立师范学院之修业年限实习教学后，学位之授予均照本办法第六条之规定办理"；"师范学院第二部仍照原核定办法继续办理。但第二部学生修毕规定科目后，仍须担任实习教师一年，经证实教学成功者，由院校授予毕业证明书"。

12月16日 私立辅仁大学学生罢课，反对"古典法西斯封建统治"，反对学校迫缴煤费、强扣学分以及限制集会言论自由。

12月24日 北平发生美国士兵强奸中国女大学生沈崇事件。全国各大学的学生纷纷举行抗议美军暴行的游行。1个月内，北平、天津、上海、南京、开封、昆明、武汉、广州、杭州、苏州、台北等几十个大中城市有50多万学生举行抗议美军暴行的罢课和游行示威。

12月31日 国民政府教育部公布《大学研究所暂行组织规程》，规定："大学为提高学术研究得依大学组织法之规定设备各研究所"；"大学各研究所设主任一人，由有关学系主任兼任之，系内之教授、副教授、讲师、助教等均为研究所工作人员，不得另支薪津，亦不得因此减少教课钟点"；"各研究所之研究生，以公立及已立案之私立大学或独立学院毕业生经公开考试录取者为限，并不得限于本校毕业生，国外大学本系毕业亦得应前项考试"。

12月 哈尔滨外国语专门学校在哈尔滨成立，目的是为了培养俄文翻译人才和俄文师资人才，学校师资全部是苏联人。

1947年（民国三十六年　丁亥年）

1月8日　美国特使马歇尔离任回国，宣布调停失败。

2月27日　国民政府令中共驻南京、上海等地代表和工作人员撤走，国共谈判破裂。

3月1日　蒋介石兼任国民政府行政院院长。

3月5日　中共军队改称"中国人民解放军"。

3月13日　国民党军34个旅向陕甘宁解放区发动进攻。

4月18日　国民政府改组：主席蒋介石、副主席孙科、行政院院长张群、立法院院长孙科、司法院院长居正、监察院院长于右任、考试院院长戴传贤。

5月15日　新华社香港分社正式成立。

7月22日　美国政府特使魏德迈率团来华，寻求解决国民党政治经济危机办法。

10月10日　中国人民解放军总部发表《中国人民解放军宣言》。

10月27日　国民政府宣布中国民主同盟为"非法团体"。

12月9日　南京国民政府宣布发行关金券1,000元、3,500元、4,450元三种新大钞。

1月8日　国民政府教育部公布《留日学生召回办法》，规定"应行召回之留学生由日返国之交通工具由教育部统筹之；其无法自筹川资者，得申请教育部予以补助。""应行召回之留日学生在未返国前因汇兑不通或津贴不足所需之生活经费，经查属实者，依照实在情形按月核给救济费。"同日，教育部公布《抗战期间留日学生甄别办法》。

1月21日 东北区教育复员辅导委员会受国民政府教育部指令，将伪满洲国34所专科以上学校分别列入大学和专科学校。列入大学者有：建国大学、哈尔滨农业大学、盛京医科大学等20校，列入专科学校者有：奉天学院、张家口中央医学院、大连法政学院等14校。

1月31日 国民政府教育部公布《专科以上学校训育委员会组织规程》，规定："专科以上学校为增进训导效率，设置训育委员会"。训育委员会之职掌如下："部颁训育法令实施办法之订定；学校训导计划之决定；学校操行成绩之评定；学生团体活动之指导；学生风纪之整饬；训导处工作之协助与指导。"

1月 冀东行政公署，要求各地按时完成冀东建国学院第三次招生的选送任务。并特别提出，必须注重学员的政治质量。

同月 国民政府教育部公布《后方各省立专科以上学校优待收复区及光复区籍教员暂行办法》，规定在后方各省（专指川、康、滇、黔、甘、新等六省）国立专科以上学校服务之收复区及光复区籍教员予以优待，主要是每年得往返一次补助旅费，校舍优先配给，以及学校图书仪器设备尽量供给教员研究学术之一切便利。

2月1日 湖南省立农业专科学校、湖南省立工业专科学校、湖南省立商业专科学校合并组建"湖南省立克强学院"，曾约农为首任院长，继任者有廖训架、程潜（兼）、汪士楷等，设有农艺、森林、农业经济、建筑工程、矿冶工程、化学工程、水利工程、会计统计8个系。曾约农（1893—1986），湖南湘乡人，第一届庚子赔款留英学生，曾创办艺芳女校，后受聘为台湾大学教授和东海大学校长。

2月5日 国民政府教育部公布中等以上学校开办费及每年经费最低数额表。其中规定：文学院或文科开办费为4亿元，每年经费最低为3.2亿元；理学院或理科开办费为8亿元，每年经费最低为6千万元。

2月14日 国民政府教育部公布《国立学校及学术机关聘用外籍人员规程》7条。《规程》规定："聘请外籍人员分为讲座、教授及研究员、教员及研究人员、兼职人员四种"，并规定了报酬及路费额度。

2月22日 胡适致信王世杰，谢绝当局请其出任国府委员兼考试院院长的动议，表示"我愿意做五年或十年的北大校长"。

2月25日 私立大夏大学召开复员后第一次校董事会，董事长孙科主持，到会董事有：孔祥熙、刘攻芸、欧元怀、王祉伟、周诒春、赵晋卿、钱新之、黄绍雄、王志莘、鲁继曾、吴浩然、邵家麟、罗四维等，会议通过"恢复教育学院、大夏中学、续办法、商学院第二院、筹建女生宿舍及发动募捐"等决议。

2月 国民政府教育部公布《印行国定本教科书暂行办法》，从版面、装订、纸质、字体、插图等方面规定了教科书的最低标准，还规定"公私印刷机关照本办法印行国定本教科书，应先将样本一二份呈送教育部审核，发给执照后，方可印行。"

同月 国立兽医学院成立，盛彤笙为院长，院址位于兰州小西湖，设解剖、生物化学、生理药理、细菌卫生、病理寄生虫、诊疗、畜牧7科。

同月 国立中正大学校长萧蘧因病4次提出辞职；适值教育部督学吴兆棠莅赣视察，遂命吴兆棠督学暂代校务。6月1日吴督学到校办公。

3月2日 陶行知于1946年1月15日在重庆创办社会大学被国民政府当局查封。

3月6日 晋察冀军区电讯工程专科学校在河北省阜平县成立，校长为曾涌泉，学制为两年半（无寒暑假），该校最早是1937年由晋察冀军区司令员聂荣臻在晋察冀军区举办的无线电训练班，后并入华北军区电讯工程专科学校。曾涌泉（1902—1996），四川新都人，曾任华北军事政治大学副校长、中央军委编译局局长兼延安俄文学校校长等职。

3月11日 国民政府教育部公布《南洋学生奖学金办法》10条，规定该奖学金设于国立中央大学、国立中山大学、国立北京大学、国立清华大学及国立暨南大学，每届共计50名，并规定了申请条件、奖金额度、考核审核等。

3月13日 国民政府公布《修正国立中央研究院组织法》。其中规定：

"国立中央研究院设院长一人，院士若干人"，设数学、天文、化学、地质等23个研究所，"并于必要时，得依评议会决议增设其他研究所或研究室"。

3月27日 国民政府教育部公布《专科以上学校学生学籍规则》11章59条。这个《规则》是对1941年11月29日公布的学生学籍规则的修正和补充。其中第一章第三条规定："专科以上学校新生、转学生入学注册时，应呈缴保证书。保证人员须具有正当职业，并负学生在校期间之一切责任。"

3月 湖南省立音乐专科学校筹设呈准教育部备案，9月15日开学，设师范专修科和音乐专科，校长为胡然，校址位于长沙。

4月24日 华侨教育会港九分会呈请国民政府教育部颁发"侨港高中毕业生升大学办法"，办法规定"凡在中等学校毕业之侨生，经侨务委员会或国内外重要华侨团体，或外使领保送者，得由教育部颁发各专科以上学校肄业，名额由保送机关与教育部商定，甄审从宽。"

4月28日 国民政府教育部公布《国外留学规则》15条。主要内容有："凡赴国外研究专门学术或实习技术科学者均为国外留学生，分公费留学生和自费留学生两种"；"国外留学生在出国前均应经教育部考试及格"；"凡经教育部指定医院检验体格合格，并具下列资格之一者得应国外留学考试"："公立或已立案私立大学或独立学院毕业得有证书者"；"公立或已立案私立大学或独立学院之专修科或公立、已立案私立专科学校毕业并曾任与所习学科有关之职务2年以上有证明文件者"；"高等考试及格者"。国外留学考试科目有：普通科目、国文、本国史地、留学国文字或英文。国外留学或实习期限，公费留学生定为2年，必要时得呈准延长1年，自费生最多不得超过4年。公费生非经呈奉教育部核准不得变更其研究科目及留学国别，违者取消公费。

4月 国民政府教育部公布《华侨学生优待办法》6条，本办法为便利华侨学生升入国内专科以上学校而制定，规定"凡籍隶本国、侨居国外，在国外中等学校毕业之学生，经侨务委员会、国内外重要华侨团体，或我国驻外使馆保送者，得由教育部分发专科以上学校肄业。各校对于教育部分发之华侨学生，应从宽甄试，成绩及格者作为正式生，不及格者作为特别生。""各校对于华侨学生，应指定人员负责协助指导，注意其生活状况及学业，于学期末列表呈报教育部备查。"

同月 国民政府教育部公布《外国留学生优待办法》6条，指明本办法为便利外国留学生出入我国专科以上学校肄业，规定"外国留学生经我国驻外使领馆及其他国外国际文化合作机关保送者，得由教育部分发专科以上肄业"；"各校对于教育部分发之外国留学生，应从宽甄试，成绩及格者作为正式生，不及格者作为特别生。各校应指定人员负责协助指导，注意其生活状况及学业，于学业完毕时列表呈报教育部备查。"

同月 山东省立师范专科学校在济南成立，孙维狱为校长，设国文科、史地科、数学科、理化科、英文科及先修班。

同月 国民政府任命周尚为国立英士大学校长。

5月10日 国民政府教育部通令各专科以上学校："1947年各校毕业总考仍照章举行。如各校复员未久，办理困难，得依实际情形斟酌办理"。

5月17日 国立清华大学学生自治会成立"反饥饿反内战罢课委员会"，宣布自即日起罢课3天，并发表罢课宣言。国立北京大学发表宣言，罢课3天。宣言呼吁：立即停止内战；组织民主的联合政府；保障自由；提高教育界待遇，全国学生普遍享有公费。

同日 北平各大学及国立北洋大学、国立南开大学、国立唐山交通大学的学生代表在国立北京大学三院召开联席会议，决定成立华北学生反饥饿、反内战联合会。

5月20日 南京、上海、苏州、杭州地区16所专科以上学校6,000余人，在南京举行挽救教育危机联合示威大游行，向政府请愿，提出反内战、提高教育经费、增加伙食费等要求，遭到军警、特务镇压，酿成南京"五·二〇"惨案。

5月23日 私立大夏大学学生发动签名活动，请求国民政府教育部准予私立大夏大学改为国立，后派学生代表赴南京向教育部请愿。

5月28日 国立北京大学、国立清华大学、私立燕京大学、国立南开大学、国立北洋大学等8校580余名教授发表对时局宣言，主张依照政协路线成立民主联合政府。

5月29日　国立北京大学、国立清华大学两校教授102人发表《为反内战运动告学生及政府书》，赞扬学生"情绪热诚、精神勇敢、行动严整而有规律""动机天真纯正""值得予以同情"，要求"政府当局则应深切醒悟""切实制止一切类此的暴行"。

6月6日　国民政府教育部训令公私立专科以上学校："三十六年度可招收师范学校毕业生（服务已满三年）及职业学校毕业生入学"。

6月18日　国民政府任命汤吉禾为国立英士大学代理校长。汤吉禾（1902—?），江西九江人，美国密苏里大学新闻学硕士、哥伦比亚大学法学硕士、哈佛大学博士，曾任波士顿大学中国文化历史讲师、国民政府军事委员会政治训练班上校教授、国立中央大学政治系教授、私立齐鲁大学校长、国立英士大学校长等职。

6月19日　国民政府教育部发出通令："1947年1月颁布的《宪法》，应分别于中等以上学校之'公民'或其他社会科学中予以教学。"

6月22日　辽宁建国学院创办，院长为邹鲁风。该校先后开设两期学习班。邹鲁风（1910—1959），辽宁辽阳人，曾任东北人民政府教育部副部长、中国人民大学党委副书记和副校长、北京大学副校长等职。

6月　国立北平师范学院成立学生自治会。

同月　私立新中国法商学院在上海创办，卢锡荣为该校创始人兼院长。卢锡荣（1895—1958），云南陆良人，美国哥伦比亚大学政法学专业毕业，曾任云南省教育司参事、东陆大学副校长、云南省教育厅厅长等职。

同月　山东省立农学院成立，1948年呈准教育部备案，阎若珉为院长，设有农艺、园艺、森林3学科。阎若珉（1907—1989），又名阎玫玉，山东青州人，法国巴黎大学博士，曾任国立暨南大学农科教授、国立四川大学植物病虫害系教授、山东省立农学院院长等职。

同月　国立东北大学校长臧启芳请假6个月。国民政府教育部任命刘树勋为国立东北大学代理校长。

7月3日　国民政府教育部训令各公私立专科以上学校："1947年招收新生，应切实估量师资设备情形订定招生名额，录取标准尽量提高，录取新生总数以不超过本届毕业生为原则,以免增加教室与宿舍等之困难"。

7月8日 华中建设大学在海阳县盘石店村举行开学典礼。校长李亚农。李亚农(1906—1962),曾任私立中法大学教授、山东华东研究院院长、中华人民共和国上海市文物管理委员会主任委员和高等教育处副处长等职。

7月10日 国民政府教育部颁发《国立中等以上学校及省立专科以上学校学生公费给予办法》12条。其中规定:"自三十六年度起各校所招师范生、保育生、青年军复员学生、边疆学生、革命及抗战功勋子女、就学荣誉军人一律给予全公费,不受名额限制";"公费生免缴学膳宿费全数";"凡享受公费待遇之学生在修业期间,其学业或操行成绩有一项不及格者,应停止其公费"。

7月11日 国民政府教育部颁发《国立专科以上学校暨省立专科以上学校学生奖学金办法》13条。其中规定:"自本学年度起,各校所招新生,除享受公费者,另设奖学金名额,享受奖学金的学生免缴学膳宿费全数";"凡接受奖学金之学生,每年考试总平均成绩不满七十分者应取消其奖学金"。

7月24日 国民政府教育部学术审议委员会于教育部会议室举行第三届第二次常务委员会会议,杭立武、吴有训、陈大齐、茅以升出席,列席人员有周鸿经、吴正华、李德毅、陈东原、徐忠恩、黄向歧、赵善继等;会议讨论了1945—1946年度学术奖励办理情形,共受理报奖72件,完成初审23件,以备提交本年度大会决选;还研讨了"关于专科以上学校教员资格审查事项"和"关于硕士论文之审查事项",共计审查教员资格26批,核定教授30人,副教授34人,讲师38人,助教114人;还议决通过:"(一)第一届部聘教授杨树达等二十九员续聘五年;(二)议决徐悲鸿委员提请学术奖励内美术作品可分区办理作品照片;(三)讨论教员资格送审专注标准,规定中小学教科书、通俗读物、演讲集、与他人合作之著作而申请人仅为其助理者均不得列为送审教员资格之著作;(四)讨论议决东北、台湾两区送审资格教员专科以上学校毕业学校资格;(五)审查硕士学位候选人论文,议决通过程天赋等十八名硕士论文审查合格;武源澄、尤钟骥二人硕士论文需复审;王广林、佘铭焕二人硕士论文审查不合规定"。

7月 国民政府国防部规定："本月起，大中学生接受军训。大学毕业生受训半年，作为中尉预备军官任用。"

同月 广州市立艺术专科学校创办，校址初设在越秀山镇海楼，后迁海珠北路，高剑父为校长。设中国画科、西画科、雕塑科、师范科和音乐科。高剑父（1879—1951），广东广州人，曾任国立中山大学国画教授、南京中央大学艺术系教授等职。

8月1日 国立北京大学正式接收北洋大学北平部，即日改称"国立北京大学工学院"。

8月7日 内蒙古军事政治大学成立。乌兰夫任校长兼政治委员。下设两个院，先后开办5期，共培养1,400多名蒙古族干部。

8月8日 北平助学委员会总会在国立北京大学成立。助学运动之宗旨为："基于同学互相友爱之精神，以集体力量协助清寒同学解决经济问题"。方法是向社会募捐，举行义卖、义演等。

8月18日 晋察冀军区做出决定："各地卫生学校合并于白求恩医科大学。"

8月 国民政府教育部令："将三年制师范专科学校及专修科，一律改为二年制，修业二年，实习一年。五年制师范专科学校及专修科，修业五年，另加实习一年。"

同月 钟世铭任国立北洋大学代理校长。钟世铭（1879—1965），字蕙生，河北天津人，美国哈佛大学硕士，曾任直隶高等工业学校教务主任、北京政府财政次长兼盐务署长、代理财政总长、国立北洋大学代理校长等职。

同月 国立康定师范学校更名为"国立康定师范专科学校"，派方兴成为校长负责筹备，设2年制国文科、史地科、数学科、理化科和体育科以及5年制文史科。

同月 国民政府任命交通部技监程孝刚兼任国立交通大学校长。程孝刚（1892—1977），字叔时，江西宜黄人，曾任广东兵工厂工程师、国民政府交通部技正、国立上海交通大学秘书长、国立交通大学校长等职。

9月10日 私立大夏大学教育学院正式恢复，黄敬思为院长，陶愚川为教育学系主任，曾作忠为社会教育系主任，张耀翔为教育心理系主任。黄敬思（1897—1982），安徽芜湖人，美国哥伦比亚大学哲学博士，曾任私立大夏大学师范专修科主任兼教育行政系主任、教育学院院长、国立劳动大学社会科学院教授等职。陶愚川（1912—1998），浙江绍兴人，美国密歇根大学教育学硕士，曾任国立中山大学教授、私立大夏大学教授、教育主任、曲阜师范大学教授等职。

9月18日 胡适在《大公报》发表《争取学术独立的十年计划》，建议政府拨专款在十年内分两批建设十所"第一流的大学"，引发文教界热议。

9月 工业交通学院改为"晋察冀边区工业学校"，王甲纲任校长。王甲纲（1916—1991），云南曲靖人，国立中山大学理学院数学天文系毕业，曾任延安自然科学院农业系党支部书记、中央人民政府邮电部人事司司长和干部司司长、成都电讯工程学院院长和党委副书记等职。

同月 安徽省立工业专科学校在安徽省蚌埠市创立，前身是安徽省立高级工业职业学校。学校"以教授应用科学、养成技术人才为宗旨"，设土木工程、机械工程、电机工程3科。

同月 国民政府教育部任命丁文渊为国立同济大学校长。此为丁文渊第二次任该职。

同月 国民政府教育部任命顾毓琇为国立政治大学校长。1949年4月，顾毓琇辞校长职。

秋 私立中国纺织染工程学院改称"中国纺织学院"，院长荣鸿元。设专科纺、织各1班，本科纺织系两个班。荣鸿元（1906—1990），名溥仁，江苏无锡人，国立交通大学毕业，曾任上海申新第二纺织厂副厂长和厂长、申新纺织总公司总经理等职。

10月26日 国立浙江大学学生自治会主席于子三等4人被警察逮捕。29日于子三被秘密杀害。北平、天津、南京等地大中学校学生举行总罢课。

10月27日 私立江南大学在江苏省无锡市举行开学典礼。董事会聘章渊若为校长，同时成立校政委员会。章渊若（1904—1996），字哲公，号力生，江苏无锡人，曾入巴黎大学学习法政，曾任国立北京大学教授、国立中央大学教授、国立劳动大学社会科学院院长、私立江南大学校长等职。

10 月 29 日　私立成华大学发生"请改国立"学潮。

10 月　刘仙洲再任国立北洋大学校长，但未到职。

11 月 14 日　国民政府教育部通令："各公私立专科以上学校、各中等学校，在历史、伦理、公民等课内兼授联合国教材或特设一科专门讲述联合国"。

11 月 15 日　国民政府教育部任命陆志鸿为国立台湾大学校长。陆志鸿于 1948 年 4 月 29 日辞校长职。陆志鸿（1897—1973），字筱海，浙江嘉兴人，日本东京帝国大学工学士，曾任国立中央大学工学院土木工程科教授、国立台湾大学校长等职。

11 月 24 日　江海公学和苏北公学在南京合并成立华中公学，俞铭璜为校长。俞铭璜（1916—1963），江苏如皋人，文艺理论家，曾任"春泥社"社长、《春泥》主编、中共苏中区党委宣传部部长、中共华中工委宣传部副部长、中共江苏省委宣传部部长、中共华东局宣传部副部长等职。

12 月 17 日　国民政府教育部公布《教育部分区指定师范学院设置国语专修科及各省市选送学生办法》15 条，规定"设国语专修科的宗旨在于统一全国语言，推行标准读音，普及注音识字，迅速扫除文盲"。

12 月 20 日　国民政府教育部任命林一民为国立中正大学校长。林一民（1897—1982），江西上饶人，美国尼卡拉斯加大学硕士学位，曾任私立大同大学教授、省立河南大学教授兼化学系主任、私立复旦大学化学系主任、国立北洋大学教授、国立浙江大学教授兼教务主任、国立中正大学校长。

12 月 26 日　国民政府教育部公布《修正中等以上学校学生自治会规则》18 条。《规则》规定："学生自治会为学生在校内之课外活动组织，不得参加各种团体活动或校际联合组织"；"学生自治会应由学校校长及主管训导人员负责指导监督，各种会议及活动应由学校分别选派教职员担任指导"；"学生自治会之决议，以在规定之任务范围内为限，不得干涉学校行政"；"有违反上述情形者，学校得撤销之"。

12 月 28 日　国立清华大学、国立北京大学、私立燕京大学、国立南开大学等平津八校学生自治会发表联合声明,"要求教育部取消《修正中等以上学校学生自治会规则》",呼吁"共同起来争取自治权利,粉碎一切奴化青年的意图,为保存学府,保卫人权而奋斗。"

12月 国立东北大学校长臧启芳辞职。国民政府教育部任代理校长刘树勋为校长。

同年 国民政府教育部颁布《三十六年度中央公教人员久任奖金给予办法》7条。规定"公教人员以现任中央机关公务员及国立专科以上学校教职员且其现职经铨叙部或教育部审定登记有案者";"凡连续服务十年以上者,给予一个月俸禄额之一次奖金。"

同年 国民政府教育部举行"关于改进大学教育要点建议"座谈会,形成《大学教育改进要点之建议》12条,分别为:"(一)大学校长为对外代表,应以领导学术为主要任务;(二)大学设副校长一人,由校长聘任,副校长应协助校长处理校内经常事务;(三)现有总务长、教务长、训导长一律取消,改设总办公厅,内分文书、教务、总务等组,组长毋须由教授兼任;(四)各学院院长之职权应提高,对于各学院学生选课、成绩考核、学业指导、设课、设系、研究计划等,由院长会同各系主任分别负责;(五)大学设训导委员会,负责厘订全校训导方针,处理全校训导重大事项,但指导学生思想与行为由各院系主任直接负责;(六)大学设教员聘任委员会,各级教员由各院系主任提名,经聘任委员会通过校长聘任(大学教员,不可将留学资格过分重视,应注重著作与学术上之成就);(七)大学应设置协助委员会,由校长聘请当地热心人士及校友组织之,辅助校务发展;(八)教授薪俸以五百元至八百元为标准,分九级;(九)本年内由政府特发巨款,充实各大学重要设备与图书;(十)教育文化总预算内应规定巨额研究费,以鼓励各大学教授研究工作;(十一)各大学应负责指导各中学之责任,应订定办法,使大学与中学取得密切联系;(十二)各大学招生标准应尽量提供,宁缺毋滥。"

同年 国立葫芦岛商船专科学校更名为"国立辽海商船专科学校",设航海和轮机2科。

1948 年（民国三十七年 戊子年）

2月6日 东北人民解放军占领辽阳。

4月22日 西北野战军收复延安。

4月30日 中共中央提出召开新政治协商会议，成立民主联合政府主张。

5月20日 蒋介石、李宗仁宣誓就任南京国民政府正、副总统。

7月19日 中央银行首发面额万元以上大钞4种：关金1万元、2.5万元、5万元、25万元。

8月1日至22日 第六次全国劳动大会在哈尔滨召开，决定恢复中华全国总工会。

8月19日 华北人民政府在石家庄宣告成立。

9月9日 香港《文汇报》创刊。

10月15日 山东军区部队攻克烟台市，除青岛外，山东全省解放。

10月22日 中原野战军占领郑州。

11月 中国人民解放军取得辽沈战役胜利。

12月26日 生活、读书、新知书店在香港合并，成立生活·读书·新知三联书店。

1月5日 国民政府教育部奉行政院令："暂行停止公费、自费留学考试及公费生出国进修和研究人员之派遣"。

1月12日 国民政府公布修正后的《大学法》33条，规定"大学以研究高深学术、养成专门人才为宗旨"；"国立大学由教育部设立，由省政府设立者为省立大学，由市政府设立者为市立大学，由私人设立者为私立大学"；"大学分文、理、法、医、农、工、商等学院，师范学院由国家单独设立，但国立大学得附设之，本法施行前已设立的教育学院，得继续办理"；"凡具备3学院以上者，始得称为大学，不合上述条件者称独立学院，得分两科"；"大学或独立学院各学系办理完善，成绩优良者，得设研究所"；"大学设校务会议、审议预算、学院学系研究所及附设机构之设立变更与废止、教务训导及总务上之重要事项、大学内部各种重要章则、校长交议及其他重要事项""以校长、教务长、训导长、总务长、各学院院长、各学系主任及教授代表组织之，校长为主席"；"教授代表之人数，不得超过前项其他人员之一倍，亦不得少于前项其他人员之总数"。还规定大学设行政会议、教务会议、院务会议、系务会议、处务会议等。

同日 国民政府公布《专科学校法》24条，规定专科学校以"教授应用科学、养成技术人才"为宗旨；"国立专科学校由教育部审察全国各地情形设立，由省、市政府设立者为省立或市立专科学校，由私人设立者为私立专科学校"；"专科学校得就一门类，分设若干科"。同时规定专科学校要设校务会议、教务会议、科务会议、处务会议，并规定了人员组成及管理权限。

1月29日 国立同济大学学生争民主反迫害，遭到军警镇压，伤70余人，逮捕学生200余人，造成震动全国的"同济血案"。

2月3日 国立北京大学、国立清华大学、私立辅仁大学等校6名学生被捕。国立北京大学、国立清华大学、私立燕京大学等5校学生组成"华北学生争取民主反迫害声援'同济血案'后援会"。呼吁全国学生"共同起来争取自治的权利"。

2月7日 国立清华大学、国立北京大学、国立北平师范学院、私立燕京大学、私立朝阳学院、国立南开大学、国立北洋大学学生共6,000多人在国立北京大学民主广场举行反迫害争民主大会。大会致函上海同济大学校长丁文渊，抗议1月29日"同济血案"暴行。与会学生做联防宣誓，一致要求释放被捕的北平学生。会后，在校内进行示威游行。

2月23日 国民政府教育部训令各省市教育厅局、公私立专科以上学校、国立中等学校："整顿校风，禁止学生聚众滋事"。

2月25日 国民政府教育部召开大学文、理、法、师范4学院课程会议。会议决定"减少各学院系必修科目及学分；各学院共同必修科目，除保留最基本的科目外，删去补习性质的科目；各学系必修课程亦应保留最基本的主要科目；学校得根据各校的师资设备和学生学习兴趣，自行开设选习课程；

四年之总学分由 132 学分减为 128 学分（师范学院及法学院法律系情形特殊另行规定），平均每学期以修行 16 分为原则；上述决定自 1949 年度第一年级起施行。"

3 月 27 日　胡适出席国民政府中央研究院评议会，当选为第一届人文组院士。

同日　国民政府教育部公布《修正专科以上学校学生学籍规则》，《规则》对专科以上学校处理学生学籍和学生休学、复学、退学、留级、转院、转系等事宜，以及呈报学生成绩、毕业手续等作了规定。删除了适应抗战时期的各项规定。

3 月 28 日　华北学联在国立北京大学民主广场组织平津同学万人营火晚会，并成立由国立北京大学、国立清华大学、国立北平师范学院、私立中法大学、私立燕京大学、私立朝阳学院、河北省立工业学院、国立北洋大学和国立南开大学等 9 校学生组成的"华北院校自治会保卫自治权利联合会"。万余名学生发出了"同甘苦，共生存，一校有事，各校支援，一人被捕，全体入牢"的联防誓言。

3 月 29 日　国民党北平当局宣布华北学联为"伪组织"，并加以查禁。

同日　平、津、唐学生在国立北京大学民主广场举行黄花岗 72 烈士纪念大会，同时抗议北平当局查禁华北学联的命令。国立北京大学的许德珩、袁翰青、樊弘 3 位教授到会演讲，抨击国民党的腐败统治。许德珩（1890—1990），字楚生，江西德化人，法国里昂大学硕士，曾任九三学社中央主席、中华人民共和国全国政协副主席、全国人大常委会副委员长。袁翰青（1905—1994），江苏南通人，美国伊利诺大学哲学博士，曾任甘肃科学教育馆馆长、国立北京大学化工系主任兼任国立北京师范大学和私立辅仁大学教授、中国科学院学部委员等职。樊弘（1900—1988），号止平，四川江津人，曾赴英国剑桥大学进修，曾任《国民公报》编辑、国立北京大学经济学系主任、国立中央大学经济系教授、中央研究院社会科学研究所研究员、国立复旦大学经济学系主任、北京大学校务委员会委员、九三学社中央委员等职。

3 月　北平地下党学委通过华北学联，领导北平、天津各大学和一些中学开展了抢救教育危机运动。国立北京大学、国立清华大学、私立燕京大学、私立中法大学、国立师范学院、私立朝阳大学等校分别召开座谈会，揭露国民党政府摧残教育，使广大师生员工陷于贫困饥饿的事实。

同月 中央研究院院士召开年会选举确定了 81 名中央研究院的首届院士。其中人文组院士 28 人，数理组院士 28 人，生物组院士 25 人。

同月 国立厦门大学发生"文潮"，又称"壁上风波"，是指厦门大学青年会学生公社公告暂停学膳费补助引起壁刊发文批评训导处，学校训导处认为文章违反《言论公约》而予以处分。由此引起各级级会、学会在民主墙上张贴抗议文告，酝酿罢课抗议。

春 中共中央决定将华北联合大学和北方大学合并，成立"华北大学"。校址设在河北省正定县城，吴玉章任校长，范文澜、成仿吾任副校长，钱俊瑞任党委书记，学校实行校长负责制，下设 4 部 2 院：一部为政治训练班，对知识青年进行短期政治思想训练；二部为教育学院，培养中等学校师资和教育干部；三部为文艺学院，培养文艺干部；四部为研究部，从事研究和培养、提高大学师资；两院是工学院和农学院。

4 月 2 日 国立北京大学、国立清华大学、国立北平师范学院、私立中法大学、私立燕京大学、国立南开大学、国立北洋大学 7 校学生代表为反对查禁华北学联及逮捕学生，到北平行辕请愿，要求收回查禁华北学联的命令。请愿无结果。

4 月 3 日 国立北京大学、国立清华大学、私立燕京大学、私立中法大学、国立北平师范学院五校学生自治会代表举行联席会议，决定自即日起实行总罢课 3 天，并发表《罢课宣言》。下午，国立北京大学等校学生在国立北京大学民主广场召开反迫害、保卫学联大会。

4 月 5 日 国立北京大学、国立清华大学、国立南开大学、国立北洋大学等华北 7 大学发表《反饥饿反迫害罢课宣言》，"抗议政府当局非法查禁华北学联，迫害学生；要求提高教育经费，提高教职员工待遇，给予国立学校学生全面公费，补助私立大中学校经费，增设奖学金"。

同日 国立北京大学和国立清华大学的讲师助教联合会、职员会、工警联合会以及北平研究院助理研究人员联合会，联合发表《为争取合理待遇告社会人士书》，指出"我们的正当收入，已经为政府用通货膨胀的方式，征取了百分之九十以上，我们有权利要求政府保证我们的'不虞饥饿'的自由"。

4月9日 50余名暴徒和军警，冲入国立北平师范学院学生宿舍，打伤学生、捣毁办公室和图书馆，酿成"四·九血案"。

4月10日 国民政府教育部公布《学校教职员退休条例》。此《条例》较1944年公布的条例，可申请退休的年龄和年退休金比率有所提高。具体的规定包括：服务15年以上已满60岁和服务30年以上者，得申请退休，给予年退休金及一次退休金。服务5年以上未满15年、年龄已满60岁者，得申请退休，给予一次退休金。年龄已满65岁，或心神丧失、身体残疾、不能胜职者，应即退休，服务15年以上者给予年退休金及一次退休金，在15年以下者给予一次退休金。

4月11日 北平国民党当局在天安门前召开"北平市学生民众清共大会"。在特务的带领下，暴徒打伤6名过路的国立北京大学学生后并冲入4位国立北京大学教授住宅抢掠。下午，暴徒又冲击了国立北平师范学院，造成了"四·一一事件"。

4月12日 国立北京大学教授发表《北京大学全体教授罢教抗议暴行并呼吁保障教育安全宣言》。《宣言》宣布："从11日起罢教7天，对连日暴行之发生与高等教育之受摧残表示严重抗议，要求政府惩罚凶手，并严令地方当局保证以后不再有类似事件发生"。该校讲师、助教、研究生、学生为支援教授，一致罢教、罢研、罢课。国立清华大学、私立燕京大学的教职员也宣布罢教、罢职1天，以支援国立北京大学师生。

4月15日 设在东北解放区的吉林大学正式复校开学。该校系由长白师范学院和永吉大学先修班合并改组而成，分社会科学、自然科学、艺术3院，学生500余人。

4月21日 平、津、唐地区11所院校学生为抗议"四·九血案"，总罢课1天。

4月30日 国民政府教育部任命马师儒任国立西北大学校长。马师儒

(1888—1963)，字雅堂，德国柏林大学教育学博士、瑞士苏黎世大学哲学博士，曾任国立西北联合大学教授、国立西北大学教授和校长，以及陕西省参议会参议员、省政府委员等职。

4月 北平各高等院校、各研究院的教学研究人员和国立北京大学医学院附属医院的医生、护士等为要求调整待遇而举行罢教、罢研、罢工、罢职、罢诊，与学生的罢课汇聚一起，形成"六罢合一"的"四月风暴"。

同月 中国人民解放军东北军事政治大学迁至吉林，8月校址迁至齐齐哈尔。1949年7月南下，先后改称"华中军政大学"和"中南军政大学"。1951年以该校为基础，组建"武汉高级步兵学校"。

5月4日 豫陕鄂解放区军政大学正式开学，校长为陈赓。陈赓（1903—1961），原名陈庶康，湖南湘乡人，曾任解放军军事工程学院院长兼政治委员、解放军副总参谋长、国防科委副主任，国防部副部长等职。

同日 国立北京大学教职员工在民主广场举行五四运动29周年纪念大会，喊出"教授、职员、工友、学生是一家"的口号，并举办"五·四"史料展览。

同日 上海大中学生15,000余人在国立交通大学集会，举行纪念"五·四"营火晚会，宣布成立"上海市学生反对美国扶植日本抢救民族危机联合会"。南京大中学生也联合召开纪念"五·四"29周年大会。

5月8日 国民政府教育部公布《三十七年度公私立专科以上学校招生办法》19条。《办法》规定："三十七年专科以上学校可采用联合招生、单独招生、委托招生、成绩审查四种方式"；"笔试命题仍分三组"；"对艺术、音乐、体育系科，除参照文科酌定笔试科目外，加试专门科目及数科，尤其要注意考生的天才"。

5月26日 华中公学离开华中，转移到山东。

5月30日 华北学联在国立北京大学民主广场举行"五卅"纪念大会。会上成立"华北学生反对美国扶植日本，挽救民族危机联合会"。"联合会"发表了《致美国国务院抗议电》《致麦克阿瑟将军的抗议电》《致世界学联电》《致美国人民、美国各通讯社、各人民团体电》。

5月31日 国民政府教育部指令国立女子师范学院："凡师范学院毕业生应一律授予教育学学士学位"。

同日 东北行政委员会设立东北科学院，该院设有农林、理工、医学、教育等系及自然科学研究所。

5月 晋冀鲁豫军政大学和晋察冀军政干部学校合并成立"华北军政大学"。校址在石家庄，以叶剑英为校长兼政委。叶剑英（1897—1986），原名叶宜伟，字沧白，广东省梅县人，中华人民共和国十大元帅之一。

同月 晋察冀军区电讯工程专科学校、晋冀鲁豫军区通信学校等5个单位合并，更名为"华北军区电讯工程专科学校"，校址在河北省获鹿县。

同月 北方大学医学院迁至石家庄，7月与晋察冀军区白求恩医科大学合并，更名为"华北医科大学"。

同月 张含英任国立北洋大学校长。张含英（1900—2002），字华甫，山东菏泽人，美国伊利诺大学土木工程学士、康奈尔大学土木工程硕士，曾任国民政府黄河水利委员会委员长和总工程师、扬子江水利委员会委员、行政院水利委员会工务处处长、国立北洋大学校长等职。

6月3日 上海大中学生三万余人举行反美爱国大示威。

6月9日 国立北京大学等9所院校5,000多名学生，冲破"战乱时期不准游行"的禁令，举行反对美国扶植日本的突击游行。游行后，在国立北京大学民主广场举行华北学生反对美国扶植日本、挽救民族危机大会，通过了进一步开展反美扶日运动等5项决议。

6月11日 国立中央大学、私立金陵大学学生自治会发表联合声明，驳司徒雷登的声明。国立中山大学等校3,800余名学生发表联合声明，驳司徒雷登的声明。

6月12日 北平各大学校教授费孝通、吴晗等437人联合发表《为反对美国扶日致司徒雷登书》。

6月15日 国民政府教育部电各省市教育厅局、职业学校、专科以上学校："师范学校或职业学校毕业生须服务四年始可升学之规定暂缓实施"。

6月20日 私立大夏大学学生掀起改国立运动，"要求校方同意改私立大夏大学为国立大夏大学"。此后几天，2,000 余名学生罢课、罢考。校长欧元怀向董事会和董事长孙科汇报此情况，后经孙科与学生代表与教育部商议，但结果教育部不同意大夏大学改国立，这场国立运动以失败告终。

6月 庄长恭就任国立台湾大学校长。庄长恭（1894—1962），字丕可，福建泉州人，美国芝加哥大学化学博士，中国甾体化学的先驱者和有机微量分析的奠基人，中央研究院第一届院士，曾任中国科学院学部委员、中国科学院上海有机化学研究所第一任所长等职。

同月 南京政府教育部正式核准恢复私立大夏大学教育学院。

同月 南京政府教育部决定将国立河南大学全体师生从开封迁到苏州吴县。中共中央中原局决定以国立河南大学一批进步师生为基础在宝丰筹建中原大学；11月，将中原大学迁往开封河南大学校址办学。

同月 国民政府再次任命张云为国立中山大学校长，张未到职，由陈可忠代校长职。

同月 国民政府任命周鸿经为国立中央大学代理校长。周鸿经（1902—1957），字纶阁，江苏铜山人，国立东南大学算学系毕业、英国伦敦大学理科硕士，曾任国立中央大学师范学院数学系主任、理学院数学系主任、训导长、教务长、校长和国民政府教育部高等教育司司长等职。

同月 国民政府教育部任命何廉为国立南开大学代理校长。

同月 国民政府教育部任命杨亮功为国立安徽大学校长。

7月1日 中国人民解放军华北军政大学在石家庄召开开学典礼。叶剑英为校长兼政治委员。

7月3日 中共中央宣传部发布《关于处理新收复区大中学校的方针给东北局宣传部的指示》。《指示》指出，收复城市后"对原有大学、中学的方针，就是维持原校加以改良"。同时指出"改良的办法很多，但必须是必要的与可能的"。

7月4日 北平市参议会通过《来平学生救济办法》，决定"停发东北学生公费，并集中进行军事训练"。次日流亡北平的东北辽、吉两省的大、中学生数千人，抗议此议案。抗议活动遭当局镇压，酿成"七·五惨案"。

7月6日　东北科学院开学典礼在哈尔滨举行，林枫为院长，设有农林、理工、医学、教育等系及自然科学研究所。

7月30日　国民政府教育部在南京召开学术审议委员会常委会，通过授予专科以上学校教授、副教授、讲师、助教资格者400余人，硕士学位候选人36人。

7月31日　国民政府教育部电令："专科以上学校体育课程，每周两小时，不计学分，各年级学生均须修习；凡缺修体育，其已毕业者，应即报部备查，未毕业者应一律补修。否则，不予毕业"。

7月　白求恩医科大学和北方大学医学院合并为"华北医科大学"。殷希彭、钱信忠先后兼任校长，耿御桂任政委。

同月　中国人民解放军西北军事政治大学在山西临汾成立，贺龙为校长。贺龙（1896—1969），湖南桑植人，中国人民解放军的创始人和主要领导者之一，曾任中华人民共和国国务院副总理、中央军委副主席等职。

同月　国民政府任命王之卓任国立交通大学代理校长，代理校务。王之卓（1909—2002），河北丰润人，英国伦敦大学工程师、德国柏林工业大学特许工程师、工学博士，曾任四川北碚中国地理研究所大地测量组副研究员、国立同济大学教授、国立交通大学代理校长和校长、青岛工学院教务长、武汉测量制图学院副院长、中国科学院学部委员等职。

8月2日　国际大学会议在荷兰举行，32个国家的代表及观察员500余人出席。中国派陈源、谈家桢等为代表参加会议。会议决定：成立大学国际组织或协会；设立大学国际交换局。陈源（1896—1970），字通伯，笔名西滢，江苏无锡人，曾在爱丁堡大学和伦敦大学政治经济学专业学习，曾任国立北京大学外文系教授、国立武汉大学文学院院长、国民政府常驻巴黎联合国教科文组织代表等职。谈家桢（1909—2008），私立燕京大学研究院硕士、美国加州理工学院博士，曾任国立浙江大学生物系教授、美国哥伦比亚大学客座教授和院系调整后的复旦大学生物系主任、遗传所所长、副校长等职。

同日　中原大学在河南省宝丰县建立，范文澜为首任校长，后因病和另有重任，未能到校视事。

8月24日 华北大学举行开学典礼，吴玉章任校长。

8月 辽南建国学院更名为"辽宁学院"，苏庄任院长，蔡天心任教育长，将原来的政干班、师范班扩大为农林系、水产系、教育系和行政系。苏庄（1906—1993），河北满城人，曾在陕北公学、抗日军政大学、马列学院学习，曾任辽宁省教育厅厅长、辽宁学院院长、交通大学副校长、天津大学党委书记兼副校长等职。蔡天心（1915—1983），辽宁沈阳人，国立四川大学中文系毕业，曾任延安中央研究院文艺理论研究员、中共辽西地委宣传部副部长、吉林大学教授、辽宁学院院长等职。

同月 华东专科交通学校在山东益都成立，校长为于眉。于眉（1914—1980），原名于经海，山东蓬莱人，曾入国立北京大学教育系、马列学院、中央党校学习，曾任华东军区政治部秘书主任、华东军区运输司令部党委常委、上海军管会财经接管委员会委员兼军管会航务处处长、上海招商局军代表、华东航务局局长等职。

同月 华东工商干部学校在山东潍坊市成立，校长李继祥。李继祥（1920—2017），山东枣庄人，曾任鲁中区行政公署工商局局长、安徽省政协副主席和安徽省商业厅厅长、财办副主任、党组第一副书记等职。

同月 华东工矿部博山工业学校在博山成立，校长程望。程望（1916—1991），原名黄铭光，广东台山人，国立同济大学肄业，曾任华东军政委员会工业部副部长和第一、第三机械工业部船舶工业局副局长、煤炭部机械制造局副局长、中华人民共和国国务院造船统筹办公室副主任、交通部水运工业局副局长。

同月 西北财经学校在陕甘宁边区成立，校长为贾拓夫。贾拓夫（1912—1967），字孝先，原名贾耀祖，陕西神木人，曾任中华人民共和国中央人民政府计划委员会副主席、中央财经委员会副主任、国务院第四办公室主任兼轻工业部部长、国家经济委员会副主任、国家计划委员会副主任等职。

同月 国立同济大学细菌研究所登报招收研究生。

9月4日 华东大学在山东省潍坊特别市举行开学典礼。校长由韦悫担任，初设政治经济、文学艺术、教育3个研究班和两个预科班。

9月5日 胶东建设学校成立，该校由胶东建国学校与胶东区党委党校合并而成，校长由区党委宣传部部长薛尚实兼任。薛尚实（1903—1977），原名梁华昌，广东梅县人，私立上海大学毕业，曾任中共广东省委组织部部长、中共福建省委组织部部长、中共浙江省委组织部部长、中共中央东南分局宣传部部长兼党校校长、上海同济大学党委书记兼校长等职。

9月18日 华东邮电学校在山东益都（青州）开学，建国后改名为"南京邮电大学"。

9月28日 国民政府教育部在南京召开部分大学校长座谈会。顾毓琇、陈裕光、胡适、章益、熊庆来等人到会。会议讨论了国立大学经费、教授资格审查、学生学籍、专科以上学校训导、学制等事项。

9月30日 国民政府教育部教育研究委员会程时煃、程其保拟定《教育研究委员会工作纲要》，规定研究会职责为召集专家举办座谈会讨论教育重要问题、编印教育丛刊及年刊、与国外教育学术机关交流、搜集教育专题从事研究、参与有关教育研究会议等。

9月 华北军区卫生部制定了《关于医科大学教育与干部轮训规划（草案）》。《规划（草案）》指出："学校教育以军医训练为主，另外再培养一小部分普通医生，补充机关学校。"为了适应战争急需，草案规定："原四年制与六个月制维持现状，不再招收新生，二年制缩短半年。今后新生改为一年半制。"

同月 胡适被选为北平研究院学术会议会员。

10月1日 东北大学正式开学。校长为张如心，设两部，第一部设文艺系、社会科学系、自然科学系，第二部设两班，进行短期政治教育，另设预科3班。张如心（1908—1976），广东梅州人，早年赴苏联莫斯科中山大学学习，曾任东北大学党委书记、东北大学校长兼党组书记、东北师范大学校长等职。

10月4日 国民政府任命何廉为国立南开大学校长。

10月9日 中华自然科学社、中国遗传学会、中国科学社、中国天文学会、新中国数学会、中国物理学会、中国地球物理学会等10个科学团体联合年会在南京举行。

10月12日 原河北工业学院在抗日战争时期停办，今日复校开课，改名为"河北省立工业学院"，设电机、机械、化学、纺织染、市政水利等系。

10月25日 国立北京大学82位教授发表《停教宣言》。《宣言》称："政府对于我们的生活如此忽视，我们不能不决定自即日（25日）起，忍痛停教三日，进行借贷，来维持家人目前的生活"。同日，致函胡适，"要求学校在一周内借支薪津二月，以免冻馁"。

同日 国立清华大学讲师、教员、助教联合会发表《停教宣言》，决定"自10月26日起忍痛停教五日来争取生存的权利"。

10月27日 中国协和医学院正式开学，李宗恩任院长。

10月 晋察冀工业学校与北方大学工学院合并，改名为"华北大学工学院"，刘再生任院长，恽子强任代院长。

同月 国民政府任命陈可忠为国立中山大学校长。

同月 国民政府任命王之卓为国立交通大学校长。

11月8日 马列学院在河北平山县正式开学。院长为刘少奇，副院长为陈伯达。

11月22日 国民政府教育部在南京举行独立学院及专科学校校长会议。教育部部长朱家骅要求教育界同仁"协力以赴，拥护国策，坚守岗位"。

11月24日 国民政府教育部派督学黄鲁樾来北平，与国立北京大学、国立清华大学等国立大学校长交换迁校意见。国立北京大学、国立清华大学校长均表示"决不迁校"。其他院校也照常上课。

11月 华北大学由潍坊迁到济南，3个临时研究班到济南后改为社会科学、文学、教育3个学院。

12月11日 国民政府教育部任命杨钟健为国立西北大学校长。杨钟健（1897—1979），字克强，陕西华县人，德国慕尼黑大学考古学博士，曾任中央地质调查所北平分所所长、中国地质学会理事长、国立重庆大学教授、国立北京大学教授、中央研究院院士、国立西北大学校长、中国科学院编译局局长等职。

12 月 15 日　国立北京大学校长胡适乘专机离开北平，校务委托汤用彤、郑天挺代理。

12 月 17 日　国立北京大学举行建校 50 周年庆典。

12 月 25 日　国民政府教育部修正公布《师范学院规程》。《规程》分为 6 章 36 条，分别是总纲、组织及课程、训导、学生待遇及服务、考试及成绩、附则。《规程》规定："师范学院单独设立，或于大学中设立之。"

12 月　国民政府任命梅贻琦为教育部部长。梅贻琦未就职，政务次长陈雪屏代理部务。

同月　国立清华大学校长梅贻琦离职。

同月　中原大学随中共中央中原局及中原军区迁至开封。所设课程有"社会科学观""辩证唯物主义""中国现代革命史"等。

同月　为接受京、沪、杭等大城市的大中学生，华中公学改组建立"华中大学"，以"提高政治文化水平，初步确立革命的人生观"为教育方针。

同月　国民政府教育部颁发大学文、理、法、医、农、工、商、师范八学院共同必修科目表及分系必修科目表，并定于 1949 学年度第一年级起施行。与前订科目表不同处有：注重基本训练，减少必修学分，集中科目，使各校得因人才及设备情形酌量伸缩；各院系共同必修科目国文及第一外国语，均列为 8 分，修习一年；所有学系未经呈准，不得分组，但两学系合并办理者得参照各该系之必修科目表分组教学；各院系共同必修科目应开设大教室，合班讲授，以求全校互相沟通。

同月　《第二次中国教育年鉴》由商务印书馆出版。《年鉴》内容分总述、教育行政、初等教育、中等教育、高等教育、学术文化、师范教育、职业教育、社会教育、边疆教育、侨民教育、体育卫生、军事及童训、战区教育、教育统计、杂录等 15 编，计 300 万言。《年鉴》取材于 1934 年出版之第一次年鉴相衔接，所用材料至 1947 年底为止。

同月　国民政府教育部派员到北平，讨论学校南迁问题。议定将长白师范学院迁至衡阳，东北大学迁至福建，长春大学迁至赣州，沈阳医学院迁至重庆。

同年 山东大学迁到渤海区,与华中建设大学合并组成"华东建设大学",彭康任校长。彭康(1901—1968),字子劼,江西上栗人,早年留学日本京都帝国大学,曾任华中党校副校长、华中建设大学校长、中共中央华东局宣传部部长、中共渤海区党委副书记、交通大学校长和党委书记等职。

同年 浙江省立医药专科学校在杭州复员,更名为"浙江省立医学院",陈宗堂任校长。

1949 年(民国三十八年 己丑年)

1月1日 毛泽东为新华社撰写的新年献词《将革命进行到底》。

1月14日 毛泽东发表《关于时局的声明》,提出在惩办战争罪犯、改编国民党军队、废除伪宪法和伪法统等八项条件的基础上,同国民党政府进行和谈。

1月31日 北平和平解放。

1月 中国人民解放军取得平津战役、淮海战役胜利。

3月5日 中国民主同盟总部由香港迁往北平。

3月23日 何应钦就任国民政府行政院院长。

3月25日 中共中央、中国人民解放军总部移到北平。

4月21日 毛泽东主席、朱德总司令发布向全国进军的命令。

6月 毛泽东发表《论人民民主专政》一文。

6月2日 阎锡山出任行政院院长并组阁,自兼国防部部长。

6月16日 《光明日报》在北京创刊。章伯钧任社长,胡愈之任总编辑。

8月28日 宋庆龄自上海抵达北平。

9月21日至30日 中国人民政治协商会议第一届全体会议通过《共同纲领》,决议定都北京,选举以毛泽东为主席的中华人民共和国中央人民政府委员会。

1月5日 上海各国立大学院校校长王之卓、夏坚白等人,因各校员生生活艰苦，经费支绌，联名电国民政府教育部辞职。夏坚白（1903—1977），江苏常熟人，德国柏林工科大学特许工程师、工学博士，曾任中央测量学校教授兼教育处处长、国立中央大学土木工程系教授、国立同济大学校长、中国科学院院士等职。

1月10日　中国共产党北平军事管制委员会正式接管清华大学。军管会文化接管委员会主任钱俊瑞宣布接管方针："今后清华大学应实行新民主主义的文化教育，取消过去教育中反对人民的东西，改革过去教育中脱离人民的东西；教育通盘改革是一个复杂的工作，必须逐步前进。对于现有的机构和制度，除立即取消训导制度和立即停止国民党员及三青团员的活动外，其他一律暂时照旧；学校经费由军管会负责供给，教职员一般采取原职原薪的办法，以后当实行量才录用与考级升降"。钱俊瑞（1908—1985），江苏无锡人，曾任新四军政治部宣传部部长、中华人民共和国教育部副部长，文化部副部长、中国科学院哲学社会科学部学部委员以及世界经济与政治研究所所长、全国政协常委等职。

1月20日　傅斯年就任台湾大学校长。

1月25日　冀中行署制定《冀中建国学院组织简章》。

1月27日　东北学生第一次代表大会在沈阳召开。参加大会的有沈阳、哈尔滨、长春3市及辽北、辽宁、松江等地15个代表团共有230人。会议总结了3年来东北学生运动，规定了东北学生运动的方针，选举产生了东北学生最高领导机关——东北学生联合会，选举出了参加全国学生代表会的东北学生代表。

1月　济宁建国学校正式开学。分粮政，财政、实业、文教、新闻、卫生6科。该校的办学方针为团结教育改造新区知识青年，吸收其参加革命工作。

2月1日　中共中央华北局做出了《关于成立华北人民革命大学的决定》，任命刘澜涛为校长、胡锡奎为副校长。刘澜涛（1910—1997），又名刘华甫，陕西米脂人，早年参加五卅运动，建国后曾任中共第七届中央候补委员和第八届、第十一届中央委员。胡锡奎（1896—1970），湖北孝感人，曾负责编辑《北方红旗》《火线》等刊，曾任中共辽西省委书记、中共中央华北局党校副校长、华北人民革命大学副校长、中国人民大学副校长兼中共党委书记、中共中央西北局书记处书记等职。

2月7日 北平市军管会派钱俊瑞等代表接管国立北平师范学院。

同日 广州国立中山大学学生开展反迁校运动，呼吁全校员生抵抗南迁。

2月14日 冀东建国学院在唐山交通大学举行开学典礼。

2月15日 东北军管会文化接管委员会正式接管东北大学及先修班、长春大学、沈阳医学院、长白师范学院、辽宁师范专科学校、辽海商船专科学校、北宁助产学校、中正大学先修班和锦州大学先修班10所院校。

2月28日 北京市军管会正式接管国立北京大学。

3月1日 东北工人政治大学在沈阳正式开学，校长张维桢。张维桢（1901—1993），湖南华容人，工人运动领导人，曾任中共中央顾委委员，中华全国总工会书记处书记等职。

同日 私立光华大学本学期注册学生逾1,400人，清寒学生准予免费。朱经农辞私立光华大学校长职，由廖世承代理校长。

3月14日 北平市军管会文管会召开大学教育座谈会。马叙伦、范文澜等40人出席，会议在文管会主任钱俊瑞主持下，讨论了北平各国立大学的课程改革和院系调整、私立大学的废存与改进等问题。

3月 国民政府教育部任命邓传楷为国立英士大学校长。邓传楷（1912—1999），江苏江阴人，美国华盛顿大学政治经济系毕业，曾任国民政府驻西雅图随习领事、驻巴拿马公使馆随员、教育部苏浙巡回教练团主任、教育部上海师资训练所主任、国立英士大学校长等职。

春 私立中国公学董事决定在重庆复校。4月6日，私立中国公学正式上课，教师多为原私立中国公学教授。1951年7月，私立中国公学与正阳学院合并，改名"重庆财经学院"。

4月1日 国立中央大学、国立政治大学、私立金陵大学等11所专科以上学校学生6,000余人游行示威，要求国民党当局接受中国共产党8项和平条件。遭到当局镇压，酿成"四·一南京血案"。血案发生后，南京、北平、上海等地大中学生纷纷罢课，游行示威，发表宣言，抗议当局镇压学生的行为。

4月20日 国立台湾大学校长傅斯年发布校长报告，主张台湾大学首先"应该把教育的任务看做第一义"，称"第一流的大学，不能徒然是一个教育机关，必须有它的重要学术贡献，但是，也没有一个第一流的大学，把他的教育忽略了的"。

4月26日 上海警备司令部出动军警特务，包围各大学，搜捕各校共产党人，共逮捕学生350人。

4月27日 国民党上海警备司令部限令上海15所大学及专科以上学校于3日内撤离上海。

4月 国民政府任命杭立武为教育部部长。杭立武（1904—1991），安徽滁县人，美国威斯康星大学硕士、英国伦敦大学政治学博士，曾任中央大学政治系教授兼系主任、中英庚款董事会总干事、中国政治学会总干事、国民参政会参议员等职。

同月 大连大学正式成立，校长为李一氓，设有工学院、医学院、俄语专修科。李一氓（1903—1990），四川彭州市人，曾任国民革命军总政治部宣传部科长、南昌起义参谋团秘书长、陕甘宁省委宣传部部长、新四军秘书长、华中分局宣传部部长、大连大学校长等职。

同月 华北大学迁入北平，遵照中共中央关于放宽招生条件、大量吸收知识分子、为解放全中国迅速培养大批干部的指示精神，把办学重点放在一部，招收学员15,000余人，并在正定和天津各办1所分校。

5月9日 北京大学教授联谊会举行座谈会，中共中央副主席周恩来参加座谈会并讲话。周恩来说："新民主主义的教育就包含了两个方面：一方面是反对旧的，另一方面是发展新的。这就是要反对帝国主义、封建主义和官僚资本的文化，发展民族的、科学的、人民大众的文化"。

5月21日 北平高校教授、研究员第一次代表大会在北平召开。大会通过了会章，成立北平院校教授研究员联席会。其宗旨为："联络感情，共谋福利，研究学术，促进新民主主义文化"。会议推选清华大学教授张子高为临时主席。张子高（1886—1976），湖北枝江人，美国麻省理工学院化学学士，曾任国立浙江大学教授、私立金陵大学和燕京大学教授、私立中国大学理学院院长、国立清华大学教务长及院系调整后的清华大学副校长等职。

5月 北京大学、清华大学、北京师范大学在文化接管委员会的领导下，为了加强集体领导、推行与改进校务，决定成立校务委员会，增设政治课，取消训导处。天津南开大学、北洋大学也成立校务委员会。

同月 华北大学校长韦悫南下，由中共山东分局宣传部部长彭康继任校长。

同月 国民政府任命盘珠祁为国立广西大学校长。

6月1日 华北人民政府命令设立华北高等教育委员会，以统一实施高等教育的方针和计划，指导学术的改进和图书文物的管理工作。主任委员为董必武（兼），张奚若、周扬为副主任委员。

6月6日 华北高等教育委员会在北平举行第一次会议。董必武、吴玉章等42位委员出席。会议就大学学制、课程改革、私立大学之管理、秋季招生、本期大学毕业生的训练与分配等项工作交换了意见。

6月8日 华北高等教育委员会首次常委会决定：成立华北国立大学招生委员会；成立平津各大学毕业生暑假学习团；设立私立大学研究委员会；组织历史、哲学、文学、法律、政治、经济、教育7组分别进行工作；筹组文物保管委员会。

6月 华北高等教育委员会"1949年暑假国立大学招生委员会"举行会议。会议决定："1949年暑假，北京大学、清华大学、南开大学、师范大学4校共招生1,930名，并规定了报考资格及家境贫寒学生申请人民助学金办法"。

同月 国民政府任命张云为国立中山大学校长。此为张云第3次担任该职。

7月12日 华东军政委员会教育部遵照"中央人民政府教育部关于在华东地区建立一所学科齐全的新型师范大学的指示"，决定"在上海以大夏、光华两所私立大学为基础，调入有关院校的某些学科"，成立"华东师范大学"。16日，中共中央教育部批复同意。

7月 东北大学迁至长春，先后接收原吉林大学、东北大学、长春大学、长白师范学院的人员和设备。1950年改称"东北师范大学"。

同月 北平铁道管理学院、唐山工学院、华北交通学院合并组成"中国交通大学"，校部设于北京。茅以升为校长。下设北京铁道管理学院和唐山工学院，两院实行统一招生。

同月 东北行政委员会颁布《东北区高等学校学生人民助学金暂行条例》。《条例》规定：高等学校除免收学费及由学校统一供给学生住宿、讲义、试验费用外，凡家境贫穷，无力自给，或不能全部自给者和学习成绩优良志愿为人民服务或家庭所在地区尚不通汇，因而经济来源断绝者得申请人民助学金。

同月 国民政府教育部任命易鼎新为国立湖南大学校长。易鼎新（1887—1953），字修吟，湖南醴陵人，美国理海大学科学硕士，曾任国民政府建设委员会专门委员及电气事业处总务科科长、杭州电厂厂长、国立湖南大学校长等职。

8月1日 中共中央东北局和东北行政委员会联合发布了《关于整顿高等教育的决定》，《决定》指出："东北今后的中心任务已由战争和土地改革转为全力进行经济建设和文化建设。这就要求办好高等教育，培养大批专门人才"。为适应大规模建设的需要，高等教育必须"担负起培养具有革命思想与掌握现代专门科学技术知识的高级专门人才的任务"，决定设立沈阳工学院、哈尔滨工业大学、大连大学工学院、沈阳农学院、哈尔滨农学院、沈阳医科大学、哈尔滨医科大学、大连大学医学院、东北大学以及设立培养与训练行政干部的东北行政学院、东北鲁迅文艺学院、哈尔滨外国语专门学校、大连大学俄文专修科、延边大学。

8月5日 华北人民政府拟以朝阳学院为基础，在其校址成立"北平政法学院"，今由中共中央决定更改校名为"中国政法大学"。

8月7日 华北大学工学院由井陉迁移北平。

8月9日 中国政法大学在北平成立，谢觉哉兼任校长，李达、左宗纶任副校长。谢觉哉（1884—1971），湖南宁乡人，新中国司法制度的奠基者之一，曾任中华人民共和国中央人民政府内务部部长，最高人民法院院长，全国政协副主席等职务。李达（1890—1966），原名李德三，陕西眉县人，曾任中国人民志愿军参谋长、中华人民共和国国防部副部长、中国人民解放军训练总监部副部长、中国人民解放军副总参谋长等职。左宗纶（1887—1974），湖北鄂城人，国立北京大学商学院院长、私立辅仁大学教授、私立朝阳大学教授、中华人民共和国政务院参事、国务院参事等职。

同日 东北军事政治大学奉命迁至汉口，改称"华中军事政治大学"，校长仍由林彪兼任。

8月10日 华北高等教育委员会召开第三次常委会。董必武、张奚若等出席。会议决定："辩证唯物论、历史唯物论和新民主主义论为各大学院共同必修科，各课每周3小时，一学期教完。文法学院另加政治经济学一科为必修科，每周3小时，一年授完"。

同日 东北行政委员会公布《高等学校教师标准试行条例》6条。《条例》规定："东北高等学校教师应根据其学术水平，工作成绩（教学及研究）及资历确定为教授、副教授、讲师或助教，上述条件中以学术水平、工作成绩为主，资历次之。"

8月12日 私立光华大学校董会举行解放后第一次会议，改选校董会，通过校董会组织章程，正式聘廖世承为校长。

8月 中原大学随中原人民政府南迁至武昌；原武昌艺术专科学校并入，为中原大学文艺学院。

9月5日 接华东军政委教育部通知，私立大夏大学、私立光华大学合并成为华东师范大学。私立大夏大学文、理、教育各系并入华东师范大学；土木工程系并入同济大学；财政、政治、法律等系并入复旦大学、上海财政经济学院。附设大夏中学与光华附中合并成立华东师大附中。华东师范大学校址在大夏大学原址，师大附中在光华大学原址。

9月10日 华北高等教育委员会邀请平津各大学教授座谈，研究"辩证唯物论和历史唯物论"的教学方法，选出由艾思奇等人组成的委员会领导教学工作。艾思奇（1910—1966），蒙古族，原名李生萱，云南腾冲人，曾赴日本留学，曾任中共中央高级党校哲学教研室主任及副校长、中国哲学会副会长、中国科学院哲学社会科学部学部委员等职。

9月21日 西北人民革命大学举行开学典礼。

9月29日 北京大学农学院、清华大学农学院、华北大学农学院合并组建多科性农业大学，次年4月定名"北京农业大学"。

9月30日 《中国人民政治协商会议共同纲领》通过。《共同纲领》指出："中华人民共和国的文化教育为新民主主义的，即民族的、科学的、大众的文化教育。"同时指出："人民政府的文化教育工作，应以提高人民文化水平，培养国家建设人才，肃清封建的、买办的、法西斯主义的思想，发展为人民服务的思想为主要任务。"

后 记

继 2012 年《中国近现代高等教育人物辞典》出版之后，我们随即开始策划《中国近现代高等教育大事记》的编撰事宜。

具体的编撰工作从 2014 年启动，初由主编、副主编商定编撰计划和具体方案，随即组成了编撰作者小组，编撰小组由苏州大学高等教育学学科的部分教师和博士、硕士研究生组成。编撰人员按照年代进行分工，在广泛查阅、分析各类史料和文献的基础上开始编写。

《大事记》于 2014 年列入江苏省重点培育学科（教育学）建设计划，并于 2017 年申报教育部人文社会科学研究课题，经批准立项（批准号：17YJA880110）。2017 年初稿完成，随后共进行了五轮统稿。第一轮由副主编分晚清、民国两大部分进行统稿；主编在此基础上进行第二轮统稿。根据两轮统稿发现的问题，将书稿发回各编撰作者进行核实、修改，修改后的书稿由副主编进行第三轮统稿。在此基础上，再分高等教育法规、公立高等教育、私立高等教育等条线进行第四轮统稿。最后由主编、副主编共同进行了第五轮统稿并定稿。

《大事记》在历时八年的编撰过程中，得到诸多同事和师友的支持和帮助。苏州大学教育学院副院长曹永国教授一直重视本书的编撰工作，并为本书的编撰和出版提供了很多便利；苏州大学高等教育学博、硕士研究生王佩佩、毛旭栋、吴莹、张秋婷、李欣昱、邵莹莹、丁汶萍、黄洁怡、张婷、黄婧等同学参与了部分资料的核对、整理工作。福建教育出版社的领导对本书的出版给予了热情的支持，责任编辑对书稿精雕细琢、付出了辛勤的劳动。谨向以上各位表示诚挚的感谢！

本书在编撰过程中，参考了大量的史料和文献，包括各类档案汇编、公报汇编、大事记、校史、年鉴、年谱、传记以及相关的论文著作等。由于参考引证的文献资料面广量大，故不一一列出，特此向有关文献的编著者致以由衷的谢意！

中国近现代高等教育虽然只经历了大约一个世纪，但其发展过程却艰难而曲折，其间的"大事"浩如烟海，由于水平和能力所限，这部《大事记》所记载的条目只能是其中的一部分，充其量只是画出了一条粗略的线条，恳请同行专家和读者批评指正！

周　川　肖卫兵　黄启兵

2022 年 5 月 20 月